Die Begrenzung von Managergehältern unter besonderer Berücksichtigung der Instituts-Vergütungsverordnung

Europäische Hochschulschriften

European University Studies

Publications Universitaires Européennes

Reihe II **Rechtswissenschaft**

Series II Law

Série II Droit

Band/Volume **5887**

Jessica Mateja

Die Begrenzung von Managergehältern unter besonderer Berücksichtigung der Instituts-Vergütungsverordnung

Überlegungen zu einer branchen- und rechtsformübergreifenden Neuregelung

PL ACADEMIC RESEARCH

Bibliografische Information der Deutschen Nationalbibliothek
Die Deutsche Nationalbibliothek verzeichnet diese Publikation in der Deutschen Nationalbibliografie; detaillierte bibliografische Daten sind im Internet über http://dnb.d-nb.de abrufbar.

Zugl.: Heidelberg, Univ., Diss., 2016

D 16
ISSN 0531-7312
ISBN 978-3-631-67920-3 (Print)
E-ISBN 978-3-653-07129-0 (E-PDF)
E-ISBN 978-3-631-70102-7 (EPUB)
E-ISBN 978-3-631-70103-4 (MOBI)
DOI 10.3726/978-3-653-07129-0

PL Academic Research ist ein Imprint der Peter Lang GmbH.
Peter Lang – Frankfurt am Main · Bern · Bruxelles · New York · Oxford · Warszawa · Wien

Diese Publikation wurde begutachtet.

www.peterlang.com

Vorwort

Die vorliegende Arbeit beleuchtet die zahlreichen Vergütungsvorgaben im Finanzsektor, die in den letzten Jahren als Reaktion auf die Finanzkrise auf europäischer und nationaler Ebene entstanden sind, und führt sie zu einer branchen- und rechtsformübergreifenden Neuregelung zusammen. Sie wurde im Wintersemester 2015/2016 von der Juristischen Fakultät der Ruprecht-Karls-Universität Heidelberg als Dissertation angenommen. Das Manuskript wurde im Dezember 2015 abgeschlossen. Die Änderungen des Kapitalanlagegesetzbuches sowie der Versicherungs-Vergütungsverordnung konnten nur am Rande Berücksichtigung finden. Auch die neuen *Guidelines on sound remuneration policies,* welche die European Banking Authority am 21. Dezember 2015 vorgestellt hat, wurden lediglich erwähnt. Deren Auswirkungen auf die Instituts-Vergütungsverordnung sind zum jetzigen Zeitpunkt noch nicht absehbar.

Mein Dank gilt all denjenigen, die mich bei dieser Dissertation unterstützt haben. Herrn Prof. Dr. Markus Stoffels danke ich herzlich für die Betreuung dieses Themas und die größtmögliche wissenschaftliche Freiheit bei der Ausarbeitung und Schwerpunktsetzung. Für die zügige Erstellung des Zweitgutachtens danke ich Herrn Prof. Dr. Marc-Philippe Weller. Der Hanns-Seidel-Stiftung danke ich für die ideelle und finanzielle Förderung dieser Promotion, die zahlreichen Angebote zur Weiterbildung und die vielen netten Begegnungen mit anderen Doktoranden.

Für die uneingeschränkte Unterstützung und die aufbauenden Worte in schwierigen Phasen danke ich von ganzem Herzen meinem Mann Oliver. Meinen Eltern möchte ich danken, dass sie in all den Jahren stets für mich da waren und mir das Studium sowie zahlreiche Auslandsaufenthalte ermöglicht haben.

Rosenheim, im Juli 2016 — Jessica Mateja

Inhaltsübersicht

Inhaltsverzeichnis

Abkürzungsverzeichnis

AIF	Alternative Investmentfonds (engl. alternative Investment Fund)
AIFMD	Alternative Investment Fund Managers Directive = Richtlinie 2011/61/EU über die Verwalter alternativer Investmentfonds
AktG	Aktiengesetz
BaFin	Bundesanstalt für Finanzdienstleistungsaufsicht
BCBS	Basel Committee on Banking Supervision = Baseler Ausschuss für Bankenaufsicht
CEBS	Committee of European Banking Supervisors = Ausschuss der Europäischen Bankenaufsichtsbehörde (abgelöst durch die European Banking Authority)
CRD III	Capital Requirements Directive III = Richtlinie 2010/76/ EU im Hinblick auf die Eigenkapitalanforderungen für Handelsbuch und Wiederverbriefungen und im Hinblick auf die aufsichtliche Überprüfung der Vergütungspolitik (Bankenrichtlinie)
CRD IV	Capital Requirements Directive IV = Richtlinie 2013/36/EU über den Zugang zur Tätigkeit von Kreditinstituten und die Beaufsichtigung von Kreditinstituten und Wertpapierfirmen
CRR	Capital Requirements Regulation = Verordnung 575/2013/EG
D&O-Versicherung	Directors' and Officers' liability Insurances
DCGK	Deutscher Corporate Governance Kodex
EBA	European Banking Authority = Europäische Bankenaufsichtsbehörde
EIOPA	European Insurance and Occupational Pensions Authority = Europäische Aufsichtsbehörde für das Versicherungswesen und die betriebliche Altersversorgung
ESFS	European System of Financial Supervision = Europäisches Systems der Finanzaufsicht (ESFA)
ESMA	European Securities and Markets Authority = Europäische Wertpapier-und Marktaufsichtsbehörde
EWR	Europäischer Wirtschaftsraum
FMStFG	Gesetz zur Errichtung eines Finanzmarktstabilisierungsfonds (Finanzmarktstabilisierungsfondsgesetz)
FMStFV	Verordnung zur Durchführung des Finanzmarktstabilisierungsfondsgesetzes (Finanzmarktstabilisierungsfonds-Verordnung)
FMStG	Gesetz zur Umsetzung eines Maßnahmenpakets zur Stabilisierung des Finanzmarktes (Finanzmarktstabilisierungsgesetz)

FSB	Financial Stability Board (vormals FSF = Financial Stability Forum)
GenG	Gesetz betreffend die Erwerbs- und Wirtschaftsgenossenschaften (Genossenschaftsgesetz)
GmbHG	Gesetz betreffend die Gesellschaften mit beschränkter Haftung (GmbH-Gesetz)
InstitutsVergV	Verordnung über die aufsichtsrechtlichen Anforderungen an Vergütungssysteme von Instituten (Instituts-Vergütungsverordnung)
KAGB	Kapitalanlagegesetzbuch
KWG	Gesetz über das Kreditwesen (Kreditwesengesetz)
MaComp	Mindestanforderungen an die Compliance-Funktion und die weiteren Verhaltens-, Organisations- und Transparenzpflichten nach §§ 31ff. WpHG für Wertpapierdienstleistungsunternehmen
MaRisk	Mindestanforderungen an das Risikomanagement
MiFID	Markets in Financial Instruments Directive = Richtlinie 2004/39/EG über Märkte für Finanzinstrumente
OGAW	Organismen für gemeinsame Anlagen in Wertpapieren (engl. UCITS = Undertakings for Collective Investments in Transferable Securities)
OGAW-Richtlinie	Richtlinie 2009/65/EG zur Koordinierung der Rechts- und Verwaltungsvorschriften betreffend bestimmte Organismen für gemeinsame Anlagen in Wertpapieren
SEAG	Gesetz zur Ausführung der Verordnung (EG) Nr. 2157/2001 des Rates vom 8. Oktober 2001 über das Statut der Europäischen Gesellschaft (SE)
SoFFin	Finanzmarktstabilisierungsfonds
VAG	Gesetz über die Beaufsichtigung der Versicherungsunternehmen (Versicherungsaufsichtsgesetz)
VergAnfG	Gesetz über die aufsichtsrechtlichen Anforderungen an die Vergütungssysteme von Instituten und Versicherungsunternehmen
VersVergV	Verordnung über die aufsichtsrechtlichen Anforderungen an Vergütungssysteme im Versicherungsbereich (Versicherungs-Vergütungsverordnung)
VorstAG	Gesetz zur Angemessenheit der Vorstandsvergütung
VorstKoG	Gesetz zur Verbesserung der Kontrolle der Vorstandsvergütung und zur Änderung weiterer aktienrechtlicher Vorschriften
VorstOG	Gesetz über die Offenlegung der Vorstandsvergütungen

Im Übrigen wird auf *Kirchner (Hrsg.) – Abkürzungsverzeichnis der Rechtssprache,* 8. Auflage 2015, verwiesen.

Einleitung

Managergehälter sind durch die Finanz- und Wirtschaftskrise Ende des letzten Jahrzehnts dieses Jahrhunderts in den Fokus der Öffentlichkeit gerückt und zu einem gesellschaftlich und politisch viel diskutierten Thema avanciert.

I. Mediale Betrachtung

1. Zeitungen

Nahezu jede Zeitung – ob seriöse Wirtschaftszeitung, Tageszeitung oder Boulevardblatt – berichtet über die Gehälter der Topmanager[1] und beeinflusst durch die Wortwahl das öffentliche Meinungsbild. Schlagzeilen wie „Darf's ein bisschen mehr sein?“[2] spiegeln das allgemeine Empfinden der Bevölkerung wider, dass Vorstände großer Unternehmen zu viel verdienen. Gleiches gilt für Berichte, die das Verhältnis eines Vorstands zum einfachen Arbeitnehmer beleuchten[3].

2. Studien

Hinzu kommen jährlich veröffentlichte Studien zu den Verdiensten der DAX-Vorstände und MDAX-Vorstände[4]. Darin werden detailliert die einzelnen Vergütungskomponenten der Vorstandsgehälter aufgeschlüsselt, ausgewertet und

---

1 So z.B.: Winterkorn steigert Gehalt – Prämie für Arbeiter sinkt, *Handelsblatt* vom 12. März 2015, http://www.handelsblatt.com/unternehmen/industrie/volkswagen-bilanz-winterkorn-steigert-gehalt-praemie-fuer-arbeiter-sinkt/11493534.html; Gute Geschäfte: VW-Chef Winterkorn verdient fast 16 Millionen Euro, *Spiegel online* vom 12. März 2015, http://www.spiegel.de/wirtschaft/unternehmen/martin-winterkorn-volkswagen-chef-verdient-fast-16-millionen-euro-a-1023168.html; Darf's ein bisschen mehr sein?, *Süddeutsche Zeitung* vom 25. März 2015, http://www.sueddeutsche.de/wirtschaft/dax-gehaelter-darfs-ein-bisschen-mehr-sein-1.2409722; *Bild* vom 21. Februar 2014, http://www.bild.de/geld/wirtschaft/dieter-zetsche/dieter-zetsche-so-viel-verdient-der-daimler-boss-34779070.bild.html.

2 Darf's ein bisschen mehr sein?, *Süddeutsche Zeitung* vom 25. März 2015, http://www.sueddeutsche.de/wirtschaft/dax-gehaelter-darfs-ein-bisschen-mehr-sein-1.2409722.

3 Beispielsweise: Was Chefs verdienen - und was wir ihnen gönnen, Spiegel vom 10. Oktober 2014, abrufbar unter: http://www.spiegel.de/karriere/berufsleben/gehalt-von-chef-und-angestellten-im-vergleich-a-995520.html; Chefs verdienen achtmal mehr als Fachkräfte, karriere.de vom 06. November 2015, abrufbar unter: http://www.karriere.de/karriere/chefs-verdienen-achtmal-mehr-als-fachkraefte-168092/.

4 Z.B. *DSW/TUM*, Studie zur Vergütung der Vorstände in den DAX- und MDAX-Unternehmen im Geschäftsjahr 2014; *Kienbaum*, Kienbaum-Studie zur Vergütung der Vorstände im MDAX vom 13. Mai 2015.

vergleichbar gemacht. Die Studien selbst sind meist neutral, da sie lediglich die im Rahmen der Geschäftsberichte offengelegten Zahlen wiedergeben, ohne diese zu kommentieren. Aus den Begleittexten lassen sich die Meinungen der Autoren recht deutlich ablesen[5]. Dadurch wird ebenfalls das öffentliche Meinungsbild geprägt.

3. Aktuelle Beispiele

Insbesondere wenn Manager, die ein Unternehmen in die Krise geführt haben, eine hohe Abfindungszahlung verlangen, kann dies der breiten Bevölkerung nur schwer verständlich gemacht werden. Als Beispiele seien hier der ehemalige Chef der Citibank, Charles Prince sowie der Ex-Chef von Merrill Lynch, Stanley O'Neal genannt[6]. Aber auch Fälle wie Utz Claassen erregten die Gemüter der Öffentlichkeit[7]. Aktuell wird diskutiert, ob Martin Winterkorn nach seinem Rücktritt als Vorstand der VW AG im Zusammenhang mit dem Abgasskandal eine Abfindung erhalten und seine Pensionsansprüche behalten darf[8]. Am 17. Dezember 2015 wurde bekannt, dass Martin Winterkorn bis zum Auslaufen seines Anstellungsvertrags Ende 2016

---

5 So z. B. Professor Dr. Gunther Friedl im Begleitwort zur *DSW/TUM*, Studie zur Vergütung der Vorstände in den DAX- und MDAX-Unternehmen im Geschäftsjahr 2014: „Wenn man allerdings die einzelnen Bestandteile der Vorstandsvergütung genauer betrachtet, gibt es einige bedenkliche Entwicklungen.", abrufbar unter: http://www.dsw-info.de/DSW-Vorstandsverguetungsstudie.2100.0.html.

6 *Die Zeit* vom 21. Oktober 2009: „Unverschämte Abzocker?", abrufbar unter: http://www.zeit.de/online/2007/50/managergehaelter-debatte.

7 Claassen hatte nach vier Jahren als Vorstandschef von EnBW das Unternehmen auf eigenen Wunsch verlassen und wollte, gerade 44 Jahre alt, ein jährliches Übergangsgeld in Höhe von 400.000 Euro bis zur Rente kassieren. Nach einem Rechtsstreit wurde das Übergangsgeld in einem Vergleich schließlich in eine einmalige Abfindung von 2,5 Mio. Euro umgewandelt. Auch danach machte der Manager nach einer 74-tägigen Vorstandstätigkeit beim inzwischen insolventen Unternehmen Solar Millennium von sich reden, als er das Begrüßungsgeld von 9 Millionen Euro kassierte und eine Abfindung in Höhe von 7 Millionen Euro forderte. Die Rechtsstreitigkeiten wurden im April 2013 mit einem beiderseitigen Forderungsverzicht beigelegt (vgl. Handelsblatt vom 8. April 2013, abrufbar unter: http://www.handelsblatt.com/unter nehmen/industrie/gehaltsstreit-claassen-einigt-sich-mit-solar-millennium/ 8033730. html).

8 Frankfurter Allgemeine Zeitung vom 28. September 2015: „Wie viel Geld bekommt Martin Winterkorn?", abrufbar unter: http://www.faz.net/aktuell/wirtschaft/vw-abgasskandal/frueherer-vw-chef-wie-viel-geld-bekommt-martin-winterkorn-13827773.html; Handelsblatt vom 25. September 2015: „Politiker gegen „goldenen Handschlag" für Winterkorn", abrufbar unter: http://www.handelsblatt.com/politik/deutschland/abfindung-fuer-ex-vw-chef-politiker-gegen-goldenen-handschlag-fuer-winterkorn/12370304.html; Focus online vom 25. September 2015: „"Er wusste nichts": So viel Geld zahlt Volkswagen jetzt an Winterkorn", abrufbar unter: http://www.focus.de/finanzen/videos/abfindung-und-pension-er-wusste-nichts-so-viel-geld-zahlt-volkswagen-jetzt-an-winterkorn_id_4971710.html.

seiner vertraglichen Vereinbarung entsprechend entlohnt wird[9]. Der Aufsichtsrat hat von einer Vertragsaufhebung abgesehen, da die Zahlung einer Abfindung einen Aufschrei in der Öffentlichkeit befürchten ließe[10].

II. Nationale politische Regulierungsbestrebungen

Auf politischer Ebene finden sich immer wieder zaghafte Ansätze, die Vorstandgehälter, Abfindungen und Pensionen zu regulieren.

1. Offenlegungsvorgaben

Bereits im Jahr 2005 sollte durch das Gesetz über die Offenlegung der Vorstandsvergütungen (VorstOG)[11] eine bessere Kontrolle der Vorstandsvergütung ermöglicht werden. Die Vergütungen müssen individualisiert und unterteilt nach erfolgsunabhängigen und erfolgsbezogenen Komponenten offengelegt werden. Dies gilt jedoch nur für börsennotierte Aktiengesellschaften und es besteht die Möglichkeit, dass mindestens 75 Prozent der Aktionäre für ein Opting-out stimmen und somit eine individualisierte Offenlegung unterbleiben kann.

2. Nachhaltige Unternehmensentwicklung

Aus Anlass der Finanzkrise sah der Gesetzgeber die bisherigen Vergütungsvorgaben als nicht mehr ausreichend an[12]. Durch das Gesetz zur Angemessenheit der Vorstandsvergütung (VorstAG)[13] wurde § 87 Abs. 1 und Abs. 2 AktG in Teilaspekten ergänzt und verschärft. Als übergreifendes Ziel der gesamten Neuerungen durch das Gesetz zur Angemessenheit der Vorstandsvergütung (VorstAG) lässt sich die Orientierung der Anreizstrukturen an einer nachhaltigen Unternehmensentwicklung festhalten.

---

9 Handelsblatt vom 17. Dezember 2015: „VW zahlt weiter Millionen an Winterkorn"; Spiegel online vom 17. Dezember 2015: „ VW bezahlt Ex-Chef Winterkorn weiterhin Millionengehalt"; abrufbar unter: http://www.spiegel.de/wirtschaft/unternehmen/abgasskandal-vertrag-von-ex-vw-chef-winterkorn-laeuft-weiter-a-1068439.html.

10 Spiegel online vom 17. Dezember 2015: „ VW bezahlt Ex-Chef Winterkorn weiterhin Millionengehalt"; abrufbar unter: http://www.spiegel.de/wirtschaft/unternehmen/abgasskandal-vertrag-von-ex-vw-chef-winterkorn-laeuft-weiter-a-1068439.html.

11 Gesetz über die Offenlegung der Vorstandsvergütungen (Vorstandsvergütungs-Offenlegungsgesetz - VorstOG) vom 03. August 2005, BGBl. I Nr. 47, S. 2267.

12 Beschlussempfehlung und Bericht des Rechtsausschusses zum Gesetz zur Angemessenheit der Vorstandsvergütung (VorstAG) vom 17. Juni 2009, BT-Drucks. 16/13433, S. 1.

13 Gesetz zur Angemessenheit der Vorstandsvergütung (VorstAG) vom 31. Juli 2009, BGBl. I Nr. 20, S. 2509.

3. Mitbestimmung der Hauptversammlung

Hinzu treten eine verstärkte Verantwortung des Aufsichtsrats durch die Übertragung der Zuständigkeit an das Plenum (§ 107 Abs. 3 Satz 3 AktG) und eine ausdrückliche Haftung für unangemessene Vergütungen (§ 116 Satz 3 AktG). Großes Interesse hat auch die Änderung des § 120 Abs. 4 AktG erfahren. Danach darf die Hauptversammlung fakultativ und unverbindlich das Vergütungssystem durch Abstimmung billigen. Die Mitbestimmung der Hauptversammlung wird als wichtiges Kontrollinstrument gesehen. Um dieses zu stärken, wurde im Jahr 2013 durch eine Beschlussempfehlung und den Bericht des Rechtsausschusses zum Entwurf eines Gesetzes zur Änderung des Aktiengesetzes (Aktienrechtsnovelle 2012)[14] eine Regelung vorgeschlagen, nach der die Hauptversammlung obligatorisch jährlich verbindlich über das Vergütungssystem abstimmen sollte. Der Gesetzentwurf scheiterte letztlich im *Bundesrat* durch die Anrufung des Vermittlungsausschusses[15]. Der *Bundesrat* hielt ein verbindliches Say-on-Pay nicht für ein geeignetes Instrument, um die Vergütungshöhe zu senken[16]. Da auf europäischer Ebene durch die derzeit geplante Änderung der Aktionärsrechterichtlinie[17] eine Modifizierung des Say-on-Pay zu erwarten ist, wird eine solche Regelung in naher Zukunft auch für deutsche börsennotierte Aktiengesellschaften verbindlich sein. Der Vorschlag sieht zum einen die mindestens alle drei Jahre anstehende Abstimmung der Hauptversammlung über die Vergütungspolitik vor. Ob dieses Votum verbindlich oder beratend ausgestaltet wird, bleibt dabei den Mitgliedstaaten überlassen. Zum anderen soll die Hauptversammlung jährlich beratend über einen Vergütungsbericht abstimmen, in dem dargelegt wird, wie die Vergütungspolitik im abgelaufenen Geschäftsjahr umgesetzt wurde[18]. Der aktuelle Koalitionsvertrag sieht ebenfalls die Einführung einer Entscheidungskompetenz der Hauptversammlung über die Vorstandsvergütung auf

---

14 Beschlussempfehlung und Bericht des Rechtsausschusses zum Entwurf eines Gesetzes zur Änderung des Aktiengesetzes (Aktienrechtsnovelle 2012) vom 26. Juni 2013, BT-Drucks. 17/14214.

15 Anrufung des Vermittlungsausschusses durch den Bundesrat, Gesetz zur Verbesserung der Kontrolle der Vorstandsvergütung und zur Änderung weiterer aktienrechtlicher Vorschriften (VorstKoG) vom 20. September 2013, BR-Drucks. 637/13.

16 Anrufung des Vermittlungsausschusses durch den Bundesrat, Gesetz zur Verbesserung der Kontrolle der Vorstandsvergütung und zur Änderung weiterer aktienrechtlicher Vorschriften (VorstKoG) vom 20. September 2013, BR-Drucks. 637/13, S. 2.

17 Richtlinie (EU) 2015/... des Europäischen Parlaments und des Rates vom ... zur Änderung der Richtlinie 2007/36/EG im Hinblick auf die Förderung der langfristigen Einbeziehung der Aktionäre, der Richtlinie 2013/34/EU in Bezug auf bestimmte Elemente der Erklärung zur Unternehmensführung sowie der Richtlinie 2004/109/EG.

18 Art. 9a Abs. 1 und Art. 9b Abs. 3 des Vorschlags zur Änderung der Richtlinie 2007/36/EG im Hinblick auf die Förderung der langfristigen Einbeziehung der Aktionäre, der Richtlinie 2013/34/EU in Bezug auf bestimmte Elemente der Erklärung zur Unternehmensführung vom 09. April 2014, 2014/0121 (COD).

Vorschlag des Aufsichtsrats vor[19]. Eine Änderung des § 120 Abs. 4 AktG ist für diese Legislaturperiode jedoch nicht mehr zu erwarten.

4. Obergrenze der variablen Vergütung

Eine vielfach geforderte Obergrenze der Vergütung ist bislang nicht gesetzlich verankert. Diskutiert wird ein bestimmtes, unternehmensindividuell festzulegendes Verhältnis zwischen der Gesamtvergütung der einzelnen Vorstandsmitglieder und dem durchschnittlichen Arbeitnehmereinkommen im Unternehmen[20]. Auf diesem Ansatz basierte auch die vielbeachtete Initiative in der Schweiz „1:12 Für gerechte Löhne". Danach sollte das Höchstgehalt in einem Unternehmen auf das Zwölffache des niedrigsten Lohnes beschränkt werden[21]. Die Initiative wurde am 24. November 2013 mit 65,3 Prozent abgelehnt.

Möglich wäre auch, zukünftig eine Beschränkung der steuerlichen Abzugsfähigkeit von überhöhten Abfindungen und Gehältern im Einkommensteuergesetz zu verankern[22]. Dies wird derzeit nicht weiter diskutiert.

5. Zusammenfassung

Im Bereich des Gesellschaftsrechts gibt es Vergütungsvorgaben somit nur für Aktiengesellschaften und die Societas Europaea. Börsennotierte Aktiengesellschaften unterliegen dabei strengeren Vergütungsvorgaben. Insgesamt scheint der Gesetzgeber jedoch sehr zurückhaltend mit der Einführung detaillierterer Regelungen zu sein.

III. Europäische Regulierungsmaßnahmen

Weniger zögerlich waren in der Vergangenheit die Bestrebungen der europäischen und nationalen Gesetzgeber, strenge Vergütungsvorgaben für den Finanzsektor zu implementieren. Unangemessene Vergütungssysteme und -praktiken wurden als Auslöser der Finanzkrise identifiziert[23]. Ist die Vergütungspolitik – wie in der

---

19 Koalitionsvertrag CDU, CSU und SPD 18. Legislaturperiode: Deutschlands Zukunft gestalten, S. 14.

20 Antrag SPD-Fraktion „Exorbitante Managergehälter begrenzen", BT-Drucks. 17/13472 vom 14. Mai 2013, S. 2.

21 Zum genauen Inhalt der Initiative: Schweizerische Bundeskanzlei, Politische Rechte, Volksinitiativen, abrufbar unter: https://www.admin.ch/ch/d/pore/vi/vis375t.html.

22 Antrag Bündnis 90/DIE GRÜNEN zu der zweiten Beratung des Gesetzentwurfs der Bundesregierung – Drucksachen 17/8989, 17/14214 – vom 26. Juni 2013, BT-Drucks. 17/14238.

23 *Buscher/Hannemann/Wagner/Weigl* InstitutsVergV Überblick, S. 2; *EUCGF*, Statement of the European Corporate Governance Forum on Director Remuneration vom 23. März 2009: „Questions have arisen as to the incentives created by variable pay

Vergangenheit – auf kurzfristige Parameter ausgerichtet und wird einseitig der Erfolg belohnt, ohne dass der Misserfolg ausreichend sanktioniert wird, kann dies dazu führen, dass der langfristige und nachhaltige Unternehmenserfolg aus den Augen verloren wird[24]. Derartige Fehlanreize gefährden nicht nur die Stabilität einzelner Unternehmen, sondern auch die Finanzstabilität im Allgemeinen[25]. Dies ist zwar durch empirische Studien nicht zweifelsfrei nachweisbar[26]. Dennoch haben sich zahlreiche internationale und europäische Initiativen zum Ziel gesetzt, die Schwächen der Vergütungssysteme auszumerzen und eine langfristige Krisenprävention zu erreichen[27].

1. Institute

Den Anfang machte im Jahr 2009 das *Financial Stability Board*[28] mit seinen *Principles for Sound Compensation Practices*[29] und den darauf aufbauenden *Implementation Standards*[30]. Diese wurden durch die Europäische Union fast deckungsgleich in die zweite Änderungsrichtlinie der Capital Requirements Richtlinien[31] übernommen. Parallel dazu wurden *Guidelines on Remuneration Policies and Practices*[32] erarbeitet, die zur Auslegung der Richtlinie 2010/76/EU herangezogen und den nationalen Aufsichtsbehörden bei der Auslegung der nationalen Umsetzungsgesetze behilflich

---

schemes that may have resulted into excessive risk taking by financial institutions and to ever increasing levels of remuneration."

24 *BaFin*, Auslegungshilfe zur Institutsvergütungsverordnung vom 01. Januar 2014, Allgemeiner Teil.

25 *BaFin*, Auslegungshilfe zur Institutsvergütungsverordnung vom 01. Januar 2014, Allgemeiner Teil.

26 Die Studien von *Belkhir/Chazi*, Journal of Business Finance & Accounting 2010, Vol. 37, 1218 ff., *Chesney/Stromberg/Wagner*, Swiss Finance Institute, Working Paper Juni 2010, *Acrey/McCumber/Nguyen*, Journal of Economics and Business 2010, Vol. 63, 456 ff.; *Vallascas/Hagendorff*, Financial Markets, Institutions & Instruments 2013, Vol. 22, 47 ff. kommen zu unterschiedlichen Ergebnissen.

27 *Buscher/Hannemann/Wagner/Weigl* InstitutsVergV Überblick, S. 2.

28 Das *Financial Stabilty Board* ist ein globales Gremium, das sich aus hochrangigen Vertretern von Notenbanken, Aufsichtsbehörden und Finanzministerien der wichtigsten Industrie- und Schwellenländern (G20) sowie des *Baseler Ausschusses für Bankenaufsicht*, des *Internationalen Währungsfonds* (IWF), der *Weltbank* und anderer internationaler Institutionen zusammensetzt. Siehe dazu auch 1. Kapitel I.1.a).

29 *FSF*, Principles for Sound Compensation Practices vom 02. April 2009.

30 *FSB*, Principles for Sound Compensation Practices - Implementation Standards vom 25. September 2009.

31 Richtlinie 2010/76/EU des Europäischen Parlaments und des Rates vom 24. November 2010 zur Änderung der Richtlinien 2006/48/EG und 2006/49/EG im Hinblick auf die Eigenkapitalanforderungen für Handelsbuch und Wiederverbriefungen und im Hinblick auf die aufsichtliche Überprüfung der Vergütungspolitik (Bankenrichtlinie – CRD III), ABl. L 329, S. 3.

32 *CEBS*, Guidelines on Remuneration Policies and Practices vom 10. Dezember 2010.

sein sollten. Die Regelungen der Richtlinie 2010/76/EU zu den Vergütungspraktiken gehen aktuell in der an ihre Stelle tretenden Richtlinie 2013/36/EU[33] weitgehend auf. Durch die Richtlinie 2013/36/EU wird der fortlaufende Prozess der Verbesserung der quantitativen und qualitativen Anforderungen an die Aufsicht der Institute forciert[34]. Insbesondere wird darin eine Obergrenze für die variable Vergütung im Verhältnis zur Fixvergütung für Geschäftsleiter eingeführt und es werden weitere Änderungen und Ergänzungen vorgenommen, die sich aus den Erfahrungen der Vergangenheit und den Erkenntnissen der Umsetzung in nationales Recht speisen[35]. Die Umsetzung der Richtlinie 2013/36/EU in nationales Recht erfolgte im Jahr 2013 durch das Gesetz zur Umsetzung der Richtlinie 2013/36/EU über den Zugang zur Tätigkeit von Kreditinstituten und die Beaufsichtigung von Kreditinstituten und Wertpapierfirmen und zur Anpassung des Aufsichtsrechts an die Verordnung (EU) Nr. 575/2013 über Aufsichtsanforderungen an Kreditinstitute und Wertpapierfirmen (CRD IV-Umsetzungsgesetz)[36] und führte zu einer Änderung des § 25a KWG. Im Rahmen eines angemessenen Risikomanagements bedarf es einer angemessenen, transparenten und auf eine nachhaltige Entwicklung des Instituts ausgerichtete Vergütungspolitik, § 25a Abs. 1 Satz 3 Nr. 6 KWG. Wie ein derartiges Vergütungssystem im Detail auszusehen hat, wird durch die Instituts-Vergütungsverordnung näher definiert. Eine erste Fassung trat bereits am 13. Oktober 2010 in Kraft und wurde durch die Neufassung zum 01. Januar 2014 abgelöst. Die Instituts-Vergütungsverordnung wurde dabei umfassend reformiert und strukturiert. Bedeutend sind die Einführung einer Obergrenze der variablen Vergütung sowie Änderungen der Kontrolle durch interne Gremien. Sie richtet sich an die *Bundesanstalt für Finanzdienstleistungsaufsicht* als nationale Aufsichtsbehörde. Flankiert wird die Instituts-Vergütungsverordnung durch zahlreiche

33 Richtlinie 2013/36/EU des Europäischen Parlaments und des Rates vom 26. Juni 2013 über den Zugang zur Tätigkeit von Kreditinstituten und die Beaufsichtigung von Kreditinstituten und Wertpapierfirmen, zur Änderung der Richtlinie 2002/87/EG und zur Aufhebung der Richtlinien 2006/48/EG und 2006/49/EG (CRD IV), ABl. L 176, S. 338.

34 Entwurf eines Gesetzes zur Umsetzung der Richtlinie 2012/.../EU über den Zugang zur Tätigkeit von Kreditinstituten und die Beaufsichtigung von Kreditinstituten und Wertpapierfirmen und zur Anpassung des Aufsichtsrechts an die Verordnung (EU) Nr. .../2012 über die Aufsichtsanforderungen an Kreditinstitute und Wertpapierfirmen (CRD IV-Umsetzungsgesetz) vom 15. Oktober 2012, BT-Drucks. 17/10974; S. 62.

35 *Buscher/Hannemann/Wagner/Weigl* InstitutsVergV Überblick, S. 3.

36 Gesetz zur Umsetzung der Richtlinie 2013/36/EU über den Zugang zur Tätigkeit von Kreditinstituten und die Beaufsichtigung von Kreditinstituten und Wertpapierfirmen und zur Anpassung des Aufsichtsrechts an die Verordnung (EU) Nr. 575/2013 über Aufsichtsanforderungen an Kreditinstitute und Wertpapierfirmen (CRD IV-Umsetzungsgesetz) vom 28. August 2013, BGBl. I Nr. 53, S. 3395.

technische Regulierungsstandards, die zwar von der *European Banking Authority*[37] entworfen, jedoch von der *EU-Kommission* als delegierte Verordnungen erlassen werden und somit unmittelbar und verbindlich gelten. Darüber hinaus hat die *European Banking Authority* am 21. Dezember 2015 eine neue *Guideline on Sound Remuneration Policies* veröffentlicht[38]. Diese wird derzeit in die offiziellen Sprachen übersetzt und ist ab 01. Januar 2017 verbindlich – vorausgesetzt die *Bundesanstalt für Finanzdienstleistungsaufsicht* entschließt sich zur Anwendung[39]. Eine erneute Änderung der Instituts-Vergütungsverordnung ist nicht ausgeschlossen.

2. Versicherungsunternehmen

Auch Versicherungsunternehmen standen im Verdacht einer Vergütungspolitik, die unangemessene Anreize zur Eingehung unverhältnismäßiger Risiken enthielt. Deshalb wurden auch diese einer detaillierten Regelung in Form der Versicherungs-Vergütungsverordnung unterworfen. Diese trat ebenfalls erstmals am 13. Oktober 2010 in Kraft und ist ähnlich der Instituts-Vergütungsverordnung a.F. aufgebaut. Um das Verhältnismäßigkeitsprinzip zu wahren, gibt es unterschiedliche Anforderungen für Versicherungsunternehmen und bedeutende Versicherungsunternehmen, die sich anhand der Bilanzsumme und einer Risikoanalyse bestimmen lassen. Auf europarechtlicher Ebene hat man ebenfalls erkannt, dass es einer stärkeren Vergütungsregulierung für Versicherungsunternehmen bedarf. Durch die Verordnung 2015/35/EU[40] gelten nun für Versicherungsunternehmen ähnliche Vergütungsvorgaben wie für Banken. Die Versicherungs-Vergütungsverordnung 2010 trat zum 31. Dezember 2015 außer Kraft. Derzeit[41] liegt lediglich ein Referentenentwurf[42] vor. Die endgültige Neufassung ist bislang nicht bekannt. Aus dem Referentenentwurf ergeben sich inhaltlich keine Änderungen. Der Arbeit wird die bis 31. Dezember geltende Fassung der Versicherungs-Vergütungsverordnung zu Grunde gelegt.

---

37 Die *European Banking Authority* ist eine unabhängige EU-Behörde, deren Aufgabe es ist, ein wirksames und kohärentes Maß an Regulierung und Beaufsichtigung im europäischen Bankensektor zu gewährleisten. Siehe dazu auch 3. Kapitel V.2.a).

38 *EBA*, Final Report Guidelines on sound remuneration policies under Articles 74(3) and 75(2) of Directive 2013/36/EU and disclosures under Article 450 of Regulation (EU) No 575/2013 vom 21. Dezember 2015, EBA/GL/2015/22.

39 Davon ist auszugehen.

40 Delegierte Verordnung (EU) 2015/35 der Kommission vom 10. Oktober 2014 zur Ergänzung der Richtlinie 2009/138/EG des Europäischen Parlaments und des Rates betreffend die Aufnahme und Ausübung der Versicherungs- und der Rückversicherungstätigkeit (Solvabilität II), ABl. L 12, S. 1.

41 Stand 01.02.2016.

42 Referentenentwurf des Bundesministeriums der Finanzen, Verordnung zum Erlass von Verordnungen nach dem Versicherungsaufsichtsgesetz vom 23. September 2015, abrufbar unter: http://www.bundesfinanzministerium.de/Content/DE/Gesetzestexte/Referentenentwuerfe/2015-09-29-versicherungsaufsichtsgesetz.html.

3. Kapitalverwaltungsgesellschaften

Um im Finanzsektor möglichst alle Unternehmen einem umfassenden Vergütungsregime unterwerfen zu können, wurden in den letzten Jahren zahlreiche Richtlinien um Vergütungsvorgaben ergänzt. Eine wesentliche Änderung ergab sich hierdurch für Kapitalverwaltungsgesellschaften. Bislang gelten Vergütungsbeschränkungen nur für Kapitalverwaltungsgesellschaften alternativer Investmentfonds. Im Rahmen der Umsetzung der Richtlinie 2011/61/EU wurde das Kapitalanlagegesetzbuch geschaffen, welches in § 37 Abs. 2 KAGB auf die Vergütungsvorgaben des Anhangs II zur Richtlinie 2011/61/EU verweist und die Rechtgrundlage für eine nationale Verordnung bildet, § 37 Abs. 3 KAGB. Von dieser Verordnungsermächtigung wurde bislang kein Gebrauch gemacht. Zur Auslegung zieht die *Bundesanstalt für Finanzdienstleistungsaufsicht* deshalb die von der *European Securities and Markets Authority*[43] entwickelten *Leitlinien für solide Vergütungspolitiken unter Berücksichtigung der AIFMD*[44] heran. Zukünftig müssen auch Kapitalverwaltungsgesellschaften von Organismen für gemeinsame Anlagen in Wertpapieren Vergütungsregeln beachten. Die maßgebliche Richtlinie 2009/65/EG[45] wurde durch die Richtlinie 2014/91/EU[46] dahingehend ergänzt. Für deutsche Kapitalverwaltungsgesellschaften sind einheitliche Regelungen zu erwarten[47]. Die *European Securities and Markets Authority* hat bereits einen Entwurf für *Guidelines on sound remuneration policies under the UCITS Directive and AIFMD*[48] erarbeitet.

---

43 Die *European Securities and Markets Authority* ist eine unabhängige EU-Behörde, die zur Sicherung der Stabilität des Finanzsystems der Europäischen Union durch die Stärkung des Anlegerschutzes und der Förderung stabiler und geordneter Finanzmärkte beiträgt. Siehe dazu auch 3. Kapitel V.2.a).

44 *ESMA*, Leitlinien für solide Vergütungspolitiken unter Berücksichtigung der AIFMD (Alternative Investment Funds Managers Directive) vom 03. Juli 2013, ESMA/2013/232.

45 Richtlinie 2009/65/EG des Europäischen Parlaments und des Rates vom 13. Juli 2009 zur Koordinierung der Rechts- und Verwaltungsvorschriften betreffend bestimmte Organismen für gemeinsame Anlagen in Wertpapieren (OGAW), ABl. L 23, S. 203.

46 Richtlinie 2014/91/EU des Europäischen Parlaments und des Rates vom 23. Juli 2014 zur Änderung der Richtlinie 2009/65/EG zur Koordinierung der Rechts- und Verwaltungsvorschriften betreffend bestimmte Organismen für gemeinsame Anlagen in Wertpapieren (OGAW) im Hinblick auf die Aufgaben der Verwahrstelle, die Vergütungspolitik und Sanktionen, ABl. L 257, S. 186.

47 Entwurf eines Gesetzes zur Umsetzung der Richtlinie 2014/91/EU des Europäischen Parlaments und des Rates vom 23. Juli 2014 zur Änderung der Richtlinie 2009/65/EG zur Koordinierung der Rechts- und Verwaltungsvorschriften betreffend bestimmte Organismen für gemeinsame Anlagen in Wertpapieren (OGAW) im Hinblick auf die Aufgaben der Verwahrstelle, die Vergütungspolitik und Sanktionen vom 24. September 2015.

48 *ESMA*, Consultation Paper - Guidelines on Sound Remuneration Policies under the UCITS Directive and AIFMD vom 23. Juli 2015, 2015/ESMA/1172. Die finale Fassung wird für das erste Quartal 2016 erwartet.

4. Wertpapierdienstleistungsunternehmen

Für Wertpapierdienstleistungsunternehmen gelten spezielle Vergütungsvorgaben, die sich stark am Kundeninteresse und weniger an solvenzrechtlichen Kriterien orientieren. Die *Bundesanstalt für Finanzdienstleistungsaufsicht* hat die europäischen Vorgaben der *European Securities and Markets Authority*[49] im Rahmen eines Rundschreibens zu den Mindestanforderungen an die Compliance-Funktion und die weiteren Verhaltens-, Organisations- und Transparenzpflichten nach §§ 31ff. WpHG für Wertpapierdienstleistungsunternehmen (MaComp)[50] übernommen.

5. Gemeinsamkeiten

Die zahlreichen Vergütungsvorgaben im Finanzsektor überschneiden sich teilweise, ergänzen sich aber überwiegend und führen zu einer nahezu lückenlosen Erfassung sämtlicher Unternehmen der Finanzbranche, unabhängig von deren Rechtsform. Gemeinsam ist all diesen Richtlinien, Gesetzen, Verordnungen und Principles, dass sie stets dem Proportionalitätsprinzip folgen und die Anwendbarkeit einzelner Vorschriften oder deren Regelungstiefe von der Größe und Vergütungsstruktur des Unternehmens sowie Art, Umfang, Komplexität, Risikogehalt und Internationalität der Geschäftsaktivitäten abhängig machen. Gemeinsam ist ihnen auch, dass sie Regelungen zur Zuständigkeit, Kontrolle, Veröffentlichung und Ausgestaltung der Vergütungssysteme und der Vergütung enthalten. Im Kern fördern sie eine leistungsorientierte Vergütung, die auf einen nachhaltigen Unternehmenserfolg gerichtet ist. Die Instituts-Vergütungsverordnung ist aus nationaler Sicht am weitreichendsten und verbindlichsten und soll deshalb im Rahmen dieser Arbeit eingehender untersucht werden und einen Schwerpunkt bilden.

IV. Aufbau und Ziel der Arbeit

Die Arbeit gliedert sich in drei Kapitel und strebt eine branchen- und rechtsformübergreifende Basisregelung hinsichtlich der Vergütungsvorgaben an.

1. Hintergrund der Themenwahl

Nicht nur im Finanzbereich ist eine rechtsformunabhängige Erfassung sämtlicher Unternehmen wünschenswert. Für Gesellschaften mit beschränkter Haftung oder Genossenschaften existieren bislang keinerlei gesetzliche Vergütungsvorgaben. Die

49 *ESMA*, Leitlinien Vergütungsgrundsätze und -verfahren (MiFID) vom 03. Juni 2013, ESMA/2013/606.

50 *BaFin*, Rundschreiben 4/2010 (WA) – MaComp, Mindestanforderungen an die Compliance-Funktion und die weiteren Verhaltens-, Organisations- und Transparenzpflichten nach §§ 31 ff. WpHG für Wertpapierdienstleistungsunternehmen, WA 31-Wp 2002-2009/0010.

rechtliche Struktur der Genossenschaft im Vergleich zur Aktiengesellschaft ist ähnlich: ein von den Eigentümern unabhängiger Aufsichtsrat setzt die Vergütung des Vorstands fest. Gleiches gilt für die paritätisch mitbestimmte Gesellschaft mit beschränkter Haftung. Die Einfluss- und Kontrollmöglichkeiten der Anteilseigner sind gering. Eine Ausweitung des § 120 Abs. 4 AktG zugrundeliegenden Rechtsgedankens wäre daher wünschenswert. Der Aufsichtsrat ist zudem bei der Festsetzung der Vorstandsvergütung in diesen Gesellschaftsformen bislang keinerlei gesetzlichen Vergütungsvorgaben unterworfen. § 87 AktG ist nicht direkt anwendbar[51]. Bejaht man die Pflicht zu einem verantwortungsvollen Umgang mit den finanziellen Ressourcen eines Unternehmens nicht nur gegenüber den Gesellschaftern, Aktionären und Anteilsinhabern, sondern auch gegenüber den Mitarbeitern, Minderheitsgesellschaftern und Kleinaktionären, entsteht das Bedürfnis, auch diese Gesellschaftsformen klaren Vergütungsvorgaben zu unterwerfen. Selbstverständlich ist eine kleine, handwerklich geprägte Gesellschaft mit beschränkter Haftung nicht mit Konzernen wie der Robert Bosch GmbH zu vergleichen. Ebenso bestehen unterschiedliche Strukturen und Interessenlagen bei familiär geprägten Aktiengesellschaften im Vergleich zu großen börsennotierten Aktiengesellschaften mit zahlreichen Aktien im Streubesitz oder einem einflussreichen Großaktionär. Die Vergütungsvorgaben müssen deshalb diesen Unterschieden Rechnung tragen können. Ein zu enges und starres Korsett darf nicht geschaffen werden. Einerseits müssen neue Vergütungsregelungen dem Gebot der Rechtssicherheit und -klarheit genügen, andererseits müssen sie auch verhältnismäßig sein. Die Verhältnismäßigkeit ist ein wichtiger Leitgedanke: jede Gesellschaft soll abhängig von ihrer Größe, der Art der Geschäfte, der Komplexität und Internationalität mehr oder weniger einschränkenden Vergütungsvorgaben unterliegen.

2. Aufbau

Um überhaupt eine branchen- und rechtsformübergreifende einheitliche Vergütungsregelung aufstellen zu können, soll im Rahmen dieser Arbeit eine umfassende Analyse der kapitalmarktrechtlichen und bereits bestehenden aktienrechtlichen Vergütungsvorgaben erfolgen. Diese dienen als Grundlage der Überlegungen zu einer branchen- und rechtsformübergreifenden gesetzlichen Regelung. Im ersten Kapitel der Arbeit werden die Vergütungsvorgaben kurz dargestellt. Insbesondere werden die historische Entwicklung, die internationalen und europäischen Rechtsgrundlagen und der Normcharakter erörtert. Damit soll eine Grundlage für die Abhandlungen im dritten Kapitel geschaffen werden. Das zweite Kapitel beschränkt sich auf die Instituts-Vergütungsverordnung. Diese bildet einen Schwerpunkt der

---

51 Baumbach/Hueck/*Zöllner/Noack* GmbHG § 52 Rn. 303; MüKoGmbHG/*Spindler* GmbHG § 52 Rn. 392; *Seibert*, WM 2009, 1489 (1490); *Hoffmann-Becking/Krieger*, NZG 2009, Beilage zu Heft 26, 1 (9); *Habersack* ZHR 2010, 2 (6 f.); *Greven*, BB 2009, 2154 (2157 ff.); *Wübbelsmann*, GmbHR 2009, 988 (989 ff.); *Feddersen/von Cube*, NJW 2010, 576 (578); *Spindler*, FS U.H. Schneider 2011, 1287 (1289 f.).

Arbeit, da sie die detailliertesten Vergütungsvorgaben enthält und somit eine umfassende Basis für eine allgemeine Regelung schafft. Zwar enthält die Instituts-Vergütungsverordnung Vorgaben sowohl für Geschäftsleiter als auch für Mitarbeiter. Im Rahmen dieser Arbeit werden jedoch nur solche Vorgaben näher betrachtet, die für Geschäftsleiter maßgeblich sind. Bei der Auslegung der Instituts-Vergütungsverordnung sind sowohl die internationalen als auch die europarechtlichen Rechtsgrundlagen sowie die Auslegungshilfe der *Bundesanstalt für Finanzdienstleistungen* zu beachten. Auch allgemeine (arbeitsrechtliche) Rechtsgrundsätze werden heranzuziehen sein. Dabei sind die Besonderheiten der Rechtsprechung hinsichtlich der Schutzwürdigkeit von Managern und der Anwendbarkeit allgemeiner arbeitsrechtlicher Gesetze und Grundsätze auf diese Personengruppe zu beachten. Auf den zur Instituts-Vergütungsverordnung gewonnen Ergebnissen soll im dritten Kapitel aufgebaut werden. Die Vorschriften der im ersten Kapitel beschriebenen Rechtsgrundlagen werden analysiert und mit den zur Instituts-Vergütungsverordnung gewonnenen Erkenntnissen verglichen. Den Abschluss jedes Themenkomplexes bilden Überlegungen de lege ferenda zu einer branchen- und rechtsformübergreifenden Regelung. Hierbei sollen die nötigen Abweichungen aufgrund unterschiedlicher Gesellschaftsstrukturen dargelegt und dem Proportionalitätsgrundsatz Genüge getan werden.

3. Ziel

Ziel der Arbeit ist es, eine gesellschaftsrechtliche branchen- und rechtsformübergreifende Basis hinsichtlich der Ausgestaltung der Vergütungssysteme und der Vergütung, der Zuständigkeit, der Anpassung, der Kontrolle sowie den Rechtsfolgen auszuarbeiten. Diese Basisregelungen können entweder in einem eigenen Gesetz niedergeschrieben werden, welches dann eigenständig neben den gesellschaftsrechtlichen Regelungen steht. Alternativ können sie auch in die jeweiligen Gesetze aufgenommen werden oder bei der Auslegung bestehender Vorschriften herangezogen werden. Für den Finanzsektor werden stets gesonderte Vergütungsregelungen gelten müssen, da die europarechtlichen Vorgaben nicht vollständig durch ein einheitliches Gesetz zur Begrenzung der Managergehälter oder die erarbeiteten Basisregelungen abgedeckt werden können. Im Ergebnis wird eine Basisregelung präferiert, die in die jeweiligen gesellschaftsrechtlichen Gesetze aufgenommen werden, zu einer weitgehend einheitlichen Anwendung und Auslegung der Vergütungsvorgaben führen soll und punktuell weiterhin von zusätzlichen Verordnungen für einzelne Branchen flankiert wird.

1. Kapitel: Übersicht über die gesetzlichen Regelungen

Im Rahmen dieser Arbeit werden zahlreiche gesellschaftsrechtliche und kapitalmarktrechtliche Gesetze, Regelungen, Principles und Leitlinien herangezogen und ausgelegt, um eine branchen- und rechtsformübergreifende Basisregelung daraus abzuleiten. Im ersten Kapitel soll vorab bereits ein genereller Überblick über die bestehenden Rechtsgrundlagen und die zugrundeliegenden internationalen und europarechtlichen Vorgaben gegeben werden. Hierbei soll ebenfalls ihre rechtliche Verbindlichkeit geklärt werden.

I. Instituts-Vergütungsverordnung

Das wohl ausführlichste und bekannteste Gesetz im materiellen Sinne zum Thema Vergütungsregulierung ist die Instituts-Vergütungsverordnung für den Finanzdienstleistungssektor. Sie beruht auf zahlreichen internationalen und europarechtlichen Vorgaben.

1. Internationale Regulierungsinitiativen

Als Reaktion auf die Finanzmarktkrise haben auf supranationaler Ebene zahlreiche Gremien Gutachter beauftragt, die Ursachen der Finanzmarktkrise zu analysieren. Ziel war es, wirksame Maßnahmen ergreifen zu können, um zukünftig Krisen zu vermeiden oder ihnen geeignete Gegeninstrumente entgegensetzen zu können.

a) Financial Stability Board

Bereits im Jahr 1999 wurde das *Financial Stability Forum* (*FSF*) in Bonn gegründet, das zur Stabilität der Finanzmärkte beitragen sollte[52]. Im April 2009 wurde es in *Financial Stability Board* (*FSB*) umbenannt. Das *FSB* ist ein globales Gremium, das sich aus hochrangigen Vertretern von Notenbanken, Aufsichtsbehörden und Finanzministerien der wichtigsten Industrie- und Schwellenländern (G20) sowie des *Baseler Ausschusses für Bankenaufsicht*, des *Internationalen Währungsfonds* (*IWF*), der *Weltbank* und anderer internationaler Institutionen zusammensetzt[53]. Seine

---

52 Zur Entwicklung des *FSB* siehe auch *Jeoung*, 2010 Seoul Summit and Future of Financial Supervisory Board (FSB) as the Fourth Pillar, Korea University Law Review Vol. 7, 17 ff.

53 Artikel 5 der *Charter of the Financial Stability Board* vom Juni 2012 und Annex A List of FSB Members (as amended on 26 March 2015); abrufbar unter: http://www.financialstabilityboard.org/wp-content/uploads/FSB-Charter-with-revised-Annex-FINAL.pdf.

Aufgabe ist es, auf internationaler Ebene die Zusammenarbeit der nationalen und internationalen Regulierungsbehörden zu koordinieren, um eine effektive Regulierung und Aufsicht zu entwickeln und voranzutreiben. Im Interesse der globalen Finanzmarktstabilität soll das *FSB* auf Gefahren für das Finanzsystem hinweisen und diesen effektiv begegnen[54]. Im April 2008 fand ein durch die G7-Minister und die Vorsitzenden der Zentralbänke beim *FSB* in Auftrag gegebenes Gutachten heraus, dass ein Zusammenhang zwischen der Ausgestaltung der Vergütungssysteme und unvertretbar hohen Risikopositionen in bestimmten Geschäftsbereichen besteht[55]. Als Reaktion darauf erließ das *FSB* im April 2009 *Principles for Sound Compensation Practices*[56] in der Finanzbranche. Diese neun Prinzipien befassen sich mit der internen und externen Überwachung einschließlich der damit verbundenen Befugnisse der Aufsichtsbehörden sowie der inhaltlichen Ausgestaltung der Vergütung. Die Prinzipien sind weniger als Vorgaben für die Ausgestaltung von Vergütungssystemen oder der individuellen Vergütung zu verstehen als vielmehr als Mindestvoraussetzungen[57]. Konkretisiert werden diese Prinzipien durch die *FSB-Principles for Sound Compensation Practices – Implementation Standards*[58] vom 25. September 2009. Die G20-Staaten haben diese Umsetzungsstandards auf dem *Pittsburgh Summit* im September 2009 angenommen und sich verpflichtet, sie unverzüglich bis spätestens März 2010 in nationales Recht umzusetzen[59]. Vorrangiges Ziel der *FSB-Principles for Sound Compensation Practices* und den *Implementation Standards* ist es, die Vergütungsstrukturen stärker auf den langfristigen Erfolg des Unternehmens auszurichten und die eingegangenen Risiken angemessen zu berücksichtigen[60].

---

54 Artikel 1: Objectives of the Financial Stability Board der Charter of the Financial Stability Board vom Juni 2012; abrufbar unter http://www.financialstabilityboard.org/wp-content/uploads/FSB-Charter-with-revised-Annex-FINAL.pdf.

55 Report of the Financial Stability Forum on Enhancing Market and Institutional Resilience vom 7. April 2008, S. 20, abrufbar unter http://www.financialstabilityboard.org/wp-content/uploads/r_0804.pdf?page_moved=1.

56 *FSF*, Principles for Sound Compensation Practices vom 02. April 2009.

57 *FSF*, Principles for Sound Compensation Practices vom 02. April 2009, Introduction: "They are not intended to prescribe particular designs or levels of individual compensation. One size does not fit all – financial firms differ in goals, activities and culture, as do jobs within a firm".

58 *FSB*, Principles for Sound Compensation Practices - Implementation Standards vom 25. September 2009.

59 *FSB*, Principles for Sound Compensation Practices - Implementation Standards vom 25. September 2009, S. 1.

60 *Buscher/Hannemann/Wagner/Weigl* InstitutsVergV, S. 5.

b) Baseler Ausschuss für Bankenaufsicht

Ein weiteres Gremium auf globaler Ebene, das sich mit Vergütungsfragen befasst, ist der *Baseler Ausschuss für Bankenaufsicht*[61]. Sein Mandat ist es, die Bankenaufsicht durch Regelungen und Verfahren, insbesondere durch die Weiterentwicklung der *FSB-Principles for Sound Compensation Practices* zu stärken und Bankpraktiken zur Förderung der Finanzstabilität zu entwickeln[62]. Der Ausschuss besitzt keine Supranationalität, so dass seine Vorschläge rechtlich nicht bindend sind[63]. Er wurde durch das *FSB* um Unterstützung bei der Umsetzung der *FSB-Principles for Sound Compensation Practices* gebeten[64]. Die *FSB-Principles for Sound Compensation Practices* wurden deshalb im Jahr 2009 nachträglich in die Zweite Säule der Basel II-Vereinbarung[65] mit den Paragraphen 86 bis 94 integriert[66]. Im Dezember 2010 wurde die Basel II-Vereinbarung umfassenden reformiert und gilt nun als Basel III-Vereinbarung[67] fort. Die Vergütungsgrundsätze wurden hierdurch jedoch nicht tangiert. Wichtigstes Werk des *Baseler Ausschusses für Bankenaufsicht* im Hinblick auf die Vergütungsprinzipien ist die *Methodik für die Beurteilung der Vergütungsgrundsätze*[68]. Darin enthalten sind Hilfestellungen für die nationalen Aufsichtsbehörden zur Auslegung der *FSB-Principles for Sound Compensation Practices.* Ergänzend zu den Offenlegungspflichten nach den *FSB-Principles for Sound Compensation Practices*

---

61 Dem Basel Committee on Banking Supervision (*BCBS)* gehören derzeit 28 Jurisdiktionen an: Argentina, Australia, Belgium, Brazil, Canada, China, European Union, France, Germany, Hong Kong SAR, India, Indonesia, Italy, Japan, Korea, Luxembourg, Mexico, Netherlands, Russia, Saudi Arabia, Singapore, South Africa, Spain, Sweden, Switzerland, Turkey, United Kingdom, United States. Die Länder werden durch Vertreter der Zentralbanken oder der Aufsichtsbehörden vertreten.

62 *BCBS*, Charta des *Baseler Ausschusses für Bankenaufsicht*, Nr. 1, S. 1; abrufbar unter: http://www.bis.org/bcbs/charter_de.pdf.

63 *BCBS*, Charta des *Baseler Ausschusses für Bankenaufsicht*, Nr. 3, S. 1; abrufbar unter: http://www.bis.org/bcbs/charter_de.pdf.

64 *FSB*, Principles for Sound Compensation Practices - Implementation Standards vom 25. September 2009, S. 1.

65 *BCBS*, Internationale Konvergenz der Eigenkapitalmessung und der Eigenkapitalanforderungen - Überarbeitete Rahmenvereinbarung vom 10. Juni 2004, abrufbar unter: http://www.bis.org/publ/bcbs107ger.htm.

66 Die Basel II-Vereinbarung gliedert sich in drei Säulen: Säule I: Mindestkapitalanforderungen, Säule II: Bankaufsichtlicher Überprüfungsprozess, Säule III: Erweiterte Offenlegungspflichten; Einzelheiten dazu siehe auch *Deutsche Bundesbank*, Monatsbericht April 2001; *Volkenner/Walter*, DStR 2004, 1399; Zu Basel III siehe *Manns/Schulte-Mattler*, WM 2010, 1577; *Guericke* in: Hopt/Wohlmannstetter, Handbuch Corporate Governance von Banken, S. 285.

67 *BCBS*, Basel III: Ein globaler Regulierungsrahmen für widerstandsfähigere Banken und Bankensysteme vom Dezember 2010 (überarbeitet Juni 2011), abrufbar unter http://www.bis.org/publ/bcbs189_de.pdf.

68 *BCBS*, Compensation Principles and Standards Assessment Methodology, abrufbar unter: http://www.bis.org/publ/bcbs166.pdf.

schlägt der *Baseler Ausschuss für Bankenaufsicht* eine qualitative und quantitative Erweiterung der Angaben zur Vergütung vor[69]. Diese wurden im Rahmen der europäischen Vorgaben aufgegriffen und in zwingendes Recht umgesetzt.

2. Europarechtliche Bestimmungen

Zeitgleich zu den internationalen Bestrebungen haben auf europäischer Ebene der *Ausschuss der europäischen Bankenaufsichtsbehörden* (*CEBS*)[70] sowie die *EU-Kommission*[71] ihrerseits ebenfalls Grundsätze für eine solide Vergütungspolitik veröffentlicht. Ausgangspunkt für diese Regulierungsinitiative bildete der sogenannte „*De-Larosière-Bericht*"[72], der ähnlich dem Bericht des *FSB* zu dem Ergebnis kam, dass eine unangemessene Vergütungspolitik zur Eingehung unverhältnismäßiger Risiken verleite und somit maßgeblicher Auslöser der Finanzmarktkrise sei[73]. Während sich die Empfehlung der *EU-Kommission* bereits an den *FSB-Principles for Sound Compensation Practices* orientiert, enthalten die *High-level Principles for Remuneration Policies* lediglich sehr allgemeine Grundsätze, die durch die weiteren Entwicklungen auf internationaler Ebene sehr bald überholt wurden[74].

a) *Richtlinie 2010/76/EU (CRD III)*

Da beiden Regelungswerken keinerlei Bindungswirkung zukommt[75], hat die *EU-Kommission* die Vorgaben der *FSB-Principles for Sound Compensation Practices* fast deckungsgleich in die Richtlinie 2010/76/EU[76] übernommen[77]. Diese trat am

---

69 *BCBS*, Pillar 3 disclosure requirements for remuneration vom Juli 2011, abrufbar unter: http://www.bis.org/publ/bcbs197.pdf.

70 *CEBS*, High-level Principles for Remuneration Policies vom 20. April 2009, abrufbar unter: https://www.eba.europa.eu/documents/10180/16094/High-level+principles+for+remuneration+policies.pdf.

71 Empfehlung der Kommission zur Vergütungspolitik im Finanzdienstleistungssektor (2009/384/EG) vom 30. April 2009.

72 The High-Level Group of Financial Supervision in the EU, Report vom 25. Februar 2009, abrufbar unter: http://ec.europa.eu/internal_market/finances/docs/de_larosiere_report_de.pdf.

73 The High-Level Group of Financial Supervision in the EU, Report vom 25. Februar 2009, Ziffer 24, S. 11.

74 *Buscher/Hannemann/Wagner/Weigl* InstitutsVergV, S. 9.

75 Empfehlungen der *Kommission* sind nach Art. 288 Abs. 5 AEUV für Mitgliedstaaten nicht verbindlich.

76 Richtlinie 2010/76/EU des Europäischen Parlaments und des Rates vom 24. November 2010 zur Änderung der Richtlinien 2006/48/EG und 2006/49/EG im Hinblick auf die Eigenkapitalanforderungen für Handelsbuch und Wiederverbriefungen und im Hinblick auf die aufsichtliche Überprüfung der Vergütungspolitik (Bankenrichtlinie – CRD III), ABl. L 329, S. 3.

77 Richtlinie 2010/76/EU des Europäischen Parlaments und des Rates vom 24. November 2010 zur Änderung der Richtlinien 2006/48/EG und 2006/49/EG im Hinblick auf

15. Dezember 2010 in Kraft. Die Grundsätze einer soliden Vergütungspolitik[78] wurden der Richtlinie 2006/48/EG[79] im Anhang V Abschnitt 11 Nr. 23, 24 hinzugefügt. Ziel der Vergütungsgrundsätze ist, die persönlichen Ziele der Mitarbeiter und Geschäftsleiter an den langfristigen Interessen des Finanzinstituts auszurichten[80]. Die Richtlinie 2010/76/EU verlangt erstmals die Festsetzung eines angemessenen Verhältnisses zwischen fixer und variabler Vergütung ohne eine konkrete Obergrenze vorzuschreiben. Auch sollen unterschiedliche Vergütungsparameter auf einer mehrjährigen Bemessungsgrundlage beruhen und die eingegangen Risiken angemessen berücksichtigt werden. Bereits im Rahmen der Richtlinie 2010/76/EU wurden von der *Europäischen Bankenaufsichtsbehörde* (*EBA*) mehrere technische Standards und Leitlinie zur Konkretisierung und Ergänzung erlassen[81].

Auf der Grundlage des Art. 22 Abs. 4 der Richtlinie 2010/76/EU beauftragte die *EU-Kommission* das *CEBS* mit der Erarbeitung von Leitlinien zu den neuen Vergütungsregeln[82]. Damit sollte auf europäischer Ebene eine möglichst einheitliche Umsetzung der Richtlinienanforderungen erleichtert werden[83]. Die *CEBS-Guidelines on Remuneration Policies and Practices* richten sich sowohl an nationale

---

die Eigenkapitalanforderungen für Handelsbuch und Wiederverbriefungen und im Hinblick auf die aufsichtliche Überprüfung der Vergütungspolitik (Bankenrichtlinie – CRD III), ABl. L 329, S. 3, 1. Erwägungsgrund.

78 Richtlinie 2010/76/EU des Europäischen Parlaments und des Rates vom 24. November 2010 zur Änderung der Richtlinien 2006/48/EG und 2006/49/EG im Hinblick auf die Eigenkapitalanforderungen für Handelsbuch und Wiederverbriefungen und im Hinblick auf die aufsichtliche Überprüfung der Vergütungspolitik (Bankenrichtlinie – CRD III), ABl. L 329, S. 3, Anhang 1 Nr. 1.

79 Richtlinie 2006/48/EG des Europäischen Parlaments und des Rates vom 14. Juni 2006 über die Aufnahme und Ausübung der Tätigkeit der Kreditinstitute, ABl. L 177. S. 1.

80 Richtlinie 2010/76/EU des Europäischen Parlaments und des Rates vom 24. November 2010 zur Änderung der Richtlinien 2006/48/EG und 2006/49/EG im Hinblick auf die Eigenkapitalanforderungen für Handelsbuch und Wiederverbriefungen und im Hinblick auf die aufsichtliche Überprüfung der Vergütungspolitik (Bankenrichtlinie – CRD III), ABl. L 329, S. 3, Erwägungsgrund Nr. 1.

81 *EBA*, Guidelines on the remuneration benchmarking exercise vom 16. Juli 2014, EBA/GL/2014/08 vormals *EBA*, Leitlinien zum Vergütungsvergleich vom 27 Juli 2012, EBA/GL/2012/4; *EBA*, Guidelines on the data collection exercise regarding high earners vom 16. Juli 2014, EBA/GL/2014/07, vormals *EBA*, Leitlinien zur Datenerfassung im Hinblick auf Personen mit hohem Einkommen vom 27. Juli 2012, EBA/GL/2012/5.

82 *CEBS*, Guidelines on Remuneration Policies and Practices vom 10. Dezember 2010.

83 Richtlinie 2010/76/EU des Europäischen Parlaments und des Rates vom 24. November 2010 zur Änderung der Richtlinien 2006/48/EG und 2006/49/EG im Hinblick auf die Eigenkapitalanforderungen für Handelsbuch und Wiederverbriefungen und im Hinblick auf die aufsichtliche Überprüfung der Vergütungspolitik (Bankenrichtlinie – CRD III), ABl. L 329, S. 3, 19. Erwägungsgrund.

Aufsichtsbehörden als auch direkt an die Unternehmen[84]. Sie enthalten bereits Vorschläge zu einer zeitlichen Staffelung der Bonuszahlungen über einen längeren Zeitraum, der Einführung eines Bonus-Malus-Systems sowie der Möglichkeit, variable Vergütungsbestandteile vollständig zu streichen oder zurückzufordern. Die *CEBS-Guidelines on Remuneration Policies and Practices* sind als solche formal unverbindlich[85]. Sie entwickeln lediglich eine faktische Bindungswirkung[86]. Zum Zeitpunkt des Erlasses der Instituts-Vergütungsverordnung im Jahr 2010 lagen die *CEBS-Guidelines on Remuneration Policies and Practices* noch nicht in ihrer Endfassung vor, der deutsche Verordnungsgeber hat den bereits vorliegenden Entwurf jedoch explizit bei der Formulierung der Instituts-Vergütungsverordnung 2010 berücksichtigt[87]. Erst durch die Neufassung der Instituts-Vergütungsverordnung im Jahr 2013 wurden die *CEBS-Guidelines on Remuneration Policies and Practices* vollumfänglich einbezogen[88]. Sie sind jedoch nicht deckungsgleich übernommen worden und bieten auch weiterhin zusätzliche Orientierungshilfen bei der Auslegung einzelner Vorgaben[89]. Das *CEBS* wurde im Jahr 2011 durch die *EBA* abgelöst[90].

b) CRD IV-Maßnahmenpaket

Im Juni 2013 wurde das *CRD IV*-Maßnahmenpaket veröffentlicht, das eine weitere Verschärfung der bankenaufsichtsrechtlichen Vorgaben an die Vergütungssysteme der Institute enthielt. Dieses besteht aus einer unmittelbar geltenden Verordnung 575/2013/EG (Capital Requirements Regulation – CRR)[91] und einer in nationales

84 *CEBS*, Guidelines on Remuneration Policies and Practices vom 10. Dezember 2010, Rn. 8, S. 11.

85 *Baur/Boegl*, BKR 2011, 177; *Herdegen*, Bankenaufsicht, S. 37; *Röhl* in: Fehling/Ruffert, Regulierungsrecht, § 18, Rn. 120; *CEBS*, CEBS contribution to the Lamfalussy review vom 12. November 2007, S. 3.

86 *Herdegen*, Bankenaufsicht, S. 37; *Möllers*, ZaöRV 2005, 351 (379); *Röhl* in: Fehling/Ruffert, Regulierungsrecht, § 18, Rn. 120; *Deutsche Bundesbank*, Monatsbericht September 2010, S. 75.

87 *BaFin*, Auslegungshilfe zur Institutsvergütungsverordnung vom 01. Januar 2014, Allgemeiner Teil.

88 *BaFin*, Auslegungshilfe zur Institutsvergütungsverordnung vom 01. Januar 2014, Allgemeiner Teil.

89 *BaFin*, Auslegungshilfe zur Institutsvergütungsverordnung vom 01. Januar 2014 zu § 7 (Ermittlung eines angemessenen Gesamtbonuspools), zu § 16 (weitere Orientierung zur qualitativen und quantitativen Offenlegung), zu § 19 (Berücksichtigung von Gesamterfolg und Erfolgsbeiträgen).

90 Die *EBA* ist Teil des zum 01. Januar 2011 geschaffenen Europäischen Systems der Finanzaufsicht (*ESFS*), siehe dazu 3. Kapitel V.2.a).

91 Verordnung (EU) Nr. 575/2013 des Europäischen Parlaments und des Rates vom 26. Juni 2013 über Aufsichtsanforderungen an Kreditinstitute und Wertpapierfirmen und zur Änderung der Verordnung (EU) Nr. 646/2012, ABl. L 176, S. 1.

Recht zu implementierenden Richtlinie 2013/36/EU (CRD IV)[92]. Die Verordnung 575/2013/EG ist nur im Rahmen der Offenlegungspflichten des § 16 InstitutsVergV von Relevanz und setzt darin die Vorgaben aus Basel III um. Die Richtlinie 2013/36/EU wurde im Rahmen des CRD IV-Umsetzungsgesetzes[93] in das Kreditwesengesetz und die Instituts-Vergütungsverordnung umgesetzt. Die wesentlichen Neuerungen in den vergütungsrelevanten Regelungen liegen in der Einführung einer festen Obergrenze der variablen Vergütung sowie einer Änderung der internen Kontrollmechanismen.

Die von der *EBA* bereits im Rahmen der Richtlinie 2010/76/EU erarbeiteten Standards und Leitlinien wurden im Jahr 2014 überarbeitet und an die Anforderungen des CRD IV-Maßnahmenpakets angepasst[94]. Darüber hinaus finden sich auch in der Richtlinie 2013/36/EU zahlreiche Verweise auf eine Konkretisierung der Vorgaben durch die *EBA*. Diese rechtlich bindenden Regulierungs- oder Durchführungsstandards (Binding Technical Standards) werden von der *EU-Kommission* als Verordnung oder Beschluss angenommen. Solche Regulierungsstandards bestehen beispielsweise zur Identifizierung von Risk-Takern[95] oder zu Vergütungsinstrumenten, die geeignet sind eine nachhaltige Vergütung sicherzustellen[96]. Daneben erlässt die *EBA* auch Leitlinien[97], die jedoch keine rechtlich bindende Wirkung haben.

---

92 Richtlinie 2013/36/EU des Europäischen Parlaments und des Rates vom 26. Juni 2013 über den Zugang zur Tätigkeit von Kreditinstituten und die Beaufsichtigung von Kreditinstituten und Wertpapierfirmen, zur Änderung der Richtlinie 2002/87/EG und zur Aufhebung der Richtlinien 2006/48/EG und 2006/49/EG, ABl. L 176, S. 338.

93 Gesetz zur Umsetzung der Richtlinie 2013/36/EU über den Zugang zur Tätigkeit von Kreditinstituten und die Beaufsichtigung von Kreditinstituten und Wertpapierfirmen und zur Anpassung des Aufsichtsrechts an die Verordnung (EU) Nr. 575/2013 über Aufsichtsanforderungen an Kreditinstitute und Wertpapierfirmen (CRD IV-Umsetzungsgesetz) vom 28. August 2013, BGBl. I Nr. 53, S. 3395.

94 *EBA*, Guidelines on the remuneration benchmarking exercise vom 16. Juli 2014, EBA/GL/2014/08; *EBA*, Guidelines on the data collection exercise regarding high earners vom 16. Juli 2014, EBA/GL/2014/07.

95 Delegierte Verordnung (EU) 604/2014 der Kommission vom 4. März 2014 zur Ergänzung der Richtlinie 2013/36/EU des Europäischen Parlaments und des Rates im Hinblick auf technische Regulierungsstandards in Bezug auf qualitative und angemessene quantitative Kriterien zur Ermittlung der Mitarbeiterkategorien, deren berufliche Tätigkeit sich wesentlich auf das Risikoprofil eines Instituts auswirkt; ABl. L 167, S. 30.

96 Delegierte Verordnung (EU) 527/2014 der Kommission vom 12. März 2014 zur Ergänzung der Richtlinie 2013/36/EU des Europäischen Parlaments und des Rates durch technische Regulierungsstandards zur Bezeichnung der Klassen von Instrumenten, die die Bonität eines Instituts unter der Annahme der Unternehmensfortführung angemessen widerspiegeln und die für eine Verwendung zu Zwecken der variablen Vergütung geeignet sind ABl. L 148, S. 21.

97 Beispielsweise *EBA*, Leitlinien für den auf die variable Vergütung anzuwendenden Nominaldiskontsatz, vom 27. März 2014, EBA/GL/2014/01.

3. Nationale Umsetzung

Aufgrund des Beschlusses der G20 im September 2009 in Pittsburgh war Deutschland verpflichtet, die *FSB-Principles for Sound Compensation Practices* zeitnah und rechtlich verbindlich umzusetzen.

a) Maßnahmenpaket der Bundesregierung

Da ein nationales Gesetzgebungsverfahren einen größeren zeitlichen Vorlauf benötigt, entwickelte die *Bundesregierung* ein dreistufiges Maßnahmenpaket[98]. In einem ersten Schritt unterzeichneten Ende 2009 acht Banken[99] und drei Versicherungsunternehmen[100] eine Selbstverpflichtungserklärung, in der sie sich zu den *FSB-Principles for Sound Compensation Practices* bekannten.

Der zweite Schritt bestand in einem Rundschreiben der *BaFin* vom 21. Dezember 2009 mit dem Titel „Aufsichtsrechtliche Anforderungen an Vergütungssysteme von Instituten" (22/2009). Dieses Rundschreiben ersetzte die vergütungsrelevanten Anforderungen in dem Rundschreiben 15/2009 (BA) „Mindestanforderungen an das Risikomanagement (MaRisk)" in der Fassung vom 14. August 2009. Darin waren ursprünglich die *FSB-Principles for Sound Compensation Practices* umgesetzt worden.

In einem dritten Schritt sollten die vergütungsrelevanten Vorgaben in gesetzliche Maßnahmen umgesetzt werden. Dazu wurde im Juli 2010 das Gesetz über die aufsichtsrechtlichen Anforderungen an die Vergütungssysteme von Instituten und Versicherungsunternehmen (VergAnfG)[101] erlassen. Hierdurch wurden das Gesetz über das Kreditwesen (KWG)[102] und das Gesetz über die Beaufsichtigung der Versicherungsunternehmen (VAG)[103] geändert. Für den Finanzdienstleistungssektor maßgeblich wurde § 25a Abs. 1 Satz 3 Nr. 6 KWG eingefügt. Danach müssen die Vergütungssysteme für Geschäftsleiter und Mitarbeiter angemessen, transparent und auf die nachhaltige Entwicklung des Instituts ausgerichtet sein. Das *Bundesministerium der Finanzen* wurde ermächtigt, durch Rechtsverordnung nähere Einzelheiten festzulegen, die insbesondere die konkrete Ausgestaltung der Vergütungssysteme

---

98 *Bundesministerium für Finanzen*, Fehlanreize verhindern – Nachhaltige Vergütungsstrukturen schaffen, Pressemitteilung Nr. 55 vom 11. Dezember 2009.

99 Deutsche Bank AG, Commerzbank AG, Hypo Vereinsbank AG, DZ Bank AG, WestLB AG, Landesbank Baden-Württemberg, BayenLB und HSH Nordbank AG.

100 Allianz SE, Talanx AG und Münchner Rück AG.

101 Gesetz über die aufsichtsrechtlichen Anforderungen an die Vergütungssysteme von Instituten und Versicherungsunternehmen (VergAnfG) vom 21. Juli 2010, BGBl. I Nr. 38, S. 950.

102 Gesetz über das Kreditwesen (Kreditwesengesetz - KWG) vom 09. September 1998, BGBl. I Nr. 62, S. 2776, zuletzt geändert durch Artikel 16 des Gesetzes vom 20. November 2015, BGBl. I Nr. 46, S. 2029.

103 Gesetz über die Beaufsichtigung der Versicherungsunternehmen (Versicherungsaufsichtsgesetz - VAG) vom 17. Dezember 1992, BGBl. I Nr. 1, S. 2, zuletzt durch Artikel 353 des Gesetzes vom 31. August 2015, BGBl. I Nr. 35, S. 1474.

betrafen, aber auch die Überwachung der Angemessenheit und die Offenlegungspflichten regelten.

Bereits im Oktober 2010 wurde auf der Grundlage des § 25a Abs. 5 KWG a.F. die Instituts-Vergütungsverordnung[104] erlassen. Diese trat am 13. Oktober 2010 in Kraft und löste das *BaFin*-Rundschreiben 22/2009 (BA) ab. Das dreistufige Maßnahmenpaket der *Bundesregierung* war damit abgeschlossen.

b) Instituts-Vergütungsverordnung 2010

Durch das Gesetz über die aufsichtsrechtlichen Anforderungen an die Vergütungssysteme von Instituten und Versicherungsunternehmen (VergAnfG) wurden die internationalen *FSB-Principles for Sound Compensation Practices* sowie die vergütungsbezogenen Vorgaben der Richtlinie 2010/76/EU und der *CEBS-Guidelines on Remuneration Policies and Practices* auf eine gesetzliche Grundlage gestellt. Ziel des neu eingefügten § 25a Abs. 1 Satz 3 Nr. 6 KWG war die Schaffung eines engen Zusammenhangs zwischen der Ausgestaltung der Vergütungssysteme und dem Risikomanagement des Instituts. Nach der Begründung der Instituts-Vergütungsverordnung kann eine Vergütungspolitik, die auf kurzfristige Parameter ausgerichtet ist und einseitig Erfolg belohnt, ohne Misserfolg ausreichend zu sanktionieren, dazu verleiten, den langfristigen und nachhaltigen Unternehmenserfolg aus dem Blick zu verlieren. Eine derartige Vergütungspolitik läuft einem angemessenen Risikomanagement zuwider[105].

Die Instituts-Vergütungsverordnung 2010 orientierte sich inhaltlich weitestgehend am Rundschreiben 22/2009 (BA) der *BaFin*. Wie auch sämtliche internationalen und europarechtlichen Vorgaben wird die Instituts-Vergütungsverordnung 2010 durch den Grundsatz der Proportionalität geprägt. Es wird differenziert zwischen allgemeinen Anforderungen, die für alle Institute gelten (§§ 3, 4, 7, 9, 10, 11 InstitutsVergV a.F.) und besonderen Anforderungen, die nur für bedeutende Institute gelten (§§ 5, 6, 8 InstitutsVergV a.F.). Innerhalb der besonderen Anforderungen gibt es wiederum solche, die nur für Geschäftsleiter und besondere Mitarbeiter gelten (§ 5 Abs. 2–4 und § 8 Abs. 3 InstitutsVergV a.F.). Es gibt jedoch geringfügige Abweichungen zu den *CEBS-Guidelines on Remuneration Policies and Practices*, die darauf beruhen, dass diese im Zeitpunkt des Verordnungserlasses noch nicht in der Endfassung vorlagen. Nach den *CEBS-Guidelines on Remuneration Policies and Practices* ist vorgesehen, dass alle Institute Mitarbeiter mit einem wesentlichen Einfluss auf das Gesamtrisikoprofil des Instituts haben (Risk-Taker) identifizieren müssen[106]. Die

---

104 Verordnung über die aufsichtsrechtlichen Anforderungen an Vergütungssysteme von Instituten (Instituts-Vergütungsverordnung – InstitutsVergV), BGBl. I Nr. 50, S. 1374.

105 *BaFin*, Auslegungshilfe zur Institutsvergütungsverordnung vom 01. Januar 2014, Allgemeiner Teil.

106 *CEBS*, Guidelines on Remuneration Policies and Practices vom 10. Dezember 2010, Rn. 6, S. 10 f.

Instituts-Vergütungsverordnung 2010 sieht dies nur für bedeutende Institute vor (§ 5 Abs. 1 InstitutsVergV a.F.). Auch schlagen die *CEBS-Guidelines on Remuneration Policies and Practices* Vorgaben zur Vergütung von Aufsichtsratsmitgliedern vor[107]. Eine solche Regelung fehlt in der Instituts-Vergütungsverordnung 2010 gänzlich.

c) CRD IV-Umsetzungsgesetz

Bedingt durch die Modifizierung der Vergütungsvorgaben durch das CRD IV-Maßnahmenpaket, hat die *Bundesregierung* das CRD IV-Umsetzungsgesetz[108] erlassen. Wichtigste Neuerung war die Einführung einer Obergrenze für die variable Vergütung. Nach § 25a Abs. 5 KWG müssen alle Institute eine Obergrenze für das angemessene Verhältnis zwischen der variablen und der fixen Vergütung für Geschäftsleiter und Mitarbeiter festlegen. Die variable Vergütung darf zukünftig grundsätzlich 100 Prozent der Fixvergütung nicht überschreiten. Weiter wurde die interne Corporate Governance überarbeitet. Eine weitere Veränderung stellt die durch § 25d Abs. 12 KWG neu eingeführte Pflicht zur Einsetzung eines Vergütungskontrollausschusses aus der Mitte des Aufsichtsorgans dar. Dieser lösten den bisher eingesetzten Vergütungsausschuss ab[109].

d) Instituts-Vergütungsverordnung 2013

Im Zuge der Umsetzung des CRD IV-Maßnahmenpakets wurde mit § 25a Abs. 6 KWG eine neue Rechtsgrundlage für den Erlass einer Verordnung zur Konkretisierung der Ausgestaltung der Vergütungssysteme und der individuellen Vergütung, der Überwachung und der Offenlegung geschaffen. Die Neufassung der Instituts-Vergütungsverordnung[110] trat am 01. Januar 2014 in Kraft. Die *BaFin* hat dazu eine Begründung[111] sowie eine Auslegungshilfe[112] herausgegeben. Während sich die Begründung ausschließlich auf die inhaltlichen Änderungen gegenüber der Fassung von 2010 bezieht, enthält die Auslegungshilfe neben der bisherigen Begründung erläuternde Ausführungen zur Neufassung. Die Gliederung der

---

107 *CEBS*, Guidelines on Remuneration Policies and Practices vom 10. Dezember 2010, Rn. 47, S. 30.

108 Gesetz zur Umsetzung der Richtlinie 2013/36/EU über den Zugang zur Tätigkeit von Kreditinstituten und die Beaufsichtigung von Kreditinstituten und Wertpapierfirmen und zur Anpassung des Aufsichtsrechts an die Verordnung (EU) Nr. 575/2013 über Aufsichtsanforderungen an Kreditinstitute und Wertpapierfirmen (CRD IV-Umsetzungsgesetz) vom 28. August 2013, BGBl. I Nr. 53, S. 3395.

109 Siehe dazu 2. Kapitel II.2.

110 Verordnung über die aufsichtsrechtlichen Anforderungen an Vergütungssysteme von Instituten (Institutsvergütungsverordnung - InstitutsVergV) vom 16. Dezember 2013, BGBl. I Nr. 74, S. 4270.

111 *Bundesministerium der Finanzen*, Begründung zur Institutsvergütungsverordnung vom 07. März 2014.

112 *BaFin*, Auslegungshilfe zur Institutsvergütungsverordnung vom 01. Januar 2014.

Instituts-Vergütungsverordnung 2013 unterscheidet sich grundlegend von der ursprünglichen Fassung. Die vormals elf Paragraphen wurden aufgeteilt und erweitert auf 29 Paragraphen. Die Instituts-Vergütungsverordnung untergliedert sich nun in fünf Abschnitte. Der erste Abschnitt enthält den Anwendungsbereich der Instituts-Vergütungsverordnung und maßgebliche Begriffsbestimmungen (§§ 1 und 2 InstitutsVergV). Der zweite Abschnitt befasst sich mit allgemeinen Anforderungen, die für alle Institute gelten (§§ 3 bis 16 InstitutsVergV). Im dritten Abschnitt finden sich die anspruchsvolleren Anforderungen, die nur für bedeutende Institute gelten (§§ 17 bis 26 InstitutsVergV). Der vierte Abschnitt regelt die Anforderungen an Vergütungssysteme auf Gruppenebene (§ 27 InstitutsVergV) und im letzten Abschnitt sind Übergangsregelungen und der Zeitpunkt des Inkrafttretens normiert (§§ 28 und 29 InstitutsVergV).

Überblicksartig sollen an dieser Stelle die wesentlichen Änderungen gegenüber der Instituts-Vergütungsverordnung 2010 genannt werden.

- Einstufung als bedeutendes Institut
  Die Struktur der Einordnung als bedeutendes Institut unterscheidet sich gänzlich von der ursprünglichen Fassung. Nicht nur die systematische Stellung in § 17 InstitutsVergV unterscheidet sich von der vorherigen Fassung, in der die Abgrenzung bereits in § 1 Abs. 2 InstitutsVergV a.F. enthalten war. Auch die Höhe der Bilanzsumme wurde von drei auf zwei Stufen herabgesetzt, die Höhe modifiziert und die Durchführung einer Risikoanalyse auf eine freiwillige Basis bei Überschreitung der Bilanzobergrenze gestellt.
- Freigrenze für die variable Vergütung
  Neu eingeführt wurde eine Freigrenze für die variable Vergütung. Die *BaFin* hat bei einer variablen Vergütung von Geschäftsleitern und Risk-Takern von weniger 50.000 Euro entschieden, dass die strengen Anforderungen zur nachhaltigen und aufgeschobenen Vergütung der §§ 20 Abs. 1 bis 3 und 22 InstitutsVergV keine Anwendung finden, § 18 Abs. 1 InstitutsVergV. Die Höhe der Freigrenze kann von der *BaFin* jederzeit an das allgemeine Lohnniveau im Bankensektor angepasst werden.
- Vergütungskontrollausschuss und Vergütungsbeauftragter
  Der Vergütungskontrollausschuss und der Vergütungsbeauftragte lösen den bislang eingesetzten Vergütungsausschuss ab. Die Aufgaben des in § 25d Abs. 12 KWG vorgesehenen Vergütungskontrollausschusses werden in § 15 InstitutsVergV näher konkretisiert. Bedeutende Institute müssen zusätzlich noch einen Vergütungsbeauftragten benennen, der zwar für die Geschäftsleitung tätig ist, jedoch dem Vergütungskontrollausschuss unterstützend zur Seite steht, § 23 InstitutsVergV.
- Gruppenweite Vergütungsstrategien
  Die Anforderungen an die Vergütungssysteme auf Gruppenebene wurden erweitert und fortentwickelt. Auf die Besonderheiten von Vergütungssystemen auf Gruppenebene wird in dieser Arbeit nicht weiter eingegangen.

II. Versicherungs-Vergütungsverordnung

Die Versicherungs-Vergütungsverordnung[113] wurde parallel zur Instituts-Vergütungsverordnung erlassen. Die *FSB-Principles for Sound Compensation Practices* sprechen zwar nur von *„significant financial institutions"*, jedoch war man sich stets auf nationaler Ebene einig, dass darunter auch Versicherungsunternehmen fallen[114]. Auf europäischer Ebene fehlte es bislang an einer einheitlichen und verbindlichen Vorgabe für die Vergütungsgestaltung[115]. Die für das Versicherungsaufsichtsrecht maßgebliche Rahmenrichtlinie 2009/138/EG[116] enthielt weder in ihrer ursprünglichen Fassung noch in der durch die Richtlinie 2014/51/EU[117] geänderte Fassung Vergütungsvorgaben. Im Vorfeld der Richtlinie 2014/51/EU war erwartet worden, dass im Rahmen der zweiten Säule der Richtlinie qualitative inhaltliche Anforderungen an die Vergütungssysteme normiert werden, um eine Verbesserung des Risikomanagements zu erreichen[118]. Als Grundlage hierzu hätten die vom damaligen *Committee of European Insurance and Occupational Pension Supervisors* (*CEIOPS*)[119] entwickelten sechs Prinzipien für die Vergütungsregulierung[120] dienen können. Der Gesetzgeber hat jedoch im Rahmen des Gesetzgebungsverfahrens die Vergütungsvorgaben in Art. 275 der delegierten Verordnung 2015/35/EU[121] normiert.

---

113 Verordnung über die aufsichtsrechtlichen Anforderungen an Vergütungssysteme im Versicherungsbereich (Versicherungs-Vergütungsverordnung - VersVergV) vom 06. Oktober 2010 BGBl. I Nr. 50, S. 1379.

114 Dies lässt sich aus den nahezu wortlautgleichen Rundschreiben der *BaFin* 22/2009 für den Bankensektor und 23/2009 für den Versicherungssektor sowie der zeitgleichen Unterzeichnung der Selbstverpflichtungserklärung von Banken und Versicherungsunternehmen ableiten.

115 So auch *Weber-Rey*, VersR 2010, 599 (600); *Zöbeley*, Vergütungsvorgaben, S. 22.

116 Richtlinie 2009/138/EG des Europäischen Parlaments und des Rates vom 25. November 2009 betreffend die Aufnahme und Ausübung der Versicherungs- und der Rückversicherungstätigkeit (Solvabilität II) (Neufassung), ABl. L 335, S. 1.

117 Richtlinie 2014/51/EU des Europäischen Parlaments und des Rates vom 16. April 2014 zur Änderung der Richtlinien 2003/71/EG und 2009/138/EG und der Verordnungen (EG) Nr. 1060/2009, (EU) Nr. 1094/2010 und (EU) Nr. 1095/2010 im Hinblick auf die Befugnisse der Europäischen Aufsichtsbehörde (Europäische Aufsichtsbehörde für das Versicherungswesen und die betriebliche Altersversorgung) und der Europäischen Aufsichtsbehörde (Europäische Wertpapier- und Marktaufsichtsbehörde), ABl. L 153, S. 1.

118 Vgl. *CEIOPS*' Advice for Level 2 Implementing Measures on Solvency II: Remuneration Issues, Oktober 2009, CEIOPS-DOC-51/09; *Bartel/Bilobrk/Zopf*, BB 2011, 1269 (1277).

119 Am 01. Januar 2011 wurde diese Behörde durch die Europäische Aufsicht für das Versicherungswesen und die betriebliche Altersversorgung (*EIOPA*) abgelöst.

120 *CEIOPS*' Advice for Level 2 Implementing Measures on Solvency II: Remuneration Issues, Oktober 2009, CEIOPS-DOC-51/09.

121 Delegierte Verordnung (EU) 2015/35 der Kommission vom 10. Oktober 2014 zur Ergänzung der Richtlinie 2009/138/EG des Europäischen Parlaments und des Rates

Auf nationaler Ebene führt die Umsetzung der Richtlinie 2009/138/EG zu einer vollständigen Änderung des Gesetzes über die Beaufsichtigung der Versicherungsunternehmen (VAG)[122]. Am 01. Januar 2016 trat das Gesetz zur Modernisierung der Finanzaufsicht über Versicherungen[123] in Kraft. Die allgemeinen Vergütungsvorgaben für Geschäftsleiter, Mitarbeiter und Aufsichtsratsmitglieder finden sich nun in § 25 VAG. Eine inhaltliche Änderung ist damit nicht verbunden. Die Vergütungssysteme müssen auch weiterhin angemessen, transparent und auf eine nachhaltige Entwicklung des Unternehmens ausgerichtet sein, § 25 Abs. 1 VAG beziehungsweise § 64b Abs. 1 VAG a.F. Die Eingriffsbefugnisse der Aufsichtsbehörde sind künftig in § 25 Abs. 4 VAG geregelt[124]. Auch die Verordnungsermächtigung zum Erlass der Versicherungs-Vergütungsverordnung bleibt an anderer Stelle bestehen. § 34 Abs. 2 VAG ist inhaltsgleich zu § 64b Abs. 5 VAG a.F. Der derzeit vorliegende Referentenentwurf zur Neufassung der Versicherungs-Vergütungsverordnung[125] sieht nur geringfügige inhaltliche Änderungen beispielsweise hinsichtlich der erfassten Unternehmen vor. Im Wesentlichen werden Struktur und Inhalt der bisherigen Fassung übernommen.

Die bis zum 31. Dezember 2015 geltende Fassung der Versicherungs-Vergütungsverordnung[126] ist ähnlich der Instituts-Vergütungsverordnung a.F. aufgebaut. § 1 VersVergV bestimmt den persönlichen und institutionellen Geltungsbereich sowie die Bereichsausnahmen. In § 2 werden einzelne Begriffe näher definiert. Während § 3 allgemeine Anforderungen an Vergütungssysteme und die Vergütung von Geschäftsleitern und Mitarbeitern enthält, normiert § 4 besondere Anforderungen an bedeutende Unternehmen, deren Geschäftsleiter und Risk-Taker. § 5 bestimmt die Anforderungen auf Versicherungsgruppen- und Finanzkonglomeratsebene. Eine Regelung zu Anpassung bestehender Vereinbarungen findet sich in § 6. § 7 enthält lediglich eine Bestimmung zum Inkrafttreten der Verordnung.

---

betreffend die Aufnahme und Ausübung der Versicherungs- und der Rückversicherungstätigkeit (Solvabilität II), ABl. L 12, S. 1.

122 Gesetz zur Modernisierung der Finanzaufsicht über Versicherungen vom 01. April 2015, BGBl. I Nr. 14, S. 434.

123 Gesetz zur Modernisierung der Finanzaufsicht über Versicherungen vom 1. April 2015, BGBl. I Nr. 14, S. 434.

124 Bisher § 81b Abs. 1a VAG.

125 Referentenentwurf des Bundesministeriums der Finanzen, Verordnung zum Erlass von Verordnungen nach dem Versicherungsaufsichtsgesetz vom 23. September 2015, abrufbar unter: http://www.bundesfinanzministerium.de/Content/DE/Gesetzestexte/Referentenentwuerfe/2015-09-29-versicherungsaufsichtsgesetz.html.

126 Im Rahmen dieser Arbeit wird weiterhin diese Fassung herangezogen ohne weitere Kennzeichnung.

III. Finanzmarktstabilisierungsgesetz

Die *FSB-Principles for Sound Compensation Practices* enthalten neben den in der Instituts-Vergütungsverordnung und der Versicherungs-Vergütungsverordnung umgesetzten Vorgaben auch Regelungen zu Vergütungen in Finanzinstituten, die aufgrund der Finanzmarktkrise staatliche Leistungen in Anspruch genommen haben[127]. Diese wurden in Deutschland gesondert durch das Finanzmarktstabilisierungsgesetz (FMStG)[128] sowie das Restrukturierungsgesetz (RStruktG)[129] umgesetzt. Auf letzteres soll im Rahmen dieser Arbeit nicht näher eingegangen werden. Das Finanzmarktstabilisierungsgesetz wurde bereits im Oktober 2008 erlassen und hatte zum Ziel, die aktuelle Finanzmarktkrise zu bewältigen. Es sollte ein tragfähiges Instrumentarium geschaffen werden, um zeitnah bestehende Liquiditätsengpässe zu überwinden und die Stabilität des deutschen Finanzmarktes zu stärken[130].

1. Finanzmarktstabilisierungsfondsgesetz

Das Finanzmarktstabilisierungsgesetz enthält in Art. 1 FMStG das Finanzmarktstabilisierungsfondsgesetz (FMStFG)[131]. Durch dieses Gesetz wird die Errichtung eines Finanzmarktstabilisierungsfonds (*SoFFin*[132]) geregelt, § 1 FMStFG. Dieser ist nach §§ 1, 2 Abs. 2, § 3 FMStFG ein nicht rechtsfähiges Sondervermögen, das jedoch unter eigenem Namen im rechtsgeschäftlichen Verkehr handeln, klagen und verklagt werden kann. Der *SoFFin* dient der Stabilisierung des Finanzmarktes durch Überwindung von Liquiditätsengpässen und durch Schaffung der Rahmenbedingungen für eine Stärkung der Eigenkapitalbasis. Dazu stehen dem *SoFFin* drei Instrumente zur Verfügung: die Garantieübernahme nach § 6 FMStFG, die Rekapitalisierung nach § 7 FMStFG sowie die Risikoübernahme nach § 8 FMStFG. Die Bedingungen für die Gewährung der Stabilisierungsmaßnahmen sind in § 10 FMStFG geregelt. Dazu gehört vorrangig die Gewähr einer soliden und umsichtigen Geschäftspolitik, § 10 Abs. 1 FMStFG. Daneben können durch Rechtsverordnung nähere Bestimmungen

---

127 *FSB*, Principles for Sound Compensation Practices - Implementation Standards vom 25. September 2009, Nr. 10, S. 4.

128 Gesetz zur Umsetzung eines Maßnahmenpakets zur Stabilisierung des Finanzmarktes – Finanzmarktstabilisierungsgesetz (FMStG) vom 17. Oktober 2008, BGBl. I Nr. 46, S. 1982.

129 Gesetz zur Restrukturierung und geordneten Abwicklung von Kreditinstituten, zur Errichtung eines Restrukturierungsfonds für Kreditinstitute und zur Verlängerung der Verjährungsfrist der aktienrechtlichen Organhaftung – Restrukturierungsgesetz (RStruktG) vom 9. Dezember 2010, BGBl. I Nr. 63, S. 1900.

130 Entwurf eines Gesetzes zur Umsetzung eines Maßnahmenpakets zur Stabilisierung des Finanzmarktes (Finanzmarktstabilisierungsgesetz – FMStG) vom 14. Oktober 2008, BT-Drucks. 16/10600, S. 1.

131 Gesetz zur Errichtung eines Finanzmarktstabilisierungsfonds - Finanzmarktstabilisierungsfondsgesetz (FMStFG) vom 17. Oktober 2008, BGBl. I Nr. 46, S. 1982.

132 Der offizielle Name ist Finanzmarktstabilisierungsfonds – FMS.

erlassen werden. Dies gilt insbesondere auch für den Bereich der Vergütung von Organen, Angestellten und wesentlichen Erfüllungsgehilfen, § 10 Abs. 2 Satz 1 Nr. 3 FMStFG. Einzelheiten zur Ausgestaltung der Vergütung finden sich deshalb in der Finanzmarktstabilisierungsfondsverordnung (FMStFV)[133] aber auch bereits in § 10 Abs. 2a – 2c FMStFG. Die Stabilisierungsmaßnahen nach diesem Gesetz sind grundsätzlich befristet. Zunächst war eine Abwicklung und Auflösung des *SoFFin* zum 31. Dezember 2010 angeordnet. Diese Frist wurde mehrfach verlängert. Aktuell sollen die Maßnahmen grundsätzlich nur bis zum 31. Dezember 2015 gewährt werden, § 13 Abs. 1 Satz 1 FMStFG. In Ausnahmefällen können auch nach diesem Datum noch Garantien nach § 8a Absatz 10 Satz 1 FMStFG übernommen werden, § 13 Abs. 1b FMStFG. Ist der *SoFFin* bereits nach § 7 FMStFG im Rahmen von Rekapitalisierungshilfen beteiligt, so kann er sich auch nach Ablauf der Frist am Unternehmen beteiligen, um den Anteil seiner Kapitalbeteiligung an dem Unternehmen aufrechtzuerhalten oder gewährte Stabilisierungsmaßnahmen abzusichern, § 13 Abs. 1a FMStFG.

2. Finanzmarktstabilisierungsfondsverordnung

Die Anforderungen an die Vergütungssysteme der Organe, Angestellten und wesentlichen Erfüllungsgehilfen werden in § 5 FMStFV näher konkretisiert. Nach § 5 Abs. 1 Satz 1 FMStFV sollen im Falle der Inanspruchnahme von Hilfsmaßnahmen an die Unternehmen Anforderungen gestellt werden, um eine solide und umsichtige Geschäftspolitik zu gewährleisten. Diese Soll-Vorschrift ist jedoch als Verpflichtung auszulegen, da eine solide und umsichtige Geschäftspolitik in § 10 Abs. 1 FMStFG als zwingende Bedingung („müssen") formuliert ist und diese aufgrund der Normenhierarchie vorrangig ist[134]. Die Anforderungen unterscheiden sich je nach Art der Hilfsmaßnahme. Bei Risikoübernahmen und Rekapitalisierungshilfen sollen den Unternehmen weitergehende Anforderungen an die Vergütungssysteme und die individuellen Vergütungsvereinbarungen auferlegt werden, § 5 Abs. 2 Nr. 3 und 4 FMStFV. Insbesondere sollen die Vergütung von Organmitgliedern und Geschäftsleitern auf ein angemessenes Maß begrenzt werden können. Als grundsätzlich unangemessen gilt dabei eine monetäre Vergütung, die 500.000 Euro im Jahr übersteigt. Auf Einzelheiten dieser Regelungen sowie deren Verallgemeinerungsfähigkeit wird im 3. Kapitel näher einzugehen sein.

133 Verordnung zur Durchführung des Finanzmarktstabilisierungsfondsgesetzes – Finanzmarktstabilisierungsfonds-Verordnung (FMStFV) vom 20. Oktober 2008, eBAnz. 2008, AT123 V1.

134 *Spindler*, DStR 2008, 2268 (2270).

IV. Kapitalanlagegesetzbuch

Gesetzlich normiert ist neuerdings auch die Vergütung im Investmentfondsbereich. Ziel der neuen Regelungen ist der Systemschutz im bisher noch nicht der staatlichen Finanzaufsicht oder ähnlichen Regulierungen unterliegenden Kapitalmarkt (im sogenannten „grauen Kapitalmarkt“)[135]. Das hierzu erlassene Kapitalanlagegesetzbuch (KAGB)[136] trat am 22. Juli 2013 in Kraft und löste das bis dahin einschlägige Investmentgesetz ab. Es schafft erstmals in Deutschland ein umfassendes Regelwerk für Fondsmanager und ihre Produkte[137]. Das Kapitalanlagegesetzbuch enthält einerseits Regelungen, die auf europarechtlichen Vorgaben beruhen, andererseits jedoch auch eigenständige nationale Regelungen.

1. Europarechtliche Vorgaben

Im Bereich der Vergütungsvorgaben orientieren sich die Vorschriften an der Richtlinie 2011/61/EU[138] sowie der Richtlinie 2009/65/EG[139].

a) Richtlinie 2011/61/EU (AIFMD)

Die Richtlinie 2011/61/EU gilt in Abgrenzung zur Richtlinie 2009/65/EG für alle Verwalter alternativer Investmentvermögen, die keine Organismen für gemeinsame Anlagen in Wertpapieren im Sinne der Richtlinie 2009/65/EG sind, § 1 Abs. 3 KAGB. Investmentvermögen ist jeder Organismus für gemeinsame Anlagen, der von einer Anzahl von Anlegern Kapital einsammelt, um es gemäß einer festgelegten Anlagestrategie zum Nutzen dieser Anleger zu investieren und der kein operativ tätiges Unternehmen außerhalb des Finanzsektors ist. Organismen für gemeinsame Anlagen in Wertpapieren sind hingegen ein bestimmter Typus an offenen Publikumswertpapierfonds, die in Art. 1 Abs. 2 der Richtlinie 2009/65/EG näher

---

135 *Mujan*, BB 2013, 1653 (1654).

136 Gesetz zur Umsetzung der Richtlinie 2011/61/EU über die Verwalter alternativer Investmentfonds (AIFM-Umsetzungsgesetz – AIFM-UmstG) vom 04. Juli 2013, BGBl. I Nr. 35, S. 1981, Artikel 1.

137 Beschlussempfehlung und Bericht des Finanzausschusses vom 10. Mai 2013, BT-Drucks. 17/13395, S. 2; *Voigt* in: Möllers/Kloyer, Das neue Kapitalanlagegesetzbuch, Rn. 130.

138 Richtlinie 2011/61/EU des Europäischen Parlaments und des Rates vom 8. Juni 2011 über die Verwalter alternativer Investmentfonds und zur Änderung der Richtlinien 2003/41/EG und 2009/65/EG und der Verordnungen (EG) Nr. 1060/2009 und (EU) Nr. 1095/2010 (AIFMD), ABl. L 174, S. 1.

139 Richtlinie 2009/65/EG des Europäischen Parlaments und des Rates vom 13. Juli 2009 zur Koordinierung der Rechts- und Verwaltungsvorschriften betreffend bestimmte Organismen für gemeinsame Anlagen in Wertpapieren (OGAW), ABl. L 23, S. 203.

definiert sind[140]. Verwaltet werden die Investmentvermögen durch sogenannte Kapitalverwaltungsgesellschaften. Die Richtlinie 2011/61/EU enthielt bereits in ihrer ursprünglichen Fassung in Artikel 13 Vorgaben zur Vergütung der Mitarbeiter der Kapitalverwaltungsgesellschaften, die durch Anhang II weiter konkretisiert werden. Erfasst werden sowohl Manager offener als auch geschlossener Fonds. Zur Eingrenzung des Anwendungsbereichs hat die *BaFin* am 14. Juni 2013 ein Auslegungsschreiben zum Anwendungsbereich des Kapitalanlagegesetzbuchs und zum Begriff des Investmentvermögens veröffentlicht[141]. Die Vergütungssysteme müssen fortan mit einem soliden und wirksamen Risikomanagement in Einklang stehen[142]. Auch müssen sich die Vergütungsvorgaben an der *Empfehlung 2009/384/EG der Kommission vom 30. April 2009 zur Vergütungspolitik im Finanzdienstleistungssektor* orientieren und diese ergänzen[143]. Die *ESMA* wurde beauftragt, Leitlinien entsprechend der 18 Gebote[144] des Anhangs II zu erlassen. Daraus resultieren die am 03. Juli 2013 in deutscher Sprache veröffentlichten *ESMA-Leitlinien für solide Vergütungspolitiken unter Berücksichtigung der AIFMD*[145].

b) Richtlinie 2009/65/EG (OGAW)

Die aus dem Jahr 2009 stammende Richtlinie 2009/65/EG wurde im Jahr 2014 durch die Richtlinie 2014/91/EU zur Koordinierung der Rechts- und Verwaltungsvorschriften von Organismen für gemeinsame Anlagen in Wertpapieren (OGAW)

---

140 Artikel 1 Abs. 2 Richtlinie 2009/65/EG: Für die Zwecke dieser Richtlinie [...] bezeichnet der Ausdruck „OGAW" Organismen,
a) deren ausschließlicher Zweck es ist, beim Publikum beschaffte Gelder für gemeinsame Rechnung nach dem Grundsatz der Risikostreuung in Wertpapieren und/oder anderen in Artikel 50 Absatz 1 genannten liquiden Finanzanlagen zu investieren, und
b) deren Anteile auf Verlangen der Anteilinhaber unmittelbar oder mittelbar zu Lasten des Vermögens dieser Organismen zurückgenommen oder ausgezahlt werden. Diesen Rücknahmen oder Auszahlungen gleichgestellt sind Handlungen, mit denen ein OGAW sicherstellen will, dass der Kurs seiner Anteile nicht erheblich von deren Nettoinventarwert abweicht.

141 *BaFin*, Auslegungsschreiben zum Anwendungsbereich des KAGB und zum Begriff des "Investmentvermögens" vom 14. Juni 2013, Q 31-Wp 2137-2013/0006.

142 Richtlinie 2011/61/EG des Europäischen Parlaments und des Rates vom 8. Juni 2011 über die Verwalter alternativer Investmentfonds und zur Änderung der Richtlinien 2003/41/EG und 2009/65/EG und der Verordnungen (EG) Nr. 1060/2009 und (EU) Nr. 1095/20101 (AIFMD), ABl. L 174, S. 1, Erwägungsgrund 24.

143 Richtlinie 2011/61/EG des Europäischen Parlaments und des Rates vom 8. Juni 2011 über die Verwalter alternativer Investmentfonds und zur Änderung der Richtlinien 2003/41/EG und 2009/65/EG und der Verordnungen (EG) Nr. 1060/2009 und (EU) Nr. 1095/20101 (AIFMD), ABl. L 174, S. 1, Erwägungsgrund Nr. 26.

144 *Boxberger/Klebeck*, BKR 2013, 441 (443).

145 *ESMA*, Leitlinien für solide Vergütungspolitiken unter Berücksichtigung der AIFMD vom 03. Juli 2013, ESMA/2013/232.

im Hinblick auf die Funktionen der Depotbank, die Vergütungspolitik und Sanktionen[146] geändert. Hierbei wurden erstmals Vergütungsvorgaben durch Einfügen der Artikel 14a und 14b in die Richtlinie 2009/65/EG normiert[147]. Die Kapitalverwaltungsgesellschaften werden verpflichtet, eine Vergütungspolitik und -praxis festzulegen und anzuwenden, die mit einem soliden und wirksamen Risikomanagement vereinbar ist[148]. Nach Artikel 14a Abs. 4 der Richtlinie 2009/65/EG ist auch hier die *ESMA* beauftragt, entsprechende Leitlinien zu erarbeiten. Am 23. Juli 2015 hat die ESMA deshalb ein Consultation Paper zu *Guidelines on sound remuneration policies under the UCITS Directive and AIFMD* veröffentlicht[149].

2. Nationale Umsetzung

Die Umsetzung der Richtlinie 2011/61/EU wurde vom deutschen Gesetzgeber zum Anlass genommen, das Kapitalanlagegesetzbuch zu schaffen. Die Vergütungsregelungen für AIF-Kapitalverwaltungsgesellschaften wurden in § 37 KAGB implementiert. Nach § 37 Abs. 1 KAGB legen die AIF-Kapitalverwaltungsgesellschaften ein Vergütungssystem fest, das mit einem soliden und wirksamen Risikomanagementsystem vereinbar und diesem förderlich ist und keine Anreize setzt zur Eingehung von Risiken, die nicht mit dem Risikoprofil, den Anlagebedingungen, der Satzung oder dem Gesellschaftsvertrag der von ihnen verwalteten Investmentvermögen vereinbar sind. Die Einzelheiten der Ausgestaltung richten sich nach Anhang II der Richtlinie 2011/61/EU, § 37 Abs. 2 KAGB. Ähnlich der Konstruktion des § 25a Abs. 6 KWG und des § 34 Abs. 2 VAG[150] wird auch nach § 37 Abs. 3 KAGB das *Bundesministerium der Finanzen* ermächtigt, nähere Bestimmungen zur Ausgestaltung der Vergütungssysteme, der Überwachung und Offenlegung durch Rechtsverordnung zu erlassen. Bislang existiert eine solche Rechtsverordnung noch nicht. Stattdessen hat die *BaFin* erklärt, im Rahmen der Aufsichtspraxis einstweilen die *ESMA-Leitlinien für solide Vergütungspolitiken unter Berücksichtigung der AIFMD* heranziehen

146 Richtlinie 2014/91/EU des Europäischen Parlaments und des Rates vom 23. Juli 2014 zur Änderung der Richtlinie 2009/65/EG zur Koordinierung der Rechts- und Verwaltungsvorschriften betreffend bestimmte Organismen für gemeinsame Anlagen in Wertpapieren (OGAW) im Hinblick auf die Aufgaben der Verwahrstelle, die Vergütungspolitik und Sanktionen, ABl. L 257, S. 186.

147 Artikel 1 Abs. 2 der Richtlinie 2014/91/EU.

148 Richtlinie 2014/91/EU des Europäischen Parlaments und des Rates vom 23. Juli 2014 zur Änderung der Richtlinie 2009/65/EG zur Koordinierung der Rechts- und Verwaltungsvorschriften betreffend bestimmte Organismen für gemeinsame Anlagen in Wertpapieren (OGAW) im Hinblick auf die Aufgaben der Verwahrstelle, die Vergütungspolitik und Sanktionen, ABl. L 257, S. 186, Erwägungsgrund 2.

149 *ESMA*, Consultation Paper - Guidelines on Sound Remuneration Policies under the UCITS Directive and AIFMD vom 23. Juli 2015, 2015/ESMA/1172. Die finale Fassung wird für das erste Quartal 2016 erwartet.

150 § 64b Abs. 5 VAG a.F.

zu wollen[151]. Zur Auslegung des § 37 KAGB werden somit im Rahmen dieser Arbeit eben jene Leitlinien herangezogen.

Bislang gilt § 37 KAGB nach dem eindeutigen Wortlaut nur für AIF-Kapitalverwaltungsgesellschaften, nicht jedoch für OGAW-Kapitalverwaltungsgesellschaften. Dies wird sich künftig ändern müssen. Durch die Änderungen der Richtlinie 2009/65/EG gelten Vergütungsvorgaben auch für OGAW-Kapitalverwaltungsgesellschaften. Die Änderungen müssen bis 18. März 2016 in nationales Recht umgesetzt werden. Der deutsche Gesetzgeber hat dazu am 16. Juli 2015 einen Referentenentwurf vorgelegt, der in Ziffer 18 eine Änderung des § 37 KAGB vorsieht[152]. Vorrangig werden die Worte „AIF-Kapitalverwaltungsgesellschaft" durch „Kapitalverwaltungsgesellschaft" ersetzt sowie Verweisungen auf die Artikel 14a und 14b der Richtlinie 2009/65/EG aufgenommen. Es bleibt abzuwarten, ob der Gesetzgeber diese Änderung des Kapitalanlagegesetzbuchs zum Anlass nimmt, um eine Rechtsverordnung zur näheren Ausgestaltung der Vergütung zu erlassen. Andernfalls wird die *BaFin* wohl vorübergehend die bis dahin in verbindlicher Form und deutscher Sprache erschienenen *ESMA-Guidelines on sound remuneration policies under the UCITS Directive and AIFMD* zur Anwendung bringen.

V. Aufsichtsrechtliche Verwaltungsvorschriften

Die nationale Aufsichtsbehörde *BaFin* hat darüber hinaus aufgrund internationaler oder europarechtlicher Vorgaben noch weitere vergütungsbezogene Verwaltungsvorschriften[153] erlassen. Anders als die bislang dargestellten Auslegungshilfen und Leitlinien sind diese europarechtlichen Vorgaben in Rundschreiben umgesetzt. Sie sollen der Aufsichtsbehörde eine konsistente Anwendung gegenüber den Instituten beziehungsweise Versicherungen ermöglichen, indem sie für die Marktteilnehmer einen Vertrauenstatbestand begründen und das Ermessen der Aufsichtsbehörde binden. Eine Regelung, über deren Auslegung konkrete Aussagen in einem Rundschreiben getroffen wurden, kann nicht mehr flexibel ausgelegt werden[154]. In Bezug auf die Regulierung der Managervergütung sind insbesondere die Rundschreiben

---

151 *BaFin*, Schreiben der Bundesanstalt für Finanzdienstleistungsaufsicht zur Anwendung der „Leitlinien für solide Vergütungspolitiken unter Berücksichtigung der AIFMD" von ESMA vom 22. Juli 2013, WA 41-Wp 2137-2013/0037.

152 Entwurf eines Gesetzes zur Umsetzung der Richtlinie 2014/91/EU des Europäischen Parlaments und des Rates vom 23. Juli 2014 zur Änderung der Richtlinie 2009/65/EG zur Koordinierung der Rechts- und Verwaltungsvorschriften betreffend bestimmte Organismen für gemeinsame Anlagen in Wertpapieren (OGAW) im Hinblick auf die Aufgaben der Verwahrstelle, die Vergütungspolitik und Sanktionen vom 24. September 2015.

153 *Ruthig/Storr*, Öffentliches Wirtschaftsrecht, S. 277 f.

154 *Lau*, Die rechtliche Qualifikation von Rundschreiben der Aufsichtsämter und deren Verbindlichkeit, abrufbar unter https://www.uni-leipzig.de/bankinstitut/dokumente/2002-02-20-02.pdf.

über die Mindestanforderungen an die Compliance-Funktion und die weiteren Verhaltens-, Organisations- und Transparenzpflichten nach §§ 31 ff. WpHG für Wertpapierdienstleistungsunternehmen (MaComp) sowie die Mindestanforderungen an das Risikomanagement (MaRisk) von Interesse.

1. Mindestanforderungen an die Compliance-Funktion und die weiteren Verhaltens-, Organisations- und Transparenzpflichten nach §§ 31 ff. WpHG für Wertpapierdienstleistungsunternehmen (MaComp)

Die Mindestanforderungen an die Compliance-Funktion und die weiteren Verhaltens-, Organisations- und Transparenzpflichten nach §§ 31 ff. WpHG für Wertpapierdienstleistungsunternehmen (MaComp)[155] sind im Rundschreiben 4/2010 näher geregelt und beruhen auf europarechtlichen Vorgaben. Am 11. Juni 2013 veröffentlichte die europäische Wertpapieraufsichtsbehörde *ESMA* ihre *Leitlinien Vergütungsgrundsätze und -verfahren (MiFID)*[156]. Diese beruhen ihrerseits auf den Art. 13 Abs. 3 und 18 (Anforderungen zur Vermeidung von Interessenkonflikten) sowie Art. 19 (Wohlverhaltensregelungen) der Richtlinie 2004/39/EG[157] und traten am 30. Januar 2014 in Kraft[158]. Die *Leitlinien Vergütungsgrundsätze und -verfahren (MiFID)* stellen keine absoluten Vorgaben dar[159]. Die *BaFin* war verpflichtet, innerhalb von zwei Monaten beginnend mit dem Tag der Veröffentlichung der übersetzten Fassung zu erklären, ob sie den *Leitlinien Vergütungsgrundsätze und -verfahren (MiFID)* nachzukommen beabsichtigt („comply“) oder andernfalls zu begründen, warum sie dies nicht beabsichtigt („explain“)[160]. Um dieses Comply-or-Explain-Prinzip zu verstärken, wird die Erklärung der nationalen Aufsichtsbehörden auf der Homepage der *ESMA* bekannt gemacht[161]. Im Rahmen der Umsetzung der *Leitlinien Vergütungsgrundsätze und -verfahren (MiFID)* war die *BaFin* verpflichtet, aller

---

155 *BaFin*, Rundschreiben 4/2010 (WA) – MaComp, Mindestanforderungen an die Compliance-Funktion und die weiteren Verhaltens-, Organisations- und Transparenzpflichten nach §§ 31 ff. WpHG für Wertpapierdienstleistungsunternehmen, WA 31-Wp 2002-2009/0010.

156 *ESMA*, Leitlinien Vergütungsgrundsätze und -verfahren (MiFID) vom 03. Juni 2013, ESMA/2013/606.

157 Richtlinie 2004/39/EG des Europäischen Parlaments und des Rates vom 21. April 2004 über Märkte für Finanzinstrumente, zur Änderung der Richtlinien 85/611/EWG und 93/6/EWG des Rates und der Richtlinie 2000/12/EG des Europäischen Parlaments und des Rates und zur Aufhebung der Richtlinie 93/22/EWG des Rates; (MiFID), ABl. L 145, S. 1.

158 *ESMA*, Leitlinien Vergütungsgrundsätze und -verfahren (MiFID), Nr. 7, S. 5.

159 *ESMA*, Leitlinien Vergütungsgrundsätze und -verfahren (MiFID), Nr. 6, S. 5; *Schmitz-Lippert*, BaFin Journal, 12/2010, S. 12.

160 *ESMA*, Leitlinien Vergütungsgrundsätze und -verfahren (MiFID), Nr. 11, S. 5 f.

161 *ESMA*, Guidelines compliance table vom 7. Oktober 2014, ESMA/2014/1213.

erforderlichen Anstrengungen zu unternehmen[162], um eine möglichst sinngetreue Transformation des Inhalts der Leitlinien in das deutsche Rechtskonzept und eine Integration in das bestehende Normgefüge zu erreichen[163].

Die *BaFin* hat die *Leitlinien Vergütungsgrundsätze und -verfahren (MiFID)* durch ein neues Modul („BT 8") ihres Rundschreibens 4/2010 in die deutsche Verwaltungspraxis umgesetzt. Sowohl die *Leitlinien Vergütungsgrundsätze und -verfahren (MiFID)* als auch das Modul BT 8 MaComp sollen Fehlanreizen bei der Vergütung in Wertpapierdienstleistungsunternehmen entgegenwirken, die sich negativ auf das Kundeninteresse oder die Einhaltung der Wohlverhaltensregeln der §§ 31 ff. WpHG auswirken.

Ähnlich der *Leitlinien Vergütungsgrundsätze und -verfahren (MiFID)* ist auch das Modul BT 8 MaComp anhand von Beispielen für gute Verfahrensweise und solche für schlechte Verfahrensweise konzipiert. Folgt das Wertpapierdienstleistungsunternehmen einem guten Beispiel, so kann es davon ausgehen, dass keinerlei Beanstandung der Vorgehensweise durch die *BaFin* droht. Schlechte Beispiele hingegen wirken wie „Verbote", die immer dann eingreifen, wenn sich nicht aus den Umständen des Einzelfalls eine abweichende Vorgehensweise rechtfertigen lässt[164]. Diese Umstände sind im Compliance-Bericht nach Modul BT 1.2.2 MaComp zu dokumentieren und der *BaFin* vorzulegen, welche dann entscheidet, ob eine an sich schlechte Verfahrensweise ausnahmsweise gerechtfertigt ist.

Modul BT 8 MaComp ist neben den Vergütungsvorgaben der Instituts-Vergütungsverordnung, der Versicherungs-Vergütungsverordnung sowie des Kreditwesengesetzes und des Versicherungsaufsichtsgesetztes anwendbar[165]. Während der Schwerpunkt der Regelungen bei den zuletzt genannten Vorschriften auf internen systemischen Risiken liegt und die Vergütungssysteme vor allem auf eine nachhaltige Entwicklung des Unternehmenswerts gerichtet sind, stehen bei Modul BT 8 MaComp vergütungsbezogene Risiken für das Kundeninteresse im Fokus. Aufgrund dieser abweichenden Zielsetzung ist eine parallele Anwendung möglich. Hierbei kann es zu einem konfliktlosen Gleichlauf der Regelungen[166] kommen oder die Vorgaben ergänzen sich in Bereichen, in denen andere Vergütungsregelungen bislang noch keine Vorgaben machten[167]. Durch das Umsetzungsverfahren für Leitlinien

---

162 Art. 16 Abs. 3 Satz 1 der Verordnung (EU) Nr. 1095/2010 des Europäischen Parlaments und des Rates vom 24. November 2010 zur Errichtung einer Europäischen Aufsichtsbehörde (Europäische Wertpapier-und Marktaufsichtsbehörde), zur Änderung des Beschlusses Nr. 716/2009/EG und zur Aufhebung des Beschlusses 2009/77/EG der Kommission), ABl. L 331, S. 84.

163 *Becker* BKR 2014, 151 (153).

164 *Becker* BKR 2014, 151 (153).

165 *Becker*, BKR 2014, 151 (153); *Becker/Yoo*, BaFin Journal 5/2014, S. 13.

166 Beispielsweise zwischen § 25a Abs. 5 KWG und BT. 8.3.1 Nr. 3 MaComp (angemessenes Verhältnis zwischen fixer und variabler Vergütung).

167 Beispielsweise BT. 8.3.3 Nr. 2, wonach im Regelfall keine unterschiedlichen Anreize für einzelne Finanzinstrumente vorzusehen sind.

in die deutsche Verwaltungspraxis soll eine Überschneidung mit anderen Regeln ausgeschlossen werden. Die Klarstellung in Modul BT 8.1 Nr. 1 MaComp, dass widersprechende Anforderungen dieses Abschnitts hinter die Vorgaben des Kreditwesengesetzes, der Instituts-Vergütungsverordnung, des Kapitalanlagegesetzbuchs, einer gemäß § 37 Abs. 3 KAGB erlassenen Rechtsverordnung oder des Versicherungsaufsichtsgesetzes oder der Versicherungs-Vergütungsverordnung zurücktreten, gilt daher nur für den Fall einer unvorhergesehenen Überlappung[168].

2. Mindestanforderungen an das Risikomanagement (MaRisk)

Einen weiteren Baustein im Rahmen der Vergütungskontrolle bilden die Mindestanforderungen an das Risikomanagement (MaRisk)[169]. Sie wurden von der *BaFin* erstmals mit Rundschreiben 18/2005 vom 20. Dezember 2005 veröffentlicht. Im Jahr 2009 wurden auf Anraten des *Financial Stability Forums* deutlich konkretere Anforderungen an die Vergütungssysteme von Banken in die MaRisk aufgenommen[170]. Im Zuge der Überarbeitung sind diese seit dem Rundschreiben 11/2010 (BA) vom 15. Dezember 2010 jedoch nicht länger in der MaRisk enthalten, sondern eigenständig und in weitaus detaillierterer Form in der Instituts-Vergütungsverordnung geregelt. Aktuell gilt die MaRisk in der Fassung des Rundschreiben 10/2012 (BA) vom 14. Dezember 2012 für alle Kreditinstitute und Finanzdienstleistungsinstitute in der Bundesrepublik Deutschland.

Die Mindestanforderungen an das Risikomanagement (MaRisk) konkretisieren insbesondere § 25a Abs. 1 KWG und sind die Umsetzung der qualitativen Anforderungen aus Basel II beziehungsweise Basel III an das Risikocontrolling von Banken. Sie regeln vornehmlich die darin vorgesehenen bankenaufsichtsrechtlichen Überprüfungsprozesse.

§ 25a Abs. 1 KWG seinerseits dekretiert, dass Institute über eine ordnungsgemäße Geschäftsorganisation verfügen müssen, zu der auch ein angemessenes und wirksames Risikomanagement gehört. Zum Risikomanagement gehören insbesondere die Festlegung einer auf die nachhaltige Entwicklung des Instituts gerichteten Geschäftsstrategie, § 25a Abs. 1 Satz 3 Nr. 1 KWG. Hierzu finden sich Einzelheiten in AT 4.2 MaRisk. Auch angemessene, transparente und auf eine nachhaltige Entwicklung

---

168 *Becker*, BKR 2014, 151 (153).

169 Die Mindestanforderungen an das Risikomanagement (MaRisk) existieren sowohl für den Bankensektor als auch für den Versicherungsbereich. Inhaltlich sind die Verwaltungsanweisungen nahezu deckungsgleich und werden richtigerweise durch den Zusatz MaRisk (BA) beziehungsweise MaRisk (VA) unterschieden. Im Rahmen dieser Arbeit werden nur die MaRisk (BA) herangezogen, so dass auf eine Unterscheidung im Nachfolgenden verzichtet wird.

170 *BaFin*, Konsultation 03/2009 - Entwurf einer Neufassung der Mindestanforderungen an das Risikomanagement (BA) vom 25. Februar 2009, abrufbar unter: https://www.bafin.de/SharedDocs/Veroeffentlichungen/DE/Konsultation/2009/kon_0309_marisk_ba.html.

des Instituts ausgerichtete Vergütungssysteme für Geschäftsleiter und Mitarbeiter sind Teil des Risikomanagements, § 25a Abs. 1 Satz 3 Nr. 6 KWG. Da diese nun nicht mehr weiter in den Mindestanforderungen an das Risikomanagement (MaRisk) ausgeführt werden, spielen die Mindestanforderungen an das Risikomanagement (MaRisk) im Rahmen dieser Arbeit nur eine sehr untergeordnete Rolle.

VI. Gesellschaftsrechtliche Vorgaben

Auch die allgemeinen gesellschaftsrechtlichen Normen wurden im Zuge der Finanzmarktkrise überprüft. Die Überlegung war, nicht nur für Unternehmen des Finanz- und Versicherungssektors Vergütungsvorgaben zu schaffen, sondern diese branchenübergreifend zur Anwendung zu bringen. Bislang finden sich jedoch lediglich Vergütungsvorgaben für Aktiengesellschaften und die Societas Europaea. Weder für Gesellschaften mit beschränkter Haftung noch für Genossenschaften wird derzeit die Einführung von Vergütungsvorgaben diskutiert. Für privatrechtliche Stiftungen ist seit 01. Januar 2015 ausdrücklich normiert, dass die Mitglieder des Vorstands einer Stiftung unentgeltlich tätig sind, §§ 86 Satz 1 1. Halbsatz i.V.m. § 27 Abs. 3 Satz 2 BGB[171]. Eine gesetzliche Vergütungsvorgabe findet sich bereits aus diesem Grund nicht und wird auch nicht diskutiert[172].

1. Aktiengesetz

Am 05. August 2009 trat das Gesetz zur Angemessenheit der Vorstandsvergütung (VorstAG)[173] in Kraft. In der Gesetzesbegründung wird darauf hingewiesen, dass anlässlich der aus der Finanzmarktkrise gezogenen Lehren die Anreize in der Vergütungsstruktur für Vorstandsmitglieder in Richtung einer nachhaltigen und auf Langfristigkeit ausgerichteten Unternehmensführung gestärkt werden sollen[174]. Das Gesetz zur Angemessenheit der Vorstandsvergütung (VorstAG) modifiziert insbesondere § 87 Abs. 1 und Abs. 2 Satz 1 AktG. In der Umsetzung findet sich diese Intention jedoch lediglich für börsennotierte Aktiengesellschaften in § 87 Abs. 1 Satz 2 AktG wieder. Auch die mehrjährige Bemessungsgrundlage gilt nur für börsennotierte Aktiengesellschaften, § 87 Abs. 1 Satz 3 AktG. Einzig die Maßgabe, dass die Gesamtbezüge eines Vorstands in einem angemessenen Verhältnis zu den Aufgaben,

---

171 § 27 Abs. 3 Satz 2 wurde durch das Gesetz zur Stärkung des Ehrenamtes (BGBl. I Nr. 15, S. 556) in das Bürgerliche Gesetzbuch aufgenommen.

172 In der Satzung kann ein Vergütungsanspruch ausdrücklich normiert werden. Mit dem Vorstandsmitglied ist dann ein separater Anstellungsvertrag zu schließen. Siehe hierzu: Stumpf/Suerbaum/Schulte/Pauli/*Stumpf* StiftR B Rn. 16 f.; Henssler/Strohn/*Schlüter* BGB § 86 Rn. 2.

173 Gesetz zur Angemessenheit der Vorstandsvergütung (VorstAG) vom 31. Juli 2009, BGBl. I Nr. 20, S. 2509.

174 Begründung Fraktionsentwurf zum Gesetz zu Angemessenheit der Vorstandsvergütung (VorstAG) vom 17. März 2009, BT-Drucks. 16/12278, S. 1.

Leistungen und der Lage der Gesellschaft stehen müssen und die übliche Vergütung nicht ohne besondere Gründe übersteigen dürfen, gilt für alle Aktiengesellschaften.

2. Deutscher Corporate Governance Kodex

Neben dem Aktiengesetz ist für börsennotierte Aktiengesellschaften auch der Deutsche Corporate Governance Kodex ein maßgebliches Regelungswerk. Der Deutsche Corporate Governance Kodex enthielt bereits in seiner ursprünglichen Fassung aus dem Jahr 2002 Vorgaben zur Vergütung eines Vorstands[175]. Im Jahr 2013 wurde die Empfehlung zur Vorstandsvergütung überarbeitet und eine Begrenzung der Vergütung inklusive ihrer variablen Anteile darin aufgenommen[176]. Im Rahmen dieser Arbeit wird der Deutsche Corporate Governance Kodex in der Fassung vom 5. Mai 2015[177] zugrunde gelegt.

Der Deutsche Corporate Governance Kodex wiederholt an einigen Stellen insbesondere die Vorschriften des Aktiengesetztes. Dies ist erkennbar an den Formulierungen *„muss"* oder *„hat"*. Darüber hinaus enthält er Empfehlungen *(„soll")* und Anregungen *(„sollte"* beziehungsweise *„kann")*[178]. Empfehlungen und Anregungen sind optional[179]. Sie werden von einer Regierungskommission erarbeitet, jährlich überprüft, ob sie noch der Best Practice guter Unternehmensführung entsprechen und gegebenenfalls abgeändert[180]. Eine parlamentarische Legitimation gibt es nicht. Dennoch sind Abweichungen zu den Empfehlungen - anders als bei Abweichungen von Anregungen - in der jährlichen Entsprechenserklärung nach § 161 AktG zu begründen und zu veröffentlichen. Damit besteht eine ausreichende rechtliche Grundlage für die Beachtung der Vorgaben. Die „Comply or Explain"-Methodik findet sich auch für die *BaFin* hinsichtlich der *ESMA*-Leitlinien[181].

Der Deutsche Corporate Governance Kodex gilt ausnahmslos für deutsche börsennotierte Gesellschaften. Ziel ist es, durch die international und national anerkannten Standards guter und verantwortungsvoller Unternehmensführung das Corporate Governance System transparent und nachvollziehbar zu machen und

---

175 Deutscher Corporate Governance Kodex in der Fassung vom 26. Februar 2002 eBAnz AT1 2002 B1.

176 Deutscher Corporate Governance Kodex in der Fassung vom 13. Mai 2013, BAnz AT 10.06.2013 B3.

177 Deutscher Corporate Governance Kodex in der Fassung vom 05. Mai 2015, BAnz AT 12.06.2015 B1.

178 Ringleb/Kremer/Lutter/v. Werder/*v. Werder* Deutscher Corporate Governance Kodex 2014 Rn. 124.

179 Ringleb/Kremer/Lutter/v. Werder/*v. Werder*; Deutscher Corporate Governance Kodex 2014 Rn. 123.

180 Einzelheiten zur Regierungskommission, ihren Aufgaben und Mitgliedern unter http://www.dcgk.de/de/kommission.html.

181 *ESMA*, Leitlinien für solide Vergütungspolitiken unter Berücksichtigung der AIFMD, Ziffer 8, S. 7. *ESMA*, Leitlinien Vergütungsgrundsätze und -verfahren (MiFID), Ziffer 11, S. 5.

so das Vertrauen der Marktteilnehmer in die Leitung und Überwachung deutscher Gesellschaften zu fördern[182].

Auch in zahlreichen anderen europäischen Ländern gibt es dem Deutschen Corporate Governance Kodex vergleichbare Regelungen. Als Beispiele sollen hier genannt werden: „Section D" des UK Corporate Governance Code[183], „VI. Vergütung des Vorstands" im Österreichischen Corporate Governance Kodex[184], „Anhang 1 Empfehlungen zu den Vergütungen von Verwaltungsrat und Geschäftsleitung" des Swiss Code of Best Practice for Corporate governance[185] oder „23. Compensation of Executive Directors" im Afep[186]-Medef[187]-Code[188] in Frankreich.

3. Sonstige gesellschaftsrechtliche Vergütungsvorgaben

Bei Genossenschaften kann der Vorstand besoldet oder unbesoldet sein, § 24 Abs. 3 GenG. Weitere Vorgaben hinsichtlich der Ausgestaltung einer etwaigen Vergütung finden sich nicht im Gesetz.

Im Gesetz betreffend die Gesellschaften mit beschränkter Haftung (GmbHG) finden sich ebenfalls keine Vergütungsvorgaben. Bei einer paritätisch mitbestimmten Gesellschaft mit beschränkter Haftung ist umstritten, ob § 87 Abs. 1 AktG analog anzuwenden ist[189]. Der Aufsichtsrat ist zwar nach § 31 Abs. 1 Satz 1 MitbestG für die Anstellung des Geschäftsführers zuständig und damit auch für dessen Vergütung.

---

182 Regierungskommission Deutscher Corporate Governance Kodex abrufbar unter http://www.dcgk.de/de/kodex.html.

183 *FRC*, The UK Corporate Governance Code vom September 2014, abrufbar unter: https://www.frc.org.uk/Our-Work/Publications/Corporate-Governance/UK-Corporate-Governance-Code-2014.pdf.

184 *Österreichischer Arbeitskreis für Corporate Governance*, Österreichischer Corporate Governance Kodex in der Fassung Jänner 2015, abrufbar unter: http://www.corporate-governance.at/.

185 *Economiesuisse*, swiss code of best practice for corporate governance in der Fassung vom 28. August 2014, abrufbar unter: http://www.economiesuisse.ch/de/PDF%20Download%20Files/pospap_swiss-code_corp-govern_20080221_de.pdf.

186 Association Française des Entreprises Privées.

187 Mouvement des Entreprises de France.

188 *Afep/Medef*, Code de gouvernement d'entreprise des sociétés cotées in der Fassung vom Juni 2013, abrufbar unter: http://www.afep.com/uploads/medias/documents/Code_gouvernement_entreprise_societes_cotees_Juin_2013.pdf.

189 Gegen eine analoge Anwendung: Baumbach/Hueck/*Zöllner/Noack* GmbHG § 52 Rn. 303; MüKoGmbHG/*Spindler* GmbHG § 52 Rn. 392; *Seibert*, WM 2009, 1489 (1490); *Hoffmann-Becking/Krieger*, NZG 2009 Beilage zu Heft 26, 1 (9); *Habersack* ZHR 2010, 2 (6 f.); *Greven*, BB 2009, 2154 (2157 ff.); *Wübbelsmann*, GmbHR 2009, 988 (989 ff.); *Feddersen/von Cube*, NJW 2010, 576 (578); *Spindler*, FS U.H. Schneider 2011, 1287 (1289 f.); a.A. *Gaul/Janz*, GmbHR 2009, 959 f.; *Gaul/Janz*, NZA 2009, 809 (813); *Baeck/Götze/Arnold*, NZG 2009, 1121 (1123); *Döring/Grau*, BB 2009, 2139 (2140); differenzierend *Oetker*, FS Säcker 2011, 443 (452).

Die Verweisung des § 25 Abs. 1 Satz 1 Nr. 2 MitbestG umfasst jedoch nicht § 87 Abs. 1 AktG. Dennoch ist der Aufsichtsrat bei seiner Vergütungsfestsetzung nicht gänzlich frei. Der *Bundesgerichtshof* hat bereits im Jahr 1983 festgestellt, dass „auch in der mitbestimmten GmbH der Aufsichtsrat auf das Gesellschaftsinteresse verpflichtet und deshalb gehalten ist, bei seinen Personalentscheidungen ähnliche Grundsätze zu beachten, wie sie die §§ 87–89, insbesondere § 87 Abs. 1 AktG, für das Anstellungsverhältnis der Vorstandsmitglieder aufstellen, mögen diese Vorschriften hier entsprechend anzuwenden sein oder nicht“[190]. Die herrschende Meinung im Schrifttum lehnt eine Heranziehung des § 87 Abs. 1 AktG ab und verweist im Rahmen der Angemessenheit auf das Gesellschaftsinteresse[191]. Letztlich spielt es aber hinsichtlich der materiellen Kriterien kaum eine Rolle, ob man von einer Analogie zu § 87 AktG oder von einem Gesellschaftsinteresse ausgeht[192].

Bei der Societas Europaea (SE) ist zu differenzieren zwischen einer monistisch verfassten Societas Europaea und einer dualistisch verfassten Gesellschaft. Bei letzterer gelten durch die Verweisung des Art. 9 Abs. 1 lit. c) ii) beziehungsweise Art. 10 der Verordnung 2157/2001/EG[193] die Vorschriften des deutschen Aktiengesetzes. Damit finden die vergütungsrelevanten §§ 87, 93 Abs. 2 Satz 3, § 107 Abs. 3 Satz 3, § 116 Satz 1, 3, § 120 Abs. 4 und § 193 Abs. 2 Nr. 4 AktG sowie §§ 285 Nr. 9 lit. a) Satz 6, 314 Abs. 1 Nr. 6 lit. a) Satz 6 HGB auch auf diese Rechtsform direkt Anwendung, da das Gesetz zur Ausführung der Verordnung (EG) Nr. 2157/2001 des Rates vom 8. Oktober 2001 über das Statut der Europäischen Gesellschaft (SE) (SE-Ausführungsgesetz - SEAG)[194] insoweit keine Sondervorschriften enthält[195]. Gelten Vorschiften des Aktiengesetzes nur für börsennotierte Aktiengesellschaften, ist dies auf die Societas Europaea übertragbar. Bei der monistisch verfassten Societas Europaea gelten statt der §§ 76 bis 116 AktG die §§ 21 ff. SEAG gemäß Art. 9 Abs. 1 lit. c) i), Art. 43 Abs. 4 der Verordnung 2157/2001/EG beziehungsweise § 20 SEAG. Nach § 40 Abs. 7 und 8 SEAG sind bei der monistisch verfassten Societas Europaea die §§ 87 und 93 AktG entsprechend anwendbar. § 120 Abs. 4 AktG findet mangels Erfassung in § 20 SEAG direkt Anwendung, ebenso wie § 193 Abs. 2 Nr. 4 AktG, §§ 285 Nr. 9 lit. a) Satz 6, 314 Abs. 1 Nr. 6 lit. a) Satz 6 HGB (Art. 9 Abs. 1 lit. c) ii), Art. 10 der Verordnung 2157/2001/EG). Die §§ 107 Abs. 3 Satz 3 und § 116 Satz 1, 3 AktG sind grundsätzlich

---

190 BGH II ZR 33/83 vom 14. November 1983, WM 1983, 1378.

191 MüKoGmbHG/*Spindler* GmbHG § 52 Rn. 392, Baumbach/Hueck/*Zöllner/Noack* § 35 Rn. 183; *Baeck/Götze/Arnold*, NZG 2009, 1121 (1122); auch *Greven*, BB 2009, 2154 (2157).

192 MüKoGmbHG/*Spindler* GmbHG § 52 Rn. 392; *Baeck/Götze/Arnold*, NZG 2009, 1121 (1123); *Gaul/Janz*, GmbHR 2009, 959 f.; anders aber *Lunk/Stolz*, NZA 2010, 121 (125 ff.).

193 Verordnung (EG) 2157/2001 des Rates vom 8. Oktober 2001 über das Statut der Europäischen Gesellschaft (SE), ABl. L 294, S. 1.

194 Gesetz zur Ausführung der Verordnung (EG) Nr. 2157/2001 des Rates vom 8. Oktober 2001 über das Statut der Europäischen Gesellschaft (SE) (SE-Ausführungsgesetz - SEAG) vom 22. Dezember 2004, BGBl. I Nr. 73, S. 3675.

195 *Forst*, ZIP 2010, 1786 (1787); *Rieble/Schmittlein*, Vorstandsvergütung, Rn. 28.

von § 20 SEAG erfasst, werden aber in den §§ 21 ff. SEAG nicht weiter aufgegriffen oder normiert. § 34 Abs. 4 Satz 2 SEAG enthält wie § 107 Abs. 3 Satz 3 AktG einen Plenarvorbehalt für bestimmte Angelegenheiten. Es fehlt jedoch eine Verweisung auf § 40 Abs. 7 SEAG i.V.m. § 87 AktG. § 39 SEAG enthält keine Klarstellung wie § 116 Satz 3 AktG. In der Literatur wird überwiegend eine analoge Anwendung der aktienrechtlichen Vorschriften vertreten[196]. Der europäische Gesetzgeber sieht beide Leitungssysteme als gleichwertig an. Nach seiner Vorstellung gibt es eine Societas Europaea. Der deutsche Gesetzgeber darf die nichtgeschäftsführenden Direktoren und den Aufsichtsrat nur unterschiedlich behandeln, wenn dies aus systemspezifischen Gründen geboten ist[197]. Weder für die Haftung nach § 116 Satz 3 AktG noch für ein Verbot der Übertragung der Entscheidungskompetenz auf einen Ausschuss nach § 107 Abs. 3 Satz 3 AktG ist eine unterschiedliche Interessenlage ersichtlich. Deshalb sind auf die monistisch verfasste Societas Europaea die §§ 107 Abs. 3 Satz 3 und 116 Satz 3 AktG analog anwendbar.

196 *Forst*, ZIP 2010, 1786 (1788); *Rieble/Schmittlein*, Vorstandsvergütung, Rn. 31.
197 *Rieble/Schmittlein*, Vorstandsvergütung, Rn. 31.

2. Kapitel: Analyse der Instituts-Vergütungsverordnung

Im 2. Kapitel dieser Arbeit wird die Instituts-Vergütungsverordnung detailliert analysiert. Dabei soll ausschließlich auf die Bereiche eingegangen werden, die maßgeblich die Vergütung der Geschäftsleiter beeinflussen.

I. Anwendungsbereich

Grundlegend für die Anwendbarkeit der Instituts-Vergütungsverordnung ist die Eröffnung des sachlichen und persönlichen Anwendungsbereichs.

1. Institutsspezifischer Anwendungsbereich

Die Instituts-Vergütungsverordnung gilt allgemein für „Institute". Lässt sich ein Unternehmen unter den Institutsbegriff subsumieren, bedarf es weiter einer Unterscheidung zwischen „normalen" Instituten und bedeutenden Instituten. Nur für bedeutende Institute gelten zahlreiche besondere Vorschriften.

a) Erfasste Institute

Die Instituts-Vergütungsverordnung gilt gemäß § 1 Abs. 1 InstitutsVergV für alle Institute im Sinne des § 1 Abs. 1b KWG und des § 53 Abs. 1 KWG.

aa) Kreditinstitute und Finanzdienstleistungsunternehmen

§ 1 Abs. 1b KWG definiert den Begriff „Institut". Danach unterfallen sämtliche Kreditinstitute und Finanzdienstleistungsinstitute dem Institutsbegriff nach nationalem Recht. Eine nähere Bestimmung dieser Begrifflichkeiten enthalten § 1 Abs. 1 beziehungweise § 1 Abs. 1a KWG. Kreditinstitute sind Unternehmen, deren Tätigkeit darin besteht, Einlagen oder andere rückzahlbare Gelder des Publikums entgegenzunehmen und Kredite für eigene Rechnung zu gewähren. Finanzdienstleistungsinstitute zeichnen sich dadurch aus, dass sie ohne selbst Kreditinstitut zu sein, gewerbsmäßig die in § 1 Abs. 1a KWG näher bezeichneten Finanzdienstleistungen für Dritte erbringen. Der Kreis der im Grunde erfassten Unternehmen ist äußerst weit, da er rechtsformunabhängig gilt[198]. Aus diesem Grund sind auch

198 *Simon/Koschker*, BB 2011, 120.

Landesbanken und öffentlich-rechtliche Sparkassen erfasst[199]. Das ist im Einklang mit europarechtlichen Vorgaben[200].

Die Instituts-Vergütungsverordnung normiert im Rahmen der Offenlegungspflichten spezielle Vorgaben für CRR-Institute. Dies sind nach § 1 Abs. 3d Satz 3 KWG CRR-Kreditinstitute und CRR-Wertpapierfirmen. In Art. 4 Abs. 1 Nr. 1 und Nr. 2 der Verordnung 575/2013/EU[201] werden diese Begriffe näher definiert. Ein CRR-Kreditinstitut ist ein Unternehmen, welches das Einlagen- und Kreditgeschäft betreibt. Der Anwendungsbereich ist somit wesentlich enger gefasst als nach dem nationalen Begriffsverständnis. Auch sind CRR-Wertpapierfirmen nicht identisch mit Finanzdienstleistungsunternehmen nach § 1 Abs. 1a KWG[202]. Auf die Besonderheit der abweichenden Begrifflichkeiten wird im Rahmen der Offenlegungspflichten näher einzugehen sein. Im Wesentlichen strebt das Kreditwesengesetz jedoch einen Gleichlauf der Vorschriften für CRR-Institute und Nicht-CRR-Institute an. Gemäß § 1a Abs. 1 und Abs. 2 KWG gelten die Vorgaben der Verordnung 575/2013/EU und der auf ihrer Grundlage erlassenen Rechtsakte, die Bestimmungen dieses Gesetzes, die auf Vorgaben der CRR-Verordnung 575/2013/EU verweisen, sowie die in Ergänzung der CRR-Verordnung 575/2013/EU erlassenen Rechtsverordnungen nach § 10 Absatz 1 Satz 1 und § 13 Absatz 1 KWG auch für Nicht-CRR-Institute so, als seien sie CRR-Institute. Die auf § 25a Abs. 6 KWG beruhende Instituts-Vergütungsverordnung wird nicht genannt. In ihrem Anwendungsbereich gelten somit grundsätzlich die Begriffsbestimmungen des Kreditwesengesetzes. Da diese jedoch bereits weitergehend sind, sind auch Nicht-CRR-Institute vom Anwendungsbereich der Instituts-Vergütungsverordnung unterschiedslos erfasst[203]. Eine einzige Ausnahme liegt im Bereich der Offenlegungsvorschriften. Hier unterscheidet die Instituts-Vergütungsverordnung ausdrücklich zwischen CRR-Instituten und Nicht-CRR-Instituten, § 16 InstitutsVergV. Damit wird sich auch der Anwendungsbereich der *EBA-Leitlinien on sound remuneration policies*[204] über den eigentlichen

---

199 *Groeger*, RdA 2011, 287 (288); *Rieble/Schmittlein*, Vorstandsvergütung, Rn. 439.

200 Vgl. Art. 2 Abs. 1 der Richtlinie 2013/36/EU; *CEBS*, Guidelines on Remuneration Policies and Practices vom 10. Dezember 2010, Rn. 14, S. 14.

201 Verordnung (EU) Nr. 575/2013 des Europäischen Parlaments und des Rates vom 26. Juni 2013 über Aufsichtsanforderungen an Kreditinstitute und Wertpapierfirmen und zur Änderung der Verordnung (EU) Nr. 646/2012 (CRR-Verordnung), ABl. L 176, S. 1.

202 Siehe dazu auch *Buscher/Hannemann/Wagner/Weigl* InstitutsVergV § 1, S. 42; Boos/Fischer/Schulte-Mattler/*Schäfer* KWG § 1 Rn. 120.

203 Die Erstreckung der Vorgaben auch auf Nicht-CRR-Institute gilt nach der Regierungsbegründung zum CRD IV-Umsetzungsgesetz als „bewährte deutsche Umsetzungstradition“, BT-Drucks. 17/10974, S. 72.

204 *EBA*, Final Report Guidelines on sound remuneration policies under Articles 74(3) and 75(2) of Directive 2013/36/EU and disclosures under Article 450 of Regulation (EU) No 575/2013 vom 21. Dezember 2015, EBA/GL/2015/22.

Anwendungsbereich für CRR-Institute hinaus, auf sämtliche Institute im Sinne der Instituts-Vergütungsverordnung erstrecken[205].

bb) Zweigniederlassungen

Rechtlich unselbstständige Zweigniederlassungen deutscher Institute sowie rechtlich unselbständige Zweigstellen und Tochterinstitute von Unternehmen mit Sitz im Ausland fallen ebenfalls in den Anwendungsbereich der deutschen Instituts-Vergütungsverordnung. Ausdrücklich nicht erfasst werden hingegen Zweigniederlassungen von Unternehmen mit Sitz in einem Staat des Europäischen Wirtschaftsraums gemäß § 53b KWG. Diese Niederlassungen besitzen einen Europäischen Pass und unterliegen der Aufsichtsbehörde des jeweiligen Heimatlandes[206]. Innerhalb der EU-Mitgliedstaaten ist dies insoweit gerechtfertigt, als die Vorgaben der Instituts-Vergütungsverordnung auf einer EU-Richtlinie beruhen, die in sämtlichen Ländern in ähnlicher Form zu implementieren ist. Von einer flächendeckend ausreichenden Prüfung ist somit auszugehen. Anders sieht es hingegen mit Staaten wie Norwegen, Island, Kroatien oder Lichtenstein aus. Diese Länder haben nicht zwingend ähnliche aufsichtsrechtliche Vorgaben hinsichtlich der Vergütung ihrer Geschäftsleiter. In der Praxis ist das Problem eher gering, da beispielsweise keinerlei Banken mit Sitz in Lichtenstein oder Norwegen eine Zweigniederlassung in Deutschland unterhalten. Die Schweiz als wichtiger Finanzstandort spielt mangels Zugehörigkeit zum EWR eine Sonderrolle. Schweizerische Zweigniederlassungen unterliegen somit der deutschen Aufsicht durch die *BaFin* ebenso wie amerikanische, chinesische oder andere internationale Zweigniederlassungen.

b) Bedeutende Institute

Einer weiteren Differenzierung im institutionellen Anwendungsbereich bedarf es zwischen bedeutenden und nicht bedeutenden Instituten. Nicht alle Regelungen der Instituts-Vergütungsverordnung gelten für alle Institute. Auf Grund der heterogenen Institutsstruktur und den unterschiedlichen Geschäftsaktivitäten ist es weder gewollt noch zweckmäßig, allen Instituten umfassende Vergütungsregelungen aufzuerlegen. Unter Anwendung des Proportionalitätsgrundsatzes differenziert der Verordnungsgeber zwischen allgemeinen Anforderungen, die für alle Institute gelten (§§ 3–16 InstitutsVergV) und besonderen Anforderungen, die nur für bedeutende Institute anwendbar sind (§§ 17–26 InstitutsVergV). Diese Abstufung ist bereits seit dem erstmaligen Erlass der Instituts-Vergütungsverordnung normiert[207].

---

205 *Döser*, jurisPR-BKR 7/2015 Anm. 1.

206 *Müller-Bonanni/Mehrens*, NZA 2010, 792 (793); *Simon/Koschker*, BB 2011, 120.

207 Richtlinie 2010/76/EU, Erwägungsgrund 4: „[...] Die Grundsätze sollten anerkennen, dass Kreditinstitute und Wertpapierfirmen die Bestimmungen entsprechend ihrer Größe, ihrer internen Organisation und der Art, dem Umfang und der Komplexität ihrer Tätigkeiten auf unterschiedliche Weise anwenden können, und

aa) § 1 Abs. 2 InstitutsVergV a.F.

Die Einstufung eines Instituts als bedeutend hat sich durch die Neufassung der Instituts-Vergütungsverordnung erheblich verändert. Nach der ursprünglichen Definition des § 1 Abs. 2 InstitutsVergV a.F. galt eine Regelvermutung für bedeutende Institute, deren durchschnittliche Bilanzsumme zu den jeweiligen Stichtagen der letzten drei abgeschlossenen Geschäftsjahren 40 Milliarden Euro erreichte oder überschritten hat. Die Vermutung war durch eine umfangreiche Risikoanalyse widerlegbar. Institute, deren durchschnittliche Bilanzsumme weniger als 10 Milliarden Euro betrug, galten auch ohne Risikoanalyse nicht als bedeutend. Betrug die durchschnittliche Bilanzsumme zwischen 10 und 40 Milliarden Euro, mussten die Institute durch eine Risikoanalyse eigenverantwortlich feststellen, ob sie bedeutend sind. Bei der Risikoanalyse waren insbesondere die Größe des Instituts, seine Vergütungsstruktur sowie Art, Umfang, Komplexität, Risikogehalt und Internationalität der betriebenen Geschäftsaktivitäten zu berücksichtigen. Insbesondere der Aspekt der Vergütungsstruktur zur Feststellung, ob ein Institut bedeutend ist, ist zu kritisieren, denn gerade wenn ein Institut bedeutend ist, obliegt die Vergütungsstruktur zahlreichen Anforderungen. Einerseits soll auf der Tatbestandsebene etwas berücksichtigt werden, das eigentlich als Rechtsfolge gerade die Anpassung der Vergütungssysteme darstellt[208]. Misst man die Bedeutung eines Instituts bereits jetzt an dessen Vergütungsstruktur, kommt dies einem Zirkelschluss gleich[209]. Ein Institut mit einfacher Vergütungsstruktur mit nur geringer variabler Vergütung sollte nicht allein deshalb bereits als nicht bedeutend zu qualifizieren sein.

bb) § 17 InstitutsVergV

Trotz dieser Kritik ist auch in der Neufassung gemäß § 17 Abs. 5 InstitutsVergV die Vergütungsstruktur bei der Risikoanalyse zu berücksichtigen. § 17 InstitutsVergV enthält nun in den Absätzen 1 bis 4 weitreichende Vorgaben. Die Grenze für die maßgebliche durchschnittliche Bilanzsumme der letzten drei abgeschlossenen Geschäftsjahre wurde auf 15 Milliarden Euro festgesetzt. Institute, deren Bilanzsumme diesen Betrag erreicht oder übersteigt, gelten als bedeutend, es sei denn, sie können diese Regelvermutung durch eine Risikoanalyse nach § 17 Abs. 5 InstitutsVergV widerlegen. Für Institute unterhalb dieses Schwellenwerts wird grundsätzlich vermutet, dass sie nicht bedeutend sind, es sei denn, eine der beiden nachfolgend genannten Ausnahmen greift ein.

---

insbesondere, dass die Einhaltung aller Grundsätze für die in Artikel 20 Absätze 2 und 3 der Richtlinie 2006/49/EG genannten Wertpapierfirmen unverhältnismäßig sein könnte. […]". Zusammenfassend: *CEBS*, Guidelines on Remuneration Policies and Practices vom 10. Dezember 2010, Rn.19, S. 18 ff.

208 *Rubner*, NZG 2010, 1288 (1290); *Sammet*, Versicherungs-Vergütungsverordnung, S. 14; *Zöbeley*, Vergütungsvorgaben, S. 223.

209 *Groeger*, RdA 2011, 287 (288); *Rubner*, NZG 2010, 1288 (1290).

Institute – unabhängig von ihrer Bilanzsumme – die von der Europäischen Zentralbank beaufsichtig werden[210], als potentiell systemgefährdend eingestuft werden[211], oder Finanzhandelsinstitute sind,[212] gelten ausnahmslos und zwingend als bedeutend im Sinne der Instituts-Vergütungsverordnung, § 17 Abs. 2 InstitutsVergV. Die Möglichkeit, gegenüber der *BaFin* durch eine Risikoanalyse die eigene Bedeutsamkeit zu widerlegen, steht diesen Instituten nicht offen[213].

Auch Institute mit einer durchschnittlichen Bilanzsumme unter 15 Milliarden Euro können gemäß § 17 Abs. 3 InstitutsVergV unter bestimmten Voraussetzungen als bedeutend eingestuft werden. Diese Option bestand bislang nicht. Die *BaFin* nimmt eine eigene Risikoanalyse vor, hat aber die vom Verordnungsgeber beispielhaft („insbesondere") aufgezählten Kriterien stärker zu gewichten. So sind Institute auch dann als bedeutend zu qualifizieren, wenn sie hohe außerbilanzielle Positionen aufweisen, in hohem Umfang als Originator, Sponsor oder Investor von Verbriefungstransaktionen tätig sind oder sich hierfür einer Verbriefungszweckgesellschaft bedienen, hohe Positionen im Handelsbuch gemäß § 4 Nr. 86 der Verordnung 575/2013/EU inne haben oder die Vergütungsstrukturen innerhalb des Instituts durch einen hohen Anteil variabler Vergütung an der Gesamtvergütung gekennzeichnet sind[214].

	Risikoanalyse	**Anforderungen**
Bilanzsumme < 15 Milliarden Euro	Nicht erforderlich	Allgemeine Anforderungen,
	Durch *BaFin*	Abhängig von Risikoanalyse
Bilanzsumme > 15 Milliarden Euro	Erforderlich, wenn Regelvermutung widerlegt werden soll	Besondere Anforderungen

210 Verordnung (EU) Nr. 1024/2013 des Rates vom 15. Oktober 2013 zur Übertragung besonderer Aufgaben im Zusammenhang mit der Aufsicht über Kreditinstitute auf die Europäische Zentralbank (SSM-Verordnung), ABl. L 287, S. 63.

211 Siehe dazu § 47 Abs. 1 KWG sowie das Gesetz zur Sanierung und Abwicklung von Instituten und Finanzgruppen (Sanierungs- und Abwicklungsgesetz - SAG) vom 10. Dezember 2014, BGBl. I Nr. 59, S. 2091.

212 Finanzhandelsinstitute sind wirtschaftlich, organisatorisch und rechtlich eigenständige Unternehmen, die sämtliche sogenannte verbotenen Geschäfte im Sinne des § 3 Abs. 2 und 4 KWG betreiben.

213 *Bundesministerium der Finanzen*, Begründung zur Institutsvergütungsverordnung vom 07. März 2014 zu § 17.

214 *BaFin*, Auslegungshilfe zur Institutsvergütungsverordnung vom 01. Januar 2014 zu § 17.

	Risikoanalyse	Anforderungen
Unabhängig von Bilanzsumme: • **Von Europäischen Zentralbank beaufsichtigt** • **als potentiell systemgefährdend eingestuft** • **Finanzhandelsinstitute**	Nein (unwiderlegbare Vermutung)	Ausnahmslos: Besondere Anforderungen

2. Persönlicher Anwendungsbereich

Der personenbezogene Anwendungsbereich der Instituts-Vergütungsverordnung erstreckt sich auf sämtliche Geschäftsleiter und Geschäftsleiterinnen sowie Mitarbeiter und Mitarbeiterinnen[215] der oben aufgeführten Institute und ist damit denkbar weit gefasst[216]. Diese Unterscheidung findet sich nicht in der zugrunde liegenden Richtlinie 2013/36/EU. In der deutschen Fassung wird ausschließlich die Formulierung „Mitarbeiter" verwendet. Von diesem werden jedoch sämtliche im und für das Institut tätigen Personen erfasst[217]. Begründen lässt sich die Unterscheidung in der nationalen Gesetzgebung mit dem in Deutschland in der EU einzigartigen[218] dualistischen System der Verwaltungsorgane. Danach ist die Geschäftsleitung für die Festsetzung der Vergütung für die Mitarbeiter, der Aufsichts- beziehungsweise Verwaltungsrat für die der Geschäftsleitung zuständig[219]. Um dies deutlich zum Ausdruck bringen zu können, bedarf es unterschiedlicher Begrifflichkeiten.

a) Geschäftsleiter

Der Begriff des Geschäftsleiters ist in der Instituts-Vergütungsverordnung nicht näher definiert. Es kann jedoch auf die Legaldefinition des § 1 Abs. 2 KWG rekurriert werden[220]. Danach ist Geschäftsleiter jede natürliche Person, die aufgrund ihrer Organstellung oder auf andere Weise zur Führung der Geschäfte des Instituts und zu dessen Vertretung ermächtigt ist. Anders als beispielsweise durch § 87 AktG können durch die Instituts-Vergütungsverordnung auch Personen außerhalb des Vertretungsorgans einer Gesellschaft erfasst werden. Geschäftsleiter

215 Nachfolgend wird aus Gründen der Verständlichkeit lediglich die Bezeichnung Geschäftsleiter beziehungsweise Mitarbeiter verwendet. Die Ausführungen gelten jedoch für Geschäftsleiterinnen und Mitarbeiterinnen gleichermaßen.

216 *Mosch/Rosenau*, NJW-Spezial 2010, 498.

217 *CEBS*, Guidelines on Remuneration Policies and Practices vom 10. Dezember 2010, Rn.15 ff., S. 15 ff.

218 In anderen EU-Staaten gilt das monistische System, nach dem die Geschäftsleitung nicht institutionell von der Aufsicht getrennt ist.

219 *BaFin*, Auslegungshilfe zur Institutsvergütungsverordnung vom 01. Januar 2014, Abschnitt 1 „Allgemeines".

220 U.a. *Groeger*, RdA 2011, 287 (288); *Müller-Bonanni/Mehrens*, NZA 2010, 792 (793); *Simon/Koschker*, BB 2011, 120 (121); *Rieble/Schmittlein*, Vorstandsvergütung, Rn. 442.

sind daher insbesondere Vorstände von Aktiengesellschaften und eingetragenen Genossenschaften, GmbH-Geschäftsführer, persönlich haftende Gesellschafter von Personenhandelsgesellschaften, sowie bei Sparkassen im Regelfall alle Vorstandsmitglieder nach Maßgabe der landesrechtlichen Regelungen. Lediglich in Bayern besteht diesbezüglich eine Erweiterung, da der Verwaltungsratsvorsitzende als Vertreter der Sparkasse in seinem Geschäftskreis (Art. 5 Abs. 6 SpKG/Bay) ebenfalls als Geschäftsleiter anzusehen ist[221]. Auf diesen Personenkreis findet das Arbeitsrecht keine Anwendung. In Ausnahmefälle kann die *BaFin* auf Antrag weitere Personen widerruflich als Geschäftsleiter bezeichnen[222]. Diese werden nicht zum Organ des Instituts, sondern sind als leitende Angestellte mit der Führung der Geschäfte des Instituts betraut. Im arbeitsrechtlichen Sinn gelten für sie weiterhin die jeweiligen Vorschriften bezüglich leitender Angestellter.

b) Mitarbeiter

Mitarbeiter im Sinne der Instituts-Vergütungsverordnung ist jede natürliche Person, derer sich das Institut beim Betreiben von Bankgeschäften oder bei der Erbringung von Finanzdienstleistungen bedient, insbesondere aufgrund eines Arbeits-, Geschäftsbesorgungs- oder Dienstverhältnisses. Daneben gelten auch Personen, die im Rahmen einer Auslagerungsvereinbarung mit einem gruppenangehörigen Auslagerungsunternehmen, für das § 64b des Versicherungsaufsichtsgesetzes in Verbindung mit der Versicherungs-Vergütungsverordnung[223] nicht gilt, unmittelbar an Dienstleistungen für das Institut beteiligt sind, um Bankgeschäfte zu betreiben oder Finanzdienstleistungen zu erbringen, als Mitarbeiter, § 2 Abs. 6 InstitutsVergV. Ausdrücklich ausgenommen vom Mitarbeiterbegriff sind Geschäftsleiter und Handelsvertreter im Sinne des § 84 Abs. 1 HGB. Der Mitarbeiterbegriff ist somit ebenfalls weiter gefasst als der im Arbeitsrecht übliche Arbeitnehmerbegriff[224]. Mitarbeiter ist somit jeder, der bei wirtschaftlicher oder risikoseitiger Betrachtung als dem Institut angehörig anzusehen ist[225].

c) Risk-Taker

Innerhalb des Mitarbeiterbegriffs ist zu differenzieren zwischen „normalen“ Mitarbeitern und sogenannten „Risk-Takern“. Für Mitarbeiter, deren Tätigkeiten einen wesentlichen Einfluss auf das Gesamtrisikoprofil eines Instituts haben, gelten

---

221 Boos/Fischer/Schulte-Mattler/*Schäfer* KWG, § 1 Rn. 154.
222 Boos/Fischer/Schulte-Mattler/*Schäfer* KWG § 1 Rn. 157.
223 Zukünftig „§ 25 des Versicherungsaufsichtsgesetzes” (geändert durch Gesetz zur Modernisierung der Finanzaufsicht über Versicherungen (VAMoG) vom 01. April 2015 BGBl. I Nr. 14 S. 434, Art. 2 Nr. 41).
224 Hinsichtlich einer neuen Begriffsbildung siehe *Richardi*, NZA 2010, 1101.
225 BT-Drucks. 17/1291, S. 11; *Fröhlich*, ArbRB 2010, 312 (313); *Müller-Bonanni/Mehrens*, NZA 2010, 792 (793); *Simon/Koschker*, BB 2011, 120 (121).

gesonderte Vorschriften, § 18 Abs. 1 InstitutsVergV. Diese sogenannten Risk-Taker sind nur in bedeutenden Instituten zu identifizieren. Die maßgeblichen Kriterien wurden durch die Verordnung 604/2014/EU[226] festgelegt. Risk-Taker können danach anhand von qualitativen oder quantitativen Kriterien bestimmt werden. Die qualitativen Kriterien stellen insbesondere auf die Stellung und Verantwortung des Mitarbeiters ab. Dazu gehören beispielsweise Mitglieder der Geschäftsleitung, Mitglieder des Aufsichtsorgans, Mitarbeiter in Risikocontrolling-Funktionen, Compliance-Funktionen, oder der Internen Revision, aber auch Leiter wesentlicher Geschäftsbereiche, des Rechts, der Finanzen, des Personals oder der Vergütungspolitik. Art. 3 der Verordnung 604/2014/EU enthält eine detaillierte Auflistung und soll europaweit einheitliche und verbindliche Kriterien für die Identifizierung von Risk-Takern schaffen. In der Vergangenheit waren die Institute in dieser Hinsicht sehr zurückhalten und haben nur einen sehr geringen Prozentsatz an Mitarbeitern als Risk-Taker qualifiziert[227]. Neben den qualitativen Kriterien können Risk-Taker auch anhand von quantitativen Merkmalen identifiziert werden. Maßgeblich ist die jährliche Gesamtvergütung des jeweiligen Mitarbeiters. Mitarbeiter mit einem Jahresgehalt von 500.000 Euro sind grundsätzlich als Risk-Taker einzustufen. Auch wenn der Mitarbeiter zu den 0,3 Prozent der Mitarbeiter gehört, die im vorangegangenen Geschäftsjahr die höchste Gesamtvergütung erhalten haben oder eine Gesamtvergütung erhält, die mindestens der niedrigsten Gesamtvergütung einer der in Art. 3 Absätze 1, 3, 5, 6, 8, 11, 12, 13 oder 14 der Verordnung genannten Personen entspricht, spricht eine Vermutung für die Identifizierung als Risk-Taker. Dies Vermutung kann widerlegt werden, wenn das Institut nachweist, dass die berufliche Tätigkeit des Mitarbeiters keinen wesentlichen Einfluss auf das Risikoprofil des Instituts hat, weil der Mitarbeiter nicht in einem wesentlichen Geschäftsbereich tätig ist oder seine Tätigkeit in einem wesentlichen Geschäftsbereich keinen wesentlichen Einfluss auf das Risikoprofil dieses Geschäftsbereichs hat. Ein wesentlicher Geschäftsbereich ist definiert als getrennte organisatorische oder rechtliche Einheit, Geschäftsfeld oder geografischer Standort, welcher mindestens zwei Prozent des

---

226 Delegierte Verordnung (EU) 604/2014 der Kommission vom 4. März 2014 zur Ergänzung der Richtlinie 2013/36/EU des Europäischen Parlaments und des Rates im Hinblick auf technische Regulierungsstandards in Bezug auf qualitative und angemessene quantitative Kriterien zur Ermittlung der Mitarbeiterkategorien, deren berufliche Tätigkeit sich wesentlich auf das Risikoprofil eines Instituts auswirkt; ABl. L 167, S. 30.

227 *EBA*, Report – High Earners 2010 and 2011 data vom 15. Juli 2013, abrufbar unter: https://www.eba.europa.eu/documents/10180/16145/EBA-Report-High_Earner_results.pdf; *EBA*, Report – High Earners 2012 data vom 29. November 2013, abrufbar unter: https://www.eba.europa.eu/documents/10180/16145/EBA+Report+High+Earners+2012.pdf; *EBA*, Report – Benchmarking of Remuneration Practices at Union level and data on High Earners 2013 data vom 07. September 2015, abrufbar unter: https://www.eba.europa.eu/documents/10180/950548/Report+on+Benchmarking+of+Remuneration+and+on+High+Earners+2013.pdf.

zugewiesenen internen Kapitals des Instituts verantwortet, Art. 142 Abs. 1 Nr. 3 der Verordnung 575/2013/EU[228] in Verbindung mit Art. 73 Richtlinie 2013/36/EU. Diese Ausnahmeregelungen gelten ausschließlich bei einer quantitativen Bestimmung der Risk-Taker.

Während die internationalen Vorgaben nicht zwischen Mitarbeitern und Geschäftsleitern unterscheiden, sondern diese nach qualitativen und quantitativen Kriterien voneinander abgrenzen, sieht das nationale Recht eigene Regelungen für Geschäftsleiter vor. Bei bedeutenden Instituten finden sich hinsichtlich des Regelungsgehalts keine Unterschiede zwischen Geschäftsleitern und Risk-Takern, so dass nationale und internationale Vorgaben parallel laufen. Anders sieht dies hingegen für normale Institute aus, da nach der Instituts-Vergütungsverordnung in diesen Instituten keine Risk-Taker zu identifizieren sind, für Geschäftsleiter jedoch besondere Vorschriften gelten. Es ist nicht auszuschließen, dass es auch in diesen Instituten Mitarbeiter mit wesentlichem Einfluss auf das Gesamtrisikoprofil gibt. Dieser Aspekt wird im Entwurf zu den *EBA-Leitlinien on sound remuneration policis* stark kritisiert[229]. Die Identifizierung von Risk-Takern und die Anwendbarkeit der besonderen Vorschriften darf nicht auf bedeutende Institute beschränkt werden[230]. Die Auswirkungen dieser Ansicht sind zum jetzigen Zeitpunkt noch nicht in Gänze abzusehen. Die *EBA-Leitlinien on sound remuneration policis* liegen zwar seit 21. Dezember 2015 in der abschließenden Fassung vor[231], wurden aber bislang von der *BaFin* noch nicht als geltender Maßstab deklariert.

d) Sonderfall: Interim-Manager

Besondere Beachtung im Rahmen dieser Arbeit soll die Person des Interim-Managers finden. Die Bezeichnung Interim-Manager ist keine gesetzlich definierter oder strukturierter Rechtsbegriff, sondern eine von den Wirtschaftsteilnehmern eigendynamisch entwickelte Managementform oder Dienstleistung[232]. Typischerweise wird ein Interim-Manager engagiert, wenn sich ein Institut in der Krise befindet

---

228 Verordnung (EU) Nr. 575/2013 des Europäischen Parlaments und des Rates vom 26. Juni 2013 über Aufsichtsanforderungen an Kreditinstitute und Wertpapierfirmen und zur Änderung der Verordnung (EU) Nr. 646/2012, ABl. L 176, S. 1.

229 *EBA*, Consultation Paper Draft Guidelines on sound remuneration policies under Article 74(3) and 75(2) of Directive 2013/36/EU and disclosures under Article 450 of Regulation (EU) No 575/2013 vom 04. März 2015, EBA/CP/2015/03, S. 6.

230 Die *EBA* bat um Bestätigung dieser Ansicht durch die EU-Kommission mit Brief an die *EU-Kommission* vom 08. Januar 2015. Die *EU-Kommission* stimmte dieser Ansicht zu (Brief vom 23.Februar 2015); abrufbar unter related documents: https://www.eba.europa.eu/regulation-and-policy/remuneration/guidelines-on-sound-remuneration-policies.

231 *EBA*, Final Report Guidelines on sound remuneration policies under Articles 74(3) and 75(2) of Directive 2013/36/EU and disclosures under Article 450 of Regulation (EU) No 575/2013 vom 21. Dezember 2015, EBA/GL/2015/22.

232 Siehe hierzu *Uffmann*, Interim Management, S. 10 f.

und das bisherige Management zur Bewältigung ungeeignet oder nicht bereit ist[233]. Interim-Manager werden durch eine Interim-Management-Agentur an die nachfragenden Institute vermittelt oder treten als Freiberufler eigenständig auf dem Markt auf[234]. Dabei kommt es nach dem angelsächsischen Modell zu einem direkten Vertragsschluss zwischen Interim-Manager und Institut. Nach dem niederländischen Modell bestehen Vertragsbeziehungen lediglich zwischen dem Institut und der Management-Agentur sowie zwischen letzterer und dem Interim-Manager[235]. Üblicherweise übt in beiden Modellen der Interim-Manager seine Tätigkeiten in einer Organstellung in dem Institut aus[236]. Somit finden auf ihn die Vorgaben der Instituts-Vergütungsverordnung Anwendung. Gleiches gilt, wenn der Interim-Manager auf vertraglicher Basis zur Vertretung der Geschäfte des Instituts bevollmächtigt ist oder von der *BaFin* als Geschäftsleiter bezeichnet wird. Problematisch erscheint der Fall, in dem der Interim-Manager ohne eigene vertragliche Beziehung und ohne Organstellung zum Institut tätig wird. Er müsste dann unter den Mitarbeiterbegriff der Instituts-Vergütungsverordnung subsumiert werden können. Der Wortlaut der Instituts-Vergütungsverordnung scheint gegen die Anwendbarkeit der Vorschriften auf den vertragslosen Interim-Manager zu sprechen. Nach § 2 Abs. 6 InstitutsVergV bedarf es einer vertraglichen Bindung. Allerdings ist diese Auslegung nicht zwingend. Die Formulierung „insbesondere" kann dahingehend verstanden werden, dass neben den genannten Vertragsarten auch gerade keine vertragliche Beziehung ausreicht, sofern sich das Institut dennoch des Interim-Managers bei seinem Geschäftsbetrieb bedient. Der Interim-Manager erfüllt eine Führungsposition und handelt im Rahmen seiner Kompetenzen und Verantwortung anstelle der Geschäftsleitung[237]. Will man den Anwendungsbereich der Instituts-Vergütungsverordnung möglichst weit fassen, um dem Anliegen des Verordnungsgebers Rechnung zu tragen, das Risikomanagement der Institute durch eine umfassende Regulierung der Vergütungssysteme zu beeinflussen, muss auch der vertragslose Interim-Manager den Vorgaben der Instituts-Vergütungsverordnung unterfallen. Im Hinblick auf Zeitarbeitnehmer, bei denen ebenfalls keine vertragliche Beziehung zwischen dem einzelnen Zeitarbeitnehmer und dem Institut besteht, vertritt diese Auffassung auch die *BaFin*[238].

Dem ist zuzustimmen unter der Voraussetzung, dass das Institut selbst zumindest einen Teil der Vergütung dem Interim-Manager zusagt und lediglich die Auszahlung über die Management-Agentur abwickelt. Dies kann beispielsweise durch Zielvereinbarungen erfolgen. Unter aufsichtsrechtlichen Aspekten besteht in dieser

---

233 *Kaufmann* in: Buth/Hermanns, Restrukturierung, Sanierung, Insolvenz, § 20 Rn. 7.
234 *Uffmann*, Interim Management, S. 53, 69 f.
235 Einzelheiten dazu *Vogt/Deepen,* ArbRAktuell 2012, 573 (574); auch *Kaufmann* in: Buth/Hermanns, Restrukturierung, Sanierung, Insolvenz, § 20 Rn. 29.
236 *Kaufmann* in: Buth/Hermanns, Restrukturierung, Sanierung, Insolvenz, § 20 Rn. 41.
237 *Kaufmann* in: Buth/Hermanns, Restrukturierung, Sanierung, Insolvenz, § 20 Rn. 41.
238 *BaFin*, Auslegungshilfe zur Institutsvergütungsverordnung vom 01. Januar 2014 zu § 2.

Konstellation ebenfalls die Gefahr, dass durch das Vergütungssystem falsche Anreize gesetzt werden.

Besteht jedoch keine Einwirkungsmöglichkeit des Instituts auf die Vergütung des Interim-Managers, muss eine Erstreckung der Vorschriften der Instituts-Vergütungsverordnung entfallen. Der Interim-Manager erhält in diesem Fall seine Vergütung ausschließlich auf Grund seines Vertrags mit der Management-Agentur. Diese unterliegt jedoch bei der Vergütungsfestsetzung nicht den Beschränkungen der Instituts-Vergütungsverordnung, da der institutsbezogene Anwendungsbereich nach § 1 Abs. 1 InstitutsVergV abschließend ist.

In der Praxis sind die negativen Auswirkungen für den Fall, dass die Vergütungsvorgaben nicht auf den Interim-Manager anwendbar sind, eher gering. Zum einen soll der Interim-Manager gerade in Krisenzeiten die Sanierung eines gefährdeten Instituts umsetzen und dazu unpopuläre Sanierungs- und Personalanpassungsmaßnahmen durchführen[239]. Diese Entscheidungen mögen im Nachhinein als nicht nachhaltig oder sogar risikoreich und schädlich anzusehen sein. Ansatzpunkt der Instituts-Vergütungsverordnung ist jedoch die Vermeidung falscher Anreize bevor ein Institut in die Krise gerät. Oftmals ist es in der Krise nicht möglich, genaue Prognosen zu treffen. Setzte man die strengen Maßstäbe der Instituts-Vergütungsverordnung auch für den Interim-Manager an, so wird die Gewinnung qualifizierter Personen weiter erschwert. Darüber hinaus ist es für das Institut mehrheitlich irrelevant, in wie fern der Vergütungsanspruch des Interim-Managers gegenüber der Management-Agentur auf der Erreichung bestimmter Ziele basiert. Dieses hat stets einen zuvor vereinbarten Preis für die Zurverfügungstellung des Interim-Managers zu zahlen, unabhängig von der konkreten Ausgestaltung der Vergütung. An dieser Stelle zeigt sich, wie wünschenswert eine weitreichende Geltung einheitlicher Vergütungsvorgaben ist, die dann auch für die Management-Agentur Anwendung finden würden.

Im Ergebnis ist bei der Konkretisierung des Mitarbeiterbegriffs eine vertragliche Rechtsbeziehung zwischen Interim-Manager und Institut nicht zwingend erforderlich[240]. Eine Anwendung der Vorgaben der Instituts-Vergütungsverordnung kann jedoch nur unter der Einschränkung bejaht werden, dass das Institut Einfluss auf die Vergütung des Interim-Managers nehmen kann[241].

239 *Kaufmann* in: Buth/Hermanns, Restrukturierung, Sanierung, Insolvenz, § 20 Rn. 46 ff.

240 So auch *Insam/Hinrichs/Hörtz,* DB 2012, 1568 (1569); *Simon/Koschker,* BB 2011, 120 (121); offengelassen *Däubler,* AuR 2012, 380 (381); kritisch *Heuchemer/Kloft,* WM 2010, 2241 (2242).

241 Für den Fall der Leiharbeitnehmer: *Sammet,* Versicherungs-Vergütungsverordnung, S. 31 f.

II. Zuständigkeit

Im Rahmen der Zuständigkeit ist aufgrund der dualistischen Institutsstruktur zwischen der Verantwortlichkeit der Geschäftsleitung und der des Verwaltungs- oder Aufsichtsorgans zu differenzieren. Die Geschäftsleitung ist für die angemessene Ausgestaltung der Vergütungssysteme der Mitarbeiter – und somit auch der Risk-Taker – nach Maßgabe des § 25a Abs. 1 Nr. 6 KWG in Verbindung mit § 25a Abs. 5 KWG und der Instituts-Vergütungsverordnung verantwortlich, § 3 Abs. 1 InstitutsVergV. Gemäß § 3 Abs. 2 InstitutsVergV ist hingegen das Verwaltungs- oder Aufsichtsorgan für die Ausgestaltung der Vergütungssysteme der Geschäftsleiter verantwortlich. Dabei hat das Verwaltungs- oder Aufsichtsorgan neben den Vorschriften der Instituts-Vergütungsverordnung auch die Vorgaben der §§ 25a Abs. 5 und 25d Abs. 12 KWG zu berücksichtigen. Die Maßgabe des § 25d Abs. 12 KWG führt jedoch nicht dazu, dass in Instituten in denen nach allgemeinen gesellschaftsrechtlichen Vorgaben kein Verwaltungs- oder Aufsichtsorgan gebildet werden muss, nun zwingend ein Vergütungskontrollausschusses einzurichten ist[242].

1. Gesellschaftsrechtliche Konflikte

Die Zuständigkeitsregelung mag in ihrer Formulierung zwar eindeutig und ohne nähere Betrachtung stimmig sein, birgt jedoch zahlreiche Fragen im Hinblick auf die gesellschaftsrechtliche Kompetenzverteilung.

a) Kompetenzverteilung nach aktienrechtlichen Vorgaben

Der Vorstand leitet nach § 76 Abs. 1 AktG die Gesellschaft in eigener Verantwortung. Hierzu gehören auch die grundlegenden Entscheidungen bezüglich der Unternehmensplanung, -strukturierung, -kontrolle, Geschäftsentwicklung et cetera[243]. Der Aufsichtsrat hat die Geschäftsführung zu überwachen, § 111 Abs. 1 AktG. Ein Weisungsrecht des Aufsichtsrats besteht nicht[244]. Durch die Festsetzung der Vergütung soll der Aufsichtsrat den Vorstand zu einer nachhaltigen Unternehmensentwicklung anhalten. Dies kann er nur, wenn er seinerseits selbst einen Plan für eine derartige

---

242 Entwurf eines Gesetzes zur Umsetzung der Richtlinie 2012/…/EU über den Zugang zur Tätigkeit von Kreditinstituten und die Beaufsichtigung von Kreditinstituten und Wertpapierfirmen und zur Anpassung des Aufsichtsrechts an die Verordnung (EU) Nr. …/2012 über die Aufsichtsanforderungen an Kreditinstitute und Wertpapierfirmen (CRD IV-Umsetzungsgesetz) vom 15. Oktober 2012, BT-Drucks. 17/10974; S. 87.

243 Spindler/Stilz/*Fleischer* AktG, § 76 Rn. 16 ff.; Hölters/*Weber* AktG, § 76 Rn. 10; Hüffer/*Koch* AktG, § 76 Rn. 9; KK-AktG/*Mertens/Cahn* AktG, § 76 Rn. 5; Großkomm AktG/*Kort* AktG, § 76 Rn. 35 ff.

244 Hüffer/*Koch* AktG, § 76 Rn. 10f.; *Fleischer* in: Fleischer, Handbuch des Vorstandsrechts, § 1 Rn. 4.

Unternehmensstrategie besitzt[245]. Andernfalls kann er keine Zielvorgaben für die Geschäftsleitung erlassen. Hierin liegt jedoch der Widerspruch. Es gehört gerade nicht in den Zuständigkeitsbereich des Aufsichtsrats als reines Kontrollgremium, Einfluss zu nehmen oder Vorgaben hinsichtlich der Unternehmensstrategien zu machen[246]. Allein der Vorstand trägt gegenüber dem Aufsichtsrat und den Aktionären die unternehmerische Verantwortung. Diese darf er nicht über die Vergütungssysteme an den Aufsichtsrat abgeben[247]. Eine Ausrichtung der Vergütungsstruktur des Vorstands auf eine nachhaltige Unternehmensentwicklung ist somit erst möglich, wenn der Vorstand diese Ziele definiert hat. Der Vorstand müsste somit seine eigene Zielvereinbarung beschließen. Dies wiederum widerspricht dem ausdrücklichen Wortlaut des § 3 Abs. 2 InstitutsVergV, wonach hierfür gerade der Aufsichtsrat zuständig ist. *Dauner-Lieb/v. Preen/Simon* schlagen vor, dieses Spannungsverhältnis durch eine Einbindung des Vorstands in die Formulierung der Vergütungsbestandteile, -ziele und -parameter zu lösen[248]. Der Vorstand hätte auf Grundlage der von ihm entwickelten und mit dem Aufsichtsrat abgestimmten Unternehmensziele ein Vorschlagsrecht hinsichtlich der Zusammensetzung und Bemessung seiner Vergütung[249]. Hierbei müsste der Vorstand sowohl die Unternehmensstrategie als auch deren Realisierbarkeit kritisch hinterfragen, um seine Erfolgsziele realistisch beurteilen zu können und nicht die Aussicht auf eine variable Vergütung zu verlieren. Dem Aufsichtsrat verbliebe die Rolle des Kontrolleurs und Überwacher. Er bliebe für die formale Festsetzung zuständig und müsste die vorgeschlagenen Erfolgsziele sorgfältig prüfen[250]. Eine Verpflichtung, die Vorschläge des Vorstands eins zu eins umzusetzen, dürfte es nicht geben. Der Aufsichtsrat müsste letztlich die Zielvorgaben insoweit abwandeln können, als dass er dadurch nicht in die Unternehmensstrategie eingreift. Dass es bei dieser Ansicht zu einer Kompetenzüberschneidung kommt, wird in Kauf genommen[251]. Einerseits ist nach dieser Lösung die gesellschaftsrechtliche Kompetenzverteilung insoweit gewahrt, als dass der Vorstand nach wie vor für die Festlegung der Unternehmensziele zuständig bleibt. Werden hingegen die Unternehmensstrategien im Rahmen des Vergütungsfestsetzungsprozesses gemeinsam ausgearbeitet, gewinnt der Aufsichtsrat an Einfluss[252]. Dies ist vor dem Hintergrund der Beteiligung von Arbeitnehmervertretern im Aufsichtsrat

---

245 Dieses Problem wird von *Dauner-Lieb/v. Preen/Simon* DB 2010, 377 (381) und *Fonk* NZG 2011, 321 (324 f.) erstmals diskutiert.

246 MüKo-AktG/*Spindler*, § 76 Rn. 17; *Wiesner* in: Hoffmann-Becking, Münch. Hdb. GesR. IV, § 19 Rn. 15. *Dauner-Lieb/v. Preen/Simon* DB 2010, 377 (381) und *Fonk* NZG 2011, 321 (324 f.).

247 *Dauner-Lieb/v. Preen/Simon* DB 2010, 377 (381 f.).

248 *Dauner-Lieb/v. Preen/Simon,* DB 2010, 377 (382); *Behrens/Rinsdorf,* FS ARGE DAV 2006, 449 (458f.).

249 *Dauner-Lieb/v. Preen/Simon,* DB 2010, 377 (382).

250 *Dauner-Lieb/v. Preen/Simon,* DB 2010, 377 (382).

251 *Dauner-Lieb/v. Preen/Simon,* DB 2010, 377 (382) nennen diesen Ansatz „best practice".

252 So auch *Sammet,* Versicherungs-Vergütungsverordnung, S. 94.

kritisch zu sehen, da in diesem Fall auch Arbeitnehmer in unternehmerische Entscheidungen und damit in den alleinigen Aufgabenbereich des Vorstands involviert wären[253]. Eine Übertragung der Festsetzung auf einen Ausschuss unter (weitgehendem) Ausschluss der Arbeitnehmervertreter ist durch die Neuregelung des § 107 Abs. 3 Satz 3 AktG nicht mehr möglich[254].

Andere Autoren[255] sehen hingegen keine Kompetenzverletzung, solange der Aufsichtsrat bei der Vergütungsfestsetzung die Geschäftsführungsautonomie des Vorstands angemessen berücksichtigt. Das hieße, dass der Aufsichtsrat lediglich nur allgemein Einfluss auf die Ausrichtung der Geschäftspolitik des Vorstands nehmen dürfe[256]. *Fonk* geht davon aus, dass der Aufsichtsrat ohne Kompetenzüberschreitung dem Vorstand ein „Ziel" vorgeben darf, ohne jedoch Vorschriften hinsichtlich des „Weges" zur Zielerreichung zu implementieren[257]. Damit bliebe dem Vorstand ausreichend Raum für eine eigenverantwortliche Geschäftsführung. Dem ist nicht ohne weiteres zuzustimmen. Gerade auch die Definition der Unternehmensziele fällt in den ausschließlichen Kompetenzbereich des Vorstands. Gibt der Aufsichtsrat beispielsweise das Ziel vor, dass der Vorstand bei einer Umsatzsteigerung um x Prozent einen Bonus erhielte, würde er damit zugleich in die Unternehmensstrategie eingreifen, auch wenn er den Weg zur Erreichung dieses Ziels nicht näher bestimmen würde. Nicht immer ist eine Umsatzsteigerung vom Vorstand anzustreben. Sind die Zielvorgaben allerdings allzu unbestimmt, stellen sie keine ausreichende Grundlage für eine spätere Festsetzung der Vergütung dar und stehen nicht im Einklang mit den Vorgaben der Instituts-Vergütungsverordnung. Somit ist die Ansicht von *Dauner-Lieb/v. Preen/Simon* vorzugswürdig.

b) Kompetenzdurchbrechung bei Risk-Takern

Bei den Risk-Takern liegt grundsätzlich die Ausgestaltung der Vergütungssysteme im alleinigen Verantwortungsbereich der Geschäftsleitung. Die Kompetenzverteilung ist somit grundsätzlich gewahrt. Eine Ausnahme wird jedoch durch § 25a Abs. 5 Satz 6 KWG statuiert. Hinsichtlich eines angemessenen Verhältnisses von fixer und variabler Vergütung müssen Geschäftsleitung und Aufsichtsorgan der Hauptversammlung einen gemeinsamen Beschlussvorschlag vorlegen, wenn sie für die Mitarbeiter das maximale Verhältnis von variabler und fixer Vergütung erhöhen möchten. Das Aufsichtsorgan erhält auf diese Weise unmittelbaren Einfluss auf die

---

253 *Sammet,* Versicherungs-Vergütungsverordnung, S. 94 f.

254 In wieweit die Bildung solcher Ausschüsse ohne Beteiligung der Arbeitnehmervertreter überhaupt zulässig ist, soll an dieser Stelle nicht näher erläutert werden.

255 *Fonk,* NZG 2001, 321 (324).

256 *Fonk,* NZG 2001, 321 (324); *Martens,* FS Hüffer 2010, 647 (662); a.A. *Mertens,* AG 2011, 57 (59), wonach der Vorstand keinen Anspruch auf eine variable Vergütung habe. Dies mag für Aktiengesellschaften grundsätzlich zutreffen, ist mit den Vorgaben der Instituts-Vergütungsverordnung aber nicht vereinbar.

257 *Fonk,* NZG 2001, 321 (324).

Ausgestaltung der Vergütungssysteme[258]. Im Übrigen ist er lediglich mindestens einmal jährlich zu informieren, § 3 Abs. 1 Satz 2 InstitutsVergV.

2. Vergütungskontrollausschuss

Besteht ein Verwaltungs- oder Aufsichtsorgan, stellt sich weiterhin die Frage, ob dieses zwingend einen Vergütungskontrollausschuss zu bilden hat. Der Vergütungskontrollausschuss unterstützt das Aufsichts- oder Verwaltungsorgan bei der angemessenen Ausgestaltung der Vergütungssysteme für Geschäftsleiter insbesondere durch die Vorbereitung der Beschlüsse des Aufsichtsorgans zur Festsetzung des Gesamtbetrags der variablen Vergütung, zur Festlegung angemessener Vergütungsparameter, Erfolgsbeiträge, Leistungs- und Zurückbehaltungszeiträume und der Voraussetzungen für einen vollständigen Verlust oder eine teilweise Reduzierung der variablen Vergütung, § 15 Abs. 2 Nr. 1 InstitutsVergV, § 25d Abs. 12 Satz 2 Nr. 2 KWG.

a) Notwendige Einrichtung

Der Vergütungskontrollausschuss basiert auf der gesetzlichen Regelung des § 25d Abs. 12 in Verbindung mit Abs. 7 KWG. Das Verwaltungs- oder Aufsichtsorgan eines bedeutenden CRR-Instituts hat aus seiner Mitte einen Vergütungskontrollausschuss zu bestellen, wenn dies nach Größe, der internen Organisation und der Art, des Umfangs, der Komplexität und dem Risikogehalt der Geschäfte des Unternehmens angezeigt ist. Der Vergütungskontrollausschuss ist somit ein Ausschuss innerhalb des Aufsichtsorgans, dessen Mitglieder die für ihre Tätigkeit erforderlichen Kenntnisse, Fähigkeiten und Erfahrungen besitzen müssen, § 25d Abs. 7 Satz 3 KWG. Mindestens ein Mitglied muss über ausreichenden Sachverstand und Berufserfahrung im Bereich Risikomanagement und Controlling verfügen, § 25d Abs. 12 Satz 3 KWG. Dadurch werden die allgemeinen Anforderungen an Aufsichtsratsmitglieder punktuell um für die jeweilige Aufgabe nötigen Kenntnisse ergänzt.

Nach der Konzeption des KWG müssten nur bedeutenden Institute unter den weiteren Voraussetzungen des § 25d Abs. 7 KWG einen Vergütungskontrollausschuss einrichten[259]. Die Definition eines bedeutenden Instituts nach dem KWG richtet sich nach § 25d Abs. 3 Satz 7 KWG und ist wortlautidentisch mit § 17 InstitutsVergV.

258 *Buscher/Hannemann/Wagner/Weigl* InstitutsVergV, S. 64.

259 Hierzu wurde noch im Gesetzentwurf zum CRD IV-Umsetzungsgesetz (BT-Drucks. 17/10974, S. 88) vertreten, dass ein Unternehmen mit weniger als 10 Aufsichtsratsmitgliedern von der Bildung von Ausschüssen absehen könne, ohne eine Zustimmung der *BaFin* zu benötigen. Dieser Ansicht wurde seitens der *BaFin* entgegengetreten und klargestellt, dass es einer Mindestanzahl an Aufsichtsratsmitgliedern nicht bedürfe (Protokoll der 23. Sitzung des Gesprächskreises kleiner Institute vom 11. September und 25. November 2013, S. 10). In der Auslegungshilfe findet sich jedoch weiterhin der Hinweis auf die Gesetzesbegründung (*BaFin*, Auslegungshilfe zur Institutsvergütungsverordnung vom 01. Januar 2014 zu § 15.).

§ 15 Abs. 1 InstitutsVergV verweist zwar darauf, dass sich die Voraussetzungen für die Einrichtung eines Vergütungskontrollausschusses nach dem KWG richten, so dass nur bedeutende Institute im Sinne des § 17 InstitutsVergV erfasst wären, die systematische Stellung im Abschnitt 2 unter allgemeinen Anforderungen spricht jedoch dafür, dass auch nicht bedeutende Institute zumindest freiwillig einen Vergütungskontrollausschuss einrichten können[260]. Nach Ansicht des Verordnungsgebers müssen zumindest alle bedeutenden Institute einen Vergütungskontrollausschuss einrichten[261].

b) Besetzung

Hinsichtlich der Besetzung des Vergütungskontrollausschusses stellt sich zum einen die Frage nach der notwendigen Anzahl an Mitgliedern und zum anderen nach deren persönlichen Qualifikationen.

aa) Anzahl

Es finden sich weder in § 15 InstitutsVergV noch § 25d KWG gesetzliche Hinweise über die Anzahl der Ausschussmitglieder. Vorgeschrieben ist lediglich, dass in einem mitbestimmten Aufsichtsrat mindestens ein Arbeitnehmervertreter dem Vergütungskontrollausschuss angehören muss, § 25d Abs. 12 Satz 4 KWG. In der Praxis sollte der Vergütungskontrollausschuss aus mindestens drei Personen[262] bestehen. Ihm ist durch § 25d Abs. 12 Satz 1 Nr. 2 KWG eine Beschlusskompetenz zugewiesen. Im Aktienrecht ist eine Mindestanzahl von drei Personen für eine wirksame Beschlussfassung erforderlich[263]. § 25d Abs. 7 Satz 4 KWG schreibt weiter vor,

260 *Buscher/Hannemann/Wagner/Weigl* InstitutsVergV § 15, S. 155; *BaFin*, Auslegungshilfe zur Institutsvergütungsverordnung vom 01. Januar 2014 zu § 15.

261 Entwurf eines Gesetzes zur Umsetzung der Richtlinie 2012/.../EU über den Zugang zur Tätigkeit von Kreditinstituten und die Beaufsichtigung von Kreditinstituten und Wertpapierfirmen und zur Anpassung des Aufsichtsrechts an die Verordnung (EU) Nr. .../2012 über die Aufsichtsanforderungen an Kreditinstitute und Wertpapierfirmen (CRD IV-Umsetzungsgesetz) vom 15. Oktober 2012, BT-Drucks. 17/10974; S. 88.

262 Eine ungerade Anzahl an Ausschussmitgliedern ermöglicht eine eindeutige Entscheidung. Dennoch besteht der Vergütungskontrollausschuss beispielsweise der Deutsche Bank AG und der Commerzbank AG aus vier Personen, wobei jeweils zwei Arbeitgeber- beziehungsweise Arbeitnehmervertreter berufen sind (Deutsche Bank Investor Relation - Aufsichtsrat – Ausschüsse, abrufbar unter https://www.deutsche-bank.de/ir/de/content/ausschuesse.htm beziehungsweise Commerzbank Geschäftsordnung des Aufsichtsrats vom 05. November 2014; abrufbar unter https://www.commerzbank.de/media/de/konzern_1/konzerninfo/aufsicht/geschaftsordnung_aufsichtsrat.pdf).

263 § 108 Abs. 2 Satz 3 AktG; Spindler/Stilz/*Spindler* AktG § 107 Rn. 98; MüKoAktG/*Habersack* AktG § 107 Rn. 133; Hüffer/*Koch* AktG § 107 Rn. 21; *Buscher/Hannemann/Wagner/Weigl* InstitutsVergV § 15, S. 155.

dass mindestens ein Mitglied des Vergütungskontrollausschuss zugleich Mitglied in einem anderen Ausschuss wie beispielsweise Risikoausschuss, Prüfungs- oder Nominierungsausschuss zu sein hat. Damit soll eine enge Zusammenarbeit und ein fachlicher Austausch über die Ausschussgrenzen hinweg sichergestellt werden[264].

bb) Persönliche Qualifikation der Ausschussmitglieder

Der Vergütungskontrollausschuss ist Teil des Aufsichtsorgans. Für seine Mitglieder gilt deshalb § 25d KWG sowie das im Januar 2016 neu gefasste „Merkblatt zu den Mitgliedern von Verwaltungs- und Aufsichtsorganen gemäß KWG und KAGB"[265]. Dieses wurde von der *BaFin* verfasst und ergänzt die bereits seit 2009 im Kreditwesengesetz enthaltenen Bestimmungen für die persönlichen Voraussetzungen der Mitglieder von Aufsichtsorganen. Darin sind die Voraussetzungen zur Sachkunde, Zuverlässigkeit und Höchstzahl der Mandate näher ausgeführt. Für Institute in der Rechtsform einer Aktiengesellschaft gelten neben den relevanten Bestimmungen des Kreditwesengesetzes die korrespondierenden Vorschriften im Aktiengesetz sowie die Empfehlungen des Deutschen Corporate Governance Kodex. § 100 AktG normiert die persönlichen Voraussetzungen für die Ausübung eines Aufsichtsratsmandats. Danach ist lediglich die unbeschränkte Geschäftsfähigkeit vorausgesetzt. Weitere Anforderungen an Sachkunde, Zuverlässigkeit oder Integrität werden nicht gestellt. Lediglich ein Aufsichtsratsmitglied einer kapitalmarktorientierten Gesellschaft im Sinne des § 264d HGB[266] muss über Sachverstand in den Bereichen Rechnungslegung oder Abschlussprüfung verfügen, § 100 Abs. 5 AktG. Die Höchstzahl der Mandate beträgt zehn, unabhängig von der Art der Handelsgesellschaft. Eine Stellung als Aufsichtsratsvorsitzender zählt als zwei Mandate, § 100 Abs. 2 Satz 3 AktG[267]. Ziffer 5.4.1 DCGK empfiehlt, dass der Aufsichtsrat so zusammenzusetzen ist, dass seine Mitglieder insgesamt über die zur ordnungsgemäßen Wahrnehmung der Aufgaben erforderlichen Kenntnisse, Fähigkeiten und fachlichen Erfahrungen verfügen. Diese Grundsätze können auch für andere Gesellschaftsformen herangezogen werden. Institutsspezifisch gelten für alle Institute die von der *EBA* auf

---

264 *Buscher/Hannemann/Wagner/Weigl* InstitutsVergV § 15, S. 156.

265 *BaFin*, Merkblatt zu den Mitgliedern von Verwaltungs- und Aufsichtsorganen gemäß KWG und KAGB in der Fassung vom 04. Januar 2016; abrufbar unter: http://www.bafin.de/SharedDocs/Downloads/DE/Merkblatt/dl_mb_160104_AR_KWG_KAGB.pdf?__blob=publicationFile&v=4.

266 Gesellschaften im Sinne der Norm sind nicht nur börsennotierte Aktiengesellschaften nach § 3 Abs. 2 AktG oder Kapitalgesellschaften mit börsennotierten Wertpapieren, sondern alle Gesellschaften die einen organisierten Markt durch von ihnen ausgegebene Wertpapiere in Anspruch nehmen oder Zulassung beantragt haben. Siehe dazu auch Baumbach/Hopt/*Merkt* HGB § 264d Rn. 1; Ebenroth/Boujong/Joost/Strohn/*Böcking/Gros* HGB § 264d Rn. 1; MüKoHGB/*Reiner* HGB § 264d Rn. 3.

267 Henssler/Strohn/*Henssler* AktG § 100 Rn. 7; Hölters/*Simons* AktG § 100 Rn. 21; Spindler/Stilz/*Spindler* AktG § 100 Rn. 22.

europäischer Ebene erlassenen *Guidelines on the assessment of the suitability of members of the management body and key function holders*[268]. Die Regelungen enthalten Bestimmungen zu den vier Anforderungsdimensionen Sachkunde, Unabhängigkeit, Integrität beziehungsweise Zuverlässigkeit sowie Anzahl der Mandate.

III. Ausgestaltung der Vergütungssysteme und der Vergütung

Dem Institut obliegt die Pflicht, im Rahmen eines angemessenen und wirksamen Risikomanagements auf die Errichtung angemessener, transparenter und auf eine nachhaltige Entwicklung des Instituts ausgerichteter Vergütungssysteme für Geschäftsleiter und Mitarbeiter zu achten, § 25a Abs. 1 Nr. 6 KWG. Dies ist die zentrale Norm für die Ausgestaltung der Vergütungssysteme und der Vergütung. Die einzelnen Kriterien sollen durch die Instituts-Vergütungsverordnung näher definiert werden. Daneben müssen die Vergütungssysteme und die Vergütungsstrategien auf die Erreichung der Ziele ausgerichtet sein, die in den Geschäfts- und Risikostrategien des Instituts niedergelegt sind, § 4 Satz 1 InstitutsVergV.

1. Angemessenheit der Vergütungssysteme und der Vergütung

Zur Ausgestaltung der Angemessenheit der Vergütungssysteme und der Vergütung finden sich überall in der Instituts-Vergütungsverordnung verteilt Vorgaben. § 5 InstitutsVergV enthält Hinweise, wie sich der nationale Gesetzgeber ein angemessenes Vergütungssystem vorstellt. Die zentrale Vorschrift für eine angemessene Vergütung ist § 6 InstitutsVergV in Verbindung mit § 25a Abs. 5 KWG, wonach ein angemessenes Verhältnis von fixer und variabler Vergütung bestehen muss. Daneben gelten für die Angemessenheit der Vergütung von Geschäftsleitern im Rahmen der Festsetzung der variablen Vergütung die Vorgaben des § 10 Abs. 1 InstitutsVergV sowie in bedeutenden Instituten zusätzlich des § 19 InstitutsVergV.

a) Keine Anreize zur Eingehung unverhältnismäßiger Risiken

Nach der Intention des Verordnungsgebers sind Vergütungssysteme im Wesentlichen dann angemessen ausgestaltet, wenn für die Geschäftsleiter keine Anreize zur Eingehung unverhältnismäßiger Risiken bestehen, § 5 Abs. 1 Nr. 1 InstitutsVergV. Diese Vorgabe wird in § 5 Abs. 3 InstitutsVergV näher erläutert, wobei die Aufzählung keinesfalls enumerativ zu verstehen ist. Solche negativen Anreize bestehen danach insbesondere, wenn eine signifikante Abhängigkeit des Geschäftsleiters von der variablen Vergütung besteht (Nr. 1) oder einzelvertraglich für den Fall der

---

268 *EBA*, Leitlinien zur Beurteilung der Eignung von Mitgliedern des Leitungsorgans und von Inhabern von Schlüsselfunktionen vom 22. November 2012, EBA/GL/2012/06.

Beendigung der Tätigkeit Ansprüche auf Leistungen begründet werden, und diese Ansprüche selbst bei negativen individuellen Erfolgsbeiträgen der Höhe nach unverändert bleiben (Nr. 2).

aa) Keine signifikante Abhängigkeit

Ein Anreiz zur Eingehung unverhältnismäßiger Risiken ist zu befürchten, wenn der Geschäftsleiter in signifikanter Abhängigkeit von der variablen Vergütung lebt. Wann von einer signifikanten Abhängigkeit gesprochen werden kann, lässt § 5 Abs. 3 Nr. 1 InstitutsVergV offen. In der Auslegungshilfe der *BaFin* findet sich eine negative Abgrenzung. Danach besteht eine signifikante Abhängigkeit dann nicht, wenn „der Anteil der fixen Vergütung an der Vergütung so hoch ist, dass das Institut eine in jeder Hinsicht flexible Vergütungspolitik betreiben kann – was auch ein vollständiges Abschmelzen der variablen Vergütung mit einschließt –, ohne die Vergütungsempfänger in ihrer Fähigkeit, aus der verbleibenden Fixvergütung die grundlegenden Lebenshaltungskosten zu bestreiten, zu gefährden“[269]. In der Literatur wurde diese Formulierung bislang unkommentiert übernommen[270]. Einig ist man sich nur, dass ein Abstellen auf einen festen Prozentsatz nicht zulässig ist[271]. Die Formulierung in den *CEBS-Guidelines on Remuneration Policies and Practices* bringt zwar den dahinter stehenden Gedanken deutlicher zum Ausdruck, hilft aber bei der Auslegung des Begriffs nicht wesentlich: Der Anteil der Fixvergütung sollte ausreichend hoch sein, um den Geschäftsleiter auch bei gänzlichem Ausfall einer variablen Vergütung für seine Leistungen angemessen zu entlohnen[272]. Bei Aktiengesellschaften außerhalb des Bankensektors lässt sich in der Praxis feststellen, dass der Anteil der variablen Vergütung bei steigenden Gesamtbezügen überproportional zunimmt. Bei einem Gesamtgehalt von bis zu 500.000 Euro beträgt der durchschnittliche Anteil der Fixvergütung ca. 60 Prozent. Bei Gesamtbezügen von bis zu zwei Millionen Euro sinkt dieser Anteil auf 30 Prozent und erreicht ab einem Gesamtgehalt von über zwei

---

269 *BaFin*, Auslegungshilfe zur Institutsvergütungsverordnung vom 01. Januar 2014 zu § 5.

270 Etwa *Fröhlich*, ArbRB 2010, 312 (313); *Heuchemer/Kloft*, WM 2010, 2241 (2243); *Mosch/Rosenau*, NJW-Spezial 2010, 498.

271 *Däubler*, AuR 2012, 380 (381); *Mosch/Rosenau*, NJW-Spezial 2010, 498; *Müller-Bonanni/Mehrens*, NZA 2010, 792 (793); *Simon/Koschker*, BB 2011, 120 (122).

272 *CEBS*, Guidelines on Remuneration Policies and Practices vom 10. Dezember 2010, Rn. 76, S. 44: "Having a fully-flexible policy on variable remuneration implies not only that variable remuneration should decrease as a result of negative performance but also, that it can go down to zero in some cases. For its practical implementation, it also implies that the fixed remuneration should be sufficiently high to remunerate the professional services rendered, in line with the level of education, the degree of seniority, the level of expertise and skills required, the constraints and job experience, the relevant business sector and region."

Millionen gerade einmal 20 Prozent[273]. Doch auch diese 20 Prozent übersteigen in der Regel das Gehalt eines normalen Arbeitnehmers um ein Vielfaches. Auch mit diesem Betrag wird der Geschäftsleiter in der Lage sein, seine Lebenshaltungskosten zu bestreiten. Als Maßstab kann dabei nicht der Einzelfall herangezogen werden, sondern es muss eine generalisierende Betrachtung erlaubt sein[274].

Aufgrund der Einführung einer Obergrenze für die variable Vergütung in Höhe von 100 Prozent der Fixvergütung (§ 25a Abs. 5 KWG) sind solche Zahlenverhältnisse zukünftig im Bankensektor nicht mehr zu erreichen. Selbst die von *Rieble/Schmittlein* bislang für rechtssicher gehalten Grenze von 40 Prozent Fixanteil kann nicht mehr gelten[275]. Nun muss die Fixvergütung als Anteil an der Gesamtvergütung mindestens 50 Prozent betragen. Ein Geschäftsleiter wird deshalb bereits in seinem eigenen Interesse bei den Vertragsverhandlungen darauf drängen, eine möglichst hohe Fixvergütung zu vereinbaren. Nur dann wird er bereit sein, seine Arbeitsleistung zur Verfügung zu stellen. Selbst in Ausnahmefällen in denen die variable Vergütung auf 200 Prozent des Fixgehalts angehoben wird, beträgt der Anteil der Fixvergütung an der Gesamtvergütung immer noch 33,3 Prozent. Bei einem derart hohen Anteil der Fixvergütung an der Gesamtvergütung, unabhängig von der absoluten Höhe der Gesamtvergütung, bleibt wenig Raum für eine signifikante Abhängigkeit. Durch die Einführung eines Bonus-Caps hat die Regelung wesentlich an Bedeutung verloren.

bb) Golden Parachutes und Übergangsgelder

Bei der Regelung des § 5 Abs. 3 Nr. 2 InstitutsVergV hatte der Verordnungsgeber wie auch bereits die internationalen Gremien insbesondere die weitverbreiteten Abfindungsleistungen bei Change of Control-Klauseln (Golden Parachutes) im Blick[276]. Bei diesen Abreden wird bereits im Zeitpunkt des Abschlusses des Anstellungsvertrags eine Vereinbarung getroffen, die dem Geschäftsleiter für den Fall der Beendigung des Anstellungsverhältnisses einen Anspruch auf Leistung seitens des Instituts gewährt, der auch im Falle negativer Erfolgsbeiträge während der Vertragslaufzeit keiner betragsmäßigen Reduzierung unterworfen ist. Selbiges gilt für Übergangsgeldvereinbarungen. In Abgrenzung zu § 5 Abs. 7 InstitutsVergV

---

273 Darstellung von *Evers* in: Hommelhoff/Hopt/v. Werder, Handbuch Corporate Governance, S. 361; siehe dazu auch *DSW/TUM*, Studie zur Vergütung der Vorstände in den DAX- und MDAX-Unternehmen im Geschäftsjahr 2014, S. 4.

274 *Buscher/Hannemann/Wagner/Weigl*, InstitutsVergV § 5, S. 78; *Müller-Bonanni/Mehrens*, NZA 2010, 792 (793); a.A. *Annuß/Sammet*, BB 2011, 115 (117); *Zöbeley*, Vergütungsvorgaben, S. 285: auf den Einzelfall abzustellen.

275 *Rieble/Schmittlein*, Vorstandsvergütung, Rn. 477.

276 *CEBS*, Guidelines on Remuneration Policies and Practices vom 10. Dezember 2010, Rn. 70, S. 42.

steht hier die Beendigung des Dienstverhältnisses noch nicht unmittelbar bevor. Es erfolgt somit eine ex-ante Betrachtung[277].

Golden Parachutes oder auch Change of Control-Klauseln werden häufig auf Wunsch des Geschäftsleiters in Kombination mit einem Sonderkündigungsrecht für den Fall eines Kontrollwechsels vereinbart[278]. Sie sollen gewährleisten, dass der Geschäftsleiter im Falle eines Übernahmeangebots ausschließlich im Interesse des Unternehmens und seiner Aktionäre handelt, ohne sich von der Sorge um persönliche und/oder wirtschaftliche Nachteile als Folge des Zusammenschlusses leiten zu lassen[279]. Er erhält im Falle seines Ausscheidens eine festgesetzte Abfindung, die sich meist an den Gesamtbezügen orientiert, die dem Vorstand bis zum Ablauf der eigentlichen Vertragslaufzeit noch zugestanden hätten[280]. Der Zielerreichungsgrad wird dabei regelmäßig mit 100 Prozent angesetzt[281]. Aus aufsichtsrechtlicher Sicht problematisch ist, dass für den Geschäftsleiter eine „heads I win, tails I still win"-Situation geschaffen wird[282]. Bei Eintritt des vertraglich definierten Falls eines Kontrollwechsels erhält der Geschäftsleiter eine variable Vergütung für die Folgejahre ausgezahlt, die die weitere Unternehmensentwicklung oder ein Strategieänderung nicht berücksichtigt (§ 4 InstitutsVergV). Aus diesem Grund verlangt die Instituts-Vergütungsverordnung, dass solche Zahlungen leistungsbezogen zu gewähren sind, und eine der Höhe nach unveränderliche Zusage für den Fall negativer Erfolgsbeiträge unterbleibt.

Übergangsgelder werden regelmäßig vereinbart, um dem Geschäftsleiter nach dem Ende des Beschäftigungsverhältnisses vorübergehend die Aufrechterhaltung des bisherigen Lebensstandards zu ermöglichen. Aus Sicht der *BaFin* kann die Aussicht auf eine derartige Zahlung einen Anreiz zur Eingehung unverhältnismäßiger Risiken bieten[283].

---

277 *Bundesministerium der Finanzen*, Begründung zur Institutsvergütungsverordnung vom 07. März 2014 zu § 5; *Buscher/Hannemann/Wagner/Weigl* InstitutsVergV § 5, S. 79.

278 Hölters/*Weber* AktG § 87 Rn. 42; Spindler/Stilz/*Fleischer* AktG § 87 Rn. 53; *Confurius* in: Hansen/Kelber/Zeißig/Breezmann/Confurius, Rechtsstellung der Führungskräfte im Unternehmen, C Rn. 1613; *Bauer/Krieger/Arnold*, Arbeitsrechtliche Aufhebungsverträge, D. I. Rn. 96.

279 *Hoffmann-Becking*, ZHR 2005, 155 (170); *Bittmann/Schwarz*, BB 2009, 1014; *Martens*, ZHR 2005, 132 (138). *Thüsing* in: Fleischer, Handbuch des Vorstandsrechts, § 6 Rn. 99; *Reufels* in: Hümmerich/Reufels, Gestaltung von Arbeitsverträgen, § 3 Rn. 291.

280 *Reufels* in: Hümmerich/Reufels, Gestaltung von Arbeitsverträgen, § 3 Rn. 301; *Küttner* FS ARGE DAV 2006, S. 493 (500); dagegen *Thüsing* in: Fleischer, Handbuch des Vorstandsrechts, § 6 Rn. 101; kritisch *Hoffmann-Becking*, ZIP 2007, 2101 (2104).

281 *Reufels* in: Hümmerich/Reufels, Gestaltung von Arbeitsverträgen, § 3 Rn. 301; *Küttner*, FS ARGE DAV 2006, 493 (500).

282 *CEBS*, Guidelines on Remuneration Policies and Practices vom 10. Dezember 2010, Rn. 70, S. 42; *Buscher/Hannemann/Wagner/Weigl* InstitutsVergV § 5, S. 79.

283 *BaFin*, Auslegungshilfe zur Institutsvergütungsverordnung vom 01. Januar 2014 zu § 5.

Somit fallen Zahlungen von Golden Parachutes und Übergangsgeldern zukünftig unter das Verbot des § 5 Abs. 3 Nr. 2 InstitutsVergV, da sie auch bei negativem individuellem Erfolgsbeitrag der Höhe nach unverändert bleiben.

b) Zahlungen im Zusammenhang mit einer vorzeitigen Beendigung

§ 5 Abs. 7 InstitutsVergV verlangt, dass Zahlungen im Zusammenhang mit der vorzeitigen Beendigung eines Arbeits- oder Dienstverhältnisses der Leistung im Zeitverlauf Rechnung tragen müssen und negative Erfolgsbeiträge oder Fehlverhalten des Geschäftsleiter nicht belohnen dürfen. Diese Vorschrift wurde erstmals in der Neufassung des Jahres 2013 aufgenommen. In Abgrenzung zu § 5 Abs. 3 Nr. 2 InstitutsVergV gilt Abs. 7 nur im Falle einer unmittelbar bevorstehenden oder bereits eingetretenen Beendigung des Anstellungsverhältnisses[284]. Wann die Zahlung vereinbart wurde, ist jedoch irrelevant[285]. Von einer vorzeitigen Vertragsbeendigung kann nur im Falle eines befristeten Beschäftigungsverhältnisses gesprochen werden. Bei unbefristeten Dienstverhältnissen kann es mangels vereinbarter Laufzeit keine „vorzeitige" Beendigung geben[286]. Unklar ist bislang, welche Art von Zahlungen der Verordnungsgeber erfassen möchte. § 5 Abs. 7 InstitutsVergV erfasst zum einen wohl Abfindungszahlungen. Diese dienen nach der Intention nationaler Gerichte weniger der Honorierung von in der Vergangenheit liegenden Leistungen als vielmehr als Entschädigung für den Verlust des sozialen Besitzstandes[287]. Dies hat der Verordnungsgeber erkannt und in Satz 2 gesetzliche Abfindungsansprüche ausgenommen. Für Organmitglieder bestehen solche gesetzlichen Abfindungsansprüche nach §§ 1a, 9, 10 KSchG nicht (§ 14 Abs. 1 KSchG). Darüber hinaus kann aus der Formulierung der Begründung des *Bundesministeriums der Finanzen* abgeleitet werden, dass gerade nur einzelvertraglich vereinbarte Zahlungen unter die Beschränkungen des § 5 Abs. 7 fallen sollen[288]. Dies ergibt sich auch aus einer Zusammenschau mit § 5 Abs. 3 Nr. 2 InstitutsVergV, der ebenfalls nur einzelvertragliche Ansprüche erfasst.

---

284 *Buscher/Hannemann/Wagner/Weigl* InstitutsVergV § 5, S. 85.

285 *Bundesministerium der Finanzen*, Begründung zur Institutsvergütungsverordnung vom 07. März 2014 zu § 5.

286 *Zürn/Rappensperger/Brämswig*, DB 2013, 2681 (2683).

287 St. Rspr. u. a. BAG 2 AZR 16/72 vom 15. Februar 1973, BB 1973, 984; BAG 9 AZR 277/99 vom 16. Mai 2000, NJW 2001, 389; MüKoBGB/*Hergenröder* KSchG § 10 Rn. 4; APS/*Biebl* § 10 KSchG Rn. 38; *v. Hoyningen-Huene/Linck* KSchG § 10 Rn. 4; *Bauer/Krieger/Arnold*, Arbeitsrechtliche Aufhebungsverträge, C III. Rn. 15; G III. Rn. 37; *Hoß* in: Weber/Ehrich/Burmester, Aufhebungsverträge, Teil 1 Rn. 556.

288 *Bundesministerium der Finanzen*, Begründung zur Institutsvergütungsverordnung vom 07. März 2014 zu § 5:"[...] hier geht es nicht nur um die vorherige Vereinbarung von Leistungen, sondern um möglicherweise erst anlässlich der Beendigung und damit nachträglich vereinbarte und vorgenommene Zahlungen [...]" (Hervorhebung durch Verfasser).

Damit verbleibt die Frage, ob auch eine vertraglich vereinbarte Abfindung als individuell Entschädigung für den Verlust des sozialen Besitzstandes und damit aufgrund des Entschädigungscharakters nicht als Teil der Vergütung zu sehen ist. *Jaeger* bejaht dies ohne nähere Begründung[289]. Auch einem Geschäftsleiter ist grundsätzlich ein Anspruch auf Entschädigung für den Verlust des Arbeitsplatzes zuzugestehen, soweit dieser nicht auf einer Eigenkündigung beruht[290]. Andererseits sind gerade nur gesetzliche Abfindungsansprüche aus dem Anwendungsbereich ausgenommen. Bei strikter Orientierung am Wortlaut stellen Abfindungszahlungen Zahlungen, die im Zusammenhang mit der vorzeitigen Beendigung geleistet werden, dar. Aus aufsichtsrechtlicher Sicht ist es wünschenswert, dass auch solche finanziellen Leistungen an einer nachhaltigen Entwicklung des Instituts teilhaben und eventuell getroffenen Fehlentscheidungen die Höhe der Abfindung beeinflussen können. Die Vorschrift setzt gerade nicht voraus, dass es sich bei der Zahlung um eine Honorierung der persönlichen Leistung handeln muss, da sie nicht von „Vergütungen" sondern ganz allgemein von „Zahlungen" spricht.

Weiter muss geklärt werden, ob die Kapitalisierung der Restlaufzeit eines vorzeitig aufgelösten Dienstvertrags unter die Bestimmung des § 5 Abs. 7 InstitutsVergV fällt. Bislang wurde argumentiert, dass eine solche Vereinbarung nicht „für den Fall der Beendigung" zugesagt wird[291] und somit nicht als Anreiz für die Eingehung eines unverhältnismäßigen Risikos im Sinne des § 5 Abs. 3 Nr. 2 InstitutsVergV dient. Diese Argumentation kann nicht ohne weiteres auf § 5 Abs. 7 InstitutsVergV übertragen werden. Hiernach sind alle Zahlungen erfasst, die „im Zusammenhang" mit der vorzeitigen Beendigung des Dienstverhältnisses gewährt werden. Wird ein Vorstand gemäß § 84 Abs. 3 AktG abberufen ohne dass ein wichtiger Grund zu einer außerordentlichen Kündigung im Sinne des § 626 Abs. 1 BGB vorliegt, so bleibt das Dienstverhältnis bis zum Ablauf der Befristung bestehen. Der Vorstand hat danach Anspruch auf eine weitere Vergütung, auch wenn er freigestellt wird. Er muss sich lediglich anderweitigen Verdienst anrechnen lassen. Möchte das Unternehmen nun auch das Dienstverhältnis beenden, so wird der Vorstand hierzu nur bereit sein, wenn ihm die Restlaufzeit oder zumindest ein Teil davon als Kapitalabfindung gewährt wird. Die Zulässigkeit einer solchen ablösenden Abfindung ist unstreitig[292]. Fraglich ist nun, ob diese Kapitalabfindung nach den Vorgaben des § 5 Abs. 7 InstitutsVergV zu gestalten ist, so dass eine nachträgliche Anpassungsmöglichkeit des Betrags vereinbart werden muss. Betrachtet man den Fall, dass der Vorstand trotz Freistellung weiterhin seine vertraglich vereinbarte Vergütung bis zum Ende der

---

289 *Jaeger*, NZA 2010, 128 (134).

290 So auch *Heuchemer/Kloft*, WM 2010, 2241 (2243).

291 *Müller-Bonanni/Mehrens*, NZA 792 (794).

292 Spindler/Stilz/*Fleischer* AktG, § 87 Rn. 46; KK-AktG/*Mertens/Cahn* AktG § 87 Rn. 83; *Bauer*, DB 1992, 1413 (1419); *Hoffmann-Becking*, ZHR 2005, 155 (168); *Lutter*, ZIP 2006, 733 (737); *Spindler*, DStR 2004, 36 (44); *Schwark*, FS Raiser 2005, S. 377 (392); *Fonk* in: Semler/v. Schenck, Arbeitshandbuch für Aufsichtsratsmitglieder, § 9 Rn. 349.

Befristung erhält, so gilt dies auch für eine variable Vergütung, deren Höhe dann im Ermessen des Aufsichtsrats liegt. Dabei wird die variable Vergütung an der weiteren Geschäftsentwicklung bemessen. Traf das Vorstandsmitglied in der Vergangenheit Entscheidungen, die sich im Nachhinein als nicht nachhaltig erweisen, so führt dies zu einer Reduzierung seiner variablen Vergütung in den Folgejahren. Dieses Szenario unterfällt zwar nicht der Regelung des § 5 Abs. 7 InstitutsVergV, da es nicht zu einer vorzeitigen Beendigung des Dienstverhältnisses kommt, ist jedoch die Alternative zu einer Kapitalisierung der Restlaufzeit. Nach Sinn und Zweck der Regelung und um einen möglichst umfassenden Anwendungsbereich der Instituts-Vergütungsverordnung zu eröffnen, spricht einiges dafür, zukünftig auch bei einer Kapitalisierung der Restvergütung die Vorschriften des § 5 Abs. 7 Satz 1 InstitutsVergV beachten zu müssen. Es erscheint nicht sachgerecht, den Vorstand bei einer vorzeitigen Beendigung unter Auszahlung der Restvergütung besser zu stellen und ihn von dem Risiko einer negativen Geschäftsentwicklung, die noch auf seinen Entscheidungen beruhen kann, zu befreien. § 5 Abs. 7 Satz 1 InstitutsVergV spricht auch nicht ausdrücklich von Abfindungen, sondern von sämtlichen Zahlungen im Zusammenhang mit der vorzeitigen Beendigung. Satz 2 führt ebenfalls nicht zu einer einschränkenden Auslegung, da lediglich gesetzliche Abfindungsansprüche nicht erfasst sein sollen, im Rahmen von Sozialplänen und Sozialtarifverträgen aber sämtliche Zahlungen. In der englischen Originalfassung der Richtlinie 2013/36/EU heißt es in Artikel 94 Abs. 1 lit. h) „payments relating to [...]“[293]. Damit erfolgt keine Beschränkung der Vorschrift auf reine Abfindungsleistungen, die grundsätzlich als „severance payments“ bezeichnet werden. Im Ergebnis ist davon auszugehen, dass durch die Neufassung des § 5 Abs. 7 InstitutsVergV in Zukunft die Auszahlung der Restlaufzeit eines Dienstvertrags der Leistung im Zeitverlauf Rechnung tragen muss und sich negative Erfolgsbeiträge oder nachträglich bekannt werdendes Fehlverhalten des Geschäftsleiters negativ auf die Höhe des zu zahlenden Betrags auswirken müssen.

c) *Keine garantierte variable Vergütung*

§ 5 Abs. 6 InstitutsVergV gestattet die Zahlung einer garantierten variablen Vergütung nur unter zwei Voraussetzungen. Zum einen dürfen solche Zahlung nur anlässlich der Aufnahme eines Dienstverhältnisses bei dem jeweiligen Institut und längstens für zwölf Monate gezahlt werden. Zum anderen muss das Institut zum Zeitpunkt der Auszahlung über eine angemessene Eigenmittel- und Liquiditätsausstattung sowie hinreichend Kapital zur Sicherstellung der Risikotragfähigkeit verfügen. Letzteres wurde durch die Novellierung im Jahr 2013 eingefügt und ist

293 Richtlinie 2013/36/EU des Europäischen Parlaments und des Rates vom 26. Juni 2013 über den Zugang zur Tätigkeit von Kreditinstituten und die Beaufsichtigung von Kreditinstituten und Wertpapierfirmen, zur Änderung der Richtlinie 2002/87/EG und zur Aufhebung der Richtlinien 2006/48/EG und 2006/49/EG, ABl. L 176, S. 338.

im Zusammenhang mit § 7 InstitutsVergV zu lesen[294]. Das grundsätzliche Verbot einer garantierten variablen Vergütung beruht auf internationalen Vorgaben und dient der Umsetzung des *FSB*-Standards Nr. 11[295]. Ein garantierter Bonus ist nicht mit einem angemessenen Risikomanagement und einer leistungsgerechten Bezahlung vereinbar[296]. Auf nationaler Ebene war ein solches Verbot bereits im *BaFin*-Rundschreiben 22/2009[297] enthalten, hier jedoch nur als besondere Vorschrift für bedeutende Institute[298].

Die Formulierung „garantierte variable Vergütung" ist nicht unproblematisch. Sprachlich gesehen handelt es sich um ein Oxymoron. Definitionsgemäß ist im Rahmen der Instituts-Vergütungsverordnung variable Vergütung als der Teil der Vergütung definiert, dessen Gewährung oder Höhe im Ermessen des Instituts steht oder vom Eintritt vereinbarter Bedingungen abhängt (§ 2 Abs. 3 InstitutsVergV). Sie ist damit in der Höhe veränderbar und enthält zumeist leistungs- oder umsatzabhängige Komponenten[299]. Im Widerspruch dazu ist eine Garantie als eine verbindliche Zusage[300] zu verstehen, die weder vom Eintritt bestimmter Bedingungen abhängt noch in ihrem Umfang oder ihrer Höhe veränderbar ist. Eine garantierte variable Vergütung stellt damit eine Sonderform der Fixvergütung dar. Problematisch ist, dass diese Art der Vergütung nicht den besonderen Anforderungen im Hinblick auf die Angemessenheit, die Orientierung an Aufgabe und Leistung des Geschäftsleiters sowie Lage der Gesellschaft, einer Streckung über einen Zurückbehaltungszeitraum und eine mögliche Anpassung bei negativer Geschäftsentwicklung unterliegt. Die Instituts-Vergütungsverordnung selbst enthält keine näheren Erläuterungen, was unter einer garantierten variablen Vergütung zu verstehen ist. Die *BaFin* nennt in ihrer Auslegungshilfe zwei Fälle, in denen aus ihrer Sicht eine garantierte variable

---

294 *BaFin*, Auslegungshilfe zur Institutsvergütungsverordnung vom 01. Januar 2014 zu § 5.

295 *FSB*, Principles for Sound Compensation Practices - Implementation Standards vom 25. September 2009, Nr. 11, S. 4: "Guaranteed bonuses are not consistent with sound risk management or the pay-for-performance principle and should not be a part of prospective compensation plans. Exceptional minimum bonuses should only occur in the context of hiring new staff and be limited to the first year."

296 So auch Recital (8) der Richtlinie 2010/76/EU (CRD III-Richtlinie) "Guaranteed variable remuneration is not consistent with sound risk management or the pay-for-performance principle and should, as a general rule, be prohibited."

297 *BaFin*, Rundschreiben 22/2009 (BA) zu aufsichtsrechtlichen Anforderungen an die Vergütungssysteme von Instituten vom 21. Dezember 2009.

298 *BaFin*, Rundschreiben 22/2009 (BA) zu aufsichtsrechtlichen Anforderungen an die Vergütungssysteme von Instituten vom 21. Dezember 2009, Besondere Anforderungen, Ziffer 4.1. Nr. 3.

299 So auch *Buscher/Hannemann/Wagner/Weigl*, InstitutsVergV § 5, S. 81.

300 Duden, Garantie Begriffsbedeutung Nr. 2a: einen bestimmten Sachverhalt betreffende verbindliche Zusage, [vertraglich festgelegte] Sicherheit.

Vergütung vorliegt[301]. Hängt die Auszahlung einer variablen Vergütung lediglich vom Verbleib des Geschäftsleiters im Institut bis zu einem bestimmten Zeitpunkt ab oder handelt es sich um eine befristete Zahlung für die vorübergehende Übernahme einer höheren Funktion innerhalb des Instituts (Funktionszulage), soll es sich um eine grundsätzlich verbotene Leistung handeln. Ist der Geschäftsleiter zugleich bereits Vorstand oder Geschäftsführer eines Instituts, kommt letztere Alternative nur ausnahmsweise in Betracht. Denkbar wäre allenfalls die vorübergehende Übernahme weiterer Aufgaben im Rahmen der Geschäftsleitungsfunktion. Dies kann bei der variablen Vergütung ausreichend berücksichtigt werden, ohne dass es einer zusätzlichen garantierten Zulage bedarf. Bei leitenden Angestellten ist die vorübergehende Berufung als Vorstand oder Geschäftsführer ausgeschlossen. In diesen Fällen bedarf es einer gänzlich neuen vertraglichen Regelung. Funktionszulagen spielen insbesondere als personalpolitisches Instrument zur Erprobung im Rahmen von Arbeitsverhältnissen einfacher Mitarbeiter eine Rolle. Diese stehen jedoch nicht im Fokus dieser Arbeit, so dass weitere Ausführungen an dieser Stelle unterbleiben[302].

Für Aufsichts- und Verwaltungsorgane stellt sich die Frage, ob die bislang üblichen Sign-On oder Welcome Boni sowie Retention Boni weiterhin zulässig sind. Durch Sign-On oder Welcome Boni sollen Verluste ausgeglichen werden, die ein Geschäftsleiter bei einem Institutswechsel erleidet, da er Ansprüche auf variable Leistungen gegenüber dem bisherigen Institut verlieren kann. In bedeutenden Instituten trifft § 21 InstitutsVergV hierfür eine spezielle Regelung. Grundsätzlich sind Vergütungen, die im Zusammenhang mit Ausgleichs- oder Abfindungszahlungen für entgangene Ansprüche aus vorherigen Beschäftigungsverhältnissen stehen, zulässig. Sie müssen jedoch mit den langfristigen Interessen des Instituts in Einklang stehen und sind den Zurückbehaltungsmechanismen unterworfen. Im Rückschluss müssen solche Zahlungen auch in „normalen" Instituten weiterhin zulässig sein. Eine Verknüpfung an negative Erfolgsbeiträge und eine nachteilige Unternehmenswertentwicklung sollte auch in diesen Instituten vereinbart werden. Es handelt sich dann im Ergebnis nicht mehr um eine garantierte variable Vergütung. Andernfalls sind solche Kompensationszahlungen nach dem eindeutigen Wortlaut des § 5 Abs. 6 InstitutsVergV nur noch in sehr begrenztem Umfang zulässig[303]. Insbesondere kann die Vorschrift nicht dadurch umgangen werden, dass ein sehr hoher Betrag im ersten Jahr vereinbart wird, da auch hierfür bereits die grundsätzliche Obergrenze für variable Vergütungen von 100 Prozent der Fixvergütung gilt. Hiervon ist für das Antrittsjahr keine Ausnahme vorgesehen. Wird folglich eine sehr hohe variable

---

301 *BaFin*, Auslegungshilfe zur Institutsvergütungsverordnung vom 01. Januar 2014 zu § 5.

302 Einzelheiten dazu siehe beispielsweise *Buscher/Hannemann/Wagner/Weigl*, InstitutsVergV § 5, S. 83 f.

303 *Hannemann/Schneider*, Mindestanforderungen an das Risikomanagement, S. 942; Boos/Fischer/Schulte-Mattler/ *Wolfgarten/Braun* KWG § 25a Rn. 703.

Vergütung im ersten Jahr garantiert, bleibt wenig Spielraum für die Vereinbarung einer leistungs- und umsatzabhängigen echten variablen Vergütung.

Hinsichtlich der Zulässigkeit von Retention Boni finden sich in der Gesetzesbegründung keine näheren Angaben. Durch Retention Boni oder auch Halteprämien sollen wichtige Mitarbeiter an das Unternehmen gebunden werden. Die Gewährung solcher Zahlungen setzt ein ungekündigtes Dienst- oder Arbeitsverhältnis voraus[304] und dient der Honorierung zukünftiger Betriebstreue[305]. Damit fallen diese Zahlungen unter den Begriff der garantierten variablen Vergütung und sind unzulässig. Diese Auslegung ist jedoch kritisch zu hinterfragen. Bereits zur wortgleichen Vorschrift des § 3 Abs. 7 InstitutsVergV a.F. haben sich in der Literatur zahlreiche Autoren ablehnend geäußert[306]. Retention Boni dienen der Stabilisierung eines Instituts in Krisensituationen und sind somit grundsätzlich mit den Zielen der Instituts-Vergütungsverordnung vereinbar. Auch werden durch solche Leistungen keine negativen Verhaltensanreize zur Eingehung unverhältnismäßiger Risiken geschaffen. Vielmehr kann hierdurch der nachhaltige und langfristige Erfolg sichergestellt werden[307]. Die *BaFin* ist jedoch auch bei der Neufassung der Vorschrift nicht von ihrer bisherigen Auffassung abgewichen[308]. Aufgrund des ausdrücklichen Wortlauts des § 5 Abs. 6 InstitutsVergV sollten Institute auch zukünftig von der Vereinbarung solcher Retention Boni absehen.

d) Angemessenes Verhältnis von fixer und variabler Vergütung

In der Öffentlichkeit breit diskutiert wurde und wird eine Begrenzung der variablen Vergütung der Höhe nach. Die Einführung des § 25a Abs. 5 KWG und des darauf beruhenden § 6 InstitutsVergV stellen eine der wesentlichsten Neuerungen der Rechtslage durch das CRD IV-Maßnahmenpaket dar. Innerhalb der EU war diese Thematik heftig umstritten. Großbritannien hat noch vor Inkrafttreten der Regelung Klage beim *Europäischen Gerichtshof* eingereicht[309]. Nach Ansicht der Klägerin sei Art. 53 Abs. 1 AEUV keine taugliche Rechtsgrundlage für eine derartige Bestimmung. Vielmehr hätte die Regelung auf Art. 153 AEUV gestützt werden

304 *Insam/Hinrichs/Hörtz,* DB 2012, 1568 (1570).

305 Zur grundsätzlichen Zulässigkeit solcher Vereinbarungen: BAG 10 AZR 3/12 vom 14. November 2012, NZA 2013, 327; ErfK/*Preis* BGB § 611 Rn. 534e.

306 *Heuchemer/Kloft,* WM 2010, 2241 (2243); *Insam/Hinrichs/Hörtz,* DB 2012, 1568 (1570); *Löw,* BB 2010, Heft 41, 1. Seite; *Müller-Bonanni/Mehrens,* NZA 2010, 792 (794); *Buscher,* Neue bankaufsichtsrechtliche Vergütungsanforderungen für Institute, S. 11, wohl auch *Simon/Koschker,* BB 2011, 120 (122).

307 *Heuchemer/Kloft,* WM 2010, 2241 (2243); *Insam/Hinrichs/Hörtz,* DB 2012, 1568 (1570); *Löw,* BB 2010, Heft 41, 1. Seite.

308 *BaFin,* Auslegungshilfe zur Institutsvergütungsverordnung vom 01. Januar 2014 zu § 5.

309 Rechtssache C-507/13; Vereinigtes Königreich Großbritannien und Nordirland/ Europäisches Parlament, Rat der Europäischen Union vom 30. September 2013.

müssen. Da § 153 Abs. 5 AEUV jedoch Maßnahmen bezüglich „Arbeitsentgelt" aus dem Kompetenzkatalog ausschließt, fehle der EU die Kompetenz für eine derartige Regelung. Der Generalanwalts *Jääskinen* weist in seinem Schlussantrag darauf hin, dass das Verbot des § 153 Abs. 5 AEUV nur bezüglich der Höhe des Entgelts Geltung beanspruchen kann[310]. Da durch die aktuelle Regelung jedoch keine absolute Höchstgrenze vorgeben wird, ist der Anwendungsbereich des Art. 153 AEUV nicht eröffnet. Großbritannien hat daraufhin die Klage zurückgezogen[311].

Ein sogenannter Bonus-Cap ist dem deutschen Recht nicht fremd. Bereits mit dem Inkrafttreten des Finanzmarktstabilisierungsfondsgesetztes[312] im Jahr 2008 wurde erstmals eine fixe Obergrenze der Vergütung festgesetzt[313]. Danach darf nach § 10 Abs. 2a und 2b FMStFG die monetäre Vergütung eine Grenze von 500.000 Euro nicht übersteigen. Auch der Deutscher Corporate Governance Kodex enthält in Ziffer 4.2.3 Abs. 4 DCGK ein Abfindungs-Cap, wonach Zahlungen an ein Vorstandsmitglied bei vorzeitiger Beendigung der Vorstandstätigkeit einschließlich Nebenleistungen den Wert von zwei Jahresvergütungen nicht überschreiten soll. Gemäß § 25a Abs. 5 KWG haben die Institute ein angemessene Verhältnisse zwischen der variablen und fixen jährlichen Vergütung für Geschäftsleiter festzulegen. Dabei darf die variable Vergütung jeweils 100 Prozent der fixen Vergütung für jeden einzelnen Geschäftsleiter nicht überschreiten. Die Anteilseigner, Eigentümer, Mitglieder oder Träger des Instituts können über die Billigung einer höheren variablen Vergütung, die 200 Prozent der fixen Vergütung für jeden einzelnen Geschäftsleiter nicht überschreiten darf, beschließen. Bezugspunkt ist somit die fixe Vergütung. § 2 Abs. 5 InstitutsVergV definiert die Fixvergütung als den Teil der Vergütung, der nicht variabel im Sinne von § 2 Abs. 3 InstitutsVergV ist. Variable Vergütung im Sinne des § 2 Abs. 3 InstitutsVergV ist wiederum der Teil der Vergütung, dessen Gewährung oder Höhe im Ermessen des Instituts steht oder vom Eintritt vereinbarter Bedingungen abhängt. Im Umkehrschluss dazu ist eine Zahlung wohl stets als fixe Vergütung einzuordnen, wenn sie ermessensunabhängig und bedingungslos gewährt wird[314]. Damit fallen neben dem monatlich zu zahlenden Grundentgelt auch feste Einmalzahlungen wie das Weihnachts- und Urlaubsgeld, feste Zulagen, Sachbezüge mit geldwertem Vorteil sowie ermessensunabhängige Leistungen zur Altersvorsorge unter den Begriff der fixen Vergütung. Letzteres ergibt sich auch aus dem Umkehrschluss zu § 2 Abs. 4 InstitutsVergV. Durch die Zurechnung dieser Vergütungsbestandteile zur fixen Vergütung wird der Bezugsmaßstab für die

---

310 Rechtssache C-507/13; Schlussantrag des Generalanwalts Niilo Jääskinen vom 20. November 2014, Ziffer 109 ff.

311 Rechtssache C-507/13, Beschluss des Gerichtspräsidenten des EuGH vom 14. Dezember 2014, abrufbar unter: http://curia.europa.eu/juris/liste.jsf?language=de&jur=C,T,F&num=c-507/13&td=ALL.

312 Gesetz zur Errichtung eines Finanzmarktstabilisierungsfonds (Finanzmarktstabilisierungsfondsgesetz - FMStFG) vom 17. Oktober 2008, BGBl. I Nr. 46, S. 1982

313 Siehe dazu 3. Kapitel III.5.a).

314 *Insam/Hinrichs/Hörtz*, WM 2014, 1415 (1416); *Löw/Glück*, NZA 2015, 137.

variable Vergütung entsprechend erhöht. § 25a Abs. 5 Sätze 5–9 KWG normiert die Voraussetzungen für eine Anhebung der Obergrenze der variablen Vergütung auf maximal 200 Prozent der Fixvergütung. Als Zugeständnis an die Mitgliedstaaten, die der Einführung einer Obergrenze skeptisch gegenüber standen erlauben § 25a Abs. 5 Satz 3 und § 6 Abs. 2 Satz 2 auf bis zu 25 Prozent der variablen Vergütung einen angemessenen Diskontsatz anzuwenden[315]. Voraussetzung dafür ist, dass der abgezinste Anteil in Instrumenten gezahlt wird, die mindestens fünf Jahre zurückbehalten werden. Dadurch sollen Anreize geschaffen werden, möglichst langfristige Vergütungspläne zu implementieren, bei denen während der Laufzeit eine Risikoanpassung insbesondere in Form eines Malus möglich ist[316]. Die *EBA* hat für den anzuwenden Diskontierungsfaktor Leitlinien entwickelt[317].

Aus der Formulierung des § 6 Abs. 1 InstitutsVergV lässt sich nicht zweifelsfrei eine Pflicht zur Gewährung einer variablen Vergütung ableiten. Einerseits ist das Verhältnis von fixer und variabler Vergütung nur dann angemessen, wenn neben der Obergrenze des § 25a Abs. 5 KWG auch ein wirksamer Verhaltensanreiz durch die variable Vergütung gesetzt werden kann. Die Gründe für die Zahlung einer variablen Vergütung sind mannigfach. Sie fördern die Identifikation mit den Unternehmensstrategien, die Mitarbeiterbindung, führen zu einer Steigerung der Motivation, verbessern die Arbeitsqualität, fördern das Mitunternehmertum, die Selbstständigkeit und Verantwortungsübernahme. Darüber hinaus führen sie auch zu einer Flexibilisierung und Senkung der Vergütungsaufwendungen[318]. Unter diesen Gesichtspunkten scheint ein Verzicht auf eine variable Vergütung insbesondere bei Geschäftsleitern unmöglich[319]. Andererseits kann die Formulierung „Besteht eine Vergütung aus einer variablen und einer fixen Vergütung..." auch dahingehend ausgelegt werden, dass eine solche Vergütungsgestaltung die Prämisse für die Anwendbarkeit des Angemessenheitskriteriums ist und die Gewährung einer variablen Vergütung somit im Ermessen des Instituts steht[320]. Stellt man auf das vorrangige Ziel der Instituts-Vergütungsverordnung ab, nämlich die Ausrichtung

315 Eingehend zum Diskontierungsfaktor mit Beispielen, *Buscher/Hannemann/Wagner/Weigl* InstitutsVergV § 6, S. 100 f.

316 *EBA*, Draft Guidelines on the applicable notional discount rate for variable remuneration under Article 94 (1)(g)(iii) of Directive 2013/36/EU vom 23. Oktober 2013, EBA/CP/2013/40, S. 4.

317 *EBA*, Leitlinien für den auf die variable Vergütung anzuwendenden Nominaldiskontsatz, vom 27. März 2014 abrufbar unter http://www.eba.europa.eu/documents/10180/748338/EBA_2014_00420000_DE_TRA.pdf/07b442b1-6e0a-44a8-861b-b9081a26a0a9.

318 *Böhmer*, Variable Vergütung – Leitfaden für die Gestaltung von Entgeltsystemen in Banken und Sparkassen, 2007, S. 69.

319 Diese Auffassung teilt auch die BaFin für Geschäftsleiter und Risk-Taker in bedeutenden Instituten: *BaFin*, Auslegungshilfe zur Institutsvergütungsverordnung vom 01. Januar 2014 zu § 18.

320 *Löw/Glück*, NZA 2015, 137 (140).

der Vergütungssysteme an den Geschäfts- und Risikostrategien des jeweiligen Instituts, so kann dieses Ziel auch mit anderen Mitteln als der Zahlung einer variablen Vergütung erreicht werden[321]. Intrinsisch motivierte Geschäftsleiter bedürfen regelmäßig keiner finanziellen Anreize durch eine zusätzliche Vergütungsmöglichkeit[322]. Bei ihnen kann die Verhaltenssteuerung auf andere Weise bewirkt werden. Bei Geschäftsleiter ist jedoch die Zahlung einer variablen Vergütung Usus und wird als solche auch nicht in Frage zu stellen sein[323]. Darüber hinaus sind in bedeutenden Instituten die Vorgaben des § 20 InstitutsVergV obligatorisch. Diese setzten zwingend eine variable Vergütung als Vergütungsbestandteil voraus[324].

Allgemein wurde befürchtet, dass die Begrenzung der variablen Vergütung zu einer Anhebung der fixen Vergütung führen würde. Die Deutsche Bank AG hat im Jahr 2014 die Fixvergütung um rund 60 Prozent angehoben[325]. Bei der Commerzbank AG ergaben sich hingegen keine Änderungen zwischen den Jahren 2013 und 2014[326]. Eine pauschale Aussage lässt sich somit nicht treffen. Weitergehende Studien wurden bislang noch nicht veröffentlicht. Dieser Gefahr möchte ein Vorschlag der SPD-Bundestagsfraktion begegnen, wonach ein unternehmensspezifisches Maximalverhältnis zwischen Vorstands- und Arbeitnehmervergütung statuiert werden sollte, welches auch durch vertragliche Vergütungsregelungen nicht überschritten werden darf[327]. Den Unternehmen soll es selbst überlassen bleiben, ein geeignetes

321 *Insam/Hinrichs/Hörtz*, WM 2014, 1415 (1417); *Löw/Glück*, NZA 2015, 137 (140).

322 Siehe dazu *Buscher/Hannemann/Wagner/Weigl* InstitutsVergV § 6, S. 88; *Böhmer*, Variable Vergütung – Leitfaden für die Gestaltung von Entgeltsystemen in Banken und Sparkassen, 2007, S. 76.

323 Der Vorstand des Technologiekonzerns Bosch, Volkmar Denner, hat medienwirksam angekündigt, zukünftig Führungskräften seines Unternehmens keine Boni mehr zu zahlen. Aus seiner Sicht könne Geld demotivierend wirken. Siehe dazu *FAZ* vom 19. September 2015, *Georg Meck*: Bosch-Chef: „Geld kann demotivierend wirken"; abrufbar unter: http://www.faz.net/aktuell/wirtschaft/bosch-chef-volkmar-denner-schafft-boni-ab-13812475.html.

324 *BaFin*, Auslegungshilfe zur Institutsvergütungsverordnung vom 01. Januar 2014 zu § 18.

325 Die beiden Co-Vorsitzenden verdienten im Geschäftsjahr 2014 3.800.000 im Vergleich zu 2.300.000 im Jahr 2013. Ein ordentliches Vorstandsmitglied erhielt 2014 2.400.000 anstelle der im Vorjahr gezahlten 1.150.000. Quelle: Deutsche Bank AG, Vergütungsbericht 2014; abrufbar unter: https://geschaeftsbericht.deutsche-bank.de/2014/gb/lagebericht/verguetungsbericht/vorstandsverguetung/grundsaetze.html.

326 Siehe Commerzbank AG, Geschäftsbericht 2013, S. 29. Danach verdient ein Vorstandsmitglied im Geschäftsjahr 2013 rund 750.000 während der Vorstandsvorsitzende 1.312.500 verdient. Der Geschäftsbericht des Jahres 2014 weist dieselben Zahlen aus, S. 31; abrufbar unter: https://www.commerzbank.de/de/hauptnavigation/aktionaere/publikationen_und_veranstaltungen/unternehmensberichterstattung_1/index.html.

327 Antrag SPD-Fraktion „Exorbitante Managergehälter begrenzen", BT-Drucks. 17/13472 vom 14. Mai 2013, S. 2 und S. 4.

Verhältnis zwischen Vorstandsvergütung und einem durchschnittlichen Arbeitnehmereinkommen zu bestimmen. Wie dies in der Praxis aussehen könnte, welche Kriterien einzubeziehen wären und wann nach den Vorstellungen des Verfassers ein angemessenes Verhältnis erreicht wäre, bleibt offen. Zwar stellt der Vorschlag lediglich auf die Gesamtvergütung ab, ohne zwischen fixer und variabler Vergütung zu differenzieren. Im Ergebnis strebt er jedoch eine Begrenzung der Vergütung der Höhe nach an. Bestünde für ein Institut eine nach diesem Vorschlag ermittelte Obergrenze, wäre innerhalb dieser Obergrenze weiterhin Spielraum für die Anwendbarkeit des Bonus-Caps. Derzeit besteht die Gefahr, dass die Intention des § 25a Abs. 5 KWG ins Leere läuft, wenn Banken bereit sind, die Fixvergütung in übermäßiger Weise anzuheben.

e) Angemessenes Verhältnis zu Aufgabe und Leistung des Geschäftsleiters sowie zur Lage des Instituts

Für Geschäftsleiter aller Institute normiert § 10 Abs. 1 InstitutsVergV eine weitere Voraussetzung für die Angemessenheit der Vergütung. Die Vergütung muss in einem angemessenen Verhältnis zu den Aufgaben und Leistungen des Geschäftsleiters sowie zur Lage des Instituts stehen. Darüber hinaus darf die Vergütung eine übliche Vergütung nicht ohne besondere Gründe übersteigen. Diese Aspekte sind bei der Festsetzung der Vergütung durch das Aufsichts- oder Verwaltungsorgan zu beachten. Sie bedürfen einer näheren Konkretisierung. Als Vorbild dieser Formulierung diente § 87 Abs. 1 Satz 1 AktG. Bei der Auslegung dieser Kriterien kann deshalb auf die Fachliteratur und Rechtsprechung zu § 87 Abs. 1 Satz 1 AktG zurückgegriffen werden[328].

aa) Aufgaben des Geschäftsleiters

Die Angemessenheit der Vergütung bestimmt sich zum einen nach den Aufgaben des Geschäftsleiters. Darunter sind die ihm im Anstellungsvertrag, Satzung oder Geschäftsordnung zugewiesenen Tätigkeiten zu verstehen[329]. Entscheidend sind die Art der Tätigkeiten, der Umfang und die Komplexität sowie die damit möglicherweise einhergehenden Risiken für den Geschäftsleiter selbst oder das Institut[330]. Dieses Kriterium galt bereits vor der Änderung des § 87 Abs. 1 AktG durch das

---

328 *BaFin*, Auslegungshilfe zur Institutsvergütungsverordnung vom 01. Januar 2014 zu § 10.

329 LG Düsseldorf XIV 5/03 vom 22. Juli 2004, NJW 2004, 3275; Spindler/Stilz/*Fleischer* AktG § 87 Rn. 10; Hölter/*Weber* AktG § 87 Rn. 19; GroßkommAktG/*Kort* AktG § 87 Rn. 29.

330 MüKoAktG/*Spindler* AktG § 87 Rn. 43; Spindler/Stilz/*Fleischer* AktG § 87 Rn. 10; *Schwark*, FS Raiser 2005, 377 (383); *Fleischer*, DStR 2005, 1279 (1280); *Thüsing*, ZGR 2003, 457 (469); *Spindler*, DStR 2004, 36 (38); *Tegtmeier*, Vergütung von Vorstandsmitgliedern, S. 279.

Gesetz zur Angemessenheit der Vorstandsvergütung (VorstAG) und ist von der Beurteilung der Leistung abzugrenzen[331]. Trotz bestehender Gesamtverantwortung des Vorstands für alle Belange der Gesellschaft[332] kann eine differenzierende Vergütung aufgrund unterschiedlicher Ressortverantwortlichkeiten gerechtfertigt sein. Die individuellen Anforderungsprofile und die wirtschaftliche Bedeutung des Ressorts für das Institut sind tauglicher Anknüpfungspunkt für eine finanzielle Abstufung[333]. Somit ist eine hohe Vergütung des Vorstandsvorsitzenden aufgrund seines weiten Tätigkeitsfeldes und seiner herausgehobenen Verantwortung allgemein als zulässig zu erachten[334]. Im Falle der Krise eines Instituts kann die Vergütung eines Interim-Managers ebenfalls deutlich nach oben abweichen, da ansonsten die Gewinnung eines qualifizierten und motivierten Geschäftsleiters angesichts der Schwere und Komplexität der Aufgaben sowie der angespannten wirtschaftlichen Lage der Gesellschaft erheblich erschwert würde.

bb) Leistung des Geschäftsleiters

Als weiteres Kriterium zur Beurteilung der Angemessenheit der Vergütung dient die Leistung des Geschäftsleiters. Dieses Kriterium wurde durch das Gesetz zur Angemessenheit der Vorstandsvergütung (VorstAG) kodifiziert, war aber auch bereits davor weitgehend in der Literatur als Bestandteil der Angemessenheitsprüfung anerkannt[335]. Auch der Deutsche Corporate Governance Kodex empfiehlt seit seiner ersten Fassung im Jahr 2002 die Berücksichtigung der persönlichen Leistung bei der Festsetzung der Vergütung[336].

---

331 A.A. Großkomm-AktG/*Kort* AktG § 87 Rn. 31 f.; *Peltzer*, Deutsche Corporate Governance, 2004, Rn. 96; *Kiethe*, BB 2003, 1573 (1577 ff.); *Kort*, NJW 2005, 333 (335).

332 Siehe hierzu ausführlich *Fleischer* in: Fleischer, Handbuch des Vorstandsrechts, § 8 Rn. 5 m.w.N.

333 MüKoAktG/*Spindler* AktG § 87 Rn. 43; Heidel/*Oltmanns* AktG § 87 Rn. 4; Spindler/Stilz/*Fleischer* AktG § 87 Rn. 10; *Schwark* FS Raiser 2005, 377 (383 f.); restriktiver KK-AktG/*Mertens/Cahn* AktG § 87 Rn. 12.

334 MüKoAktG/*Spindler* AktG § 87 Rn. 43; Spindler/Stilz/*Fleischer* AktG § 87 Rn. 10; Hölter/*Weber* AktG § 87 Rn. 19; *Kort*, NJW 2005, 333; *Schwark*, FS Raiser 2005, 377 (384).

335 Spindler/Stilz/*Fleischer* 1. Auflage 2007 AktG § 87 Rn. 6; MüKoAktG/*Spindler* AktG § 87 Rn. 43; *Fleischer*, DStR 2005, 1279 (1280); *Hoffmann-Becking*, ZHR 2005, 155 (158 f.); *Jäger*, NZG 2008, 176 f.; *Lutter*, ZIP 2006, 733 (735 f.); *Körner*, NJW 2004, 2697 (2698); *Hüffer*, BB 2003, Beilage Heft 7, S. 23; *Fonk*, NZG 2005, 248 (249 f.); *Lücke*, NZG 2005, 692 (696); *Peltzer*, FS Lutter 2000, 571 (586); zum VorstAG: *Annuß/Theusinger*, BB 2009, 2434; *Bauer/Arnold*, AG 2009, 717 (718); *Hohenstatt*, ZIP 2009, 1349 (1350); *Kling*, DZWIR 2010, 221 (223); *Meier*, ZKF 2010, 7; *Suchan/Winter*, DB 2009, 2531 (2533); *Thüsing*, AG 2009, 517 (518); *Reichert/Ullrich*, FS Schneider 2011, 1017 (1023).

336 Nunmehr Ziffer 4.2.2 Abs. 2 Satz 2; siehe dazu Ringleb/Kremer/Lutter/v. Werder/*Ringleb*; Deutscher Corporate Governance Kodex 2014, Rn. 701.

Strittig ist, ob unter dem Begriff „Leistung" lediglich der Grad der Zielerreichung zu verstehen ist[337] oder die konkrete Art und Weise der Aufgabenerfüllung[338]. Die aktienrechtliche Kompetenzverteilung spricht für erstere Auslegung. Der Aufsichtsrat würde durch die Vorgabe einer bestimmten Art und Weise der Geschäftsführung in die Kernverantwortung des Vorstands nach § 76 Abs. 1 AktG zur eigenverantwortlichen Geschäftsführung in unzulässiger Weise eingreifen. Auch aus aufsichtsrechtlicher Sicht ist eine abweichende Beurteilung nicht zwingend. Entscheidend ist hier, dass die Vergütung an einem nachhaltigen Unternehmenserfolg ausgerichtet ist. Maßgeblich ist die Erreichung dieses Ziels, nicht der Weg dorthin.

Die Beurteilung der Leistung bereitet häufig Schwierigkeiten, da insbesondere auch Kriterien wie Teamfähigkeit, Kooperationsbereitschaft, Kundenzufriedenheit oder andere dem Bereich „soft skills" zuzuordnende Eigenschaften herangezogen werden sollen, die zwar nicht objektiv messbar sind, die Leistung des Vorstands jedoch unmittelbar beeinflussen[339]. Erfasst werden alle Aspekte des Vorstandsverhaltens, die in Beziehung zu den unternehmerischen Interessen des Instituts stehen[340]. Nach dem eindeutigen Wortlaut des § 87 Abs. 1 Satz 1 AktG („des Vorstandsmitglieds") ist ausschließlich auf die individuelle Leistung des einzelnen Vorstandsmitglieds abzustellen, nicht auf die Leistung des Gesamtgremiums[341]. Teamfähigkeit und Kooperationsbereitschaft innerhalb des Vorstandsgremiums zählen zu den persönlichen Leistungen des einzelnen Vorstandsmitglieds[342].

Die Vorschrift gilt sowohl für die Festsetzung der fixen als auch der variablen Vergütung. Bei der erstmaligen Bestellung eines Vorstands ist zumeist noch keine Leistungsbeurteilung durch den Aufsichtsrat möglich, die bei der Festlegung einer angemessenen Höhe der Vergütung berücksichtigt werden kann. Als Anhaltspunkte können hier allenfalls die bereits in anderen Unternehmen erbrachten Leistungen

---

337 *Hoffmann-Becking*, NZG 1999, 797 (798); *Hoffmann-Becking*, ZHR 2005, 155 (158 f.); *Annuß/Theusinger*, BB 2009, 2434 f.; Ringleb/Kremer/Lutter/v. Werder/*Ringleb*, Deutscher Corporate Governance Kodex 2014, Rn. 701.

338 So *Kiethe*, BB 2003, 1573 (1578); *Suchan/Winter*, DB 2009, 2531 (2533), die ein Abstellen auf den Zielerreichungsgrad als betriebswirtschaftlich inkongruent ansehen; wohl auch Großkomm-AktG/*Kort* AktG § 87 Rn. 30 ff.

339 Hölters/*Weber* AktG § 87 Rn. 20; MüKoAktG/*Spindler* AktG § 87 Rn. 46; *Annuß/Theusinger*, BB 2009, 2434; *Fleischer*, NZG 2009, 801 (802); *Wasserer*, FS Roth 2011, 871 (876).

340 *Annuß/Theusinger*, BB 2009, 2434.

341 MüKoAktG/*Spindler* AktG § 87 Rn. 46; Hölters/*Weber* AktG § 87 Rn. 20; Spindler/Stilz/*Fleischer* AktG § 87 Rn. 12; Fleischer, NZG 2009, 801 (802); *Suchan/Winter*, DB 2009, 2531 (2533); *Annuß/Theusinger*, BB 2009, 2434; *Bauer/Arnold*, AG 2009, 717 (719); *Reichert/Ullrich*, FS Schneider 2011, 1017 (1024); a.A. wohl *Hohenstatt*, ZIP 2009, 1349 (1350).

342 *Fleischer* NZG 2009, 801 (802); dem folgend MüKoAktG/*Spindler* AktG § 87 Rn. 46; Hölters/*Weber* AktG § 87 Rn. 20; *Annuß/Theusinger*, BB 2009, 2434; *Bauer/Arnold*, AG 2009, 717 (719); wohl auch *Gaul/Janz*, NZA 2009, 809 (810), der auf die Einbindung des einzelnen Vorstandsmitglieds in den Gesamtvorstand abstellt.

– soweit sie auf die künftig für das Institut zu erbringenden Leistungen schließen lassen – oder an anderer Position im selben Unternehmen gezeigte Leitungen herangezogen werden[343]. In der Literatur wird deshalb überwiegend vertreten, dass sich die Berücksichtigung des Leistungsaspekts in diesem Fall insbesondere in der Ausgestaltung der variablen Vergütung widerspiegeln sollte. Ein nicht unerheblicher Teil ist variabel auszugestalten[344]. Selbst eine reine Fixvergütung soll für die Anfangszeit in Ausnahmefällen zulässig sein[345]. Bei einer Vertragsverlängerung kann die in der Vergangenheit erbrachte Leistung auch bei der Höhe der Fixvergütung Berücksichtigung finden[346]. Dieses Verständnis ist aufgrund des Bonus-Caps und des Verbots einer ausschließlichen Fixvergütung nicht mehr ohne weiteres auf die Vergütung in Instituten übertragbar[347]. Die variable Vergütung darf grundsätzlich 100 Prozent der Fixvergütung nicht übersteigen. Ist die Fixvergütung in der ersten Anstellungsperiode entsprechend niedrig bemessen, beeinflusst dies direkt auch die Höhe einer möglichen variablen Vergütung. Kaum ein Geschäftsleiter wird sich zukünftig bei Vertragsverhandlungen auf eine unterdurchschnittlich niedrige Bemessung der Fixvergütung einlassen, auch wenn ihm eine Erhöhung für die nächste Anstellungsperiode unter Hinweis auf eine dann mögliche Beurteilung der individuellen Leistung zugesagt wird. In dieser Situation können allerdings aus dem Kriterium der „Aufgabe" Rückschlüsse hinsichtlich der zu erwartenden Leistung gezogen werden. Entsprechend den bisherigen Aufgaben, Leistungen und Beurteilungen werden sich die neu übertragenen Aufgaben gestalten. Hat ein Geschäftsleiter im Markt einen hervorragenden Ruf und ist er für seine überdurchschnittlichen Leistungen bekannt, wird ihm zumeist entweder ein für das Institut bedeutendes Ressort zugewiesen oder es wird ihm ein sehr umfangreicher und vielschichtiger Bereich übertragen. In diesem Fall kann eine höhere Fixvergütung bereits durch eine höhere Gewichtung des Aufgabenbereichs gerechtfertigt sein[348]. Bei einer Verlängerung der

343 Spindler/Stilz/*Fleischer* AktG § 87 Rn. 13; *Annuß/Theusinger*, BB 2009, 2434 (2435); *Bauer/Arnold*, AG 2009, 717 (718); *Hohenstatt*, ZIP 2009, 1349 (1350).

344 Hölters/*Weber* AktG § 87 Rn. 21; Spindler/Stilz/*Fleischer* AktG § 87 Rn. 13; *Bauer/Arnold*, AG 2009, 717 (718 f.); *Hohenstatt*, ZIP 2009, 1349 (1350); *Lingemann*, BB 2009, 1918.

345 *Thüsing*, Stellungnahme zum Entwurf eines Gesetzes zur Angemessenheit der Vorstandsvergütung (VorstAG), S. 4; *Hirte*, Stellungnahme zum Fraktionsentwurf eines Gesetzes zur Angemessenheit der Vorstandsvergütung (VorstAG) für den Deutschen Bundestag, S. 2; *Suchan/Winter*, DB 2009, 2531, 2533 wenn auch kritisch; im Ergebnis auch Henssler/Strohn/*Dauner-Lieb* AktG § 87 Rn. 27.

346 Begründung Fraktionsentwurf zum Gesetz zu Angemessenheit der Vorstandsvergütung (VorstAG) vom 17. März 2009, BT-Drucks. 16/12278, S. 5; Spindler/Stilz/*Fleischer* AktG § 87 Rn. 13; *Annuß/Theusinger*, BB 2009, 2434 (2435); *Bauer/Arnold*, AG 2009, 717 (718); *Hohenstatt*, ZIP 2009, 1349 (1350).

347 Siehe dazu 2. Kapitel III.1.d).

348 So auch *Sammet*, Versicherungs-Vergütungsverordnung, S. 128 f.

Vorstandstätigkeit ist dann jedoch wie bisher die Leistung des Geschäftsleiters als Kriterium für die Bemessung der Fixvergütung heranzuziehen.

cc) Lage der Gesellschaft

Ein weiteres gesetzlich normiertes Kriterium zur Beurteilung der Angemessenheit ist die Lage der Gesellschaft. Darunter ist die wirtschaftliche Gesamtsituation, also die gegenwärtige Vermögens-, Finanz- und Ertragslage sowie die voraussichtliche zukünftige Entwicklung der Gesellschaft und externe Faktoren, wie politische und wirtschaftliche Rahmenbedingungen zu verstehen[349]. Dieses Verständnis liegt auch Ziffer 4.2.2 DCGK zugrunde[350].

In der Regel führt eine schlechte wirtschaftliche Gesamtsituation zu einer Reduzierung der Vergütung des Geschäftsleiters[351]. In Ausnahmefällen kann jedoch auch eine überdurchschnittlich hohe Vergütung sachgerecht sein, wenn diese aufgrund der Schwere der Aufgaben oder des wirtschaftlichen Risikos angemessen ist, oder anderenfalls keine geeignete Person zur Übernahme der Geschäftsleitung oder zum Verbleib im Institut bereit ist[352].

Das Kriterium „Lage der Gesellschaft" ist umfassend zu verstehen. Maßgeblich ist nicht der Erfolg des einzelnen, vom jeweiligen Vorstand betreuten Ressorts, sondern die wirtschaftliche Gesamtsituation des Unternehmens[353]. Andererseits ist jedoch nicht auf die Gesamtsituation des gesamten Konzerns oder gar eines anderen konzernangehörigen Unternehmens abzustellen[354]. Auch wenn die Leitung eines weiteren Beteiligungsunternehmens zu den Aufgaben eines Geschäftsleiters gehört, bleibt für die Beurteilung der Angemessenheit die Lage der Anstellungsgesellschaft

---

349 LG Düsseldorf XIV 5/03 vom 22. Juli 2004, NJW 2004, 3275: „gesamte unternehmerische Lage"; Hölters/*Weber* AktG § 87 Rn. 25; MüKoAktG/*Spindler* AktG § 87 Rn. 51; Spindler/Stilz/*Fleischer* AktG § 87 Rn. 14, Heidel/*Oltmanns* AktG § 87 Rn. 4; *Fleischer,* DStR 2005, 1279 (1280), *Kling,* DZWIR 2010, 221 (224); *Lutter,* ZIP 2006, 733 (735); *Schwark,* FS Raiser 2005, 377 (384); *Thüsing* in: Fleischer, Handbuch des Vorstandsrechts, § 6 Rn. 9.

350 Ringleb/Kremer/Lutter/v. Werder/*Ringleb,* Deutscher Corporate Governance Kodex 2014, Rn. 702.

351 MüKoAktG/*Spindler* AktG § 87 Rn. 53; ebenso Großkomm-AktG/*Kort* AktG § 87 Rn. 36, *Thüsing,* ZGR 2003, 457 (470); *Kling,* DZWIR 2010, 221 (224).

352 MüKoAktG/*Spindler* AktG § 87 Rn. 53; KK-AktG/*Mertens/Cahn* AktG § 87 Rn. 8 („Gefahrenzulage"); Hüffer/*Koch* AktG § 87 Rn. 2; Spindler/Stilz/*Fleischer* AktG § 87 Rn. 14; Großkomm-AktG/*Kort* AktG § 87 Rn. 35; Heidel/*Oltmanns* AktG § 87 Rn. 4; *Kling,* DZWIR 2010, 221 (224); *van Kann/Keiluweit,* DStR 2009, 1587; *Peltzer,* FS Lutter 2000, 571 (575); *Schwark,* FS Raiser 2005, 377 (384).

353 KK-AktG/*Mertens/Cahn* AktG § 87 Rn. 10.

354 OLG München 7 U 5618/07 vom 07. Mai 2008, NZG 2008, 631; Spindler/Stilz/*Fleischer* AktG § 87 Rn. 14; *Tröger,* ZGR 2009, 447 ff.; *Baums,* FS Claussen 1997, 3 (12).

maßgeblich[355]. Nur von dieser erhält der Vorstand seine Vergütung. Die Leitung des anderen Unternehmens ist als Aspekt des Kriteriums „Aufgabe“ zu berücksichtigen.

Nach der Intention des Deutschen Corporate Governance Kodex sind zusätzlich noch der Erfolg und die Zukunftsaussichten des Unternehmens zu berücksichtigen. Dies stellt jedoch lediglich eine Konkretisierung der gesetzlichen Vorschrift dar[356].

dd) Sonstige Kriterien

Die Aufzählung der Bezugskriterien in § 87 Abs. 1 Satz 1 AktG ist nicht abschließend[357]. Der Aufsichtsrat kann nach eigenem Ermessen weitere Kriterien in die Angemessenheitsprüfung einbeziehen, die aus seiner Sicht den „Marktwert“ eines Vorstands beeinflussen können[358]. Berücksichtigungsfähig sind dabei insbesondere fachliche und persönliche Qualifikationen, Kenntnisse, Erfahrungen, Reputation und eine längere Vorstandstätigkeit oder Unternehmenszugehörigkeit[359]. Auch externe Faktoren wie der Dienstort und soziale Kriterien, wie Alter oder Familienstand sind nicht präkludiert[360]. Letzteres ist jedoch nicht unumstritten[361]. Diese Aspekte können auch auf die Festsetzung der Vergütung von Geschäftsleitern in Instituten übertragen werden. § 10 Abs. 1 InstitutsVergV ist ebenfalls nicht enumerativ.

---

355 MüKoAktG/*Spindler* AktG § 87 Rn. 52.

356 Ringleb/Kremer/Lutter/v. Werder/*Ringleb*, Deutscher Corporate Governance Kodex 2014, Rn. 702.

357 Hölters/*Weber* AktG § 87 Rn. 16; Spindler/Stilz/*Fleischer* AktG § 87 Rn. 19.

358 OLG München 7 U 5618/07 vom 07. Mai 2008, NZG 2008, 631; Spindler/Stilz/*Fleischer* AktG § 87 Rn. 19; K. Schmidt/Lutter/*Seibt* AktG § 87 Rn. 9; Großkomm-AktG/*Kort* AktG § 87 Rn. 38; Hüffer/*Koch* AktG § 87 Rn. 4.

359 BGH II ZR 126/89 vom 14. Mai 1990, NJW 1990, 2625; BGH II ZR 269/91 vom 13. Juli 1992, BB 1992, 1898 (beide Urteile zur Gesellschaft mit beschränkter Haftung); MüKoAktG/*Spindler* AktG § 87 Rn. 43; Hüffer/*Koch* AktG § 87 Rn. 4; KK-AktG/*Mertens/Cahn* AktG § 87 Rn. 12; Spindler/Stilz/*Fleischer* AktG § 87 Rn. 10; *Gaul/Janz*, KSzW 2010, 121 (122); *Thüsing*, ZGR 2003, 457 (469ff.); *Peltzer*, FS Lutter 2000, 571 (574); *Semler*, FS Budde 1995, 599 (601 f.); Schwark, FS Raiser 2005, 377 (385); *Thüsing* in: Fleischer, Handbuch des Vorstandsrechts, § 6 Rn. 8; ausführlich *Tegtmeier*, Vergütung von Vorstandsmitgliedern, S. 279 m.w.N.

360 Statt aller Hölters/*Weber* AktG § 87 Rn. 27.

361 Zustimmend: Hüffer/*Koch* AktG § 87 Rn. 4; MüKoAktG/*Spindler* AktG § 87 Rn. 43; Großkomm/*Kort* AktG § 87 Rn.38; Heidel/*Oltmanns* AktG § 87 Rn.4; *Gaul/Janz*, KSzW 2010, 121 (122); *Arnold/Schansker*, KSzW 2012, 39 (42); *Thüsing*, AG 2009, 517 (518); *Thüsing*, ZGR 2003, 457 (469); *Thüsing* in: Fleischer, Handbuch des Vorstandsrechts, § 6 Rn. 8. Ablehnend: Hölters/*Weber* AktG § 87 Rn. 27; Spindler/Stilz/*Fleischer* AktG § 87 Rn. 19; K. Schmidt/Lutter/*Seibt* AktG § 87 Rn. 9; *Fleischer*, DStR 2005, 1279 (1280 f.); *Kling*, DZWIR 2010, 221 (226 f.) mit dem Hinweis, dass kein Anspruch auf eine beamtenähnliche Alimentation besteht.

ee) Üblichkeit der Vergütung

Neben den bereits erläuterten Kriterien darf die Vergütung eines Geschäftsleiters die übliche Vergütung nicht ohne besondere Gründe übersteigen (§ 10 Abs. 1 a.E. InstitutsVergV, § 87 Abs. 1 Satz 1 a.E. AktG, Ziffer 4.2.2 Abs. 2 DCGK). Streng genommen ist die Üblichkeit nicht als weiteres Kriterium der Angemessenheit zu verstehen, sondern bildet eine Obergrenze[362]. Dennoch soll dieser Aspekt an dieser Stelle näher erläutert werden, da auch der Bonus-Cap qua Definition eine Obergrenze darstellt und dennoch dadurch Aussagen über die Angemessenheit einer Vergütung getroffen werden können. Der Begriff „Angemessenheit" ist im Rahmen dieser Arbeit weit auszulegen. Der ursprüngliche Gesetzentwurf sah noch vor, dass die Gesamtbezüge in einem angemessenen Verhältnis zur üblichen Vergütung stehen sollten[363]. Dadurch wäre die Angemessenheit durch Aufgabe, Leistung, Lage und Üblichkeit gleichermaßen determiniert gewesen. Nach deutlicher Kritik aus den Reihen des Schrifttums[364], erkannte auch der Gesetzgeber, dass diese Formulierung zu einem „Aufschaukelungseffekt" führen könnte[365], so dass der Geschäftsleiter unter Berufung auf die Üblichkeit eine höhere Vergütung einfordern könnte, ohne dass die persönlichen Voraussetzungen dafür erfüllt sind. Nun wird deutlich, dass nicht jede übliche Vergütung zugleich angemessen oder jede unübliche Höhe zwingend unangemessen ist[366]. In Sanierungssituationen oder aufgrund herausragender Leistungen kann das Aufsichts- oder Verwaltungsorgan in Einzelfällen die marktübliche Vergütung überschreiten, muss dann allerdings hinreichend dokumentieren, dass im Zeitpunkt der Festsetzung eben jene besonderen Umstände vorgelegen haben[367], da bei einer unüblichen Vergütung zumindest der Verdacht einer Unangemessenheit besteht. Die „Üblichkeit" kann stets nur anhand eines Vergleichs mit einer Bezugsgröße konkretisiert werden. Die Gesetzesbegründung sieht hierfür sowohl einen Vergleich der Vorstandsvergütung mit der Vergütung anderer Vorstände in deutschen Unternehmen derselben Branche

---

362 Spindler/Stilz/*Fleischer* AktG § 87 Rn. 15; K. Schmidt/Lutter/*Seibt* AktG § 87 Rn. 10; *Bauer/Arnold*, AG 2009, 717 (719); *Kling*, DZWIR 2010, 221 (225); *Thüsing*, AG 2009, 517 (518).

363 Begründung Fraktionsentwurf zum Gesetz zu Angemessenheit der Vorstandsvergütung (VorstAG) vom 17. März 2009, BT-Drucks. 16/12278, S. 3.

364 *Lutter*, Stellungnahme zum VorstAG, S. 2; *Müller*, Stellungnahme zum VorstAG, S. 2, *Hirte*, Stellungnahme zum VorstAG, S. 1f.; *Goette*, Stellungnahme zum Vorst-AG, S. 4.

365 Beschlussempfehlung und Bericht des Rechtsausschusses zum Gesetz zur Angemessenheit der Vorstandsvergütung (VorstAG) vom 17. Juni 2009, BT-Drucks. 16/13433, S. 15.

366 Hüffer/*Koch* AktG § 87 Rn. 3; *Ihrig/Wandt/Wittgens*, ZIP 2012, Beilage zu Heft 40, S. 8; *Ehren/Gros*, Der Konzern 2010, 412 (417 ff.); *Fleischer*, NZG 2009, 801 (802).

367 BT-Drucks. 16/13433, S. 10; K. Schmidt/Lutter/*Seibt* AktG § 87 Rn. 10b; Spindler/Stilz/*Fleischer* AktG § 87 Rn. 15; *Fleischer*, NZG 2009, 801 (802); *Hohaus/Weber*, DB 2009, 1515 (1516).

und Größe (horizontaler Vergleich) als auch mit den Gehaltsstrukturen innerhalb des Unternehmens (vertikaler Vergleich) vor[368].

(1) Horizontaler Vergleich

Das Vergleichsumfeld des horizontalen Vergleichs bilden die Branche, die Größe des Unternehmens sowie die Komplexität der betriebenen Geschäfte[369]. Insgesamt soll lediglich die Üblichkeit im Geltungsbereich des Gesetzes, das heißt die Bundesrepublik Deutschland maßgeblich sein[370]. Damit soll insbesondere eine Orientierung an den deutlich höheren Gehältern im US-amerikanischen Rechtsraum vermieden werden[371]. Die Intention des Gesetzgebers ist nachvollziehbar, führt in der Praxis jedoch zu Schwierigkeiten, wenn es auf dem deutschen Markt keine nach Branche und Größe vergleichbaren Unternehmen gibt[372]. Für eine Ausweitung des räumlichen Bezugspunktes spricht auch, dass gerade größere Unternehmen in einem internationalen Wettbewerb um Führungskräfte stehen. Diesem Aspekt kann jedoch auch bei einer national begrenzten Auslegung der Üblichkeit Rechnung getragen werden. Kann ein Geschäftsleiter nachweisen, dass er aufgrund seiner Qualifikationen und Erfahrungen auch international tatsächlich hinreichende und gleichwertige Berufsaussichten hat oder kann er gar ein konkretes Angebot vorweisen, liegen besondere Umstände vor, die es dem Aufsichts- oder Verwaltungsorgan erlauben, von der üblichen Vergütung nach oben abzuweichen[373]. Einer generellen Ausweitung des Vergleichsumfeldes bedarf es hierzu nicht. Darüber hinaus wären bei einem

---

368 Beschlussempfehlung und Bericht des Rechtsausschusses zum Gesetz zur Angemessenheit der Vorstandsvergütung (VorstAG) vom 17. Juni 2009, BT-Drucks. 16/13433 S. 10.

369 BT-Drucks. 16/12278, S. 5; BT-Drucks. 16/13433, S. 15; Hölters/*Weber* AktG § 87 Rn. 22; *Annuß/Theusinger,* BB 2009, 2434 (2435); *Fleischer,* NZG 2009, 901 (802); *Kling,* DZWIR 2010, 221 (225); *Hoffmann-Becking/Krieger,* NZG 2009, Beilage zu Heft 26, 1; kritisch zum Merkmal der Komplexität des Geschäfts KK-AktG/*Mertens/Cahn* AktG § 87 Rn. 17; kritisch zur Beschränkung hinsichtlich der Branche *Wagner/Wittgens,* BB 2009, 906 (907).

370 BT-Drucks. 16/12278, S. 5; BT-Drucks. 16/13433, S. 15; dies findet sich lediglich in der Begründung, nicht jedoch im Gesetzestext, so dass insb. Ringleb/Kremer/Lutter/v. Werder/*Ringleb,* Deutscher Corporate Governance Kodex 2014, Rn. 702 auf ein nationale oder internationale Konkurrenzsituation bei den Vorstandskandidaten abstellen will.

371 *Hohaus/Weber,* DB 2009, 1516; *Nikolay,* NJW 2009, 2640 (2641); *Drefahl,* BOARD 2013, 111 (112).

372 So auch *Annuß/Theusinger,* BB 2009, 2434 (2435) im Hinblick auf Weltmarktführer; ohne Einschränkungen wohl *Hohenstatt,* ZIP 2009, 1349 (1351).

373 Hölters/*Weber* AktG § 87 Rn. 22; Spindler/Stilz/*Fleischer* AktG § 87 Rn. 16; KK-AktG/*Mertens/Cahn* AktG § 87 Rn. 8; *Fleischer,* NZG 2009, 801 (802); *Hoffmann-Becking/Krieger,* NZG 2009, Beilage zu Heft 26, 1; *Lingemann,* BB 2009, 918 (919); *Hohaus/Weber,* DB 2009, 1515 (1516); *Bauer/Arnold,* AG 2009, 717 (720); *Wagner/Wittgens,* BB 2009, 906 (907).

internationalen Vergleich die Systemunterschiede zu berücksichtigen. In anderen Jurisdiktionen kann eine höhere Vergütung gerechtfertigt sein, weil der Geschäftsleiter einem höheren persönlichen Haftungsrisiko ausgesetzt ist, die Vertragslaufzeit kürzer bemessen ist oder die Gesellschaft den Vertrag leichter auflösen kann[374].

Im Bankensektor besteht aufgrund der großen Anzahl nationaler Finanzdienstleister mit unterschiedlichem Tätigkeitsschwerpunkt, Geschäftsvolumen und Mitarbeiterzahl, mit hoher Wahrscheinlichkeit ein vergleichbarer Wettbewerber, so dass es eines Rückgriffs auf internationale Kreditinstitute nicht bedarf[375]. Die Rechtsform des Wettbewerbers ist kein Differenzierungsmerkmal, da die Instituts-Vergütungsverordnung rechtsformübergreifend gilt (§ 1 Abs. 1 InstitutsVergV).

Dem Aufsichts- oder Verwaltungsorgan stehen in der Praxis zum unternehmensübergreifenden Vergleich umfangreiche Vergütungsstudien[376], unabhängige Vergütungsberater oder auch die veröffentlichten Geschäftsberichte der maßgeblichen Institute zur Verfügung.

(2) Vertikaler Vergleich

Neben einem horizontalen Vergleichsmaßstab ist laut dem Fraktionsentwurf und der Beschlussempfehlung des Rechtsausschusses zum Gesetz zur Angemessenheit der Vorstandsvergütung (VorstAG) auch das Lohn- und Gehaltsgefüge im Unternehmen heranzuziehen (Vertikalität)[377]. Dabei soll darauf geachtet werden, dass die „Vergütungsstaffelung im Unternehmen beim Vorstand nicht Maß und Bezug zu den Vergütungsgepflogenheiten und dem Vergütungssystem im Unternehmen im Übrigen verliert“[378]. Im Gesetzestext findet sich kein dahingehender Hinweis, so dass die Heranziehung des unternehmerischen Lohngefüges bereits im Aktienrecht

---

374 Spindler/Stilz/*Fleischer* AktG § 87 Rn. 16; *Adams,* ZIP 2002, 1325 (1339); *Fleischer,* DStR 2005, 1279 (1282); *Hohaus/Weber,* DB 2009, 1515 (1516); *Annuß/Theusinger,* BB 2009, 2434 (2435).

375 In der Praxis sieht dies anders aus: Die Deutsche Bank AG greift auf eine Vergleich mit zehn international tätigen Banken zurück (Vgl. Geschäftsbericht Deutsche Bank AG 2014, S. 314); die Commerzbank bezieht sich auf andere Banken des Dow Jones EURO STOXX Banken (vgl. Geschäftsbericht Commerzbank AG 2014, S. 32).

376 Beispielsweise *Kuhner/Hitz/Sabiwalsky/Drefahl,* Studie Managergehälter 2013.

377 Begründung Fraktionsentwurf zum Gesetz zu Angemessenheit der Vorstandsvergütung (VorstAG) vom 17. März 2009, BT-Drucks. 16/12278, S. 5 sah lediglich eine fakultative Heranziehung des unternehmensinternen Lohngefüges an („kann herangezogen werden“); Beschlussempfehlung des Rechtsausschusses geht von einer zwingenden Vorschrift aus („ist heranzuziehen“); Beschlussempfehlung und Bericht des Rechtsausschusses zum Gesetz zur Angemessenheit der Vorstandsvergütung (VorstAG) vom 17. Juni 2009, BT-Drucks. 16/13433, S. 10.

378 BT-Drucks. 16/13433, S. 10. Zur Durchführung des vertikalen Vergleichs Hopt/Wohlmannstetter/*Kramarsch/Filbert,* Handbuch Corporate Governance von Banken, S. 493 (504).

stark umstritten ist[379]. Durch die Neufassung der Ziffer 4.2.2 DCGK im Jahr 2013 erhielt das Merkmal der vertikalen Üblichkeit eine stärke Betonung. Die Üblichkeit unter Berücksichtigung „der Vergütungsstruktur, die ansonsten in der Gesellschaft gilt“ wird durch den neu eingefügten Satz 3 dahingehend konkretisiert, dass der Aufsichtsrat das Verhältnis der Vorstandsvergütung zur Vergütung des oberen Führungskreises und der Belegschaft insgesamt auch in zeitlicher Hinsicht berücksichtigen soll, wobei der Aufsichtsrat selber für die Festlegung des oberen Führungskreises in Abgrenzung zur relevanten Belegschaft verantwortlich ist. Hierbei handelt es sich lediglich um eine Empfehlung[380].

Für den Bereich der Instituts-Vergütungsverordnung erscheint eine Übertragung dieses Maßstabs nicht angezeigt, auch wenn sich in der Auslegungshilfe der *BaFin* ein Hinweis auf die vertikale Üblichkeit als Kriterium der Geschäftsleitervergütung findet. Es mangelt schlichtweg an einer praktischen Handhabbarkeit der Bestimmung. Aus der Formulierung der Beschlussempfehlung lassen sich keine eindeutigen und objektiven Leitlinien für die Beurteilung der vertikalen Üblichkeit gewinnen[381]. Auch die Kriterien des Deutschen Corporate Governance Kodex sind unscharf[382]. Die Festlegung eines bestimmten Faktors, um den die Vorstandsvergütung das Gehalt eines normalen Arbeiters übersteigen darf, verbietet sich[383]. Diesbezügliche Vorschläge, dass beispielsweise das Gehalt eines Vorstands nicht mehr als das 20-, 40- oder 60- fache eines durchschnittlichen Arbeitnehmers betragen darf, gibt es schon länger[384]. Nach einer neuen Studie von *Sorapop Kiatpongsan* und *Michael I. Norton*[385] aus dem Jahr 2014 verdienen Geschäftsleiter deutscher Unternehmen das 147-fache eines einfachen Arbeitergehalts. In den USA beträgt dieser Unterschied das 345-fache[386]. Im Rahmen der Studie wurden die Teilnehmer auch

379 Dafür Spindler/Stilz/*Fleischer* AktG § 87 Rn. 18; *Fleischer*, NZG 2009, 801 (802); Dagegen: KK-AktG/*Mertens/Cahn AktG* § 87 Rn. 16; K. Schmidt/Lutter/*Seibt* AktG § 87 Rn. 10a; Hüffer/*Koch* AktG § 87 Rn. 3; Hölters/*Weber* AktG § 87 Rn. 23; *Bauer/Arnold,* AG 2009, 717 (720); *Wagner/Wittgens,* BB 2009, 906 (907); *Spindler,* NJOZ 2009, 3282 (3284); *Cahn,* FS Hopt 2010, 431 (433 ff.); offen *Annuß/Theusinger*, BB 2009, 2434 (2435), die davon prinzipiell absehen wollen.

380 Ringleb/Kremer/Lutter/v. Werder/*Ringleb*, Deutscher Corporate Governance Kodex 2014, Rn. 703.

381 K.Schmidt/Lutter/*Seibt* AktG § 87 Rn. 10a; KK-AktG/*Mertens/Cahn* AktG § 87 Rn. 16; *Baeck/Winzer*, NZG 2009, 823; *Hoffmann-Becking/Krieger*, NZG 2009, Beilage zu Heft 26, 1.

382 Ringleb/Kremer/Lutter/v. Werder/*Ringleb*, Deutscher Corporate Governance Kodex 2014, Rn. 703.

383 K.Schmidt/Lutter/*Seibt* AktG, § 87 Rn. 10a; *Baeck/Winzer*, NZG 2009, 823; *Lingemann*, BB 2009, 1918 (1919); *Drygala,* ZRP 2012, 161 (162).

384 Etwa *Lutter*, ZIP 2006, 733 (736).

385 *Kiatpongsan/Norton*, Perspectives on Psychological Science 2014 Volume 9, 587 (589).

386 Siehe zu den einzelnen Ländern auch eine Auswertung der Studie von *Kai Lange*, Was Chefs verdienen - und was wir ihnen gönnen; Spiegel vom 10. Oktober 2014;

befragt, welches Lohnverhältnis sie als gerecht empfinden würden. Dabei schwankte die Idealvorstellung der der Gehaltsabweichung zwischen 2,0 in Dänemark und 8,3 in Australien[387].

Im Jahr 2013 ist ein Vorschlag zur Festsetzung einer Höchstgrenze in der Schweiz zur Volksabstimmung zugelassen worden. Eine Initiative der Jungsozialisten mit dem Titel «1:12 – Für gerechte Löhne» forderte, dass niemand mehr als das Zwölffache des am schlechtesten bezahlten Arbeitnehmers im selben Unternehmen verdienen dürfe[388]. Oder anders formuliert: Ein Geschäftsleiter soll in einem Monat nicht mehr verdienen, als ein Arbeitnehmer im ganzen Jahr. Die schweizerische Bevölkerung hat diesen Vorschlag mit großer Mehrheit (65,3 Prozent) abgelehnt. Es ist zu befürchten, dass dies zu einer Ausgliederung der Arbeiten im unteren Lohnsektor führt, so dass der untere Referenzwert deutlich zugunsten des Geschäftsleiters erhöht wird[389]. Dies hat der Geschäftsleiter selbst in der Hand und kann eine Gesellschaft bestehend ausschließlich aus außertariflichen Angestellten erschaffen. Dieser Effekt kann nicht erwünscht sein. Jeder Versuch einen geeigneten Faktor zu bestimmen, wäre zudem willkürlich und systemfremd, da auch die unteren Hierarchieebenen nicht in Relation zueinander vergütet werden[390]. Allenfalls mag ein Vergleich mit den in der Vergangenheit an Vorstände ausgezahlten Gehältern[391] tauglich sein oder eine Bezugnahme zur nächsten nachgelagerten Führungsebene der Gesellschaft[392].

Ein weiteres Problem stellt sich für den Fall, dass der horizontale und vertikale Vergleich zu konträren Ergebnissen führt. Richtigerweise ist dann der horizontalen Üblichkeit der Vorrang einzuräumen[393]. Die horizontale Üblichkeit ist in vollem Umfang justiziabel. Der Aufsichtsrat kann leichter anhand von publizierten Vergütungsstudien und veröffentlichten Vergütungsberichten der Konkurrenzunternehmen die Üblichkeit der Vergütung bestimmen, als nachweisen, dass die von

abrufbar unter: http://www.spiegel.de/karriere/berufsleben/gehalt-von-chef-und-angestellten-im-vergleich-a-995520.html.

387 Siehe dazu *Gavett*, Harvard Business Review vom 23. September 2014; abrufbar unter: https://hbr.org/2014/09/ceos-get-paid-too-much-according-to-pretty-much-everyone-in-the-world/.

388 Einzelheiten dazu siehe *Juso/Denknetz*, Lohnverteilung und 1:12-Initiative: Gerechtigkeit und Demokratie auf dem Prüfstand.

389 *Winter/Michels*, NZA-Beilage 2011, 22 (26 f.); siehe auch Komitee NEIN zum Lohndiktat vom Staat abrufbar unter: http://www.1-12-nein.ch/argumente/.

390 *Suchan/Winter*, DB 2009, 2531 (2535); *Hohenstatt*, ZIP 2009, 1349 (1351).

391 *Annuß/Theusinger*, BB 2009, 2434 (2435).

392 Hüffer/*Koch* AktG § 87 Rn. 3.

393 Spindler/Stilz/*Fleischer* AktG § 87 Rn. 18; Hüffer/*Koch* AktG § 87 Rn. 3; *Bauer/Arnold*, AG 2009, 717 (720); *Fleischer*, NZG 2009, 801 (802); *Hoffmann-Becking/Krieger*, NZG 2009, Beilage zu Heft 26, 1; *Gaul/Janz*, NZA 2009, 809 (810); *Dauner-Lieb*, Der Konzern 2009, 583 (587); *Weber-Rey*, WM 2009, 2255 (2258); nuancierend *Thüsing*, AG 2009, 517 (518 f.); *Spindler*, NJOZ 2009, 3282 (3284).

ihm frei gewählte Relation zu einem frei gewählten Personenkreis innerhalb des Unternehmens die Üblichkeit widerspiegelt. Die Aufgaben, Leistungen und Verantwortung eines Vorstands sind über die Branchen hinweg eher vergleichbar und damit geeignet eine Aussage über die Üblichkeit zu treffen, als der Vergleich eines Vorstands mit einem Kundenberater oder Sachbearbeiter[394].

Die Berufung auf die Üblichkeit darf insgesamt jedoch nicht dazu führen, dass die Aspekte „Aufgabe“ und „Leistung“ an Bedeutung verlieren. Diese Kriterien müssen maßgeblich für die Festsetzung der Vergütung sein. Ansonsten droht der vielfach beschworene Leitgedanke der anreizorientierten Vergütung zu verblassen und durch die Berufung auf die Üblichkeit der Vergütung überlagert zu werden.

f) Begrenzungsmöglichkeit

Zu einer angemessenen Ausgestaltung der Vergütung von Geschäftsleitern gehört auch die Vereinbarung einer Begrenzungsmöglichkeit bei außerordentlichen Entwicklungen, § 10 Abs. 2 InstitutsVergV. Diese Vorschrift gilt für sämtliche Bestandteile der variablen Vergütung[395]. Sie hat ein wortlautgleiches Pendant in § 87 Abs. 1 Satz 3 2. Halbsatz AktG und beruht auf Ziffer 4.2.3 Abs. 3 DCGK a.F. Die *FSB-Principles for Sound Compensation Practices* enthalten keine derartige Vorgabe. Hintergrund der Regelung ist, dass der Vorstand nicht von außerordentlichen Entwicklungen profitieren soll, die nicht auf seiner Leistung beruhen, sondern von externen Faktoren und Zufällen beeinflusst werden[396]. Die Vorschrift ist in engem Zusammenhang zu § 10 Abs. 1 InstitutsVergV zu lesen und will den Zusammenhang zwischen der Leistung des Vorstands und seiner Vergütung herstellen[397]. Unter außergewöhnlichen Entwicklungen sind nach der Gesetzesbegründung Übernahmeangebote, die Veräußerung oder der Erwerb von Unternehmensteilen, die Hebung stiller Reserven oder sonstige externe Einflüsse zu verstehen[398]. Generell handelt es sich um einmalige Angelegenheiten oder Umstände, die von der persönlichen Leistung des Vorstands unabhängig sind, sogenannte „Windfall Profits“[399].

---

394 So auch *Bauer/Arnold*, AG 2009, 717 (720).

395 Zur Parallelvorschrift des § 87 Abs. 1 Satz 3 AktG: Beschlussempfehlung und Bericht des Rechtsausschusses zum Gesetz zur Angemessenheit der Vorstandsvergütung (VorstAG) vom 17. Juni 2009, BT-Drucks. 16/13433, S. 16; Hölters/Weber AktG § 87 Rn. 39; *Hoffmann-Becking/Krieger*, NZG 2009, Beilage zu Heft 26,1 (4); *Hohaus/Weber*, DB 2009, 1515 (1519).

396 Beschlussempfehlung und Bericht des Rechtsausschusses zum Gesetz zur Angemessenheit der Vorstandsvergütung (VorstAG) vom 17. Juni 2009, BT-Drucks. 16/13433, S. 16.

397 Zum VorstAG: *Thüsing*, AG 2009, 517 (521); *Thüsing*, ZGR 2003, 457 (490).

398 Beschlussempfehlung und Bericht des Rechtsausschusses zum Gesetz zur Angemessenheit der Vorstandsvergütung (VorstAG) vom 17. Juni 2009, BT-Drucks. 16/13433, S. 16.

399 *Annuß/Theusinger*, BB 2009, 2434 (2437); *Hohenstatt*, ZIP 2009, 1349 (1352).

Dem Aufsichtsrat stehen mehrere Möglichkeiten offen, dem Erfordernis einer Begrenzungsmöglichkeit Rechnung zu tragen. Weder Gesetz, noch Verordnung, deren Begründungen oder Auslegungshilfen machen hierzu Vorgaben. Die Ausgestaltung liegt im pflichtgemäßen Ermessen des Aufsichts- oder Verwaltungsorgans[400]. In Betracht kommt die Vereinbarung einer absoluten Höchstgrenze (Bonus-Cap). Hierbei legt das Aufsichts- oder Verwaltungsorgan einen zahlenmäßigen Höchstbetrag der gesamten variablen Vergütung fest. In der gesellschaftsrechtlichen Literatur zu § 87 Abs. 1 Satz 3 AktG ist dies weitreichend anerkannt[401]. Durch die Neufassung der Ziffer 4.3.2 Abs. 2 DCGK, wonach die Vergütung insgesamt und hinsichtlich ihrer variablen Vergütungsbestandteile eine betragsmäßige Höchstgrenze aufweisen soll, scheint ein solcher Vorbehalt einzig zulässig[402]. Zu kritisieren ist hieran, dass eine feste Obergrenze der gesamten variablen Vergütung nicht zwingend eine Belohnung des Geschäftsleiters für außerordentliche Entwicklungen verhindert[403]. Entstehen in einem Jahr hohe operative Verluste, kann der Verkauf von Unternehmensteilen oder die Hebung stiller Reserven insgesamt dennoch zu einem Gewinn führen. Bis zum Erreichen des Bonus-Caps ist es dann jedoch irrelevant, worauf der Gewinn beruht, so dass in diesem Fall eine variable Vergütung allein aufgrund der außergewöhnlichen Entwicklung gezahlt werden kann. Trotz dieser Kritik ist die Festsetzung eines solchen Maximalbetrags in Übereinstimmung mit der Gesetzesbegründung zulässig[404]. Die Instituts-Vergütungsverordnung enthält bereits durch das gesetzlich normierte Bonus-Cap nach § 25 Abs. 6 KWG eine betragsmäßige Höchstgrenze. Die Gefahr, dass durch außergewöhnliche Entwicklungen die Angemessenheit des Verhältnisses von fixer und variabler Vergütung beeinträchtigt wird, ist hierdurch grundsätzlich gebannt. Dennoch kann es auch hier weiterhin sinnvoll sein, dass das Aufsichts- oder Verwaltungsorgan einen unter der 100 Prozentgrenze liegenden Betrag festsetzt, wenn in Ausnahmefällen bei der Festsetzung der Vergütung von einer geringen variablen Vergütung ausgegangen wurde.

Alternativ zur Bestimmung eines Bonus-Caps kann das Aufsichts- oder Verwaltungsorgan sich die Option vorbehalten lassen, nach freiem Ermessen über die Herabsetzung der variablen Vergütung zu bestimmen, sollten in einem Geschäftsjahr außergewöhnliche Entwicklungen aufgetreten sein[405]. Es kann jedoch auch lediglich einzelne Vergütungsparameter, die durch Windfall Profits beeinflusst werden

---

400 Beschlussempfehlung und Bericht des Rechtsausschusses zum Gesetz zur Angemessenheit der Vorstandsvergütung (VorstAG) vom 17. Juni 2009, BT-Drucks. 16/13433, S. 16.

401 Hölters/*Weber* AktG § 87 Rn. 39; Hüffer/*Koch* AktG § 87 Rn. 16; Spindler/Stilz/*Fleischer* AktG § 87 Rn. 37; *van Kann/Keiluweit*, DStR 2009, 1587 (1588); *Nikolay*, NJW 2009, 2640 (2642); *Peltzer*, NZG 2009, 1041 (1045); *Bauer/Arnold*, AG 2009, 717, 723 f.; *Hoffmann-Becking/Krieger*, NZG 2009, Beilage zu Heft 26, 1 (4).

402 Hölters/*Weber* AktG § 87 Rn. 39; Hüffer/*Koch* AktG, § 87 Rn. 16.

403 Darauf weisen *Bauer/Arnold*, AG 2009, 717 (723 f.) hin.

404 *Bauer/Arnold*, AG 2009, 717 (724.); *Lingemann*, BB 2009, 1918 (1920).

405 *Hohenstatt/Kuhnke*, ZIP 2009, 1981 (1988 f.).

können, in ihrer Größe beschränken. So kann beispielsweise eine Umsatzsteigerung nur bis zu einer Grenze von 150 Prozent des Vorjahres bei der abschließenden Vergütungsfestsetzung berücksichtigungsfähig sein, während andere Parameter, wie Kundenzufriedenheit weiter in vollem Umfang Beachtung finden können. Auch dieses Vorgehen wäre mit Ziffer 4.2.3 Abs. 3 DCGK vereinbar. Aus aufsichtsrechtlicher Sicht wird dieser Ansatz ebenfalls nicht zu beanstanden sein.

Zweckmäßigerweise sollte die Begrenzungsmöglichkeit als Gestaltungsrecht des Aufsichts- oder Verwaltungsorgans ausgestaltet werden, das ihm bei Vorliegen der Voraussetzungen die Möglichkeit der Anpassung des betreffenden Vergütungsbestandsteils oder der gesamten variablen Vergütung durch einseitige empfangsbedürftige Willenserklärung einräumt[406]. Da es sich auch hierbei um eine Soll-Vorschrift handelt, besteht grundsätzlich eine Pflicht zur Vereinbarung einer Beschränkungsmöglichkeit, sofern nicht besondere Gründe ein Abweichen rechtfertigen. Solche Gründe sind nur schwer vorstellbar, so dass § 10 Abs. 2 InstitutsVergV eher als Muss-Vorschrift auszulegen ist[407]. Die Vereinbarung lediglich einer „Sprechklausel“, welche nur die Möglichkeit nachträglicher Verhandlungen zwischen Aufsichts- beziehungsweise Verwaltungsorgan und Geschäftsleiter über die Anpassung der Vergütung beinhaltet, stellt keine Vereinbarung der Begrenzungsmöglichkeit dar und ist somit nicht ausreichend[408].

g) *Herabsetzungsmöglichkeit*

Nach § 87 Abs. 2 Satz 1 AktG muss der Aufsichtsrat eine zuvor festgesetzte und im Zeitpunkt der Festsetzung auch angemessene Vergütung auf ein nun angemessenes Maß herabsetzen, wenn sich die Lage der Gesellschaft so verschlechtert, dass die Weitergewährung der Vergütung unbillig für die Gesellschaft wäre. Die aktuelle Fassung der Instituts-Vergütungsverordnung sieht eine solche Herabsetzungsmöglichkeit nicht vor. Im erstmaligen Entwurf war aufgrund des allgemeinen Hinweises auf die Regelung des § 87 AktG unklar, ob auch eine Herabsetzungsmöglichkeit nach § 87 Abs. 2 AktG gegeben sein sollte[409]. § 10 Abs. 1 und 2 InstitutsVergV sind jedoch als abschließende eigenständige materielle Regelungen zu sehen, zu deren

---

406 Ringleb/Kremer/Lutter/v. Werder/*Ringleb*, Deutscher Corporate Governance Kodex 2014, Rn. 747; *Hohenstatt/Kuhnke*, ZIP 2009, 1981 (1988); *Hoffmann-Becking/Krieger*, NZG 2009, Beilage zu Heft 26, 1 (4).

407 Zur Versicherungs-Vergütungsverordnung siehe *Sammet*, Versicherungs-Vergütungsverordnung, S. 125.

408 Die aktuelle Kodexfassung empfiehlt eine Vereinbarung nicht mehr ausdrücklich, ist jedoch weiterhin dahingehend auszulegen, dass eine Begrenzungsmöglichkeit bereits beim Abschluss des Vertrags vereinbart werden muss, wenn die Verträge nicht derart ausgestaltet sind, dass der Aufsichtsrat die Freiheit besitzt, einzelne Vergütungskomponenten einseitig zu beschränken. Vgl. dazu Ringleb/Kremer/Lutter/v. Werder/*Ringleb*, Deutscher Corporate Governance Kodex 2014, Rn. 746.

409 *Löw*, BB 2010, Heft 41, 1. Seite; *Müller-Bonanni/Mehrens*, NZA 2010, 792 (794).

Auslegung zwar die aktienrechtliche Literatur und Rechtsprechung herangezogen werden darf[410], deren Regelungsgehalt jedoch nicht über den Wortlaut hinaus ausgedehnt werden darf.

Im Übrigen bleibt für Institute in der Rechtsform der Aktiengesellschaft § 87 Abs. 2 Satz 1 AktG uneingeschränkt anwendbar. Dies wird durch § 10 Abs. 3 InstitutsVergV ausdrücklich klargestellt. Danach bleiben andere einschlägige bundes- und landesrechtliche Regelungen zur Vergütung von den Absätzen 1 und 2 unberührt. Daran ändert auch die Verpflichtung nach § 10 Abs. 4 InstitutsVergV nichts, wonach die Vergütung des Geschäftsleiters abschließend im Anstellungsvertrag geregelt werden muss. Dies gibt ihm keinen Anspruch darauf, dass seine Vergütung nicht nach § 87 Abs. 2 Satz 1 AktG herabgesetzt wird. Im Zweifel sollte das Aufsichts- oder Verwaltungsorgan eine solche Herabsetzungsmöglichkeit explizit in den Anstellungsvertrag aufnehmen.

h) Maßgebliche Erfolgsparameter

Im Rahmen der Ermittlung der variablen Vergütung spielen Erfolgsbeiträge und Vergütungsparameter eine maßgebliche Rolle. Durch sie lässt sich der Zielerreichungsgrad und damit die konkrete Höhe der erdienten variablen Vergütung bestimmen. Die variable Vergütung dient der leistungs- und erfolgsabhängigen Entlohnung der Geschäftsleiter. Vergütungsparameter sind nach der Legaldefinition des § 2 Abs. 7 InstitutsVergV qualitative und quantitative Bestimmungsfaktoren, anhand derer die Leistung und der Erfolg eines Geschäftsleiters oder einer Organisationseinheit gemessen werden. Erfolgsbeiträge sind die auf der Grundlage der Vergütungsparameter ermittelten tatsächlichen Leistungen und Erfolge von Geschäftsleitern oder Organisationseinheiten, die in die Ermittlung der Höhe der variablen Vergütungsbestandteile einfließen. Diese können auch negativ sein, § 2 Abs. 8 InstitutsVergV. Gemäß § 4 Satz 2 InstitutsVergV müssen die Vergütungsparameter anhand den Geschäfts- und Risikostrategien ausgerichtet sein und das Erreichen der strategischen Ziele unterstützen. Ein Vergütungssystem ist unangemessen ausgestaltet, wenn trotz negativer Erfolgsbeiträge ein der Höhe nach unveränderter Anspruch auf die variable Vergütung besteht, § 5 Abs. 2 InstitutsVergV.

Insbesondere für bedeutende Institute trifft die Instituts-Vergütungsverordnung detaillierte Regelung zur Festlegung der Vergütungsparameter. § 19 Abs. 1 InstitutsVergV statuiert einen Dreiklang der Vergütungsparameter: Gesamterfolg des Instituts, Erfolgsbeitrag der Organisationseinheit und individueller Erfolgsbeitrag. Die gesamte Regelung beruht auf *FSB*-Standard Nr. 6[411] und Art. 94 Abs. 1 lit. a)

---

410 *BaFin*, Auslegungshilfe zur Institutsvergütungsverordnung vom 01. Januar 2014 zu § 10.

411 *FSB*, Principles for Sound Compensation Practices - Implementation Standards vom 25. September 2009, Nr. 6, S. 3.

der Richtlinie 2013/36/EU[412]. Die Berücksichtigung einerseits der individuellen Erfolgsbeiträge und andererseits des Gesamterfolgs des Instituts führt dazu, dass Geschäftsleiter aus weniger erfolgreichen Organisationseinheiten an einer insgesamt positiven Geschäftsentwicklung partizipieren[413] andererseits jedoch nicht aufgrund eines überdurchschnittlichen Leistungsbeitrags bei negativer Gesamtentwicklung eine sehr hohe variable Vergütung gezahlt werden muss[414]. Damit ist auch ein rein auf das Institutsergebnis abstellendes Vergütungssystem unzulässig[415].

Die Verordnung schweigt sich aus zu der Frage, in welchem Verhältnis die Erfolgsbeiträge zu gewichten sind[416]. Die institutsinterne Gewichtung der Erfolgsbeiträge ist bereits im Rahmen der Festlegung des Gesamtbonuspools im Sinne des § 45 Abs. 2 Satz 1 Nr. 5a KWG in Verbindung mit § 7 InstitutsVergV zu berücksichtigen, wenn dieser nach dem Bottom-Up-Ansatz bestimmt wird[417]. Nach dem Top-Down-Ansatz ist allein der Gesamterfolg des Instituts maßgeblich für die Festlegung des Gesamtbonuspools. Steht ein solcher aufgrund einer Unternehmenskrise nicht zur Verfügung, kann auch eine überragende individuelle Leistung nicht zu einem Anspruch auf eine variable Vergütung führen[418]. Hiervon abzugrenzen ist jedoch die Situation, dass ein Gesamtbonuspool besteht und sich dessen Verteilung nach einer

---

412 Richtlinie 2013/36/EU des Europäischen Parlaments und des Rates vom 26. Juni 2013 über den Zugang zur Tätigkeit von Kreditinstituten und die Beaufsichtigung von Kreditinstituten und Wertpapierfirmen, zur Änderung der Richtlinie 2002/87/EG und zur Aufhebung der Richtlinien 2006/48/EG und 2006/49/EG, ABl. L 176, S. 338.

413 *Müller-Bonanni/Mehrens,* NZA 2010, 792 (795).

414 *Rieble/Schmittlein,* Vorstandsvergütung, Rn. 522.

415 *Müller-Bonanni/Mehrens,* NZA 2010, 792 (795).

416 *Däubler,* AuR 2012, 380 (382).

417 Siehe zum Bottom-up und Top-down-Ansatz: *CEBS,* Guidelines on Remuneration Policies and Practices vom 10. Dezember 2010, Rn. 102 ff., S. 54 ff.; *Insam/Hinrichs/Hörtz,* WM 2014, 1415, (1419); *Gerdes-Renken,* Umsetzung aufsichtsrechtlicher Anforderungen an Vergütungssysteme, S. 137 ff.

418 *Zöbeley,* Vergütungsvorgaben, S. 300; a.A. *Rieble/Schmittlein,* Vorstandsvergütung, Rn. 523; *Löw/Glück,* BKR 2015, 186 (191); *Jensen,* BB 2014, 2869. Das *Bundesarbeitsgericht* hat in seinem Urteil aus dem Jahr 2013 eine Herabsetzung des Bonusanspruchs „auf Null" nur bei Vorliegen besonders gewichtiger, außergewöhnlicher Umstände zugelassen, wenn die persönlichen Ziele erreicht wurden. Derartige außergewöhnliche Umstände seien dann gegeben, wenn die Fortexistenz eines durch desaströse Verluste geschwächten Arbeitgebers nur mit massiven staatlichen Finanzhilfen gewährleistet werden könne, die allein dem öffentlichen Interesse an der Abwehr schwerer Gefahren für die Volkswirtschaft dienen würden; BAG 10 AZR 8/12 vom 20. März 2013, NZA 2013, 970, Bestätigung und Fortführung von BAG 10 AZR 746/10 vom 12. Oktober 2011, NZA 2012, 450. Tendenziell auch BAG 10 AZR 622/13 vom 19. März 2014, NZA 2014, 595. Zu kritisieren ist hierbei, dass das *Bundesarbeitsgericht* bei seiner Rechtsprechung nicht die aufsichtsrechtlichen Vorgaben der Instituts-Vergütungsverordnung berücksichtigt.

ausschließlichen Gewichtung des Gesamterfolgs richten soll. Diese Ausgestaltung soll durch § 19 Abs. 1 InstitutsVergV untersagt werden.

Der individuelle Erfolgsbeitrag ist anhand von qualitativen und quantitativen Vergütungsparametern zu bestimmen, § 19 Abs. 2 Satz 1 InstitutsVergV. Nach der Instituts-Vergütungsverordnung 2010 wurde auf nicht-finanzielle Parameter abgestellt, wie beispielsweise die Beachtung der institutsinternen Regelwerke und Strategien, der Kundenzufriedenheit und der erlangten Qualifikationen[419]. Nach der Neufassung müssen die individuellen Erfolgsbeiträge auf einer festen Zielvereinbarung beruhen und dem Geschäftsleiter kommuniziert werden[420]. Eine weitere Verschärfung der Vorschrift erfolgte durch die Streichung der Einschränkung, dass individuelle Erfolgsbeiträge nur insoweit berücksichtigt werden müssen, als dies nicht mit einem unverhältnismäßigen Aufwand verbunden ist. Diese Formulierung findet sich heute nur noch in Bezug auf solche individuellen Vergütungsparameter, die dem Ziel eines nachhaltigen Erfolgs Rechnung tragen, § 19 Abs. 3 Satz 1 InstitutsVergV. Dennoch können diese Kriterien auch weiterhin zur Ermittlung des individuellen Erfolgsbeitrags als qualitative Parameter herangezogen werden[421]. Bei Geschäftsleitern ergibt sich hinsichtlich der Strategien ein Widerspruch. Die Unternehmensstrategien werden gerade von der Geschäftsleitung festgelegt. Eine Belohnung für die Einhaltung dieser selbstbestimmten Vorgaben erscheint sinnwidrig, da dieser Aspekt bereits bei der Zielfestsetzung und –erreichung zu beachten ist. Verstößt ein Geschäftsleiter jedoch gegen die im Gremium festgelegten Strategien, scheint eine Berücksichtigung dieses Verstoßes bei der Ermittlung der variablen Vergütung durchaus angebracht. Ähnlich verhält es sich mit dem Parameter der Beachtung institutsinterner Regelwerke. Deren Einhaltung sollte selbstverständlich sein[422] und nicht zu einer zusätzlichen Vergütung führen. Ein Verstoß stellt ein pflichtwidriges Verhalten dar. § 19 Abs. 2 Satz 2 InstitutsVergV ist so zu verstehen, dass ein sitten- oder pflichtwidriges Verhalten zwingend zu einer Reduzierung der variablen Vergütung führen muss und nicht anderweitig durch positive Erfolgsbeiträge ausgeglichen werden darf. Im Umkehrschluss bedeutet es nicht, dass die Einhaltung externer und interner Regelwerke durch die Erhöhung der variablen Vergütung honoriert werden muss. Sittenwidrig ist ein Verhalten, das gegen das Anstandsgefühl aller billig und gerecht Denkenden verstößt[423]. Nach Ansicht der *BaFin* soll dies bei Verstößen gegen einen institutsinternen Ehrenkodex in Bezug auf Kunden und Geschäftspartner sowie weiterer schriftlich fixierter Verhaltensregeln

419 *CEBS*, Guidelines on Remuneration Policies and Practices vom 10. Dezember 2010, Rn. 97, S. 53; *Müller-Bonanni/Mehrens*, NZA 2010, 792 (795); *Simon/Koschker*, BB, 2011, 120 (124).

420 Siehe dazu auch § 13 InstitutsVergV.

421 *Buscher/Hannemann/Wagner/Weigl* InstitutsVergV § 19, S. 213.

422 *Heuchemer/Kloft*, WM 2010, 2241 (2246).

423 St.Rspr. u. a. BGH V ZR 130/08 vom 06. Februar 2009, NJW 2009, 1346; zuvor bereits RGZ 48, 114 (124), RGZ 80, 219 (221); RGZ 120, 142 (148); aus der Literatur statt aller: MüKoBGB/*Armbrüster* BGB § 138 Rn. 14.

für den Umgang mit Mitarbeitern im Innenverhältnis erfüllt sein[424]. Pflichtwidrig hingegen sind Verstöße gegen institutsinterne Organisationsrichtlinien[425]. In der Literatur umstritten ist, ob jeder dienstvertragliche Verstoß sich negative auf die Höhe der variablen Vergütung auswirken muss, unabhängig davon, ob sich hierdurch Auswirkungen auf den individuellen Erfolgsbeitrag ergeben[426]. *Zürn/Rappensperger/Brämswig* sprechen sich dafür aus, dass der Pflichtverstoß zumindest kausal für einen negativen Erfolgsbeitrag sein sollte. Dem lässt sich jedoch entgegenhalten, dass sich aus dienstvertraglichen Verstößen auf die persönliche Leistungsbereitschaft oder Sozialkompetenz schließen lässt. Diese sind wesentliche Aspekte des individuellen Erfolgsbeitrags. Damit ist jeder Pflichtverstoß kausal für eine negativere Einschätzung des persönlichen Erfolgsbeitrags. Die Schwere des Pflichtverstoßes kann im Rahmen der Höhe der Verringerung ausreichend Berücksichtigung finden.

i) Keine Absicherungsmaßnahmen

Um die Angemessenheit der Vergütung abzusichern, verbietet § 8 Abs. 1 InstitutsVergV die Risikoorientierung der Vergütung durch Absicherungsmaßnahmen oder sonstige Gegenmaßnahmen einzuschränken oder zu unterlaufen. Dieses Verbot basiert auf Nr. 14 der *FSB*-Standards[427] und Artikel 94 Abs. 1 lit. p) der Richtlinie 2013/36/EU. Es würde den Zielen der Verordnung zuwider laufen, wenn Geschäftsleiter durch Absicherungsmaßnahmen (sogenannte personal hedging strategies), die negativen Folgen einer risikobehafteten Entscheidung vermeiden könnten[428]. Es ist zu differenzieren zwischen externen Hedgingmaßnahmen und internen Ergebnismanipulationsmöglichkeiten[429]. Persönliche Hedging-Strategien sind beispielsweise Verträge mit Dritten, die vorsehen, dass ein Dritter direkt oder indirekt Zahlungen an den Geschäftsleiter in der Höhe erbringt, um die sich die variable Vergütung in Folge negativer Entwicklungen verringert[430]. Dazu gehören auch sogenannte Put-Optionen. Diese beruhen zwar nicht auf einer vertraglichen Regelung mit einem Dritten, führen im Ergebnis jedoch ebenfalls zu einer Umgehung

---

424 *BaFin*, Auslegungshilfe zur Institutsvergütungsverordnung vom 01. Januar 2014 zu § 19.

425 *BaFin*, Auslegungshilfe zur Institutsvergütungsverordnung vom 01. Januar 2014 zu § 19.

426 *Zürn/Rappensperger/Brämswig*, DB 2013, 2681.

427 *Bundesministerium der Finanzen*, Begründung zur Institutsvergütungsverordnung vom 07. März 2014 zu § 8; *Buscher/Hannemann/Wagner/Weigl* InstitutsVergV § 8, S. 122.

428 So auch *Buscher/Hannemann/Wagner/Weigl* InstitutsVergV § 8, S. 122.

429 *BaFin*, Auslegungshilfe zur Institutsvergütungsverordnung vom 01. Januar 2014 zu § 8.

430 *CEBS*, Guidelines on Remuneration Policies and Practices vom 10. Dezember 2010, Rn. 72 ff., S. 42 ff.

der Risikoorientierung[431]. Sinkt nämlich der Wert der Aktienoptionen, steigt entsprechend der Wert der Put-Optionen, so dass der Inhaber keinen Verlust erleidet. Die internen Ergebnismanipulationsmöglichkeiten umfassen demgegenüber zum Beispiel Gefälligkeitsentscheidungen im bilateralen Leistungsbewertungsprozess, wenn für diesen entgegen den Vorgaben der Instituts-Vergütungsverordnung keine objektiven Vorgaben bestehen, an denen sich die diskretionäre Entscheidung über die Zielerreichung von Geschäftsleitern zu orientieren hat[432].

Bei § 8 InstitutsVergV handelt es sich nicht um ein Verbotsgesetz im Sinne des § 134 BGB[433]. Die Absicherungs- oder Gegenmaßnahme ist somit nicht bereits per se nichtig. Die Vorschriften der Instituts-Vergütungsverordnung richten sich an die Institute und nicht an die betroffenen Geschäftsleiter. Dies wird auch durch Abs. 2 verdeutlicht. Danach müssen die Institute angemessene Compliance-Strukturen einrichten, um Absicherungs- oder sonstige Gegenmaßnahmen zur Einschränkung oder Aufhebung der Risikoorientierung zu verhindern. Die Geschäftsleiter müssen sich vertraglich verpflichten, keine Absicherungs- oder sonstige Gegenmaßnahmen zu treffen. Eine entsprechende Selbstverpflichtungserklärung ist nicht ausreichend[434]. Die Einhaltung der Verpflichtungserklärung ist zumindest stichprobenartig von der Compliance-Funktion zu überprüfen. Nach der Neufassung übernimmt diese Kontrolle in bedeutenden Instituten der Vergütungsbeauftragte. Um den administrativen Aufwand gering zu halten, lässt es der Verordnungsgeber genügen, dass die Kontrollen nur stichprobenartig durchgeführt werden. Die Gefahr des Entdecktwerdens ist aus seiner Sicht ausreichend, um eine umfassende Kontrolle zu gewährleisten[435]. Dies gilt grundsätzlich auch für Geschäftsleiter[436]. Jedoch wird bei diesen eine häufigere Kontrolle angezeigt sein, da deren Interesse an einer Absicherungs- oder Gegenmaßnahme ungleich höher ist, als bei normalen Mitarbeitern.

Zulässig sind hingegen sogenannte D&O-Versicherungen (directors‘ and officers‘ liability insurances). Diese stellt lediglich eine Art Haftpflichtversicherung dar. Versicherungsschutz wird für den Fall gewährt, dass Vorstandsmitglieder für Vermögensschäden, die diese bei Ausübung ihrer Vorstandstätigkeit durch pflichtwidriges Verhalten bei einem Dritten oder bei der Gesellschaft verursacht haben, in Anspruch genommen werden[437]. Ist der Vorstand zum Schadensersatz verpflichtet, ist bei einer

---

431 KK-AktG/*Mertens/Cahn* AktG § 87 Rn. 68.

432 *BaFin*, Auslegungshilfe zur Institutsvergütungsverordnung vom 01. Januar 2014 zu § 8.

433 So auch *Sammet*, Versicherungs-Vergütungsverordnung, S. 207.

434 *BaFin*, Auslegungshilfe zur Institutsvergütungsverordnung vom 01. Januar 2014 zu § 8; *Buscher/Hannemann/Wagner/Weigl* InstitutsVergV § 8, S. 124.

435 *Buscher/Hannemann/Wagner/Weigl* InstitutsVergV § 8, S. 124.

436 *BaFin*, Auslegungshilfe zur Institutsvergütungsverordnung vom 01. Januar 2014 zu § 8.

437 Hölters/*Hölters* AktG § 93 Rn. 411; *Fleischer* in: Fleischer, Handbuch des Vorstandsrechts, § 12 Rn. 6; *Kort*, DStR 2006, 799 f.; *Beckmann* in: Beckmann/Matusche-Beckmann, Versicherungsrechtshandbuch, § 28 Rn. 65.

solchen Versicherung nicht länger er selbst Schuldner, sondern der Gesellschaft oder dem Dritten steht ein direkter Anspruch gegen das Versicherungsunternehmen zu. Dem Vorstand werden nachteilige Entwicklungen seiner variablen Vergütung aufgrund des schadensersatzauslösenden Ereignisses jedoch nicht ersetzt, so dass Sinn und Zweck der variablen Vergütung nicht konterkariert werden. Ebenfalls zulässig sind Absicherungsgeschäfte gegen Wechselkursrisiken[438]. Auch bei dieser Form der Absicherung besteht keine Gefahr, dass die Risikoorientierung der Vergütung verloren geht.

2. Nachhaltigkeit der Vergütung

Neben den Vorgaben zur Angemessenheit der Vergütungssysteme und der Vergütung enthält die Instituts-Vergütungsverordnung auch zahlreiche Bestimmungen, durch die der nachhaltigen Entwicklung des Instituts Genüge getan werden soll. Bereits bei der Wahl der Vergütungsparameter für die Ermittlung des Gesamterfolgs des Instituts, des Erfolgsbeitrags der jeweiligen Organisationseinheit und des individuellen Erfolgsbeitrags ist darauf zu achten, dass diese dem Ziel eines nachhaltigen Erfolgs Rechnung tragen, § 19 Abs. 3 InstitutsVergV. Darüber hinaus wird dem Nachhaltigkeitserfordernis durch eine mehrjährige Bemessungsgrundlage der Vergütung (§ 10 Abs. 2 InstitutsVergV) sowie den Vorschriften über die Zurückbehaltung eines Teils der variablen Vergütung sowie der Möglichkeit einer Anspruchsreduzierung für den Fall, dass sich Erfolgsbeiträge im Nachhinein als nicht nachhaltig erweisen (§ 20 InstitutsVergV), Rechnung getragen. Der Begriff „Nachhaltigkeit" bedeutet unter anderem „längere Zeit anhaltende Wirkung"[439]. Damit soll zum Ausdruck gebracht werden, dass sich die Entwicklung der Institute nicht länger an kurzfristigen Erfolgen und Wertsteigerungen zu orientieren hat, sondern ein zukünftiger Bestand und langfristige Resultate im Fokus stehen sollen.

a) Wahl der Vergütungsparameter

Für die Ermittlung dieser Erfolgsbeiträge sind insbesondere solche Vergütungsparameter zu verwenden, die dem Ziel eines nachhaltigen Erfolges Rechnung tragen, § 19 Abs. 3 Satz 1 InstitutsVergV. Im Rahmen dieser ex-ante Risikoadjustierung sind insbesondere die eingegangenen Risiken, deren Laufzeit sowie die Kapital- und Liquiditätskosten zu berücksichtigen, § 19 Abs. 3 Satz 2 InstitutsVergV. Dies stellt in der Praxis die wohl größte Herausforderung dar[440]. Hinsichtlich der Berücksichtigung der Risiken enthält die Instituts-Vergütungsverordnung keine näheren

---

438 *Müller-Bonanni/Mehrens*, NZA 2010, 792 (796), *Sammet*, Versicherungs-Vergütungsverordnung, S. 209.

439 *Duden*, Nachhaltigkeit Begriffsbedeutung, Nr. 1: längere Zeit anhaltende Wirkung.

440 *CEBS*, Guidelines on Remuneration Policies and Practices vom 10. Dezember 2010, Rn. 110, S. 57; *EBA*, Survey on the implementation of the CEBS Guidelines on Remuneration Policies and Practices vom 12. April 2012, S. 17.

Vorgaben. Faktisch werden sich ohne das Eingehen von Risiken kaum Erträge generieren lassen. Es obliegt jedoch dem Institut, einen Ausgleich zwischen erstrebten Erträgen und den dafür erlaubterweise einzugehenden Risiken zu schaffen. Diese Pflicht ergibt sich für alle Institute aus § 4 Satz 1 InstitutsVergV[441]. Lediglich in Bezug auf die Laufzeiten der Risiken erlaubt der Gesetzgeber eine nicht identische Nachbildung. Näherungswerte sind damit ausreichend[442].

b) Mehrjährige Bemessungsgrundlage

§ 10 Abs. 2 InstitutsVergV verlangt eine mehrjährige Bemessungsgrundlage der variablen Vergütung für Geschäftsleiter unabhängig von der Rechtsform des Unternehmens und dessen Börsennotierung. Eine ähnliche Formulierung findet sich auch in § 87 Abs. 1 Satz 3 AktG ausschließlich für börsennotierte Aktiengesellschaften. Auch wenn beide Regelungen einen ähnlichen Wortlaut aufweisen, kann für die Auslegung des § 10 Abs. 2 InstitutsVergV nicht zwingend auf die zu § 87 Abs. 1 Satz 3 AktG vertretenen Ansichten zurückgegriffen werden.

aa) Mehrjährigkeit des Bemessungszeitraums

Die Formulierung des § 10 Abs. 2 1. Halbsatz InstitutsVergV, wonach es einer mehrjährigen Bemessungsgrundlage bedarf, kann als missglückt angesehen werden[443]. Eine Bemessungsgrundlage bezeichnet regelmäßig eine technisch-physische oder wirtschaftlich-monetäre Größe[444], von der weitere Leistungen abhängig sind[445]. Lediglich einzelne Parameter zur Berechnung der variablen Vergütung sind als wirtschaftlich-monetäre Größe und damit als Geldbetrag ausgestaltet, wie beispielsweise der Umsatz oder das EBIT. Daneben spielen jedoch auch Faktoren wie Teamfähigkeit, Erfahrung, Qualifikation und andere „soft skills" eine Rolle. Diese Kennzahlen können zwar als Bemessungsgrundlage dienen, sind aber in der Regel nicht mehrjährig. Mehrjährigkeit beinhaltet eine zeitliche Komponente, so dass zwar der Bemessungszeitraum mehrjährig sein kann, die der Bemessung zugrundeliegenden Parameter jedoch zeitlich unabhängig oder maximal einjährig sind. Der Gesetzgeber wollte mit der Formulierung, die sich so auch in § 87 Abs. 1 Satz 3 AktG findet, deutlich machen, dass für die Festlegung der variablen Vergütung nicht lediglich beispielsweise der Umsatz des Jahres 2015 maßgeblich sein soll, sondern mehrere Jahre als Kennzahl herangezogen werden müssen. Ob hierbei eine

---

441 Siehe dazu auch AT 4.3.2 Tz. 1 MaRisk.

442 *Buscher/Hannemann/Wagner/Weigl* InstitutsVergV § 19, S. 215.

443 So auch *Hohenstatt/Kuhnke,* ZIP 2009, 1981 (1984) zu § 87 AktG.

444 *Gabler,* Wirtschaftslexikon, Stichwort „Bemessungsgrundlage": http://wirtschaftslexikon.gabler.de/Archiv/319/bemessungsgrundlage-v13.html.

445 Im Arbeitsrecht bspw. im Zusammenhang mit Entgeltfortzahlung, § 4 EFZG, § 18 Abs. 4 TVöD; oder als Beitrags- / Rentenbemessungsgrenze im Sozialrecht oder als Grundlage für die Höhe eine Steuerpflicht im Steuerrecht, etwa § 8 GrEStG, §§ 10, 11 UStG, § 4 VStG.

retrospektive oder ein prospektive Betrachtungsweise heranzuziehen ist, regelt die Verordnung nicht näher. Nach dem Telos der Instituts-Vergütungsverordnung ist jedoch in jedem Fall eine prospektive Regelung zulässig. Danach würde im Jahr 2015 auch auf die Ergebnisse der Geschäftsjahre 2016 und 2017 abgestellt werden. Dieser Ansatz ist auf die Zukunft und damit auf Nachhaltigkeit ausgerichtet. In der variablen Vergütung spiegeln sich die Folgen eines etwaigen Strohfeuers im Jahr 2015 deutlich wider. Fraglich ist, ob auch eine rückblickende Betrachtung den aufsichtsrechtlichen Anforderungen genügen kann[446]. In diesem Fall werden neben dem Geschäftsjahr 2015 auch die Jahre 2014 und 2013 herangezogen. Der Wortlaut der Vorschrift steht einer solchen Auslegung nicht entgegen. Systematisch wird diese Auslegung durch § 20 Abs. 4 InstitutsVergV gestützt. Danach müssen mindestens 50 Prozent der variablen Vergütung über einen angemessenen Zeitraum zurückbehalten werden und von einer nachhaltigen Unternehmensentwicklung abhängen. Bei retrospektiver Betrachtungsweise führt dies zu einer Berücksichtigung sowohl der Geschäftsjahre 2013 und 2014 bei der Entstehung des Anspruchs auf eine variable Vergütung als auch der Geschäftsjahre 2016 und 2017 für die weitere Entwicklung. Dieser umfassende Bemessungszeitraum dürfte den aufsichtsrechtlichen Anforderungen genügen[447]. Insgesamt ist die Verwendung der Begrifflichkeit „Bemessungszeitraum“ semantisch treffender[448].

Rein sprachlich gesehen bedeutet „mehrjährig“, einen Zeitraum von mehreren Jahren umfassend beziehungsweise mehrere Jahre dauernd[449]. Hiervon ist ab einer Dauer von zwei Jahren auszugehen. Die Auslegungshilfe der *BaFin* gibt zu § 10 Abs. 2 InstitutsVergV ohne nähere Begründung einen Zeitraum von mindestens drei Jahren an[450]. Auch wenn der Auslegungshilfe selbst keine normative Wirkung zukommt, so führt sie doch zu einer Selbstbindung der Verwaltung. Die *BaFin* würde sich widersprüchlich verhalten, sollte sie entgegen ihrer eigenen Auffassung einen Bemessungszeitraum von drei Jahren beanstanden. Systematisch lässt sich ein Mindestbemessungszeitraum von drei Jahren durch eine Zusammenschau mit § 20 Abs. 1 Satz 1 InstitutsVergV begründen. Danach ist bei bedeutenden Instituten ein gewisser Prozentsatz der variablen Vergütung für die Dauer von mindestens drei Jahren zurückzubehalten. Ein Gleichlauf der Bemessungsgrundlage und des Zurückbehaltungszeitraums erscheint vertretbar, da § 10 Abs. 2 InstitutsVergV auch für Geschäftsleiter in bedeutenden Instituten gilt. § 20 Abs. 1 Satz 1 InstitutsVergV

---

446 Bejahend für § 87 AktG *Rieckhoff*, AG 2010, 617 (619ff.), für die Versicherungs-Vergütungsverordnung *Sammet*, Versicherungs-Vergütungsverordnung, S. 121 f.

447 *GDV*, Auslegungshilfe zu den Anforderungen an Vergütungssysteme in der Versicherungswirtschaft zu § 3 Abs. 2 Satz 2 1. HS VersVergV, S. 12.

448 So auch *Hohenstatt/Kuhnke*, ZIP 2009, 1981 (1984); wohl auch *Thüsing*, AG 2009, 517 (521).

449 Duden, mehrjährig Begriffsbedeutung Nr. 1a: einen Zeitraum von mehreren Jahren umfassend.

450 *BaFin*, Auslegungshilfe zur Institutsvergütungsverordnung vom 01. Januar 2014 zu § 10.

baut auf dieser allgemeinen Vorschrift auf. Beiden Vorschriften liegt der Gedanke zugrunde, dass sich die variable Vergütung an einer nachhaltigen Geschäftsentwicklung orientieren soll[451]. Unter Beachtung dieses Nachhaltigkeitserfordernisses kann dann jedoch für einzelne variable Vergütungsbestandteile auch eine Frist von zwei oder fünf Jahren angemessen sein. Der Verordnungsgeber hat gerade von der Normierung einer starren Frist abgesehen.

Gegen diese Auslegung spricht auch nicht die Regelung für ermessensabhängige Leistungen zur Altersversorgung. Gemäß § 22 Abs. 1 Nr. 2 und Abs. 2 Nr. 2 InstitutsVergV müssen ermessensabhängige Leistungen zur Altersversorgung über einen Zurückbehaltungszeitraum von mindestens fünf Jahren gestreckt beziehungsweise mit einem Verfügungsverbot von mindestens fünf Jahren versehen werden. Die Heranziehung dieser Vorschrift könnte für eine Bemessungsgrundlage von fünf Jahren sprechen. Während des Zurückbehaltungszeitraums besteht lediglich ein Anspruch auf ermessensfehlerfreie Ermittlung der Leistungen, nicht jedoch auf die Leistungen selbst. Aufgrund dieser Einschränkung scheint eine Heranziehung der fünfjährigen Frist als nicht sachgerecht. Bei der Frage nach einer angemessenen Bemessungsgrundlage soll gerade ein Anspruch entstehen; in unbedeutenden Instituten in voller Höhe, in bedeutenden Instituten zu maximal 40 Prozent. Die ermessensabhängigen Leistungen zu Altersversorgung sind zudem nur ein Teil der variablen Vergütung. Eine Übertragung der fünfjährigen Periode auf die gesamte variable Vergütung ist nicht sachgerecht.

bb) Soll-Vorschrift

§ 10 Abs. 2 InstitutsVergV ist als Soll-Vorschrift ausgestaltet. Nach der juristischen Methodenlehre bedeutet eine Soll-Vorschrift, dass diese grundsätzlich verbindlich ist und nur in Ausnahmefällen davon abgewichen werden darf[452]. Diese Auslegung ist auch im Rahmen des § 87 Abs. 1 Satz 3 AktG allgemein anerkannt[453].

Damit stellt sich die Frage, ob bei Instituten die Zahlung eines Jahresbonus oder einer Jahrestantieme weiterhin zulässig ist. Diese beruhen auf der Erreichung eines auf lediglich ein Jahr ausgelegten Ziels, so dass deren Bemessungszeitraum nicht die vorgegebene Mehrjährigkeit aufweist. Teile der Literatur geht davon aus, dass

451 Hölters/*Weber* AktG § 87 Rn. 37; *Annuß/Theusinger*, BB 2009, 2434 (2436); *Kocher/Bednarz*, Der Konzern 2011, 77 (83); *Hoffmann-Becking/Krieger*, NZG 2009, Beilage zu Heft 26, 1 (3); *Hohenstatt/Kuhnke*, ZIP 2009, 1981 (1985).

452 Statt vieler VGH Mannheim 2 S 2782/10 vom 24. Februar 2011, NVwZ-RR 2011, 605; Stelkens/Bonk/Sachs/*Sachs* VwVfG § 40 Rn. 26.

453 Vgl. BT-Drucks. 16/12278, S 7; KK-AktG/*Mertens/Cahn* AktG § 87 Rn.99; Spindler/Stilz/*Fleischer* AktG § 87 Rn. 66; *Diller*, NZG 2009, 1006 (1007); *Fleischer*, NZG 2009, 801 (804); *Hoffmann-Becking/Krieger*, NZG 2009, Beilage zu Heft 26, 1 (3); *Koch*, WM 2010, 49 (55 f.); *Kocher/Bednarz*, Der Konzern 2011, 77 (81); *Martens*, FS Hüffer 2010, S. 647 (652); strenger *Cannivé/Seebach*, Der Konzern 2009, 593 (598), die von einer Muss-Vorschrift ausgehen; a.A. *Mertens*, AG 2011, 57 (59 ff.), der nur von einer Empfehlung oder Erwartung des Gesetzgebers spricht.

auch weiterhin die Gesamtvergütung eines Geschäftsleiters aus den Bestandteilen Festgehalt (40%), Jahresbonus (20%) und langfristig ausgerichtete variable Vergütung (40%) zusammengesetzt werden kann[454], solange die Gesamtvergütung insgesamt auf eine nachhaltige Unternehmensentwicklung ausgerichtet ist. Dem steht jedoch der Wortlaut des § 10 Abs. 2 InstitutsVergV entgegen. Allein der Wunsch, dem Geschäftsleiter einen Jahresbonus zu zahlen, begründet keine Ausnahme von der Soll-Vorschrift. Außergewöhnliche Umstände können nur angenommen werden, wenn der Bonus projektbezogen gezahlt werden soll, der Geschäftsleiter lediglich für eine kurze Dauer angestellt ist[455] oder besondere Leistungen des Geschäftsleiters im Falle einer Krise der Gesellschaft entlohnt werden sollen oder dieser zum Bleiben motiviert werden soll[456]. Ob solch rechtfertigende außergewöhnliche Umstände vorliegen, entscheidet der Aufsichts- oder Verwaltungsrat im Rahmen seines pflichtgemäßen Ermessens (§ 116 i.V.m. § 93 Abs. 1 AktG). Die Verordnung spricht von „variablen Vergütungen". Dieser Plural bezieht sich auf sämtliche variablen Vergütungsbestandteile an der Gesamtvergütung und meint nicht lediglich die Vergütungen mehrerer Geschäftsleiter. Letzteres ergibt sich bereits aus der abstrakt generellen Regelung des § 10 Abs. 2 InstitutsVergV als Rechtsnorm. Als solche gilt sie bereits für jeden einzelnen Geschäftsleiter, ohne dass es der Verwendung des Plurals bedurft hätte. Eine Ausnahme für bestimmte Vergütungsbestandteile sieht die Regelung gerade nicht vor. Auch Sinn und Zweck der Vorschrift sprechen gegen die Zulässigkeit von Jahresboni. Mag dem Nachhaltigkeitsgedanken auch bei einer gemischten Vergütungsstruktur mit einem Jahresbonus ausreichend Rechnung getragen werden können, so war doch gerade die Krise im Bankensektor Auslöser der Wirtschaftskrise und die Vergütung der Geschäftsleiter im Fokus der gesetzgeberischen und öffentlichen Aufmerksamkeit. Der Gesetzgeber kann strikte Regeln für die Vergütung im Bankensektor aufstellen und bislang übliche Vergütungsbestandteile grundsätzlich untersagen. Daran ändert auch eine mögliche anderweitige Auslegung der Parallelvorschrift § 87 Abs. 1 Satz 3 AktG nichts[457]. Den Instituten bleibt es unbenommen, einzelne Vergütungsparameter derart zu dynamisieren, dass der tatsächliche Unternehmensgewinn eines Jahres mit oder ohne prozentualem Aufschlag als Zielwert für das nächst Jahr vorgegeben wird[458].

---

454 *GDV*, Auslegungshilfe zu den Anforderungen an Vergütungssysteme in der Versicherungswirtschaft zu § 3 Abs. 2 Satz 2 1. HS VersVergV, S. 12; ebenso *Bartel/Bilobrk/Zopf*, BB 2011, 1269 (1273) jeweils unter Hinweis auf die aktienrechtliche Regelung.

455 Beispielsweise Interim-Manager, siehe hierzu 2. Kapitel I.2.d); auch *Cahn*, FS Hopt 2010, 431 (443).

456 Siehe zur Zulässigkeit von Retention Boni 2. Kapitel III.1.c).

457 Siehe hierzu 3. Kapitel III.2.d).

458 Einzelheiten hierzu bei *Kocher/Bednarz*, Der Konzern 2011, 77 (83).

c) *Zurückbehaltung*

Daneben müssen Teile der variablen Vergütung über einen bestimmten Zeitraum zurückgehalten werden. In der Neufassung des § 18 Abs. 1 InstitutsVergV findet sich eine Einschränkung des Anwendungsbereichs, die es bislang so nicht gab: Die Zurückbehaltungsvorschriften bezüglich eines bestimmten Teils der variablen Vergütung sowie ermessensabhängige Leistungen zur Altersversorgung müssen nicht bereits bei nur geringen Leistungen, sondern erst ab einer bestimmten Höhe berücksichtigt werden. Die maßgebliche Höhe legt die *BaFin* unter Berücksichtigung des allgemeinen Lohnniveaus im Bankensektor fest. Damit reagierte der Verordnungsgeber auf Praxisprobleme aus der Vergangenheit. Früher musste jede noch so geringe variable Vergütung dem komplexen Auszahlungsmechanismus des § 20 InstitutsVergV (§ 5 Abs. 2 Nr. 4 InstitutsVergV a.F.) unterworfen werden. Nach Ansicht der *BaFin* sollen zur Vermeidung eines unverhältnismäßig hohen administrativen Aufwands die Vorschriften des § 20 Abs. 1 bis 3 InstitutsVergV zum Auszahlungsregime nicht eingehalten werden müssen, wenn die gesamte variable Vergütung einen jährlichen Betrag von 50.000 Euro nicht überschreitet[459]. Nach den Ausführungen der *BaFin* bezieht sich diese Freigrenze lediglich auf Risk-Taker, obwohl vom Wortlaut der Verordnung her Geschäftsleiter in gleicher Weise erfasst sind. Es ist davon auszugehen, dass die *BaFin* einen gleichlaufenden Schwellenwert auch für Geschäftsleiter akzeptieren würde, da auch hier das Argument der administrativen Vereinfachung gilt. In der Praxis werden sich jedoch nur sehr wenige Geschäftsleiter in bedeutenden Instituten finden lassen, deren gesamte variable Vergütung (einschließlich der ermessensabhängigen Leistungen zur Altersversorgung) weniger als 50.000 Euro beträgt. Die gesetzliche Ausnahmeregelung steht nicht im Einklang mit den europarechtlichen Vorgaben. Nach Ansicht der *EU-Kommission* verstößt eine derartige Verwaltungspraxis gegen die politische Entscheidung der Mitgliedstaaten und dürfe deshalb weder von der *EBA* noch von der *BaFin* getroffen werden[460]. Es bleibt daher abzuwarten, ob die Bagatellschwelle auch zukünftig aufrechterhalten werden wird.

Ist eine variable Vergütung für einen bestimmten Abrechnungszeitraum einmal nach § 19 InstitutsVergV ermittelt worden, regelt § 20 Abs. 1–4 InstitutsVergV die Modalitäten der Zuteilung, Gewährung und Auszahlung beziehungsweise deren weitere Wertbestimmung. Dies ergibt sich aus der systematischen Stellung des § 20 InstitutsVergV. Würde sich der Regelungsgehalt auf eine noch nicht festgesetzte Vergütung beziehen, so ergäben sich kaum Unterschiede zu § 19 InstitutsVergV. Zudem bedarf es für die inhaltliche Anwendbarkeit des § 20 Abs. 1–4 InstitutsVergV zwingend einer bereits ermittelten variablen Vergütung. Dafür spricht auch § 18

---

459 *BaFin*, Auslegungshilfe zur Institutsvergütungsverordnung vom 01. Januar 2014 zu § 20.

460 Brief der *EU-Kommission* an die *EBA* vom 23. Februar 2015, S. 2; abrufbar unter: http://www.eba.europa.eu/regulation-and-policy/remuneration/guidelines-on-sound-remuneration-policies.

Abs. 1 InstitutsVergV. Danach gilt § 20 Abs. 1–3 InstitutsVergV nur für variable Vergütungen ab einer von der *BaFin* festzulegenden Höhe. Damit muss zunächst einmal die Höhe der variablen Vergütung ermittelt worden sein, um über die Anwendbarkeit des § 20 Abs. 1–3 InstitutsVergV entscheiden zu können. § 20 InstitutsVergV enthält im Wesentlichen drei Regelungskomplexe: § 20 Abs. 1 und 2 InstitutsVergV normieren die Zurückbehaltung eines Teils der variablen Vergütung, § 20 Abs. 4 InstitutsVergV stellt einen Teil der variablen Vergütung in Abhängigkeit zu einer nachhaltigen Wertentwicklung und § 20 Abs. 5 InstitutsVergV regelt, dass jeder negative Erfolgsbeitrag zu einer Verringerung oder Streichung der variablen Vergütung führen muss.

aa) Zurückbehaltung (deferral)

Bei Geschäftsleitern müssen mindestens 60 Prozent der variablen Vergütung über einen Zurückbehaltungszeitraum von mindestens drei Jahren gestreckt werden. Darüber hinaus sind mindestens 50 Prozent der gesamten variablen Vergütung in Abhängigkeit von einer nachhaltigen Wertentwicklung des Instituts zu stellen und mit einer Sperrfrist zu versehen. Diese Vorschrift ermöglicht durch die nachträgliche Überprüfung der Nachhaltigkeit von ursprünglich ermittelten Erfolgsbeiträgen eine ex-post Risikoadjustierung[461]. Durch den Zurückbehaltungszwang werden die Institute an einer sofortigen vollständigen und baren Auszahlung der variablen Vergütung gehindert[462]. Für Geschäftsleiter wird es noch unattraktiver, unverhältnismäßige Risiken einzugehen[463]. Sogenannte „Strohfeuer“ finden demnach nicht nur bei der Ermittlung der variablen Vergütung nach den Vorgaben der Instituts-Vergütungsverordnung weniger Berücksichtigung. Die negativen Auswirkungen dieser kurzfristigen Erträge werden vielmehr in den Folgejahren zu einem Absinken der variablen Vergütung eben auch für jenen – auf den ersten Blick erfolgreichen – Bemessungszeitraum führen. Die Auszahlung der variablen Vergütung erfolgt somit letztlich nur unter Berücksichtigung der realisierten Risiken, auch wenn diese bei der Zuteilung noch nicht gänzlich zu erkennen waren.

Neben einer Verringerung der Anreize zur Eingehung unverhältnismäßiger Risiken wird dem Institut auch ermöglicht, eine falsche Bewertung der Leistung eines Geschäftsleiters zu korrigieren[464]. Wurde die Leistung eines Geschäftsleiters bei der Ermittlung des Bonus zu positiv bewertet, kann die zurückbehaltene variable Vergütung durch die Koppelung an eine nachhaltige Wertentwicklung gemäß § 20 Abs. 4 InstitutsVergV oder die Malus-Regelung des § 20 Abs. 5 InstitutsVergV an die tatsächlich erbrachte Leistung angepasst werden.

---

461 *Boos/Wagner*, Ausgestaltung der Vergütungssysteme in Banken, S. 54.

462 *Buscher/Hannemann/Wagner/Weigl* InstitutsVergV § 20, S. 217.

463 So auch *Diller/Arnold*, ZIP 2011, 837 (838); *Sammet*, Versicherungs-Vergütungsverordnung, S. 158.

464 Dies verlangt die Empfehlung der EU-Kommission 2009/384/EG, Erwägungsgrund Nr. 15.

(1) Höhe des zu streckenden Betrags

Gemäß des aktuellen Wortlauts des § 20 Abs. 2 Satz 1 InstitutsVergV sind bei Geschäftsleitern mindestens 60 Prozent der variablen Vergütung zu strecken. Regelungstechnisch bedeutet das, dass ein ermittelter Betrag als Merkposten in ein virtuelles Konto eingestellt wird (Zuteilung) und dem Geschäftsleiter erst nach Ablauf des Zurückbehaltungszeitraums hierauf ein Anspruch erwächst (Gewährung)[465]. Dieser Mindestbetrag ist zwingend[466] und beruht auf Art. 94 Abs. 1 lit. m) der Richtlinie 2013/36/EU[467] sowie *FSB*-Standard Nr. 6[468]. Obwohl die internationalen Vorgaben diesen Wortlaut bereits bei der ersten Fassung der Instituts-Vergütungsverordnung im Jahr 2010 aufwiesen, waren nach § 5 Abs. 2 Nr. 4 InstitutsVergV a.F. lediglich in der Regel mindestens 60 Prozent zu strecken. Die nationale Umsetzung war somit unzutreffend, denn sie ließ Ausnahmen zu. Dies wurde nun korrigiert und an die internationalen Bestimmungen angepasst. Ob mehr als 60 Prozent zurückzubehalten sind, hängt von der Stellung, den Aufgaben und den Tätigkeiten sowie von der Höhe der variablen Vergütung und den begründbaren Risiken des Geschäftsleiters ab.

Generell gilt, je höher die variable Vergütung, die Stellung des Begünstigten oder das begründbare Risiko, desto größer muss der variable Vergütungsanteil sein, der zurückbehalten wird[469]. *Insam/Hinrichs/Hörtz* halten einen Betrag von mehr als 75 Prozent für nicht mehr angemessen, da dem Geschäftsleiter durch die Zurückbehaltung das Insolvenzrisiko des Instituts auferlegt wird[470]. Die internationalen Vorgaben lassen jedoch auch die Zurückbehaltung der gesamten variablen Vergütung zu[471]. Hiervon sollte jedoch nur in Ausnahmefällen Gebrauch gemacht werden.

---

465 *Buscher/Hannemann/Wagner/Weigl* InstitutsVergV § 20, S. 217.

466 *Bundesministerium der Finanzen*, Begründung zur Institutsvergütungsverordnung vom 07. März 2014 zu § 20.

467 „Bei einer besonders hohen variablen Vergütungskomponente werden mindestens 60 % des Betrags zurückbehalten.

468 *FSB*, Principles for Sound Compensation Practices - Implementation Standards vom 25. September 2009, Nr. 6, S. 3: For senior executives [...] a substantial portion of variable compensation, such as 40 to 60 percent, should be payable under deferral arrangements over a period of years; and these proportions should increase significantly along with the level of seniority and/or responsibility. For the most senior management [...] the percentage of variable compensation that is deferred should be substantially higher, for instance above 60 percent.

469 *BaFin*, Auslegungshilfe zur Institutsvergütungsverordnung vom 01. Januar 2014 zu § 20.

470 *Insam/Hinrichs/Hörtz*, DB 2012, 1568 (1571).

471 *FSF*, Principles for Sound Compensation Practices vom 02. April 2009, S. 12: "One way to aligne time horizons is to place a portion, and in some cases up to the entirety, of any given year's bonus grant, [...].

(2) Zurückbehaltungszeitraum

Nicht nur die Höhe des zurückbehaltenen Betrags (proportion to be deferred) ist geregelt, sondern auch die Länge des Zurückbehaltungszeitraums (time horizon of the deferral). Dieser ist streng vom Bemessungszeitraum abzugrenzen und auf diesen nicht anrechenbar[472]. Hierfür verweist § 20 Abs. 2 Satz 2 InstitutsVergV auf § 20 Abs. 1 InstitutsVergV. Die variable Vergütung muss über einen Zurückbehaltungszeitraum von mindestens drei Jahren gestreckt werden. Auch hier erfolgte gegenüber der ursprünglichen Fassung der Instituts-Vergütungsverordnung eine Änderung. In § 5 Abs. 2 Nr. 4 InstitutsVergV a.F. sollte der Zurückbehaltungszeitraum mindestens drei bis fünf Jahre betragen. Dies wäre mit der aktuellen Fassung des Art. 94 Abs. 1 lit. m) der Richtlinie 2013/36/EU weiterhin konform[473]. Trotz der fehlenden Obergrenze dürfte nach wie vor eine Zeitspanne von drei bis fünf Jahren ausreichend sein. Die *BaFin* äußert sich hierzu nicht explizit. Es ist jedoch zu bedenken, dass sich an den Zurückbehaltungszeitraum für einen nicht unerheblichen Teil der variablen Vergütung noch eine Sperrfrist hinsichtlich der Verfügungsfreiheit anschließt, § 20 Abs. 4 InstitutsVergV (dazu sogleich). Bei Aktienoptionen beträgt diese Sperrfrist gem. § 193 Abs. 2 Nr. 4 AktG vier Jahre, so dass zwischen Zuteilung der variablen Vergütung und Auszahlung bis zu neun Jahre vergehen können. Einer noch weiteren Verlagerung der Auszahlung in die Zukunft bedarf es für eine angemessene Risikoadjustierung nicht. Daneben verliert die variable Vergütung bei einem weiteren Hinausschieben der Fälligkeit ihre motivierende Wirkung für den Geschäftsleiter. Dieser wird möglicherweise weniger durch die Aussicht auf eine hohe variable Vergütung zu herausragenden Leistungen motiviert, wenn er diese erst in ferner Zukunft tatsächlich erhalten und ausgeben kann[474].

Keinesfalls kann aber zukünftig – und wohl auch bisher nicht[475] – eine Fünf-Jahres-Frist als zwingende Obergrenze angesehen werden. Welcher Zeitraum letztlich angemessen ist, muss im Einzelfall entschieden werden[476]. Maßgeblich sind die mit dieser Regelung verbundenen Ziele der Instituts-Vergütungsverordnung. Eine Verkürzung des Zurückbehaltungszeitraums auf unter drei Jahre ist nach der Neufassung nicht mehr möglich. Des Weiteren sind bei der Festlegung des Zurückbehaltungszeitraums der Geschäftszyklus, die Art und der Risikogehalt der betriebenen Geschäftsaktivitäten zu berücksichtigen, § 20 Abs. 1 Satz 3 InstitutsVergV.

---

472 *BaFin*, Auslegungshilfe zur Institutsvergütungsverordnung vom 01. Januar 2014 zu § 20.

473 Art. 94 Abs. 1 lit. m) CRD IV-Richtlinie: „ein erheblicher Teil[...] wenigstens drei bis fünf Jahre zurückbehalten [...]“.

474 So auch *Gerenkamp/Kuklick*, ZBB 2011, 430 (439).

475 So für die Altfassung jedoch *Rieble/Schmittlein*, Vorstandsvergütung, Rn. 529.

476 *Insam/Hinrichs/Hörtz*, DB 2012, 1568 (1571).

(3) Rechtsnatur der variablen Vergütung während des Zurückbehaltungszeitraums

Aufgrund der Besonderheiten des deutschen Dienstvertrags- und Arbeitsrechts musste der Verordnungsgeber bei der Umsetzung der internationalen Vorgaben auf eine ausdrückliche Regelung der Rechtsnatur der variablen Vergütung während des Zurückbehaltungszeitraums zurückgreifen. Gemäß § 20 Abs. 3 Nr. 1 InstitutsVergV besteht in diesem Zeitraum weder ein Anspruch noch eine Anwartschaft auf die ermittelte variable Vergütung nach Abschluss eines Bemessungszeitraums. Sowohl ein Anspruch als auch eine Anwartschaft dürfen nicht schneller als zeitanteilig entstehen. Ist ein Anspruch einmal entstanden, so kann er nur unter den strengen Voraussetzungen eines in zulässiger Weise vertraglich vereinbarten Widerrufsvorbehalts gekürzt oder gar zurückgefordert werden.

Um diese Problematik zu umgehen, hat der Verordnungsgeber entschieden, dass bereits die Entstehung eines Anspruchs verhindert wird. Damit werden Widerrufvorbehalt und Claw Back-Klauseln unzulässig, denn beide greifen erst, wenn bereits ein Anspruch besteht[477]. Claw Back-Klauseln werden häufig in sogenannte Bonus-Malus-Systeme von Vorständen integriert. Die variable Vergütung wird danach zunächst ausgezahlt, ist jedoch für den Fall einer negativen Entwicklung an eine Rückzahlungsvereinbarung gekoppelt[478]. Stattdessen kann die variable Vergütung als Merkposten auf einem virtuellen Konto ausgewiesen werden[479]. Der Geschäftsleiter hat lediglich einen Anspruch auf eine fehlerfreie Ermittlung des noch nicht zu einem Anspruch oder einer Anwartschaft erwachsenen Teils der variablen Vergütung, § 20 Abs. 3 Nr. 2 InstitutsVergV. Dieser Anspruch richtet sich gegen das Institut und ist im Wege einer allgemeinen Leistungsklage vor einem Zivilgericht geltend zu machen. Bislang sind jedoch keine derartigen Fälle bekannt.

Praktisch umgesetzt werden kann diese Vorgabe durch ein rollierendes System oder ein Bonusbank-Modell. Dem Verordnungsgeber schwebte bei der Normierung der Vorschrift ein rollierendes System der Vergütung vor[480]. Bei einem solchen System wird ein Bonus-Betrag nach seiner Festsetzung entsprechend den Ereignissen der Folgejahre während einer Zurückbehaltungsfrist verändert. Nach Ablauf dieser Frist erhält der Geschäftsleiter einen Anspruch auf den sich dann ergebenden Betrag. Erhält er in einem Jahr nur einen sehr geringen Bonus, so weiß er bereits, dass im Zeitpunkt der Auszahlung nach beispielsweise vier Jahren, eben nur dieser

477 *Bartel/Bilobrk/Zopf*, BB 2011, 1269 (1275); *Friebel/Langenbucher*, GWR 2011, 103, *Zöbeley*, Vergütungsvorgaben, S. 315.

478 *Wettich*, AG 2013, 374 (376); *Schuster*, FS Bauer 2010, 973; *Bosse*, Handbuch Vorstandsvergütung, Rn. 160; siehe dazu eingehend auch 3.Kapitel III.2.d).

479 *BaFin*, Auslegungshilfe zur Institutsvergütungsverordnung vom 01. Januar 2014 zu § 20.

480 Vgl. auch *BaFin*, Auslegungshilfe zur Institutsvergütungsverordnung vom 01. Januar 2014 zu § 20.

geringe (oder ein noch geringerer) Bonus fällig werden. Beim Bonusbank-Modell[481] besteht ein systemimmanenter Verrechnungsmechanismus. Das Konzept der Bonus-Bank besteht aus einem virtuellen Konto. In dieses wird die ermittelte variable Vergütung nach Ende des Bemessungszeitraums eingebucht[482]. In den folgenden Jahren unterliegt der Anspruch dann den Veränderungen. Ein schlechtes Jahr wird mit den darauffolgenden positiven Jahren verrechnet, so dass dennoch nach Ablauf des Zurückbehaltungszeitraums ein Bonus verbleibt. Dem Leitgedanken des Verordnungsgebers mit einem Anspruch als Merkposten wird dieses Modell ebenfalls gerecht.

Für die Entstehung des jeweiligen Teils der zurückgestellten Vergütung während des Zurückbehaltungszeitraums sollte einmal jährlich ein bestimmter Stichtag gewählt werden. Durch die Wahl kürzerer Abstände wird eine angemessene Bewertung der Risiken und damit eine ex-post Risikoadjustierung erschwert[483].

(4) Sonderfall: Ausscheiden eines Geschäftsleiters

Möchte ein Geschäftsleiter aus dem Institut ausscheiden, stellt sich die Frage, welche Auswirkung dies auf die zurückbehaltene variable Vergütung hat. Denkbar wäre, dass dies zu einer sofortigen Auszahlung der gesamten, für die bereits abgelaufenen Bemessungszeiträume ermittelten variablen Vergütung führt. Dem Wortlaut des § 20 InstitutsVergV kann diese Rechtsfolge nicht entnommen werden. Nach der früheren Fassung hätte man das vorzeitige Ausscheiden eines Geschäftsleiters als Ausnahme von der Regel ansehen können. Nach der Neufassung gibt es solche Ausnahmen jedoch nicht mehr. Eine solche Auslegung wäre jedoch schon immer nicht konform mit internationalen Vorgaben: „Departure of the employee from the firm should not trigger early payout“[484].

Alternativ könnte die Vorschrift auch dahingehend auszulegen sein, dass eine variable Vergütung, auf die wegen § 20 Abs. 3 Nr. 1 InstitutsVergV im Zeitpunkt des Ausscheidens weder ein Anspruch noch eine Anwartschaft besteht, verfällt. Dann würde die variable Vergütung neben den Erfolgsbeiträgen auch vom Bestehen des Dienstverhältnisses im Zeitpunkt der Anspruchsentstehung abhängig gemacht. Diese Auslegung ist abzulehnen[485]. Dogmatisch müsste für diese Rechtsfolge

---

481 *Lingemann*, BB 2009, 1918 (1920); *Bartel/Bilobrk/Zopf*, BB 2011, 1269 (1275); *Weber-Rey*, WM 2009, 2255 (2260); *Bauer/Arnold*, AG 2009, 717 (723); *Bosse*, Handbuch Vorstandsvergütung Rn. 162; ausführlich dazu *Sammet*, Versicherungs-Vergütungsverordnung, S. 192 ff.

482 *Lingemann*, BB 2009, 1918 (1920); *Eichner/Delahaye*, ZIP 2010, 2082 (2086); *Weber-Rey* ,WM 2009, 2255 (2260).

483 CEBS Guidelines *CEBS*, Guidelines on Remuneration Policies and Practices vom 10. Dezember 2010, Rn. 118, S. 59, *Gerdes-Renken*, Umsetzung aufsichtsrechtlicher Anforderungen, S. 145.

484 *FSF*, Principles for Sound Compensation Practices vom 02. April 2009, S. 12.

485 A.a. *Löw/Glück*, NZA 2015, 137 (141).

eine Bindungsklausel formuliert werden. Diese wäre an §§ 305 ff. BGB zu messen. Bindungsklauseln liegen dann vor, wenn die Zahlung einer Sondervergütung unter den Vorbehalt der Rückzahlung gestellt ist, sofern der Mitarbeiter nicht bis zu einem Stichtag dem Unternehmen angehörig bleibt[486], oder wenn der Anspruch auf den Vergütungsteil nicht entsteht, weil ein bestimmtes Ereignis vor dem Auszahlungstermin eintritt (Stichtagsklausel)[487]. Nach der aktuellen Rechtsprechung des *Bundesarbeitsgerichts* stellt die Koppelung eines einmal „verdienten" Bonus an das Bestehen eines „ungekündigten" Arbeitsverhältnisses zum Auszahlungszeitpunkt eine unangemessene Benachteiligung dar[488]. Es stellt eine widersprüchliche, intransparente und unangemessen benachteiligende Vertragsgestaltung dar, eine an Leistungsvoraussetzungen gebundene Sondervergütung zu versprechen und die Auszahlung zusätzlich an das Kriterium der Betriebstreue zu koppeln[489]. Eine durch Arbeitsleistung erdiente Sonderzahlung kann somit nicht mehr an Bindungs- oder Stichtagsklauseln im laufenden Kalenderjahr sowie erst recht im Folgejahr gekoppelt werden[490]. Diese Rechtsprechung mag für den vorliegenden Fall nicht gänzlich zutreffend sein, da der Geschäftsleiter weder eine Anwartschaft noch einen Anspruch auf die variable Vergütung hat. Dennoch hat er seine Erfolgsbeiträge für den abgelaufenen Bemessungszeitraum vollständig erbracht. Dass die variable Vergütung der Höhe nach während des Zurückbehaltungszeitraums und der anschließenden Sperrfrist angepasst wird, ändert nichts daran, dass der Geschäftsleiter eine variable Vergütung zunächst einmal „verdient" hat.

Auch sprechen Sinn und Zweck der Zurückbehaltungsvorschrift nicht zwingend für ein Erlöschen des möglichen Anspruchs. Durch § 20 InstitutsVergV soll das Institut in die Lage versetzt werden, zu einem späteren Zeitpunkt eine umfassende Beurteilung der eingegangenen Risiken und Erfolgsbeiträge des Geschäftsleiters vorzunehmen. Damit wird eine ex-post Risikoadjustierung ermöglicht. Die Zurückbehaltung dient nicht der Bindung des Geschäftsleiters an das Institut. Es ist somit zur Erreichung des Normzwecks nicht nötig, dass die variable Vergütung bei Ausscheiden des Geschäftsleiters verfällt. Der Anspruch auf die zugeteilte variable Vergütung für einen abgelaufenen Bemessungszeitraum kann in den Folgejahren zur Entstehung gelangen und teilt dasselbe Schicksal, wie bei einem noch im Institut aktiven Geschäftsleiter. Dagegen spricht auch nicht, dass ein individueller Erfolgsbeitrag für einen ausgeschiedenen Geschäftsleiter nicht mehr ermittelt werden kann. Zum einen ist der individuelle Erfolgsbeitrag nur insoweit zu berücksichtigen,

---

486 BAG 10 AZR 356/03 vom 28. April 2004, NZA 2004, 924; BAG 10 AZR 390/02 vom 21. Mai 2003, NZA 2003, 1032; BAG 10 AZR 261/06 vom 28. März 2007, NZA 2007, 687; Küttner/*Schlegel*, Personalhandbuch 2015, Einmalzahlungen, Rn.17; HWK/*Thüsing* BGB § 611 Rn. 111.

487 *Lembke*, NJW 2010, 321 (323); *Lingemann/Gotham*, NZA 2008, 509 (511).

488 BAG 10 AZR 825/06 vom 24. Juli 2007, NZA 2008, 40.

489 BAG 10 AZR 825/06 vom 24. Juli 2007, NZA 2008, 40.

490 BAG 10 AZR 848/12 vom 13. November 2013, NZA 2014, 368; ErfK/*Preis* BGB § 611 Rn. 534a.

als dessen Ermittlung nicht mit unverhältnismäßigem Aufwand verbunden ist, § 19 Abs. 3 InstitutsVergV. Zum anderen stellt der individuelle Erfolgsbeitrag nur eine Komponente bei der Bestimmung der variablen Vergütung dar. Insbesondere im Erfolg des Instituts und der (ehemaligen) Organisationseinheit spiegelt sich die Nachhaltigkeit früherer Entscheidungen wider. Der Geschäftsleiter soll nicht im Bewusstsein eines baldigen Ausscheidens zu riskanten Entscheidungen verleitet werden, in dem Wissen, dass die Konsequenzen ohne Einfluss auf seine variable Vergütung sind. Auch zur Korrektur einer etwaigen Fehleinschätzung der Leistungen bedarf es nicht der Ermittlung einer aktuellen individuellen Leistung.

bb) Einfluss der Unternehmensentwicklung

§ 20 InstitutsVergV enthält in Abs. 4 eine Regelung zur inhaltlichen Ausgestaltung der variablen Vergütung. Mindestens 50 Prozent sowohl der zurückbehaltenen als auch der sofort auszahlbaren variablen Vergütung müssen von einer nachhaltigen Wertentwicklung des Instituts abhängen und mit einer angemessenen Sperrfrist versehen werden, während der nicht über die variable Vergütung verfügt werden darf, auch wenn bereits ein Anspruch darauf besteht. Der Rest kann in bar geleistet werden[491]. Hierdurch erhält ein Teil der nicht zurückbehaltenen variablen Vergütung zusätzlich eine langfristige Ausrichtung und bei dem zurückbehaltenen Anteil wird diese Zielsetzung verstärkt. Für den Geschäftsleiter soll somit ein weiterer Anreiz geschaffen werden, den Wert des Instituts nachhaltig zu erhöhen beziehungsweise hierzu seinen Beitrag zu leisten[492].

(1) Instrumente

Der Verordnungstext selbst schweigt zu der Frage, wie den Anforderungen des § 20 Abs. 4 InstitutsVergV in der Praxis Genüge getan werden kann. Jedoch enthält Art. 94 Abs. 1 lit. l) der Richtlinie 2013/36/EU genaue Vorgaben. Darüber hinaus hat die *EU-Kommission* am 12. März 2014 eine Verordnung erlassen, die die für die variable Vergütung geeigneten Instrumente auflistet[493]. Bei (börsennotierten) Instituten

---

491 *Buscher/Hannemann/Wagner/Weigl* InstitutsVergV § 20, S. 220; *BaFin*, Auslegungshilfe zur Institutsvergütungsverordnung vom 01. Januar 2014 zu § 20; *FSB*, Principles for Sound Compensation Practices - Implementation Standards vom 25. September 2009, Nr. 9, S. 3.

492 *CEBS*, Guidelines on Remuneration Policies and Practices vom 10. Dezember 2010, Rn. 123, S. 62; *Gerdes-Renken*, Umsetzung aufsichtsrechtlicher Anforderungen, S. 152.

493 Delegierte Verordnung (EU) 527/2014 der Kommission vom 12. März 2014 zur Ergänzung der Richtlinie 2013/36/EU des Europäischen Parlaments und des Rates durch technische Regulierungsstandards zur Bezeichnung der Klassen von Instrumenten, die die Bonität eines Instituts unter der Annahme der Unternehmensfortführung angemessen widerspiegeln und die für eine Verwendung zu Zwecken der variablen Vergütung geeignet sind, ABl. L 148, S. 21 ff.

in der Rechtsform einer Aktiengesellschaft sind aktienbasierte Vergütungsformen zu verwenden. Aktienbasierte Vergütungsformen sind solche, bei denen es entscheidend auf den Marktwert der Aktien, den Aktienkurs und seine Entwicklung ankommt[494]. In Betracht kommt neben der Überlassung einer bestimmten Anzahl von Aktien auch die Gewährung von Aktienoptionen (stock options), bei denen der Geschäftsleiter berechtigt ist, Aktien des ausgebenden Instituts zu einem festen Preis innerhalb eines bestimmten Zeitraums zu beziehen, sowie die Überlassung von Wandelschuldverschreibungen (convertible bonds)[495]. Daneben kommen auch Modelle in Betracht, bei denen der Geschäftsleiter nur fiktiv an einer Kursentwicklung partizipiert, wie beispielsweise virtuelle Aktien (phantom / virtual stocks), virtuelle Aktienoptionen (phantom / virtual stock options) oder sonstige Wertsteigerungsrechte (stock appreciation rights)[496].

Alternativ können – soweit diese Vergütungsformen rechtsformbedingt nicht möglich sind oder aus sonstigen Gründen nicht geeignet sind – betriebswirtschaftliche Kennziffern herangezogen werden, die den Unternehmenswert widerspiegeln[497]. Auf Basis dieser Zahlen können dann fiktive Aktien mit einem fiktiven Aktienkurs generiert werden[498]. Zur Ermittlung dieser Kennziffern kommen das Discounted Cash Flow-Verfahren, das Ertragswertverfahren oder der Market Approach in Betracht[499]. Letzteres ist in Deutschland weniger gebräuchlich[500]. Die Verfahren erfordern eine umfassende Unternehmensbewertung und sind daher zeit- und kostenintensiv[501]. Gewöhnlich werden sie nur bei Unternehmenstransaktionen angewandt. Der *BaFin* genügt bei der Ermittlung der betriebswirtschaftlichen Kennziffern bereits eine „reduzierte" Unternehmensbewertung[502]. Offen bleibt dabei, wie eine solche im Detail auszusehen hat[503].

Darüber hinaus sind auch Instrumente des zusätzlichen Kernkapitals, des Ergänzungskapitals sowie andere Instrumente, die vollständig in Instrumente des harten

494 *CEBS*, Guidelines on Remuneration Policies and Practices vom 10. Dezember 2010, Rn. 124, S. 63.

495 Vgl. hierzu Boos/Fischer/Schulte-Mattler/*Braun/Wolfgarten* KWG § 25a, Rn. 753; *Buscher*, neue bankaufsichtsrechtliche Vergütungsanforderungen, 2011, S. 26.

496 *Buscher/Hannemann/Wagner/Weigl* InstitutsVergV § 20, S. 221 f.; *Buscher*, neue bankaufsichtsrechtliche Vergütungsanforderungen, 2011, S. 26; *CEBS*, Guidelines on Remuneration Policies and Practices vom 10. Dezember 2010, Rn. 125, S. 63.

497 *BaFin*, Auslegungshilfe zur Institutsvergütungsverordnung vom 01. Januar 2014 zu § 20.

498 *Insam/Hinrichs/Hörtz*, DB 2012, 1568 (1572).

499 Einzelheiten dazu *J. Theyson-Wadle* in: Beisel/Klumpp, Der Unternehmenskauf, 3. Kapitel, Rn. 12.

500 *J. Theyson-Wadle* in: Beisel/Klumpp, Der Unternehmenskauf, 3. Kapitel, Rn. 13.

501 *Buscher/Hannemann/Wagner/Weigl* InstitutsVergV § 20, S. 222.

502 *BaFin*, Auslegungshilfe zur Institutsvergütungsverordnung vom 01. Januar 2014 zu § 20.

503 *Buscher/Hannemann/Wagner/Weigl* InstitutsVergV § 20, S. 222.

Kernkapitals umgewandelt oder abgeschrieben werden können, geeignet[504]. Mit dem Kapitalgeber – in diesem Fall dem Geschäftsleiter – wird vereinbart, dass das Kapital im laufenden Geschäftsbetrieb bis zur vollen Höhe am Verlust teilnimmt, vorgesehene Ausschüttungen, wenn notwendig, ohne Anspruch auf Nachzahlung entfallen können und das Kapital unbefristet oder für mindestens dreißig Jahre zur Verfügung gestellt wird.

Gemeinsam ist diesen Instrumenten (mit Ausnahme der fiktiven Aktien bei nicht börsennotierten Gesellschaften), dass die Geschäftsleiter in eine eigentümerähnliche Position gelangen und ihre Interessen an denen der Eigner und Aktionäre ausrichten sollen[505]. Die Geschäftsleiter haben aufgrund dieser Vergütungsformen ein unmittelbares Interesse an einer nachhaltigen Wertsteigerung des Instituts, denn dieser Mehrwert spiegelt sich unmittelbar in der Höhe der variablen Vergütung wider. Ob dies tatsächlich dazu führt, dass weniger Risiken eingegangen werden, darf bezweifelt werden. Der *de Larosière* Report weist darauf hin, dass neben der Ausgestaltung der Vergütung insbesondere der Druck der Aktionäre dazu geführt hat, dass hohe Risiken eingegangen wurden[506].

Zu kritisieren ist auch das Abstellen auf die Entwicklung des Unternehmenswerts. Sinnvoller wäre eine Verknüpfung mit der Unternehmensentwicklung an sich. Der Unternehmenswert hat nur eine begrenzte Aussagekraft, denn nicht immer stellt die Entwicklung des Aktienkurses ein zutreffendes Abbild der Unternehmensentwicklung dar. Der Aktienkurs wird oftmals von Faktoren bestimmt, die dem Einfluss des Geschäftsleiters entzogen sind. Dies kann sich einerseits zu seinen Gunsten auswirken, wenn externe Entwicklungen zu einer Steigerung des Aktienkurses führen, ohne dass dies auf einer Leistung des Geschäftsleiters beruht (sogenannte Windfall Profits). Andererseits kann der Unternehmenswert trotz herausragender individueller Leistung sinken. Zudem könnte es einen Geschäftsleiter dazu verleiten, den Aktienkurs durch Eingehung erhöhter Risiken künstlich in die Höhe zu treiben, um so seine Vergütung zu steigern[507]. Dennoch ist der Wortlaut des § 20 Abs. 4 InstitutsVergV eindeutig und lässt eine andere Auslegung nicht zu. Auch aus Praktikabilitätsgründen ist die Ableitung der maßgeblichen Wertentwicklung

504 Art. 94 Abs. 1 lit. l) (ii) der Richtlinie 2013/36/EU; Delegierte Verordnung (EU) 527/2014 der Kommission vom 12. März 2014 zur Ergänzung der Richtlinie 2013/36/EU des Europäischen Parlaments und des Rates durch technische Regulierungsstandards zur Bezeichnung der Klassen von Instrumenten, die die Bonität eines Instituts unter der Annahme der Unternehmensfortführung angemessen widerspiegeln und die für eine Verwendung zu Zwecken der variablen Vergütung geeignet sind, ABl. L 148, S. 21 ff; *Buscher/Hannemann/Wagner/Weigl* InstitutsVergV § 20, S. 223.

505 *CEBS*, Guidelines on Remuneration Policies and Practices vom 10. Dezember 2010, Rn. 123, S. 62.

506 The High-Level Group of Financial Supervision in the EU, Report vom 25. Februar 2009, Nr. 24, S. 11.

507 Kritisch auch *Sammet*, Versicherungs-Vergütungsverordnung, S. 174.

von der Entwicklung des Aktienkurses zu begrüßen[508]. *FSB*-Standard Nr. 8, auf dem § 20 Abs. 2 InstitutsVergV beruht, sieht ebenfalls die Abhängigkeit der variablen Vergütung von der Entwicklung des Unternehmenswerts vor[509].

Die konkrete Höhe des Anteils, der in Instrumenten, welche abhängig von der Wertentwicklung des Instituts sind, geleistet wird, hängt von den Aufgaben sowie der Tätigkeit und der Stellung des Geschäftsleiters ab. Auch hier gilt: je höher die Stellung des Begünstigten, desto größer muss der Prozentsatz der zurückbehaltenen und nicht zurückbehaltenen variablen Vergütung sein, der von einer nachhaltigen Wertentwicklung abhängt. Erforderlich ist eine Einzelfallbetrachtung[510]. Bei Geschäftsleitern ist jedoch davon auszugehen, dass die 50 Prozent-Grenze deutlich überschritten werden muss, da diese auch für „normale" Risk-Taker gilt. Im Vergleich dazu bekleiden Geschäftsleiter jedoch stets eine höhere Position, die zu einer steigenden Verantwortung führt, so dass auch hinsichtlich der variablen Vergütung deutlich differenziert werden muss.

(2) Sperrfrist

Der von der Wertentwicklung des Instituts abhängige Teil der variablen Vergütung muss darüber hinaus noch mit einer Frist versehen werden, nach deren Verstreichen frühestens über den jeweiligen Anteil der variablen Vergütung verfügt werden darf, § 20 Abs. 4 a.E. InstitutsVergV. Diese sogenannte Sperrfrist (retention period) ist vom Zurückbehaltungszeitraum zu unterscheiden und darf nicht mit diesem vermischt werden[511]. Während des Zurückbehaltungszeitraums besteht kein Anspruch auf die variable Vergütung (§ 20 Abs. 3 Nr. 1 InstitutsVergV). Anders ist dies während der Sperrfrist. Hier hat der Geschäftsleiter bereits einen Anspruch beispielsweise auf eine bestimmte Anzahl an Aktien und ist lediglich in seiner Verfügungsbefugnis beschränkt. Auch hinsichtlich Sinn und Zweck unterscheiden sich beide Fristen. Während der Zurückbehaltungszeitraum der nachträglichen Risikoanpassung dienen soll, soll die Sperrfrist sicherstellen, dass die Anreize mit den langfristigen Zielen des Instituts korrespondieren[512]. Ein Teil der variablen Vergütung unterliegt somit zwei Risikoperioden[513]. Während der Sperrfrist muss

508 *Gerdes-Renken*, Umsetzung aufsichtsrechtlicher Anforderungen, S. 153.

509 „A substantial proportion, such as more than 50 percent, of variable compensation should be awarded in shares or share-linked instruments (or, where appropriate, other non-cash instruments), as long as these instruments create incentives aligned with long-term value creation and the time horizons of risk."

510 *Insam/Hinrichs/Hörtz*, DB 2012, 1568 (1572).

511 *Buscher/Hannemann/Wagner/Weigl*, InstitutsVergV § 20, S. 223, *Gerdes-Renken*, Umsetzung aufsichtsrechtlicher Anforderungen, S. 155.

512 *CEBS*, Feedback to the public consultation on CEBS's Guidelines on Remueration Policies and Practices (CP 42) vom 10. Dezember 2010, S. 3; *Buscher/Hannemann/Wagner/Weigl* InstitutsVergV § 20, S. 224.

513 *Heuchemer/Kloft*, WM 2010, 2241 (2246); *Boos/Wagner*, Ausgestaltung Vergütungssysteme, S. 58 mit Verweis auf *CEBS*, Feedback to the public consultation on

sich die Wertentwicklung des Instituts in den Vergütungsinstrumenten abbilden. Bei aktienbasierten Instrumenten wird die Wertentwicklung durch den Aktienkurs abgebildet. Bei kennzifferbasierter Vergütung muss sich die Entwicklung der Kennzahlen auf die Vergütung auswirken[514]. Die kennzahlenbasierten Instrumente müssen daher den Wert des Instituts bei der Zuteilung, vor dem Anwachsen und zum Ende der Sperrfrist berücksichtigen[515].

Hinsichtlich der Länge der Sperrfrist fordert die Verordnung lediglich deren Angemessenheit. Auch in den internationalen Vorgaben finden sich keine konkreteren Hinweise. *Hannemann/Schneider* schlagen eine Orientierung an der Frist des Zurückbehaltungszeitraums vor und nennen als weitere Kriterien die Dauer des Leistungszeitraums, die Laufzeit der Risiken sowie die bereits erfolgte Berücksichtigung der Risiken bei der Messung der Leistung[516]. In Anlehnung an die *CEBS-Guidelines on Remuneration Policies and Practices* kann für Geschäftsleiter auch eine über den Zurückbehaltungszeitraum hinausgehende Sperrfrist als angemessen angesehen werden[517]. Für Aktienoptionen gilt die gesetzlich normierte Frist von vier Jahren gemäß § 193 Abs. 2 Nr. 4 AktG. In wie weit eine längere Sperrfrist sinnvoll ist, mag das Institut im Einzelfall entscheiden. Zu bedenken ist dabei, dass möglicherweise die mit der variablen Vergütung einhergehende motivierende Wirkung nachlässt, wenn der Geschäftsleiter erst nach vielen Jahren über einen Teil der variablen Vergütung verfügen kann[518]. Zudem könnte der Geschäftsleiter aufgrund der hohen Risiken bei der Wertentwicklung der variablen Vergütung während des Zurückbehaltungszeitraums und der anschließenden Sperrfrist dazu geneigt sein, eine höhere Fixvergütung zu fordern[519]. Seitens der *BaFin* wird derzeit eine Sperrfrist von mindestens zwölf Monaten ab dem Zeitpunkt der Gewährung als angemessen angesehen[520].

cc) Malus-Regelungen

Um die variable Vergütung noch stärker von den tatsächlich erbrachten Erfolgsbeiträgen abhängig zu machen, hat der Verordnungsgeber in § 20 Abs. 5 InstitutsVergV ausdrücklich normiert, dass negative Erfolgsbeiträge die Höhe der variablen

---

CEBS's Guidelines on Remueration Policies and Practices (CP 42) vom 10. Dezember 2010; *Zöbeley*, Vergütungsvorgaben, S. 310.

514 *Annuß/Sammet*, BB 2011, 115 (118).

515 *Boos/Wagner*, Ausgestaltung Vergütungssysteme in Banken, S. 57.

516 *Hannemann/Schneider*, Mindestanforderungen an das Risikomanagement, S. 960.

517 *CEBS*, Guidelines on Remuneration Policies and Practices vom 10. Dezember 2010, Rn.130, S. 65: „[...] However, as an example of proportionality, for their most senior staff, large and complex institutions should consider the use of a retention period for upfront paid instruments that goes beyond the deferral period for the deferred instruments.

518 *Zöbeley*, Vergütungsvorgaben, S. 311.

519 *Friebel/Langenbucher*, GWR 2011, 103.

520 *Buscher/Hannemann/Wagner/Weigl*, InstitutsVergV § 20, S. 225; *Buscher* in: Becker/Schulte-Mattler, Finanzkrise 2.0 und Risikomanagement von Banken, S. 274.

Vergütung zwingend verringern müssen oder gar zu dessen gänzlicher Streichung führen sollen. Dies gilt insbesondere auch für die nach Abs. 1 und 2 zurückbehaltenen Beträge sowie für die nach § 20 Abs. 4 Nr. 1 InstitutsVergV zurückbehaltenen und an einer nachhaltigen Entwicklung des Unternehmenswerts orientierten Beträge. In diesem Halbsatz liegt die eigentliche Regelungswirkung des § 20 Abs. 5 InstitutsVergV. Dass negative Erfolgsbeiträge bereits bei der Ermittlung der variablen Vergütung zu berücksichtigen sind, ergibt sich aus § 19 in Verbindung mit § 2 Abs. 8 InstitutsVergV. Diese Normen beziehen sich gleichermaßen auf positive wie negative Erfolgsbeiträge. Auch regelt § 19 Abs. 2 Satz 2 InstitutsVergV bereits, dass negative Erfolgsbeiträge zu einer Verringerung der variablen Vergütung führen müssen[521]. Der Hinweis darauf in § 20 Abs. 5 Satz 2 InstitutsVergV ist damit ohne eigenständigen Regelungsgehalt. Allenfalls die Zulässigkeit einer gänzlichen Streichung kann als „neu" bezeichnet werden. Eine Streichung setzt jedoch dem Wortlaut nach bereits das Bestehen eines Objekts voraus, so dass im Stadium der Ermittlung der variablen Vergütung noch kein streichfähiger Betrag vorhanden ist. Die Regelung wird vielfach auch als Malus-Regelung bezeichnet[522]. Gemeint ist damit lediglich, dass negative Erfolgsbeiträge – seien sie auf individueller Ebene oder die Organisationseinheit beziehungsweise das gesamte Institut betreffend – zu einer nachträglichen Verringerung oder Streichung der variablen Vergütung führen.

(1) Umfang der betroffenen Vergütung

Gemäß der Richtlinie 2013/36/EU ist die gesamte variable Vergütung unter den Vorbehalt einer Reduzierung zu stellen[523]. So sieht es auch *FSB*-Standard Nr. 5 vor[524]. § 20 Abs. 5 InstitutsVergV spricht ebenfalls von der „variablen Vergütung". Lediglich klarstellend ist hier der Hinweis auf die nach Abs. 1 und 2 sowie Abs. 4 Nr. 1

521 Siehe dazu bereits 2. Kapitel III.1.h).

522 *FSB*, Principles for Sound Compensation Practices - Implementation Standards vom 25. September 2009, Nr. 5, S. 3; *BaFin, Auslegungshilfe zur Institutsvergütungsverordnung vom 01. Januar 2014 zu § 20; BaFin,* Rundschreiben 22/2009 (BA) zu aufsichtsrechtlichen Anforderungen an die Vergütungssysteme von Instituten vom 21. Dezember 2009, *Buscher/Hannemann/Wagner/Weigl* InstitutsVergV § 20, S. 227; *Armbrüster,* VersR 2011, 1 (8); *Wolf,* VW 2010, 506 ff.; *Merkelbach,* WM 2014, 1990 (1996).

523 Artikel 94 Abs. 1 lit. n) der Richtlinie 2013/36/EU: „Unbeschadet der allgemeinen Grundsätze des nationalen Vertrags- und Arbeitsrechts wird die variable Vergütung in ihrer Gesamtheit bei einem schwachen oder negativen Finanzergebnis generell erheblich abgesenkt, wobei sowohl der aktuellen Vergütung als auch Kürzungen bei der Auszahlung zuvor erwirtschafteter Beträge (auch durch Malus oder Rückforderungsvereinbarungen) Rechnung getragen wird."

524 "Subdued or negative financial performance of the firm should generally lead to a considerable contraction of the firm's total variable compensation, taking into account both current compensation and reductions in payouts of amounts previously earned, including through malus or clawback arrangements."

zurückbehaltenen Beträge. Somit erfasst die Malus-Regelung die gesamte variable Vergütung[525]. Für den zurückbehaltenen Teil ist dies unproblematisch vertraglich regelbar, da während des Zurückbehaltungszeitraums noch kein Anspruch auf die variable Vergütung besteht. Problematisch ist es hinsichtlich des bereits bar ausgezahlten oder nach § 20 Abs. 4 Nr. 2 InstitutsVergV mit einer Sperrfrist versehenen Betrags. Dieser müsste mit einer sogenannten Claw Back-Klausel versehen werden. In Betracht käme auch eine Auslegung der Vorschrift dahingehend, dass eine Reduzierung oder Streichung nur während des Zurückbehaltungszeitraums möglich sein soll. Während der sich daran anschließenden Sperrfrist wäre die Höhe der variablen Vergütung dann einzig von der Wertentwicklung des Unternehmens beispielsweise in Form des Aktienkurses abhängig. Die Anzahl der zugeteilten Aktien könnte nicht mehr verändert werden. Für diese Lesart sprechen die *CEBS-Guidelines on Remuneration Policies and Practices.* In Nr. 132 heißt es: „[...] Instruments paid upfront belong to the staff member (they are vested rights) which imply that no malus clauses can be applied to them. Although the staff member cannot sell the instruments for a 3-year period, the institution cannot change the number of instruments it has awarded."[526]. Dieser Auffassung folgen auch *Boos/Wagner*[527]. Der Verweis in § 20 Abs. 5 Satz 1 lediglich auf Abs. 4 Nr. 1 InstitutsVergV kann ebenfalls als Hinweis des Verordnungsgebers in Kenntnis der Rückforderungsschwierigkeiten gesehen werden, lediglich die zurückbehaltene variable Vergütung zu erfassen. Die Kommentierung bei *Buscher/Hannemann/Wagner/Weigl* ist hierzu indifferent. Zwar weisen sie auf die Schwierigkeiten der Claw Back-Klauseln und der Reduzierung bereits entstandener Ansprüche hin, nennen als Lösung jedoch nur den Weg des Verordnungsgebers über § 20 Abs. 3 Nr. 1 InstitutsVergV. Dieser gilt jedoch gerade nur für die zurückbehaltene variable Vergütung. Im Ergebnis kommen sie zu dem Schluss, dass durch diese komplizierte Konstruktion die Malus-Regelung effektiv umgesetzt werden kann[528]. Damit scheint aus ihrer Sicht eine Beschränkung auf den zurückbehaltenen Teil ausreichend. Diese Auslegung ist vorzugswürdig. Dem Zweck einer nachträglichen Risikoanpassung kann auch dadurch ausreichend nachgekommen werden, wenn lediglich mindestens 60 Prozent der variablen Vergütung eines Jahres als Anpassungsmasse zur Verfügung stehen. Zu bedenken ist auch, dass ein weiterer Teil der sofort fälligen variablen Vergütung in Instrumenten, die von einer nachhaltigen Wertentwicklung abhängen, gezahlt werden müssen. Führt nun im Nachhinein eine Entscheidung des Geschäftsleiters zu einer negativen Entwicklung, so partizipiert er an den Auswirkungen durch eine Verringerung des Werts dieser Instrumente. Durch diese Auslegung wird auch die Frage gelöst, wie lange

---

525 *Müller-Bonanni/Mehrens*, NZA 2010, 792 (795); *Rieble/Schmittlein*, Vorstandsvergütung, Rn. 535.

526 *CEBS*, Guidelines on Remuneration Policies and Practices vom 10. Dezember 2010, Rn. 132, S. 65.

527 *Boos/Wagner*, Ausgestaltung Vergütungssysteme in Banken, S. 58.

528 *Buscher/Hannemann/Wagner/Weigl* InstitutsVergV § 20, S. 227.

eine variable Vergütung der Malus-Regelung unterworfen ist. Der Verordnungstext sowie die internationalen Vorgaben schweigen zu dieser Frage. Wird nur die zurückbehaltene variable Vergütung erfasst, so korrespondiert die Reduzierungs- oder Streichungsmöglichkeit mit dem Zurückbehaltungszeitraum. Dies schafft Rechtssicherheit. Andernfalls könnte die variable Vergütung auch noch nach vielen Jahren rückforderbar gestellt werden und es wäre jedem Institut und letztlich wohl der Rechtsprechung überlassen, eine angemessene Frist hierfür zu finden.

(2) Malus-Kriterien

Negative Erfolgsbeiträge müssen zukünftig Einfluss auf die Höhe der variablen Vergütung haben. Wie auch bei der Ermittlung der variablen Vergütung von Geschäftsleitern nach § 19 Abs. 1 InstitutsVergV, sind auch vorliegend sowohl die individuellen Erfolgsbeiträge als auch die Erfolgsbeiträge der Organisationseinheit sowie des Instituts spiegelbildlich zu berücksichtigen. Hat sich bei einem Backtesting[529] gezeigt, dass Risiken bei der Ermittlung der variablen Vergütung übersehen oder als zu gering eingeschätzt wurden, so können die Erfolgsbeiträge der Organisationseinheit oder des Instituts nach unten korrigiert werden und führen so zu einer Anpassung der variablen Vergütung. Als weitere Beispiele auf Ebene der Organisationseinheit oder des Instituts nennt die *BaFin* eine signifikante Veränderung in der ökonomischen oder regulatorischen Kapitalausstattung, ein signifikantes Versagen des Risikomanagements oder ein signifikanter Rückgang der finanziellen Leistungsfähigkeit[530].

Auf individueller Ebene kommen die Nichterreichung persönlicher Ziele oder ein Fehlverhalten des Geschäftsleiters in Betracht. Die Verordnung selbst nennt zwei Beispiele, die zu einer vollständigen Streichung führen. Dies ist insbesondere dann der Fall, wenn der Geschäftsleiter an einem Verhalten, das für das Institut zu erheblichen Verlusten geführt hat, beteiligt oder dafür verantwortlich war (Nr. 1) oder externe oder interne Regelungen in Bezug auf Eignung und Verhalten nicht erfüllt hat, § 20 Abs. 5 Satz 3 Nr. 2 InstitutsVergV. Ersteres ist insoweit nachvollziehbar und gerechtfertigt. Der Geschäftsleiter soll gerade für seine fehlerhaften Entscheidungen die Konsequenzen tragen. Auch steht diese Reglung in unmittelbarem Zusammenhang zu den Zwecken der Instituts-Vergütungsverordnung. Eine mangelhafte, bei der Ermittlung der Vergütung jedoch noch nicht als solche erkannte, Entscheidung kann auf diesem Weg korrigiert werden.

Problematischer ist hingehen Nr. 2. Der Wortlaut der Vorschrift erfasst sämtliche dienstvertraglichen Pflichtverstöße, unabhängig davon, ob der Pflichtverstoß Einfluss auf die Wertentwicklung des Instituts hat oder der Erfolgsbeitrag

529 Allgemein verbreiteter Begriff der Qualitätssicherung im Risikomanagement bei Banken; u. a. Boos/Fischer/Schulte-Mattler/*Braun/Wolfgarten* KWG § 25a Rn. 745; Boos/Fischer/Schulte-Mattler/*Gaumert* SolvV § 318 Rn. 2.

530 *BaFin*, Auslegungshilfe zur Institutsvergütungsverordnung vom 01. Januar 2014 zu § 20.

des Geschäftsleiters dadurch an Nachhaltigkeit verliert. Bei ermessensabhängigen Leistungen zur Altersversorgung erfolgt eine Verringerung nur, wenn sich einer der Erfolgsbeiträge aus der Trias als nicht nachhaltig erweist, § 22 Abs. 1 Nr. 3 InstitutsVergV. Es wird eine Kausalität verlangt. Dem Verordnungsgeber war also die Möglichkeit einer einschränkenden Regelung bekannt. Da auch die internationalen Vorgaben hinsichtlich der variablen Vergütung keinerlei Ausnahmen vorsehen und davon auszugehen ist, dass der Verordnungsgeber diese Vorgaben vollumfänglich umsetzen wollte, ist eine teleologische Reduktion der Vorschrift nicht möglich. Bei Geschäftsleitern kann argumentiert werden, dass deren dienstrechtliche Pflichtverstöße stets so schwerwiegend sind, dass sie eine vollständige Streichung der variablen Vergütung rechtfertigen. Zwingend ist dies jedoch nicht, zumal die Vorschrift dem Institut keinerlei Ermessensspielraum lässt. Die Formulierung „Der vollständige Verlust [...] tritt [...] ein, wenn [...], spricht dafür, dass es sich um eine „muss"-Vorschrift handelt. Streicht nicht das Institut selbst die variable Vergütung, so ist die *BaFin* im Rahmen ihrer Kontrollbefugnisse zu einer Rüge verpflichtet, die als Konsequenzen die Maßnahmen des § 45b Abs. 1 KWG beziehungsweise § 25a Abs. 2 KWG nach sich ziehen kann. Darüber hinaus steht die Vorschrift im Kontrast zu § 19 Abs. 2 InstitutsVergV. Danach darf insbesondere sitten- oder pflichtwidriges Verhalten nicht durch positive Erfolgsbeiträge ausgeglichen werden und muss die Höhe der variablen Vergütung verringern. Dies bedeutet, dass positive Erfolgsbeiträge die negativen Erfolgsbeiträge nicht vollständig ausgleichen dürfen. Andersherum darf nach § 20 Abs. 5 InstitutsVergV jedoch ein negativer Erfolgsbeitrag jegliche positiven Erfolgsbeiträge aufzehren. Die variable Vergütung steht somit unter dem Vorbehalt eines stets tadellosen Verhaltens[531].

Auch wenn während der Anwendbarkeit dieser Vorschrift nach der hier vertreten Ansicht noch kein Anspruch auf die variable Vergütung besteht, so müssen doch die Gründe, die zu einer Reduzierung oder gar Streichung derselben führen, abschließend in der vertraglichen Vereinbarung enthalten sein. Eine solche Klausel ist an §§ 307 ff. BGB zu messen. Nach herrschender Meinung in der Rechtsprechung und Literatur sind sowohl Vorstände einer Aktiengesellschaft als auch Geschäftsführer einer Gesellschaft mit beschränkter Haftung bei Abschluss des Anstellungsvertrages als Verbraucher anzusehen[532]. Gemäß § 310 Abs. 3 Nr. 2 BGB gilt die Inhaltskontrolle auch bei der einmaligen Verwendung des Dienstvertrages, wenn die Klauseln vom

---

531 So auch *Deutsche Kreditwirtschaft*, Stellungnahme zur Überarbeitung der Instituts-Vergütungsverordnung vom 27. September 2013, S. 13.

532 OLG Hamm 8 Sch 2/07 vom 18. Juli 2007, AG 2007, 910; Spindler/Stilz/*Fleischer* § 84 Rn. 24; Hüffer/*Koch* AktG § 84 Rn. 21; *Bauer/Arnold* ZIP 2006, 2337 ff.; *Wilsing/Meyer* DB 2011, 341 (344); *Schmitt-Rolfes*, FS Hromadka 2008, 393 ff.; *Oetker*, FS Buchner 2009, 691 ff.; *Wiesner* in: Hoffmann-Becking, Münch. Hdb. GesR. IV, § 21 Rn. 15; *Eckhoff* in: Moll, MAH Arbeitsrecht, § 81 Rn. 7; *Thüsing* in: Fleischer, Handbuch des Vorstandsrechts, § 4 Rn. 101; a.A. KK-AktG/*Mertens/Cahn* § 84 Rn. 99 a.E. Für den GmbH-Fremdgeschäftsführer: BAG 5 AZR 253/09 vom 19. Mai 2010, NZA 2010, 939; ablehnend: *Herresthal*, ZIP 2014, 345 (347 ff.).

Aufsichts- oder Verwaltungsorgan vorformuliert wurden. Sie sind jedoch keine Arbeitnehmer, so dass die Bereichseinschränkungen des § 310 Abs. 4 Satz 2 BGB keine Anwendung finden[533]. Sind die Klauseln individuell vereinbart, findet keine Inhaltskontrolle durch die Gerichte statt. Eine Inhalts- oder Angemessenheitskontrolle nach § 242 BGB ist nicht gerechtfertigt, da bei Vorständen und Geschäftsführern von einem annähernd ausgewogenen Kräfteverhältnis zwischen Geschäftsleiter und Institut auszugehen ist[534]. Geschäftsleiter, die als leitende Angestellte zu qualifizieren sind, sind hingegen Arbeitnehmer und unterfallen § 310 Abs. 4 Satz 2 BGB[535]. Die im Arbeitsrecht geltenden Besonderheiten sind angemessen zu berücksichtigen.

Eine Inhaltskontrolle findet nach § 307 Abs. 3 Satz 1 BGB nur bei solchen Bestimmungen statt, durch die von Rechtsvorschriften abweichende oder diese ergänzende Regelungen vereinbart werden. § 20 Abs. 5 InstitutsVergV ist nicht unmittelbar auf den zwischen Aufsichts- oder Verwaltungsorgan und Geschäftsleiter geschlossenen Vertrag anwendbar, da sich die Vorschrift an das Institut als solches richtet. Die Regelung gibt dem Institut einen Rahmen für die Ausgestaltung der Malus-Kriterien vor. Die Ausgestaltung der Klausel im Detail unterliegt als rechtsergänzende Bestimmung im Sinne von § 307 Abs. 3 Satz 1 BGB einer Inhaltskontrolle nach §§ 307 ff. BGB[536].

Die Klausel darf keine nach Treu und Glauben unangemessene Benachteiligung für den Geschäftsleiter darstellen, § 307 Abs. 1 Satz 1 BGB. Eine unangemessene Benachteiligung kann sich auch daraus ergeben, dass die Bestimmung nicht klar und verständlich ist, § 307 Abs. 1 Satz 2 BGB. Das Transparenzgebot enthält das Gebot, den Inhalt der Klausel möglichst weitgehend zu konkretisieren, so dass der Vertragspartner seine Rechte und Pflichten dem Vertragstext selbst entnehmen kann[537]. Dem Verwender dürfen keine unangemessenen Beurteilungsspielräume entstehen[538]. Die Wiederholung des Wortlauts des § 20 Abs. 5 InstitutsVergV genügt diesen Anforderungen nicht.

Des Weiteren stellt sich die Frage, ob bei der Streichung nur nachträglich bekannt gewordenes, im der variablen Vergütung zugrunde liegenden Bemessungszeitraum jedoch begangenes Verhalten berücksichtigt werden darf. Hat beispielsweise der

---

533 MüKoBGB/*Basedow* BGB § 310 Rn. 104.

534 Zur Inhaltskontrolle nach § 242 siehe MüKoBGB/*Schubert* BGB § 242 Rn. 503; Staudinger/*Looschelders/Olzen* BGB § 242 Rn. 459. Im Ergebnis auch *Gerdes-Renken*, Umsetzung aufsichtsrechtlicher Anforderungen, S. 59.

535 MüKoBGB/*Basedow* BGB § 310 Rn. 104.

536 Zur allgemeinen Überprüfbarkeit von Vergütungsbestimmungen in Anstellungsverträgen siehe Gerdes-Renken, Umsetzung aufsichtsrechtlicher Anforderungen, S. 69 ff.

537 MüKoBGB/*Wurmnest* BGB § 307 Rn. 59; Ulmer/Brandner/Hensen/*Fuchs* AGB-Recht Rn. 338 ff.

538 BGH VIII ZR 121/04 vom 20. Juli 2005, BGHZ 164, 11; BGH VIII ZR 48/05 vom 26. Oktober 2005, BGHZ 165, 12; BGH VII ZR 28/07 vom 06. Dezember 2007, BGH NJW-RR 2008, 615; MüKoBGB/*Wurmnest* BGB § 307 Rn. 59.

Geschäftsleiter im Jahr 2013 ein Geschäft genehmigt, das sich im Jahr 2015 als deutlich riskanter als bislang angenommen darstellt, ist dann lediglich die zurückbehaltene variable Vergütung für das Jahr 2013 zu streichen oder sämtliche noch zurückbehaltene Vergütung? Letzteres wäre nur schwer mit dem deutschen Recht vereinbar. Die Streichung ist eine Art Bestrafung für ein Fehlverhalten. Das deutsche Dienstvertrags- und Arbeitsrecht kennt bei Fehlverhalten des Arbeitnehmers jedoch nur die Ermahnung, die Abmahnung sowie die ordentliche oder außerordentliche Kündigung. Die Lohnstreichung ist eine unzulässige Abweichung vom gesetzlichen Leitbild des § 611 BGB[539]. Dies gilt auch für Geschäftsleiter. Nimmt man als Beispiel die Nichterfüllung einer internen Regelung, so wäre nach dem Wortlaut der Vorschrift auch eine Doppelbestrafung möglich. Einerseits kann der Regelverstoß bei der Ermittlung der variablen Vergütung für das Jahr 2015 Berücksichtigung finden. Andererseits führt er zusätzlich noch zu einer Streichung der variablen Vergütung für die vergangenen Jahre. Der Wortlaut enthält diesbezüglich keine Einschränkungen. Auch Art. 94 Abs. 1 lit. n) der Richtlinie 2013/36/EU schweigt dazu. Vorzugswürdig scheint eine Auslegung der Vorschrift aufgrund der Schwere des Eingriffs sowie der Weite des Wortlauts dahingehend, dass lediglich die variable Vergütung für das Jahr, in dem das Fehlverhalten stattfand, zu streichen ist. Ist ein Fehlverhalten bekannt, so darf es nur bei der Ermittlung der variablen Vergütung für den jeweiligen Bemessungszeitraum berücksichtigt werden und verhindert gegebenenfalls die Entstehung einer variablen Vergütung lediglich für diesen Zeitraum.

d) Ermessensabhängige Leistungen zur Altersversorgung

Die ermessensabhängigen Leistungen zur Altersversorgung unterfallen ebenfalls dem Nachhaltigkeitsgebot. Die Instituts-Vergütungsverordnung enthält in § 22 InstitutsVergV Vorgaben zur Ausgestaltung dieser ermessensabhängigen Leistungen zur Altersversorgung. Sie gelten nur für bedeutende Institute. Ziel der Regelung ist es, auch die anlässlich des ruhestandsbedingten Ausscheidens aus dem Institut oder anderweitigen Ausscheidens aus dem Dienstverhältnis gewährten Leistungen zur Altersversorgung den langfristigen Interessen des Instituts anzugleichen und somit eine Umgehung der Zurückbehaltungsvorschriften zu verhindern[540]. Ermessensabhängige Leistungen zur Altersversorgung sind gemäß § 2 Abs. 4 InstitutsVergV der Teil der variablen Vergütung, der zum Zwecke der Altersversorgung im Hinblick auf eine konkret bevorstehende Beendigung des Beschäftigungsverhältnisses beim Institut vereinbart wird. Diese Regelung trägt europarechtlichen Vorgaben Rechnung, in denen „discretionary pension benefits“ ebenfalls unter den Vergütungsbegriff

539 Statt aller MüKoBGB/*Müller-Glöge* BGB § 611 Rn. 7 ff.; Schulze u. a./*Klaus Schreiber* BGB § 611 Rn. 1 ff.

540 *Buscher/Hannemann/Wagner/Weigl* InstitutsVergV § 22, S. 231; *Heuchemer/Kloft*, WM 2010, 2241 (2246 f.); *Kramarsch/Filbert* in: Hopt/Wohmannstetter, Handbuch Corprorate Governance von Banken, S. 508, *Sammet*, Versicherungs-Vergütungsverordnung, S. 230.

fallen[541]. Ermessensabhängig sind diese Leistungen nur, wenn nicht bereits nach einer unternehmensweiten Altersvorsorgeregelung ein Anspruch darauf besteht[542] oder ein solcher bereits bei Abschluss des Anstellungsvertrags begründet wurde[543]. Das Ermessen bezieht sich somit auf die Gewährung der Leistungen („ob") anlässlich eines konkreten Ausscheidens aus dem Dienstverhältnis.

Die Verordnung unterscheidet zwischen ermessensabhängigen Leistungen zur Altersversorgung anlässlich einer ruhestandsbedingten Beendigung des Dienstverhältnisses, § 22 Abs. 2 InstitutsVergV und eines nicht ruhestandsbedingten Ausscheidens aus dem Dienstverhältnis, § 22 Abs. 1 InstitutsVergV.

aa) Nicht ruhestandsbedingte Beendigung

Im Falle einer nicht ruhestandsbedingten Beendigung sah der Verordnungsgeber eine erhöhte Gefahr der Umgehung der Zurückbehaltungsvorschriften und der sogenannten „Golden Handshakes", so dass er im Vergleich zum ruhestandsbedingten Ausscheiden höhere Anforderungen an die Ausgestaltung der Leistungen normierte. Die Leistungen zur Altersversorgung müssen (i) von einer nachhaltigen Wertentwicklung des Instituts abhängen, (ii) über einen Zurückbehaltungszeitraum von mindestens fünf Jahren gestreckt werden, wobei während dieser Zeit lediglich ein Anspruch auf fehlerfreie Ermittlung dieser ermessensabhängigen Leistung zur Altersversorgung besteht, nicht aber auf die Leistung selbst und (iii) verringert werden für den Fall, dass sich die für die ermessensabhängigen Leistungen zur Altersversorgung maßgeblichen Erfolgsbeiträge nicht als nachhaltig erweisen. Um eine nachhaltige Wertentwicklung widerzuspiegeln, müssen auch die Leistungen zur Altersversorgung in aktienrechtlichen oder vergleichbaren Instrumenten gewährt werden[544].

Die Formulierung der zweiten Voraussetzung ist sprachlich missglückt[545]. Sowohl die Benutzung des Begriffs „Zurückbehaltungszeitraum" als auch des Worts „gestreckt" drückt das eigentlich Gewollte nur unzureichend aus. Der Verordnungsgeber möchte dem Ausscheidenden erst nach Ablauf von mindestens fünf Jahren einen Anspruch auf die ermessensabhängigen Leistungen zubilligen[546]. Anders als bei der normalen variablen Vergütung soll der Anspruch gerade nicht zeitanteilig

541 *CEBS*, Guidelines on Remuneration Policies and Practices vom 10. Dezember 2010, Rn. 67, S. 40; *Buscher/Hannemann/Wagner/Weigl* InstitutsVergV § 2, S. 54.

542 *Bundesministerium der Finanzen*, Begründung zur Institutsvergütungsverordnung vom 07. März 2014 zu § 2.

543 *Rieble/Schmittlein*, Vorstandsvergütung, Rn. 539; *Sammet*, Versicherungs-Vergütungsverordnung, S. 224 f.

544 Siehe dazu 2. Kapitel III.2.c)bb)(1).

545 So auch *Sammet*, Versicherungs-Vergütungsverordnung, S. 248 f.

546 A.a. wohl *Gerdes-Renken*, Umsetzung aufsichtsrechtlicher Anforderungen, S. 169 f.

erwachsen. „Zurückbehalten" oder „gestreckt" kann nach allgemeinem Sprachverständnis jedoch nur Etwas werden, auf das bereits ein Anspruch besteht[547].

Sollten sich die Erfolgsbeiträge des Geschäftsleiters, seiner Organisationseinheit oder der Gesamterfolg des Instituts als nicht nachhaltig erweisen, müssen sich die Leistungen zur Altersversorgung verringern. Die Erfolgsbeiträge sind von der Wertentwicklung des Unternehmen zu unterscheiden. Die Verringerung muss über das Maß hinausgehen, welches bereits durch die Schwankungen des Aktienkurses als Spiegelbild der unternehmerischen Wertentwicklung abgedeckt wird. Vielmehr muss die Anzahl der gewährten Aktien sinken. Auch diese Vorgabe muss im Rahmen der vertraglichen Gestaltung beachtet und niedergeschrieben werden. Bei der Umsetzung dieser Vorgaben steht das Institut vor einigen Schwierigkeiten. In Betracht kommen Widerrufsvorbehalt, Freiwilligkeitsvorbehalt, Blankettzusage, die Vereinbarung einer Bedingung oder der Vorbehalt der Entscheidung nach billigem Ermessen. Ein Widerrufsvorbehalt scheidet mangels bestehenden Anspruchs aus. Auch eine Blankettzusage entspricht nicht den aufsichtsrechtlichen Vorgaben, da hierdurch bereits eine Entscheidung hinsichtlich des „ob" der Gewährung fällt, auch wenn die Einzelheiten der Ausgestaltung noch nicht in der Zusage geregelt werden. Der Freiwilligkeitsvorbehalt wird zwar dem Erfordernis gerecht, dass der Geschäftsleiter noch keinen Anspruch erhält. Es muss jedoch bereits zu Beginn des Zurückbehaltungszeitraums ein virtueller Betrag als Merkposten in ein Konto eingestellt werden, der dann von der nachhaltigen Entwicklung des Unternehmenswerts und der Erfolgsbeiträge abhängig ist. Der Geschäftsleiter wäre vom Willen des Instituts abhängig. Mehr Rechtssicherheit begründet eine aufschiebend bedingte Zusage. Auch hierbei entsteht gemäß § 158 Abs. 1 BGB bis zum Eintritt der Bedingung kein Rechtsanspruch. In der Zusage müssen die Voraussetzungen geregelt werden, unter denen ein Anspruch nach Ablauf des Zurückbehaltungszeitraums entsteht und in welcher Höhe. Ähnliches gilt auch bei einem Anspruch auf Entscheidung nach billigem Ermessen. Es entsteht nicht bereits automatisch durch die Erfüllung bestimmter Voraussetzungen ein Anspruch auf Leistungen zur Altersversorgung, sondern die Zusage hängt von einer Willensbetätigung des Instituts ab. Für den Geschäftsleiter besteht eine Rechtsunsicherheit hinsichtlich des „ob". Anders als beim reinen Freiwilligkeitsvorbehalt unterliegt diese Konstruktion der gerichtlichen Kontrolle[548].

bb) Ruhestandsbedingte Beendigung

Bei einer ruhestandsbedingten Beendigung des Dienstverhältnisses müssen die ermessensabhängigen Leistungen zur Altersversorgung (i) von einer nachhaltigen Wertentwicklung des Instituts abhängen und (ii) mit einer Frist von mindestens fünf Jahren versehen werden, innerhalb derer nicht über die ermessensabhängigen Leistungen zur Altersversorgung verfügt werden darf. Anders als beim nicht

---

547 Siehe *Sammet*, Versicherungs-Vergütungsverordnung, S. 249.

548 Zur vertraglichen Gestaltung siehe auch *Sammet*, Versicherungs-Vergütungsverordnung, S. 250 ff.

ruhestandsbedingten Ausscheiden besteht somit bereits ab dem Zeitpunkt der Zusage ein Anspruch auf die Leistungen[549]. Lediglich die Verfügungsbefugnis ist eingeschränkt. Eine sofortige bare Auszahlung scheidet somit aus. Die Leistungen sind in Form von Aktien oder vergleichbaren Instrumenten zu gewähren und unterliegen während der mindestens fünfjährigen Sperrfrist den normalen Kursschwankungen. Erst nach Ablauf dieser Frist darf die Koppelung an den Unternehmenswert aufgehoben werden und die Leistung kapitalisiert werden. Die Sperrfrist beginnt mit der Beendigung des Dienstverhältnisses. Eine Reduzierung der Anzahl der gewährten Aktien aufgrund einer nachteiligen Entwicklung der Erfolgsbeiträge ist nicht vorgesehen. *Sammet* vertritt die Auffassung, dass auch durch andere Instrumente als durch Aktien die aufsichtsrechtlichen Anforderungen erfüllt werden können[550]. Eine „klassische" Betriebsrente soll weiterhin vereinbart werden können. Dem ist zuzustimmen. Ziel der Vorschrift ist es, die Leistungen der Altersversorgung an den Unternehmenswert zu koppeln. Die Abhängigkeit von der Unternehmenswertentwicklung kann auch anderweitig Berücksichtigung finden. Im Rahmen der vertraglichen Ausgestaltung kann durch einen Widerrufsvorbehalt vereinbart werden, dass bei einem Absinken des Unternehmenswerts um einen bestimmten Prozentsatz die Ansprüche auf ermessensabhängige Leistungen zur Altersversorgung anzupassen sind. Als Schwellenwert kommt beispielsweise eine Grenze von 15 Prozent in Betracht. Verliert das Institut bis zum Ablauf der Sperrfrist 15 Prozent an Wert, so können die Ansprüche teilweise widerrufen werden. Der Widerruf sollte gestaffelt werden. Beträgt der Wertverlust beispielsweise zwischen 15 und 25 Prozent können fünf Prozent widerrufen werden, bei einem Verlust zwischen 25 und 35 Prozent verringern sich die Ansprüche um zehn Prozent, etc. Der Widerrufsvorbehalt sollte auch mit einer Höchstgrenze versehen werden[551].

IV. Formvorschrift und Anpassungspflicht

Für die Institute maßgeblich ist, wie die Vorgaben der Instituts-Vergütungsverordnung im Rahmen der arbeitsvertraglichen Ausgestaltung umzusetzen sind.

1. Formvorgaben

§ 10 Abs. 4 InstitutsVergV schreibt vor, dass die Vergütung, die Geschäftsleiter für ihre berufliche Tätigkeit bei dem Institut erhalten, abschließend im Anstellungsvertrag festgelegt werden muss. Der Anstellungsvertrag und spätere Änderungen bedürfen der Schriftform. Durch die Regelung soll Transparenz geschaffen werden

549 So auch *Heuchemer/Kloft*, WM 2010, 2241 (2247); *Zöbeley*, Vergütungsvorgaben, S. 328.

550 *Sammet*, Versicherungs-Vergütungsverordnung, S. 237 f.

551 Siehe als Formulierungsbeispiel *Sammet*, Versicherungs-Vergütungsverordnung, S. 247.

und eine Aufsicht durch die *BaFin* erleichtert werden[552]. Ein generelles Schriftformerfordernis, das über die Vergütungsregelungen hinausgeht, wird hierdurch nicht statuiert und wäre auch von der Verordnungsermächtigung nicht gedeckt[553]. § 10 Abs. 4 Satz 2 InstitutsVergV kann im Lichte des Satzes 1 einschränkend ausgelegt werden[554]. Satz 1 bezieht sich ausschließlich auf die Vergütung des Geschäftsleiters. Durch Satz 2 möchte der Verordnungsgeber verdeutlichen, dass die abschließende Regelung im Anstellungsvertrag sowie deren Änderungen der Schriftform bedürfen[555]. Die Formulierung ist lediglich sprachlich missglückt. In der Praxis ist es üblich, im Anstellungsvertrag lediglich Rahmenregelungen aufzunehmen und die jährliche Vergütung durch Zielvereinbarungen zu konkretisieren. Dieses Vorgehen ist weiterhin zulässig[556]. Der Sinn und Zweck des Formzwangs lässt sich auch durch eine schriftliche Anlage zum Anstellungsvertrag erreichen, solange diese ihrerseits die Schriftform wahrt[557].

Ein Verstoß gegen das Formerfordernis führt nicht zu einer Nichtigkeit der Vergütungsabrede gemäß § 125 BGB[558]. Ein Rechtsgeschäft, das der durch Gesetz[559] vorgeschriebenen Form ermangelt, ist nichtig. Dies gilt im Rahmen des Schriftformerfordernisses, wenn die Vorgaben des § 126 BGB missachtet werden. § 126 BGB gilt jedoch nur in Fällen, in denen das Schriftformerfordernis durch das Bürgerliche Gesetzbuch oder sonstige Vorschriften des Privatrechts angeordnet wird[560]. Die Instituts-Vergütungsverordnung enthält aufsichtsrechtliche Vorgaben zur Ausgestaltung der Vergütungssysteme und richtet sich an die Institute. Die *BaFin* als Aufsichtsbehörde überwacht die Einhaltung der Vorschriften. Nach der

---

552 *Rieble/Schmittlein*, Vorstandsvergütung, Rn. 501; *Simon/Koschker*, BB 2011, 120 (123); *Gerdes-Renken*, Umsetzung aufsichtsrechtlicher Anforderungen, S. 119.

553 *Löw*, BB 2010, Heft 41, Erste Seite; *Zöbeley*, Vergütungsvorgaben, S. 248; in diese Richtung auch *Annuß*, NZA-Beilage 2014, 121 (124).

554 *Zöbeley*, Vergütungsvorgaben, S. 248; a.A. wohl *Gerdes-Renken*, die darauf hinweist, dass ergänzende Vergütungsvereinbarungen wie der Anstellungsvertrag dem Schriftformerfordernis genügen müssen, *Gerdes-Renken*, Umsetzung aufsichtsrechtlicher Anforderungen, S. 120.

555 So auch *Zöbeley*, Vergütungsvorgaben, S. 248 f.

556 *Wallner*, BankPraktiker 2011, 211; *Gerdes-Renken*, Umsetzung aufsichtsrechtlicher Anforderungen, S. 119.

557 *Wallner*, BankPraktiker 2011, 211.

558 So auch *Bartel/Bilobrk/Zopf*, BB 2011, 1269 (1274); *Gerdes-Renken*, Umsetzung aufsichtsrechtlicher Anforderungen, S. 121; *Zöbeley*, Vergütungsvorgaben, S. 249; a.A. *Annuß/Sammet*, BB 2011, 115 (116); *Armbrüster*, VersR 2011, 1 (8); *Raapke*, Vergütungsregulierung, S. 316.

559 Gesetz ist jede Rechtsnorm i.S.d. Art. 2 EGBGB und somit auch die Instituts-Vergütungsverordnung.

560 MüKoBGB/*Einsele* BGB § 126 Rn. 3; Palandt/*Ellenberger* BGB § 126 Rn.1; Staudinger/*Hertel* BGB § 126 Rn. 7.

Sonderrechtstheorie[561] wird hiermit ein Träger hoheitlicher Gewalt berechtigt und verpflichtet. Es handelt sich somit nicht um eine privatrechtliche Norm im Sinne des § 126 BGB. Ein Verstoß zieht lediglich die aufsichtsrechtlichen Mittel der *BaFin* nach sich[562].

2. Anpassung bestehender Vereinbarungen

Die Instituts-Vergütungsverordnung gilt in der Fassung von 2010 bereits seit dem Tag ihres Inkrafttretens am 13. Oktober 2010 ohne Übergangsvorschriften. Dies eröffnet die Frage, welche Auswirkungen die Neuregelung auf bestehende Dienstverträge hat. Da die Vertragsautonomie im Grundgesetz einen besonderen Schutz genießt, ist die Anpassung bestehender vertraglicher, privatautonom ausgehandelter Verträge nicht unproblematisch. Aus diesem Grund implementierte der Verordnungsgeber bereits in der weitgehend wortlautidentischen Vorgängervorschrift des § 14 InstitutsVergV lediglich eine Verpflichtung der Institute, auf die Umsetzung der Vorgaben der Instituts-Vergütungsverordnung in bestehenden Verträgen der Geschäftsleiter im Rahmen des rechtlich Zulässigen hinzuwirken[563]. Bei Neuabschlüssen sind die Anforderungen der Instituts-Vergütungsverordnung an die Vergütung und Vergütungssysteme uneingeschränkt zu beachten. In weiten Teilen dürfte die Anpassung bestehender vertraglicher Vereinbarungen im Jahr 2015 bereits vollzogen oder bei befristeten Dienstverträgen durch Zeitablauf obsolet sein. Da die Neufassung der Instituts-Vergütungsverordnung jedoch gerade im Hinblick auf die Einführung einer Obergrenze für die variable Vergütung und die erweiterte Definition bedeutender Institute zahlreiche Neuerungen enthält, ist die Problematik der Umsetzung weiterhin aktuell. Insbesondere soll nachfolgend aufgezeigt werden, welche Vereinbarungen der Anpassungspflicht unterfallen, welchen Umfang die Hinwirkungspflicht hat, sowie welche Möglichkeiten einer einvernehmlichen oder auch einseitigen Anpassung dem Institut zur Verfügung stehen. Darüber hinaus ist zu diskutieren, ob die Regelung der Obergrenze von variabler zu fixer Vergütung im Rahmen des § 25a Abs. 5 KWG zu einer Anpassungspflicht über die Grenzen des rechtlich Zulässigen hinaus führt.

---

561 Fehling/Kastner/Störmer/*Unruh*, Verwaltungsrecht, § 40 Rn. 95; *Kopp/Schenke* VwGO § 40 Rn. 11; Sodan/Ziekow/*Sodan*, VwGO § 40 Rn. 299 ff.

562 *Rieble/Schmittlein*, Vorstandsvergütung, Rn. 501; *Bartel/Bilobrk/Zopf*, BB 2011, 1269 (1274); *Zöbeley*, Vergütungsvorgaben, S. 249.

563 Auf europäischer Ebene ist dies ebenfalls anerkannt. Vgl. *CEBS*, Guidelines on Remuneration Policies and Practices vom 10. Dezember 2010, Rn. 10, S. 12 "Institutions are called to undertake urgent actions to immediately start the process for the adoption of the Guidelines, acknowledging that some steps in this process may take time (e.g. shareholders' approval, where required; amendments to existing private and collective agreements)".

a) Anzupassende Vereinbarungen

Bei der Problematik, welche Vereinbarungen anzupassen sind, sind die Abgrenzung von Neu- und Altverträgen, die Frage nach der bisherigen Formulierung der Regelung sowie die Anwendbarkeit auf eine bereits verdiente aber erst nach Inkrafttreten der Instituts-Vergütungsverordnung festgesetzte variable Vergütung von Interesse.

aa) Alt- und Neuverträge

Die Anpassungspflicht unterscheidet nicht zwischen Alt- und Neuverträgen[564]. Denknotwendig bedarf es bei einem Neuvertrag jedoch keiner Anpassung im Rahmen des rechtlich Möglichen, so dass die Vorgaben der Instituts-Vergütungsverordnung bei Neuabschlüssen zwingend und uneingeschränkt zu beachten sind. Einem Neuvertrag gleichzusetzen ist die Verlängerung eines auslaufenden Dienstvertrags, selbst wenn es nicht zu einer Änderung der Vertragsbedingungen kommen soll oder eine „Verlängerungsklausel" vorliegt, da auch in diesen Fällen das Aufsichts- oder Verwaltungsorgan die Verlängerung des Dienstvertrags von der Zustimmung des Geschäftsleiters zur Vertragsanpassung abhängig machen kann[565]. Dies ist auch für die Anwendbarkeit von § 87 AktG anerkannt[566]. Eine ausdrückliche Regelung findet sich hierzu in § 10 Abs. 2c Satz 3 FMStG und § 4 Abs. 5 Satz 3 RStruktFG[567].

bb) Auslegung der Vereinbarungen

Bei laufenden Dienstverträgen besteht nach dem Wortlaut des § 14 InstitutsVergV eine Hinwirkungspflicht für Vereinbarungen, die nicht mit den Vorgaben der Instituts-Vergütungsverordnung vereinbar sind. Dies umfasst sowohl ausdrücklich entgegenstehende als auch unklare Regelungen[568], auch wenn letztere nicht explizit vom Wortlaut der Vorschrift erfasst werden. Aus Sinn und Zweck der Regelung ergibt sich, dass auch bei diesen Formulierungen auf eine Anpassung hinzuwirken ist[569].

Eine Hinwirkungspflicht kann nur bestehen, wenn § 14 InstitutsVergV entgegenstehende Regelungen nicht automatisch außer Kraft setzt. § 14 InstitutsVergV ist kein Verbotsgesetz im Sinne des § 134 BGB[570]. Ob ein Rechtsgeschäft nach § 134

564 *Müller-Bonanni/Mehrens,* NZA 2010, 792 (795).
565 *Diller/Arnold,* ZIP 2011, 837 (844).
566 Spindler/Stilz/*Fleischer* Akt, § 87 Rn. 38; *Hoffmann-Becking/Krieger,* NZG 2009, Beilage zu Heft 26, 1 (4); a.A. *Lingemann,* BB 2009, 1918 (1920); die Differenzierung bei *Bauer/Arnold,* AG 2009, 717 (724) ist wegen der Hinwirkungspflicht hier ohne Bedeutung.
567 *Baeck/Diller,* DB 2008, 2423 (2424); *Diller/Göpfert,* DB 2008, 2579 (2581).
568 Beispiele bei *Diller/Arnold,* ZIP 2011, 837 (839).
569 *Diller/Arnold,* ZIP 2011, 837 (839).
570 So auch *BaFin,* Auslegungshilfe zur Institutsvergütungsverordnung vom 01. Januar 2014 zu § 14; Boos/Fischer/Schulte-Mattler/*Braun/Wolfgarten* KWG § 25a Rn. 788; *Bartel/Bilobrk/Zopf,* BB 2011, 1269 (1276); *Däubler,* AuR 2012, 380 (382); *Diller/*

BGB nichtig ist, ist aus dem Sinn und Zweck der jeweiligen Verbotsvorschrift zu beantworten. Dabei ist entscheidend, ob das Gesetz sich nicht nur gegen den Abschluss des Rechtsgeschäfts wendet, sondern auch gegen seine privatrechtliche Wirksamkeit und damit gegen seinen wirtschaftlichen Erfolg[571]. Die Instituts-Vergütungsverordnung gewährt den Instituten bei der vertraglichen Ausgestaltung einen weiten Ermessensspielraum. Aus systematischer Sicht richten sich die Vorschriften der Instituts-Vergütungsverordnung und des Kreditwesengesetzes ausschließlich an Institute und nicht direkt an Geschäftsleiter. Die Vergütungssysteme müssen angemessen, transparent und auf eine nachhaltige Entwicklung des Instituts ausgerichtet sein, § 25a Abs. 1 Satz 3 Nr. 6 KWG. Erst dann erfüllen sie die Anforderungen an ein angemessenes und wirksames Risikomanagement, das seinerseits wiederum Voraussetzung für eine ordnungsgemäße Geschäftsorganisation des Instituts ist, § 25a Abs. 1 Satz 1 und 3 KWG. Des Weiteren bedürfte es der Normierung einer Hinwirkungspflicht nicht, wenn Dienstverträge bereits aufgrund eines Verstoßes gegen die Vorschriften der Instituts-Vergütungsverordnung nichtig wären. Zudem normiert § 45 Abs. 5 Satz 4 KWG ausdrücklich, dass erst unter den Voraussetzungen des § 45 Abs. 2 und 3 KWG keine Rechte mehr aus den vertraglichen Abreden hergeleitet werden können[572]. Dies setzt die Wirksamkeit der vertraglichen Vereinbarungen voraus. Damit bestehen die Verträge unverändert fort, sind weiterhin durchsetzbar und bedürfen gegebenenfalls einer Änderung.

Keiner Vertragsanpassung bedarf es, soweit die variable Vergütung unter einen wirksamen Freiwilligkeits- oder Widerrufsvorbehalt gestellt ist. In diesen Fällen ist das Aufsichts- oder Verwaltungsorgan berechtigt, jedes Jahr erneut festzulegen, ob und unter welchen Umständen eine variable Vergütung an die Geschäftsleiter gezahlt werden soll. Hierbei sind die Vorgaben der Instituts-Vergütungsverordnung zu beachten. An die Vereinbarung eines wirksamen Widerrufs- oder Freiwilligkeitsvorbehalts sind nach der ständigen Rechtsprechung des *Bundesarbeitsgerichts* hohe Anforderungen geknüpft. Ein Freiwilligkeitsvorbehalt ist bei Boni und anderen Sonderzahlungen, die im Synallagma zur Arbeitsleistung stehen, grundsätzlich nur schwerlich wirksam zu vereinbaren[573]. Bei einem Widerrufsvorbehalt lässt sich aus der Rechtsprechung des *Bundesarbeitsgerichts* zwar ableiten, dass für Geschäftsleiter der Widerruf einer Vergütungszusage auch über die für Arbeitnehmer

Arnold, ZIP 2011, 837; *Groeger,* RdA 2011, 287 (291); *Heuchemer/Kloft,* WM 2010, 2241 (2247); *Müller-Bonanni/Mehrens,* NZA 2010, 792 (796); *Reichel/Böhm,* AuA 2010, 568 (572); *Zürn/Böhm,* BB 2014, 1269 (1273); *Zürn/Rappensperger/Brämswig,* DB 2013, 2681 (2684).

571 Ebenroth/Boujong/Joost/Strohn/*Thessinga* HGB Rn. IV 53.

572 Darauf hinweisend *Heuchemer/Kloft,* WM 2010, 2241 (2247).

573 Vgl. BAG 5 AZR 627/06 vom 25. Mai 2007, NZA 2007, 853; weitergehend BAG 10 AZR 606/07 vom 30. Juli 2008, NZA 2008, 1173; BAG 10 AZR 526/10 vom 14. September 2011, NZA 2012, 81 deutet eine Änderung der Rechtsprechung an, so dass zukünftig ein vertraglicher Freiwilligkeitsvorbehalt allein nicht mehr ausreichend sein dürfte, siehe dazu Stoffels, AGB-Recht, Rn. 1154.

geltende 25 Prozent-Grenze[574] hinweg zulässig sein wird[575]. An die Transparenz- und Klarheitskriterien sind jedoch ebenso strenge Maßstäbe anzulegen wie bei normalen Arbeitnehmern und es bedarf eines vertraglich festgelegten Sachgrundes für die Ausübung des Widerrufsrechts[576]. Ob ein solcher allein in der Änderung der Instituts-Vergütungsverordnung gesehen werden kann ist zweifelhaft. Allenfalls kann dies für solche Neuerungen bejaht werden, bei deren Umsetzung dem Institut kein eigener Gestaltungsspielraum verbleibt[577].

cc) Auseinanderfallen von Verdienst, Festsetzung und Auszahlung

Im Rahmen von Altverträgen ist zu thematisieren, auf welche Ansprüche sich die Neuregelungen auswirken. Aus europarechtlicher Sicht wird eine sehr weitreichende Rückwirkung empfohlen. Danach sollen die Neuregelungen auch auf solche Sachverhalte Anwendung finden, in denen die Vergütung zwar in der Vergangenheit vertraglich zugesichert, jedoch erst nach Inkrafttreten der Instituts-Vergütungsverordnung festgesetzt und ausbezahlt werden soll. Darüber hinaus sollen auch Konstellationen erfasst werden, in denen bereits die Festsetzung vor Umsetzung der Richtlinien 2010/76/EU beziehungsweise 2013/36/EU erfolgte und es lediglich zu einer gestreckten Auszahlung kommen soll[578]. In der ersten Variante

---

574 BAG 5 AZR 364/04 vom 12. Januar 2005, NZA 2005, 465; kritisch *Preis/Lindemann*, AuR 2005, 229; BAG 5 AZR 535/04 vom 07. Dezember 2005, NZA 2006, 423; kritisch *Bayreuther*, ZIP 2007, 2009. Als Beispiel für eine wirksame Klausel hat das BAG in seiner Entscheidung vom 20. März 2013 folgende Formulierung für zulässig erachtet: "Darüber hinaus erhält der Mitarbeiter einen Leistungsbonus. Dieser richtet sich nach der individuellen Zielerreichung, dem Teamverhalten sowie dem Erfolg der Bank. Er wird jedes Jahr für das abgelaufene Jahr festgesetzt." BAG 10 AZR 8/12 vom 23. März 2013 -, BB 2013, 1460.

575 BAG 5 AZR 125/96 vom 28. Mai 1997, NZA 1997, 1160; hierzu *Bauer/Chwalisz*, ZfA 2007, 339 (344); *Lindemann/Simon*, BB 2002, 1807 (1811); *Willemsen/Grau*, NZA 2005, 1137 (1139); siehe dazu auch Küttner/*Kania*, Personalbuch 2015, Änderungsvorbehalte, Rn. 5; kritisch zu dieser Entscheidung *Rieble*, NZA-Beilage 2000, 34 (39).

576 BAG 5 AZR 721/05 vom 11. Oktober 2006, NZA 2007, 87; BAG 9 AZR 294/06 vom 19. Dezember 2006, NZA 2007, 809; BAG 9 AZR 113/09 vom 13. April 2010, NZA-RR 2010, 457; BAG 5 AZR 191/10 vom 20. April 2011, NZA 2011, 796; BAG 5 AZR 651/10 vom 21. März 2012, NZA 2012, 616.

577 *Zürn/Böhm*, BB 2014, 1269 (1272).

578 Richtlinie 2010/76/EU, Recital 22: „Um die uneingeschränkte Wirksamkeit dieser Vorschriften sicherzustellen und um Unterschiede bei ihrer Anwendung zu vermeiden, sollten die in dieser Richtlinie festgelegten Bestimmungen über die Vergütung auf Vergütungen Anwendung finden, die auf der Grundlage von Verträgen zu leisten sind, die vor dem Zeitpunkt der tatsächlichen Umsetzung dieser Vorschriften in den einzelnen Mitgliedstaaten geschlossen wurden und nach diesem Zeitpunkt gewährt beziehungsweise ausgezahlt werden. Darüber hinaus ist es erforderlich, diese Bestimmungen auf Vergütungen anzuwenden, die vor dem

ist einer Anwendbarkeit der Instituts-Vergütungsverordnung zuzustimmen. Schon der Wortlaut der Verordnung legt eine solche Auslegung nahe. Auch kann sich der Geschäftsleiter eines nach der alten Fassung nicht bedeutenden Instituts nicht auf Vertrauensschutz berufen, da insbesondere die Vorschriften über die gestreckte Auszahlung und die Malus-Regelung unverändert übernommen wurden und somit bekannt waren. Dies lässt sich auch durch die Rechtsprechung des *Bundesarbeits- und Bundesverfassungsgerichts*[579] zur Reichweite des Vertrauensschutzes verifizieren. In der Konstellation, dass die Festsetzung erst nach Inkrafttreten der neugefassten Instituts-Vergütungsverordnung erfolgen soll, handelt es sich um einen Fall der zulässigen unechten Rückwirkung. Der zugrundeliegende Sachverhalt ist noch nicht abgeschlossen, so dass keine nachträgliche Rückwirkung der Rechtsfolgen vorliegt[580]. Gegen eine Anwendung der Instituts-Vergütungsverordnung auf die im vergangen Geschäftsjahr verdiente variable Vergütung könnte sprechen, dass das Ziel der Verordnung, schädliche Anreize für die Eingehung hoher Risiken zu vermeiden, nicht mehr erreicht werden kann. Insgesamt sprechen die besseren Argumente dafür, die Instituts-Vergütungsverordnung auf Sachverhalte anzuwenden, bei denen die Festlegung der variablen Vergütung im Jahr 2015 erfolgt. Die Verordnung soll auch verhindern, dass Geschäftsleiter für ihre Risiken aus dem vergangenen Geschäftsjahr belohnt werden und noch uneingeschränkt profitieren. Auch in den Fällen, in denen im letzten Jahr unverhältnismäßig hohe Risiken eingegangen wurden, ist es wünschenswert, dass eine ungerechtfertigte Auszahlung der variablen Vergütung an die Geschäftsleiter durch eine gestreckte Auszahlung und die Einführung einer Malus-Regelung beschränkt wird[581].

Problematischer ist die Konstellation, dass ein Vergütungsanspruch in der Vergangenheit bereits festgesetzt und damit gewährt wurde. In diesen Fällen würde in einen abgeschlossenen Sachverhalt eingegriffen, und es läge eine nach deutschem Recht grundsätzlich unzulässige echte Rückwirkung vor[582]. Im Übrigen müssten andernfalls die vereinbarten Voraussetzungen sämtlicher in den Vorjahren zurückbehaltener variabler Vergütungen angepasst werden[583]. In der Praxis ist dies nicht umsetzbar. Ob die *BaFin* auch eine derartig weitgehende Anpassungspflicht befürwortet, ist nicht bekannt.

Zeitpunkt der tatsächlichen Umsetzung in den einzelnen Mitgliedstaaten für 2010 erbrachte Dienstleistungen gewährt, aber noch nicht ausgezahlt wurden, [...]“.

579 St. Rspr. u. a. BAG 6 AZR 204/12 vom 27. März 2014, DB 2014, 1072; BAG 10 AZR 1058/12 vom 13. November 2013, ArbuR 2014, 161; BAG 10 AZR 744/11 vom 20. März 2013, AP Nr 346 zu § 1 TVG Tarifverträge: Bau; BAG 3 AZR 102/06 vom 21. August 2007, NZA 2008, 182.

580 BAG 6 AZR 204/12 vom 27. März 2014, DB 2014, 1072; BVerfG 1 BvL 6/07 vom 10. Oktober 2012, BVerfGE 132, 302. BVerfG 2 BvL 5/10 02. Mai 2012, BVerfGE 131, 20.

581 So zur Instituts-Vergütungsverordnung 2010 *Diller/Arnold,* ZIP 2011, 837 (838).

582 BVerfG 2 BvR 499/74, 2 BvR 1042/75 vom 08. Juni 1977, BVerfGE 45, 142; BVerfG 2 BvL 1/03, 2 BvL 57/06, 2 BvL 58/06 vom 07. Juli 2010, BVerfGE 127, 31.

583 *Zürn/Böhm,* BB 2014, 1269 (1273).

b) Umfang der Hinwirkungspflicht

Bedarf es einer Anpassung der Vereinbarungen, besteht nach dem Wortlaut des § 14 InstitutsVergV für das jeweilige Aufsichts- oder Verwaltungsorgan die Pflicht, auf der Grundlage einer für Dritte nachvollziehbaren, fundierten juristischen Begutachtung der Rechtslage und unter Berücksichtigung der konkreten Erfolgsaussichten auf die Harmonisierung hinzuwirken. Hierin liegen drei Schwierigkeiten begründet. Zum einen stellt sich die Frage, wer ein solches Gutachten erstellen darf. Des Weiteren ist die Formulierung der „konkreten Erfolgsaussichten" auslegungsbedürftig und letztlich muss geklärt werden, wann ein ausreichendes Hinwirken bejaht werden kann.

aa) Gutachter

Die Begutachtung kann sowohl durch einen externen Rechtsberater als auch durch einen hinreichend qualifizierten Mitarbeiter des Instituts beispielsweise aus der Rechtsabteilung erfolgen[584]. Vorzugsweise sollte jedoch auf einen externen Berater zurückgegriffen werden, da dieser wegen seiner größeren Neutralität und Weisungsunabhängigkeit eine höhere persönliche Absicherung für die Mitglieder des Aufsichts- beziehungsweise Verwaltungsorgans bedeuten kann. Seiner Einschätzung kann seitens der *BaFin* nicht der Vorwurf einer einseitigen, zugunsten des Arbeitgebers durchgeführten Prüfung der Rechtslage entgegengehalten werden, so dass sich hieraus eine größere Legitimation für das Unterlassen einer Vertragsänderung ergibt[585]. Der Aufsichtsrat haftet gemäß § 116 i.V.m. § 93 AktG lediglich für die ordnungsgemäße Auswahl des Gutachters[586]. Dies gilt analog für andere Gesellschaftsformen. Bei einem externen Berater kann er sich hierzu auf dessen Erfahrung und Fachkenntnisse berufen. Das Gutachten muss mit dem Ziel erstellt werden, eine Anpassung zu erreichen[587]. Insbesondere institutsangehörige Gutachter können in einen Interessenkonflikt geraten und in ihrer Einschätzung zu einer negativen Prognose tendieren.

---

584 *BaFin*, Auslegungshilfe zur Institutsvergütungsverordnung vom 01. Januar 2014 zu § 14.

585 *Buscher/Hannemann/Wagner/Weigl* InstitutsVergV, S. 147; *Heuchemer/Kloft*, WM 2010, 2241 (2248), *Fleischer*, BB 2010, 67 (68); siehe auch *Wade/Porac/Pollock*, Journal of Organizational Behavior, Volume 18 (1997), S. 641 (644): "One justification strategy is to embed a controversial issue within practices that have face validity. In the domain of executive compensation, one such practice is the use of compensation consultancy and external salary surveys to calibrate managerial pay."

586 *Ritter* in: Schüppen/Schaub, MAH Aktienrecht, § 24 Rn. 12; *Fleischer*, NZG 2010, 121 (125).

587 *Groeger*, RdA 2011, 287 (292).

bb) *Konkrete Erfolgsaussichten*

Im Hinblick auf das Erfordernis einer konkreten Erfolgsaussicht muss das Institut die Erfolgsaussichten für den Fall prüfen, dass sich der Geschäftsleiter gerichtlich gegen die Vertragsanpassung zur Wehr setzt. Die Formulierung bedarf einer Auslegung. Für die Gewährung von Prozesskostenhilfe verlangt § 114 ZPO hinreichende Erfolgsaussichten. Diese sind bereits gegeben, wenn der Standpunkt der Partei vertretbar und eine Beweisführung möglich ist[588]. Hieran dürfen keine überspannten Anforderungen gestellt werden[589]. Dies genügt jedoch nicht für eine Anpassungspflicht im Rahmen des § 14 InstitutsVergV. Das Institut muss sich zwar nicht auf ein juristisches Abenteuer einlassen[590], aber darf dennoch nicht bei jedem noch so geringen Risiko von einer Anpassung absehen[591]. Einer 100-prozentigen Gewissheit des Obsiegens bedarf es nicht. Zu § 5 Abs. 2 Nr. 3 FMStFV wird vertreten, dass es einer deutlich überwiegenden Wahrscheinlichkeit eines für das Institut positiven Ausgangs einer gerichtlichen Auseinandersetzung bedarf[592]. Danach müssten die prozessualen Erfolgsaussichten bei mindestens 75 Prozent liegen. Hinsichtlich der neuen Vorgaben für Kapitalverwaltungsgesellschaften nimmt *Mujan* an, dass die Abwägung mit einiger Wahrscheinlichkeit zu Gunsten des Instituts ausfallen müsse[593]. Bei der Beurteilung der Erfolgsaussichten darf nicht nur die rechtliche Einschätzung Berücksichtigung finden, sondern auch sonstige Faktoren wie Kosten, negative Öffentlichkeitswirkung, personalwirtschaftliche Verwerfungen[594], aber auch die Frage, ob eine prozessuale Durchsetzung der Ansprüche nicht zeitlich durch das Auslaufen des befristeten Vertrags überholt werden würde. Wie noch zu zeigen sein wird, ist eine einseitige Durchsetzung der Vertragsanpassung aus rechtlicher Sicht sehr problematisch, so dass die Erfolgsaussichten einer arbeitsgerichtlichen Auseinandersetzung für das Institut in der Mehrheit der Fälle bereits aus rechtlicher Sicht sehr gering sein werden. Im Rahmen des Gutachtens nicht zu berücksichtigen ist, wie hoch die Wahrscheinlichkeit ist, dass sich der Geschäftsleiter überhaupt gegen eine Vertragsanpassung gerichtlich zur Wehr setzen wird. Das Institut kann nicht zu einem vertragsbrüchigen Verhalten gezwungen werden[595]. Bislang sind keine Fälle einer gerichtlichen Durchsetzung der Anpassung bekannt geworden.

---

588 BGH VI ZR 235/92 vom 14. Dezember 1993; NJW 1994, 1160.

589 BVerfG 1 BvR 296/94 vom 07. Mai 1997, NJW 1997, 2745.

590 *BaFin,* Rundschreiben 22/2009 (BA) zu aufsichtsrechtlichen Anforderungen an die Vergütungssysteme von Instituten vom 21. Dezember 2009, S. 7; *Rieble/Schmittlein,* Vorstandsvergütung, Rn. 547.

591 So auch *Diller/Arnold,* ZIP 2011, 837 (839).

592 *Baeck/Diller,* DB 2008, 2423 (2424); *Langen/Schielke/Zöll,* BB 2009, 2479 (2483).

593 *Mujan,* BB 2013, 1653 (1657).

594 *Diller/Arnold,* ZIP 2011, 837 (839).

595 *Diller/Arnold,* ZIP 2011, 837 (840).

cc) Hinwirkungspflicht

Sieht das Institut von einer Vertragsanpassung ab, sollte es die eigenen Bemühungen im Rahmen der Hinwirkungspflicht sorgfältig dokumentieren, um dies gegenüber der *BaFin* nachweisen zu können[596]. Dabei handelt es sich nicht um eine einmalig zu erfüllende Pflicht, sondern es bedarf in Einzelfällen einer wiederholten Prüfung der Sach- und Rechtslage[597]. Es stellt sich die Frage, ob das Institut dazu verpflichtet ist, die Zustimmung zu einer Anpassung durch die Gewährung finanzieller Anreize zu erkaufen, beispielsweise durch die Erhöhung des Fixgehalts oder des Zielbonus. Dabei werden dem Geschäftsleiter Vergünstigungen in Aussicht gestellt, für den Fall, dass er einer Vertragsanpassung zustimmt. Dies könnte mit dem allgemeinen Gleichbehandlungsgrundsatz und dem Maßregelungsverbot des § 612a BGB konfligieren. Anders als bei Arbeitnehmern und anderen Mitarbeitern wird es innerhalb des kleinen Kreises der Geschäftsleiter sehr schwierig sein, Vergleichsgruppen zu bilden. Deshalb ist es sehr unwahrscheinlich, dass ein Verstoß gegen das Gleichbehandlungsgebot vorliegt, soweit einem Geschäftsleiter gewisse Vergünstigungen für den Fall der Zustimmung gewährt werden. Zumindest kann das Aufsichts- oder Verwaltungsorgan eine unterschiedliche Ausgestaltung der zukünftigen Vergütung mit den unterschiedlichen Aufgabenbereichen und Geschäftsentwicklungen in der Praxis häufig rechtfertigen. Das Maßregelungsverbot des § 612a BGB gilt hingegen nicht für Geschäftsleiter soweit sie als Organ des Instituts fungieren. Für leitende Angestellte als Geschäftsleiter ist es durchaus anwendbar[598]. Wird die Vergünstigung bereits vor der Vertragsanpassung dem Geschäftsleiter für den Fall der Zustimmung in Aussicht gestellt, so kann dieser frei entscheiden, ob er sich der Vertragsanpassung verweigert oder für die Vergünstigung optiert. Eine Maßregelung liegt dann gerade nicht vor[599]. Kompensationszahlungen für den Verlust von Ansprüchen sind zwar grundsätzlich zulässig[600], konterkarieren hier jedoch den Zweck einer Vertragsanpassung, den Geschäftsleiter zukünftig an den von ihm geschaffenen Risiken partizipieren zu lassen. Deshalb sollte der Aufsichtsrat von solchen Zahlungen absehen.

---

596 *Buscher/Hannemann/Wagner/Weigl* InstitutsVergV, S. 147.

597 *Diller/Arnold,* ZIP 2011, 837 (844).

598 MüKoBGB/*Müller-Glöge* BGB § 612a Rn. 4; ErfK/*Preis* BGB § 612a Rn. 4; HWK/*Thüsing* BGB § 612a Rn. 4; Staudinger/*Richardi/Fischinger* BGB § 612a Rn. 8; APS/*Linck* BGB § 612a Rn. 4.

599 Vgl. Rechtsprechung des *Bundesarbeitsgerichts* zum Verzicht auf die Erhebung einer Kündigungsschutzklage: BAG 9 AZR 116/04 vom 15. Februar 2005, NZA 2005, 1117, zu Streikbruchprämien: BAG 1 AZR 676/92 vom 13. Juli 1993, NZA 1993, 1135; LAG Rheinland-Pfalz 3 Sa 409/92 vom 21. Oktober 1992, LAGE GG Art. 9 Arbeitskampf Nr. 49; *Rolfs,* DB 1994, 1237 (1241).

600 St. Rspr. BAG 5 AZR 468/08 vom 15. Juli 2007, NZA 2009, 1202; BAG 10 AZR 88/10 vom 13. April 2011, NZA 2011, 1047; BAG 10 AZR 666/08 vom 05. August 2009, NZA 2009, 1135, APS/*Linck* BGB § 612a Rn. 21; *Diller/Arnold,* ZIP 2011, 837 (843), *Grau/Sittard,* NZA 2009, 1396.

Ein gewisser äußerer Druck wird auf die Geschäftsleiter durch die Veröffentlichungspflichten im Rahmen des § 16 InstitutsVergV sowie durch die Mitteilungspflicht an die *EBA*[601] und die Offenlegung nach Ziffer 4.2.4. DCGK ausgeübt.

c) *Anpassungsoptionen*

Das Institut hat die Vertragsanpassung nach dem Wortlaut des § 14 InstitutsVergV im Rahmen des rechtlich Möglichen umzusetzen. Hierfür stehen neben der einvernehmlichen Vertragsänderung eventuell auch einseitige Handlungsoptionen in Form der Änderungskündigung oder der Anpassung wegen Störung der Geschäftsgrundlage nach § 313 BGB zur Verfügung. Kollektivrechtliche Vereinbarungen in Form von Richtlinien bedürfen ebenfalls einer einvernehmlichen oder einseitigen Anpassung.

aa) Einvernehmliche Vertragsanpassung

Eine einvernehmliche Vertragsänderung ist stets zulässig und mit wenigen rechtlichen Risiken verbunden. Dabei stellt sich die Frage, ob ein Geschäftsleiter aus vertraglicher oder organschaftlicher Treuepflicht sogar zu einer Zustimmung zur Vertragsanpassung verpflichtet ist.

(1) Freiwillige Anpassung

Das Aufsichts- oder Verwaltungsorgan kann jederzeit auf die Geschäftsleiter zugehen, um auf eine einvernehmliche Vertragsänderung hinzuwirken. Eine Initiativpflicht des Geschäftsleiters ist zu verneinen, da für die Ausgestaltung der Vergütung der Geschäftsleiter das Aufsichts- oder Verwaltungsorgan gemäß § 3 Abs. 2 InstitutsVergV zuständig ist[602]. Dies entspricht auch der gesellschaftsrechtlichen Kompetenzverteilung nach §§ 87 AktG beziehungsweise 64 GmbHG. Abweichendes ergibt sich auch nicht aus § 25a Abs. 1 KWG, wonach der Geschäftsleiter für ein angemessenes Risikomanagement zuständig ist, zu dem insbesondere auch Vergütungsfragen gehören.

(2) Zustimmungspflicht aus Treuepflicht

Umstritten ist, ob ein Geschäftsleiter aus vertraglicher oder organschaftlicher Treuepflicht zur Zustimmung seiner Vertragsanpassung verpflichtet ist. Eine Treuepflicht der Geschäftsleiter, insbesondere wenn sie als Organ des Instituts bestellt sind, ist gesetzlich nicht ausdrücklich normiert. Sie leitet sich aus dem Organverhältnis

601 *EBA*, Guidelines on the data collection exercise regarding high earners vom 16. Juli 2014, EBA/GL/2014/07.

602 So auch *Diller/Arnold*, ZIP 2011, 837 (844) mit Hinweis auf eine abweichende Auffassung einiger Repräsentanten der *BaFin*.

der Geschäftsleiter zu der Gesellschaft ab[603]. Diese organschaftlichen Pflichten sind aufgrund des Anstellungsvertrags zugleich auch vertragliche Pflichten[604]. Der Anstellungsvertrag kann die organschaftlichen Treuepflichten zwar konkretisieren nicht jedoch modifizieren[605]. Weitere Einzelheiten der organschaftlichen Treuepflicht regeln die Ziffern 4.3.1 bis 4.3.5 DCGK. Insgesamt ergibt sich ein Gleichlauf der vertraglichen und organschaftlichen Treuepflichten. Dies bedeutet: soweit keine organschaftliche Treupflicht besteht, kann auch keine vertragliche Treuepflicht begründet werden. Bei der erstmaligen Bestellung eines Geschäftsleiters bestehen weder eine organschaftliche noch eine vertragliche Treupflicht. Jedoch stellt sich hier bereits nicht das Problem einer Zustimmungspflicht, da es keinen anzupassenden Vertrag gibt. Bei einem Neuabschluss müssen die Vorgaben der Instituts-Vergütungsverordnung zwingend und uneingeschränkt beachtet werden[606].

Bei einer Vertragsverlängerung oder während eines bestehenden Anstellungsverhältnisses gilt hingegen die Treuepflicht. Aus ihr folgt, dass der Geschäftsleiter die ihm übertragenen Aufgaben zum Wohl des Instituts auszuüben hat, die Interessen des Instituts zu fördern und Schaden vom Institut abzuwenden hat[607]. Insbesondere muss er seine eigenen Interessen hinter den Interessen des Instituts zurückstellen[608]. In der Rechtsprechung und Literatur wird deshalb vertreten, dass sich aus der Treuepflicht eine Zustimmungspflicht des Geschäftsleiters zur Vertragsanpassung ableiten lässt[609]. Gleichzeitig wird allerdings überwiegend betont, dass eine solche Pflicht nur in eng zu fassenden Ausnahmefällen besteht, wenn sich die Verschlechterung der wirtschaftlichen Verhältnisse zur wirtschaftlichen

603 Hölters/*Hölters* AktG § 93 Rn. 114; Spindler/Stilz/*Fleischer* AktG § 93 Rn. 117; KK-AktG/*Mertens/Cahn* AktG § 93 Rn. 95; MüKoAktG/*Spindler* AktG, § 93 Rn. 92.

604 MüKoAktG/*Spindler* AktG, § 84 Rn. 104; Henssler/Strohn/*Dauner-Lieb* AktG, *§ 84* Rn. 23; Hölters/*Weber* AktG, *§ 84* Rn. 44, 53; a.A. im Hinblick auf die Treuepflicht des Vorstandsmitglieds Großkomm-AktG/*Kort* AktG § 84 Rn. 77; wohl auch Spindler/Stilz/*Fleischer* AktG § 84 Rn. 76, der allerdings kaum Unterschiede ausmacht.

605 Hölters/*Hölters* AktG § 93 Rn. 114; a.A. Spindler/Stilz/*Fleischer* AktG § 93 Rn. 117.

606 Thematisiert bei *Spindler*, AG 2011, 725 (728); so auch *Drygala*, FS U.H. Schneider 2011, 275 (289 ff.).

607 Statt aller: MüKoAktG/*Spindler* AktG § 76 Rn. 13; Hölters/*Weber* AktG § 76 Rn. 7.

608 BGH II ZR 183/82 vom 21. Februar 1983, WM 1983, 498 für GmbH-Geschäftsführer; OLG Hamm 31 U 42/96 vom 18. November 1996, NJW-RR 1997, 737; MüKoAktG/*Spindler* AktG § 76 Rn. 13, Spindler/Stilz/*Spindler* AktG § 112 Rn. 8; *Fleischer*, WM 2003, 1045 (1051 ff.).

609 OLG Düsseldorf 16 U 19/10 vom 02. Dezember 2011, GmbHR 2012, 332; OLG Sachsen-Anhalt 5 U 12/03 vom 16. April 2003, GmbHR 2004, 423; *Baeck/Götze/Arnold*, NZG 2009, 1121 (1124); *Diller/Arnold*, ZIP 2011, 837 (845); *Lindemann*, GmbHR 2009, 737 (739 f.); *Lunk/Besenthal*, NZG 2013, 1010 (1014); *Lunk/Stolz*, NZA 2010, 121 (123); *Zürn/Böhm*, BB 2014, 1269 (1272); MüKoGmbHG/*Jaeger* GmbHG § 35 Rn. 325; *Sammet*, Versicherungs-Vergütungsverordnung, S. 309.

Krise der Gesellschaft ausgeweitet hat[610]. Seit der Entspannung der Finanzmarktlage kann sich kein nationales Institut darauf berufen, dass es einer Herabsetzung der Vergütung ihrer Geschäftsleiter wegen einer aktuellen Krise des Instituts zwingend bedarf. Zu berücksichtigen ist, dass eine Vertragsanpassung nicht primär auf eine Herabsetzung der Vergütung abzielt.

Eine allgemeine Anpassungspflicht unter Berufung auf ein überwiegendes Interesse des Instituts an einer verordnungskonformen Vertragsgestaltung ist abzulehnen. Nicht jede verordnungswidrige Vertragsgestaltung führt zwingend zu einem Nachteil für das Institut. Nach dem Wortlaut des § 14 InstitutsVergV wird lediglich das Hinwirken auf eine Anpassung verlangt, nicht deren tatsächliche Durchsetzung. Erfüllt das Aufsichts- beziehungsweise Verwaltungsorgan diese Pflicht nachweislich, drohen dem Institut keine rechtlichen Konsequenzen durch die *BaFin*. Des Weiteren folgt nicht aus jeder verordnungswidrigen Vertragsgestaltung, dass der Geschäftsleiter zur Eingehung unverhältnismäßiger Risiken zum Nachteil des Instituts bereit ist. Die Gründe für die Verweigerung der Vertragsanpassung können vielschichtig sein.

Bei Verhandlungen mit dem Geschäftsleiter darf das Aufsichts- oder Verwaltungsorgan zwar darauf hinweisen, dass dem Geschäftsleiter aus aufsichtsrechtlicher Sicht die Pflicht obliegt, im Rahmen seiner Zuständigkeit für eine ordnungsgemäße Geschäftsorganisation und ein angemessenes Risikomanagement die angemessene Ausgestaltung aller Vergütungssysteme im Institut sicherzustellen[611]. Eine Zustimmungspflicht folgt hieraus jedoch nicht.

Den Geschäftsleiter kann allerdings eine moralische Zustimmungs"pflicht" treffen, da er als Vorgesetzter gegenüber seinen Mitarbeitern eine Vorbildfunktion hat. Er agiert in hohem Maße unglaubwürdig, wenn er einerseits bei seinen Mitarbeitern mit Nachdruck auf eine Vertragsanpassung hinwirkt, sich selbst aber einer Vertragsanpassung versperrt[612]. Bei einer fehlgeschlagenen Vertragsanpassung erwarten den Geschäftsleiter verstärkte Kontrollen durch die *BaFin* sowie möglicherweise ein negatives Bild in der Öffentlichkeit[613].

---

610 OLG Düsseldorf 16 U 19/10 vom 02. Dezember 2011, GmbHR 2012, 332; OLG Düsseldorf 17 U 164/03 vom 05. März 2004, nv.; *Baeck/Götze/Arnold*, NZG 2009, 1121 (1124); *Lindemann*, GmbHR 2009, 737 (739f.); *Lunk/Besenthal*, NZG 2013, 1010 (1014); *Lunk/Stolz*, NZA 2010, 121 (123); *Zürn/Böhm*, BB 2014, 1269 (1272); a.A. wohl *Diller/Arnold*, ZIP 201, 837 (845); *Sammet*, Versicherungs-Vergütungsverordnung, S. 309.

611 *Buscher/Hannemann/Wagner/Weigl* InstitutsVergV, S. 146.

612 So auch *Diller/Arnold*, ZIP 2011, 837 (845).

613 *Diller/Arnold*, ZIP 2011, 837 (843).

bb) *Einseitige Vertragsanpassungsmöglichkeiten*

Als einseitige Vertragsanpassungsmöglichkeiten stehen dem Institut die Änderungskündigung sowie die Anpassung nach den Grundsätzen der Störung der Geschäftsgrundlage nach § 313 BGB zur Verfügung.

(1) Änderungskündigung

Sollte eine einvernehmliche Vertragsanpassung scheitern, kommt eine Änderungskündigung in Betracht. Für Geschäftsleiter, die als Organ des Instituts bestellt sind, gelten zwar die die strengen Kündigungsschutzvorschriften des § 2 KSchG nicht, § 14 Abs. 1 KSchG[614]. Für Geschäftsleiter, die als leitende Angestellte im Sinne des § 14 Abs. 2 KSchG berufen sind, gilt § 2 KSchG jedoch uneingeschränkt[615]. Bei einer Änderungskündigung stellen sich unabhängig davon zwei Probleme. Typischerweise sind die Dienstverträge der Geschäftsleiter auf fünf Jahre befristet abgeschlossen, § 84 Abs.1 Satz 1 AktG. Es bedarf deshalb der ausdrücklichen Vereinbarung der vorzeitigen ordentlichen Kündbarkeit[616]. Fehlt eine solche, kann der Dienstvertrag nur außerordentlich gekündigt werden. Eine außerordentliche Änderungskündigung eines Organmitglieds oder leitenden Angestellten unterliegt einer Zumutbarkeits- und Verhältnismäßigkeitsprüfung[617]. Es bedarf eines wichtigen Grundes im Sinne des § 626 BGB. Bei einer Änderungskündigung zur Entgeltkürzung[618] bejaht das *Bundesarbeitsgericht* ein dringendes betriebliches Erfordernis nur, wenn der Betrieb stillgelegt oder die Belegschaft verringert werden müsste und die Änderungskündigung deshalb ein milderes Mittel gegenüber der Kündigung

614 Ausführlicher dazu APS/*Biebl* KSchG § 14 Rn. 5 ff.; ErfK/*Kiel* KSchG § 14 Rn. 3, 10 ff.; MüKoBGB/*Hergenröder* KSchG § 14 Rn. 3 ff.

615 APS/*Biebl* KSchG § 14 Rn. 26; ErfK/*Kiel* KSchG § 14 Rn. 18 f.; MüKoBGB/*Hergenröder* KSchG § 14 Rn. 21.

616 Von der Vereinbarung eines ordentlichen Kündigungsrechts wird in der Praxis wegen der zahlreichen Auslegungsproblemen abgeraten: vgl. Spindler/Stilz/*Fleischer* AktG § 84 Rn. 167; *Wiesner* in: Hoffmann-Becking, Münch. Hdb. GesR. IV, § 21 Rn.120; *Thüsing* in: Fleischer Handbuch des Vorstandsrechts, § 5 Rn.55; auch in Musterverträgen findet sich grundsätzlich keine Klausel bezüglich eines ordentlichen Kündigungsrechts: beispielsweise Tomicic in Beck'sche Online-Formulare Vertragsrecht, 2.3.3 Vorstandsdienstvertrag (einfach); *Lingemann* in: Bauer/Lingemann/Diller/Haußmann, Anwalts-Formularbuch Arbeitsrecht, M 5.1, S. 204.

617 BAG 2 AZR 844/07 vom 28. Mai 2009, NZA 2009, 954; BAG 2 AZR 757/07 vom 27. November 2008, NZA 2009, 481; BAG 2 AZR 580/05 vom 01. März 2007, NZA 2007, 1445; BAG 2 AZR 207/05 vom 18. Mai 2006, NZA-RR 2007, 272; APS/*Dörner/Vossen* BGB § 626 Rn. 333; *Lunk/Besenthal,* NZG 2013, 1010 (1013); *Lunk/Stolz,* NZA 2010, 121 (123), dazu auch *Fischermeier,* NZA 2000, 737 (742 f.).

618 Bei einer Vertragsanpassung steht primär nicht die Absenkung der Vergütung im Vordergrund, jedoch liegt bei Geschäftsleiter bei erstmaliger Einführung des Malus-Systems oder der Anpassung der Obergrenze der variablen Vergütung auf 100 Prozent der Fixvergütung die Vermutung einer Entgeltreduzierung nahe.

wäre[619]. Von einer existenzbedrohenden Situation für das Institut allein aufgrund einer gescheiterten Vertragsanpassung und eines möglicherweise drohenden Bußgelds in Höhe von 200.000 Euro[620] ist im Jahr 2014 nicht mehr auszugehen. Es fehlt somit an den nötigen Voraussetzungen für eine außerordentliche Änderungskündigung bei einem befristeten Dienstvertrag. In der Praxis besteht auch keine dringende Notwendigkeit den Instituten eine solche Möglichkeit einzuräumen. Sobald die Befristung ausläuft, sind bei einer Verlängerung zwingend die Vorgaben der Instituts-Vergütungsverordnung zu beachten. Die Gefahr einer dauerhaften oder langfristigen Unvereinbarkeit der Dienstverträge mit der aktuellen Gesetzeslage ist daher nicht gegeben.

Auch wenn die ordentliche Kündigung zulässig ist oder der Vertrag auf unbestimmte Zeit geschlossen wurde, ist die Änderungskündigung in der Mehrzahl der Fälle kein taugliches Mittel. Die Änderungskündigung stellt gegenüber Geschäftsleitern eine Beendigungskündigung dar unter gleichzeitigem Angebot eines neuen, geänderten Vertrags. Es besteht das Risiko, dass der Geschäftsleiter das geänderte Angebot ablehnt, wissend, dass er auch bei einem anderen Institut nur einen Vertrag in Übereinstimmung mit den Vorgaben der Instituts-Vergütungsverordnung erhalten wird, und das Dienstverhältnis deshalb endet. Hintergrund kann die regelmäßig vertraglich vereinbarte Abfindung bei vorzeitiger Kündigung sein. Das Institut sollte jedoch nicht im Rahmen der Hinwirkungspflicht angewiesen sein, ein solches Risiko einzugehen. Oftmals sind in der Praxis darüber hinaus sehr lange Kündigungsfristen vereinbart[621]. Aus rechtlicher Sicht, wird man jedoch die Zulässigkeit einer Änderungskündigung als *ultima ratio* bejahen müssen[622].

(2) Anpassung wegen Störung der Geschäftsgrundlage nach § 313 BGB

Als weiteres Instrumentarium der Vertragsanpassung könnte die Berufung auf eine Störung der Geschäftsgrundlage gemäß § 313 BGB erwogen werden. Danach kann eine Partei die Anpassung des Vertrags verlangen, wenn sich Umstände, die zur Geschäftsgrundlage des Vertrags geworden sind, nach Vertragsschluss schwerwiegend verändert haben und ein Festhalten an der ursprünglichen Regelung unzumutbar ist. Hinsichtlich veränderter Umstände kann einerseits auf die Neufassung der Instituts-Vergütungsverordnung abzustellen sein. Andererseits könnten auch die Auswirkungen der Finanzkrise in Betracht zu ziehen sein.

---

619 Zuletzt BAG 2 AZR 139/07 vom 26. Juni 2008, NZA 2008, 1182; ArbG Berlin 28 Ca 7136/15 vom 07. August 2015; *Lindemann*, GmbHR 2009, 737; *Lunk/Stolz* NZA 2010, 121; ausführlich *Rücker*, Betriebsbedingte Änderungskündigung, S. 99 ff., 126 ff.

620 § 56 Abs. 6 Nr. 3 i.V.m. Abs. 2 Nr. 3 l) KWG bei Verstößen gegen eine Anordnung der *BaFin*, die aufgrund eines Verstoßes gegen die Instituts-Vergütungsverordnung erlassen werden kann; siehe dazu auch 2. Kapitel VI.2. und 4.

621 So auch *Zürn/Böhm*, BB 2014, 1269 (1272).

622 so auch *Diller/Arnold*, ZIP 2011, 837 (844); weniger kritisch: *Rieble/Schmittlein*, Vorstandsvergütung, Rn. 548.

Der Verordnungsgeber hat durch die Formulierung in § 14 InstitutsVergV gezeigt, dass ein Festhalten an den bestehenden vertraglichen Regelungen durchaus zumutbar ist, indem er lediglich eine Hinwirkungspflicht normiert hat. Dies schließt auch ein Scheitern der Vertragsanpassung mit ein[623]. Im Übrigen läge ein Zirkelschluss vor, wäre die Anpassung bestehender Vereinbarungen bereits durch den Erlass der Instituts-Vergütungsverordnung gerechtfertigt. Die Formulierung zielt ausdrücklich auf eine Anpassung im Rahmen des rechtlich Möglichen ab, ohne dass die Verordnung selbst die Möglichkeit des rechtlich Zulässigen beeinflussen möchte. Bei Bejahung der Störung der Geschäftsgrundlage durch den Erlass der Instituts-Vergütungsverordnung würde jedoch der Rahmen des rechtlich Möglichen gerade erweitert[624].

Ein Abstellen auf die Auswirkungen der Finanzkrise als ausreichende Legitimation für das Berufen auf die Unzumutbarkeit der Beibehaltung der bestehenden Vergütungsabreden ist in den Jahren 2014 und folgende unzulässig. Gerade für den Fall einer Krise haben die Institute mit ihren Geschäftsleitern eine variable Vergütung vereinbart, die sich an den Gewinnen des Instituts bemisst und in einer Krisensituation auch zu einem vollständigen Abschmelzen des variablen Vergütungsanspruchs führen kann. Ist aber gerade für die Krisensituation eine vertragliche Vorsorge getroffen worden, scheidet die Anwendung des § 313 BGB aus. Die Parteien haben für den Fall der sich ändernden Umstände eine ausdrückliche Vereinbarung getroffen, so dass es am hypothetischen Element einer anderen Vereinbarung bei Voraussicht der Finanzkrise fehlt. Im Ergebnis ist eine Vertragsanpassung nach den Grundsätzen der Störung der Geschäftsgrundlage abzulehnen.

Mit § 87 Abs. 2 AktG hat der Gesetzgeber zudem eine Norm geschaffen, die im Falle einer wirtschaftlichen Notlage die Voraussetzungen einer Herabsetzung der Vergütung regelt. Diese geht als lex specialis dem § 313 BGB vor[625].

cc) Anpassung von Sprecherausschussrichtlinien

Bei kollektivrechtlichen Vereinbarungen zwischen Institut und Sprecherausschuss, die Regelungen bezüglich der Vergütung von Geschäftsleitern enthalten, besteht ebenfalls eine Hinwirkungspflicht zur Anpassung. Zwar sind Sprecherausschussrichtlinien auch in der Neufassung des § 14 Abs. 1 Nr. 2 InstitutsVergV (§ 10 InstitutsVergV a.F.) nicht explizit genannt, jedoch sind sie in ihrer Art und ihrem Regelungsgehalt mit Betriebs- und Dienstvereinbarungen vergleichbar. Im Unterschied zu Betriebsvereinbarungen basieren Richtlinien nicht auf einem zwingenden Mitbestimmungsrecht, sondern ergehen stets auf freiwilliger Basis. Scheitert eine

---

623 so auch *Zürn/Böhm*, BB 2014, 1269 (1272).

624 *Diller/Arnold* ZIP 2011, 837 (841); *Zürn/Böhm* BB 2014, 1269 (1272 f.); *Sammet*, Versicherungs-Vergütungsverordnung, S. 283.

625 Spindler/Stilz/*Fleischer* AktG § 87 Rn. 60; KK-AktG/*Mertens/Cahn* AktG § 87 Rn.84; *Diller*, NZG 2009, 1006; *Diller/Göpfert*, DB 2008, 2579 (2581); *Fleischer*, NZG 2009, 801 (804); *Thüsing*, AG 2009, 517 (523); *Weller*, NZG 2010, 7 (8); *Peltzer*, FS Lutter 2000, 571 (580).

einvernehmliche Änderung, kann das Institut die verordnungswidrige Richtlinie regelmäßig ohne Nachwirkung mit einer Frist von drei Monaten kündigen – soweit nicht etwas anderes vereinbart ist – und gegebenenfalls durch neue, verordnungskonforme Vereinbarungen ersetzen, § 28 Abs. 2 SprAuG, § 77 Abs. 6 BetrVG. Für Geschäftsleiter hat diese Anpassungspflicht nur dann Auswirkungen, wenn es sich bei ihnen um leitende Angestellte handelt. Für Geschäftsleiter in Organstellung gelten Sprecherausschussrichtlinien nicht.

d) Erstreckung der Anpassungsbemühungen auf die Obergrenze von variabler zu fixer Vergütung

Durch die Neufassung eingeführt wurde eine Beschränkung der variablen Vergütung auf einen bestimmten Prozentsatz der Fixvergütung. Diese Regelung findet sich jedoch nicht in der Instituts-Vergütungsverordnung, sondern in § 25a Abs. 5 KWG. Damit stellt sich die Frage, ob eine Hinwirkungspflicht auch diesbezüglich besteht, da sich die Pflicht gemäß § 14 InstitutsVergV als untergesetzliche Norm nicht auch auf die Anforderungen des § 25a Abs. 5 KWG erstreckt oder ob dies dazu führt, dass eine Obergrenze auch bei bestehenden Verträgen zwingend oder gerade nicht zu implementieren ist[626]. Kern des Problems ist die Frage des Verhältnisses zwischen Aufsichts- und Dienst- beziehungsweise Arbeitsrecht. Eine wissenschaftliche Aufarbeitung dieser Thematik fehlt bislang[627]. In zahlreichen Vorschriften hat der Gesetzgeber selbst explizite Regelungen getroffen. So hat er beispielsweise in § 10a Abs. 8 Satz 2 KWG die Einwirkungspflicht übergeordneter Unternehmen auf gruppenangehörige Unternehmen hinsichtlich der angemessenen Eigenmittelausstattung auf das nach gesellschaftsrechtlichen Grundsätzen zulässige Maß beschränkt. Auch in § 45 Abs. 5 S. 8–12 KWG findet sich eine ausdrückliche Regelung. Hier normiert der Gesetzgeber die Priorität des Aufsichtsrechts über andere Rechtsgebiete. Es kann weder von einem generellen Vorrang noch von einem stetigen Nachrang des Aufsichtsrechts ausgegangen werden. Im Fall des Verhältnisses der variablen Vergütung zur Fixvergütung liegt es im Interesse des Instituts auch auf eine diesbezügliche Vertragsanpassung hinzuwirken[628]. Anderenfalls kann die *BaFin* einen derartigen Verstoß im Rahmen der aufsichtsrechtlichen Maßnahmen nach § 45 und § 45b KWG ahnden. In § 6 Abs. 1 InstitutsVergV findet sich zudem die Regelung, dass ein angemessenes Verhältnis zwischen variabler und fixer Vergütung bestehen muss. § 25a Abs. 5 KWG dient lediglich als Konkretisierung der Angemessenheit. Da § 6 Abs. 1 InstitutsVergV von der Anpassungspflicht des § 14 InstitutsVergV erfasst ist, ist auch die Vereinbarung eines angemessenen Verhältnisses nach den Vorgaben des § 25a Abs. 5 KWG umzusetzen. Letztlich besteht somit eine Hinwirkungspflicht im Rahmen des rechtlich Möglichen. Einer zwingenden Umsetzung bedarf es nicht.

---

626 So auch *Buscher/Hannemann/Wagner/Weigl* InstitutsVergV, S. 147 f.

627 *Buscher/Hannemann/Wagner/Weigl* InstitutsVergV, S. 147 f.

628 Vgl. *Buscher/Hannemann/Wagner/Weigl* InstitutsVergV, S. 147 f.

V. Kontrolle der Vergütungssysteme

Die angemessene und nachhaltige Ausgestaltung der Vergütungssysteme und der Vergütung bedürfen einer umfassenden Kontrolle. Der Verordnungsgeber hat zu diesem Zweck sowohl institutsinterne als auch externe Kontrollmechanismen geschaffen. Intern sind hierfür der Vergütungskontrollausschuss sowie in bedeutenden Instituten der Vergütungsbeauftragte zuständig. Ihnen obliegt es, die Vergütungen der Geschäftsleitung zu überwachen. Daneben sind auch die Kontrolleinheiten[629] bei der Überwachung angemessenen zu beteiligen, § 3 Abs. 3 InstitutsVergV. Als externe Aufsicht fungiert die *BaFin* als oberste nationale Aufsichtsbehörde. Die Offenlegungspflichten nach § 16 InstitutsVergV dient ebenfalls dem Zweck einer erhöhten Transparenz und damit einer potentiellen Kontrolle durch die Öffentlichkeit.

1. Interne Kontrollmöglichkeiten

Die Instituts-Vergütungsverordnung sieht in ihrer aktuellen Fassung zwei besondere Gremien für die interne Kontrolle der Angemessenheit der Vergütung vor: den Vergütungskontrollausschuss nach § 15 InstitutsVergV sowie den Vergütungsbeauftragen nach §§ 23 ff. InstitutsVergV. Diese Corporate Governance-Struktur wurde durch das CRD IV-Umsetzungsgesetz[630] und die Novellierung der Instituts-Vergütungsverordnung neu geschaffen. Die ursprüngliche Regelung sah in § 6 InstitutsVergV a.F. lediglich einen Vergütungsausschuss für bedeutende Institute vor, der als Instrument der Geschäftsleiter zu qualifizieren war[631].

a) Vergütungskontrollausschuss

Dem Vergütungskontrollausschuss[632] gemäß § 15 InstitutsVergV kommt neben der Unterstützung des Aufsichts- oder Verwaltungsorgans bei der angemessenen Ausgestaltung der Vergütung auch eine Überwachungsaufgabe zu. Gemäß § 15 Abs. 2 Satz 2 Nr. 2 InstitutsVergV überprüft der Vergütungskontrollausschuss regelmäßig, mindestens jedoch einmal jährlich, ob die vom Aufsichts- oder Verwaltungsorgan beschlossenen Festlegungen zum Gesamtbetrag der variablen Vergütung, zu den

---

629 § 2 Abs. 9 InstitutsVergV: Marktfolge, Personal, Interne Revision, Risikocontrolling, Compliance; auch der Vergütungsbeauftrage nach § 23 InstitutsVergV zählt zu den Kontrolleinheiten im Sinne des Gesetzes.

630 Gesetz zur Umsetzung der Richtlinie 2013/36/EU über den Zugang zur Tätigkeit von Kreditinstituten und die Beaufsichtigung von Kreditinstituten und Wertpapierfirmen und zur Anpassung des Aufsichtsrechts an die Verordnung (EU) Nr. 575/2013 über Aufsichtsanforderungen an Kreditinstitute und Wertpapierfirmen (CRD IV-Umsetzungsgesetz) vom 28. August 2013, BGBl. I Nr. 53, S. 3395.

631 § 6 InstitutsVergV a.F.; Begründung zur Verordnung über die aufsichtsrechtlichen Anforderungen an Vergütungssysteme von Instituten (InstitutsVergütungsverordnung – InstitutsVergV) in der Fassung vom 06. Oktober 2010 zu § 6.

632 Zur Zusammensetzung und notwendigen Errichtung siehe bereits 2. Kapitel II.2.

angemessenen Vergütungsparametern, Erfolgsbeiträgen, Leistungs- und Zurückbehaltungszeiträumen und den Voraussetzungen für einen vollständigen Verlust oder eine teilweise Reduzierung der variablen Vergütung noch angemessen sind. Hierzu gehört auch die Überprüfung, ob die nach § 3 Abs. 3 InstitutsVergV einzubeziehenden Kontrolleinheiten bei der Festlegung der Vergütungssysteme ordnungsgemäß beteiligt wurden[633]. Dadurch soll die Expertise gewahrt werden, die früher im Vergütungsausschuss nach § 6 InstitutsVergV a.F. gebündelt war. Im Rahmen seiner Aufgabenerfüllung hat der Vergütungskontrollausschuss insbesondere darauf hinzuwirken, dass die Vergütungssysteme an der auf die nachhaltige Entwicklung des Instituts ausgerichteten Geschäftsstrategie und an den daraus abgeleiteten Risikostrategien ausgerichtet sind, § 15 Abs. 4 InstitutsVergV.

b) Vergütungsbeauftragter

Bedeutende Institute sind gemäß § 23 Abs. 1 Satz 2 InstitutsVergV verpflichtet, einen Vergütungsbeauftragten zu bestellen. Dadurch soll eine angemessene, dauerhafte und wirksame Kontrolle der Vergütung sichergesellt werden. Dass sich § 23 Abs. 1 Satz 1 InstitutsVergV nur auf die Vergütung von Mitarbeitern und nicht ausdrücklich auch auf die der Geschäftsleiter bezieht, kann als redaktionelles Versehen gewertet werden. Auch deren Vergütung ist selbstredend entsprechend zu kontrollieren.

aa) Organisatorische Einbindung des Vergütungsbeauftragten

Der Vergütungsbeauftragte ist organisatorisch und disziplinarisch auf einer ausreichend hohen Führungsebene unterhalb der Geschäftsleitung anzusiedeln, § 23 Abs. 5 InstitutsVergV. Genauere Ausführungen dazu finden sich weder in der Verordnung selbst noch in deren Begründung oder Auslegungshilfe[634]. Lediglich klargestellt ist, dass weder der Geschäftsleiter selbst noch der Compliance-Beauftragte zugleich Vergütungsbeauftragter sein dürfen, § 23 Abs. 4 InstitutsVergV. *Klein* spricht sich dafür aus, dass der Vergütungsbeauftragte in der Compliance-Abteilung angesiedelt werden sollte[635]. Hier sei der Vergütungsbeauftragte unabhängig, die entsprechende Führungsebene sei vorhanden, die Einbindung in Vergütungsprozesse im Unternehmen sei ebenfalls gewährleistet[636]. Zudem spräche für eine dortige Ansiedlung auch, dass weitere regulatorische Vorgaben wie die Mindestanforderungen an die Compliance-Funktion und die weiteren Verhaltens-, Organisations- und

633 *Buscher/Hannemann/Wagner/Weigl* InstitutsVergV § 15, S. 158.
634 *Christoffer*, BKR 2015, 14 (15).
635 *Klein*, ZfgK 2014, 1080.
636 A.a. *Christoffer*, BKR 2015, 14 (16), der argumentiert, die Compliance-Abteilung sei nicht in die entsprechenden Vergütungsprozesse eingebunden und verfüge nicht über die notwendigen Kenntnisse. Dabei verkennt er jedoch, dass nach § 3 Abs. 3 die Kontrolleinheiten, zu denen auch die Compliance-Funktion zählt, angemessen bei der Ausgestaltung und Überwachung zu beteiligen sind.

Transparenzpflichten nach §§ 31ff. WpHG für Wertpapierdienstleistungsunternehmen (MaComp) und die *ESMA-Leitlinien Vergütungsgrundsätze und -verfahren (MiFID)* gleichermaßen Vergütungs- und Compliance-Themen umfassten[637]. Dem ist zuzustimmen. Im Rahmen des § 8 InstitutsVergV sind in bedeutenden Instituten der Vergütungsbeauftragte, in anderen Instituten die Compliance-Funktion für die Überwachung der Einhaltung des Verbots der Absicherungs- und Gegenmaßnahmen zuständig. Hieraus lässt sich eine gewisse Vergleichbarkeit der beiden Einheiten ableiten. Alternativ kann auch eine eigene Abteilung oder eine Stabstelle, die unmittelbar der Geschäftsleitung untersteht, geschaffen werden[638]. Keinesfalls sollte der Vergütungsbeauftragte bei der Personalabteilung angesiedelt sein[639]. Der Personalleiter ist grundsätzlich an der Ausgestaltung der Vergütungssysteme der Mitarbeiter beteiligt, auch wenn die Gesamtverantwortung bei der Geschäftsleitung liegt, § 3 Abs. 1 InstitutsVergV. Ist er nun gleichzeitig auch für deren Überwachung zuständig, besteht ein Interessenkonflikt[640]. Die *BaFin* hat sich ebenfalls dahingehend geäußert, dass eine dortige Anbindung nicht erwünscht sei. Ein explizites Verbot hat sie nicht ausgesprochen[641].

bb) Aufgaben

Der Vergütungsbeauftragte unterstützt das Aufsichts- oder Verwaltungsorgan beziehungsweise deren Kontrollausschuss bei den Überwachungs- und Ausgestaltungsaufgaben, § 24 Abs. 2 InstitutsVergV. Diese Pflicht gilt für alle Vergütungssysteme und somit auch für die Vergütungssysteme der Geschäftsleiter. Dies ergibt sich zum einen aus dem ausdrücklichen Wortlaut der Vorschrift, wonach sich die Verpflichtung auf alle Vergütungssysteme bezieht. Zum anderen kommt dem Vergütungskontrollausschuss nur hinsichtlich der Vergütung der Geschäftsleitung ein Gestaltungsrecht zu[642]. Zwar ist der Aufsichtsrat grundsätzlich verpflichtet, seine Aufgaben höchstpersönlich wahrzunehmen[643] und eine Beteiligung Dritter ist nur im Rahmen der § 109 Abs. 1 Satz 2 AktG und § 111 Abs. 2 Satz 2 AktG zulässig[644]. Eine weitere Ausnahme normiert nun § 24 Abs. 2 InstitutsVergV. Durch die Einbeziehung eines Vergütungsbeauftragten bei der Ausgestaltung und Überwachung der Vergütungssysteme soll dem Aufsichts- oder Verwaltungsorgan eine Person

---

637 *Klein*, ZfgK 2014, 1080.
638 So auch *Christoffer*, BKR 2015, 14 (16).
639 So auch *Christoffer*, BKR 2015, 14 (16); *Klein*, ZfgK 2014, 1080; zur Praxis siehe *Neubacher* in Börsen-Zeitung „Wenn der Personalchef sich selbst überwacht“ vom 23. August 2014, S. 3.
640 *Christoffer*, BKR 2015, 14 (16); *Klein*, ZfgK 2014, 1080.
641 Dies erwähnend *Klein*, ZfgK 2014, 1080; *Neubacher* in Börsen-Zeitung „Wenn der Personalchef sich selbst überwacht“ vom 23. August 2014, S. 3.
642 Für die Vergütungssysteme der Mitarbeiter ist die Geschäftsleitung originär zuständig, § 3 Abs. 1InstitutsVergV, § 25a Abs. 1 Satz 3 Nr. 6 KWG.
643 MüKoAktG/*Habersack* AktG § 95 Rn. 6.
644 MükoAktG/*Habersack* AktG § 95 Rn. 6.

mit besonderer Sachkunde im Bereich Vergütungssysteme und Risikocontrolling zur Seite gestellt werden. Der Vergütungsbeauftragte ist hierarchisch zwar unterhalb der Geschäftsleitung angesiedelt und unterliegt somit deren Weisungen. Er ist jedoch nach § 24 Abs. 2 Satz 2 InstitutsVergV verpflichtet, dem Vorsitzenden des Aufsichts- oder Verwaltungsorgans Auskunft zu erteilen. Über dieses Auskunftsersuchen hat er die Geschäftsleiter nicht zu informieren[645] und kann die Auskunft nicht unter Hinweis auf eine entgegenstehende Weisung der Geschäftsleitung verweigern.

Darüber hinaus hat der Vergütungsbeauftragte auch die Einhaltung des Verbots der Absicherungsmaßnahmen nach § 8 InstitutsVergV zu überwachen. Systematisch erscheint die Regelung dieser originären Kontrollaufgabe abseits des § 24 InstitutsVergV fragwürdig[646]. Da das Absicherungsverbot jedoch für alle Institute gilt, der Vergütungsbeauftragte jedoch nur in bedeutenden Instituten zu ernennen ist, hat sich der Gesetzgeber entschieden, diese Aufgabenverteilung bereits im Rahmen des § 8 InstitutsVergV zu regeln. Für nicht bedeutende Institute ist die Compliance-Funktion für die Überwachung zuständig.

2. Externe Kontrolle

Eine externe Kontrolle kann einerseits durch Aufsichtsbehörden und andererseits durch die Öffentlichkeit erfolgen. In beiden Fällen bedarf es umfassender Offenlegungspflichten der Institute.

a) Nationale Aufsichtsbehörde

Die *BaFin* als nationale Aufsichtsbehörde hat die Aufsicht über die Einhaltung der von den europäischen Institutionen erarbeiteten Leitlinien und Standards sowie des Kreditwesengesetzes und der Instituts-Vergütungsverordnung[647]. Derzeit werden rund 1.780 Banken[648] beaufsichtigt. Die *BaFin* überprüft die Vergütungssysteme und die Einhaltung der Vergütungsvorgaben im Rahmen der laufenden Aufsicht als Teil der Organisationskontrolle.

b) Offenlegungspflichten

Die Offenlegungspflichten für Institute haben durch die Neufassung der Instituts-Vergütungsverordnung eine deutliche Veränderung erfahren. Die bisherige Unterscheidung der allgemeinen Offenlegungspflichten für Institute (§ 7 InstitutsVergV a.F.) und zusätzlichen Offenlegungspflichten für bedeutende Institute (§ 8 InstitutsVergV a.F.) wurde aufgehoben. Nunmehr wird differenziert zwischen CRR-Instituten

645 *Buscher/Hannemann/Wagner/Weigl* InstitutsVergV § 24, S. 250.
646 *Christoffer*, BKR 2015, 14 (17).
647 *BaFin*, Aufgaben und Geschichte, Bankenaufsicht, abrufbar unter: http://www.bafin.de/DE/DieBaFin/AufgabenGeschichte/Bankenaufsicht/bankenaufsicht_node.html.
648 Stand: 31. Dezember 2014.

(§ 16 Abs. 1 InstitutsVergV) und Nicht-CRR-Instituten (§ 16 Abs. 2 und 3 InstitutsVergV). CRR-Institut ist gemäß § 1 Abs. 3d Satz 3 KWG der Oberbegriff für CRR-Kreditinstitute im Sinne von § 1 Abs. 3d Satz 1 KWG und CRR-Wertpapierfirmen im Sinne von § 1 Abs. 3d Satz 2 KWG. Diese Unterscheidung ist gesetzestechnisch missglückt und nicht frei von Widersprüchen[649]. Nach § 1a KWG haben alle Institute nach § 1 Abs. 1b KWG automatisch die Vorgaben der CRR zu erfüllen, es sei denn, in § 2 KWG sind entsprechende Ausnahmen angeführt. Im Ergebnis müssten somit alle Kredit- und Finanzdienstleistungsinstitute die Vorgaben für CRR-Institute beachten. § 16 Abs. 2 und 3 wären bedeutungslos. Dies war vom Verordnungsgeber wohl nicht beabsichtig und es beruht wohl auf einem Redaktionsversehen, dass eine Änderung des § 1a KWG unterblieben ist[650].

aa) CRR-Institute

Die Offenlegungspflichten für CRR-Institute finden sich seit 01. Januar 2014 ausschließlich in der Verordnung 575/2013/EU[651] wieder. Die spezifischen Offenlegungsanforderungen zu Vergütungen richten sich nach Art. 450 der Verordnung 575/2013/EU.

Danach müssen CRR-Institute in Bezug auf die Vergütungspolitik und -praxis für Mitarbeiterkategorien, deren Tätigkeit sich wesentlich auf das Risikoprofil auswirkt, Folgendes offenlegen:

a) Angaben zum Entscheidungsprozess, der zur Festlegung der Vergütungspolitik führt, sowie zur Zahl der Sitzungen des für die Vergütungsaufsicht verantwortlichen Hauptgremiums während des Geschäftsjahrs, gegebenenfalls mit Angaben zur Zusammensetzung und zum Mandat eines Vergütungsausschusses, zu dem externen Berater, dessen Dienste bei der Festlegung der Vergütungspolitik in Anspruch genommen wurden, und zur Rolle der maßgeblichen Interessenträger,
b) Angaben zur Verknüpfung von Vergütung und Erfolg,
c) die wichtigsten Gestaltungsmerkmale des Vergütungssystems, einschließlich Informationen über die Kriterien für die Erfolgsmessung und Risikoausrichtung, die Strategie zur Rückstellung der Vergütungszahlung und die Erdienungskriterien,
d) die gemäß Artikel 94 Absatz 1 lit. g) der Richtlinie 2013/36/EU[652] festgelegten Werte für das Verhältnis zwischen dem festen und dem variablen Vergütungsbestandteil,

---

649 *Buscher/Hannemann/Wagner/Weigl* InstitutsVergV § 16, S. 165.
650 *Buscher/Hannemann/Wagner/Weigl* InstitutsVergV § 16, S. 165.
651 Verordnung (EU) Nr. 575/2013 des Europäischen Parlaments und des Rates vom 26. Juni 2013 über Aufsichtsanforderungen an Kreditinstitute und Wertpapierfirmen und zur Änderung der Verordnung (EU) Nr. 646/2012 (CRR-Verordnung), ABl. L. 176, S. 1.
652 § 25a Abs. 5 KWG, § 6 InstitutsVergV.

e) Angaben zu den Erfolgskriterien, anhand deren über den Anspruch auf Aktien, Optionen oder variable Vergütungskomponenten entschieden wird,
f) die wichtigsten Parameter und Begründungen für Systeme mit variablen Komponenten und sonstige Sachleistungen,
g) zusammengefasste quantitative Angaben zu den Vergütungen, aufgeschlüsselt nach Geschäftsbereichen,
h) zusammengefasste quantitative Angaben zu den Vergütungen, aufgeschlüsselt nach Geschäftsleitung und Mitarbeitern, deren Tätigkeit einen wesentlichen Einfluss auf das Risikoprofil des Instituts hat, aus denen Folgendes hervorgeht:
   i) die Vergütungsbeträge für das Geschäftsjahr, aufgeteilt in feste und variable Vergütung, sowie die Zahl der Begünstigten,
   ii) die Beträge und Formen der variablen Vergütung, aufgeteilt in Bargeld, Aktien, mit Aktien verknüpfte Instrumente und andere Arten,
   iii) die Beträge der ausstehenden zurückbehaltenen Vergütung, aufgeteilt in erdiente und noch nicht erdiente Teile,
   iv) die Beträge der zurückbehaltenen Vergütung, die während des Geschäftsjahres gewährt, ausgezahlt oder infolge von Leistungsanpassungen gekürzt wurden,
   v) während des Geschäftsjahres gezahlte Neueinstellungsprämien und Abfindungen sowie die Zahl der Begünstigten dieser Zahlungen,
   vi) die Beträge der während des Geschäftsjahres gewährten Abfindungen, die Zahl der Begünstigten sowie der höchste derartige Betrag, der einer Einzelperson zugesprochen wurde,
i) die Zahl der Personen, deren Vergütung sich im Geschäftsjahr auf 1 Million Euro oder mehr beläuft, aufgeschlüsselt nach Vergütungsstufen von 500.000 Euro bei Vergütungen zwischen 1 Million Euro und 5 Millionen Euro sowie aufgeschlüsselt nach Vergütungsstufen von 1 Million Euro bei Vergütungen von 5 Millionen Euro und mehr,
j) wenn von dem Mitgliedstaat oder der zuständigen Behörde angefordert, die Gesamtvergütung jedes Mitglieds des Leitungsorgans oder der Geschäftsleitung.

Diese Vorgaben gelten sowohl für bedeutende als auch für „normale“ Institute. Art. 450 Abs. 2 der Verordnung 575/2013/EU weist lediglich darauf hin, dass die Institute die Anforderungen in einer ihrer Größe, internen Organisation und der Art, dem Umfang und der Komplexität ihrer Tätigkeiten entsprechenden Weise einzuhalten haben[653]. Für nicht bedeutende Institute ergibt sich formal betrachtet somit eine faktische Erleichterung. Die Offenlegungsanforderungen des Art. 450 der Verordnung 575/2013/EU gelten nur für Geschäftsleiter und Risk-Taker. Da nicht bedeutende Institute jedoch (bislang) keine Risk-Taker identifizieren müssen, sind sie nach dem Wortlaut der Vorschrift zu keinerlei Offenlegung verpflichtet. Für

653 *Buscher/Hannemann/Wagner/Weigl* InstitutsVergV § 16, S. 167.

Nicht-CRR-Institute wiederum gelten die Vorgaben des § 16 Abs. 2 und 3 InstitutsVergV unabhängig davon, ob sie als bedeutend zu qualifizieren wären. Im Ergebnis würden somit für Nicht-CRR-Institute strengere Anforderungen gelten als für nicht bedeutende CRR-Institute[654]. Bislang ist dieser Widerspruch nicht ausgeräumt[655] auch wenn wohl davon auszugehen ist, dass auch nicht bedeutende CRR-Institute zu einer Offenlegung der Vergütung zumindest nach den Grundsätzen des § 16 Abs. 2 und 3 InstitutsVergV verpflichtet sein sollen. Dies umfasst auch allgemeine Ausführungen zur Ausgestaltung der Vergütungssysteme[656].

bb) Nicht-CRR-Institute

Für Nicht-CRR-Institute sieht § 16 Abs. 2 InstitutsVergV eine eigenständige Regelung vor. Diese gilt – anders als für CRR-Institute – nicht nur für Geschäftsleiter und Risk-Taker, sondern für alle Mitarbeiter. Die Institute müssen darlegen, wie die Anforderungen der Instituts-Vergütungsverordnung erfüllt werden. Dazu gehören insbesondere Angaben zur Ausgestaltung der Vergütungssysteme nach den allgemeinen Anforderungen der §§ 3 Abs. 1 Satz 1, Abs. 2 und 3, §§ 4, 5 Abs. 1–6, §§ 6, 8–10 und § 11 Satz 1 InstitutsVergV sowie Erläuterungen zur Einstufung von Mitarbeitern als Risk-Taker und der Zusammenarbeit mit dem Vergütungskontrollausschuss. Ferner müssen die Entscheidungsprozesse zu den Vergütungssystemen und deren Ausgestaltung, insbesondere die maßgeblichen Vergütungsparameter sowie die Zusammensetzung der Vergütung und die Art und Weise der Gewährung, sowie der Gesamtbetrag aller Vergütungen unterteilt in fixe und variable Vergütung sowie die Anzahl der Begünstigten offengelegt werden.

Die Angaben müssen geeignet sein, einem interessierten Außenstehenden zu ermöglichen, die Übereinstimmung des Vergütungssystems eines Instituts mit den Anforderungen der Instituts-Vergütungsverordnung zu überprüfen[657]. Der Detaillierungsgrad hängt dabei von der Größe und Vergütungsstruktur des Instituts sowie von Art, Umfang, Risikogehalt und Internationalität der Geschäftsaktivitäten ab, § 16 Abs. 3 Satz 2 InstitutsVergV. Anders als bei CRR-Instituten[658] ist bei

---

654 *Buscher/Hannemann/Wagner/Weigl* InstitutsVergV § 16, S. 167.

655 Die Umsetzung der *EBA-Guidelines on sound remuneration policies under Article 74(3) and 75(2) of Directive 2013/36/EU and disclosures under Article 450 of Regulation (EU) No 575/2013* könnte dazu führen, dass zukünftig alle Institute Risk-Taker zu identifizieren haben.

656 *Buscher/Hannemann/Wagner/Weigl* InstitutsVergV § 16, S. 167; die *EBA* hat in ihren *Guidelines on sound remuneration policies* kein weiteres Offenlegungserfordernis normiert. Die *BaFin*, Auslegungshilfe zur Institutsvergütungsverordnung vom 01. Januar 2014 zu § 16 geht auf diese Thematik sowie den Inhalt der Regelung des § 16 Abs. 1 InstitutsVergV nicht ein.

657 *BaFin*, Auslegungshilfe zur Institutsvergütungsverordnung vom 01. Januar 2014 zu § 16; *Buscher/Hannemann/Wagner/Weigl* InstitutsVergV § 16, S. 173.

658 Für diese Institute ist der Wesentlichkeits-, Schutz- und Vertraulichkeitsgrundsatz gemäß Art. 432 Abs. 1 bis 3 der Verordnung 575/2013/EU in Bezug auf bestimmte

Nicht-CRR-Instituten bei der Veröffentlichung der Informationen der Wesentlichkeits-, Schutz- und Vertraulichkeitsgrundsatz gemäß Art. 432 Abs. 1 bis 3 der Verordnung 575/2013/EU[659] zu beachten. Bei der Offenlegung gelten Informationen als wesentlich, wenn ihre Auslassung oder fehlerhafte Angabe die Einschätzung oder Entscheidung eines Benutzers, der sich bei wirtschaftlichen Entscheidungen auf diese Informationen stützt, ändern oder beeinflussen könnte, Art. 432 Abs. 1 der Verordnung 575/2013/EU. Nach Abs. 2 gelten Informationen als Geschäftsgeheimnis, wenn ihre Offenlegung die Wettbewerbsposition des Instituts schwächen würde und als vertraulich, wenn das Institut gegenüber Kunden oder anderen Vertragspartnern bezüglich dieser Informationen zur Vertraulichkeit verpflichtet ist. Eine ähnliche Einschränkung der Offenlegungspflicht fand sich bis 31. Dezember 2013 in § 26a Abs. 2 KWG a.F. Die Begriffsdefinitionen der Wesentlichkeit, des Geschäftsgeheimnisses und der Vertraulichkeit eröffnen einen großen Auslegungsspielraum, der eine weitergehende Vereinheitlichung notwendig macht. Zur näheren Konkretisierung hat die *EBA* hierzu die *Guidelines on materiality, proprietary and confidentiality and on disclosure frequency under Articles 432(1), 432(2) and 433 of Regulation (EU) No 575/2013*[660] herausgegeben. Darin ist näher dargelegt, wie die Institute den Wesentlichkeit-, Schutz- und Vertraulichkeitsgrundsatz anzuwenden haben (sogenannte disclosure waiver). Die Informationen sind auf der eigenen Internetseite des Instituts in deutscher Sprache zu veröffentlichen und mindestens einmal jährlich zu aktualisieren, § 16 Abs. 3 InstitutsVergV.

VI. Rechtsfolgen bei Verstößen

Wird gegen die Vorgaben des Kreditwesengesetzes oder der Instituts-Vergütungsverordnung verstoßen, kommen je nach Art des Verstoßes unterschiedliche Rechtsfolgen zum Tragen. Die Instituts-Vergütungsverordnung selbst nennt keine Sanktionen oder Rechtsfolgen.

1. Haftung des Aufsichtsrats

§ 3 InstitutsVergV regelt nicht nur die Zuständigkeit für die Ausgestaltung, sondern trifft zugleich auch eine Entscheidung hinsichtlich der Verantwortlichkeit für eine rechtswidrige Ausgestaltung der Vergütungssysteme[661]. Offen bleibt jedoch, welcher

---

Artikel aufgehoben. Hierzu gehört insbesondere auch Art. 450 der Verordnung 575/2013/EU.

659 Verordnung (EU) Nr. 575/2013 des Europäischen Parlaments und des Rates vom 26. Juni 2013 über Aufsichtsanforderungen an Kreditinstitute und Wertpapierfirmen und zur Änderung der Verordnung (EU) Nr. 646/2012 (CRR-Verordnung), ABl. L. 176, S. 1.

660 *EBA*, Guidelines on materiality, proprietary and confidentiality and on disclosure frequency under Articles 432(1), 432(2) and 433 of Regulation (EU) No 575/2013 vom 23. Dezember 2014, EBA/GL/2014/14.

661 *Fröhlich*, ArbRB 2010, 312 (314); *Müller-Bonanni/Mehrens*, NZA, 2010, 792 (797); *Simon/Koschker*, BB, 2010, 120 (126).

Haftungsmaßstab für die Geschäftsleitung beziehungsweise für das Aufsichts- oder Verwaltungsorgan gilt. Angelehnt an gesellschaftsrechtliche Maßgaben[662] könnte Folgendes gelten: Gemäß § 116 Satz 2 AktG haftet der Aufsichtsrat für die Festsetzung einer unangemessenen Vergütung nach den Grundsätzen des § 93 AktG, das heißt er hat die Sorgfalt eines ordentlichen und gewissenhaften Geschäftsleiters anzuwenden (Business Judgement Rule). Danach ist eine Pflichtverletzung bei der Festsetzung der Vergütung nicht gegeben, wenn der Aufsichtsrat vernünftigerweise darauf vertrauen durfte, auf der Grundlage angemessener Informationen zum Wohl der Gesellschaft zu handeln und sich im Rahmen des ihm zustehenden Beurteilungsspielraums zu bewegen[663]. Ihm ist zu empfehlen, sich eines externen Beraters zu bedienen, der unabhängig ist und über eine ausreichende Qualifikation verfügt. Dies schließt eine Haftung des Aufsichts- oder Verwaltungsorgans zwar nicht gänzlich aus, bietet ihm jedoch grundsätzlich eine ausreichende Informationsgrundlage für seine Entscheidung[664]. Dies empfiehlt auch Ziffer 4.2.2. DCGK.

2. Anordnungsbefugnisse der *BaFin*

Stellt die *BaFin* im Rahmen ihrer laufenden Aufsicht fest, dass die vergütungsbezogenen Anforderungen des Kreditwesengesetzes und der Instituts-Vergütungsverordnung nicht umgesetzt oder eingehalten werden, kann sie Anordnungen nach § 25a Abs. 2 Satz 2 KWG oder § 45b Abs. 1 KWG erlassen.

a) Anordnungsbefugnis gemäß § 25a Abs. 2 Satz 2 KWG

Angemessene, transparente und auf eine nachhaltige Entwicklung des Instituts ausgerichtete Vergütungssysteme sind Bestandteil eines angemessenen und wirksamen Risikomanagements und somit Teil der ordnungsgemäßen Geschäftsorganisation im Sinne des § 25a Abs. 1 Satz 3 KWG. Verstöße hiergegen können im Einzelfall durch die *BaFin* durch abgestufte Maßnahmen geahndet werden[665]. Obwohl § 25a Abs. 2 Satz 2 KWG systematisch vor der Verordnungsermächtigung des § 25a Abs. 6 KWG steht, bezieht sich die Anordnungsbefugnis auch auf die Instituts-Vergütungsverordnung[666]. Diese konkretisiert die Anforderungen an die Angemessenheit, Transparenz

---

662 Eingehend hierzu siehe auch 3. Kapitel VI.2.a).

663 BGH II ZR 175/95 vom 21. April 1997 (Arag/Gramenbeck), NJW 1997, 1926; *Block/Barton/Radin*, The Business Judgment Rule; KK-AktG/*Mertens/Cahn* AktG § 93 Rn. 14; Hölters/*Hambloch-Gesinn/Gesinn* AktG § 116 Rn. 26; Henssler/Strohn/*Dauner-Lieb* AktG § 93 Rn. 17; *Paefgen*, AG 2004, 245, 246; *Kebekus/Zenker*, FS Maier-Reimer 2010, 319 (320 ff.); *Peltzer* in: Wellhöfer/Peltzer/Müller, Haftung von Vorstand, Aufsichtsrat, Wirtschaftsprüfer, § 18 Rn. 108 ff.

664 Zur Parallelproblematik nach dem VorstAG, *Fleischer* NZG 2009, 801 (804), *Annuß/Theusinger*, BB 2009, 2434 (2440).

665 Boos/Fischer/Schulte-Mattler/*Braun/Wolfgarten* KWG § 25a Rn. 77.

666 *Raapke*, Vergütungsregulierung, S. 324.

und Nachhaltigkeit der Vergütungssysteme. Ein Verstoß gegen die Vorgaben des § 25a Abs. 1 Satz 3 Nr. 6 KWG kann am ehesten durch einen Verstoß gegen die Instituts-Vergütungsverordnung festgestellt werden. Sowohl § 25a Abs. 1 Satz 3 Nr. 6 KWG als auch die Instituts-Vergütungsverordnung dienen dem Zweck einer soliden Vergütungspolitik[667]. Dies wird ebenfalls dadurch ersichtlich, dass der Gesetzgeber im Zuge der Einführung der Verordnungsermächtigung im Jahr 2010 in § 45b Abs. 1 Satz 1 KWG und § 56 Abs. 3 Nr. 5 KWG a.F. jeweils hinter § 25a Abs. 1 Satz 8 KWG a.F. (heute § 25a Abs. 2 Satz 2 KWG) den Zusatz „auch in Verbindung mit einer Rechtsverordnung nach § 25a Abs. 5 Satz 1 und 2“ KWG a.F. aufgenommen hat[668].

Der *BaFin* stehen bei Verstößen zahlreiche Eingriffs- und Sanktionsmöglichkeiten zur Verfügung. Sie hat dabei ihr Ermessen fehlerfrei auszuüben. Die Anordnung muss zur Erfüllung der Organisationspflichten erforderlich, geeignet und verhältnismäßig sein[669]. Die Maßnahmen stehen in keinem festen Rangverhältnis und können auch nebeneinander angewandt werden[670]. Ihnen sollte jedoch aus Verhältnismäßigkeitsgründen eine Eskalationsstrategie zugrunde liegen[671]. In einer ersten Stufe können eher informellen Maßnahmen ergriffen werden wie zum Beispiel die Bitte um eine schriftliche Erläuterung und Stellungnahme oder die Vorladung zu einem Gespräch bei der *BaFin*. In einer weiteren Eskalationsstufe kommen insbesondere ein formelles Auskunftsersuchen nach § 44 KWG, die Ermahnung an Geschäftsleiter oder Institut mit der Androhung weitergehender Maßnahmen, eine Erhöhung der Eigenmittel- oder Liquiditätsanforderungen, die Einschränkung der Erlaubnis zum Betreiben von Bankgeschäften beziehungsweise zur Erbringung von Finanzdienstleistungen nach § 35 KWG oder eine Beschränkung der Erlaubnis des Geschäftsleiters hinsichtlich seiner Kompetenzen in Betracht[672]. Als letztes Mittel kann die *BaFin* Maßnahmen nach § 46 KWG ergreifen, einen Sonderbeauftragten nach § 45c KWG bestellen oder die Erlaubnis zum Betreiben von Bankgeschäften beziehungsweise die Geschäftsleiterqualifikation nach §§ 33, 35 KWG versagen und aufheben[673].

b) *Anordnungsbefugnis gemäß § 45b Abs. 1 Satz 1 KWG*

Der *BaFin* steht darüber hinaus die Anordnungsbefugnis nach § 45b Abs. 1 Satz 1 KWG zu. Seit dem Jahr 2009 steht § 45b Abs. 1 Satz 1 KWG gleichberechtigt neben § 25a Abs. 2 Satz 2 KWG. Das bis dahin geltende Stufenverhältnis wurde durch das

667 So auch *Raapke*, Vergütungsregulierung, S. 325.

668 Entwurf eines Gesetzes über die aufsichtsrechtlichen Anforderungen an die Vergütungssysteme von Instituten und Versicherungsunternehmen vom 31. März 2010, BT-Drucks. 17/1291, S. 12 f.; *Raapke*, Vergütungsregulierung, S. 325.

669 Boos/Fischer/Schulte-Mattler/Wolfgarten/Braun KWG § 25 a Rn. 57 ff.

670 Boos/Fischer/Schulte-Mattler/*Braun/Wolfgarten* KWG § 25a Rn. 78.

671 Boos/Fischer/Schulte-Mattler/*Braun/Wolfgarten* KWG § 25a Rn. 77.

672 Boos/Fischer/Schulte-Mattler/*Braun/Wolfgarten* KWG § 25a Rn. 79 mit weiteren Maßnahmen.

673 Boos/Fischer/Schulte-Mattler/*Braun/Wolfgarten* KWG § 25a Rn. 79.

Gesetz zur Stärkung der Finanzmarkt- und Versicherungsaufsicht[674] aufgehoben. Nun darf eine Anordnung nach § 45b Abs. 1 Satz 1 KWG bereits bei Vorliegen der Voraussetzungen des § 25a Abs. 1 KWG ergriffen werden, ohne dass zuvor der Versuch des Instituts abgewartet werden muss, die Geschäftsorganisation zu verbessern[675]. § 45b Abs. 1 Satz 1 KWG normiert ausdrücklich, dass eine Anordnung „auch bereits vor oder gemeinsam mit einer Anordnung nach § 25a Absatz 2 Satz 2 [...], auch in Verbindung mit einer Rechtsverordnung nach § 25a Absatz 4 oder Absatz 6 [...]" erlassen werden kann. Einzige materielle Voraussetzung ist, dass das Institut nicht über eine ordnungsgemäße Geschäftsorganisation im Sinne des § 25a Abs. 1 KWG verfügt[676]. Dies gilt auch für § 25a Abs. 2 Satz 2 KWG.

aa) Verhältnis zur Anordnung nach § 25a Abs. 2 Satz 2 KWG

Da die Voraussetzungen für eine Anordnung nach § 25a Abs. 2 Satz 2 KWG und § 45b Abs. 1 Satz 1 KWG dem Wortlaut nach identisch sind, stellt sich die Frage, in welchem Verhältnis die beiden Vorschriften zueinander stehen. Beide Normen sind Kann-Vorschriften. Der *BaFin* steht somit in beiden Fällen ein Ermessen zu. Dieses umfasst sowohl das „ob" als auch das „wie"[677]. Die Maßnahmen nach § 25a Abs. 2 Satz 2 KWG zielen unmittelbar auf eine Verbesserung der Geschäftsorganisation ab[678], während die Maßnahmen nach § 45b Abs. 1 Satz 1 KWG eher die Geschäftsorganisation nur mittelbar verbessern oder auch nur die Risiken, die sich aus einer ungenügenden Geschäftsorganisation ergeben, reduzieren oder abfedern sollen. Deshalb wird aus Gründen der Verhältnismäßigkeit in vielen Fällen zunächst eine Anordnung nach § 25a Abs. 2 Satz 2 KWG geboten sein, um einen direkten Einfluss auf die Geschäftsorganisation ausüben zu können[679]. Dafür spricht auch die Gesetzeshistorie[680]. Das bisherige Stufenverhältnis war Ausdruck des Verhältnismäßigkeitsgrundsatzes, wonach zunächst mildere Anordnungen nach § 25a Abs. 2 Satz 2 KWG ergriffen werden sollten. Nur wenn diesen nicht innerhalb einer angemessenen Frist nachgekommen wurde und Abhilfe geschaffen wurde, sollten die Anordnungen nach § 45b Abs. 1 Satz 1 KWG erlassen werden dürfen[681]. Durch den Wegfall des Fristerfordernisses sollten lediglich klarere Eingriffsvoraussetzungen und erleichterte Eingriffsbefugnisse der *BaFin* geschaffen werden[682]. Deshalb ist

674 Gesetz zur Stärkung der Finanzmarkt- und der Versicherungsaufsicht vom 29. Juli 2009, BGBl. I Nr. 48, S. 2305.

675 Boos/Fischer/Schulte-Mattler/*Lindemann* KWG § 45b Rn. 2.

676 Boos/Fischer/Schulte-Mattler/*Lindemann* KWG § 45b Rn. 4.

677 Boos/Fischer/Schulte-Mattler/*Lindemann* KWG § 45b Rn. 6.

678 Boos/Fischer/Schulte-Mattler/Wolfgarten/Braun KWG § 25 a Rn. 57.

679 Boos/Fischer/Schulte-Mattler/*Lindemann* KWG § 45b Rn. 8.

680 *Raapke*, Vergütungsregulierung, S. 326.

681 Boos/Fischer/Schulte-Mattler/*Lindemann* KWG, 3. Auflage 2008 § 45b Rn. 2.

682 Entwurf eines Gesetzes zur Stärkung der Finanzmarkt- und der Versicherungsaufsicht vom 27. April 2009, BT-Drucks. 16/12783, S. 16 f.

nach wie vor davon auszugehen, dass eingriffsschwache Maßnahmen auf § 25a Abs. 2 Satz 2 KWG zu stützen und vorrangig anzuordnen sind, wohingegen § 45b Abs. 1 Satz 1 KWG die Rechtsgrundlage für schwerwiegendere Anordnungen bildet[683]. Wiegt der Verstoß besonders schwer, kann die *BaFin* ein Abhilfeverlangen nach § 25a Abs. 2 Satz 2 KWG mit einer Maßnahme nach § 45b Abs. 1 Satz 1 KWG verbinden[684].

bb) Maßnahmenkatalog

Der Maßnahmenkatalog des § 45b Abs. 1 Satz 1 KWG ist nicht abschließend[685]. Das Gesetz nennt beispielhaft Maßnahmen zur Reduzierung von Risiken, die sich aus bestimmten Arten von Geschäften und Produkten oder der Nutzung bestimmter Systeme ergeben (Abs. 1 Satz 1 Nr. 1), die Einführung eines Erlaubnisvorbehalts für die Errichtung von Zweigstellen (Abs. 1 Satz 1 Nr. 2), die Beschränkung oder das Verbot bestimmter Geschäftsarten, namentlich die Annahme von Einlagen, Geldern oder Wertpapieren und die Kreditgewährung (Abs. 1 Satz 1 Nr. 3) sowie die Festlegung zusätzlich erforderlicher Eigenmittel (Abs. 1 Satz 2). Die Maßnahmen können einzeln, gemeinsam, oder auch zusammen mit ähnlichen Maßnahmen oder mit Maßnahmen nach § 25a Abs. 2 Satz 2 KWG ergriffen werden[686].

Fraglich ist, ob die *BaFin* auch eine Anordnung auf § 45b Abs. 1 Satz 1 KWG stützen kann, welche die Auszahlung variabler Vergütungen untersagt, wenn Verstöße gegen § 25a Abs. 1 Satz 3 Nr. 6 KWG beziehungsweise die Instituts-Vergütungsverordnung festgestellt werden[687]. Einerseits wird durch eine solche Anordnung erreicht, dass unangemessene Vergütungen nicht ausgezahlt werden und die Institute von Verstößen gegen eine ordnungsgemäße Vergütungspolitik keine Vorteile erlangen. Andererseits greift diese Maßnahme direkt in die individuellen Rechte der Geschäftsleiter ein. Dies ist nicht mit den übrigen in § 45b Abs. 1 Satz 1 und 2 KWG genannten Maßnahmen vergleichbar und stellt ein aliud dar[688]. Letztere beschränken lediglich die Geschäftspolitik des Instituts und wirken gegen dieses. Im Übrigen ist die Untersagung der Auszahlung der variablen Vergütung ausdrücklich in § 45 Abs. 2 Satz 1 Nr. 6 KWG geregelt und von der Erfüllung zusätzlicher Voraussetzungen abhängig. Dies darf nicht durch ein Ausweichen auf § 45b Abs. 1 Satz 1 KWG konterkariert werden.

---

683 Boos/Fischer/Schulte-Mattler/*Lindemann* KWG § 45b Rn. 7; *Raapke*, Vergütungsregulierung, S. 326.
684 Boos/Fischer/Schulte-Mattler/*Lindemann* KWG § 45b Rn. 8b.
685 „insbesondere", so auch Boos/Fischer/Schulte-Mattler/*Lindemann* KWG § 45b Rn. 9.
686 Boos/Fischer/Schulte-Mattler/*Lindemann* KWG § 45b Rn. 9.
687 Siehe hierzu auch Boos/Fischer/Schulte-Mattler/*Lindemann* KWG § 45b Rn. 9a.
688 Boos/Fischer/Schulte-Mattler/*Lindemann* KWG § 45b Rn. 9a.

3. Eingriffsbefugnisse der *BaFin*

Der *BaFin* stehen neben den Anordnungsbefugnissen weiterreichende Eingriffsbefugnisse zur Verfügung. Diese sind jedoch an strenge Voraussetzungen geknüpft.

a) Befugnisse

Unterschreitet ein Institut die regulatorischen Eigenmittel- und Liquiditätsanforderungen, kann die *BaFin* Anordnungen sowohl bezüglich der Auszahlung variabler Vergütungsbestandteile als auch in Bezug auf den Gesamtbetrag der variablen Vergütung treffen. Die Anordnungsbefugnis ist in § 45 KWG (Maßnahmen zur Verbesserung der Eigenmittelausstattung und der Liquidität) niedergelegt.

Eingriffe in die Vergütung der Geschäftsleiter stellen insbesondere die durch das CRD IV-Umsetzungsgesetz[689] eingefügten §§ 45 Abs. 2 Satz 1 Nr. 5a und Nr. 6 KWG dar.

aa) Beschränkung des Gesamtbetrags der variablen Vergütung

Die *BaFin* kann seit 01. Januar 2014 anordnen, dass das Institut den Jahresgesamtbetrag[690], den es für die variable Vergütung aller Geschäftsleiter und Mitarbeiter vorsieht, auf einen bestimmten Anteil des Jahresergebnisses beschränkt oder vollständig streicht, § 45 Abs. 2 Satz 1 Nr. 5a KWG. Damit kann die *BaFin* schon im Vorfeld der Planungen eines Instituts eine Reduzierung oder Streichung des Gesamtbetrags der variablen Vergütung anordnen. Die Anordnung erfolgt somit zu einem Zeitpunkt, zu dem eine Allokation auf verschiedene Unternehmensebenen und Personen noch nicht stattgefunden hat und in der Regel noch keine individuellen Ansprüche auf eine variable Vergütung entstanden sind. Nach der Gesetzesbegründung soll eine Reduzierung oder Streichung des Gesamtbetrags tatsächlich und rechtlich effektiver durchsetzbar sein, und so aus Gründen einer effektiven Gefahrenabwehr geboten sein[691]. Der *BaFin* wird ein Mittel an die Hand gegeben um frühzeitig auf eine drohende Gefährdungslage zu reagieren.

---

689 Gesetz zur Umsetzung der Richtlinie 2013/36/EU über den Zugang zur Tätigkeit von Kreditinstituten und die Beaufsichtigung von Kreditinstituten und Wertpapierfirmen und zur Anpassung des Aufsichtsrechts an die Verordnung (EU) Nr. 575/2013 über Aufsichtsanforderungen an Kreditinstitute und Wertpapierfirmen (CRD IV-Umsetzungsgesetz) vom 28. August 2013, BGBl. I Nr. 53, S. 3395.

690 Siehe hierzu § 7 InstitutsVergV.

691 Entwurf eines Gesetzes zur Umsetzung der Richtlinie 2012/.../EU über den Zugang zur Tätigkeit von Kreditinstituten und die Beaufsichtigung von Kreditinstituten und Wertpapierfirmen und zur Anpassung des Aufsichtsrechts an die Verordnung (EU) Nr. .../2012 über die Aufsichtsanforderungen an Kreditinstitute und Wertpapierfirmen (CRD IV-Umsetzungsgesetz) vom 15. Oktober 2012, BT-Drucks. 17/10974, S. 91.

bb) Untersagung der Auszahlung variabler Vergütungsbestandteile

Nach der bereits seit 2011[692] geltenden Regelung des § 45 Abs. 2 Satz 1 Nr. 6 KWG kann die *BaFin* die Auszahlung variabler Vergütungsbestandteile untersagen oder auf einen bestimmten Anteil des Jahresergebnisses beschränken. Die Anordnung kann sich auf die Gesamtheit der variablen Vergütungsbestandteile oder nur auf bestimmte, näher konkretisierte Bestandteile beziehen, während die anderen Bestandteile unberührt bleiben[693]. Sie gilt ausschließlich für variable Vergütungsbestandteile. Zur Definition kann auf § 2 Abs. 3 InstitutsVergV zurückgegriffen werden[694]. Dafür spricht bereits die Gesetzeshistorie. Beide Vorschriften wurden durch das Gesetz über die aufsichtsrechtlichen Anforderungen an die Vergütungssysteme von Instituten und Versicherungsunternehmen (VergAnfG)[695] eingeführt. Es ist deshalb davon auszugehen, dass Gesetz- und Verordnungsgeber dieselben Begrifflichkeiten verwendet wollten. Das Verbot der „Auszahlung" muss nicht auf eine Geldleistung beschränkt sein. Nach dem weiten Anwendungsbereich der Vorschrift kann hiermit auch die Verschaffung von Aktienoptionen oder ähnlichen Vergütungen erfasst sein[696]. Da bei Geschäftsleitern eine reine Fixvergütung unzulässig ist, werden diese im Falle einer solchen Anordnung stets betroffen sein.

Das mildere Mittel stellt in diesem Fall die Beschränkung der Auszahlung dar. Sie ist bei gleicher Geeignetheit einer gänzlichen Untersagung im Rahmen der Ermessensentscheidung vorzuziehen. Die Ansprüche werden in beiden Fällen lediglich gestundet[697]. Verbessert sich die Lage des Instituts in der Zukunft, so können diese Ansprüche durch die Geschäftsleiter geltend gemacht werden. Die *BaFin* kann lediglich die Fälligkeit der Ansprüche hinausschieben, deren Entstehung bleibt von derartigen Anordnungen – anders als im Fall der Anordnung nach Nr. 5a – unberührt.

Nach § 45 Abs. 5 Satz 5 KWG kann die Aufsichtsbehörde – nach oder zusammen mit einer gänzlichen Untersagung der Auszahlung variabler Vergütungsbestandteile – anordnen, dass diese Ansprüche gänzlich erlöschen. Im Falle einer Beschränkung der Auszahlung besteht diese Option nach dem ausdrücklichen Wortlaut der Vorschrift somit nicht. In der ersten Fassung des § 45 Abs. 2 KWG a.F. durch das Gesetz über die aufsichtsrechtlichen Anforderungen an die Vergütungssysteme von Instituten

---

692 Eingefügt durch das Gesetz über die aufsichtsrechtlichen Anforderungen an die Vergütungssysteme von Instituten und Versicherungsunternehmen (VergAnfG) vom 21. Juli 2010, BGBl. I Nr. 38, S. 950.

693 Boos/Fischer/Schulte-Mattler/*Lindemann* KWG § 45 Rn. 36.

694 Boos/Fischer/Schulte-Mattler/*Lindemann* KWG § 45 Rn. 33.

695 Gesetz über die aufsichtsrechtlichen Anforderungen an die Vergütungssysteme von Instituten und Versicherungsunternehmen (VergAnfG) vom 21. Juli 2010, BGBl. I Nr. 38, S. 950.

696 Boos/Fischer/Schulte-Mattler/*Lindemann* KWG § 45 Rn. 37.

697 Dies ergibt sich aus einem Umkehrschluss zu § 45 Abs. 5 Satz 5 und 6 KWG, wonach eine Erlöschensanordnung nur unter zusätzlichen Voraussetzungen ergehen darf. Siehe dazu auch Boos/Fischer/Schulte-Mattler/*Lindemann* KWG § 45 Rn. 38 f.; *Rieble/Schmittlein*, Vorstandsvergütung, Rn. 572.

und Versicherungsunternehmen (VergAnfG)[698] war unklar, welche Folgen die Untersagungsanordnung für die variablen Vergütungsbestandteile hat. So wäre auch ein Erlöschen der Ansprüche bereits durch die Untersagungsanordnung denkbar gewesen. Der Gesetzgeber hat dieses Problem erkannt und durch das Restrukturierungsgesetz[699] im Jahr 2011 mit der Einführung des § 45 Abs. 2 Satz 5 ff. KWG Klarheit geschaffen[700]. Das teilweise oder vollständige Erlöschen kann nur bei bestimmten Konstellationen angeordnet werden. In den Fällen, in denen ein Institut staatliche Hilfe (inklusive Maßnahmen nach dem Restrukturierungsfondsgesetz oder dem Finanzmarktstabilisierungsfondsgesetz) in Anspruch nimmt, hat die *BaFin* weitreichende Möglichkeiten, die Vergütungsansprüche insbesondere der Geschäftsleiter zum Erlöschen zu bringen. Das Erlöschen darf in diesen Fällen angeordnet werden, wenn innerhalb eines Zeitraums von zwei Jahren nach der Untersagung der Auszahlung, die Voraussetzungen für die Untersagung nicht oder allein aufgrund dieser Maßnahmen weggefallen sind, § 45 Abs. 2 Satz 5 Nr. 1 KWG. Das Erlöschen darf insbesondere auch angeordnet werden, wenn anzunehmen ist, dass ohne die Gewährung finanzieller Leistungen des Restrukturierungsfonds oder des *SoFFin* das Institut nicht in der Lage gewesen wäre, die variablen Vergütungsbestandteile zu gewähren. Ist anzunehmen, dass das Institut einen Teil der variablen Vergütungsbestandteile hätte gewähren können, sind die variablen Vergütungsbestandteile angemessen zu kürzen. § 45 Abs. 5 Satz 6 Nr. 2 Satz 8 KWG ordnet an, dass für den Fall einer staatlichen Unterstützung variable Vergütungsbestandteile an Organmitglieder und Geschäftsleiter des Instituts nur insoweit ausgezahlt werden, als dies gerechtfertigt ist. Bei der Beurteilung der Rechtfertigung kommt es insbesondere darauf an, inwieweit eine Auszahlung erfolgen könnte, wenn ein Vergütungssystem bestünde, das alle aufsichtlichen Anforderungen erfüllt[701]. Weiter ist die Lage des Instituts zu berücksichtigen, die die staatlichen Unterstützungsleistungen notwendig gemacht hat, und für die der Geschäftsleiter regelmäßig verantwortlich ist. Insbesondere bei

698 Gesetz über die aufsichtsrechtlichen Anforderungen an die Vergütungssysteme von Instituten und Versicherungsunternehmen (VergAnfG) vom 21. Juli 2010, BGBl. I Nr. 38, S. 950.

699 Gesetz zur Restrukturierung und geordneten Abwicklung von Kreditinstituten, zur Errichtung eines Restrukturierungsfonds für Kreditinstitute und zur Verlängerung der Verjährungsfrist der aktienrechtlichen Organhaftung (Restrukturierungsgesetz - RStrukt) vom 09. Dezember 2010, BGBl. I Nr. 63, S. 1900.

700 Boos/Fischer/Schulte-Mattler/*Lindemann* KWG § 45 Rn. 2d.

701 Entwurf eines Gesetzes zur Umsetzung der Richtlinie 2012/.../EU über den Zugang zur Tätigkeit von Kreditinstituten und die Beaufsichtigung von Kreditinstituten und Wertpapierfirmen und zur Anpassung des Aufsichtsrechts an die Verordnung (EU) Nr. .../2012 über die Aufsichtsanforderungen an Kreditinstitute und Wertpapierfirmen (CRD IV-Umsetzungsgesetz) vom 15. Oktober 2012, BT-Drucks. 17/10974, S. 92.

neu eintretenden Organmitgliedern können besondere Leistungen für die Sanierung des Unternehmens dazu führen, dass variable Vergütungen gerechtfertigt sind[702].

Ansprüche auf variable Vergütungen sind in den Augen des Gesetzgebers nicht schützenswert, wenn sie aufgrund von Regelungen des Vergütungssystems eines Instituts entstehen, die den aufsichtsrechtlichen Anforderungen an angemessene und nachhaltige Vergütungssysteme widersprechen. Hierunter fallen insbesondere Regelungen der Instituts-Vergütungsverordnung[703]. Auch solche Ansprüche können gemäß § 45 Abs. 5 Satz 6 Nr. 1 KWG zum Erlöschen gebracht werden.

Aber auch in Fällen, in denen das Institut nicht auf die Inanspruchnahme außerordentlicher staatlicher Hilfen angewiesen ist, kann die *BaFin* das Erlöschen anordnen. Relevant sind hier insbesondere Situationen, in denen das Institut insolvenzreif ist und Maßnahmen nach § 46 KWG oder § 48a KWG getroffen werden, oder bereits innerhalb der letzten zwei Jahre eine Untersagungs- oder Beschränkungsanordnung getroffen wurde, § 45 Abs. 5 Satz 5 Nr. 2 und 3 KWG.

b) Voraussetzungen für die Anordnung von Maßnahmen

Maßnahmen nach § 45 Abs. 2 Satz 1 Nr. 5a und 6 KWG können unter drei Voraussetzungen angeordnet werden.

aa) Unterschreitung der aufsichtlichen Kennziffern

Der Einleitungssatz des Abs. 2 normiert, dass Maßnahmen insbesondere angeordnet werden können, wenn bei einem Institut die Eigenmittel nicht den Anforderungen der Artikel 24 bis 386 der Verordnung 575/2013/EU[704], des § 10 Absatz 3 und 4 KWG oder die Anlage seiner Mittel nicht den Anforderungen des § 11 KWG entsprechen. Die Verordnung 575/2013/EU und § 10 Abs. 3 und 4 KWG legen die Eigenmittelausstattung eines Instituts fest, während § 11 KWG dessen Liquidität betrifft. Die Eigenmittelausstattung kann durch die *BaFin* problemlos festgestellt werden. Art. 92

---

702 Entwurf eines Gesetzes zur Umsetzung der Richtlinie 2012/.../EU über den Zugang zur Tätigkeit von Kreditinstituten und die Beaufsichtigung von Kreditinstituten und Wertpapierfirmen und zur Anpassung des Aufsichtsrechts an die Verordnung (EU) Nr. .../2012 über die Aufsichtsanforderungen an Kreditinstitute und Wertpapierfirmen (CRD IV-Umsetzungsgesetz) vom 15. Oktober 2012, BT-Drucks. 17/10974, S. 92.

703 Entwurf eines Gesetzes zur Umsetzung der Richtlinie 2012/.../EU über den Zugang zur Tätigkeit von Kreditinstituten und die Beaufsichtigung von Kreditinstituten und Wertpapierfirmen und zur Anpassung des Aufsichtsrechts an die Verordnung (EU) Nr. .../2012 über die Aufsichtsanforderungen an Kreditinstitute und Wertpapierfirmen (CRD IV-Umsetzungsgesetz) vom 15. Oktober 2012, BT-Drucks. 17/10974, S. 92.

704 Verordnung (EU) Nr. 575/2013 des Europäischen Parlaments und des Rates vom 26. Juni 2013 über Aufsichtsanforderungen an Kreditinstitute und Wertpapierfirmen und zur Änderung der Verordnung (EU) Nr. 648/2012, ABl. L 176, S. 1.

der Verordnung 575/2013/EU konkretisiert die Eigenmittelanforderungen für Institute. Die Eigenmittel sind die Summe aus Kernkapital und Ergänzungskapital (Art. 2 Nr. 118 der Verordnung 575/2013/EU). Danach müssen Institute zu jeder Zeit beispielsweise eine harte Kernkapitalquote von 4,5 Prozent, eine Kernkapitalquote von 6 Prozent und eine Gesamtkapitalquote von 8 Prozent aufweisen[705]. Die Bewertung der Vermögenswerte und außerbilanziellen Posten regelt Art. 24 der Verordnung 575/2013/EU. Über die Erfüllung dieser Anforderungen müssen die Institute die *BaFin* mindestens halbjährlich informieren (Art. 99 Abs. 1 der Verordnung 575/2013/EU). § 10 Abs. 3 und 4 KWG eröffnen der *BaFin* die Möglichkeit in Ausnahmefällen erhöhte Kapitalanforderungen an die Institute zu stellen. § 45 Abs. 2 Satz 1 KWG fordert, dass die Unterschreitung der Eigenkapital- oder der Liquiditätskennziffern bereits positiv festgestellt werden kann.

bb) Drohende Unterschreitung der Eigenkapital- und Liquiditätsanforderungen

Nach der Intention des Gesetzgebers sollte jedoch bereits eine Eingriffsbefugnis für den Fall der nur drohenden Unterschreitung der Eigenkapital- beziehungweise Liquiditätskennziffern möglich sein[706]. § 45 Abs. 1 Satz 1 KWG eröffnet der *BaFin* einen Maßnahmenkatalog für den Fall, dass die Vermögens-, Finanz- oder Ertragsentwicklung eines Instituts oder andere Umstände die Annahme rechtfertigen, dass beispielsweise die Anforderungen der Artikel 92 bis 386 der Verordnung 575/2013/EU, des § 10 Absatz 3 und 4 KWG oder des § 11 KWG nicht dauerhaft erfüllt werden können. Hierbei handelt es sich um eine drohende Unterschreitung der aufsichtlichen Kennziffern. Die Begriffe „Vermögens-, Finanz- oder Ertragsentwicklung" entsprechen den Begriffen in § 264 Abs. 2 HGB, welcher Grundsätze für die Aufstellung des Jahresabschlusses bei Kapitalgesellschaften enthält[707]. Das Kriterium der „anderen Umstände" wurde neu eingefügt durch das CRD-IV-Umsetzungsgesetz[708]. Gemeint sind damit externe Umstände, die bisher noch keine Auswirkung auf die finanzielle Situation des Instituts haben, aber die Annahme rechtfertigen, dass die Eigenmittel- und Liquiditätsanforderungen wahrscheinlich nicht dauerhaft erfüllt werden können. Beispielhaft nennt der Gesetzgeber ein besonderes Branchen- oder

---

705 Wie diese Quoten zu berechnen sind und welche Instrumente zum harten oder zusätzlichen Kernkapital beziehungsweise zum Ergänzungskapital gehören findet sich detailliert in der Verordnung. Darauf soll an dieser Stelle nicht vertieft eingegangen werden.

706 Entwurf eines Gesetzes über die aufsichtsrechtlichen Anforderungen an die Vergütungssysteme von Instituten und Versicherungsunternehmen vom 31. März 2010, BT-Drucks. 17/1291, S. 10.

707 Boos/Fischer/Schulte-Mattler/*Lindemann* KWG § 45 Rn. 6.

708 Gesetz zur Umsetzung der Richtlinie 2013/36/EU über den Zugang zur Tätigkeit von Kreditinstituten und die Beaufsichtigung von Kreditinstituten und Wertpapierfirmen und zur Anpassung des Aufsichtsrechts an die Verordnung (EU) Nr. 575/2013 über Aufsichtsanforderungen an Kreditinstitute und Wertpapierfirmen (CRD IV-Umsetzungsgesetz) vom 28. August 2013, BGBl. I Nr. 53, S. 3395.

Länderrisiko des Instituts oder drohende Sanktionen internationaler Organisationen[709]. Der Maßnahmenkatalog ist lediglich beispielhaft, sieht aber insbesondere erweiterte Berichtspflichten vor.

Es stellt sich jedoch die Frage, ob auf § 45 Abs. 1 Satz 1 KWG nicht auch die Aufforderung an den Aufsichtsrat gestützt werden könnte, die Vergütung des Vorstands nach § 87 Abs. 2 AktG herabzusetzen. Allgemein formuliert lässt sich aus den Beispielen die generelle Befugnis der Aufsichtsbehörde ableiten, gegenüber dem Institut Maßnahmen zur Verbesserung seiner Eigenmittelausstattung und Liquidität anzuordnen[710]. Eine derartige Maßnahme könnte die Herabsetzungsaufforderung an den Aufsichtsrat sein. Dies könnte ein milderes Mittel sein, als die Auszahlung der variablen Vergütung aller Mitarbeiter und Geschäftsleiter zu beschränken oder gänzlich zu untersagen. Selbstverständlich müssten hierzu die Voraussetzungen des § 87 Abs. 2 AktG erfüllt sein. Danach soll der Aufsichtsrat die Vorstandsbezüge auf eine angemessene Höhe herabsetzen, wenn sich die Lage der Gesellschaft nach der Festsetzung so verschlechtert, dass die Weitergewährung der Bezüge für die Gesellschaft unbillig wäre. Die Rechtsfolge wäre der zeitweilige Untergang der Ansprüche – jedenfalls bis zur Erholung der Gesellschaft[711]. Der Vorteil für das Institut bestünde darin, dass der Anspruch anders als nach § 45 Abs. 2 Satz 1 Nr. 6 KWG nicht nur gestundet, sondern gänzlich erloschen wäre, so dass dies die Eigenkapitalausstattung des Instituts positiv beeinflussen würde. Auch wäre der Aufsichtsrat bei einer solchen Aufforderung weniger in seiner Handlungsfreiheit eingeschränkt, da er bereits nach § 87 Abs. 2 AktG zu einer Herabsetzung angehalten ist und dies auch bei sonstigen Maßnahmen der *BaFin* weiterhin wäre.

Es sprechen jedoch zahlreiche Argumente gegen die Zulässigkeit einer solchen Anordnung durch die Aufsichtsbehörde. Maßnahmen nach § 45 Abs. 1 und 2 KWG erfordern lediglich die Unterschreitung oder drohende Unterschreitung der Eigenkapital- und Liquiditätsvorgaben. Dies setzt nicht zwingend eine erhebliche Verschlechterung der Lage der Gesellschaft im Sinne des § 87 Abs. 2 AktG voraus[712]. § 87 Abs. 2 AktG verlangt vom Aufsichtsrat eine Abwägung hinsichtlich des Kriteriums der Unbilligkeit. In diese Abwägung sind sowohl die Interessen der Gesellschaft als auch die persönlichen Interessen des Vorstands einzubeziehen[713]. Eine Unbilligkeit

---

709 Entwurf eines Gesetzes über die aufsichtsrechtlichen Anforderungen an die Vergütungssysteme von Instituten und Versicherungsunternehmen vom 31. März 2010, BT-Drucks. 17/1291, S. 91.

710 Boos/Fischer/Schulte-Mattler/*Lindemann* KWG § 45 Rn. 15b.

711 Spindler/Stilz/*Fleischer* AktG § 87 Rn. 73; KK-AktG/*Mertens/Cahn* AktG, § 87 Rn. 99; MüKoAktG/*Spindler* AktG § 87 Rn. 99; *Witthuhn/Hamann*, ZGR 2009, 847 (864 f.).

712 Zur Notwendigkeit einer erheblichen Verschlechterung: KK-AktG/*Mertens/Cahn* AktG § 87 Rn. 94; *Koch*, WM 2010, 49 (51); großzügiger Hüffer/*Koch* AktG § 87 Rn. 25; Hölters/*Weber* AktG § 87 Rn. 47.

713 Spindler/Stilz/*Fleischer* AktG § 87 Rn. 65; KK-AktG/*Mertens/Cahn* AktG § 87 Rn. 95; Hölters/*Weber* AktG § 87 Rn. 50; *Dauner-Lieb*, Der Konzern 2009, 583 (590); *Witthuhn/Hamann*, ZGR 2009, 847 (856).

soll nach der Gesetzesbegründung zum Gesetz zur Angemessenheit der Vorstandsvergütung (VorstAG)[714] insbesondere dann vorliegen, wenn „der Vorstand pflichtwidrig gehandelt hat, aber auch dann, wenn ihm kein pflichtwidriges Verhalten vorzuwerfen ist, die Verschlechterung der Lage der Gesellschaft jedoch in die Zeit seiner Vorstandsverantwortung fällt und ihm zurechenbar ist“[715]. Darüber hinaus muss aus Sicht der Gesellschaft eine Trennung vom Vorstand aufgrund dessen außerordentlichen Kündigungsrechts eher zumutbar sein als die Fortzahlung seiner Bezüge[716]. Eine solche Abwägung ist § 45 Abs. 1 KWG fremd. Nach § 45 Abs. 5 Satz 5 KWG dürfen Ansprüche nur unter zusätzlichen Voraussetzungen erlöschen. Diese Vorschrift könnte durch eine Anordnung der Herabsetzung umgangen werden, da auch die Herabsetzung zu einem Erlöschen führt. Hätte der Gesetzgeber der Aufsichtsbehörde diese Option einräumen wollen, hätte er dies normieren müssen. Eine solche ausdrückliche Reglung findet sich beispielsweise in § 5 Abs. 2 Nr. 4 lit. a) Satz 6 FMStFV. Hiernach ist die Herabsetzung der Vorstandsbezüge eine Voraussetzung oder Anforderung für die Inanspruchnahme von Stabilisierungsmaßnahmen des *SoFFin*, die jedoch nur systemrelevanten Unternehmen zu gewähren sind[717]. Die staatliche Eingriffsbefugnis setzt somit wesentlich strengere Maßstäbe an.

Aus der Konstruktion des § 45 KWG und insbesondere der gewollten Stufung der Eingriffsbefugnisse wird vielmehr deutlich, dass weitere Maßnahmen nach Absatz 1 nur solche sein können, die vergleichbar den genannten Beispielen ebenfalls lediglich Berichtspflichten beinhalten, oder sich thematisch nicht mit den Befugnissen des Absatz 2 überschneiden und in ihrer Wirkung auf das Institut oder die Geschäftsleiter hinter den Eingriffen nach Absatz 2 zurückbleiben[718]. Insbesondere das letzte Kriterium spricht gegen die Zulässigkeit einer Anordnung nach § 87 Abs. 2 AktG. Die Rechtsfolge der Herabsetzung – nämlich das vollständige Erlöschen der Vergütungsansprüche – geht weit über eine bloße Stundung, wie sie §§ 45 Abs. 2 Satz 1 Nr. 5a und 6 KWG vorsehen, hinaus. Der Eingriff in die Interessen des Geschäftsleiters ist damit wesentlich stärker. Systematisch verlangt die Stundung der variablen Vergütung grundsätzlich eine bestehende Unterschreitung der Kennziffern bezüglich Eigenkapital und Liquidität. Ein wesentlich stärkerer Eingriff in Form des Erlöschens kann nicht systemkonform bereits als Vorfeldmaßnahme auf eine lediglich drohende Unterschreitung gestützt werden.

Es bedarf einer solchen Ausdehnung des § 45 Abs. 1 Satz 1 KWG auch nicht, denn der Gesetzgeber hat durch § 45 Abs. 1 Satz 3 KWG bereits die Möglichkeit

714 Gesetz zur Angemessenheit der Vorstandsvergütung (VorstAG) vom 31. Juli 2009, BGBl. I Nr. 20, S. 2509.

715 BT-Drucks. 16/12278, S. 7; KK-AktG/*Mertens/Cahn* AktG § 87 Rn. 95; *Annuß/Theusinger*, BB 2009, 2434 (2438); *Bosse*, BB 2009, 1650 (1651); *Seibert*, WM 2009, 1489 (1491); a.A. Spindler/Stilz/*Fleischer* AktG § 87 Rn. 64.

716 *Diller*, NZG 2009, 1006 (1007); *Annuß/Theusinger*, BB 2009, 2434 (2438); *Hohenstatt*, ZIP 2009, 1352; *Bosse*, BB 2009, 1651.

717 Jaletzke/Veranneman/*Jaletzke/Denzer* FMStG § 4 Rn. 22.

718 Boos/Fischer/Schulte-Mattler/*Lindemann* KWG § 45 Rn. 15a.

geschaffen, bei drohender Unterschreitung der Eigenkapital- und Liquiditätsanforderungen Maßnahmen aus dem Katalog des Absatzes 2 zu ergreifen, wenn die Maßnahmen nach Satz 1 keine ausreichende Gewähr für eine nachhaltige Sicherung bieten. Diese Maßnahmen können neben oder an Stelle der Maßnahmen nach Absatz 1 treten. Da jedoch Maßnahmen nach Absatz 2 ein Unterschreiten der Schwellenwerte für Eigenmittel oder Liquidität voraussetzen und erst nach Setzung einer angemessenen Frist angewendet werden dürfen – während Absatz 1 im Vorfeld der Unterschreitung einer Kennziffer ansetzt und keine Fristsetzung verlangt – ist das Verhältnis der Absätze zueinander klärungsbedürftig. Die gesetzliche Architektur mutet durchaus kompliziert an. Der Gesetzgeber hätte auch eine ähnliche Formulierung wie in § 25 Abs. 4 VAG[719] wählen können. Danach ist eine drohende Unterschreitung der Solvabilitätsspanne der tatsächlichen Unterschreitung gleichgestellt. Die Formulierung des Absatz 1 ist denkbar weit. Aus der Systematik des § 45 Abs. 1 KWG kann abgleitet werden, dass Maßnahmen nach Absatz 2 nicht Anwendungsfälle der generellen Befugnis nach Absatz 1 sein sollen[720]. Die *BaFin* muss darlegen können, dass eine Maßnahme nach Absatz 2 nötig und ein Einschreiten ohne Abwarten einer tatsächlichen Unterschreitung des Schwellenwerts geboten ist. Es ist nicht erforderlich, dass bereits Maßnahmen nach Absatz 1 versucht worden sind[721].

c) Frist

Die Anordnungen nach §§ 45 Abs. 2 Nr. 5a und 6 KWG bedürfen einer vorherigen Fristsetzung, währenddessen dem Institut die Möglichkeit gegeben werden soll, den Mangel innerhalb der vorgegebenen Zeit zu beheben, § 45 Abs. 5 Satz 1 KWG. Nach dem Sinn dieser Wartezeit muss die Frist so bemessen sein, dass das betroffene Institut ausreichend Zeit hat, um in ernsthafte Verhandlungen zur Akquisition von Eigenmitteln zu treten oder Schritte zur Reduzierung von Krediten und zur Umschichtung angelegter Mittel einzuleiten[722]. Die Anordnungen sollten zu einem Zeitpunkt getroffen werden, in dem das Institut noch in der Lage ist, die fehlenden Eigenmittel und Liquidität zu beschaffen. Die Frist sollte nicht derart lang sein, dass nach ihrem Ablauf ein Eingreifen der *BaFin* zwecklos ist und lediglich Maßnahmen zur Abwehr einer Insolvenz nach § 46 KWG sinnvoll scheinen[723].

In zwei Fällen kann die *BaFin* von einer Fristsetzung absehen, § 45 Abs. 5 Satz 2 KWG. Zum einen ist eine Fristsetzung entbehrlich, soweit dies zur Verhinderung einer kurzfristig zu erwartenden Verschlechterung der Eigenmittelausstattung oder der Liquidität des Instituts erforderlich ist. Zum anderen, wenn bereits Vorfeldmaßnahmen nach § 45 Abs. 1 Satz 1 KWG ergriffen wurden. Maßnahmen nach § 45

719 § 81b Abs. 1 VAG a.F.
720 Boos/Fischer/Schulte-Mattler/*Lindemann* KWG § 45 Rn. 15a.
721 Boos/Fischer/Schulte-Mattler/*Lindemann* KWG § 45 Rn. 15e.
722 Boos/Fischer/Schulte-Mattler/*Lindemann* KWG § 45 Rn. 13.
723 Boos/Fischer/Schulte-Mattler/*Lindemann* KWG § 45 Rn. 13.

Abs. 1 Satz 1 KWG bedürfen ihrerseits keiner Fristsetzung. Dies ergibt sich aus dem Wortlaut des § 45 Abs. 5 Satz 1 KWG, der sich nur auf die Absätze 2 und 3 bezieht.

d) Kausalität

Die Maßnahmen nach §§ 45 Abs. 2 Satz 1 Nr. 5a und 6 KWG verlangen keine Kausalität zwischen der Bildung eines Gesamtbetrags der variablen Vergütungen beziehungsweise der Auszahlung der variablen Vergütung und der Unterschreitung der Eigenkapital- und Liquiditätsanforderungen. Es findet sich auch keine Einschränkung dahingehend, dass lediglich die variable Vergütung von Geschäftsleitern oder Mitarbeitern mit Einfluss auf die aufsichtsrechtlich relevanten Kennzahlen von einem Eingriff betroffen sein sollen[724]. Dieser Verzicht auf ein solches Kausalitätserfordernis wird in der Literatur kritisch gesehen[725]. Aus der Gesetzesbegründung lässt sich ebenfalls nicht eindeutig erkennen, ob entgegen dem Wortlaut des § 45 Abs. 2 KWG in verfassungskonformer Auslegung eine Ursächlichkeit bestehen müsste. Hierin heißt es: „Wo die Krise eines Instituts oder Versicherungsunternehmens auf einem Vergütungssystem mit variablen Vergütungsbestandteilen *beruht*, ist die Untersagung oder jedenfalls die Beschränkung auch das erforderliche Mittel einer angemessenen Krisenbekämpfung"[726].

Die Regelung stellt einen Eingriff in die allgemeine Vertragsfreiheit nach Art. 2 Abs. 1 GG dar. Diese gewährleistet dem Einzelnen das Recht, Verträge grundsätzlich so abzuschließen, wie er es wünscht. Darüber hinaus schützt Art. 2 Absatz 1 GG den Einzelnen auch davor, dass die öffentliche Gewalt bereits abgeschlossene Verträge nachträglich einer Änderung unterzieht. Nach § 45 Abs. 5 Satz 12 KWG können aus vertraglichen Vereinbarungen, die eine variable Vergütung gewähren, keine Rechte hergeleitet werden. Dies bedeutet, dass beispielsweise trotz vertraglich zugesichertem Bonus, eine Auszahlung zeitlich verzögert werden oder gänzlich entfallen kann. Das Primat des Aufsichtsrechts über das Dienst- beziehungsweise Arbeitsrecht wurde explizit normiert.

Ein derartiger Eingriff ist jedoch auch ohne Kausalitätserfordernis gerechtfertigt. Zum einen würde eine solche zusätzliche Voraussetzung der Zielsetzung des § 45 KWG entgegenstehen. Der Aufsichtsbehörde soll ein Mittel an die Hand gegeben werden, um die Eigenkapital- und Liquiditätsausstattung eines Instituts zu verbessern. Dahinter verbirgt sich das legitime Ziel des Gesetzgebers die Finanzsysteme zu sichern und in Krisensituationen der Aufsichtsbehörde ein Intervenieren zu

---

724 Dies fordern *Müller-Bonanni/Mehrens*, NZA 2010, 792 (795); dagegen: *Heuchemer/Kloft*, WM 2010, 2241 (2244); *Armbrüster*, VersR 2011, 1 (4 f.).

725 *Müller-Bonanni/Mehrens*, NZA 2010, 792 (795); *Rieble/Schmittlein*, Vorstandsvergütung, Rn. 588.

726 Entwurf eines Gesetzes über die aufsichtsrechtlichen Anforderungen an die Vergütungssysteme von Instituten und Versicherungsunternehmen vom 31. März 2010, BT-Drucks. 17/1291, S. 10 (Hervorhebung hier); *Rieble/Schmittlein*, Vorstandsvergütung, Rn. 588.

ermöglichen[727]. Ob hierdurch einer Krise auch vorgebeugt[728] werden kann, ist angesichts der grundsätzlichen Voraussetzung, dass die Kennziffern bereits unterschritten sein müssen, eher zu bezweifeln. Eine Krise besteht in solchen Fällen bereits.

Damit dieser Eingriff gerechtfertigt ist, muss er geeignet, erforderlich und angemessen sein. Die Beschränkung der Bereitstellung eines Jahresgesamtbetrags für die variable Vergütung oder deren Auszahlung sind geeignete Mittel, um die Eigenkapitalausstattung eines Instituts zu erhöhen. Sie stellen auch das mildeste Mittel dar[729], da die Fälligkeit der Ansprüche lediglich zeitlich begrenzt hinausgeschoben wird. Nur in Ausnahmefällen, unter zusätzlichen Voraussetzungen, ist die Anordnung des Erlöschens zulässig. Die Eingriffsintensität ist somit recht gering. Darüber hinaus betrifft die Beschränkung lediglich einen bestimmten Teil der Vergütung – die variablen Komponenten. Die Fixvergütung bleibt unangetastet, so dass eine gewisse Existenzgrundlage gesichert ist. Bei der Verhältnismäßigkeit im engeren Sinne sind die Interessen des Geschäftsleiters an einer pünktlichen Auszahlung der verdienten Vergütung und der Erhalt eines funktionierenden Kreditwesens gegeneinander abzuwägen. Der Gesetzgeber hat letzterem unter Hinweis auf dessen außerordentliche Bedeutung den Vorrang eingeräumt[730].

Hinsichtlich des Kausalitätserfordernisses zwischen der variablen Vergütung und der Unterschreitung der Eigenkapital- und Liquiditätsanforderungen ist zudem anzumerken, dass es der *BaFin* nur schwer möglich sein wird, dies im Einzelfall nachzuweisen. Eine derartige Prüfpflicht liefe der raschen Gefahrenabwehr zuwider. Auch ist prinzipiell jede Zahlungsverpflichtung eine Belastung der Eigenmittel. Soweit eine Einflussmöglichkeit der betroffenen Person auf die relevanten Kennzahlen verlangt wird, ist eine solche bei Geschäftsleitern stets gegeben.

e) Ermessen

Sind die jeweiligen Voraussetzungen erfüllt, liegt es auf der Rechtsfolgenseite im Ermessen der *BaFin*, eine oder mehrere Maßnahmen gegenüber dem Institut zu ergreifen. Dies wird durch die Formulierung „kann" sowohl in § 45 Abs. 1 Satz 1 KWG als auch Satz 3 oder Abs. 2 Satz 1 KWG geregelt. Die *BaFin* hat ihr Ermessen

---

727 Entwurf eines Gesetzes über die aufsichtsrechtlichen Anforderungen an die Vergütungssysteme von Instituten und Versicherungsunternehmen vom 31. März 2010, BT-Drucks. 17/1291, S. 10.

728 So die Formulierung in Entwurf eines Gesetzes über die aufsichtsrechtlichen Anforderungen an die Vergütungssysteme von Instituten und Versicherungsunternehmen vom 31. März 2010, BT-Drucks. 17/1291, S. 10.

729 Entwurf eines Gesetzes über die aufsichtsrechtlichen Anforderungen an die Vergütungssysteme von Instituten und Versicherungsunternehmen vom 31. März 2010, BT-Drucks. 17/1291S. 10.

730 Entwurf eines Gesetzes über die aufsichtsrechtlichen Anforderungen an die Vergütungssysteme von Instituten und Versicherungsunternehmen vom 31. März 2010, BT-Drucks. 17/1291, S. 10.

entsprechend dem Zweck der Ermächtigung auszuüben und die gesetzlichen Grenzen des Ermessens einzuhalten. Hierbei ist zwischen einem Entschließungs- und einem Auswahlermessen zu differenzieren[731]. Das Entschließungsermessen beinhaltet die Frage, ob überhaupt und wenn ja zu welchem Zeitpunkt die *BaFin* von ihrer Anordnungsbefugnis Gebrauch macht. Das Auswahlermessen bezieht sich auf die konkrete Maßnahme. Der Katalog des § 45 Abs. 2 Satz 1 KWG legt keine Reihenfolge fest. Vielmehr können die Maßnahmen auch kumulativ angeordnet werden[732]. Um dem Institut nicht zu schaden und den Zweck der Vorschrift nicht zu konterkarieren, sollte die *BaFin* zu verhindern suchen, dass ihre Anordnungen der Öffentlichkeit bekannt werden[733]. Insbesondere bei der Ergreifung von Maßnahmen nach § 45 Abs. 2 Satz 1 Nr. 1 bis 7 KWG im Falle einer lediglich drohenden Unterschreitung der Kennziffern (§ 45 Abs. 1 Satz 3 KWG) hat die *BaFin* ihr Ermessen besonders sorgfältig auszuüben und zu begründen.

f) Auswirkung der Anordnung auf den einzelnen Geschäftsleiter

Bislang ist nicht bekannt, dass die *BaFin* eine derartige Anordnung erlassen hat. Es kann nur spekuliert werden, wie ein dahingehender Verwaltungsakt aussehen könnte. Im Fall der Beschränkung des Gesamtbonuspools ist davon auszugehen, dass die *BaFin* eine prozentuale Beschränkung vornimmt, indem sie beispielsweise verfügt, dass lediglich 50 Prozent des Jahresergebnisses berücksichtigt werden dürfen. Dass sie auch im Fall der Beschränkung oder Untersagung der Auszahlung der variablen Vergütung auf eine prozentuale Beschränkung der Gesamtsumme abstellt, ist eher unwahrscheinlich. Naheliegender ist, dass sie bei Erfüllung der Voraussetzungen das Institut anweist, einen bestimmten Betrag zurückzuhalten. Aus diesem lässt sich dann in der Zusammenschau mit dem gesamten Bonuspool eine Kürzungsquote ausrechnen. Die Reduzierung der variablen Vergütung muss jeden Geschäftsleiter in gleichem Umfang treffen[734]. Dies ergibt sich sowohl aus dem allgemeinen gesellschaftsrechtlichen Gleichbehandlungsgrundsatz[735] als auch aus den zu § 87 Abs. 2 AktG anerkannten Grundsätzen. Danach darf sich der Aufsichtsrat bei einer Herabsetzung nicht von sachfremden Erwägungen leiten lassen und nicht in sachwidriger Weise zwischen den Vorstandsmitgliedern differenzieren.

731 Stelkens/Bonk/Sachs/*Sachs* VwVfG § 40 Rn. 46.
732 Boos/Fischer/Schulte-Mattler/*Lindemann* KWG, § 45 Rn. 15.
733 Boos/Fischer/Schulte-Mattler/*Lindemann* KWG, § 45 Rn. 15.
734 Boos/Fischer/Schulte-Mattler/*Lindemann* KWG, § 45 Rn. 36.
735 Zur Gesellschaft mit beschränkter Haftung: OLG Düsseldorf 16 U 39/11, 16 U 39/11 vom 25. Mai 2012, n.v.; Roth/Altmeppen/*Altmeppen* GmbHG § 13 Rn. 61; Baumbach/Hueck/*Fastrich* GmbHG § 13 Rn. 31; zur Aktiengesellschaft: OLG Düsseldorf 15 U 225/02, 15 U 225/02 vom 17. November 2003, NZG 2004, 141; siehe ausdrücklich für Aktionäre § 53a AktG.

In vergleichbaren Fällen muss die Herabsetzung in gleichem Maße erfolgen[736]. Nur in Ausnahmefällen wird eine sachlich gerechtfertigte Differenzierung möglich und zulässig sein.

4. Bußgelder

Die Verhängung von Bußgeldern ist eine gebräuchliche Sanktion für Verstöße gegen gesetzliche Vorgaben. Es wäre durchaus möglich, Verstößen gegen die Vorgaben der Instituts-Vergütungsverordnung oder des § 25a Abs. 5 KWG als bußgeldbewehrte Tatbestände auszugestalten. Der Gesetzgeber hat von dieser Form der Sanktionierung bislang jedoch keinen Gebrauch gemacht. Lediglich bei Verstößen gegen vollziehbare Anordnungen nach §§ 45 Abs. 2 Satz 1 Nr. 5a und Nr. 6 KWG sowie nach § 45 Abs. 5 Satz 5 KWG kann ein Bußgeld verhängt werden, § 56 Abs. 2 Nr. 3 lit. j) KWG. Sowohl die vorsätzliche als auch die fahrlässige Missachtung der Beschränkung des Gesamtbonuspools, dessen vollständiger Streichung beziehungsweise des Erlöschens der Vergütungsansprüche stellt eine Ordnungswidrigkeit dar. Die Höhe des Bußgelds kann bis zu 200.000 Euro betragen, § 56 Abs. 6 Nr. 3 KWG. Darüber hinaus sind auch Verstöße gegen Anordnungen nach § 25a Abs. 2 Satz 2 KWG und § 45b Abs. 1 KWG bußgeldbewehrt, § 56 Abs. 2 Nr. 3 lit. f) und l) KWG. Das Bußgeld für einen Verstoß gegen § 25a Abs. 2 Satz 2 kann bis zu fünf Millionen Euro betragen, § 56 Abs. 6 Nr. 1 KWG, während für die Anordnung nach § 45b Abs. 1 KWG ebenfalls § 56 Abs. 6 Nr. 3 KWG gilt. Die Anordnung nach § 45b Abs. 1 Satz 1 KWG ist – wie die Anordnungen nach § 45 KWG – gemäß § 49 KWG sofort vollziehbar, so dass das Bußgeld auch im Fall eines Widerspruchs oder einer Anfechtungsklage fällig wird.

736 KK-AktG/*Mertens/Cahn* AktG § 87 Rn. 98; Spindler/Stilz/*Fleischer* AktG § 87 Rn. 74; Hüffer/*Koch* AktG § 87 Rn. 27; *Diller*, NZG 2009, 1006 (1007); *Hohenstatt*, ZIP 2009, 1349 (1353); *Koch*, WM 2010, 49 (57).

3. Kapitel: Analyse der weiteren Vergütungsvorgaben und Überlegungen de lege ferenda

Das dritte Kapitel dieser Arbeit befasst sich mit den weiteren aktien- und kapitalmarktrechtlichen Vergütungsvorgaben. Diese werden zunächst einzeln detailliert beleuchtet. Die Analyse wird zeigen, dass sich in allen Vergütungsvorgaben die einzelnen Aspekte hinsichtlich des Anwendungsbereichs, der Zuständigkeit, der Vergütungsvorgaben im Einzelnen, der Kontrolle oder der Rechtsfolgen bei Verstößen wiederfinden und oftmals identisch oder nur leicht modifiziert sind. Diese kleinteilige und unübersichtliche Regelungsstruktur gibt Anlass, über eine branchen- und rechtsformübergreifende Vergütungsregelung nachzudenken. Nicht vergessen werden darf hierbei jedoch, dass die Vergütungsvorgaben im Kapitalmarktrecht zum Teil auf europarechtlichen Grundlagen beruhen. Eine verallgemeinerungsfähige Regelung wird die einzelnen Details dieser Vorgaben nicht widergeben können. Es wird somit auch weiterhin nötig sein, dass Vergütungsverordnungen neben gesetzlichen Regelungen bestehen bleiben, die für die jeweiligen Branchen spezifische Besonderheiten regeln. Dennoch kann eine solche Basisregelung zu einer gewissen Vereinheitlichung der Auslegung der Vorgaben führen und zusätzliche Gesellschaften in Branchen außerhalb des Kapitalmarkts erfassen. Um dem Grundsatz der Verhältnismäßigkeit und den unterschiedlichen Begrifflichkeiten der jeweiligen Gesellschaftsformen hinreichend Rechnung zu tragen, sollte die Basisregelung in die jeweiligen Gesetze aufgenommen werden und die Formulierung entsprechend angepasst werden. Ein eigenständiges „Gesetz zur Begrenzung der Vergütung von Managern" hätte politisch zwar eine stärkere Signalwirkung und würde in der Öffentlichkeit starken Zuspruch finden. Das Ziel einer abschließenden einheitlichen Regelung aller Vergütungsaspekte für sämtliche Branchen und Rechtsformen könnte damit jedoch nicht erreicht werden, da die kapitalmarktspezifischen Regelungen in einigen Punkten widersprüchlich und indifferent sind. Es müssten dann Ausnahmetatbestände oder Sonderregelungen innerhalb eines Gesetzes formuliert werden. Auch würde ein solches Gesetz nicht für alle Rechtsformen gelten können. Unter regelungstechnischen Gesichtspunkten ist somit eine branchenunabhängige Basisregelung in den einzelnen gesellschaftsrechtlichen Gesetzen mit einer Flankierung durch kapitalmarkrechtliche Verordnung zur Regelung der Besonderheiten vorzugswürdig.

I. Anwendungsbereich

Bei einer Basisregelung stellt sich zunächst die Frage, welche Gesellschaftsformen und Personen hiervon erfasst werden sollten. Nicht für alle Unternehmen ist ein Eingriff in die Privatautonomie und somit in die Selbstbestimmung des Einzelnen im Rechtsleben gerechtfertigt[737]. Aufgrund der unterschiedlichen Strukturen von Personen- und Kapitalgesellschaften, sowie den daraus resultierenden Haftungsunterschieden und unterschiedlichen Interessenlagen samt Risiken, bedarf es einer genaueren Untersuchung, auf welche Rechtsformen eine allgemeine Vergütungsregelung Anwendung finden sollte und unter verfassungsrechtlichen Aspekten überhaupt kann.

Von der Instituts-Vergütungsverordnung ist bereits bekannt, dass nicht sämtliche Regelungen für alle Institute gelten[738]. Für bedeutende Institute gelten verschärfte Vorgaben. Dies ist Ausdruck des Verhältnismäßigkeitsgrundsatzes, der auch bei der Erarbeitung einer allgemeinen Regelung zu beachten ist. Es besteht neben der Möglichkeit, auf eine bestimmte Bilanzsumme abzustellen, auch die Möglichkeit, auf Unterschiede innerhalb der Rechtsform zurückzugreifen. Das Aktiengesetz und der Deutsche Corporate Governance Kodex enthalten beispielsweise besondere Vorschriften für börsennotierte Aktiengesellschaften. In wie weit dieser Ansatz verallgemeinerungsfähig ist, oder die Heranziehung der Bilanzsumme vorzugswürdig ist, wird näher zu erläutern sein.

Die Instituts-Vergütungsverordnung gilt für Mitarbeiter und Geschäftsleiter. Es ist fraglich, ob es auch bei einer einheitlichen Basisregelung eines derart weiten persönlichen Anwendungsbereichs bedarf. Daneben soll kurz auch eine passende Bezeichnung für erfasste Personen diskutiert werden.

1. Erfasste Gesellschaftsformen

Zu differenzieren ist zwischen streng rechtsformbezogenen Vorschriften und grundsätzlich rechtsformneutralen Vorgaben.

a) Rechtsformbezogene Gesetze

Das Aktiengesetz enthält in § 87 AktG eine Regelung zur Vergütung des Vorstands, die jedoch ausschließlich für Aktiengesellschaften Anwendung findet[739]. Der Deutsche Corporate Governance Kodex ist in seinem Geltungsbereich bereits auf börsennotierte Aktiengesellschaften beschränkt[740]. Die Vergütungsvorgaben der Ziffer 4.2. DCGK gelten somit ausschließlich für diese Gesellschaftsform. Andere rechtsformbezogenen Gesetze wie das Gesetz betreffend die Gesellschaften mit beschränkter Haftung (GmbHG,) das Gesetz betreffend die Erwerbs- und

737 BVerfG, 1 BvR 567/89, 1 BvR 1044/89 vom 19.10.1993, BVerfGE 89, 214, 231; BVerfG 1 BvR 782/94, 1 BvR 957/96 vom 26.05.2005, BVerfGE 114, 1 ff.; *Reul*, DNotZ 2007, 184 (185).

738 Siehe hierzu 2. Kapitel I.1.b).

739 Eine Erstreckung der Vorschriften auf Geschäftsführer einer GmbH ist abzulehnen. So auch *Feddersen/Cube*, NJW 2010, 576 (580).

740 Präambel des Deutscher Corporate Governance Kodex in der Fassung vom 15. Mai 2015.

Wirtschaftsgenossenschaften (GenG) oder das Handelsgesetzbuch (HGB) enthalten keine Vorgaben hinsichtlich der Ausgestaltung der Vergütung von Geschäftsführern oder Vorständen.

b) Rechtformneutrale Regelungen

Neuere Verordnungen wie die Instituts-Vergütungsverordnung, die Versicherungs-Vergütungsverordnung oder das Finanzmarktstabilisierungsfondsgesetz respektive Gesetze wie das Kapitalanlagegesetzbuch enthalten ihrerseits detaillierte Angaben zur Ausgestaltung der Vergütung und sind rechtsformübergreifend konzipiert. Dennoch umfassen auch sie nicht alle Gesellschaftsformen.

aa) Instituts-Vergütungsverordnung

Die Instituts-Vergütungsverordnung gilt für die in § 1 Abs. 1 InstitutsVergV genannten Institute[741], ohne für diese eine bestimmte Rechtsform vorzuschreiben. Damit gilt sie grundsätzlich für Personengesellschaften, Kapitalgesellschaften sowie öffentlich-rechtliche Institute und Sparkassen. § 1 Abs. 1 KWG definiert Kreditinstitute als Unternehmen, die Bankgeschäfte gewerbsmäßig oder in einem Umfang betreiben, der einen in kaufmännischer Weise eingerichteten Geschäftsbetrieb erfordert. Die letztere Alternative ist maßgeblich, wenn keine Gewinnerzielungsabsicht besteht[742]. Damit scheiden Gesellschaften bürgerlichen Rechts, Partnergesellschaften sowie stille Gesellschaften aus dem Anwendungsbereich aus. Das Betreiben von Bankgeschäften und die Erbringung von Finanzdienstleistungen bedürfen gemäß § 32 Abs. 1 KWG der Erlaubnis. Diese darf nicht an Kreditinstitute erteilt werden, die in der Rechtsform des Einzelkaufmanns betrieben werden, § 2b Abs. 1 KWG. Damit verbleiben im Anwendungsbereich der Instituts-Vergütungsverordnung neben den Landesbanken und Sparkassen, insbesondere Aktiengesellschaften, Gesellschaften mit beschränkter Haftung, eingetragene Genossenschaften, offene Handelsgesellschaften sowie Kommanditgesellschaften und deren Mischformen[743].

bb) Versicherungs-Vergütungsverordnung

Dem Geltungsbereich der Versicherungs-Vergütungsverordnung unterfallen die in § 1 Abs. 1 Nr. 1–7 VersVergV abschließend aufgezählten Unternehmen[744]:

---

741 Einzelheiten siehe 2.Kapitel I.1.a)aa).

742 Schwennicke/Auerbach/*Schwennicke*, KWG, § 1 Rn. 7; *Auerbach*, Banken- und Wertpapieraufsicht, S. 31.

743 Zu den Rechtsformen der Institute in Deutschland siehe die Mitgliederliste des Bundesverbands deutscher Banken, abrufbar unter: https://bankenverband.de/mitglieder/.

744 Dies wird sich durch die Neufassung der Versicherungs-Vergütungsverordnung leicht ändern: *Referentenentwurf des Bundesministeriums der Finanzen*, Verordnung

1. Erst- und Rückversicherungsunternehmen sowie Pensionsfonds mit Sitz im Inland,
2. Versicherungs-Holdinggesellschaften im Sinne des § 1b und des § 104a Absatz 2 Nr. 4 VAG mit Sitz im Inland,
3. Versicherungs-Zweckgesellschaften mit Sitz im Inland,
4. gemischte Finanzholding-Gesellschaften mit Sitz im Inland,
5. übergeordnete Finanzkonglomeratsunternehmen mit Sitz im Inland, es sei denn, es handelt sich um Institute im Sinne des § 1 Abs. 1b KWG,
6. im Inland erlaubnispflichtige Erst- und Rückversicherungsunternehmen sowie Einrichtungen der betrieblichen Altersversorgung mit Sitz in einem Drittstaat und
7. im Inland erlaubnispflichtige Erstversicherungsunternehmen mit Sitz in einem anderen Mitgliedstaat der Europäischen Union oder einem anderen Vertragsstaat des Abkommens über den Europäischen Wirtschaftsraum, die nicht den Versicherungsrichtlinien unterfallen.

Die Formulierung ist somit rechtformunabhängig. Faktisch unterfallen jedoch nur Kapitalgesellschaften sowie öffentlich-rechtliche Versicherer und Versicherungsvereine auf Gegenseitigkeit der Versicherungs-Vergütungsverordnung. Gemäß § 8 Abs. 1 VAG[745] bedürfen Versicherungsunternehmen zum Geschäftsbetrieb der Erlaubnis der *BaFin.* Diese wiederum darf nur Aktiengesellschaften einschließlich der Europäischen Gesellschaft (SE), Versicherungsvereinen auf Gegenseitigkeit (VVaG) sowie Körperschaften und Anstalten des öffentlichen Rechts erteilt werden, § 8 Abs. 2 VAG[746]. Im Gegensatz zur Instituts-Vergütungsverordnung sind somit keine Personenhandelsgesellschaften erfasst.

cc) Kapitalanlagegesetzbuch

Bei der Anwendung des Kapitalanlagegesetzbuchs ist zu differenzieren zwischen den möglichen Rechtsformen des Investmentfonds und den zulässigen Rechtformen für Kapitalverwaltungsgesellschaften, durch die das Fondsvermögen verwaltet wird. Das Kapitalanlagegesetzbuch selbst gilt grundsätzlich für offene und geschlossene Investmentfonds, unabhängig von ihrer rechtlichen Struktur[747]. Entscheidend ist die Definition des Investmentfondsbegriffs. Die europarechtliche Ausgestaltung des Begriffs „Alternative Investmentfonds" erfasst alle Anlagegegenstände und -strategien. Die Richtlinie 2011/61/EU[748] überlässt den Mitgliedstaaten die Regelungen

zum Erlass von Verordnungen nach dem Versicherungsaufsichtsgesetz vom 23. September 2015, Artikel 2, § 1 Abs. 1 VersVergV.

745 § 5 Abs. 1 VAG a.F.

746 § 7 Abs. 1 VAG a.F.

747 *Mujan*, BB 2013, 1653; *Gänßler*, BaFin Journal 04/2013, 18.

748 Richtlinie 2011/61/EU des Europäischen Parlaments und des Rates vom 8. Juni 2011 über die Verwalter alternativer Investmentfonds und zur Änderung der Richtlinien

zu Fondstypen und Rechtsformen (Produktregulierung)[749]. Eine Vereinheitlichung schien „unverhältnismäßig“[750]. Gemäß § 1 Abs. 11 KAGB ist eine Investmentgesellschaft ein Investmentvermögen in der Rechtsform einer Investmentaktiengesellschaft oder Investmentkommanditgesellschaft[751]. Investmentvermögen wiederum ist jeder Organismus für gemeinsame Anlagen, der von einer Anzahl von Anlegern Kapital einsammelt, um es gemäß einer festgelegten Anlagestrategie zum Nutzen dieser Anleger zu investieren und der kein operativ tätiges Unternehmen außerhalb des Finanzsektors ist, § 1 Abs. 1 Satz 1 KAGB. Damit sind sowohl Personenhandels- als auch Kapitalgesellschaften vom Anwendungsbereich erfasst.

Für die Kapitalverwaltungsgesellschaften gelten jedoch eigene Regelungen. Kapitalverwaltungsgesellschaften sind Unternehmen mit satzungsmäßigem Sitz und Hauptverwaltung im Inland, deren Geschäftsbetrieb darauf gerichtet ist, inländische Investmentvermögen, EU-Investmentvermögen oder ausländische alternative Investmentfonds zu verwalten. Von der Verwaltung eines Investmentvermögens spricht man, wenn mindestens die Portfolioverwaltung oder das Risikomanagement für ein oder mehrere Investmentvermögen erbracht wird, § 17 Abs. 1 KAGB. Die Kapitalverwaltungsgesellschaft kann entweder eine externe Gesellschaft außerhalb des Fondsvermögens sein, oder das Investmentvermögen selbst (interne Kapitalverwaltungsgesellschaft), § 17 Abs. 2 KAGB. Externe Kapitalverwaltungsgesellschaften dürfen nur in der Rechtsform der Aktiengesellschaft, der Gesellschaft mit beschränkter Haftung oder der Kommanditgesellschaft, bei der persönlich haftender Gesellschafter ausschließlich eine Gesellschaft mit beschränkter Haftung ist (GmbH & Co. KG), betrieben werden. Da rechtstechnisch auch die GmbH & Co. KG als Personenhandelsgesellschaft gilt, ergeben sich insoweit zunächst keine Unterschiede zum Investmentfonds und einer internen Kapitalverwaltungsgesellschaft.

dd) Finanzmarktstabilisierungsfondsgesetz

Das Finanzmarktstabilisierungsfondsgesetz gilt ebenfalls rechtsformübergreifend[752]. § 2 Abs. 1 FMStFG bestimmt, dass der Fonds als Sondervermögen Unternehmen im Sinne des § 2 des Restrukturierungsfondsgesetzes in der bis zum 31. Dezember 2014 geltenden Fassung[753] (Unternehmen des Finanzsektors) dienen soll. Unternehmen

---

2003/41/EG und 2009/65/EG und der Verordnungen (EG) Nr. 1060/2009 und (EU) Nr. 1095/2010, ABl. L 174, S. 1.

749 *Zetzsche/Preiner*, WM 2013, 2102.

750 Richtlinie 2011/61/EU des Europäischen Parlaments und des Rates vom 8. Juni 2011 über die Verwalter alternativer Investmentfonds und zur Änderung der Richtlinien 2003/41/EG und 2009/65/EG und der Verordnungen (EG) Nr. 1060/2009 und (EU) Nr. 1095/2010, ABl. L 174, S. 1, Erwägungsgrund 10.

751 Einzelheiten zu den Investmentgesellschaften siehe §§ 91, 108, 124, 139, 140, 149 KAGB.

752 Boos/Fischer/Schulte-Mattler/*Fridgen* RStruktFG § 2, Rn. 1.

753 § 2 Beitragspflichtige Unternehmen: „Beitragspflichtige Unternehmen sind alle Kreditinstitute im Sinne des § 1 Absatz 1 KWG mit einer Erlaubnis nach dem

in diesem Sinne sind alle Kreditinstitute im Sinne des § 1 Abs. 1 KWG mit einer Erlaubnis nach dem Kreditwesengesetz, die die Vorgaben der Kreditinstituts-Rechnungslegungsverordnung einhalten müssen (sogenannte beitragspflichtige Unternehmen)[754]. Durch den Verweis auf § 1 Abs. 1 KWG gilt hierfür das zur Instituts-Vergütungsverordnung Gesagte entsprechend. Eine Beschränkung auf eine bestimmte Rechtsform findet nicht statt. Nicht beitragspflichtig – und somit nicht im Anwendungsbereich des Finanzmarktstabilisierungsfondsgesetzes sind demgegenüber Finanzdienstleistungsinstitute im Sinne des § 1 Abs. 1a KWG und Finanzunternehmen im Sinne des § 1 Abs. 3 KWG. Ebenso wenig sind Kapitalanlagegesellschaften im Sinne des Kapitalanlagegesetzbuchs erfasst.

ee) MaComp

Das Modul BT 8 MaComp gilt für Wertpapierdienstleistungsunternehmen im Sinne von § 2 Abs. 4 WpHG. Dies sind alle Kreditinstitute und Finanzdienstleistungsinstitute nach § 1 Abs. 1 und Abs. 1a KWG sowie sämtliche nach § 53 Abs. 1 Satz 1 KWG tätigen Unternehmen, die Wertpapierdienstleistungen nach § 2 Abs. 3 WpHG gewerbsmäßig oder in einem Umfang erbringen, der einen in kaufmännischer Weise eingerichteten Geschäftsbetrieb erfordert. Auf Zweigniederlassungen nach § 53b KWG und auf im Europäischen Wirtschaftsraum ansässige Zweigniederlassungen deutscher Wertpapierdienstleistungsunternehmen findet Modul BT 8 MaComp keine Anwendung[755]. Der Anwendungsbereich ist somit deckungsgleich zur Instituts-Vergütungsverordnung und enthält keine Beschränkungen auf bestimmte Rechtsformen. Auf externe Kapitalverwaltungsgesellschaften sind gemäß § 5 Abs. 2 KAGB die Regelungen der §§ 31 ff. WpHG anwendbar, soweit die Kapitalverwaltungsgesellschaften Dienstleistungen und Nebendienstleistungen im Sinne von § 20 Abs. 2 Nr. 1, 2 und 3 und Abs. 3 Nr. 2, 3, 4 und 5 KAGB erbringen. Für diese Kapitalverwaltungsgesellschaften gilt dann ebenfalls Modul BT 8 MaComp[756] zusätzlich zu den Vorschriften des § 37 KAGB und der *ESMA-Leitlinien für solide Vergütungspolitiken unter Berücksichtigung der AIFMD*[757]. Auch diese

Kreditwesengesetz, die die Vorgaben der Kreditinstituts-Rechnungslegungsverordnung einhalten müssen. Kreditinstitute, die gemäß § 5 Absatz 1 Nummer 2 des Körperschaftsteuergesetzes von der Körperschaftssteuer befreit sind, und Brückeninstitute nach § 5 Absatz 1 sind nicht beitragspflichtig."

754 Boos/Fischer/Schulte-Mattler/*Fridgen* RStruktFG § 2, Rn. 4.

755 MaComp AT 3.1 Anwenderkreis Abs. 2.

756 MaComp AT 3.1 Anwenderkreis Abs. 4.

757 Aufgrund der unterschiedlichen Zielrichtung der Vorschriften, sollte es jedoch nicht zu gegenläufigen Vergütungsvorgaben kommen. Die MaComp orientiert sich am Kundeninteresse und führt so zu einer Ergänzung der auf solvenzrechtlich ausgerichteten Vorgaben des Kapitalanlagegesetzbuchs. Im Falle einer ungeplanten Überschneidung tritt das Modul BT 8 MaComp hinter die Vorschriften des Kapitalanlagegesetzbuchs zurück. Siehe hierzu bereits 1.Kapitel V.1.

Kapitalverwaltungsgesellschaften können sowohl als Personenhandels- als auch Kapitalgesellschaften ausgestaltet sein.

c) *Überlegungen de lege ferenda*

Da auch bei den grundsätzlich rechtsformübergreifenden Vorschriften keine einheitliche Linie hinsichtlich der Abgrenzung von Personen- und Kapitalgesellschaften zu erkennen ist, stellt sich bei einer Basisregelung erst recht die Frage, welche Gesellschaftsformen erfasst werden sollten, zumal es hier keinerlei Einschränkungen durch Erlaubnispflichten oder Ähnliches geben wird. Öffentlich-rechtliche Unternehmen sollen bereits generell aus dem Anwendungsbereich einer einheitlichen Regelung ausgenommen werden.

aa) Personen(handels)gesellschaften

Die klassischen Personenhandelsgesellschaften wie Offene Handelsgesellschaft (OHG) und Kommanditgesellschaft (KG) fallen in den Geltungsbereich der Instituts-Vergütungsverordnung, des Kapitalanlagegesetzbuches – soweit der Investmentfonds von einer internen Kapitalverwaltungsgesellschaft verwaltet wird – des Finanzmarktstabilisierungsfondsgesetzes und der Mindestanforderungen an die Compliance-Funktion und die weiteren Verhaltens-, Organisations- und Transparenzpflichten nach §§ 31ff. WpHG für Wertpapierdienstleistungsunternehmen (MaComp). Lediglich die Versicherungs-Vergütungsverordnung gilt ausschließlich für Kapitalgesellschaften. Die europarechtlichen Vorgaben für die Vergütung im Bankensektor enthalten keine Hinweise auf die Anwendbarkeit der Vorschriften für bestimmte Rechtsformen. Den Mitgliedstaaten steht es somit frei, bei der Umsetzung der Vergütungsvorgaben gesonderte Regelungen hinsichtlich der betroffenen Rechtsformen zu treffen. Der nationale Gesetzgeber hat sich gegen eine explizite Rechtsformregelung im Rahmen der Vergütungsverordnungen entschieden und damit gegen einen generellen Ausschluss von Personengesellschaften aus deren Anwendungsbereich. Nur in Ausnahmefällen – wie § 18 Abs. 1 KAGB – normiert das Gesetz positiv die zulässigen Rechtsformen. In der Mehrheit ergibt sich die zulässige Rechtsform über den Erlaubnis- oder Genehmigungsparagraph, der einzelne Rechtsformen von der Erlaubnisfähigkeit zum Betrieb des Unternehmens ausschließt, ohne dass dafür die Vergütungsstrukturen maßgeblich wären. Faktisch sind die Vergütungsvorgaben der Instituts-Vergütungsverordnung, des Kapitalanlagegesetzbuchs und der Mindestanforderungen an die Compliance-Funktion und die weiteren Verhaltens-, Organisations- und Transparenzpflichten nach §§ 31ff. WpHG für Wertpapierdienstleistungsunternehmen (MaComp) auf Kapitalgesellschaften angelegt. Finanzinstitute werden regelmäßig nur in den Rechtsformen der Gesellschaft mit beschränkter Haftung, der Aktiengesellschaft, der Kommanditgesellschaft auf Aktien oder einer Aktiengesellschaft & Compagnie Kommanditgesellschaft auf

Aktien geführt[758]. Ein generelles Absehen von der Einbeziehung der Personenhandelsgesellschaften wäre somit gut vertretbar.

Zudem bedarf es aufgrund der konzeptionellen Konstruktion einer Personenhandelsgesellschaft keiner gesetzlichen Vergütungsvorgaben. Die Gesellschafter einer Personenhandelsgesellschaft zahlen sich keine Vergütung im klassischen Sinn. Die vermögensrechtlichen Vorteile, die eine Personenhandelsgesellschaft ihren Gesellschaftern gewährt, bestehen in einer Gewinn- oder Verlustermittlung am Ende eines Geschäftsjahres, §§ 120 ff. HGB. Aus dem Gewinn beziehungsweise Verlust sind Anteile der Gesellschafter zu bilden, die nach dem Gesetzeswortlaut dem Kapitalanteil zugeschrieben oder von diesem abgeschrieben werden. Der Gewinn ist der nach Rücklagenbildung von den Gesellschaftern als „Überschuss“ erklärte Anteil am Gesellschaftsvermögen[759]. Der Gewinn kommt den Gesellschaftern somit persönlich nur mittelbar zugute, indem er ihr Entnahmerecht stärkt. Im Falle eines Verlustes mindert sich der Kapitalanteil, ohne dass dadurch sogleich eine Nachschusspflicht begründet wird[760]. Im Fall eines Gewinns erhält jeder Gesellschafter zunächst vier Prozent seines Kapitalanteils ausgezahlt (Vordividende), § 121 Abs. 1 HGB. Der restliche Gewinn wird dann nach Köpfen verteilt, § 121 Abs. 3 HGB[761]. Der Gewinn ist jedoch nicht mit einer Vergütung gleichzusetzen, die aufgrund eines Arbeits- oder Dienstvertrags vom Unternehmen an seine Arbeitnehmer und Geschäftsleiter gezahlt wird. Der Gewinn fließt an die Gesellschafter. Bereits deshalb ist eine Erfassung von Personenhandelsgesellschaften in einer Basisregelung nicht angezeigt.

Eine gesetzliche Regelung wäre im Übrigen auch verfassungsrechtlich nicht gerechtfertigt. Nach § 109 HGB kann durch ausdrückliche Regelungen im Gesellschaftsvertrag von den §§ 120 ff. HGB abgewichen werden, da diese Vorschriften die Innenorganisation einer Personengesellschaft betreffen[762]. Vergütungs- beziehungsweise Gewinnausschüttungsvorgaben greifen in die durch Art. 2 Abs. 1 GG geschützte allgemeine Handlungsfreiheit ein. Die allgemeine Handlungsfreiheit steht unter dem Vorbehalt, dass nicht Rechte anderer verletzt werden, beziehungsweise gegen die verfassungsmäßige Ordnung oder das Sittengesetz verstoßen wird[763]. Das *Bundesverfassungsgericht* definiert die verfassungsmäßige Ordnung in ständiger Rechtsprechung als „verfassungsgemäße Rechtsordnung“, das heißt als Summe aller

---

758 Vgl. Mitgliederliste des Bundesverbands deutscher Banken, abrufbar unter: https://bankenverband.de/mitglieder/.

759 BGH II ZR 143/69 vom 20. April 1972, WM 1972, 723, (724); BGH II ZR 186/80 vom 06. April 1981, NJW 1981, 2563; Baumbach/Hopt/*Roth* HGB § 120 Rn. 7; Ebenroth/Boujong/Joost/Strohn/*Ehricke* HGB § 120 Rn. 63.

760 Statt aller Baumbach/Hopt/*Roth* HGB § 120 Rn. 9.

761 Ebenroth/Boujong/Joost/Strohn/*Ehricke* HGB § 121 Rn. 11.

762 Allgemeine Ansicht, vgl. beispielsweise Baumbach/Hopt/*Roth* HGB § 121 Rn. 8; Ebenroth/Boujong/Joost/Strohn/*Ehricke* HGB § 121 Rn. 14; Henssler/Strohn/*Finckh* HGB § 121 Rn. 19; Oetker/*Weitemeyer* HGB § 121 Rn. 22.

763 Siehe dazu im Detail Maunz/Dürig/*Di Fabio* GG Art. 2 Rn. 37.

Rechtsnormen, die formell und materiell mit der Verfassung übereinstimmen[764]. Dazu gehören grundsätzlich alle formell und materiell rechtmäßigen Gesetze, wie es auch eine Vergütungsregelung sein könnte. Im Rahmen der materiellen Rechtmäßigkeit muss ein Gesetz auf seine Verhältnismäßigkeit überprüft werden. Es muss prinzipiell einen legitimen Zweck verfolgen, geeignet und erforderlich sein. Schließlich müssen getroffene staatliche Maßnahmen auch verhältnismäßig im engeren Sinne sein. Das bedeutet, dass zwischen Eingriffszweck einerseits und der Belastungswirkung beim Betroffenen andererseits – unter Berücksichtigung von Gewicht und Bedeutung des Grundrechts – ein ausgewogenes Verhältnis bestehen muss[765].

Einer Vergütungsbeschränkung für Personen(handels)gesellschaften fehlt es bereits an einem legitimen Zweck. Die Vergütungsbeschränkungen sollen dazu dienen, den Prinzipal-Agent-Konflikt abzuschwächen, und einen Gleichlauf der Ziele der Anteilseigner und der Geschäftsleiter zu erreichen. Das Prinzipal-Agent-Modell ist bis heute die theoretische Grundlage für die Rechtfertigung von Vergütungsvorgaben für Vorstände[766]. In modernen Kapitalgesellschaften fallen Eigentum und Kontrolle auseinander. Der Agent (Vorstand) nimmt Handlungen vor oder trifft Entscheidungen, deren wirtschaftliche Konsequenz den Prinzipal (Aktionär) trifft. Der Prinzipal überträgt ihm hierzu gewisse Entscheidungsbefugnisse[767]. Zwischen Agent und Prinzipal besteht eine Informationsasymmetrie, da der Agent bei seiner Aufgabendurchführung nicht unmittelbar vom Prinzipal kontrolliert werden kann[768]. Die Prinzipal-Agent-Theorie schlägt vor, durch die Gestaltung der Vergütung für den Agenten Anreize zu schaffen, im Interesse des Prinzipals zu agieren. Die Ziele des Vorstands sollen in Einklang gebracht werden, mit denen der Aktionäre. Dies soll nach der Theorie vor allem dadurch erreicht werden, dass der Agent ebenfalls eine Steigerung des Unternehmenswerts anstrebt[769].

Ein derartiger Konflikt besteht jedoch in einer Personenhandelsgesellschaft gerade nicht. Die Geschäftsführung wird nicht durch Dritte, sondern durch die Gesellschafter selbst ausgeübt, § 114 HGB. Nichtgesellschaftern kann lediglich Prokura im Sinne der §§ 48 ff. HGB eingeräumt werden. Der Prokurist wird als normaler

---

764 Maunz/Dürig/Di Fabio GG Art. 2 Rn. 39 m.w.N.

765 Statt aller: Maunz/Dürig/*Di Fabio* GG Art. 2 Rn. 41.

766 Vgl. *Suchan/Winter*, DB 2009, 2531 (2532); grundlegend *Berle/Means*, The Modern Corporation and Private Property, 1967; *Jensen/Meckling*, J. Finan. Econ., 1976, S. 305 ff.; *Schüller, Vorstandsvergütung*, Vorstandsvergütung, S. 46; *Hupka*, Vergütungsvotum, S. 12 ff.

767 *Jensen/Meckling*; J. Finan. Econ, S. 305 (308); *Schwalbach/Graßhoff*, ZfB 1997, 203 (204); *Hupka*; Vergütungsvotum, S. 13; *Zöbeley*, S. 6 f.

768 *Richter/Furubotn*, Neue Institutsökonomik, S. 174; *Göbel*, Neue Institutionenökonomik, S. 100; *Hupka*, Vergütungsvotum, S. 13; *Zöbeley*, Vergütungsvorgaben, S. 5; *Schüller*, Vorstandsvergütung, S. 48.

769 *Jensen/Meckling*, J. Finan. Econ., 305 (308); *Frydman/Jenter*, CEO Compensation, S. 9; *Jost*, Die Prinzipal-Agenten-Theorie, S. 17 f.; *Schwalbach/Graßhoff*, ZfB 1997, 203 (204); *Rapp/Wolff*, ZfB 2010, 1073 (1081) m.w.N.

Mitarbeiter nach dem Inhalt seines Arbeitsvertrags entlohnt. Er erhält eine Vergütung im klassischen Sinn. Einer gesetzlichen Beschränkung seiner Vergütung bedarf es nach der hier vertretenen Ansicht nicht.

Die weitergehende Regulierung der Gewinnausschüttung ist nicht erforderlich. Den Gläubigern steht als Haftungsmasse nicht nur das Gesellschaftsvermögen, sondern auch das Privatvermögen der Gesellschafter zur Verfügung. Damit haben sie auch im Fall einer unangemessenen Gewinnausschüttung zum Nachteil der Gesellschaft weiterhin Zugriff auf diesen Vermögenswert. Ob ihre Forderung letztlich aus dem Gesellschafts- oder Gesellschaftervermögen bedient wird, dürfte für den Gläubiger nur eine unwesentliche Rolle spielen[770]. Eine zwingende gesetzliche Vorgabe zur Regulierung der Gewinnausschüttung wäre somit nicht erforderlich und würde einen Eingriff in die allgemeine Handlungsfreiheit der Gesellschafter nicht rechtfertigen.

Ein Eingriff in das durch Art. 14 GG geschützte Eigentumsrecht des Gesellschafters durch eine Vergütungsregelung ist hingegen abzulehnen. Art. 14 GG schützt das Eigentum der Gesellschafter am Unternehmen, wozu auch die gesellschaftsinterne Willensbildung gehört. Diese umfasst jedoch lediglich Verfahrens-, Organisations- und Mitbestimmungsrechte und schützt die Funktionsfähigkeit der Willensbildung[771]. Erst wenn die Willensbildung in einem Unternehmen so kompliziert gestaltet würde, dass Entscheidungen nicht oder nicht mehr mit vertretbarem Sach- und Zeitaufwand getroffen werden können, ist der Schutzbereich des Art. 14 GG eröffnet[772]. Neben der Willensbildung sieht das *Bundesverfassungsgericht* auch die Substanz des Anteilseigentums im Schutzbereich des Art. 14 GG. Dazu gehört die mitgliedschafts- und vermögensrechtliche Ausgestaltung des Gesellschaftsanteils[773]. Aus der mitgliedschaftlichen Stellung erwachsen dem Gesellschafter im Rahmen der gesetzlichen Vorschriften und der Gesellschaftssatzung sowohl Leitungsbefugnisse als auch vermögensrechtliche Ansprüche[774]. Die vermögensrechtliche Stellung ist in dem gesetzlichen Anspruch auf den Bilanzgewinn, soweit er zur Verteilung kommt, begründet[775]. Erfasst wird jedoch nur der generelle Anspruch auf eine

770 Das im Gesellschaftsprozess über das Bestehen oder Nichtbestehen einer Gesellschaftsverbindlichkeit ergehende Urteil hat Rechtskraftwirkung auch für und gegen die einzelnen Gesellschafter: BGH III ZR 46/06 vom 19. Juni 2008, NJW-RR 2008, 1484, 1486; BGH II ZR 40/05 vom 03. April 2006, BB 2006, 1240, 1241; statt aller: Henssler/Strohn/*Steitz* HGB § 129 Rn. 8; in der Zwangsvollstreckung ist jedoch ein vollstreckbarer Titel gegen den Gesellschafter notwendig um in dessen Privatvermögen vollstrecken zu können, § 129 Abs. 4 HGB.

771 GG Maunz/Dürig/*Papier* Art. 14 Rn. 196.

772 GG Maunz/Dürig/*Papier* Art. 14 Rn. 196.

773 BVerfG, 1 BvR 3142/07, 1 BvR 1569/08 vom 11. Juli 2012, BVerfGE 132, 99; BVerfG, 1 BvR 1613/94 vom 27. April 1999, BVerfGE 100, 289.

774 BVerfG, 1 BvL 16/60 vom 07. August 1962, BVerfGE 14, 263; BVerfG, 1 BvR 1613/94 vom 27. April 1999 – 1 BvR 1613/94, BVerfGE 100, 289.

775 BVerfG, 1 BvR 1613/94 vom 27.April 1999, BVerfGE 100, 289.

Gewinnausschüttung, denn das Grundrecht des Art. 14 GG erfasst nicht den Schutz des Vermögens als solches sondern seine vermögenswerte Rechtsposition[776]. Durch eine Regulierung der Gewinnausschüttung würde lediglich die Höhe des zulässigerweise auszahlbaren Gewinns beschränkt, nicht hingegen der Anspruch als solcher. Ein Eingriff in das Eigentumsrecht des Gesellschafters ist somit zu verneinen.

Zusammenfassend kann festgestellt werden, dass eine Erstreckung der Vergütungsvorgaben auf Personenhandelsgesellschaften ausscheiden muss. Die Gewinnausschüttung ist nicht mit einer Vergütung im arbeits- beziehungsweise dienstrechtlichen Sinne gleichzusetzen. Eine zwingende Regelung wäre im Übrigen verfassungsrechtlich nicht zu rechtfertigen und würde einen unzulässigen Eingriff in die allgemeine Handlungsfreiheit nach § 2 Abs. 1 GG darstellen.

bb) Kapitalgesellschaften

Auf europarechtlicher Ebene wird eine Erstreckung der Vergütungsvorgaben auf Unternehmen außerhalb des Finanzmarktsektors bereits seit 2010 diskutiert[777]. Dies soll durch die Änderung der Aktionärsrechterichtlinie[778] erreicht werden. Die Hauptversammlung soll zukünftig verbindlich über die Vergütungspolitik abstimmen dürfen. Eine diesbezügliche Regelung wird mit Art. 9a[779] in die Aktionärsrechterichtlinie eingefügt werden. Die Aktionärsrechterichtlinie gilt jedoch nur für börsennotierte Aktiengesellschaften und wird zu einer Änderung des deutschen Aktiengesetzes führen[780]. Ob es im Rahmen der europarechtlichen Vorgaben zu einer

---

776 BVerfG, 2 BvR 298/81 vom 19. Oktober 1983, BVerfGE 65, 196; BVerfG, 1 BvR 99/85, 1 BvR 461/85 vom 13. Mai 1986, BVerfGE 72, 175; BVerfG, 1 BvR 48/94 vom 08. April 1997, BVerfGE 95, 267; Maunz/Dürig/*Papier* GG Art. 14 Rn. 160.

777 Erstmals durch die Europäische Kommission im Grünbuch Corporate Governance in Finanzinstituten und Vergütungspolitik vom 02. Juni 2010, KOM(2010) 284 endgültig, erneut im Jahr 2014 im Rahmen eines Vorschlags für eine Richtlinie des Europäischen Parlaments und des Rates zur Änderung der Richtlinie 2007/36/EG im Hinblick auf die Förderung der langfristigen Einbeziehung der Aktionäre sowie der Richtlinie 2013/34/EU in Bezug auf bestimmte Elemente der Erklärung zur Unternehmensführung, Brüssel, 9. April 2014, COM(2014) 213 final, 2014/0121 (COD), Kontext des Vorschlags, S. 2; *Lanfermann/Maul*, BB 2014, 1283.

778 Richtlinie 2007/36/EG des Europäischen Parlament und des Rates vom 11. Juli 2007 über die Ausübung bestimmter Rechte von Aktionären in börsennotierten Gesellschaften vom 14. Juli 2007, ABl. L 184, S. 17.

779 Die endgültige Fassung der Änderungsrichtlinie liegt derzeit noch nicht vor. Der Vorschlag der EU-Kommission für eine Richtlinie des Europäischen Parlaments und des Rates zur Änderung der Richtlinie 2007/36/EG im Hinblick auf die Förderung der langfristigen Einbeziehung der Aktionäre sowie der Richtlinie 2013/34/EU in Bezug auf bestimmte Elemente der Erklärung zur Unternehmensführung vom 09. April 2014 (2014/0121 (COD)) wurde letztmals durch das Europäische Parlament am 08. Mai 2015 geändert.

780 Sobald die Richtlinienänderung in Kraft getreten ist, hat die Bundesregierung 18 Monate Zeit, die Vorgaben in nationales Recht zu implementieren.

Erweiterung des Anwendungsbereiches auf andere Kapitalgesellschaften kommt, bleibt abzuwarten, wird jedoch derzeit auf politischer Ebene nicht weiter diskutiert.

Eine nationale Basisregelung sollte hingegen zwingend für alle Kapitalgesellschaften gelten. Bei Kapitalgesellschaften stellt sich das Prinzipal-Agent-Problem in seiner Reinform. Davon sind nicht nur Aktiengesellschaften sondern auch Gesellschaften mit beschränkter Haftung betroffen, auch wenn hier durch das Weisungsrecht der Gesellschafterversammlung gegenüber dem Geschäftsführer ein stärkeres Eingriffsrecht der Gesellschafter besteht. Sowohl wenn diese von einem Fremdgeschäftsführer geführt werden, als auch im Fall eines Gesellschafter-Geschäftsführers kann die Problematik relevant werden, denn beide erhalten für ihre Geschäftsführungstätigkeit eine gesonderte, vertraglich vereinbarte Vergütung[781]. Auch bei Kapitalgesellschaften auf Aktien, Genossenschaften, der Societas Europaea oder ihren Mischformen ist die Anwendung von Vergütungsregulierungen zu befürworten. Der Versicherungsverein auf Gegenseitigkeit ist eine besondere Rechtsform der Versicherer und unterfällt stets den Regelungen der Versicherungs-Vergütungsverordnung. Eine Einbeziehung dieser Rechtsform in eine allgemeine Regelung ist daher nicht erforderlich.

cc) Sonderfall: GmbH & Co. KG

Einen Sonderfall stellt die Gesellschaft mit beschränkter Haftung & Compagnie Kommanditgesellschaft dar. Formal gesehen ist sie eine Personenhandelsgesellschaft. Diese sollen nach dem bisher Gesagten aus dem Anwendungsbereich einer neuen Vergütungsregelung ausgenommen sein. Die Interessenlage innerhalb einer Gesellschaft mit beschränkter Haftung & Compagnie Kommanditgesellschaft ist jedoch eher vergleichbar einer reinen Kapitalgesellschaft. Die Geschäftsführung obliegt einer Kapitalgesellschaft, auf welche die Vergütungsvorgaben grundsätzlich Anwendung finden. Da dem Geschäftsführer der Gesellschaft mit beschränkter Haftung zugleich auch die Leitung der Kommanditgesellschaft obliegt, kann er auch von dieser vergütet werden. Würde man für diesen Fall die Vergütungsvorgaben nicht anwenden, könnten damit die Vergütungsbeschränkungen für die Gesellschaft mit beschränkter Haftung umgangen und somit konterkariert werden. Um eine Umgehung zu verhindern, müssen Vergütungsvorgaben auch für die Gesellschaft mit beschränkter Haftung & Compagnie Kommanditgesellschaft direkt gelten.

2. Bedeutende Unternehmen

Um dem Grundsatz der Verhältnismäßigkeit gerecht zu werden, bedarf es einer Abgrenzung zwischen „normalen“ Unternehmen und bedeutenden Unternehmen. Für letztere sollten auch bei einer allgemein gültigen Regelung verschärfte Vorgaben gelten. Von der Instituts-Vergütungsverordnung ist bereits eine Abgrenzung nach der Bilanzsumme bekannt. In Betracht käme auch eine Abgrenzung nach

781 Henssler/Strohn/*Oetker* GmbHG § 35 Rn. 89; Michalski/*Lenz* GmbHG §35 Rn. 147.

der Gesellschaftsform oder ausschließlich anhand Verhältnismäßigkeitskriterien. Eine Abgrenzung ausschließlich nach allgemeinen Proportionalitätsgrundsätzen wie Größe und Vergütungsstruktur sowie Art, Umfang, Komplexität, Risikogehalt und Internationalität der Geschäftstätigkeit bietet einen sehr großen Interpretationsspielraum. Ob sich ein Unternehmen rechtmäßig anhand derart weit gefasster Kriterien einstuft, bedürfte einer strengen Kontrolle. Daher erscheint es als alleiniges Merkmal nicht tauglich.

a) Abgrenzung nach Bilanzsumme

Ein geeignetes Abgrenzungsmerkmal ist die Bilanzsumme. Dieser Ansatz wurde bereits bei der Instituts-Vergütungsverordnung gewählt[782]. Auch die Versicherungs-Vergütungsverordnung sieht eine Unterscheidung nach der Bilanzsumme vor. Die Regelungstechnik ist hierbei jedoch anders als bei der aktuellen Fassung der Instituts-Vergütungsverordnung[783]. Maßgeblich ist neben bestimmten Schwellenwerten auch eine eigenverantwortliche Risikoanalyse. Diesen Weg ging bereits die ursprüngliche Fassung der Instituts-Vergütungsverordnung, § 1 Abs. 2 Instituts-VergV a.F.. Beide Verordnungen beruhen auf den *FSB*-Standards, die Regelungen für „significant financial institutions" vorsehen[784]. Ab wann ein Unternehmen als solch „significant financial institution" anzusehen ist, bleibt dabei offen. Die Richtlinie 2010/76/EU enthält hingegen keine Differenzierung. Der deutsche Gesetzgeber war somit frei in der Festlegung der Abgrenzungskriterien. Während die Neufassung der Instituts-Vergütungsverordnung lediglich zwei Schwellenwerte kennt[785], sind bei der Versicherungs-Vergütungsverordnung drei Stufen zu unterscheiden. Unternehmen mit einer Bilanzsumme von weniger als 45 Milliarden Euro und Unternehmen, die einer Versicherungsgruppe oder einem nach § 11 des Finanzkonglomerate-Aufsichtsgesetzes festgestellten Finanzkonglomerat mit einer Bilanzsumme von weniger als 45 Milliarden Euro angehören, gelten als nicht bedeutend, § 1 Abs. 2 Satz 8 VersVergV. Einer Risikoanalyse bedarf es in diesen Fällen nicht.

Auf der anderen Seite sind gemäß § 1 Abs. 2 Satz 7 VersVergV Unternehmen mit einer Bilanzsumme von mindestens 90 Milliarden Euro und Unternehmen, die einer Versicherungsgruppe oder einem nach § 11 des Finanzkonglomerate-Aufsichtsgesetzes festgestellten Finanzkonglomerat mit einer Bilanzsumme von mindestens 90 Milliarden Euro angehören, in der Regel als bedeutend anzusehen. Diese Vermutung ist durch eine Risikoanalyse widerlegbar, wenn sich ausnahmsweise herausstellt,

---

782 Siehe hierzu 2. Kapitel I.1.b).

783 Nach dem *Referentenentwurf des Bundesministeriums der Finanzen*, Verordnung zum Erlass von Verordnungen nach dem Versicherungsaufsichtsgesetz vom 23. September 2015, Artikel 2 § 1 Abs. 2 VersVergV bleibt die bisherige Regelung der Versicherungs-Vergütungsverordnung bestehen.

784 Vgl. etwa *FSB*, Principles for Sound Compensation Practices - Implementation Standards vom 25. September 2009, Nr. 1, 3, 4, 13, 14.

785 Siehe Einzelheiten hierzu 2. Kapitel I.1.b)bb).

dass eine Einstufung als bedeutend nicht risikoadäquat ist[786]. Teilt das Unternehmen die Einschätzung des Verordnungsgebers und sieht sich selbst als bedeutend an, bedarf es keiner Risikoanalyse[787].

Unternehmen mit einer Bilanzsumme von mindestens 45 Milliarden Euro und Unternehmen, die einer Versicherungsgruppe oder einem nach § 11 des Finanzkonglomerate-Aufsichtsgesetzes festgestellten Finanzkonglomerat mit einer Bilanzsumme von mindestens 45 Milliarden Euro angehören, haben auf der Grundlage einer Risikoanalyse eigenverantwortlich festzustellen, ob sie bedeutend sind, § 1 Abs. 2 Satz 2 VersVergV.

Bilanzsumme	**Risikoanalyse**	**Anforderungen**
< 45 Mrd.	Nicht erforderlich	Allgemeine Anforderungen
> 45 Mrd. < 90 Mrd.	Erforderlich	Abhängig von Risikoanalyse
> 90 Mrd.	Zumindest bei atypischen Fällen erforderlich	„in der Regel“ besondere Anforderungen

Bei der Risikoanalyse sind insbesondere die Größe und Vergütungsstruktur sowie Art, Umfang, Komplexität, Risikogehalt und Internationalität der Geschäftstätigkeit zu beachten. Diese Formulierung entspricht den Vorgaben des § 34 Abs. 2 Satz 2 VAG[788]. Gehört das Unternehmen zu einer Versicherungsgruppe oder einem nach § 11 des Finanzkonglomerate-Aufsichtsgesetzes festgestellten Finanzkonglomerat, sind bei der Analyse auch die Größe sowie Art, Umfang, Komplexität, Risikogehalt und Internationalität der Geschäftstätigkeit der Gruppe oder des Konglomerats zu beachten. Das Kriterium der Vergütungsstruktur wurde bereits im Rahmen der Instituts-Vergütungsverordnung kritisch gesehen[789]. Um diesen Zirkelschluss zu vermeiden, darf auf der Tatbestandsebene nur Beachtung finden, was nicht aus der Anwendung der Verordnung selbst folgt. Gemeint ist damit, dass ein Unternehmen, das bereits auf den ersten Blick eine komplexe Vergütungsstruktur mit einem hohen Anteil an variabler Vergütung aufweist, eine verstärkte Risikoanalyse durchführen

786 *BaFin*, Begründung zur Verordnung über die aufsichtsrechtlichen Anforderungen an Vergütungssysteme im Versicherungsbereich zu § 1.

787 Zu § 1 Abs. 2 InstitutsVergV a.F. spricht die *BaFin*, Begründung zur Verordnung über die aufsichtsrechtlichen Anforderungen an Vergütungssysteme im Versicherungsbereich, Besonderer Teil von einer „gleichwohl durchzuführenden“ Risikoanalyse. Weder der Wortlaut der Norm noch Sinn und Zweck der Vorschrift verlangen dies jedoch. So auch *Zöbeley*, Vergütungsvorgaben, S. 221; a.A. wohl *Sammet*, Versicherungs-Vergütungsverordnung, S. 15.

788 § 64b Abs. 5 Satz 2, 3 VAG a.F.

789 Siehe dazu 2. Kapitel I.1.b)aa).

muss[790]. Das Unternehmen muss nicht eine eingehende Analyse der unternehmensweit geltenden Regelungen durchführen, sondern kann sich auf offensichtliche Aspekte beschränken.

In formeller Hinsicht sind die Feststellung – als Ergebnis der Analyse – sowie die Analyse selbst schriftlich zu dokumentieren. Die Analyse muss inhaltlich plausibel, umfassend und für Dritte nachvollziehbar sein, § 1 Abs. 2 Satz 6 VersVergV. Die Analyse darf somit nicht widersprüchlich oder unklar und die Argumentation nicht inkonsistent sein. Zu einer umfassenden Analyse gehört neben der Abarbeitung der in der Versicherungs-Vergütungsverordnung genannten Kriterien auch die Darstellung weiterer, sich im Einzelfall aufdrängender Kriterien[791]. Die Analyse muss insbesondere für die *BaFin* nachvollziehbar sein. Sie überwacht die Vornahme einer ordnungsgemäßen Risikoanalyse im Rahmen der laufenden Aufsicht als Teil eines angemessenen Risikomanagements[792]. Diese Selbsteinschätzung durch die Unternehmen erleichtert einerseits die Arbeit der *BaFin*[793], führt auf der anderen Seite jedoch zu einer gewissen Rechtsunsicherheit[794]. Dies dürfte einer der Gründe für eine abweichende Regelungstechnik in der Neufassung der Instituts-Vergütungsverordnung sein. Hiernach bedarf es einer Risikoanalyse nur mehr in Ausnahmefällen.

Die Instituts-Vergütungsverordnung und die Versicherungs-Vergütungsverordnung unterscheiden sich auch hinsichtlich des für die Berechnung der Bilanzsumme relevanten Zeitraums. Während § 17 Abs. 1 InstitutsVergV auf den Durchschnitt der letzten drei abgeschlossenen Geschäftsjahre abstellt, fehlt eine solch genaue Bezeichnung der maßgeblichen Zeitspanne in § 1 Abs. 2 VersVergV. Aus dem Umkehrschluss kann daher gefolgert werden, dass bei der Versicherungs-Vergütungsverordnung gerade kein Mittelwert anzusetzen ist[795]. Gleiches ergibt sich auch aus der Begründung des Entwurfs der Versicherungs-Vergütungsverordnung. Danach soll für die Bestimmung der Bilanzsumme von Versicherungsgruppen und Finanzkonglomeraten der Konzernabschluss nach HGB oder IFRS maßgeblich sein[796]. Die Formulierung „Konzernabschluss“ deutet darauf hin, dass es sich nicht um einen Durchschnittswert handeln soll. Weshalb der Verordnungsgeber einen Unterschied vorsieht, lässt sich nicht nachvollziehen.

---

790 *Hannemann/Schneider*, Mindestanforderungen an das Risikomanagement, S. 919; *Sammet*, Versicherungs-Vergütungsverordnung, S. 14 f.; *Zöbeley*, Vergütungsvorgaben, S. 223; a.A. wohl *Rieble/Schmittlein*, Vorstandsvergütung, Rn. 446, der das Kriterium für „sachwidrig“ hält.

791 So auch *Zöbeley*, Vergütungsvorgaben, S. 224.

792 *BaFin*, Begründung zur Verordnung über die aufsichtsrechtlichen Anforderungen an Vergütungssysteme im Versicherungsbereich zu § 1, §§ 294 ff. VAG (§§ 81 ff. VAG a.F.).

793 *Armbrüster*, VersR 2011, 1 (7); *Weber-Rey*, ZGR 2010, 543 (579).

794 *Dreher*, VW 2010, 1508 (1509); *Zöbeley*, Vergütungsvorgaben, S. 224.

795 So auch *Rubner*, NZG 2010, 1288 (1290); *Simon/Koschker*, BB 2011, 120; *Sammet*, Versicherungs-Vergütungsverordnung, S. 15.

796 *BaFin*, Begründung zur Verordnung über die aufsichtsrechtlichen Anforderungen an Vergütungssysteme im Versicherungsbereich zu § 1.

b) *Abgrenzung nach Gesellschaftsform*

Bei einer Abgrenzung nach der jeweiligen Gesellschaftsform gibt es zwei Möglichkeiten: es kann zwischen Aktiengesellschaften, Gesellschaften mit beschränkter Haftung, Genossenschaften oder der Societas Europaea unterschieden werden und für jede Rechtsform unterschiedliche Regelungen geschaffen werden; oder es wird innerhalb der einzelnen Gesellschaftsformen differenziert. Das Aktiengesetz unterscheidet in § 87 AktG zwischen Aktiengesellschaften und börsennotierten Aktiengesellschaften. Für letztere muss gemäß § 87 Abs. 1 Satz 2 und 3 AktG die Vergütungsstruktur an einer nachhaltigen Unternehmensentwicklung ausgerichtet sein, variable Vergütungsbestandteile eine mehrjährige Bemessungsgrundlage haben und für außerordentliche Entwicklungen eine Begrenzungsmöglichkeit vorgesehen werden. Diese zusätzlichen Anforderungen finden sich auch in Ziffer 4.2.3 DCGK wieder, dessen Anwendungsbereich ausschließlich börsennotierte Aktiengesellschaften erfasst.

Diese Unterscheidung ist jedoch nicht verallgemeinerungsfähig. Lediglich bei der Rechtsform einer Aktiengesellschaft besteht das Abgrenzungsmerkmal der Börsennotierung. Weder bei der Gesellschaft mit beschränkter Haftung noch bei einer Genossenschaft oder einer Societas Europaea sieht das Gesetz eine derartige Unterscheidung vor. Diese Rechtsformen sind jeweils nur einstufig.

Bei einer rechtsformübergreifenden Regelung könnte nach der Rechtsform selbst unterschieden werden. So könnte jede Aktiengesellschaft per se als bedeutend einzustufen sein, während eine Gesellschaft mit beschränkter Haftung stets als „normales" Unternehmen zu behandeln wäre. Eine solche Differenzierung ist jedoch nicht sachgerecht. Durch die Abgrenzung normaler von bedeutenden Unternehmen soll deren gesteigerte Bedeutung für das Wirtschaftsleben angemessen berücksichtigt werden. Diese hängt nicht von der jeweiligen Rechtsform des Unternehmens, sondern insbesondere von dessen Größe, seiner Vergütungsstruktur sowie Art, Umfang, Komplexität, Risikogehalt und Internationalität der betriebenen Geschäftsaktivitäten ab[797]. Bei der Wahl einer bestimmten Rechtsform sind die Gesellschafter frei. Es besteht theoretisch eine echte Alternativität[798]. Die Unterscheidungskriterien wie Satzungsstrenge, Regelungsdichte, Unabhängigkeit und Eigenverantwortlichkeit der Geschäftsführung, erhöhte Fungibilität der Beteiligten oder erleichterte Kapitalaufbringung sind ambivalent[799] und unabhängig von der Größe eines Unternehmens.

c) *Keine ausdrückliche Abgrenzung*

Das Kapitalanlagegesetzbuch sieht keine Abgrenzung zwischen normalen und bedeutenden Kapitalverwaltungsgesellschaften vor. Gemäß § 37 Abs. 1 KAGB müssen alle AIF-Kapitalverwaltungsgesellschaften Vergütungsregelungen treffen. Nach der

797 Für die Instituts-Vergütungsverordnung: *Buscher/Hannemann/Wagner/Weigl*, InstitutsVergV, S. 44.

798 *Schüppen* in: Schüppen/Schaub, MAH Aktienrecht, § 2, Rn. 30.

799 *Schüppen* in: Schüppen/Schaub, MAH Aktienrecht, § 2, Rn. 31, 33.

Legaldefinition des § 1 Abs. 16 KAGB sind dies Kapitalverwaltungsgesellschaften gemäß § 17 KAGB, die mindestens einen alternativen Investmentfonds verwalten oder zu verwalten beabsichtigen. § 17 Abs. 1 KAGB wiederum bestimmt, dass Kapitalverwaltungsgesellschaften Unternehmen mit satzungsmäßigem Sitz und Hauptverwaltung im Inland sind, deren Geschäftsbetrieb darauf gerichtet ist, inländische Investmentvermögen, EU-Investmentvermögen oder ausländische alternative Investmentfonds zu verwalten. Die Verwaltung eines Investmentvermögens liegt vor, wenn mindestens die Portfolioverwaltung oder das Risikomanagement für ein oder mehrere Investmentvermögen erbracht wird. Dabei wird weder nach der Rechtsform des Unternehmens noch nach der Werthaltigkeit oder der nominalen Größe des Investmentvermögens unterschieden. Nach § 37 Abs. 3 KAGB muss sich eine noch zu erlassende Verordnung an der Größe der Kapitalverwaltungsgesellschaft und des von ihr verwalteten Investmentfonds orientieren. Es ist deshalb zukünftig möglich, dass eine Differenzierung nach bestimmten Maßstäben angeordnet wird oder dies lediglich als Ausdruck des Verhältnismäßigkeitsgrundsatzes ohne zahlenmäßige Abgrenzung aufgenommen wird. Bislang findet sich in den *ESMA-Leitlinien für solide Vergütungspolitiken unter Berücksichtigung der AIFMD* dazu lediglich der allgemeine Hinweis, dass nicht alle Kapitalverwaltungsgesellschaften den Anforderungen an die Vergütung gleichermaßen und in gleichem Ausmaß Substanz verleihen müssen[800]. Gleichzeitig wird jedoch ausdrücklich darauf hingewiesen, dass die Vergütungsgrundsätze gemäß Anhang II der Richtlinie 2011/61/EU für alle Kapitalverwaltungsgesellschaften anwendbar sind[801].

Der Entwurf einer einheitlichen Leitlinie für Kapitalverwaltungsgesellschaften alternativer Investmentfonds und Organismen für gemeinsame Anlagen in Wertpapieren[802] sieht vor, dass ein Vergütungsausschuss (remuneration committee) auch für solche Kapitalverwaltungsgesellschaften eingeführt werden soll, die nicht bereits nach Art. 14b Abs. 4 der Richtlinie 2014/91/EU[803] dazu verpflichtet sind. Ob eine Kapitalverwaltungsgesellschaft danach bedeutend ist, soll vom kumulativen

---

800 *ESMA*, Leitlinien für solide Vergütungspolitiken unter Berücksichtigung der AIFMD, Ziffer 24, S. 11.

801 *ESMA*, Leitlinien für solide Vergütungspolitiken unter Berücksichtigung der AIFMD, Ziffer 25, S. 11.

802 *ESMA*, Consultation Paper – Guidelines on sound remuneration policies under the UCITS Directive and AIFMD vom 23. Juli 2015, 2015/ESMA/1172.

803 Richtlinie 2014/91/EU des Europäischen Parlaments und des Rates vom 23. Juli 2014 zur Änderung der Richtlinie 2009/65/EG zur Koordinierung der Rechts- und Verwaltungsvorschriften betreffend bestimmte Organismen für gemeinsame Anlagen in Wertpapieren (OGAW) im Hinblick auf die Aufgaben der Verwahrstelle, die Vergütungspolitik und Sanktionen, ABl. L 257, S. 176: Artikel 14b Abs. 4: „Verwaltungsgesellschaften, die hinsichtlich ihrer Größe oder der Größe der von ihnen verwalteten OGAW, ihrer internen Organisation und der Art, des Umfangs und der Komplexität ihrer Geschäfte von erheblicher Bedeutung sind, richten einen Vergütungsausschuss ein."

Vorliegen dreier Voraussetzungen abhängen: ihrer Größe oder der Größe des verwalteten Vermögens, ihrer internen Organisation sowie der Art, dem Umfang und der Komplexität ihrer Geschäfte[804]. Ab welcher Größe jedoch letztlich von einer bedeutenden Kapitalverwaltungsgesellschaft zu sprechen sein wird, bleibt offen. Es werden auch keine weiteren speziellen Vergütungsvorgaben für bedeutende Kapitalverwaltungsgesellschaften definiert.

d) Prozentualer Anteil staatlicher Beteiligung

Einen Sonderfall bilden Finanzinstitute, welche im Rahmen der Finanzmarktkrise staatliche Finanzhilfen in Anspruch genommen haben. Für diese Institute gelten die Sonderregelungen durch das Finanzmarktstabilisierungsgesetz sowie das Restrukturierungsgesetz[805]. Maßgeblich für die Bestimmung der Vergütung ist hiernach der vom *SoFFin* gehaltene Anteil am jeweiligen Unternehmen. § 10 Abs. 2a FMStFG bestimmt, dass in einem Unternehmen des Finanzsektors, das Stabilisierungsmaßnahmen nach § 7 FMStFG (Rekapitalisierung) in Anspruch nimmt und bei dem der *SoFFin* unmittelbar oder mittelbar über ein oder mehrere Tochterunternehmen mindestens 75 Prozent der Anteile hält, die monetäre Vergütung der Organmitglieder und Angestellten jeweils 500 000 Euro pro Jahr nicht übersteigen darf. Variable Vergütungen sind nicht zulässig. Wird diese Beteiligungsschwelle nicht überschritten, darf die monetäre Vergütung der Organmitglieder und Angestellten vorbehaltlich der Regelung in Satz 3 jeweils 500 000 Euro pro Jahr nicht übersteigen. Variable Vergütungen sind nicht zulässig, es sei denn, die Summe aus fixer und variabler Vergütung überschreitet nicht die Obergrenze von 500 000 Euro pro Jahr, § 10 Abs. 2b FMStFG. Die Obergrenze von 500 000 Euro darf nur überschritten werden, sofern das Unternehmen mindestens die Hälfte der geleisteten Rekapitalisierungen zurückgezahlt hat oder soweit die geleistete Kapitalzuführung voll verzinst wird. Institute werden hierdurch jedoch nicht zu bedeutenden oder „normalen" Instituten. Da dieses Abgrenzungskriterium eine Ausnahmesituation betrifft, ist es nicht verallgemeinerungsfähig.

e) Überlegungen de lege ferenda

Bei der Gestaltung einer allgemeinen Regelung für sämtliche Unternehmen sollte bereits aufgrund des Verhältnismäßigkeitsgrundsatzes nicht auf eine Abgrenzung zwischen normalen und bedeutenden Unternehmen verzichtet werden. Nur so kann gewährleistet werden, dass eine angemessene Vergütungsregelung für jedes Unternehmen getroffen werden kann.

Vorzugswürdig ist ein Abstellen auf die jeweilige Bilanzsumme des Unternehmens. Dies ist ein objektiv feststellbares Kriterium, das rechtsformunabhängig

---

804 *ESMA*, Consultation Paper – Guidelines on sound remuneration policies under the UCITS Directive and AIFMD vom 23. Juli 2015, Ziffer 57, S. 70.

805 Siehe hierzu 1. Kapitel III.

Anwendung finden kann. Um größtmögliche Rechtssicherheit zu schaffen, ist ein zweistufiges System, wie es die aktuelle Fassung der Instituts-Vergütungsverordnung vorsieht, zu propagieren. Die hiernach nur in Ausnahmefällen nötige Risikoanalyse führt zu weniger Streitigkeiten zwischen den Kontrollinstanzen und den jeweiligen Unternehmen. Anders als nach § 17 Abs. 2 InstitutsVergV, ist bei einer branchen- und rechtsformübergreifenden Regelung nicht angezeigt, dass eine bestimmte Gruppe an Unternehmen – sei es aufgrund ihrer Branchenzugehörigkeit oder anderer bilanzsummenunabhängiger Kriterien - zwingend und ohne Ausnahme als bedeutend anzusehen ist. Bei der Instituts-Vergütungsverordnung lässt sich diese Abweichung vom Bilanzsummenkriterium nur durch die stärkere Bedeutung dieser Institute für das Wirtschaftsleben und deren höhere Anfälligkeit für risikoorientierte Vergütung rechtfertigen. Ein solcher Aspekt ist nicht verallgemeinerungsfähig.

Bei einer Basisregelung kann für die Festlegung eines angemessenen Schwellenwerts nicht auf die Zahlen für Institute oder Versicherungsunternehmen zurückgegriffen werden. Im Institutsbereich sind meist sehr hohe Bilanzsummen üblich[806]. Durch einen Schwellenwert von 15 Milliarden Euro werden auch kleinere überregional tätige Banken erfasst[807]. In Versicherungsunternehmen sind die Bilanzsummen ähnlich hoch[808]. Aufgrund ihres Verursachungsbeitrags zur Finanzkrise hat sich der Verordnungsgeber bewusst entschieden, einen höheren Schwellenwert anzusetzen. Europarechtlich zwingend sind diese Vorgaben nicht. In anderen Branchen sind derartig hohe Bilanzsummen eher selten. Bereits die Betrachtung der Bilanzsummen des Jahres 2014 zeigt bei den börsennotierten Gesellschaften starke Unterschiede. Allein in der Automotivbranche liegt die Spannweite zwischen 34,236 Milliarden Euro bei der BMW AG und 116,135 Milliarden bei der Volkswagen AG[809]. In anderen Branchen sind deutlich niedrigere Kennziffern bereits auf Konzernebene feststellbar[810]. Bei einer Basisregelung sollte deshalb ein Schwellenwert gewählt werden, der zumindest die börsennotierten Gesellschaften weitestgehend erfasst. In Betracht gezogen werden könnte eine Bilanzsumme von 10 Milliarden Euro. Diese Zahl muss sich ihrerseits dem Vorwurf der Willkür aussetzen lassen. Einem Schwellenwert wird eine gewisse Subjektivität jedoch stets immanent sein.

---

806 Deutsche Bank: 1.709 Milliarden Euro; Commerzbank: 557,6 Milliarden Euro; HypoVereinsbank: 300,3 Milliarden Euro; Bayern LB: 232,124 Milliarden Euro; Quelle: jeweiligen Geschäftsberichte 2014.

807 Nicht erfasst sind Banken wie regional begrenzte Volksbanken und Sparkassen.

808 Allianz SE: 106,393 Milliarden Euro; Munich RE AG: 273,0 Milliarden Euro; Talanx AG: 8,871 Milliarden Euro.

809 Daimler AG: 85,3 Milliarden Euro; Quelle: Geschäftsberichte des jeweiligen Konzerns 2014.

810 Beispielsweise Henkel Konzern: 21,0 Milliarden Euro; Lanxess Konzern: 7,25 Milliarden Euro; Linde Konzern: 34,425 Milliarden Euro; SAP Konzern: 38,507 Milliarden Euro; Quelle jeweiligen Geschäftsberichte des Jahres 2014.

Hinsichtlich der maßgeblichen Bilanzsumme ist die Heranziehung des Durchschnittswerts der letzten drei abgeschlossenen Geschäftsjahre vorzugswürdig. Gerade für Unternehmen im Bereich des Schwellenwerts kommt es sonst zu einer erhöhten Rechtsunsicherheit, da je nach Erfolg des Wirtschaftsjahres die verschärften Regelungen für bedeutende Unternehmen und im nächsten Jahr beispielsweise lediglich die allgemeinen Vorschriften Anwendung finden könnten. Um eine größere Planbarkeit und Vorhersehbarkeit für die Unternehmen zu erreichen, sollte auf einen Mittelwert abgestellt werden.

3. Persönlicher Anwendungsbereich

Neben dem institutionellen Anwendungsbereich ist bei jeder gesetzlichen Regelung nach dem persönlichen Geltungsbereich zu fragen. Dieser ist genau zu definieren.

a) Erfasster Personenkreis

Bereits die bestehenden Regelungen unterscheiden sich stark hinsichtlich des erfassten Personenkreises. Während die Instituts-Vergütungsverordnung lediglich für Geschäftsleiter und Mitarbeiter gilt, finden die Anforderungen beispielsweise der Versicherungs-Vergütungsverordnung auch auf Aufsichtsräte Anwendung. Daneben finden sich im Aktiengesetz Vergütungsvorgaben für Vorstände und Aufsichtsräte, nicht jedoch für Mitarbeiter, unabhängig von deren Position im Unternehmen. Die *ESMA-Leitlinien für solide Vergütungspolitiken unter Berücksichtigung der AIFMD* sprechen von „identifizierten" Mitarbeitern und definiert diese nach der der Stellung im Unternehmen, dem Einfluss auf das Risikoprofil oder der Höhe der Vergütung. Die Mindestanforderungen an die Compliance-Funktion und die weiteren Verhaltens-, Organisations- und Transparenzpflichten nach §§ 31ff. WpHG für Wertpapierdienstleistungsunternehmen (MaComp) gelten für „relevante" Mitarbeiter, die nach der Art ihrer Aufgaben zu bestimmen sind. Es bedarf somit einer genaueren Betrachtung und Eingrenzung des erfassten Personenkreises für eine branchen- und rechtsformübergreifende Regelung.

aa) Geschäftsführende Organmitglieder

Die Instituts-Vergütungsverordnung gilt gemäß § 1 Abs. 1 InstitutsVergV für Geschäftsleiter[811]. Gleiches gilt für die Versicherungs-Vergütungsverordnung. Gemäß § 24 Abs. 2 Satz 2 VAG[812] ist Geschäftsleiter jede natürliche Person, die nach Gesetz oder Satzung oder als Hauptbevollmächtigter einer Niederlassung in einem Mitgliedstaat der Europäischen Gemeinschaft oder einem anderen Vertragsstaat des EWR-Abkommens zur Führung der Geschäfte und zur Vertretung des

811 Details hierzu siehe 2. Kapitel I.2.a).
812 § 7a Abs. 1 Satz 4 VAG a.F.

Versicherungsunternehmens berufen ist. Dies sind geschäftsführende beziehungsweise vertretungsberechtigte Organmitglieder wie Vorstände oder Geschäftsführer.

§ 37 Abs. 1 Satz 1 KAGB spricht ebenfalls von Geschäftsleitern als erfasstem Personenkreis. Als Geschäftsleiter im Sinne des Kapitalanlagegesetzbuchs gilt jede natürliche Person, die nach Gesetz, Satzung oder Gesellschaftsvertrag zur Führung der Geschäfte und zur Vertretung einer Kapitalverwaltungsgesellschaft berufen ist, sowie diejenige natürliche Person, die die Geschäfte der Kapitalverwaltungsgesellschaft tatsächlich leitet, § 1 Abs. 19 Nr. 15 KAGB. Da bislang von der Verordnungsermächtigung des § 37 Abs. 3 KAGB noch kein Gebrauch gemacht wurde, sind stattdessen die *ESMA-Leitlinien für solide Vergütungspolitiken unter Berücksichtigung der AIFMD* heranzuziehen. Diese sprechen nicht von Geschäftsleitern sondern von „identifizierten Mitarbeitern“[813]. Dennoch fällt darunter auch die Geschäftsleitung und somit Vorstände, Fremd-Geschäftsführer und geschäftsführende Gesellschafter. Dies wird explizit unter *VI Leitlinien zur Identifizierung der unter diese Leitlinien fallenden Kategorien von Mitarbeitern* näher ausgeführt[814]. Nach Nr. 20 sind folgende Kategorien von Mitarbeitern als identifizierte Mitarbeiter einzustufen, sofern nicht der Nachweis dafür erbracht wird, dass sie keinen wesentlichen Einfluss auf das Risikoprofil der Kapitalverwaltungsgesellschaft oder des von ihr verwalteten alternativen Investmentfonds haben:

- an der Geschäftsführung beteiligte und nicht an der Geschäftsführung beteiligte Mitglieder des Leitungsorgans der Kapitalverwaltungsgesellschaft, je nach örtlicher rechtlicher Struktur der Kapitalverwaltungsgesellschaft, wie: Direktoren, CEO und geschäftsführende und nichtgeschäftsführende Gesellschafter.
- Geschäftsleitung

Entsprechend der Rechtsformvorgabe des Kapitalanlagegesetzbuchs werden bei externen Kapitalverwaltungsgesellschaften Vorstände, GmbH-Geschäftsführer aber auch Geschäftsführer der Komplementär-GmbH erfasst. Diese Organe besitzen gemeinhin gesetzliche Vertretungs- und Weisungsbefugnis sowie eine

---

813 *ESMA*, Leitlinien für solide Vergütungspolitiken unter Berücksichtigung der AIFMD, Begriffsdefinitionen, S. 5: identifizierte Mitarbeiter = Kategorien von Mitarbeitern, einschließlich der Führungskräfte, Risikoträger, und Mitarbeiter mit Kontrollfunktionen und aller Mitarbeiter, die eine Gesamtvergütung erhalten, aufgrund derer sie sich in derselben Einkommensstufe befinden wie die Führungskräfte und Risikoträger, deren berufliche Tätigkeit sich wesentlich auf die Risikoprofile der AIFM oder auf die Risikoprofile der von ihnen verwalteten AIF auswirkt und Kategorien von Mitarbeitern der Einrichtung(en), an die die Portfoliomanagement- oder Risikomanagementtätigkeiten vom AIFM übertragen wurden und deren berufliche Tätigkeit sich wesentlich auf die Risikoprofile der vom AIFM verwalteten AIF auswirkt.

814 *ESMA*, Leitlinien für solide Vergütungspolitiken unter Berücksichtigung der AIFMD, Ziffer 19 ff., S. 9 ff.

Organhaftungsfunktion[815]. Zur Geschäftsleitung zählen mithin Führungskräfte, die meist dem Senior Management angehören. Diese Personen führen die Geschäfte der Kapitalverwaltungsgesellschaft, § 22 Abs. 1 Nr. 2 KAGB[816]. *Boxberger/Klebeck* gehen auf Grund der funktionalen Betrachtung seitens der *ESMA* davon aus, dass rechtliche Beschränkungen im Innenverhältnis durch Kompetenzordnungen unbeachtlich seien[817].

Nach der Intention der *ESMA* gilt ein Regel-Ausnahmeverhältnis. Mitglieder des Leitungsorgans sowie die Geschäftsleitung sollen dabei stets als „identifizierte" Mitarbeiter gelten[818]. Eine Widerlegung der Vermutung ist zwar theoretisch zulässig, in der Praxis jedoch wohl kaum möglich. Die Kapitalverwaltungsgesellschaften sind verantwortlich für die Identifizierung, und müssen gegenüber den nationalen Aufsichtsbehörden den Nachweis erbringen, wie sie die identifizierten Mitarbeiter bewertet und ausgewählt haben.

Modul BT 8 MaComp spricht ebenso wie die *ESMA-Leitlinien Vergütungsgrundsätze und -verfahren (MiFID)* in diesem Zusammenhang von „relevanten Personen"[819]. Eine nähere Definition des persönlichen Anwendungsbereichs findet sich in Art. 2 Abs. 3 der Richtlinie 2006/73/EG[820]. Danach sind unter anderem auch ein Direktor, ein Gesellschafter oder eine vergleichbare Person, ein Mitglied der Geschäftsleitung oder ein vertraglich gebundener Vermittler der Wertpapierfirma erfasst, Art. 2 Abs. 3 a) Richtlinie 2006/73/EG.

---

815 *Boxberger/Klebeck*, BKR 2013, 441 (444).

816 *Boxberger/Klebeck*, BKR 2013, 441 (444).

817 *Boxberger/Klebeck*, BKR 2013, 441 (444).

818 *Insam/Heisterhagen/Hinrichs*, DStR 2014, 913 (914).

819 Siehe Modul BT 8.1. Nr. 2 MaComp beziehungsweise *ESMA*, Leitlinien Vergütungsgrundsätze und -verfahren (MiFID), S. 4: relevante Personen = Personen, die die erbrachte Dienstleistung und/oder das Verhalten des Unternehmens maßgeblich beeinflussen können, einschließlich der Personen, die als Mitarbeiter im Bereich Vertrieb mit Kundenkontakt (Frontoffice), als Außendienstmitarbeiter und/oder als sonstige Mitarbeiter an der Erbringung von Wertpapier- und/oder Nebendienstleistungen beteiligt sind und deren Vergütung unangemessene Anreize bieten kann, nicht im bestmöglichen Interesse des Kunden zu handeln. Hierzu gehören Personen, die die Vertriebsmitarbeiter kontrollieren (z. B. Vorgesetzte) und die aufgrund von Anreizen Druck auf die Vertriebsmitarbeiter ausüben können, sowie Finanzanalysten, deren Analysen Vertriebsmitarbeiter dazu nutzen können, Kunden zu Anlageentscheidungen zu veranlassen. Weitere Beispiele für „relevante Personen" sind Mitarbeiter der Bereiche Beschwerdeabwicklung, Schadensbearbeitung, Kundenbindung und Produktentwicklung. Relevante Personen sind zudem vertraglich gebundene Vermittler der Wertpapierfirma.

820 Richtlinie 2006/73/EG der Kommission vom 10. August 2006 zur Durchführung der Richtlinie 2004/39/EG des Europäischen Parlaments und des Rates in Bezug auf die organisatorischen Anforderungen an Wertpapierfirmen und die Bedingungen für die Ausübung ihrer Tätigkeit sowie in Bezug auf die Definition bestimmter Begriffe für die Zwecke der genannten Richtlinie, ABl. L 241, S. 26.

Das Aktiengesetz und der Deutsche Corporate Governance Kodex enthalten eigene Vergütungsregelungen für Vorstände. § 87 AktG gilt ausschließlich für Vorstände, was sich bereits aus dem Wortlaut und der systematischen Stellung der Norm ableiten lässt. Auch die Ziffern 4.2.2 ff. DCGK regeln lediglich die Vergütung der Vorstandsmitglieder. Da diese Vorschriften jedoch nicht auf GmbH-Geschäftsführer[821] oder Vorstände von Genossenschaften übertragbar sind, unterliegen bislang nicht sämtliche geschäftsführenden Organe aller Rechtsformen einer strikten Vergütungsregelung.

bb) Aufsichtsräte

Für Aufsichtsräte sehen bislang § 113 AktG sowie Ziffer 5.4.6 DCGK genauere Vergütungsvorgaben vor. Danach sollen die Mitglieder des Aufsichtsrats eine Vergütung erhalten, die in einem angemessenen Verhältnis zu ihren Aufgaben und der Lage der Gesellschaft steht. Der Deutsche Corporate Governance Kodex sieht zudem vor, dass eine erfolgsorientierte Vergütung auf eine nachhaltige Unternehmensentwicklung ausgerichtet sein soll.

Auch die Versicherungs-Vergütungsverordnung soll nach der Intention des Gesetzgebers für Aufsichtsräte gelten. Gemäß § 25 Abs. 1 VAG[822] muss auch die Vergütung von Aufsichtsratsmitgliedern angemessen, transparent und auf eine nachhaltige Unternehmensentwicklung ausgerichtet sein. Detaillierte Regelungen enthalten §§ 3 Abs. 6 und Abs. 7 VersVergV, die jedoch nur den Sonderfall regeln, dass Aufsichtsräte im Zusammenhang mit der Vermittlung von Versicherungsverträgen keine Vergütung gewährt werden darf. Eine Konkretisierung der Generalklausel des § 25 Abs. 1 VAG[823] kann durch die Versicherungs-Vergütungsverordnung nicht erfolgen. Zum einen wird die Regelung als solche in der Versicherungs-Vergütungsverordnung nicht erneut aufgegriffen und näher ausgestaltet. Zum anderen sind auch die für Geschäftsleiter geltenden Vorgaben auf Aufsichtsratsmitglieder nicht ohne weiteres übertragbar. Die für die Festsetzung der Vergütung maßgebliche Trias der Erfolgsparameter wird reduziert auf den Unternehmenserfolg. Weder sind direkte individuelle Erfolgsbeiträge denkbar noch gehören Aufsichtsratsmitglieder einer bestimmten Organisationseinheit an[824]. Anders als bei Geschäftsleitern wird die Vergütung der Aufsichtsräte nicht durch eine vertragliche Abrede geregelt, sondern ergibt sich aus der Bestellung zum Aufsichtsrat. Einzelheiten regeln die

---

821 So auch *Feddersen/von Cube*, NJW 2010, 576 (577) mit Verweis auf die Gesetzesbegründung BT-Drucks. 16/13433, S. 16.; *Döring/Grau*, DB 2009, 2139; a.A. zumindest für die paritätisch mitbestimmte GmbH: *Baeck/Götze/Arnold*, NZG 2009, 1121; *Gaul/Janz*, GmbHR 2009, 959; *Wübbelsmann*, GmbHR 2009, 988; *Habersack*, ZHR 2010, 2.

822 § 64b Abs. 1 VAG a.F.

823 § 64b Abs. 1 VAG a.F.

824 So auch *Sammet*, Versicherungs-Vergütungsverordnung, S. 255.

Unternehmenssatzung[825], Gesetze oder ein Beschluss der Hauptversammlung[826]. Eine vertragliche Abrede ist jedoch Voraussetzung für die wirksame Implementierung eines Vergütungssystems[827].

Auch nach der Zielsetzung der Versicherungs-Vergütungsverordnung bedarf es einer Erstreckung der Vergütungsgrundsätze auf Aufsichtsräte nicht zwingend. Wie auch bei der Instituts-Vergütungsverordnung steht ein angemessenes Risikomanagement im Vordergrund, das schädliche Anreize zum Eingehen hoher Risiken vermeiden möchte. Bei Mitgliedern des Aufsichtsrats besteht eine solche Gefahr nicht. Sie sind nicht im operativen Geschäft tätig und überwachen lediglich das Verhalten des Vorstands, §§ 105 Abs. 1, 76 Abs. 1, 111 Abs. 1 und Abs. 4 Satz 1 AktG. Die gewünschte Verhaltenssteuerung kann somit einzig in der Auswahl des Vorstands liegen. Hierbei besteht jedoch nicht die Gefahr, dass der Aufsichtsrat zum Zwecke der Erhöhung der eigenen Vergütung einen Vorstand beruft, der durch riskante Geschäftspraktiken den Unternehmensgewinn in unzulässiger Weise in die Höhe treibt. Da der Vorstand hinsichtlich seiner Vergütung den Vorgaben der Versicherungs-Vergütungsverordnung unterliegt, ist es in seinem eigenen Interesse, sein Verhalten stets auf eine nachhaltige Unternehmensentwicklung auszurichten[828]. Dies wirkt sich mittelbar auch auf die Aufsichtsräte aus. Die meisten Satzungen von großen DAX-Versicherungsgesellschaften sehen eine feste Vergütung in Höhe von mindestens 50.000,- Euro vor, die von einer am Konzern- beziehungsweise Unternehmensergebnis orientierten variablen Vergütung flankiert wird[829]. Diese

---

825 Siehe etwa § 14 Satzung der Deutsche Bank AG, abrufbar unter: https://www.deutsche-bank.de/ir/de/images/Satzung_21_Mai_2015.pdf.; § 15 Satzung der Commerzbank AG, abrufbar unter: https://www.commerzbank.de/media/aktionaere/governance/Satzung_240615_pp.pdf.

826 Hölters/*Hambloch-Gesinn/Gesinn* AktG § 113 Rn. 29; Spindler/Stilz/*Spindler* AktG § 113 Rn. 25; Henssler/Strohn/*Henssler* AktG § 113 Rn. 4; MüKoAktG/*Habersack* AktG § 113 Rn. 35.

827 Entwurf eines Gesetzes über die aufsichtsrechtlichen Anforderungen an die Vergütungssysteme von Instituten und Versicherungsunternehmen vom 31. März 2010, BT-Drucks. 17/1291, S. 10 führt dazu aus: „variable Vergütungsbestandteile sind Bestandteil einer zivilrechtlich geschlossenen Vergütungsvereinbarung zwischen [...] Versicherungsunternehmen und ihren [...] Aufsichtsratsmitgliedern."

828 So auch *Sammet*, Versicherungs-Vergütungsverordnung, S. 257.

829 Siehe etwa § 14 Satzung der Deutsche Bank AG, abrufbar unter: https://www.deutsche-bank.de/ir/de/images/Satzung_21_Mai_2015.pdf.; § 17 Satzung der Siemens AG, abrufbar unter: http://www.siemens.com/investor/pool/en/investor_relations/downloadcenter/satzung_0102_1039422.pdf; § 11 Satzung der Allianz SE, abrufbar unter: https://www.allianz.com/v_1434554681000/media/investor_relations/de/corporate_governance/satzung/1506_satzung.pdf.; Abweichend § 15 Satzung der Commerzbank AG, wonach lediglich eine fixe Vergütung von 40.000 Euro gezahlt wird, abrufbar unter: https://www.commerzbank.de/media/aktionaere/governance/Satzung_240615_pp.pdf.; sowie § 17 Satzung der Volkswagen AG, wonach die Fixvergütung lediglich 6.000 Euro beträgt, abrufbar unter: http://www.

Gestaltung bietet ausreichenden Schutz vor einer unangemessenen Vergütung von Aufsichtsratsmitgliedern.

Die Instituts-Vergütungsverordnung hingegen gilt nicht für Aufsichtsräte. Auch sind weder im Anwendungsbereich des Kapitalanlagegesetzbuchs noch der Mindestanforderungen an die Compliance-Funktion und die weiteren Verhaltens-, Organisations- und Transparenzpflichten nach §§ 31ff. WpHG für Wertpapierdienstleistungsunternehmen (MaComp) Mitglieder des Aufsichtsorgans als „relevante" oder „identifizierte" Mitarbeiter kategorisiert.

cc) Mitarbeiter

Im Bereich der branchenspezifischen Gesetzgebung finden zahlreiche Vorschriften auch auf Mitarbeiter Anwendung. So gelten die allgemeinen Vorschriften der Instituts-Vergütungsverordnung auch für natürliche Personen, deren sich das Institut beim Betreiben von Bankgeschäften oder bei der Erbringung von Finanzdienstleistungen bedient, oder die im Rahmen einer Auslagerungsvereinbarung mit einem gruppenangehörigen Auslagerungsunternehmen, für das § 25 VAG[830] in Verbindung mit der Versicherungs-Vergütungsverordnung nicht gilt, unmittelbar an Dienstleistungen für das Institut beteiligt sind, um Bankgeschäfte zu betreiben oder Finanzdienstleistungen zu erbringen, § 2 Abs. 6 InstitutsVergV[831]. Auch die Versicherungs-Vergütungsverordnung gilt für Mitarbeiter. Diese sind alle natürlichen Personen, deren sich das Unternehmen beim Geschäftsbetrieb, insbesondere aufgrund eines Arbeits-, Geschäftsbesorgungs- oder Dienstverhältnisses bedient, und alle natürlichen Personen, die im Rahmen von Funktionsausgliederungen mit einer gruppenangehörigen Gesellschaft, für die die Instituts-Vergütungsverordnung nicht gilt, unmittelbar an Dienstleistungen für das Unternehmen beteiligt sind, § 2 Nr. 7 VersVergV. Der Mitarbeiterbegriff ist grundsätzlich weit auszulegen und erfasst auch Leiharbeitnehmer[832]. Um eine ausufernde Erfassung sämtlicher Personen zu vermeiden, deren Tätigkeiten zwar dem Institut beziehungsweise Unternehmen zu Gute kommen, jedoch in keinem Zusammenhang mit Bankgeschäften, Finanzdienstleistungen oder dem Geschäftsbetrieb eines Versicherungsunternehmens stehen,

---

volkswagenag.com/content/vwcorp/content/de/investor_relations/annual_general_meeting/AGM_2011/Additional_Documents.bin.html/downloadfilelist/downloadfile/downloadfile_2/file/Satzung+DEUTSCH_M%C3%A4rz_2011.pdf.

830 § 64b VAG a.F.

831 Siehe hierzu auch 2. Kapitel I.2.b).

832 *BaFin*, Begründung zur Verordnung über die aufsichtsrechtlichen Anforderungen an Vergütungssysteme im Versicherungsbereich zu § 2; *Simon/Koschker*, BB 2011, 120 (121); differenzierend *Sammet*, Versicherungs-Vergütungsverordnung, S. 29 ff, der Leiharbeitnehmer nur dann erfasst sehen möchte, wenn der Entleiher unmittelbar Einfluss auf die Vergütung des Leiharbeitnehmers nehmen kann oder eine vertragliche Beziehung zum Leiharbeitnehmer besteht.

bedarf es einer risikobezogenen Auslegung[833]. Nicht unter den Mitarbeiterbegriff fallen deshalb beispielsweise Reinigungs- oder Kantinenpersonal sowie externe Dienstleister, wie Rechtsanwälte, Unternehmensberater und IT-Dienstleister[834].

Das Kapitalanlagegesetzbuch beziehungsweise die *ESMA-Leitlinien für solide Vergütungspolitiken unter Berücksichtigung der AIFMD* gelten für „identifizierte Mitarbeiter", § 37 Abs. 1 KAGB[835]. Dies sind insbesondere auch Risikoträger und Mitarbeiter mit Kontrollfunktionen sowie alle Mitarbeiter, die eine Gesamtvergütung erhalten, aufgrund derer sie sich in derselben Einkommensstufe befinden wie Führungskräfte und Risikoträger. Mitarbeiter, deren berufliche Tätigkeit sich wesentlich auf das Risikoprofil der AIF-Kapitalverwaltungsgesellschaft oder auf die Risikoprofile der von ihr verwalteten alternativen Investmentfonds auswirkt, sind ebenfalls erfasst. Die berufliche Tätigkeit kann insbesondere darin bestehen, Verträge oder Positionen abzuschließen und Entscheidungen zu treffen, die sich wesentlich auf das Risikoprofil der Kapitalverwaltungsgesellschaft oder den verwalteten Fonds auswirken. Zu dieser Personengruppe können beispielsweise Verkaufsmitarbeiter, einzelne Händler und spezifische Handelsabteilungen gehören[836]. Nicht als Risikoträger einzustufen sollen Mitarbeiter sein, die rein administrative oder logistische Aufgaben wahrnehmen, welche lediglich unterstützend sind und keine Verbindung zum Risikoprofil der Kapitalverwaltungsgesellschaft oder des Fonds haben[837].

Die Mindestanforderungen an die Compliance-Funktion und die weiteren Verhaltens-, Organisations- und Transparenzpflichten nach §§ 31ff. WpHG für Wertpapierdienstleistungsunternehmen (MaComp) beziehungsweise die *ESMA-Leitlinien Vergütungsgrundsätze und –verfahren (MiFID)* gelten für alle „relevanten" Personen. Dies sind Personen, die die erbrachten Wertpapierdienstleistungen, Wertpapiernebendienstleistungen oder das Verhalten des Wertpapierdienstleistungsunternehmens maßgeblich beeinflussen können, einschließlich der Personen, die als Mitarbeiter im Bereich Vertrieb mit Kundenkontakt (z.B. Anlageberater), als Außendienstmitarbeiter oder vertraglich gebundene Vermittler oder als sonstige Mitarbeiter an der Erbringung von Wertpapier- oder Nebendienstleistungen beteiligt

---

833 Entwurf eines Gesetzes über die aufsichtsrechtlichen Anforderungen an die Vergütungssysteme von Instituten und Versicherungsunternehmen vom 31. März 2010, BT-Drucks. 17/1291, S. 11 f.; *Buscher/Hannemann/Wagner/Weigl* InstitutsVergV § 2, S. 55; *Insam/Hinrichs/Hörtz,* DB 2012, 1568 (1569); *Gerdes-Renken,* Umsetzung aufsichtsrechtlicher Anforderungen, S. 24.

834 Boos/Fischer/Schulte-Mattler/*Braun/Wolfgarten* KWG § 25a Rn. 671; *Insam/Hinrichs/Hörtz,* DB 2012, 1568 (1569); *Gerdes-Renken,* Umsetzung aufsichtsrechtlicher Anforderungen, S. 24.

835 *ESMA,* Leitlinien für solide Vergütungspolitiken unter Berücksichtigung der AIFMD, Begriffsbestimmung, S. 5.

836 *ESMA,* Leitlinien für solide Vergütungspolitiken unter Berücksichtigung der AIFMD, Ziffer 20, S. 9 f.

837 *ESMA,* Leitlinien für solide Vergütungspolitiken unter Berücksichtigung der AIFMD, Ziffer 20, S. 10; *Boxberger/Klebeck,* BKR 2013, 441 (444).

sind, und deren Vergütung unangemessene Anreize bieten kann, nicht im Interesse des Kunden zu handeln. Weiterhin gehören hierzu auch alle weiteren Personen, die Vertriebsmitarbeiter kontrollieren (zum Beispiel Vorgesetzte oder Vertriebsbeauftragte) und Druck auf die Vertriebsmitarbeiter ausüben können, sowie Finanzanalysten, deren Analysen Vertriebsmitarbeiter dazu nutzen können, Kunden zu Anlageentscheidungen zu veranlassen[838]. Auf eine bestimmte hierarchische Stellung im Unternehmen kommt es nicht an.

Das deutsche Aktiengesetz sowie der Deutsche Corporate Governance Kodex sehen bislang keine Vergütungsvorgaben für Mitarbeiter vor. Die Regelungen gelten ausschließlich für Organmitglieder und sind auch nicht analog auf Mitarbeiter übertragbar. Es fehlt sowohl an einer planwidrigen Regelungslücke als auch an einer vergleichbaren Interessenlage. Der Wortlaut der Vorschriften ist eindeutig.

dd) Risk-Taker

Eine besondere Gruppe von Mitarbeitern sind die sogenannten „Risk-Taker"[839]. Formal unterfallen sie der Definition für Mitarbeiter, sind aber aufgrund ihrer Tätigkeit mit wesentlichem Einfluss auf das Gesamtrisikoprofil Geschäftsleitern hinsichtlich der anwendbaren Vorschriften gleichgestellt, § 18 Abs. 1 InstitutsVergV, § 4 Abs. 1 VersVergV, § 37 KABG. Die Mindestanforderungen an die Compliance-Funktion und die weiteren Verhaltens-, Organisations- und Transparenzpflichten nach §§ 31ff. WpHG für Wertpapierdienstleistungsunternehmen (MaComp) differenzieren nicht weiter zwischen Mitarbeitern und Risk-Takern.

(1) Versicherungs-Vergütungsverordnung

Während es für Institute gemäß § 18 Abs. 2 InstitutsVergV in Verbindung mit den technischen Regulierungsstandards zur Identifizierung von Risk-Takern[840] bereits eine detaillierte Vorgabe gibt, muss bei Versicherungsunternehmen eine eigenverantwortlich durchzuführende, umfassende und plausible Risikoanalyse nach allgemeinen Kriterien und Indizien durchgeführt werden. Hierbei sind Größe, Art der Geschäftstätigkeit, Geschäftsvolumen, Höhe der Risiken und Erträge der Organisationseinheit, der der Mitarbeiter angehört, zu berücksichtigen. Daneben können auch

---

838 Modul 8.1 Nr. 2 MaComp, *ESMA*, Leitlinien Vergütungsgrundsätze und -verfahren (MiFID), Begriffsbestimmungen, S. 4.

839 Zum Begriff im Rahmen der Instituts-Vergütungsverordnung siehe *Däubler*, AuR 2012, 380 (382); *Fröhlich*, ArbRB 2010, 312 (313); *Heuchemer/Kloft*, WM 2010, 2241 (2245); *Müller-Bonanni/Mehrens*, NZA 2010, 792 (793).

840 Delegierte Verordnung (EU) 604/2014 der Kommission vom 4. März 2014 zur Ergänzung der Richtlinie 2013/36/EU des Europäischen Parlaments und des Rates im Hinblick auf technische Regulierungsstandards in Bezug auf qualitative und angemessene quantitative Kriterien zur Ermittlung der Mitarbeiterkategorien, deren berufliche Tätigkeit sich wesentlich auf das Risikoprofil eines Instituts auswirkt, ABl. L 167, S. 30.

personenbezogene Kriterien wie die Tätigkeit als solche, die Höhe der bisherigen Vergütung und eine möglicherweise ausgeprägte Wettbewerbssituation auf dem Arbeitsmarkt zur Identifizierung herangezogen werden, § 4 Abs. 1 Satz 3, 4 VersVergV. Entscheidend ist dabei stets, ob der Mitarbeiter einen wesentlichen Einfluss auf das Gesamtrisikoprofil des Unternehmens hat[841]. Die Verordnungsbegründung nennt einige Positionen im Unternehmen, die regelmäßig mit Risk-Takern besetzt sind, wie zum Beispiel den Vorsitzenden des Risiko- oder Vergütungsausschusses sowie Mitarbeiter, die direkt an die Geschäftsleitung berichten oder Segment-, Geschäfts- oder Kontrollbereichen beziehungsweise -einheiten vorstehen[842]. Diese Indizien spiegeln sich auch in den qualitativen Kriterien der technischen Regulierungsstandards für Institute wider. Anders als bei Instituten sind bei Versicherungsunternehmen Risk-Taker jedoch nicht bereits allein aufgrund einer bestimmten Stellung im Unternehmen oder ihrer Verantwortung als solche zu identifizieren. Vielmehr können Versicherungsunternehmen die technischen Regulierungsstandards zwar als Auslegungshilfe heranziehen, jedoch auch bei Erfüllung der qualitativen Merkmale von einer Einstufung als Risk-Taker absehen, wenn die Risikoanalyse ergibt, dass der jeweilige Mitarbeiter keinen wesentlichen Einfluss auf das Gesamtrisikoprofil hat. An die Plausibilität dieser Risikoanalyse sind dann hohe Anforderungen zu stellen. Auch das quantitative Merkmal einer bestimmten Vergütungshöhe im Vergleich zu bereits als Risk-Taker identifizierten Personen, ist bei Versicherungsunternehmen lediglich als Indiz zu werten. Da für diese Mitarbeiter dieselben strengen Anforderungen wie für Geschäftsleiter gelten, ist eine restriktive Auslegung geboten, so dass letztlich nur ein eng begrenzter Mitarbeiterkreis erfasst werden wird[843]. Dieser darf bei Versicherungsunternehmen im Einzelfall auch hinter jenem für Institute zurückbleiben.

(2) Kapitalanlagegesetzbuch

Nach § 37 Abs. 1 KAGB gelten die Vergütungsgrundsätze für solche Mitarbeiter, deren Tätigkeiten einen wesentlichen Einfluss auf das Risikoprofil der Kapitalverwaltungsgesellschaft oder der verwalteten Investmentvermögen haben. Auch hierbei sind qualitative und quantitative Kriterien zur Identifizierung heranzuziehen. Die *ESMA-Leitlinien für solide Vergütungspolitiken unter Berücksichtigung der AIFMD* nennen hierzu in Abschnitt VI[844] Mitarbeiter, die an der Spitze des

841 *GDV*, Auslegungshilfe zu den Anforderungen an Vergütungssysteme in der Versicherungswirtschaft zu § 4 Abs. 1 VersVergV, S. 15; *Bartel/Bilobrk/Zopf*, BB 2011, 1269 (1274), *Zöbeley*, Vergütungsvorgaben, S. 226.

842 *BaFin*, Begründung zur Verordnung über die aufsichtsrechtlichen Anforderungen an Vergütungssysteme im Versicherungsbereich zu § 4.

843 *Sammet*, Versicherungs-Vergütungsverordnung, S. 142; *Zöbeley*, Vergütungsvorgaben, S. 227.

844 *ESMA*, Leitlinien für solide Vergütungspolitiken unter Berücksichtigung der AIFMD, VI Leitlinien zur Identifizierung der unter diese Leitlinien fallenden Kategorien von Mitarbeitern, Ziffer 19 ff., S. 9 ff.

Portfoliomanagements, der Verwaltung, des Marketings, der Humanressourcen stehen aber auch sonstige Risikoträger, deren berufliche Tätigkeit sich wesentlich auf das Risikoprofil der Kapitalverwaltungsgesellschaft oder eines von dieser verwalteten alternativen Investmentfonds auswirkt[845]. Überwiegend sind dies auch Personen, die nach den technischen Regulierungsstandards als Risk-Taker zu identifizieren sind. Nach den *ESMA-Leitlinien für solide Vergütungspolitiken unter Berücksichtigung der AIFMD* ist jedoch auch für diese Gruppe eine Ausnahme möglich, wenn der jeweilige Mitarbeiter keinen wesentlichen Einfluss auf das Gesamtrisikoprofil hat[846]. Hierbei ist eine restriktive Auslegung zu bevorzugen[847]. Mitarbeiter, mit einer den Risk-Takern vergleichbar hohen Gesamtvergütung, können ebenfalls als Risk-Taker eingestuft werden, auch wenn sie die qualitativen Kriterien nicht erfüllen, jedoch ebenfalls einen wesentlichen Einfluss auf das Gesamtrisikoprofil haben[848].

Gleiches gilt nach den Vorstellungen des nationalen Gesetzgebers auch für ausgelagerte Teilbereiche der Portfolioverwaltung. Nach § 36 KAGB muss die AIF-Kapitalverwaltungsgesellschaft sicherstellen, dass das Auslagerungsunternehmen entweder selbst regulatorischen Vergütungsvorgaben unterliegt. Dies können neben den *ESMA-Leitlinien für solide Vergütungspolitiken unter Berücksichtigung der AIFMD* beispielsweise der Instituts-Vergütungsverordnung oder der Versicherungs-Vergütungsverordnung vergleichbare europäische Regelungen sein. Befindet sich das Auslagerungsunternehmen in einem Drittstaat, müssen auch dort vergleichbare aufsichtsrechtliche Anforderungen bestehen. Andernfalls muss die Kapitalverwaltungsgesellschaft vertraglich vereinbaren, dass die *ESMA-Leitlinien für solide Vergütungspolitiken unter Berücksichtigung der AIFMD* auch im Auslagerungsunternehmen Anwendung finden[849].

b) Überlegungen de lege ferenda

Bei der Basisregelung gilt es neben dem persönlichen Anwendungsbereich auch eine treffende Begrifflichkeit für den erfassten Personenkreis zu finden, der im Rahmen der weiteren Arbeit herangezogen werden kann.

---

845 *ESMA,* Leitlinien für solide Vergütungspolitiken unter Berücksichtigung der AIFMD, Ziffer 20, S. 9.

846 *ESMA,* Leitlinien für solide Vergütungspolitiken unter Berücksichtigung der AIFMD, Ziffer 20: Folgende Kategorien von Mitarbeitern sind als identifizierte Mitarbeiter einzustufen, sofern nicht der Nachweis dafür erbracht wird, dass sie keinen wesentlichen Einfluss auf das Risikoprofil des AIFM oder des von ihm verwalteten AIF haben [...]; sowie Leitlinie Nr. 22: Die unter Punkt 20 und 21 oben genannten Beispiele sind nicht definitiv. [...]; dazu auch Weitnauer/Boxberger/Anders/*Boxberger* KAGB Art. 13 Rn. 15.

847 *Insam/Heisterhagen/Hinrichs,* DStR 2014, 913 (914).

848 *ESMA,* Leitlinien für solide Vergütungspolitiken unter Berücksichtigung der AIFMD, Ziffer 20, S. 10.

849 *Klebeck/Boxberger,* GWR 2014, 253 (255).

aa) Persönlicher Anwendungsbereich

Bei einer branchen- und rechtsformübergreifenden Regelung stellt sich die Frage, welcher Personenkreis von den Vorgaben erfasst werden soll. Da die bisherigen Regelungen sehr unterschiedlich sind, muss ein eigener persönlicher Anwendungsbereich gefunden werden.

Das Aufsichts- oder Verwaltungsorgan wird von den Vorgaben der Instituts-Vergütungsverordnung nicht erfasst. Dieser Ansatz sollte auch bei einer allgemeinen Regelung übernommen werden. Bereits im Rahmen der Versicherungs-Vergütungsverordnung stieß die Erstreckung der Vorschriften auf das Aufsichtsorgan auf Kritik. Insbesondere wurde hier eine weitergehende Vorschrift geschaffen als bei der Parallelvorschrift, obwohl der Verursachungsbeitrag der Versicherungsunternehmen an der Finanzkrise geringer war[850]. Auf Grund der bereits dargestellten Schwierigkeiten bei der praktischen Umsetzung sowie der nur reduzierten Anwendbarkeit der Versicherungs-Vergütungsverordnung und dem geringen weitergehenden Schutz der Unternehmen, ist die Erfassung der Mitglieder des Aufsichtsorgans bei einer Neufassung nicht angezeigt.

Auch einfache Mitarbeiter sollten nicht in den Geltungsbereich einer branchen- und rechtsformübergreifenden Regelung aufgenommen werden. Deren Vergütung wird überwiegend durch Tarifverträge geregelt oder die Arbeitsvertragsparteien vereinbaren im Geltungsbereich eines Tarifvertrags die Anwendung der tariflichen Regelungen. In vielen Fällen wird die Vergütung auch in einer Betriebs- oder Dienstvereinbarung aufgrund eines Tarifvertrags geregelt. Für derartige Vergütungen finden bereits weder die Instituts-Vergütungsverordnung noch die Versicherungs-Vergütungsverordnung Anwendung, § 1 Abs. 3 InstitutsVergV, § 1 Abs. 3 VersVergV. Eine Erstreckung des persönlichen Anwendungsbereichs auf jeden Mitarbeiter eines Unternehmens wäre überdies unverhältnismäßig. Im Banken- und Versicherungssektor kann die Einbeziehung dieser Personen durch den Verursachungsbeitrag zur Finanzkrise und der bedeutenden Stellung von Instituten und Versicherungsunternehmen für die deutsche Gesamtwirtschaft begründet werden. Die stärkeren Vorgaben, Einschränkungen und Kontrollen sind somit gerechtfertigt. Für ein normales Unternehmen in jeder beliebigen Branche treffen diese Argumente nicht zu. Somit sollten Mitarbeiter ohne wesentlichen Einfluss auf das Gesamtrisikoprofil eines Unternehmens nicht vom persönlichen Geltungsbereich einer Basisregelung erfasst werden.

Unzweifelhaft werden die geschäftsführenden Organe eines Unternehmens dem neuen Vergütungsdiktat unterliegen müssen. Diese werden bereits von allen bislang existierenden Regelungen erfasst und erhalten in Unternehmen tendenziell die höchste Gesamtvergütung. Bei ihnen besteht eine erhöhte Gefahr, dass durch verfehlte Vergütungsanreize Entscheidungen zum Nachteil eines Unternehmens getroffen werden. Die Auswirkungen dieser Entscheidung sind zumeist weitreichend

---

850 *Dreher*, VW 2010, 1508; *Bartel/Bilobrk/Zopf*, BB 2011, 1269 (1274); *Wolf*, VW 2010, 587; *Sammet*, Versicherungs-Vergütungsverordnung, S. 255.

und können die langfristige und nachhaltige Entwicklung eines Unternehmens schwer beeinträchtigen.

Ob daneben auch Mitarbeiter mit wesentlichem Einfluss auf das Gesamtrisikoprofil des Unternehmens erfasst werden sollen und ob diese nur bei bedeutenden Unternehmen zu identifizieren sein sollen, richtet sich danach, ob man einem tätigkeitsbezogenen oder einem positionsbezogenen Ansatz folgt. Bei einem positionsbezogenen Ansatz kann, ähnlich wie bei den qualitativen Merkmalen des technischen Regulierungsstandards, auf die jeweilige Stellung des Mitarbeiters im Unternehmen abgestellt werden. Danach können die Regelungen auf Mitglieder der Geschäftsleitung beschränkt werden. Nur wer dem jeweiligen Vorstand angehört oder als Geschäftsführer bezeichnet wird, wäre danach von den Vorgaben erfasst. Vorteil eines solch engen persönlichen Anwendungsbereichs wäre, dass die betroffenen Personen unzweifelhaft und für Dritte objektiv bestimmbar wären. Einer Risikoanalyse bedürfte es nicht. Bei einer tätigkeitsbezogenen Auslegung wäre die Möglichkeit der Risikobegründung maßgeblich. Das Risiko einer finanziellen Schieflage von Unternehmen durch unangemessen hohe Vergütungen lässt sich nicht allein auf die geschäftsführenden Organe reduzieren. Vielmehr werden Risikopositionen häufig auch von Mitarbeitern unterhalb der Führungsebene begründet und diese durch eine hohe variable Vergütung zur Eingehung unverhältnismäßiger Risiken animiert. In diesem Bereich bedarf es grundsätzlich ebenfalls des Schutzes der Anleger und der anderen Mitarbeiter durch eine umfassende Vergütungsvorgabe. Eine bindende Vorgabe – wie die technischen Regulierungsstandards – wäre auf nationaler Ebene hierfür nicht zwingend nötig. Ausreichend könnte eine § 4 Abs. 1 VersVergV vergleichbare Regelung sein, bei der jedes Unternehmen anhand einer eigenverantwortlichen Risikoanalyse diejenigen Mitarbeiter identifizieren soll, die aufgrund ihrer Tätigkeit wesentlichen Einfluss auf das Gesamtrisikoprofil des Unternehmens haben. Dabei könnten die in den technischen Regulierungsstandards genannten Personengruppen als Auslegungshilfe herangezogen werden. Ein Gegenbeweis sollte jedoch stets zulässig bleiben. Daneben könnte auch auf die jährliche Gesamtvergütung abgestellt werden und diese als nomineller Betrag oder in Relation zum Gehaltsgefüge im Unternehmen herangezogen werden. So könnte für Mitarbeiter mit einem Jahresgehalt von 500.000, EUR oder einem den geschäftsführenden Organen oder einem bereits als Risk-Taker identifizierten Mitarbeiter vergleichbaren Gehalt eine Identifizierung als Risk-Taker vermutet werden. Dies könnte auch für Mitarbeiter gelten, die zu den 0,3 Prozent der bestbezahlten Mitarbeiter (einschließlich der Geschäftsführung) zählen. Die *CEBS-Guidelines on Remuneration Policies and Practices* schlagen auch eine Berücksichtigung des Verhältnisses von variabler zu fixer Vergütung vor, so dass danach Risk-Taker solche Mitarbeiter sind, die das höchste Verhältnis von variabler zu fixer Vergütung haben[851]. Dieser Ansatz findet insofern Gefallen, als dass eine hohe variable Vergütung zur Eingehung hoher

851 *CEBS*, Guidelines on Remuneration Policies and Practices vom 10. Dezember 2010, Rn. 16, S. 16.

Risiken verleiten kann. Der Nachteil dieser Auslegung zeigt sich in einer erweiterten Überwachungsnotwendigkeit. In Unternehmen außerhalb des Finanzsektors ist es zudem eher ungewöhnlich, dass Mitarbeiter unterhalb der Geschäftsleitung hohe Risiken für die Existenz des Unternehmens begründen können. Sollte dies dennoch so sein und das Unternehmen dadurch Schaden nehmen, ist dies nicht systemgefährdend. Insbesondere die Relevanz der Banken und Versicherungen für das Funktionieren der europäischen Marktwirtschaft rechtfertigt eine starke Regulierung und die Erstreckung der strengen Vergütungsvorgaben für Geschäftsleiter auch auf Risk-Taker. Für Unternehmen außerhalb des Finanzmarkts ist eine Beschränkung der Vergütung für Geschäftsleiter ausreichend.

bb) Bezeichnung

Bislang wurden in dieser Arbeit die erfassten Personen – soweit nicht die Verordnungen, Leitlinien und Gesetze eigene Begrifflichkeiten verwendeten – als geschäftsführendes Organ bezeichnet. In der Presse ist hingegen stets die Rede von einer Begrenzung der Managergehälter[852]. Der aktuelle Koalitionsvertrag sieht ebenfalls eine Neuregelung für mehr Transparenz bei Managergehältern vor[853]. Selbst die juristische Fachliteratur verwendet diesen Begriff, ohne näher auf dessen genauen Inhalt einzugehen[854]. Der Begriff „Manager" ist nicht eindeutig definiert[855]. Nach der betriebswirtschaftlichen Definition wird als „Manager" bezeichnet, wer Inhaber einer Position ist, die mit Weisungsbefugnis gegenüber anderen Positionen und deren Inhabern ausgestattet ist[856]. Nach dieser Begriffsbestimmung finden sich Manager auf allen Hierarchieebenen. Daneben sind Manager auch auf Positionen mit Unterstützungs- und Beratungsfunktionen anzutreffen, denn auch diese nehmen Managementaufgaben wahr[857]. Nach anderer Ansicht werden als Manager nur die obersten und oberen Führungskräfte der Unternehmen bezeichnet[858].

---

852 Beispielsweise: *Der Spiegel* vom 24. November 2013: Union und SPD wollen Managergehälter begrenzen, http://www.spiegel.de/wirtschaft/soziales/union-und-spd-wollen-managergehaelter-begrenzen-a-935333.html; *Frankfurter Allgemeine Zeitung* vom 24. November 2013, *Mihm/Dunsch*: Koalition will Managergehälter begrenzen, http://www.faz.net/aktuell/wirtschaft/wirtschaftspolitik/koalitionsverhandlungen-koalition-will-managergehaelter-begrenzen-12678918.html; *Die Zeit* vom 14. März 2013, *Schieritz*: Managergehälter: Brauchen wir ein Gesetz gegen Gier? http://www.zeit.de/2013/11/Pro-Contra-Begrenzung-Managergehaelter-Bonuszahlung.

853 Koalitionsvertrag CDU, CSU und SPD 18. Legislaturperiode: Deutschlands Zukunft gestalten, S. 14.

854 *Keiser*, RdA 2010, 280.

855 *Reese*, DStR 1995, 532; *Dietlein/Riedel*, NWVBl 2010, 453.

856 *Jung/Bruck/Quarg*, Allgemeine Managementlehre, S. 25 m.w.N.

857 *Jung/Bruck/Quarg*, Allgemeine Managementlehre, S. 26.

858 Gabler Wirtschaftslexikon http://wirtschaftslexikon.gabler.de/Archiv/55279/management-v9.html.

Im Rahmen einer gesetzlichen Regelung muss Rechtsicherheit bestehen, welcher Personenkreis erfasst werden soll. Liest man den Koalitionsvertrag genauer, stellt man fest, dass die *Bundesregierung* lediglich eine Änderung des Aktiengesetzes anstrebt, von der ausschließlich Vorstände von Aktiengesellschaften betroffen wären. Wörtlich heißt es „Um Transparenz bei der Feststellung von Managergehältern herzustellen, wird über die Vorstandsvergütung künftig die Hauptversammlung auf Vorschlag des Aufsichtsrats entscheiden". Manager wird hier als Synonym für Vorstandsmitglieder verwendet. Dies ist jedoch nach dem hier vertretenen Verständnis zu kurz gefasst. Neben Vorständen sollen gerade auch Geschäftsführer von Gesellschaften mit beschränkter Haftung[859] oder von Gesellschaften mit beschränkter Haftung & Compagnie Kommanditgesellschaft erfasst werden, sowie Vorstände von Genossenschaften und der Societas Europaea. Es bestünde die Möglichkeit, im Rahmen eines eigenen „Gesetzes zur Begrenzung der Vergütung von Managern" eine Begriffsbestimmung einzufügen und darin den Begriff „Manager" für die Zwecke des Gesetzes zu definieren. Werden die Regelungen zur Vergütungsgestaltung jedoch in den jeweiligen Gesetzen implementiert, wäre eine gesonderte Bezeichnung des erfassten Personenkreises nicht nötig. Letzteres ist vorzugswürdig. Zukünftig wird nur im Rahmen dieser Arbeit der Begriff „Manager" als Synonym für die geschäftsführenden Organmitglieder verwendet.

II. Zuständigkeit

Die Zuständigkeit hinsichtlich der Festlegung der Vergütung von Managern ist in den einzelnen Gesetzen und Verordnungen zumeist ausdrücklich geregelt. Die aktienrechtliche Frage der formellen Zuständigkeit lässt sich kaum hinreichend beantworten ohne gleichzeitig auf die Thematik des Say-on-Pay einzugehen. Das deutsche Aktienrecht und der Deutsche Corporate Governance Kodex sehen bereits derzeit vor, dass in börsennotierten Aktiengesellschaften die Hauptversammlung über die Billigung des Vergütungssystems des Vorstands entscheiden kann. Dieser Beschluss ist bislang rechtlich nicht bindend für den Aufsichtsrat. Bei einer neu zu überlegenden Basisregelung wird jedoch nicht auf den status quo abgestellt werden können. Vielmehr sind auch bereits in der Vergangenheit erwogene, letztlich zwar gescheiterte Gesetzesvorhaben zu beachten. Das Gesetz zur Verbesserung der Kontrolle der Vorstandsvergütung und zur Änderung weiterer aktienrechtlicher Vorschriften (VorstKoG)[860] aus dem Jahr 2013 sah jährlich eine bindende Abstimmung

859 Die Regelungen sollten für Fremd- und Gesellschafter-Geschäftsführer gleichermaßen gelten, soweit auch der Gesellschafter-Geschäftsführer eine Vergütung erhält. Dabei ist nach der hier vertretenen Ansicht nicht maßgeblich, ob diese Vergütung aus dem Gesellschaftsrecht entspringt oder aufgrund eines gesonderten Anstellungsvertrags gezahlt werden soll.

860 Beschlussempfehlung und Bericht des Rechtsausschusses zum Entwurf eines Gesetzes zur Änderung des Aktiengesetzes (Aktienrechtsnovelle 2012) vom 26. Juni 2013, BT-Drucks. 17/14214.

der Hauptversammlung über die Vergütung des Vorstands vor. Ähnliche Vorgaben werden derzeit erneut auf europäischer Ebene diskutiert und können nicht völlig ignoriert werden. Im Übrigen findet sich diese Thematik auch auf der aktuellen politischen Agenda der *Bundesregierung*. Im Koalitionsvertrag heißt es, dass über die Vorstandsvergütung künftig die Hauptversammlung auf Vorschlag des Aufsichtsrats entscheiden wird[861]. Es ist zu untersuchen, ob sich hinter diesen Gesetzesvorhaben eine Verlagerung der Zuständigkeit vom Aufsichtsrat auf die Hauptversammlung verbirgt.

1. Formelle Zuständigkeit

Die formelle Zuständigkeit betrifft die Frage, wer für die Ausgestaltung eines Vergütungssystems beziehungsweise die Festsetzung der Vergütung organschaftlich zuständig ist.

a) Gesellschaftsrechtliche Vorgaben

Für die Bestellung des Vorstands ist gemäß § 84 Abs. 1 AktG der Aufsichtsrat zuständig. Der Vergütungsanspruch des Vorstands ergibt sich aus dem Anstellungsvertrag[862]. Die Vorschriften über die Bestellung gelten nach § 84 Abs. 1 Satz 5 AktG sinngemäß für den Anstellungsvertrag[863], so dass der Aufsichtsrat auch für die Vergütungsgestaltung im Anstellungsvertrag ausschließlich zuständig ist. Dies ergibt sich auch aus dem Wortlaut des § 87 Abs. 1 Satz 1 AktG, wonach der Aufsichtsrat bei der Festsetzung der Vergütung die Vorgaben des § 87 Abs. 1 AktG zu beachten hat. Um die Kompetenzordnung nicht zu unterlaufen, darf diese Zuständigkeit nicht durch Satzung abgeändert werden[864]. Sie gilt auch für jede Vertragsänderung[865].

Im Rahmen des Gesetzes zur Angemessenheit der Vorstandsvergütung (VorstAG) wurde in § 107 Abs. 3 Satz 3 AktG ein Verweis auf § 87 Abs. 1, 2 Satz 1 und 2 AktG

---

861 Koalitionsvertrag CDU, CSU und SPD 18. Legislaturperiode: Deutschlands Zukunft gestalten, S. 14.

862 U.a. Spindler/Stilz/Fleischer AktG § 84 Rn. 43; MüKoAktG/*Spindler* AktG § 84 Rn. 87; Hölters/*Weber* AktG § 84 Rn. 45; K. Schmidt/Lutter/*Seibt* AktG § 84 Rn. 29; *Thüsing* in: Fleischer, Handbuch des Vorstandsrechts, § 4 Rn. 74.

863 MüKoAktG/*Spindler* AktG § 84 Rn. 68; Hüffer/*Koch* AktG § 84 Rn. 15; KK-AktG/Mertens/Cahn AktG § 84 Rn. 48; K. Schmidt/Lutter/*Seibt* AktG § 84 Rn. 24; Heidel/*Oltmanns* AktG § 84 Rn. 12; *Wiesner* in: Hoffmann-Becking, Münch. Hdb. GesR IV, § 21 Rn. 20.

864 Spindler/Stilz/*Fleischer* AktG § 84 Rn. 33; KK-AktG/*Mertens/Cahn* AktG § 84 Rn.51; *Thüsing* in: Fleischer, Handbuch des Vorstandsrechts, § 4 Rn.63; *Wiesner* in: Hoffmann-Becking, Münch. Hdb. GesR IV, § 21 Rn. 20.

865 OLG Düsseldorf 8 U 132/78 vom 13. Juli 1979, BB 1979, 1314; Hüffer/*Koch* AktG § 84 Rn. 15; K. Schmidt/Lutter/*Seibt* AktG § 84 Rn. 24; MüKoAktG/*Spindler* AktG § 84 Rn. 73.; Spindler/Stilz/*Fleischer* AktG § 84 Rn. 33; *Thüsing* in: Fleischer, Handbuch des Vorstandsrechts, § 4 Rn. 63.

eingeführt[866]. Danach hat nun zwingend der Aufsichtsrat als Plenum über die Festsetzung der Vergütung sowie deren Herabsetzung zu entscheiden. Eine Übertragung der Angelegenheit auf einen Personal- oder Vergütungsausschuss ist nur mehr eingeschränkt möglich[867]. Ihm obliegt die Vorbereitung der Vergütungsgestaltung im Anstellungsvertrag des Vorstands. Diese Vorbereitungstätigkeiten werden nicht durch das Delegationsverbot des § 107 Abs. 3 Satz 3 AktG ausgeschlossen[868]. Sieht sich der Aufsichtsrat oder ein Vergütungsausschuss nicht in der Lage ein rechtskonformes Vergütungssystem zu erarbeiten, kann er einen unabhängigen Vergütungsberater hinzuziehen. Für den Aufsichtsrat ergibt sich dieses Recht aus § 109 Abs. 1 Satz 2 AktG. Danach ist der Aufsichtsrat berechtigt, einen Sachverständigen, das heißt jede Person, die in Bezug auf den Tagesordnungspunkt über eine besondere Sachkenntnis verfügt, zur Beratung hinzuzuziehen[869]. Der Vergütungsausschuss leitet seine Kompetenzen aus den Rechten des Plenums ab[870], so dass auch dieser zur Hinzuziehung eines Vergütungsberaters berechtigt ist. Lediglich die abschließende Beschlussfassung muss durch die Gesamtheit des Aufsichtsrats erfolgen.

Bei der paritätisch mitbestimmten Gesellschaft mit beschränkter Haftung ist ebenfalls der Aufsichtsrat nach § 31 Abs. 1 MitbestG in Verbindung mit § 84 Abs. 1 AktG für die Vergütungsgestaltung im Anstellungsvertrag zuständig. Gemäß § 25 Abs. 1 Nr. 2 MitbestG gelten die §§ 107 und 109 AktG entsprechend. Damit ist auch bei der paritätisch mitbestimmten Gesellschaft mit beschränkter Haftung eine Übertragung der Zuständigkeit auf einen Ausschuss ausgeschlossen. In nicht mitbestimmten Gesellschaften mit beschränkter Haftung oder nach dem Drittelbeteiligungsgesetz mitbestimmten Gesellschaften mit beschränkter Haftung ist grundsätzlich die Gesellschafterversammlung zuständig. Für die Gesellschaft mit beschränkter Haftung & Compagnie Kommanditgesellschaft gelten dieselben Grundsätze wie für die Gesellschaft mit beschränkter Haftung.

Auch die Zuständigkeit für die Vergütungsgestaltung bei Genossenschaften liegt beim Aufsichtsrat oder einem von der Generalversammlung gemäß § 39 Abs. 1 Satz

---

866 Gesetz zur Angemessenheit der Vorstandsvergütung (VorstAG) vom 31. Juli 2009, BGBl. I Nr. 20, S. 2509, Art. 1 Nr. 4.

867 MüKoAktG/*Habersack* AktG § 107 Rn. 106; Spindler/Stilz/*Spindler* § 107 Rn. 126 f.; Hölters/*Hambloch-Gesinn/Gesinn* AktG § 107 Rn. 100; Hüffer/*Koch* AktG § 107 Rn. 28; *Habersack* ZHR 2010, 2 (10); *Ihrig/Wandt/Wittgens,* ZIP 2012, Beilage zu Heft 40, 1 (27 f.); *Wettich,* AG 2013, 374 (378 ff.); a.A. wohl *Gaul/Janz,* NZA 2009, 809 (813).

868 BT-Drucks. 16/12278; MüKoAktG/*Habersack* AktG § 107 Rn. 150; Hüffer/*Koch* AktG § 107 Rn. 28; Spindler/Stilz/*Spindler* AktG § 107 Rn. 126; Hölters/*Hambloch-Gesinn/Gesinn* AktG § 107 Rn. 100; *Fleischer,* NZG 2009, 801 (804); *Thüsing,* AG 2009, 517 (524); *van Kann/Keiluweit,* DStR 2009, 1587 (1590).

869 Hüffer/*Koch* AktG § 109 Rn. 5; MüKoAktG/*Habersack* AktG 109 Rn. 20; KK-AktG/*Mertens/Cahn* AktG 109 Rn. 28.

870 MüKoAktG/*Habersack* AktG 109 Rn. 20; Henssler/Strohn/*Henssler* AktG § 109 Rn. 5; *Böttcher,* NZG 2012, 809 (811).

2 GenG ermächtigten Bevollmächtigten[871]. Anders als bei Aktiengesellschaften kann die Zuständigkeit jedoch auf einen beschließenden Ausschuss übertragen werden[872].

Bei der dualistisch verfassten Societas Europaea ist ebenfalls der Aufsichtsrat zuständig, da nach Art. 9 Abs. 1 lit. c) ii) beziehungsweise Art. 10 der Verordnung 2157/2001/EG die aktienrechtlichen Vorschriften Anwendung finden. Eine Übertragung der Zuständigkeit auf einen beschließenden Ausschuss ist ausgeschlossen, § 107 Abs. 3 Satz 3 AktG. In der monistisch verfassten Societas Europaea ist der Verwaltungsrat zuständig für die Ausgestaltung der Vergütung der geschäftsführenden Direktoren, § 40 Abs. 1 Satz 1 SEAG. § 107 Abs. 3 Satz 3 AktG gilt nach herrschender Meinung analog für die monistisch verfasste Societas Europaea[873].

b) Deutscher Corporate Governance Kodex

Zuständig für die Ausgestaltung der Vorstandsvergütung in börsennotierten Aktiengesellschaften ist gemäß Ziffer 4.2.2 Abs. 1 DCGK der Aufsichtsrat. Besteht ein Ausschuss, der die Vorstandsverträge behandelt, so kann dieser Vorschläge für ein Vergütungssystem erarbeiten. Die Entscheidungskompetenz liegt jedoch beim Aufsichtsratsplenum. Diese Empfehlungen sind deckungsgleich mit den aktienrechtlichen Vorgaben und stellen insbesondere klar, dass auch weiterhin ein Vergütungsausschuss zulässig ist. Wird zur Beurteilung der Angemessenheit ein externer Vergütungsexperte hinzugezogen, hat der Aufsichtsrat auf dessen Unabhängigkeit vom Vorstand beziehungsweise Unternehmen zu achten, Ziffer 4.2.2. Abs. 3 DCGK[874].

c) § 37 KAGB

Jeder alternative Investmentfonds wird entweder von einer internen oder einer externen Kapitalverwaltungsgesellschaft verwaltet. Kernfunktionen dieser Kapitalverwaltungsgesellschaften sind die Portfolioverwaltung und das Risikomanagement. Gemäß § 37 Abs. 1 KAGB gehört zu den Aufgaben der AIF-Kapitalverwaltungsgesellschaft auch die Festlegung der Vergütung für Geschäftsleiter und Mitarbeiter, deren Tätigkeiten einen wesentlichen Einfluss auf das Risikoprofil der Verwaltungsgesellschaft oder der verwalteten Investmentvermögen haben. Die Zuständigkeit innerhalb der Kapitalverwaltungsgesellschaft richtet sich nach den gesellschaftsrechtlichen Regelungen. Danach ist bei einer Aktiengesellschaft – ebenso wie

871 Pöhlmann/Fandrich/Bloehs/*Fandrich* GenG § 24 Rn. 31.

872 Pöhlmann/Fandrich/Bloehs/*Fandrich* GenG § 24 Rn. 32, § 36 Rn. 47a; Henssler/Strohn/*Geibel* GenG § 36 Rn. 6.

873 Siehe dazu 1. Kapitel VI.3. sowie *Forst*, ZIP 2010, 1786 (1788); *Rieble/Schmittlein*, Vorstandsvergütung, Rn. 31.

874 Nähere Ausführungen zur Frage, wann die Unabhängigkeit des Vergütungsexperten zu bejahen ist unter Hinweis auf die Regelungen zum Abschlussprüfer, siehe Raapke, S. 52 ff.

bei einer paritätisch mitbestimmten Gesellschaft mit beschränkter Haftung – der Aufsichtsrat zuständig[875]. Bei einer nicht mitbestimmten oder nach dem Drittelbeteiligungsgesetz mitbestimmten Gesellschaft mit beschränkter Haftung ist die Gesellschafterversammlung zuständig[876]. Auch bei einer Gesellschaft mit beschränkter Haftung & Compagnie Kommanditgesellschaft gelten die Zuständigkeiten einer Gesellschaft mit beschränkter Haftung.

d) § 3 Abs. 1 Satz 4 und 5 VersVergV

In § 3 Abs. 1 VersVergV findet sich eine zu § 3 Abs. 1 und 2 InstitutsVergV parallele Zuständigkeit. Demnach sind die Geschäftsleiter für die angemessene Ausgestaltung der Vergütungssysteme der Mitarbeiter (einschließlich der Risk-Taker) verantwortlich. Für die angemessene Ausgestaltung der Vergütungssysteme der Geschäftsleiter ist das Aufsichts- oder Verwaltungsorgan verantwortlich. Auch hier besteht der Konflikt zwischen der alleinigen Verantwortung der Geschäftsleitung im Hinblick auf die Strategie, Geschäftspolitik, Zielkonzeption, Unternehmensplanung et cetera einerseits und der Zuständigkeit des Aufsichtsrats zur Setzung zielorientierter Leistungsanreize auf der anderen Seite. Es gilt das im 2. Kapitel II.1.a) Gesagte.

e) MaComp

Im Modul BT 8.2.1 MaComp ist die Zuständigkeit ausdrücklich festgelegt. Danach hat das Wertpapierdienstleistungsunternehmen ein angemessenes Vergütungssystem einzurichten. Die *BaFin* überträgt die Verantwortung für die angemessene Ausgestaltung und Umsetzung des Vergütungssystems, sowie für die Vermeidung vergütungsbezogener Risiken und den Umgang mit den Restrisiken der Geschäftsleitung. Damit trägt diese im Rahmen ihres unternehmerischen Ermessens auch die Letztverantwortung für die Festsetzung der Vergütung einzelner relevanter Personen. Dies deckt sich mit Modul AT 4 MaComp, wonach die Geschäftsleitung im Sinne des § 1 Abs. 2 KWG die Gesamtverantwortung für die Einhaltung der im Gesetz über den Wertpapierhandel geregelten Pflichten trägt. Soweit es sich bei den relevanten Personen um Mitglieder der Geschäftsleitung handelt, ist stattdessen das Verwaltungs- oder Aufsichtsorgan entsprechend verantwortlich. Die *ESMA-Leitlinien Vergütungsgrundsätze und –verfahren (MiFID)* formulieren die Zuständigkeit des Aufsichtsorgans nicht anhand eines bestimmten Personenkreises, sondern stellen auf eine angemessene Zuständigkeitsverteilung ab[877]. Aus der strikten Abgrenzung der Verantwortungsbereiche von Vorstand und Aufsichtsrat – der sich mit gewissen

875 § 31 MitbestG i.V.m. § 84 Abs. 1 AktG, MüKoGmbHG/*Stephan/Tieves* GmbHG § 35 Rn. 43; Roth/Altmeppen/*Altmeppen* GmbHG § 52 Rn. 59; Henssler/Strohn/*Henssler* GmbHG § 52 Rn. 40.

876 MüKoGmbHG/*Stephan/Tieves* GmbHG § 35 Rn. 41, 42; Henssler/Strohn/*Henssler* GmbHG § 52 Rn. 40.

877 *ESMA*, Leitlinien Vergütungsgrundsätze und -verfahren (MiFID), Ziffer 21, S. 7.

Einschränkungen auch auf die Gesellschaft mit beschränkter Haftung oder die Gesellschaft mit beschränkter Haftung & Compagnie Kommanditgesellschaft übertragen lässt – wird eine Zuständigkeit des Aufsichtsorgans bei der Festsetzung der Vergütungssysteme von Mitarbeitern unterhalb der Geschäftsleitung nur schwerlich als angemessen angesehen werden können. Im Ergebnis unterscheiden sich daher die *ESMA-Leitlinien Vergütungsgrundsätze und –verfahren (MiFID)* nicht von der Regelung in BT 8.2.1 MaComp.

2. Zuständigkeitsverlagerung auf die Hauptversammlung

Durch eine Kontrolle der Vergütung des Vorstands durch die Hauptversammlung erhofft sich der Gesetzgeber eine Erhöhung der Transparenz[878] sowie eine Stärkung der Kontrollrechte und eine bessere Information der Aktionäre[879]. Die Regelung ist jedoch starker Kritik ausgesetzt, da man hierdurch eine Zuständigkeitsverlagerung auf die Hauptversammlung befürchtet[880]. Auf europarechtlicher Ebene gibt es bereits seit 2004 eine Empfehlung der *EU-Kommission*, nach der in jeder börsennotierten Gesellschaft die Jahreshauptversammlung über eine Vergütungserklärung des Aufsichtsrats beratend oder bindend abstimmen sollte[881]. Im Jahr 2009 hat die *EU-Kommission* diese Empfehlung noch einmal bekräftigt[882]. In Deutschland wurde diese Empfehlung mit der Einführung des Gesetzes zur Angemessenheit der Vorstandsvergütung (VorstAG) im Jahr 2009 umgesetzt. Die Regelung ist bis heute unverändert gültig, unterliegt jedoch stets einer politischen Diskussion. Nachfolgend soll die derzeit geltende Rechtslage dargestellt werden und bereits auf nationaler und europäischer Ebene geplante Gesetzesinitiativen näher beleuchtet werden.

---

878 Koalitionsvertrag CDU, CSU und SPD 18. Legislaturperiode: Deutschlands Zukunft gestalten, S. 14.

879 So bereits im Jahr 2002 *Hochrangige Gruppe von Experten auf dem Gebiet des Gesellschaftsrechts*, Bericht über Moderne Gesellschaftsrechtliche Rahmenbedingungen in Europa, 2002, S. 69; zum VorstAG: Beschlussempfehlung und Bericht des Rechtsausschusses zum Gesetz zur Angemessenheit der Vorstandsvergütung (VorstAG) vom 17. Juni 2009, BT-Drucks. 16/13433, S. 12; *Döll*, WM 2010, 103; *Begemann/Laue*, BB 2009, 2443 (2444).

880 *DGB*, Stellungnahme vom 28.05.2013, S. 3 f.; *Deutsches Aktieninstitut* (DAI), Stellungnahme vom 04.06.2013, S. 2, 5, 7 f.; *Vereinigung der Bayerischen Wirtschaft* (vbw) Vorstandsvergütung in Deutschland Mai 2013, S. 11, *DAV*, NZG 2013, 694, *Löbbe/Fischbach*, WM 2013, 1625 (1627); zum Entwurf der Aktionärsrechterichtlinie: *Seibt*, DB 2014, 1910; *Lanfermann/Maul*, BB 2014, 1283 (1284 f.).

881 Empfehlung der Kommission zur Einführung einer angemessenen Regelung für die Vergütung von Mitgliedern der Unternehmensleitung börsennotierter Gesellschaften (2004/913/EG) vom 14. Dezember 2004, ABl. L 385, S. 55, Ziffer 4.2 Abs. 1.

882 Empfehlung der Kommission zur Ergänzung der Empfehlungen 2004/913/EG und 2005/162/EG zur Regelung der Vergütung von Mitgliedern der Unternehmensleitung börsennotierter Gesellschaften (2009/385/EG) vom 30. April 2009, ABl. L 120, S. 28.

a) Aktuelle Rechtslage

Aktuell sieht lediglich das Aktiengesetz eine Abstimmungsbefugnis der Hauptversammlung bei börsennotierten Gesellschaften vor. Der Deutsche Corporate Governance Kodex empfiehlt ein Informationsrecht der Hauptversammlung, ohne dieser eine Mitwirkungsbefugnis einzuräumen, Ziffer 4.2.3 Abs. 6 DCGK.

aa) § 120 Abs. 4 AktG

„Die Hauptversammlung der börsennotierten Gesellschaft kann über die Billigung des Systems zur Vergütung der Vorstandsmitglieder beschließen. Der Beschluss begründet weder Rechte noch Pflichten; insbesondere lässt er die Verpflichtungen des Aufsichtsrats nach § 87 unberührt." Hinter dieser Formulierung verbergen sich drei hier zu diskutierende Schwerpunkte.

(1) Fakultative Abstimmung

Aus der Formulierung „kann" in § 120 Abs. 4 AktG lässt sich unstreitig schließen, dass es sich bei der Beschlussfassung der Hauptversammlung lediglich um eine fakultative Abstimmung handelt[883]. Der Aufsichtsrat ist gerade nicht verpflichtet, die Vergütung der Vorstandsmitglieder der Hauptversammlung vorzulegen. Die Entscheidung darüber steht nach den allgemeinen Grundsätzen des § 119 Abs. 2 AktG im Ermessen der Verwaltung[884]. In Ausnahmefällen kann es zu einer Ermessensreduzierung auf Null kommen, wenn das Wohl der Gesellschaft eine Abstimmung der Hauptversammlung erfordert[885]. Voraussetzung dafür ist, dass eine Beschlussfassung der Hauptversammlung zur Wahrung der Gesellschaftsinteressen erforderlich ist[886]. Dies kommt in Betracht, wenn an einem Vergütungssystem oder dessen Änderungen Kritik von Seiten eines Großteils der Aktionäre oder der Öffentlichkeit geäußert wird und dadurch das Ansehen der Gesellschaft gefährdet ist[887]. In der Praxis hat die Mehrheit der DAX-Unternehmen in der Vergangenheit seine Vorstandsvergütung der Hauptversammlung zur Billigung vorgelegt. Bereits im ersten Jahr nach Inkrafttreten der Regelung haben Studien zufolge 27 DAX-Unternehmen die Abstimmung

883 Beschlussempfehlung und Bericht des Rechtsausschusses zum Gesetz zur Angemessenheit der Vorstandsvergütung (VorstAG) vom 17. Juni 2009, BT-Drucks. 16/13433, S. 12.

884 *Döll*, WM 2010, 103 (107); *Fleischer/Bedkowski*, AG 2009, 677 (680).

885 *Döll*, WM 2010, 103 (107); *Fleischer/Bedkowski*, AG 2009, 677 (680); K. Schmidt/Lutter/*Spindler* AktG § 120 Rn. 58; mit Ausführungen zu Holzmüller-Rechtsprechung und dem Gelantine-Urteil: Hölters/*Drinhausen* AktG § 119 Rn. 16 ff.

886 Hüffer/*Koch* AktG §121 Rn. 5; Spindler/Stilz/*Rieckers* AktG § 121 Rn. 10; K. Schmidt/Lutter/*Ziemons* AktG § 121 Rn. 12.

887 *Fleischer/Bedkowski*, AG 2009, 677 (680); K. Schmidt/Lutter/*Spindler* AktG § 120 Rn. 58.

in die Tagesordnung aufgenommen[888]. Im Jahr 2011 haben auch die verbliebenen drei DAX-Unternehmen über die Vergütung der Vorstandsmitglieder abstimmen lassen, so dass sich die Befürchtung *Thüsings*, es werde von der fakultativen Möglichkeit nicht ausreichend Gebrauch gemacht werden[889], nicht bewahrheitet haben. Trotz fehlender gesetzlicher Regelung werden sowohl Vergütungssysteme als auch deren Änderungen regelmäßig der Hauptversammlung zur Billigung vorgelegt[890]. Grundsätzlich kann auch eine qualifizierte Aktionärsminderheit im Wege eines Ergänzungsverlangens gemäß § 122 Abs. 2 AktG die Aufnahme des Hauptversammlungsvotums verlangen[891].

(2) Beschlussgegenstand

Die Hauptversammlung soll das „Vergütungssystem" billigen. Dieser Begriff ist nicht unproblematisch, da er in den Gesetzesmaterialien nicht weiter konkretisiert wird. In der Literatur wird er deshalb oftmals als konturenlos[892] oder zu unbestimmt kritisiert[893]. Einen Hinweis zur Auslegung dieses Begriffs findet sich in der Beschlussempfehlung des Rechtsausschusses zum Gesetz zur Angemessenheit der Vorstandsvergütung (VorstAG)[894]. Danach lehnt sich die Formulierung begrifflich an die Ziffern 4.2.3 Abs. 6 und 4.2.5 Abs. 1 DCGK an, die bereits in der Vergangenheit den Begriff „Vergütungssystem" verwendeten und deren Kommentierung Anhaltspunkte zum Inhalt und Wesen eines Vergütungssystems liefern[895]. Nach Ziffer 4.2.2 DCGK, beschließt das Aufsichtsratsplenum das Vergütungssystem für

888 *Götz/Friese*, Corporate Finance 2010, 411 (414); *v. Falkenhausen/Kocher*, AG 2010, 623 (625); *Wilm*, DB 2010, 1686 (1687); Böckler-Impuls Heft 18/2010, S. 6, abrufbar unter http://www.boeckler.de/22674_22678.htm.
Nicht Gegenstand der Tagesordnung bei Infineon Technologie AG, MAN SE und Merck KGaA.

889 *Thüsing*, Stellungnahme zum VorstAG, S. 20.

890 Bei den Hauptversammlungen 2015 haben 6 DAX-Unternehmen über die Vergütungssysteme abstimmen lassen und dies mit Änderungen begründet: Adidas AG (77,47 % Zustimmung), Commerzbank AG (98,36%), Henkel Aktiengesellschaft & Co. KGaA (99,46%), Munich RE AG (90,19%), Siemens AG (92,79%), ThyssenKrupp AG (98,79%).

891 K. Schmidt/Lutter/*Spindler* AktG § 120 Rn. 58; *v. Falkenhausen/Kocher*, AG 2010, 623 (626); *Fleischer/Bedkowski*, AG 2009, 677 (681); *Fleischer*, NZG 2009, 801 (805); *Döll*, WM 2010, 103 (107 f.); *Vetter*, ZIP 2009, 2136 (2138); *Hoffmann-Becking/Krieger*, NZG 2009, Beilage zu Heft 26, 1 (10).

892 *Hohenstatt*, ZIP 2009, 1349 (1356).

893 *Thüsing*, AG 2009, 515 (525); *Thüsing*, Stellungnahme zum VorstAG, S. 20.

894 Beschlussempfehlung und Bericht des Rechtsausschusses zum Gesetz zur Angemessenheit der Vorstandsvergütung (VorstAG), BT-Drucks. 16/13433, S. 12.

895 Ringleb/Kremer/Lutter/v. Werder/*Ringleb*, Deutscher Corporate Governance Kodex 2014, Rn. 688 ff.

den Vorstand und überprüft es regelmäßig[896]. Die Kodexkommission geht davon aus, dass es sich um eine gesetzliche Verpflichtung nach §§ 87 Abs. 1, 120 Abs. 4 AktG, § 289 Abs. 2 Nr. 5 HGB handelt[897]. Eine generelle Pflicht zur Aufstellung eines Vergütungssystems resultiert nach herrschender Meinung jedoch nicht aus § 120 Abs. 4 AktG[898]. In dem „Vergütungssystem" sollen abstrakte Maßstäbe aufgestellt werden, die bei der Festlegung der individuellen Vergütung zu berücksichtigen sind[899]. Hierzu gehören die Ausrichtung des Vergütungssystems auf eine nachhaltige Unternehmensentwicklung (§ 87 Abs. 1 Satz 2 AktG), Aussagen zu der Aufteilung der Gesamtvergütung in die einzelnen Vergütungsbestandteile monetärer und nicht monetärer Art, in Festvergütung und variable Vergütungsteile, so dass deren Gewichtung zueinander und die damit beabsichtigte oder daraus folgende Incentivierung der Vorstandsmitglieder unter den konkreten Verhältnissen und Bedingungen der Gesellschaft erkennbar werden. Das Vergütungssystem umfasst außerdem auch die Grundsätze und Voraussetzungen der Altersversorgung sowie Grundsätze für Sondervergütungen bei Eintritt (Golden Handshakes) oder Austritt (Golden Parachutes)[900]. Als Orientierungshilfe kann auch die Empfehlung der *EU-Kommission* aus dem Jahr 2004 dienen, die durch das Gesetz zur Angemessenheit der Vorstandsvergütung (VorstAG) umgesetzt werden soll[901].

Der Begriff „Vergütungssystem" wird auch in § 289 Abs. 2 Nr. 5 HGB erwähnt, wonach der Lagebericht auf die Grundzüge des Vergütungssystems der Gesellschaft eingehen soll. In der Kommentarliteratur ist man sich einig darüber, dass die Grundzüge des Vergütungssystems einen Überblick über die Vergütungspolitik einschließlich der Vertragsgestaltung, Erläuterungen zu Form (Geld-/Sachbezüge), Struktur (fixe/variable Vergütung) und Höhe der Vergütung, sowie deren Zusammensetzung nach erfolgsunabhängigen und erfolgsbezogenen Komponenten sowie

---

896 Diese Empfehlung wird von 93,1 Prozent der börsennotierten Gesellschaften befolgt, siehe *v. Werder/Talaulicar*, DB 2010, 853 (858).

897 Deutscher Corporate Governance Kommission, Erläuterungen der Änderungsvorschläge der Kodexkommission vom 17. Januar 2012, S. 3 Nr. 2 lit. h), abrufbar unter: http://www.dcgk.de/de/kommission/die-kommission-im-dialog/deteilansicht/vorschlaege-fuer-kodexaenderungen-2012-veroeffentlicht.html.

898 *Thüsing*, AG 2009, 515 (525); *Thüsing*, Stellungnahme zum VorstAG, S. 20; *Annuß/Theusinger*, BB 2009, 2434 (2439); *Fleischer/Bedkowski*, AG 2009, 677 (682); *Redenius-Hövermann*, Der Aufsichtsrat 2009, 173 (175); *Spindler*, NJOZ 2009, 3282 (3288); *Schick*, ZIP 2011, 593 (594); a.A. *Döll*, WM 2010, 103 (108); eine gesetzliche Verpflichtung begrüßend *Bayer*, ZG 2008, 313 (331).

899 K. Schmid/Lutter/*Spindler* AktG § 120 Rn. 60; *Hohenstatt*, ZIP 2009, 1349 (1356); *Deilmann/Otte*, DB 2010, 545 (546); *Döll*, WM 2010, 103 (108); *Fleischer/Bedkowski*, AG 2009, 677 (682); *Schüppen*, ZIP 2010, 905 (907); *Thüsing*, AG 2009, 517 (525); *Vetter*, ZIP 2009, 2136 (2137 f.); *Raapke*, Vergütungsregulierung, S. 68.

900 Ringleb/Kremer/Lutter/v. Werder/*Ringleb*, Deutscher Corporate Governance Kodex 2014, Rn. 697.

901 Beschlussempfehlung und Bericht des Rechtsausschusses zum Gesetz zur Angemessenheit der Vorstandsvergütung (VorstAG), BT-Drucks. 16/13433, S. 12.

Komponenten mit langfristiger Anreizwirkung und Darstellungen zu Versorgungsleistungen umfassen[902]. Die Hauptversammlung stimmt somit über ein abstraktes Gesamtkonzept ab, welches generell für alle oder zumindest für eine Gruppe von Vorstandsmitgliedern gilt[903]. Die konkrete Vergütungshöhe der einzelnen Vorstandsmitglieder ist formell betrachtet nicht Beschlussgegenstand[904].

(3) Keine bindende Wirkung

Nach dem Wortlaut des § 120 Abs. 4 AktG begründet der Beschluss weder Rechte noch Pflichten. Daraus lässt sich schließen, dass das Hauptversammlungsvotum den Aufsichtsrat nicht bindet. Ähnlich wie der Entlastungsbeschluss nach § 120 Abs. 2 Satz 2 AktG ist auch die Billigung des Vergütungssystems eine reine Vertrauensbekundung[905]. Diese fehlende Bindungswirkung wirkt sich in zweierlei Hinsicht aus. Eine Billigung des Vergütungssystems führt nicht zu einer Enthaftung des Aufsichtsrats oder einer anderweitigen Legalisierung der gebilligten Vergütungsstruktur[906]. Zum anderen begründet umgekehrt die Missbilligung der präsentierten Vergütungsstruktur keinen rechtlichen Handlungszwang und impliziert auch keine Pflichtwidrigkeit des Aufsichtsrats[907]. Bislang ist in Deutschland lediglich ein Fall der Missbilligung der Vergütungsstruktur bekannt. Auf der Hauptversammlung der Heidelbergcement AG im Jahr 2010 haben lediglich 45,82 Prozent der Aktionäre für das Vergütungssystem gestimmt[908]. Auch wenn dieses Votum nicht bindend war, so hat der Aufsichtsrat dennoch das System überarbeitet und es im darauffolgenden Jahr erneut der Hauptversammlung zur Abstimmung vorgelegt[909]. In der weitreichenden Öffentlichkeitswirkung und der zu erwartenden Berichterstattung

---

902 MüKoHGB/*Lange* HGB § 289 Rn. 121; Koller/Kindler/Roth/Morck/*Morck* HGB § 289 Rn. 8; Ebenroth/Boujong/Joost/Strohn/*Gros/Böcking/Koch* HGB § 315 Rn. 44.

903 *Vetter*, ZIP 2009, 2136 (2138).

904 Hölters/*Drinhausen* AktG § 120 Rn. 42; Spindler/Stilz/*Hoffmann* AktG § 120 Rn. 53; *v. Falkenhausen/Kocher*, AG 2010, 623 (625); *Vetter*, ZIP 2009, 2136 (2138); *Hohenstatt*, ZIP 2009, 1349 (1356); *Spindler*, NJOZ 2009, 3282 (3288); *Döll*, WM 2010, 103 (108); *Begemann/Laue*, BB 2009, 2442; *Bosse*, BB 2009, 1650 (1653).

905 *Fleischer/Bedkowski*, AG 2009, 677 (684); *Bosse*, BB 2009, 1650 (1653); *Fleischer*, NZG 2009, 801 (805).

906 BT-Drucks. 16/13433, S. 12; MüKoAktG/*Kubis* AktG § 120 Rn. 47; K. Schmidt/Lutter/Spindler AktG § 120 Rn. 66; ähnlich Hölters/*Drinhausen* AktG § 120, Rn.42. *Fleischer/Bedkowski*, AG 2009, 677 (684); *Fleischer*, NZG 2009, 801 (805); *Cannivè/Seebach*, Der Konzern 2009, 593 (596).

907 MüKoAktG/*Kubis* AktG § 120 Rn. 50; *Seibert*, WM 2009, 1489 (1491); *v. Falkenhausen/Kocher*, AG 2010, 623 (627); *Cannivè/Seebach*, Der Konzern 2009, 593 (596); *Redenius-Hövermann*, Der Aufsichtsrat 2009, 173 (175).

908 Vgl. *Götz/Friese*, Corporate Finance 2010, 411; *v. Falkenhausen/Kocher*, AG 2010, 623.

909 Hierbei wurde das Vergütungssystem mit 96,04% der Stimmen gebilligt.

in der Wirtschaftspresse[910] und Fachliteratur[911] sah der Gesetzgeber bislang eine ausreichende Konsequenz, die den Aufsichtsrat zur Festsetzung eines angemessenen Vergütungssystems anhalten soll[912]. Von einer gesetzlich geregelten Bindungswirkung ist daher abgesehen worden.

bb) Deutscher Corporate Governance Kodex

In Ziffer 4.2.3 Abs. 6 empfiehlt der Deutsche Corporate Governance Kodex, dass der Vorsitzende des Aufsichtsrats die Hauptversammlung einmalig über die Grundzüge des Vergütungssystems und sodann über deren Veränderung informieren soll. Inhaltlich gleich, wenn auch mit abweichender Formulierung, findet sich diese Empfehlung bereits seit 21. Mai 2003 im Kodex. Der Kodexkommission kommt es entscheidend darauf an, dass die Wichtigkeit des Themas betont und sichergestellt wird, dass die Aktionäre nicht auf die im Internet veröffentlichten Informationen angewiesen sind. Eine jährliche Information ist bis auf weiteres nicht vorgesehen. Aus Sicht der Kommission würde hierdurch die Hauptversammlung um weitere unnötige Formalia belastet[913].

b) Entwicklungen

Auf nationaler und europäischer Ebene haben sich in diesem Bereich in den letzten Jahren zahlreiche Änderungen abgezeichnet. Die *Bundesregierung* brachte im Jahr 2012 die Aktienrechtsnovelle 2012[914] auf den Weg, die jedoch erst nach einer Empfehlung des Rechtsausschusses[915] eine verbindliche Abstimmung der Hauptversammlung börsennotierter Aktiengesellschaften vorsah. Die *EU-Kommission*

---

910 Zur Missbilligung des Vergütungssystems der Heidelbergcement AG etwa *Frankfurter Allgemeine Zeitung* vom 08. Mai 2010, *Freytag*, S. 19: „Heidelcement reagiert auf Kritik"; sowie in Bezug auf die niedrige Zustimmungsquote bei der Deutsche Bank AG und Deutsche Börse AG Frankfurter Allgemeine Zeitung vom 24. Juni 2010, *Löhr/Jahn* S. 15: Aktionäre halten deutsche Vorstandsgehälter für angemessen.

911 Zu den ersten Erfahrungen mit dem Hauptversammlungsvotum *v. Falkenhausen/Kocher*, AG 2010, 623 ff.; *Wilm*, DB 2010, 1686 f.; *Deilmann/Otte*, DB 2010, 545 ff.; *Drinhausen/Keinath*, BB 2010, 3 (7 f.); *Grobecker*, NZG 2010, 165 (168 f.).

912 Beschlussempfehlung und Bericht des Rechtsausschusses zum Gesetz zur Angemessenheit der Vorstandsvergütung (VorstAG) vom 17. Juni 2009, BT-Drucks. 16/13433, S. 12.

913 Ringleb/Kremer/Lutter/v. Werder/*Ringleb*, Deutscher Corporate Governance Kodex 2014, Rn. 780.

914 Entwurf eines Gesetzes zur Änderung des Aktiengesetzes (Aktienrechtsnovelle 2012) vom 14. März 2012, BT-Drucks. 17/8989.

915 Beschlussempfehlung und Bericht des Rechtsausschusses, 26. Juni 2013, BT-Drucks. 17/14214.

diskutiert seit längerem eine Novellierung der Aktionärsrechterichtlinie[916] um eine verbindliche Abstimmung der Hauptversammlung börsennotierter Aktiengesellschaften zu normieren.

aa) Nationale Ebene

Die Aktienrechtsnovelle 2012 wurde nach dem Einfügen der Änderung des § 120 Abs. 4 AktG in „Gesetz zur Verbesserung der Kontrolle der Vorstandsvergütung und zur Änderung weiterer aktienrechtlicher Vorschriften (VorstKoG)“[917] umbenannt. Die *Bundesregierung* versprach sich dadurch eine effektive und angemessene Antwort auf die übermäßige Vergütung von Vorstandsmitgliedern einzelner deutscher Aktiengesellschaften[918]. Das Gesetz ist letztlich durch die Anrufung des Vermittlungsausschusses durch den *Bundesrat* an der Diskontinuität des Parlaments gescheitert[919]. Dennoch sieht auch der aktuelle Koalitionsvertrag eine ähnliche Regelung vor, so dass nachfolgend die bereits geplante Vorschrift näher untersucht werden soll.

Die Neufassung sah eine Änderung hinsichtlich des „ob“, „wann“ und „wie“ sowie in Bezug auf die rechtliche Verbindlichkeit vor[920]. Der Wortlaut des § 120 Abs. 4 AktG war wie folgt geplant: „Die Hauptversammlung der börsennotierten Gesellschaft beschließt jährlich über die Billigung des vom Aufsichtsrat vorgelegten Systems zur Vergütung der Vorstandsmitglieder. Die Darstellung des Systems hat auch Angaben zu den höchstens erreichbaren Gesamtbezügen, aufgeschlüsselt nach dem Vorsitzenden des Vorstands, dessen Stellvertreter und einem einfachen Mitglied des Vorstands, zu enthalten. Der Beschluss berührt nicht die Wirksamkeit der Vergütungsverträge mit dem Vorstand; er ist nicht nach § 243 anfechtbar.“ Dieser Formulierungsvorschlag birgt Probleme hinsichtlich der zeitlichen Bestimmtheit, der Bindungswirkung des Beschlusses und der festzulegenden Obergrenze.

(1) Jährliche Abstimmung

Entgegen der geltenden Rechtslage sah die Neufassung eine obligatorische Beschlussfassung vor. Diese sollte jährlich stattfinden, unabhängig davon, ob sich Änderungen im Vergütungssystem ergeben haben[921]. In der Literatur entbrannte

916 Richtlinie 2007/36/EG des Europäischen Parlament und des Rates vom 11. Juli 2007 über die Ausübung bestimmter Rechte von Aktionären in börsennotierten Gesellschaften, ABl. EU L 184/17 vom 14. Juli 2007.

917 Gesetz zur Verbesserung der Kontrolle der Vorstandsvergütung und zur Änderung weiterer aktienrechtlicher Vorschriften (VorstKoG), 27. Juni 2013, BT-Drucks. 17/14214.

918 Formulierungshilfe des Bundeskabinetts, 08. Mai 2013, Ausschussdrucks. 17(6)263; *Ziemons*, GWR 2013, 283.

919 BR-Drucks. 673/13: Anrufung des Vermittlungsausschusses.

920 *Ziemons*, GWR 2013, 283.

921 *Verse*, NZG 2013, 921 (922 f.); die meisten DAX-Unternehmen lassen derzeit bei Änderungen der Vergütungssysteme erneut abstimmen. Auf den Hauptversammlung

sogleich eine Diskussion, wie „jährlich" zu verstehen sei. *Ziemons* verweist unter Hinweis auf § 161 Abs. 1 Satz 1 AktG und den identischen Wortlaut darauf, dass „jährlich" innerhalb eines Zwölfmonatszeitraums bedeute[922]. Für eine abweichende Auslegung sei angesichts der bereits im Gesetzgebungsverfahren vorgebrachten Vorschläge, das Say-on-Pay der Tagesordnung der ordentlichen Hauptversammlung zuzuweisen, kein Raum[923]. Andere Autoren halten es für vertretbar, wenn die Abstimmung im Rahmen der ordentlichen Hauptversammlung stattfindet, auch wenn diese einige Tage oder Wochen später stattfindet als im Vorjahr[924]. *Verse* sieht allein in der Tatsache, dass eine Präzisierung im Gesetzgebungsverfahren unterblieben ist, noch kein Indiz dafür, dass der Gesetzgeber die Gesellschaften zu dem gänzlich unpraktikablen Vorgehen zwingen wollte, die Hauptversammlung jedes Jahr am selben Tag abzuhalten oder nach vorne zu verlegen, um innerhalb des Zwölfmonatszeitraums zu bleiben[925]. Im Rahmen einer Neufassung dieser Vorschrift wäre es begrüßenswert, wenn der Gesetzgeber ausdrücklich normieren würde, dass über die Vergütung im Rahmen der jährlich stattfindenden ordentlichen Hauptversammlung abzustimmen ist.

Vielfach auf Kritik gestoßen ist auch der jährliche Turnus der Abstimmung[926]. *Koch* weist darauf hin, dass durch wechselnde Aktionärszusammensetzungen bisher gebilligte Vorstandsvergütungssysteme im Zeitablauf abgelehnt werden könnten und mithin keine Planbarkeit für den Aufsichtsrat bestehe[927]. Wechselnde Aktionärsmehrheiten können so einer an einer nachhaltigen Unternehmensentwicklung ausgerichteten Vergütungsstrategie entgegenwirken[928].

2015 wurde in folgenden Unternehmen über das Vergütungssystem abgestimmt: Adidas AG (77,47 % Zustimmung), Commerzbank AG (98,36%), Henkel AG § Co. KGaA (99,46%), Munich RE AG (90,19%), Siemens AG (92,79%), ThyssenKrupp AG (98,79%).

922 *Ziemons*, GWR 2013, 283 (284) mit Hinweisen auf BGH II ZR 239/08 vom 07. Dezember 2009, NZG 2010, 618; MüKoAktG/*Goette* AktG § 161 Rn. 73; Hüffer/*Koch* AktG § 161 Rn. 15; Hölters/*Hölters* AktG § 161 Rn. 29; Spindler/Stilz/*Bayer/Scholz* AktG § 161 Rn. 67; wohl auch K. Schmidt/Lutter/*Spindler* AktG § 161 Rn. 39; unklar, *Kiefner*, NZG 2011, 201 (201, 205); a.A. *Seibert*, BB 2002, 581 (584); *Seibt*, AG 2002, 249 (257); *Kiethe*, NZG 2003, 559 (560); *Vetter*, NZG 2009, 561 (562).

923 *Ziemons*, GWR 2013, 283 (284).

924 *Verse*, NZG 2013, 921 (922); *Wagner*, BB 2013, 1731 (1732).

925 *Verse*, NZG 2013, 921 (930).

926 BR-Drucks. 637/13, S. 2; *Velte*, EuZW 2013, 893 (896); *Koch*, Stellungnahme zur Aktienrechtsnovelle 2013 mit Änderungsanträgen, S. 5.

927 *Velte*, EuZW 2013, 893 (896); *Koch*, Stellungnahme zur Aktienrechtsnovelle 2013 mit Änderungsanträgen, S. 5.

928 Siehe hierzu auch *DAV*, NZG 2013, 694 (695); BR-Drucks. 637/13, S. 2.

(2) Verbindliche Wirkung

Die Verbindlichkeit des Beschlusses für den Aufsichtsrat ergibt sich nicht ausdrücklich aus dem Wortlaut der Neufassung. Aus der Streichung des § 120 Abs. 4 Satz 2 AktG („Der Beschluss begründet weder Rechte noch Pflichten"), sowie der amtlichen Begründung[929] ergibt sich diese Wirkung jedoch zweifelsfrei[930]. Die Bindungswirkung führt sowohl im Fall der Billigung des Vergütungssystems als auch im Fall seiner Missbilligung durch die Hauptversammlung zu einer großen Rechtsunsicherheit. Die Hauptversammlung kann jedoch lediglich über das vom Aufsichtsrat ausgearbeitete und vorgelegte Vergütungssystem abstimmen. Ein eigenes Initiativrecht oder eine Gestaltungskompetenz wird durch die Neuregelung nicht generiert[931].

(α) Missbilligung

Wird ein Vergütungssystem von der Hauptversammlung missbilligt, darf das abgelehnte System nicht länger als Grundlage für die Vergütungsfestsetzung der Vorstandsmitglieder herangezogen werden. Der Aufsichtsrat darf jedoch auch nicht ohne weiteres ein ihm angemessen erscheinendes neues System anwenden, welches noch nicht gebilligt wurde[932]. Er muss bei der Verwendung eines neuen Systems dieses unter den Vorbehalt der nachträglichen Billigung durch die Hauptversammlung stellen[933]. Dies hat jedoch keinen Einfluss auf die Vertretungsmacht des Aufsichtsrats[934]. Die mit den Vorständen geschlossenen Verträge sind von Anfang an wirksam. Der „Vorbehalt der Nachverhandlung" stellt weder eine aufschiebende Bedingung

---

929 Beschlussempfehlung und Bericht des Rechtsausschusses zum Entwurf eines Gesetzes zur Änderung des Aktiengesetzes (Aktienrechtsnovelle 2012) vom 26. Juni 2013, BT-Drucks. 17/14214, S. 18: „Der Beschluss der Hauptversammlung ist für den Aufsichtsrat bindend [...]. Dies bedarf keiner ausdrücklichen Hervorhebung im Gesetzestext.".

930 *Löbbe/Fischbach*, WM 2013, 1625 (1631); *Verse*, NZG 2013, 921 (923); *Ziemons*, GWR 2013, 283; *Wagner*, BB 2013, 1731.

931 *Verse*, NZG 2013, 921 (923); *Wagner*, BB 2013, 1731 (1732) unter Hinweis auf die Auslegung des § 173 Abs. 1 Satz 2 AktG. Dazu MüKoAktG/*Hennrichs/Pöschke* AktG § 173 Rn. 71; Spindler/Stilz/*Euler/Klein* AktG § 173 Rn. 26; K. Schmidt/Lutter/*Drygala* AktG § 173 Rn. 18; KK-AktG/*Ekkenga* AktG § 173 Rn. 26; Der *DAV* schlägt vor statt „Billigung" die Formulierung „Zustimmung zum festgesetzten System" zu verwenden, um deutlich zu machen, dass den Aktionären kein Initiativrecht zusteht, *DAV*, NZG 2013, 694 (695).

932 *Löbbe/Fischbach*, WM 2013, 1625 (1631).

933 BT-Drucks. 17/14214, S. 17: „müsste dann aber unter den Vorbehalt einer Nachverhandlung für den Fall gestellt werden, dass die Aktionäre das [neue] System oder die Höhe nicht billigen."

934 BT-Drucks. 17/14214, S. 17; *Löbbe/Fischbach*, WM 2013, 1625 (1631, 1636); einschränkend *Ziemons*, GWR 2013, 283 (285), die eine Nichtigkeit der Verträge nach den allgemeinen Regeln des Missbrauchs der Vertretungsmacht und Kollusion annimmt.

noch eine sonstige Einschränkung der anfänglichen Wirksamkeit der geschlossenen Vergütungsvereinbarung dar[935]. Vielmehr sollten die Grundsätze der Anpassung bei Störung der Geschäftsgrundlage nach § 313 Abs. 1 und 2 BGB herangezogen werden[936]. Weder das Gesetz noch die Gesetzesbegründung helfen bei der Frage, worauf der Aufsichtsrat bei der Festlegung eines neuen Vergütungssystems zu achten hat, ohne sich einem Haftungsrisiko auszusetzen. Dem Beschluss der Hauptversammlung sind die Gründe für eine Ablehnung nicht zu entnehmen. Gegebenenfalls kann aus der Diskussion im Rahmen dieses Tagesordnungspunkts geschlussfolgert werden, ob die Hauptversammlung das Vergütungssystem als solches oder lediglich die erreichbare Vergütungshöhe oder beides ablehnt[937]. Der Aufsichtsrat wird in Anlehnung an den Maßstab der Business Judgement Rule[938] das Vergütungssystem in einer Weise zu bearbeiten beziehungsweise zu verändern haben, dass er auf Basis der ihm zur Verfügung stehenden Informationen vernünftigerweise erwarten darf, dass es nicht zu einer erneuten Ablehnung durch die Aktionäre kommt. Dabei wird man ihm schon mit Blick auf die Unsicherheit hinsichtlich der Gründe, aus welchen die Hauptversammlung das Vergütungssystem abgelehnt hat, einen weiten Spielraum einräumen müssen[939]. Wenn die Gesellschaft bereits über ein gebilligtes Vergütungssystem aus der Vergangenheit verfügt, kann der Aufsichtsrat dieses auch weiterhin heranziehen[940]. Das ist nicht unproblematisch. Zum einen kann es dazu kommen, dass ein langjährig verwendetes und in der Vergangenheit gebilligtes Vergütungssystem als Reaktion auf Veränderungen der wirtschaftlichen Lage oder der Mehrheitsverhältnisse in Aktionärskreisen nicht mehr gebilligt wird[941]. In diesen Fällen besteht gerade kein bereits gebilligtes System mehr. Anderseits kann eine Veränderung der wirtschaftlichen Verhältnisse eine Änderung des bisher gebilligten Systems gerade erforderlich machen, so dass ein Rückgriff auf das alte System den Gesellschaftsinteressen zuwiderlaufen würde[942]. In der Praxis kam es seit der Einführung des Zustimmungsvotums für die Hauptversammlungen seit 2010 erst

---

935 *Wagner*, BB 2013, 1731 (1735); *Löbbe/Fischbach*, WM 2013, 1625 (1636); a.A. *Deutsches Aktieninstitut*, Stellungnahme vom 04. Juni 2013, S. 16: "schwebend unwirksam".

936 *Wagner*, BB 2013, 1731 (1735), der die Störung in der unerwarteten Nichtbilligung des zuvor bereits angewendeten Vergütungssystems sieht.

937 *Löbbe/Fischbach*, WM 2013, 1625 (1631).

938 Zur Anwendbarkeit der Business Judgement Rule bei der Schadensersatzpflicht siehe 3. Kapitel VI.2.a).

939 *Löbbe/Fischbach*, WM 2013, 1625 (1632).

940 BT-Drucks. 17/14214, S. 23; *Leuering/Rubner*, NJW-Spezial 2013, 335 (336); *Löbbe/Fischbach*, WM 2013, 1625 (1632).

941 *Löbbe/Fischbach*, WM 2013, 1625 (1632).

942 *Wagner*, BB 2013, 1731 (1735).

einmal zu einem ablehnenden Ergebnis[943]. Ob sich daran allein durch eine zukünftige Bindungswirkung des Beschlusses etwas ändern würde, bleibt abzuwarten.

(β) Billigung

Billigt die Hauptversammlung ein Vergütungssystem, so scheint der Aufsichtsrat bis zur nächsten Abstimmung daran gebunden[944]. Dieser Auslegung ist jedoch nicht zu folgen. Bereits aus dem Wortlaut des § 120 Abs. 4 AktG-Entwurf als auch aus der Kompetenzverteilung zwischen Aufsichtsrat und Hauptversammlung ergibt sich, dass der Aufsichtsrat unter besonderen Umständen von dem gebilligten Vergütungssystem abweichen darf. Die Hauptversammlung „billigt" das Vergütungssystem und bringt damit zum Ausdruck, dass sie keine Einwände gegen das vorgelegte System hat. Darin ist jedoch nicht zugleich die Erklärung zu sehen, dass kein abweichendes System ebenfalls Zustimmung gefunden hätte[945]. Andernfalls käme es zu einer „echten" Entscheidungskompetenz der Hauptversammlung. Der Aufsichtsrat hätte dann lediglich ein Vorschlagsrecht[946]. Der Aufsichtsrat wird durch den billigenden Beschluss der Hauptversammlung nicht von seiner Verpflichtung nach § 87 Abs. 1 AktG befreit[947]. § 87 Abs. 1 AktG seinerseits enthält gerade nicht die Vorgabe, dass der Aufsichtsrat das von der Hauptversammlung gebilligte Vergütungssystem anwenden muss. Der Aufsichtsrat würde sich eines erheblichen Haftungsrisikos aussetzen, würde er – trotz erkennbarer Unangemessenheit – ein gebilligtes Vergütungssystem im Einzelfall heranziehen[948]. Andererseits geht von einem gebilligten Vergütungssystem eine faktische Bindungswirkung aus. Will der Aufsichtsrat davon abweichen, muss er dies mit nachvollziehbaren, sachlichen Argumenten vor den Aktionären rechtfertigen, um auch in den folgenden Jahren eine Zustimmung zu seinen Vergütungssystemen zu erreichen[949]. Im Rahmen des Vergütungsvotums zeigen sich somit Parallelen zum Zustimmungsvorbehalt nach § 111 Abs. 4 Satz 2 AktG[950]. Bei einer Ablehnung ist der Aufsichtsrat an der Anwendung des Vergütungssystems gehindert, bei Zustimmung aber nicht zur Anwendung verpflichtet.

---

943 Hauptversammlung der Heidelberg Cement AG 2010; siehe zu den allgemein hohen Zustimmungsraten bereits Fn. 890, 921 sowie *Hupka*, Vergütungsvotum der Hauptversammlung, S. 308 ff.; v. *Falkenhausen/Kocher*, AG 2010, 623.

944 BT-Drucks. 17/14214, S. 17; *Leuering/Rubner*, NJW-Spezial 2013, 355; *Ziemons*, GWR 2013, 283 (284).

945 *Löbbe/Fischbach*, WM 2013, 1625 (1632).

946 *Löbbe/Fischbach*, WM 2013, 1625 (1632).

947 *Wagner*, BB 2013, 1731 (1735); *Sünner*, CCZ 2013, 169 (171); *Löbbe/Fischbach*, WM 2013, 1625 (1634).

948 *Wagner*, BB 2013, 1731 (1735).

949 *Löbbe/Fischbach*, WM 2013, 1625 (1634).

950 *Löbbe/Fischbach*, WM 2013, 1625 (1633).

(3) Angabe der Obergrenze

Der Gesetzentwurf sah vor, dass die Darstellung des Vergütungssystems Angaben zu den höchsten erreichbaren Gesamtbezügen[951], aufgeschlüsselt nach dem Vorstandsvorsitzenden, dessen Stellvertreter und einem einfachen Mitglied des Vorstands, zu enthalten hat. Durch die Formulierung „Gesamtbezüge" wird klargestellt, dass es sich um die Festlegung von Höchstbeträgen für die gesamte Vergütung und nicht für einzelne Vergütungsbestandteile handelt[952]. Nach der Beschlussempfehlung sind jeweils ein konkret bezifferter Euro-Betrag zu nennen, der sich bei Anwendung der abstrakten Regelungen maximal, das heißt bei optimaler Erreichung aller Erfolgsziele ergeben kann[953]. Durch diese Regelung wird das Unternehmen faktisch gezwungen, eine betragsmäßige Höchstgrenze in den Anstellungsverträgen der Vorstandsmitglieder aufzunehmen[954]. Ziffer 4.2.3 Abs. 2 DCGK empfiehlt lediglich die Angabe einer betragsmäßigen Höchstgrenze für die Vergütung insgesamt und die variablen Vergütungsbestandteile. Eine gesetzliche Pflicht besteht bislang nicht und wird auch durch § 120 Abs. 4 AktG-E nicht dekretiert[955]. Gleiches gilt für die Ausarbeitung eines Vergütungssystems[956]. Schwierig wird die Angabe einer betragsmäßigen Höchstgrenze insbesondere bei langfristigen Vergütungsbestandteilen, die einmalig in einem Mehrjahreszeitraum gewährt werden[957]. Nach der Intention des Gesetzgebers soll für jede Position eine alle Vergütungselemente umfassende Modellrechnung durchgeführt werden[958]. Bei Aktienoptionen und Aktien mit Haltefristen ist die betragsmäßige Erfassung schwierig. Es sollte die Angabe einer abstrakten Berechnungsformel genügen[959].

---

951 Ursprünglich sah der Entwurf die Formulierung „Vergütung" vor. Der *DAV* wies in seiner Stellungnahme zum Entwurf der Aktienrechtsnovelle darauf hin, dass dieser Begriff missverständlich sei und in Anlehnung an § 87 Abs. 1 Satz 1 AktG besser auf die „Gesamtbezüge" referiert werden soll. *DAV*, NZG 2013, 694 (695).

952 *DAV*, NZG 2013, 694 (695).

953 BT-Drucks. 17/14214, S. 17; *Verse*, NZG 2013, 921 (923).

954 *Verse*, NZG 2013, 921 (923).

955 *Wagner*, BB 2013, 1731 (1733): Die Gesetzesbegründung weist darauf hin, dass die Regelung nahtlos zum DCGK passe. Die dortige Empfehlung macht jedoch nur solange Sinn, solange keine gesetzliche Pflicht besteht. Zudem wird lediglich die Erwartung geäußert, dass die Aufsichtsräte ein „Vergütungs-Cap" vereinbaren würden, *Löbbe/Fischbach*, WM 2013, 1625 (1629).

956 BT-Drucks. 17/14214, S. 17; *Wagner*, BB 2013, 1731 (1732); *Löbbe/Fischbach*, WM 2013, 1625 (1629).

957 *Ziemons*, GWR 2013, 283 (284).

958 BT-Drucks. 17/14214, S. 17; *Sünner*, CCZ 2013, 169 (172).

959 *Wagner*, BB 2013, 1731 (1733); *Löbbe/Fischbach*, WM 2013, 1625 (1628); mit Hinweis auf die Frage, ob allgemeine Bilanzierungsregeln oder der höchstmögliche tatsächliche Zufluss maßgeblich sind, *Ziemons*, GWR 2013, 283 (284); *DAV*, NZG 2013, 694 (696).

bb) Europarechtliche Ebene

Obwohl das Gesetz zur Verbesserung der Kontrolle der Vorstandsvergütung und zur Änderung weiterer aktienrechtlicher Vorschriften (VorstKoG) letztlich in dieser Form nicht in Kraft getreten ist, wird es in absehbarer Zeit eine Regelung zum verbindlichen Say-on-Pay im deutschen Aktienrecht geben. Die *Europäische Kommission* hat am 09. April 2014 einen Entwurf zur Änderung der Aktionärsrechterichtlinie[960] und der Bilanzrichtlinie[961] veröffentlicht[962]. Darin ist unter anderem in Art. 9a Abs. 1 des Richtlinienentwurfs vorgesehen, dass die Aktionäre mindestens alle drei Jahre verbindlich über eine vom Aufsichtsrat erarbeitete Vergütungspolitik abstimmen[963]. Voraussetzung ist nicht, dass in dieser Zeit eine Änderung der Vergütungspolitik stattgefunden hat. Für neu zu bestellende Vorstandsmitglieder wurde eine Sonderregelung geschaffen. In diesem Fall kann zwar der Aufsichtsrat beschließen, dem neuen Organmitglied eine Vergütung zu zahlen, die nicht der genehmigten Vergütungspolitik entspricht, aber nur sofern dessen Vergütungspaket zuvor von den Aktionären genehmigt wurde oder eine vorläufige Auszahlung vorbehaltlich der Aktionärsgenehmigung vereinbart wird, Art. 9a Abs. 1 RL-E[964]. Unterbleibt die Genehmigung durch die Hauptversammlung, sind bereits gezahlte Beträge zurückzufordern. Indirekt wird dadurch zum Ausdruck gebracht, dass ein Aufsichtsratsbeschluss, der die Vergütung festsetzt, nichtig ist[965]. Dies stellt einen starken Eingriff in das Kompetenzgefüge des deutschen Aktienrechts dar. Gerade in Krisensituationen soll Unternehmen die Möglichkeit eröffnet werden, geeignete Kandidaten zu „Sonderkonditionen" zu gewinnen. Ob diese dann einen Hauptversammlungsvorbehalt

---

960 Richtlinie 2007/36/EG des Europäischen Parlaments und des Rates vom 11. Juli 2007 über die Ausübung bestimmter Rechte von Aktionären in börsennotierten Gesellschaften, ABl. L 184, S. 17.

961 Richtlinie 2013/34/EU des Europäischen Parlaments und des Rates vom 26. Juni 2013 über den Jahresabschluss, den konsolidierten Abschluss und damit verbundene Berichte von Unternehmen bestimmter Rechtsformen und zur Änderung der Richtlinie 2006/43/EG des Europäischen Parlaments und des Rates und zur Aufhebung der Richtlinien 78/660/EWG und 83/349/EWG des Rates, ABl. L 182, S. 19.

962 Vorschlag für eine Richtlinie des Europäischen Parlament und des Rates zur Änderung der Richtlinie 2007/36/EG im Hinblick auf die Förderung der langfristigen Einbeziehung der Aktionäre sowie der Richtlinie 2013/34/EU in Bezug auf bestimmte Elemente der Erklärung zur Unternehmensführung, 09. April 2014; 2014/0121 (COD).

963 Art. 9a Abs. 1 des Entwurfs zur Änderung der Aktionärsrechterichtlinie: Die Mitgliedstaaten stellen sicher, dass die Aktionäre das Recht haben, über die Vergütungspolitik in Bezug auf die Mitglieder der Unternehmensleitung abzustimmen. Unternehmen entlohnen die Mitglieder der Unternehmensleitung nur entsprechend der von den Aktionären genehmigten Vergütungspolitik. Die Vergütungspolitik wird den Aktionären mindestens alle drei Jahre zur Genehmigung vorgelegt.

964 *Zetzsche*, NZG 2014, 1121 (1128); *Seibt*, DB 2014, 1910.

965 *Seibt*, DB 2014, 1910.

akzeptieren, scheint äußert fragwürdig[966]. Nach Art. 9a Abs. 3 des RL-E sind die Höchstbeträge der Gesamtvergütung anzugeben, die gewährt werden können und das jeweilige Verhältnis von fixer und variabler Vergütung.

Bei Übernahme dieser Regelung in das deutsche Aktienrecht werden sich die bereits im Rahmen des Gesetzes zur Verbesserung der Kontrolle der Vorstandsvergütung und zur Änderung weiterer aktienrechtlicher Vorschriften (VorstKoG) besprochenen Probleme ergeben. Neu eingefügt werden müsste eine Erklärungspflicht des Aufsichtsrats, dass bei Festlegung der Vergütungspolitik das Verhältnis der Durchschnittsvergütung des Vorstands zur Durchschnittsvergütung der übrigen Mitarbeiter in Betracht gezogen wird. Derartige Überlegungen finden sich auch im Rahmen des § 87 Abs. 1 Satz 1 AktG[967], sowie Ziffer 4.2.2. Abs. 2 DCGK wieder und sind grundsätzlich zu begrüßen[968]. Erklärungen, wie die Vergütungs- und Beschäftigungsbedingungen der Beschäftigten des Unternehmens in die Festlegung der Vorstandssysteme oder der Vorstandsvergütung eingeflossen sind, und warum das Verhältnis zwischen Mitarbeiter und Vorstand als angemessen angesehen werden kann, müssen sich zwangsläufig auf allgemeine Floskeln beschränken[969].

Der deutsche Gesetzgeber hat bereits einen Entwurf zur Umsetzung der geänderten Aktionärsrechterichtlinie vorgelegt[970]. Überwiegend greift er textgleich die Vorschläge des Gesetzes zur Verbesserung der Kontrolle der Vorstandsvergütung und zur Änderung weiterer aktienrechtlicher Vorschriften (VorstKoG) wieder auf[971]. Es wird jedoch ausdrücklich eine Regelung zum Say-on-Pay ausgeklammert[972]. Vermutlich will er die endgültige Fassung der Aktionärsrechterichtlinie abwarten[973].

c) *Ländervergleich*

Bei einem kurzen Vergleich der bisherigen Vorschriften in anderen Ländern wird deutlich, dass in wichtigen Finanzzentren mehrheitlich die Hauptversammlung bereits rechtsverbindlich über die Vergütung der Vorstände abstimmen darf.

---

966 *Verse*, NZG 2013 S. 921 (926); *Seibt*, DB 2014, 1910.

967 Siehe zur vertikalen Üblichkeit 2. Kapitel III.1.e)ee)(2).

968 So auch *DAV*, NZG 2015, 54 (60).

969 *DAV*, NZG 2015, 54 (60).

970 Entwurf eines Gesetzes zur Änderung des Aktiengesetzes (Aktienrechtsnovelle 2014) vom 18. März 2015, BT-Drucks. 18/4349.

971 *Müller-Eising*, GWR 2015, 50; *Götze/Nartowska*, NZG 2015, 298 (299).

972 BT-Drucks. 18/4349, S. 13; *Götze/Nartowska*, NZG 2015, 298 (299); *Schmidt-Bendun*, DB 2015, 419.

973 *Götze/Nartowska*, NZG 2015, 298 (299).

aa) Großbritannien

Großbritannien hat eine der ältesten Regelungen zur Abstimmung der Hauptversammlung[974]. Bereits seit 2002 ist vorgesehen, dass die Jahreshauptversammlung unverbindlich über einen von den Direktoren vorzulegenden Vergütungsbericht abstimmt, Sec. 439 Companies Act 2006[975]. Im April 2013 wurde dieser Ansatz durch den „UK Enterprise and Regulatory Reform Act 2013"[976] weiter ausgebaut. Die Aktionäre stimmen nun mindestens alle drei Jahre – bei Änderungen bereits früher – verbindlich über die Vergütung der Geschäftsleitung ab (binding vote on pay policy)[977]. Darüber hinaus findet jährlich eine unverbindliche Abstimmung über die Anwendung des Systems im abgelaufenen Geschäftsjahr (advisory vote on implementation) statt[978]. Durch diese Gesetzesänderung erlangt die Hauptversammlung deutlich mehr Einfluss auf die Vergütungsgestaltung der Geschäftsleiter. Die Regelung gilt jedoch nur in börsennotierten Gesellschaften.

bb) Vereinigte Staaten von Amerika

In den USA wurde im Jahr 2010 erstmals ein Abstimmungsrecht der Hauptversammlung normiert. In Sec. 14A Securities Exchange Act 1934 wurde durch Sec. 951 (a) (1) des Dodd-Frank-Acts[979] eine zwar obligatorische jedoch unverbindliche Abstimmung der Hauptversammlung eingeführt. Die Hauptversammlung bestimmt danach mindestens alle sechs Jahre, ob sie über die Vergütung der Vorstände alle ein, zwei oder drei Jahre abstimmen möchte. Je nach Entscheidung findet somit mindestens alle drei Jahre eine konsultative Abstimmung zu Vergütungsfragen statt[980]. Die Unverbindlichkeit dieses Votums wird durch das Gesetz explizit betont[981]. Es entfaltet nicht nur gegenüber niemandem eine Bindungswirkung, sondern darf auch nicht dahingehend ausgelegt werden, dass es die Entscheidungen des *board of directors* überstimmt, die Treuepflichten der *directors* gegenüber der Gesellschaft

---

974 Zur geschichtlichen Entwicklung dieser Norm siehe *Hupka*, Vergütungsvotum der Hauptversammlung, S. 98 ff.

975 *Seibt*, DB 2014, 1910; *Verse*, NZG 2013, 921 (924); *Fleischer/Bedkowski*, AG 2009, 677 (678, *Fleischer*, RIW 2010, 497 (501); *Thüsing*, AG 2009, 517 (524); *Gower/Davies*, Principles of Modern Company Law, 2012, Rn. 14 ff.

976 Abrufbar unter http://www.legislation.gov.uk/ukpga/2013/24/pdfs/ukpga_2013 0024_en.pdf.

977 Section 439A Companies Act 2006, eingefügt durch section 79 (4) Enterprise and Regulatory Reform Act 2013.

978 Section 439 Companies Act 2006 geändert durch section 79 (3) Enterprise and Regulatory Reform Act 2013.

979 Dodd-Frank Wall Street Reform and Consumer Protection Act (Dodd-Frank Act), Pub. L. No. 111–203.

980 vgl. hierzu auch den Überblick von *Spindler/Raapke*, RIW 2010, 746. *Schmidt-Bendun/Prusko*, NZG 2010, 1128; *Lieder/Fischer*, ECFR 2011, 376 (387 ff.); *Heppe/Tielmann*, WM 2011, 1883 (1889 f.) *Hupka*, RIW 2012, 758; *Velte*, EuZW 2013, 893 (897).

981 Siehe dazu *Schmidt-Bendun/Prusko*, NZG 2010, 1128 (1129).

in irgendeiner Form ändert oder die Möglichkeit der Aktionäre, vergütungsrelevante Vorschläge zu machen, beschränkt, Sec. 14A (c) (1–4). Das Gesetz selbst sieht keine Sanktionen bei Verstößen gegen das Vergütungsvotum vor. Verletzt eine Gesellschaft das Recht der Aktionäre über die Vergütung abzustimmen, greifen die allgemeinen Vorschriften der *proxy*-Regeln[982].

cc) Schweiz

In der Schweiz führte der bereits mehrfach erwähnte Volksentscheid „Gegen die Abzockerei" zum Erlass einer auf Artikel 95 Abs. 3 und 197 Ziffer 10 der Bundesverfassung gestützten „Verordnung gegen übermässige Vergütungen bei börsenkotierten Aktiengesellschaften (VegüV)". In Artikel 18 Abs. 1 VegüV ist vorgesehen, dass die Generalversammlung jährlich über die Vergütung der Geschäftsleitung abstimmt. Einzelheiten zur Abstimmung können in den Statuten geregelt werden, jedoch ist zwingend vorgeschrieben, dass die Abstimmung jährlich stattzufinden hat, gesondert über den Gesamtbetrag der Vergütung der Geschäftsleitung, des Verwaltungsrats und des Beirats abgestimmt wird und die Abstimmung bindende Wirkung hat, Art. 18 Abs. 3 VegüV. Nach dem schweizerischen Verständnis bedeutet eine jährliche Abstimmung mindestens einmal im Geschäftsjahr[983]. Eine Abstimmung während der ordentlichen Generalversammlung ist empfehlenswert aber nicht zwingend[984]. Die Bindungswirkung des Beschlusses ist keine gesetzliche Bedingung, sondern schränkt das Recht des Verwaltungsrats ein, die Gesellschaft in Bezug auf Vereinbarungen und Auszahlungen von Vergütungen wirksam zu vertreten[985].

dd) Weitere Länder

In zahlreichen anderen Ländern sind lediglich konsultative Abstimmungen vorgesehen. In Spanien wurde durch das Gesetz einer nachhaltigen Wirtschaft[986] im Jahr 2011 eine Mitwirkung der Hauptversammlung eingeführt. Nach Art. 61ter Abs. 2 LMV hat die Hauptversammlung über den jährlichen Vergütungsbericht des Verwaltungsrats, welcher in vollständiger, klarer und verständlicher Form über die von dem Verwaltungsrat beschlossene Vergütungspolitik informiert, abzustimmen.

---

982 *Hupka*, Vergütungsvotum der Hauptversammlung, S. 178 mit weiteren Ausführungen dazu auf S. 157: richterrechtlich anerkanntes Klagerecht des Aktionärs auf Schadensersatz beziehungsweise Unterlassungsanspruch und einstweiliger Rechtsschutz geltend zu machen durch die *SEC* (U.S. Securities and Exchange Commission).

983 Watter/Vogt/*Blaeser/Glanzmann*, VegüV § 18 Rn. 84.

984 Watter/Vogt/*Blaeser/Glanzmann*, VegüV § 18 Rn. 86.

985 Watter/Vogt/*Blaeser/Glanzmann*, VegüV § 18 Rn. 104 m.w.N. auch zur Gegenansicht.

986 Ley 2/2011, de 4 de marzo, de Economía Sostenible, veröffentlicht im spanischen Amtsblatt: BOLETÍN OFICIAL DEL ESTADO Núm. 55 Sábado 5 de marzo de 2011 Sec. I. Pág. 25033.

Das Abstimmungsergebnis ist für den Verwaltungsrat nicht verbindlich, sondern hat lediglich beratenden Charakter[987].

In Frankreich wurden im Jahr 2013 Überlegungen zur Einführung eines bindenden Votums verworfen[988]. Der Französische Corporate Governance Kodex (Code de gouvernement d'entreprise des sociétés cotées) sieht weiterhin ein unverbindliches Vergütungsvotum vor[989].

Auch in Australien, Kanada, Belgien und Italien sind die Abstimmungen der Hauptversammlung für das Aufsichtsorgan unverbindlich[990]. Im Unterschied zu Deutschland überwiegt in diesen Ländern die monistische Organisationsverfassung, das heißt es gibt ein einheitliches Verwaltungsorgan. Die Gefahr eines Interessenkonflikts ist in diesen Konstellationen größer, da nichtgeschäftsführende Vorstände die Vergütung der anderen Vorstände festsetzen und umgekehrt[991]. Eine verbindliche Mitwirkung der Hauptversammlung wäre in diesen Konstellationen weitaus nötiger und wünschenswerter.

d) Überlegungen de lege ferenda

Mit der Einführung des § 120 Abs. 4 AktG wurde erwartet, dass das allgemeine Vergütungsniveau absinken würde, da die Aktionäre als wirtschaftliche Eigentümer der Unternehmen ein persönliches Interesse daran hätten, den Vorstandsmitgliedern nicht mehr als nötig zu zahlen[992]. Empirische Studien zu den unverbindlichen Say-on-Pay Regelungen in den USA und Großbritannien haben jedoch gezeigt, dass die Vergütungen zwar leistungsorientierter, nicht aber der Höhe nach niedriger ausgestaltet wurden[993]. Der *Bundesrat* sah das Ziel einer wirksamen Eindämmung ausufernder Managergehälter durch die Einführung des § 120 Abs. 4 AktG als nicht

---

987 Siehe dazu ausführlich *Recalde/Schönnenbeck*, RIW 2011, 601 ff.

988 *Financial Times* vom 16. Juni 2013, *Hugh Carnegy*: „French companies adopt „Say-on-Pay" to avert legislation", abrufbar unter http://www.ft.com/cms/s/0/801669da-d6b0-11e2-9214-00144feab7de.html#axzz3borIeExv.

989 *Velte*, EuZW 2013, 893 (895).

990 Einzelheiten hierzu siehe *Hay Groupe*: Executive Briefing Canada Issue 5. Februar 2013 Governance – Global update on Shareholder Say-on-Pay, abrufbar unter http://www.haygroup.com/downloads/ca/Executive%20Briefing3%20February%202013.pdf.

991 *Verse*, NZG 2013, 921 (924).

992 BT-Drucks. 17/14214, S. 17; *Verse*, NZG 2013, 921 (924).

993 Für USA *Burns/Minnick*: „the mix of compensation does change – companies move away from using cash compensation toward more incentive compensation." "Relative to non-SOP firms, SOP firms' total compensation to CEOs does not significantly change."
Für UK *Ferri/Maber*: "UK firms respond to negative Say-on-Pay voting outcomes by removing controversial CEO pay practices criticized as rewards for failure (e.g., generous severance contracts) and increasing the sensitivity of pay to poor realizations of performance". "Taken together, our findings suggest that Say-on-Pay

erreicht an[994]. Er ging auch bei einer Verschärfung der Regelung davon aus, dass Großaktionäre im Interesse einer ertragreichen Rendite weiterhin unangemessen hohe Vorstandsvergütungen bewilligen[995]. Der Prinzipal-Agent-Konflikt lässt sich nur durch gezieltes Setzen von Anreizen lösen, bei denen die Höhe der Vergütung hingegen keine gewichtige Rolle spielt[996].

Dennoch hat die Regelungen eine Daseinsberechtigung und erfüllt einen weiteren ihr zugedachten Effekt: es stärkt die Kontrollrechte der Hauptversammlung[997]. Um eine wirksame Kontrolle des Aufsichtsrats durchführen zu können, muss die Hauptversammlung hinreichend über die Vergütungssysteme und die möglichen Höchstbeträge der zu erreichenden Vergütung informiert werden. Die Mitwirkung der Hauptversammlung lediglich als Informationsrecht auszugestalten, wäre ein stumpfes Schwert. Den Anteilseignern muss es möglich sein, ihre Zustimmung oder Ablehnung zu dem vom Aufsichtsrat vorgeschlagenen System zum Ausdruck zu bringen. Dabei ist jedoch ein sorgsam austarierter Mittelweg zu gehen, der das Kompetenzgefüge der Aktiengesellschaft nicht verletzt und andererseits dem Willen der Aktionäre hinreichend Rechnung trägt. Die Kritik zahlreicher Autoren[998], durch die Schaffung eines verbindlichen Hauptversammlungsbeschlusses werde in die Zuständigkeitsverteilung der Aktiengesellschaft eingegriffen, ist nicht gänzlich von der Hand zu weisen. Der Aufsichtsrat wird in seiner Position gegenüber dem Vorstand in der Tat geschwächt, da ihm nicht mehr die Letztentscheidungskompetenz

---

had a moderating effect on the level of CEO compensation only conditional upon poor performance.
Anders hingegen *Correa/Lel*, die in ihrer Studie zu dem Ergebnis kommen, dass durch das Say-on-Pay die Vergütungen in Ländern mit Say-on-Pay niedriger sind, als in anderen Ländern, so dass ein mäßigender Einfluss festzustellen sei: „the level of CEO pay growth is lower in the period following the adoption of SoP laws compared to various control groups. The link between CEO pay and realized firm performance also becomes stronger. Thus, SoP laws appear to be associated with a partial seizure of the upward trend in CEO pay."

994 Anrufung des Vermittlungsausschusses durch den Bundesrat, Gesetz zur Verbesserung der Kontrolle der Vorstandsvergütung und zur Änderung weiterer aktienrechtlicher Vorschriften (VorstKoG) vom 20. September 2013, BR-Drucks. 637/13, S. 2.

995 Anrufung des Vermittlungsausschusses durch den Bundesrat, Gesetz zur Verbesserung der Kontrolle der Vorstandsvergütung und zur Änderung weiterer aktienrechtlicher Vorschriften (VorstKoG) vom 20. September 2013, BR-Drucks. 637/13, S. 2.

996 *Verse* NZG 2013, 921 (924).

997 Beschlussempfehlung und Bericht des Rechtsausschusses zum Entwurf eines Gesetzes zur Änderung des Aktiengesetzes (Aktienrechtsnovelle 2012) vom 26. Juni 2013, BT-Drucks. 17/14214, S. 16.

998 *DGB*, Stellungnahme vom 28. Mai 2013, S. 3 f.; *Deutsches Aktieninstitut* (*DAI*), Stellungnahme vom 04. Juni 2013, S. 2, 5, 7 f.; *Vereinigung der Bayerischen Wirtschaft* (vbw) Vorstandsvergütung in Deutschland Mai 2013, S. 11, *DAV*, NZG 2013, 694, *Löbbe/Fischbach*, WM 2013, 1625 (1627); zum Entwurf der Aktionärsrechterichtlinie: *Seibt*, DB 2014, 1910; *Lanfermann/Maul*, BB 2014, 1283 (1284 f.).

hinsichtlich der Vergütungsfestsetzung obliegt[999]. Allerdings ist zu bedenken, dass der Aufsichtsrat nach wie vor ausschließlich für die Ausgestaltung der Vergütungssysteme zuständig ist. Den Aktionären kommt kein Initiativrecht zu. Sie können auch nicht gestalterisch in den Aufsichtsratsvorschlag eingreifen. Die Kompetenz der Hauptversammlung besteht lediglich in einer Zustimmung oder Ablehnung[1000]. Der Aufsichtsrat sollte durch eine Neuregelung nicht zu einer Aufstellung eines Vergütungssystems gezwungen werden. Möchte er mit den Vorstandsmitgliedern die Vergütung individuell aushandeln, so hat er die Hauptversammlung darüber zu informieren und darzulegen, aus welchen Vergütungskomponenten sich die jeweilige Vorstandsvergütung zusammensetzen und welches Verhältnis die variable Vergütung zur Fixvergütung erreichen soll[1001]. Die Angabe einer Obergrenze sollte nur soweit möglich erfolgen. Bei langfristigen Aktienpaketen sollte lediglich deren Umfang sowie der zeitliche Aspekt dargestellt werden. Ist den Vergütungen der Vorstände ein gewisses System inhärent, so sollte die Hauptversammlung mindestens alle drei Jahre oder bei Änderungen im Rahmen der ordentlichen Jahreshauptversammlung darüber bindend abstimmen. Eine rein konsultative oder fakultative Abstimmung genügt dem Kontrollcharakter der Vorschrift nicht ausreichend. Durch das größere Abstimmungsintervall wird den Bedenken des *Bundesrats* Rechnung getragen, dass die Verwirklichung einer langfristigen und nachhaltigen Vergütungspolitik durch eine jährliche Abstimmung aufgrund kurzfristiger Erwägungen und wechselnder Aktionärsmehrheiten erschwert wird[1002]. Klarstellend sollten Gesetzeswortlaut oder Begründung den Hinweis enthalten, dass eine Abstimmung im Rahmen der ordentlichen Jahreshauptversammlung ausreichend ist, um den Streitfragen in Bezug auf die zeitlichen Anforderungen vorzugreifen. Ausnahmen für zukünftige Vorstandsmitglieder sollte es nicht geben. Der dahingehende EU-Entwurf bringt eine große Rechtunsicherheit und im Ergebnis weder für die Unternehmen noch für die anzuwerbenden Vorstandsmitglieder eine spürbare Verbesserung.

Bislang sind sowohl die nationalen Gesetze und Entwürfe als auch die EU-Vorgabe auf börsennotierte Aktiengesellschaften beschränkt[1003]. Eine Erstreckung der Basisregelung auf nichtbörsennotierte Aktiengesellschaften oder gar andere

---

999 *DAV*; NZG 2013, 694; Anrufung des Vermittlungsausschusses durch den Bundesrat, Gesetz zur Verbesserung der Kontrolle der Vorstandsvergütung und zur Änderung weiterer aktienrechtlicher Vorschriften (VorstKoG) vom 20. September 2013, BR-Drucks. 637/13, S. 1 f.

1000 So auch *Verse*, NZG 2013, 921 (925).

1001 Zur Frage, ob eine allgemeine Obergrenze der variablen Vergütung im Verhältnis zur fixen Vergütung normiert werden sollte, siehe 3. Kapitel III.6.a)dd).

1002 Anrufung des Vermittlungsausschusses durch den Bundesrat, Gesetz zur Verbesserung der Kontrolle der Vorstandsvergütung und zur Änderung weiterer aktienrechtlicher Vorschriften (VorstKoG) vom 20. September 2013, BR-Drucks. 637/13, S. 1 f.

1003 Zu § 120 AktG: Beschlussempfehlung und Bericht des Rechtsausschusses zum Gesetz zur Angemessenheit der Vorstandsvergütung (VorstAG) vom 17. Juni 2009,

Rechtsformen ist jedoch nicht von vornherein ausgeschlossen. Lediglich bei der nichtmitbestimmten oder nach dem Drittelbeteiligungsgesetz mitbestimmten Gesellschaft mit beschränkter Haftung kommt eine solche Regelung nicht in Betracht, da die Gesellschafterversammlung originär für die Festsetzung der Vergütung zuständig ist und deshalb kein weiteres Kontrollorgan zur Verfügung steht. Gleiches gilt für eine Gesellschaft mit beschränkter Haftung & Compagnie Kommanditgesellschaft. Bei nichtbörsennotierten Aktiengesellschaften und paritätisch mitbestimmten Gesellschaften mit beschränkter Haftung besteht ähnlich börsennotierten Aktiengesellschaften ein grundsätzliches Bedürfnis, den Aufsichtsrat bei der Ausgestaltung der Vergütung der Vorstandsmitglieder zu überwachen. Weist der Gesetzgeber bei der Einführung des § 120 Abs. 4 AktG auch darauf hin, dass für geschlossene Gesellschaften eine so differenzierte Regelung nicht notwendig sei[1004], muss diese Ansicht nicht dauerhaft Bestand haben. Sie steht lediglich einer derzeitigen analogen Anwendung des § 120 Abs. 4 AktG auf nichtbörsennotierte Aktiengesellschaften mangels Planwidrigkeit der Regelungslücke entgegen. Auch dem Hinweis, die Billigung sei an die Offenlegungspflichten angelehnt, und deshalb nicht für nichtbörsennotierte Aktiengesellschaften passend[1005], kann bei einer Basisregelung Rechnung getragen werden.

Bei Genossenschaften besteht eine der Aktiengesellschaft vergleichbare Interessenlage hinsichtlich der Kontrollmöglichkeit der Generalversammlung. Für Mischformen der Kommanditgesellschaft auf Aktien wird bereits nach derzeitiger Rechtslage eine analoge Anwendung des § 120 Abs. 4 AktG befürwortet[1006] und in der Praxis umgesetzt[1007].

Eine allgemeine Basisregelung sollte somit für Aktiengesellschaften unabhängig von ihrer Börsennotierung, die Societas Europaea sowie Genossenschaften und Mischformen wie die Aktiengesellschaft & Compagnie Kommanditgesellschaft auf Aktien oder die Societas Europaea & Compagnie Kommanditgesellschaft auf Aktien geschaffen werden. Ist nach gesellschafts- und arbeitsrechtlichen Vorschriften eine Gesellschaft mit beschränkter Haftung verpflichtet, einen Aufsichtsrat zu bestellen und ist dieser für die Festsetzung der Vergütung des Geschäftsführers zuständig, so sollte auch hier eine Kontrolle durch die Gesellschafterversammlung erfolgen.

BT-Drucks. 16/13433, S. 12; Klarstellend *Baeck/Götze/Arnold*, NZG 2009, 1121; *Döring/Grau*, DB 2009, 2139 (2141).

1004 Beschlussempfehlung und Bericht des Rechtsausschusses zum Gesetz zur Angemessenheit der Vorstandsvergütung (VorstAG) vom 17. Juni 2009, BT-Drucks. 16/13433, S. 12.

1005 *Redenius-Hövermann*, Der Aufsichtsrat 2009, 173; *Döll*, WM 2010, 103 (106).

1006 *Hupka*, Vergütungsvotum, S. 263.

1007 Siehe Henkel AG & Co. KGaA sowie Fresenius Medical Care AG & Co. KGaA, die in der Vergangenheit bereits über die Vorstandsvergütung im Rahmen der jährlichen Hauptversammlung abstimmen ließen; TOP 10 der Einladung zur Hauptversammlung am 13. April 2015 der Henkel AG & Co. KGaA; TOP 5 der Einladung zur Hauptversammlung am 12. Mai 2011 der Fresenius AG & Co. KGaA.

III. Ausgestaltung der Vergütung

Wesentlicher Aspekt einer branchen- und rechtsformübergreifenden Vergütungsregelung ist die zulässige Ausgestaltung der Vergütungssysteme und der Vergütung im Einzelnen. Die bereits bestehenden Vergütungsvorgaben orientieren sich stets an den auslegungsbedürftigen Rechtsbegriffen „Angemessenheit“ und „Nachhaltigkeit“. In § 87 Abs. 1 AktG heißt es: „Der Aufsichtsrat hat bei der Festsetzung der Gesamtbezüge des einzelnen Vorstandsmitglieds dafür zu sorgen, dass diese in einem angemessenen Verhältnis [...] stehen [...]. Die Vergütungsstruktur ist [...] auf eine nachhaltige Unternehmensentwicklung auszurichten.“ Ziffer 4.2.2 DCGK nennt Kriterien für die „Angemessenheit“ der Vorstandsvergütung und Ziffer 4.2.3 DCGK wiederholt den Wortlaut des § 87 Abs. 1 Satz 2 AktG. Auch bei den kapitalmarktrechtlichen Vorschriften wird – ähnlich der Instituts-Vergütungsverordnung – eine angemessene Ausgestaltung der Vergütungssysteme und der Vergütung sowie eine Koppelung der Vergütung an eine nachhaltige Unternehmensentwicklung normiert. Nachfolgend sollen diese Kriterien im Einzelnen genauer untersucht werden.

1. Versicherungs-Vergütungsverordnung

Die Versicherungs-Vergütungsverordnung enthält in den §§ 3 und 4 VersVergV Vorgaben, wie eine angemessene Vergütung ausgestaltet sein muss. An diesen Anforderungen wird sich voraussichtlich auch durch die Neufassung der Versicherungs-Vergütungsverordnung nichts ändern, da die Vorgaben im Entwurf wortgleich übernommen werden[1008]. Die Versicherungs-Vergütungsverordnung beruht wie die Instituts-Vergütungsverordnung auf internationalen Standards und europarechtlichen Gesetzesbestrebungen. Beide ähneln sich deshalb stark. Dennoch finden sich zahlreiche Unterschiede und Abweichungen, die zeigen, dass der Gesetzgeber für Versicherungsunternehmen überwiegend weniger strenge Beschränkungen festsetzen wollte.

a) Angemessenheit

Vorgaben zur Angemessenheit der Vergütungssysteme und der Vergütung finden sich für alle Unternehmen in § 3 VersVergV sowie für bedeutende Unternehmen in § 4 VersVergV.

aa) Ausrichtung an Unternehmensstrategien

Ähnlich § 4 InstitutsVergV müssen auch in Versicherungsunternehmen die Vergütungssysteme so ausgestaltet sein, dass sie auf die Erreichung der in den Strategien des Unternehmens niedergelegten Ziele ausgerichtet sind, § 3 Abs. 1 Satz 2

1008 *Referentenentwurf des Bundesministeriums der Finanzen*, Verordnung zum Erlass von Verordnungen nach dem Versicherungsaufsichtsgesetz vom 23. September 2015, Artikel 2.

Nr. 1 VersVergV. Bei einer Änderung der Strategien müssen die Vergütungssysteme entsprechend angepasst werden. Hierdurch soll erreicht werden, dass die vergütungsrelevanten Ziele hinreichend ambitioniert formuliert werden und die Vergütungssysteme somit einen wirksamen Beitrag zur Erreichung dieser Ziele leisten[1009]. Die Unternehmen werden verpflichtet, Unternehmensstrategien festzulegen und die Vergütungssysteme daran auszurichten.

bb) *Angemessene Berücksichtigung von Aufgabe und Leistung des Geschäftsleiter sowie Lage des Unternehmens*

Wortlautidentisch zu § 10 Abs. 1 und 2 InstitutsVergV finden sich in § 3 Abs. 2 Satz 1 und 2 VersVergV Vorgaben, wonach der Aufsichtsrat bei der Festsetzung der Vergütung des einzelnen Geschäftsleiters dafür zu sorgen hat, dass diese in einem angemessenen Verhältnis zu den Aufgaben und Leistungen des Geschäftsleiters sowie zur Lage des Unternehmens steht und die übliche Vergütung nicht ohne besondere Gründe übersteigt. Für außerordentliche Entwicklungen soll der Aufsichtsrat eine Begrenzungsmöglichkeit vereinbaren. Bei der Auslegung dieser Vorschriften ist auf das in 2. Kapitel III.1.e) Gesagte zurückzugreifen.

cc) *Vermeidung negativer Anreize*

Bei Versicherungsunternehmen muss die Vergütung von Geschäftsleitern so strukturiert sein, dass negative Anreize vermieden werden, § 3 Abs. 1 Satz 2 Nr. 2 VersVergV. Der Verordnungsgeber der Versicherungs-Vergütungsverordnung nennt als Beispiele das Bestehen von Interessenkonflikten und das Eingehen unverhältnismäßiger Risiken. Die *BaFin* geht davon aus, dass ein Gleichlauf der Vergütungsparameter von Kontrolleinheiten im Sinne des § 2 Nr. 10 VersVergV und kontrollierter Organisationseinheit ein Indiz für einen vorliegenden Interessenkonflikt ist, den das Unternehmen im Einzelfall zu widerlegen hat[1010]. Das Merkmal „Eingehung unverhältnismäßiger Risiken" ist bereits aus § 5 Abs. 3 InstitutsVergV bekannt. Danach besteht ein Anreiz zu unverhältnismäßig hohen Risiken insbesondere dann, wenn eine signifikante Abhängigkeit der Geschäftsleiter von der variablen Vergütung besteht oder einzelvertraglich für den Fall der Beendigung der Tätigkeit Ansprüche auf Leistungen begründet werden, und diese Ansprüche selbst bei negativen individuellen Erfolgsbeiträgen der Höhe nach unverändert bleiben[1011]. Fraglich ist, ob diese Kriterien auch im Rahmen der Versicherungs-Vergütungsverordnung herangezogen werden können. Für eine Übertragung spricht, dass beide Verordnungen

---

1009 *Sammet*, Versicherungs-Vergütungsverordnung, S. 45 f.; Zur Parallelvorschrift in der InstitutsVergV: *BaFin*, Auslegungshilfe zur Institutsvergütungsverordnung vom 01. Januar 2014 zu § 4; *Buscher/Hannemann/Wagner/Weigl* InstitutsVergV § 4, S. 70.

1010 *BaFin*, Begründung zur Verordnung über die aufsichtsrechtlichen Anforderungen an Vergütungssysteme im Versicherungsbereich zu § 3.

1011 Siehe im Detail dazu 2. Kapitel III.1.a).

auf derselben internationalen Grundlage beruhen und letztlich dasselbe regeln wollen. Gewichtigere Argumente sprechen jedoch gegen eine Heranziehung des § 5 Abs.3 InstitutsVergV. Die Versicherungs-Vergütungsverordnung selbst kennt das Kriterium der „signifikanten Abhängigkeit“. Nach § 4 Abs. 2 VersVergV spricht eine signifikante Abhängigkeit der Geschäftsleiter von der variablen Vergütung gegen die Angemessenheit der Vergütung. § 4 VersVergV gilt jedoch nur für bedeutende Institute. Nur für diese können die Ausführungen zu § 5 Abs. 3 Nr. 1 InstitutsVergV fruchtbar gemacht werden. Im Umkehrschluss ist davon auszugehen, dass der Verordnungsgeber für Geschäftsleiter in normalen Unternehmen gerade keine derart strengen Maßstäbe anlegen wollte[1012].

Gänzlich fehlend in der Versicherungs-Vergütungsverordnung sind Regelungen zu Abfindungszahlungen, wie sie § 5 Abs. 3 Nr. 2, Abs. 7 InstitutsVergV verbieten. Es stellt sich somit die Frage, inwieweit Change of Control-Klauseln, Golden Parachutes oder Retention Boni zur Eingehung unverhältnismäßiger Risiken verleiten und somit nach der allgemeinen Formulierung des § 3 Abs. 1 Satz 2 Nr. 2 VersVergV unzulässig sind. Change of Control-Klauseln verleiten nicht per se zur Eingehung unverhältnismäßiger Risiken oder setzen sonstige negative Anreize. Dem Geschäftsleiter wird für den Fall eines Kontrollwechsels im Unternehmen ein Sonderkündigungsrecht eingeräumt und garantiert, dass er für die Folgejahre seine variable Vergütung ausgeschüttet erhält (Golden Parachutes)[1013]. Angesetzt wird hierbei meist ein 100 prozentiger Zielerreichungsgrad. Es ist nicht davon auszugehen, dass eine unerwünschte Verhaltenssteuerung allein dadurch veranlasst wird. Durch die Zahlung einer garantierten Vergütung soll erreicht werden, dass der Geschäftsleiter nicht mit allen Mitteln gegen eine Übernahme arbeitet, um sich selbst eine höhere variable Vergütung zu sichern[1014]. Auch kann die Verhinderung einer Übernahme des Unternehmens durch einen solventen Bieter zu schweren Nachteilen für den Bestand des Unternehmens führen[1015]. Zudem sind garantierte variable Vergütungen nur für bedeutende Unternehmen nach § 4 Abs. 2 Satz 3 VersVergV verboten und dies auch nicht absolut. Durch die Formulierung „in der Regel“ erlaubt der Gesetzgeber Abweichungen, die insbesondere für Golden Parachutes gelten sollten. Die garantierte variable Vergütung greift bei Golden Parachutes nur für den Fall eines Kontrollwechsels. Ohne einen Kontrollwechsel richtet sich die variable

1012 Anders wohl *Sammet*, Versicherungs-Vergütungsverordnung, S. 97; der auch bei Geschäftsleiter normaler Unternehmen die Auslegung zu § 5 Abs. 3 Nr. 1 InstitutsVergV heranziehen will und dies mit Sinn und Zweck der Norm begründet; *Zöbeley*, Vergütungsvorgaben, S. 280.

1013 Beispiele für die Ausgestaltung solcher Klauseln bei *Hoffmann-Becking*, ZHR 2005, 155 (170 ff.); *Ziemons*, FS Huber 2006, S. 1035 (1036 ff.).

1014 *Hoffmann-Becking*, ZHR 2005, 155 (170); *Bittmann/Schwarz*, BB 2009, 1014; *Martens*, ZHR 2005, 132 (138). *Thüsing* in: Fleischer, Handbuch des Vorstandsrechts, § 6 Rn. 99; *Reufels* in: Hümmerich/Reufels, Gestaltung von Arbeitsverträgen, § 3 Rn. 291.

1015 So auch *Sammet*, Versicherungs-Vergütungsverordnung, S. 100.

Vergütung nach allgemeinen Kriterien. Diese Kriterien stellen keine Garantie dar. Aus aufsichtsrechtlicher Sicht sind bei Versicherungsunternehmen – anders als bei Instituten – Golden Parachutes weiterhin zulässig[1016].

Auch Retention Boni verleiten nicht zur Eingehung unverhältnismäßiger Risiken oder setzen negative Anreize. In Krisenzeiten des Unternehmens sollen durch solche Zahlungen Geschäftsleiter dazu motiviert werden, dem Unternehmen die Treue zu halten und nicht mangels Aussicht auf eine Bonuszahlung abwandern. Der Geschäftsleiter wird kaum ein Unternehmen in die Krise führen, um dann seinen Verbleib von der Zahlung eines Retention Bonus abhängig zu machen. Im Übrigen stellt die Vereinbarung eines Retention Bonus eine garantierte variable Vergütung dar. Eine solche ist nach § 4 Abs. 2 Satz 3 VersVergV jedoch nur bei bedeutenden Unternehmen und dort auch nicht ausnahmslos verboten. Im Umkehrschluss kann ein allgemeines Verbot für alle Unternehmen nicht angenommen werden[1017]. Retention Boni sollten zumindest in Krisenzeiten zu den Ausnahmen des § 4 Abs. 2 Satz 3 VersVergV zählen. Mögen sie auch als garantierte Zahlungen gelten, so kann es letztlich keinen Unterschied machen, ob ein bereits angestellter Geschäftsleiter durch die Zahlung eines garantierten Bonus zum Bleiben motiviert werden soll, oder ob einem neu eingestellten Geschäftsleiter ein solcher Bonus zugesagt wird. Letzteres ist nach § 4 Abs. 2 Satz 3 VersVergV zulässig[1018].

dd) Angemessenes Verhältnis von fixer und variabler Vergütung

Sowohl die Instituts-Vergütungsverordnung a.F. als auch die Versicherungs-Vergütungsverordnung enthielten lediglich die Maßgabe, dass das Verhältnis zwischen fixer und variabler Vergütung angemessen sein müsse, §§ 3 Abs. 5 Satz 1 InstitutsVergV a.F., 4 Abs. 2 Satz 1 VersVergV. Angemessen war das Verhältnis dann, wenn keine signifikante Abhängigkeit bestand und ein wirksamer Verhaltensanreiz gesetzt wird. Bereits damals unterschieden sich die Verordnungen hinsichtlich des Anwendungsbereichs. Während die Vorgabe für alle Institute galt, war es im Versicherungsbereich eine besondere Anforderung für bedeutende Unternehmen. Die Einführung einer festen Obergrenze für Institute durch die Neufassung des § 25a Abs. 5 KWG wurde bereits dargestellt[1019]. Für Versicherungsunternehmen werden sich durch die Änderung des Versicherungsaufsichtsgesetzes und den Erlass der neuen Versicherungs-Vergütungsverordnung diesbezüglich keine Änderungen ergeben. § 4 Abs. 2 VersVergV n.F. ist wortlautgleich zur derzeitigen Fassung. Das Kriterium der signifikanten Abhängigkeit kann in Anlehnung an die *CEBS Guidelines*

1016 So auch *Sammet*, Versicherungs-Vergütungsverordnung, S. 102.
1017 Für die Zulässigkeit von Retention Boni auch *Sammet*, Versicherungs-Vergütungsverordnung, S. 103 f.
1018 Bei Instituten besteht diese Möglichkeit nach dem ausdrücklichen Wortlaut des § 5 Abs. 6 InstitutsVergV nicht, obwohl auch dort die Interessenlage vergleichbar ist.
1019 Siehe hierzu 2. Kapitel III.1.d).

on Remuneration Policies and Practices so ausgelegt werden, dass der Geschäftsleiter auch bei vollständigem Wegfall der variablen Vergütung noch in der Lage sein muss, seinen Lebensunterhalt angemessen zu bestreiten und entsprechend seiner Qualifikation, Berufserfahrung und Fähigkeiten entlohnt wird[1020]. Ein festes Zahlenverhältnis verbietet sich hierbei. Ob durch die Vergütung ein wirksamer Verhaltensanreiz überhaupt gesetzt werden kann, ist umstritten[1021]. Vorzugswürdig scheint die Ansicht, dass durch eine variable Vergütung – wenn auch nur in geringem Umfang – eine Verhaltenssteuerung bewirkt werden kann, die jedoch weitgehend unabhängig von der tatsächlichen Höhe der zusätzlich möglichen Vergütung ist. Unstreitig dürfte bei einer bereits hohen Fixvergütung die motivierende Wirkung einer variablen Vergütung überproportional abnehmen[1022]. Auch bedarf es zur Motivation wohl keine die fixe Vergütung um ein Vielfaches übersteigende variable Vergütung. Unzulässig ist es hingegen auch im Versicherungssektor in bedeutenden Unternehmen gänzlich von einer variablen Vergütung abzusehen[1023]. Maßgebliches Argument ist auch hier, dass die ebenfalls in § 4 VersVergV normierte Anforderung, einen Teil der variablen Vergütung über einen bestimmten Zeitraum zurückzuhalten und von einer nachhaltigen Wertentwicklung abhängig zu machen, nur dann erfüllt werden kann, wenn auch tatsächlich eine variable Vergütung vereinbart wurde[1024].

ee) Vergütungsparameter und Erfolgsbeiträge

Die Versicherungs-Vergütungsverordnung enthält an drei Stellen Vorgaben zu den Vergütungsparametern und Erfolgsbeiträgen. Diese sind in § 2 Nr. 8 und Nr. 9 VersVergV legaldefiniert und identisch mit den Begrifflichkeiten der Instituts-Vergütungsverordnung. § 3 Abs. 1 Satz 2 Nr. 5 VersVergV ist eine Sonderregelung für Versicherungsunternehmen. Danach muss bezüglich einzelner Organisationseinheiten auch der Gesamterfolg des Unternehmens angemessen berücksichtigt werden. Provisionen im angestellten Außendienst sind weiterhin ausdrücklich zulässig. Die Auslegung der Vorschrift ist umstritten. Nach Ansicht des *Gesamtverbands der Deutschen Versicherungswirtschaft e.V.* ist der Gesamterfolg des Unternehmens nur zu berücksichtigen, wenn auch auf den Erfolg der Organisationseinheit abgestellt

---

1020 *CEBS*, Guidelines on Remuneration Policies and Practices vom 10. Dezember 2010, Rn. 76, S. 44; siehe auch 2.Kapitel III.1.a)aa).

1021 Verneinend: *Thüsing* in: Fleischer, Handbuch Vorstandsrecht, § 6 Rn. 14; *Thüsing*, ZGR 2003, 457 (474); *Körner*, NJW 2004, 2697 (2699); *Kort*, NJW 2005, 333 (335); eher bejahend: *Spindler*, DStR 2004, 36 (41 f.); KK-AktG/*Mertens/Cahn* AktG § 87 Rn. 23.

1022 So auch *Sammet*, Versicherungs-Vergütungsverordnung, S. 97 f.

1023 So auch *Armbrüster*, VW 2011, 401 ff.; *Annuß/Sammet*, BB 2011, 115 (117); *Rieble/Schmittlein*, Vorstandsvergütung, Rn. 496; *Sammet*, Versicherungs-Vergütungsverordnung, S, 145.

1024 Zu weiteren Argumenten im Rahmen des § 6 InstitutsVergV siehe 2. Kapitel III.1.d).

werden soll[1025]. Ausschließlich individuelle Zielvereinbarungen sollen weiterhin zulässig sein. *Sammet* sieht in § 3 Abs. 1 Satz 2 Nr. 5 VersVergV eine zwingende Vorgabe zur Berücksichtigung des Ergebnisses der Organisationseinheit und des Gesamtunternehmens[1026]. Dem ist zuzustimmen. Aus einer Zusammenschau mit § 3 Abs. 1 Satz 2 Nr. 5 Satz 2 VersVergV wird deutlich, dass bei Provisionen gerade ausschließlich der individuelle Erfolg maßgeblich ist. Provisionen werden hauptsächlich als Vermittlungs- oder Abschlussprovisionen gezahlt[1027]. Eine Einbeziehung des Erfolgs der Organisationseinheit beziehungsweise des Gesamtunternehmens ist dabei nicht wünschenswert. Nur wenn aber zwingend beide bei der Ausgestaltung der Vergütungssysteme zu berücksichtigen sind, bedarf es dieser gesetzlich normierten Ausnahme[1028]. Bei bedeutenden Unternehmen ist neben dem Gesamterfolg des Unternehmens beziehungsweise der Gruppe und dem Erfolgsbeitrag der Organisationseinheit auch der individuelle Erfolgsbeitrag zu berücksichtigen, § 4 Abs. 3 Nr. 1 VersVergV. Die zusätzliche Beachtung des individuellen Erfolgsbeitrags spricht bei der Auslegung des § 3 Abs. 1 Satz 2 Nr. 5 VersVergV ebenfalls für ein grundsätzliches Erfordernis der Beachtung des Erfolgs der Organisationseinheit und des Gesamtunternehmens. Der „individuelle" Erfolgsbeitrag stellt eine Erweiterung der zu berücksichtigenden Erfolgsbeiträge dar[1029]. Die Regelung ist bereits aus § 19 Abs. 1 InstitutsVergV für bedeutende Institute bekannt. Betroffen sind nach beiden Verordnungen nur bedeutende Unternehmen. Abweichend zu den Vorgaben bei Instituten ist der individuelle Erfolgsbeitrag bei Versicherungsunternehmen nur insoweit heranzuziehen, wie dieser mit vertretbarem Aufwand bestimmt werden kann. Eine solch allgemeine Einschränkung fehlt in § 19 Abs. 1 InstitutsVergV. Nur wenn es um die Bestimmung individueller Erfolgsbeiträge für die Erreichung langfristiger Unternehmensziele geht, wird der Ermittlungsaufwand relevant[1030]. Nach § 4 Abs. 3 Nr. 1 VersVergV sind neben finanziellen Parametern ausdrücklich auch nichtfinanzielle Parameter, wie zum Beispiel die Beachtung der unternehmensinternen Regelwerke und Strategien, die Kundenzufriedenheit und erlangte Qualifikationen heranzuziehen. In welchem Verhältnis die einzelnen Erfolgsbeiträge gewichtet werden müssen, bleibt sowohl nach dem Wortlaut als auch nach der Auslegungshilfe offen[1031].

1025 *GDV*, Auslegungshilfe zu den Anforderungen an Vergütungssysteme in der Versicherungswirtschaft zu § 3 Abs. 1 Satz 2 Nr. 5 VersVergV, S. 10; dem folgend *Bartel/Bilobrk/Zopf*, BB 2011, 1269 (1272); *Zöbeley*, Vergütungsvorgaben, S. 294.

1026 *Sammet*, Versicherungs-Vergütungsverordnung, S. 60 f.

1027 *Schaub/Koch*, Arbeitsrecht von A-Z, Provision, S. 551; *Küttner/Griese*, Personalbuch, Provision, Rn. 1.

1028 *Sammet*, Versicherungs-Vergütungsverordnung, S. 61 f.

1029 *Sammet*, Versicherungs-Vergütungsverordnung, S. 60 f. unter Hinweis auf die Formulierung „auch", aus der hervorgehe, dass der Erfolgsbeitrag der Organisationseinheit und des Gesamtunternehmens in jedem Fall berücksichtigt werden müssen.

1030 Siehe hierzu 2. Kapitel III.1.h).

1031 Zum Parallelproblem bei der Instituts-Vergütungsverordnung siehe 2. Kapitel III.1.h).

ff) Hedgingverbot

Um die Risikoorientierung der Vergütung nicht aufzuheben oder einzuschränken, ist es auch in Versicherungsunternehmen den Geschäftsleitern untersagt, Absicherungs- oder sonstige Gegenmaßnahmen zu ergreifen. Die Versicherungs-Vergütungsverordnung enthält in § 4 Abs. 4 VersVergV eine § 8 InstitutsVergV inhaltsgleiche Regelung. Anders als bei der Instituts-Vergütungsverordnung gilt dieses Verbot jedoch nur für bedeutende Unternehmen. Im Übrigen gilt das zu § 8 InstitutsVergV Gesagte entsprechend[1032].

b) Nachhaltigkeit

Die Ausrichtung der Vergütung an einer nachhaltigen Unternehmensentwicklung wird in der Versicherungs-Vergütungsverordnung an zahlreichen Stellen geregelt. Neben der entsprechenden Wahl der Vergütungsparameter dienen auch die Zurückbehaltung eines Teils der variablen Vergütung und der ermessensabhängigen Leistungen zur Altersversorgung sowie das Abschmelzen des Vergütungsanspruchs bei im Nachhinein sich zeigenden negativen Erfolgsbeiträge dazu, für Geschäftsleiter die Eingehung hoher Risiken möglichst unattraktiv zu gestalten.

aa) Wahl der Vergütungsparameter

§ 3 Abs. 1 Satz 2 Nr. 3 Satz 1 VersVergV verlangt bei Geschäftsleitern, dass der variable Teil eine Vergütung für den aus der Tätigkeit sich ergebenden nachhaltigen Erfolg des Unternehmens darstellt. Mit anderen Worten: Die variable Vergütung muss sich an der Leistung des Geschäftsleiters orientieren und den nachhaltigen Erfolg seiner Tätigkeit widerspiegeln[1033]. Dieses Erfordernis ergibt sich bereits aus § 25 Abs. 1 VAG[1034]. Satz 1 ist somit rein deklaratorisch[1035]. Seinen Sinn erhält die Norm im Zusammenhang mit Satz 2: Die variable Vergütung darf insbesondere nicht maßgeblich von der Gesamtbeitragseinnahme, vom Neugeschäft oder von der Vermittlung einzelner Versicherungsverträge abhängig sein. Der Verordnungsgeber bringt damit zum Ausdruck, dass er diese Vergütungsparameter gerade als nicht nachhaltig ansieht und diese somit bei der Festsetzung der variablen Vergütung

---

1032 Siehe dazu 2. Kapitel III.1.i).

1033 *Sammet*, Versicherungs-Vergütungsverordnung, S. 105; *Zöbeley*, Vergütungsvorgaben, S. 295.

1034 § 64b Abs. 1 VAG a.F.; ähnlich *Armbrüster*, VersR 2011, 1 (6).

1035 *Sammet* überlegt, ob die Vorschrift dahingehend verstanden werden kann, dass bei Geschäftsleitern immer auch der individuelle Erfolgsbeitrag zu beachten ist. Unter Hinweis auf die ausführliche Regelung des § 4 Abs. 3 Nr. 1 VersVergV spricht er sich aber gegen eine derartige Auslegung der Vorschrift aus. *Sammet*, Versicherungs-Vergütungsverordnung, S. 105.

von Geschäftsleitern nicht allein maßgeblich sein dürfen[1036]. Nach der Verordnungsbegründung sollen höchstens 30 Prozent von den genannten Kriterien abhängig sein dürfen[1037]. Die Sonderregelung zielt darauf ab, Fehlanreize zum Aufbau eines großen Geschäftsvolumens anstelle eines soliden und nachhaltigen Bestands zu vermeiden[1038].

Ein weiteres Kriterium zur nachhaltigen Ausgestaltung findet sich in § 3 Abs. 2 Satz 2 VersVergV. Diese Maßgabe ist bereits aus § 10 Abs. 2 Satz 1 InstitutsVergV bekannt. Die variablen Vergütungen sollen eine mehrjährige Bemessungsgrundlage haben. Hinsichtlich der Auslegung dieser Vorschrift kann auf das unter 2. Kapitel III.2.b) Gesagte verwiesen werden. Eine Ausnahme gilt für kleiner Vereine im Sinne des § 210 VAG (§ 53 a.F.).

Für die Ermittlung des Gesamterfolgs des Unternehmens, des Erfolgsbeitrags der jeweiligen Organisationseinheit und des individuellen Erfolgsbeitrags sind insbesondere solche Vergütungsparameter zu verwenden, die dem Ziel eines nachhaltigen Erfolgs Rechnung tragen, § 4 Abs. 3 Nr. 2 VersVergV. Eine ähnliche Vorschrift findet sich in § 19 Abs. 3 InstitutsVergV. Vergütungsparameter müssen somit nach den Unternehmensstrategien dazu dienen, den dauernden Bestand und die dauerhafte Rentabilität zu sichern[1039]. Bei der Auswahl sind insbesondere eingegangene Risiken und Kapitalkosten zu berücksichtigen. Die etwas ausführlichere Formulierung des § 19 Abs. 3 InstitutsVergV kann auch hier herangezogen werden. Der Verordnungsgeber wollte für Versicherungsunternehmen wohl keine strengeren Anforderungen schaffen. Danach müssen die Laufzeiten der Risiken nicht zwingend nachgebildet werden. Im Ergebnis sind die Risiken und Kosten im Einzelfall adäquat zu berücksichtigen.

bb) Zurückbehaltungsvorschriften

Zurückbehaltungsvorschriften sind bereits aus § 20 InstitutsVergV bekannt[1040]. Bei Versicherungsunternehmen dürfen mindestens 40 Prozent nicht vor dem Ablauf eines angemessenen Zurückbehaltungszeitraums unter Berücksichtigung des geschäftlichen Erfolgs ausbezahlt werden, § 4 Abs. 3 Nr. 3 VersVergV. Es gilt der Grundsatz, je höher die variable Vergütung, die Stellung des Begünstigten oder die begründbare Risikoposition, desto größer muss der variable Vergütungsanteil

---

1036 *BaFin*, Begründung zur Verordnung über die aufsichtsrechtlichen Anforderungen an Vergütungssysteme im Versicherungsbereich zu § 3.

1037 *BaFin*, Begründung zur Verordnung über die aufsichtsrechtlichen Anforderungen an Vergütungssysteme im Versicherungsbereich zu § 3; so auch *Simon/Koschker*, BB 2011, 120 (123); *Bartel/Bilobrk/Zopf*, BB 2011, 1269 (1273); kritisch dazu *Sammet*, Versicherungs-Vergütungsverordnung, S. 108 f.

1038 *BaFin*, Begründung zur Verordnung über die aufsichtsrechtlichen Anforderungen an Vergütungssysteme im Versicherungsbereich zu § 3.

1039 *Zöbeley*, Vergütungsvorgaben, S. 303.

1040 Siehe hierzu 2. Kapitel III.2.c).

sein, der zurückbehalten wird[1041]. Anders als in der Instituts-Vergütungsverordnung finden sich diese Kriterien nicht bereits im Normtext, sondern lediglich in der Begründung[1042]. Für Geschäftsleiter gilt grundsätzlich ein höherer Schwellenwert[1043].

In der Regel ist ein Zurückbehaltungszeitraum von drei Jahren angemessen, § 4 Abs. 3 Nr. 3 Satz 2 VersVergV. Anders als bei § 20 Abs. 2 i.V.m. Abs. 1 InstitutsVergV ist die Dreijahres-Frist keine Mindestfrist, sondern ein Regeltatbestand. Abweichungen nach unten sind demnach in Versicherungsunternehmen zulässig[1044].

Eine ausdrückliche Normierung der Rechtsnatur des Vergütungsanspruchs während des Zurückbehaltungszeitraums fehlt. Aus der Formulierung „ausbezahlt" kann geschlossen werden, dass bereits ein Anspruch besteht und lediglich dessen Fälligkeit hinausgeschoben wird[1045]. Nach der Begründung der Versicherungs-Vergütungsverordnung soll der Anspruch – ähnlich der Regelung bei Instituten – gestreckt und pro rata temporis ausgezahlt werden[1046]. § 20 Abs. 2 InstitutsVergV normiert ausdrücklich, dass die variable Vergütung zu strecken ist und nach § 20 Abs. 3 Nr. 1 InstitutsVergV nur zeitanteilig entstehen darf[1047]. Dem Verordnungsgeber waren somit die unterschiedlichen Formulierungsmöglichkeiten bekannt und hätte er dasselbe Regeln wollen, hätte er es auch gleich formulieren können. Einige Autoren sehen deshalb in der Begründung lediglich eine sprachliche Ungenauigkeit, die im Ergebnis besagen soll, dass der Anspruch erst am Ende des Zurückbehaltungszeitraums entsteht und dann sofort ausgezahlt werden kann[1048]. Damit wären die Anforderungen im Versicherungsbereich strenger als bei Instituten. Nimmt man an, dass bereits ein Anspruch zu Beginn des Zurückbehaltungszeitraums entsteht, so ergeben sich rechtliche Schwierigkeiten bei der Umsetzung der Malus-Regelung. Dieser könnte nur durch einen wirksam formulierten Widerrufsvorbehalt Genüge getan werden. Claw Back-Klauseln scheiden mangels zulässiger ratierlicher Auszahlung aus[1049]. Vorzugswürdig ist die Ansicht der *BaFin*. Diese ist zwar nicht sehr

---

1041 *BaFin*, Begründung zur Verordnung über die aufsichtsrechtlichen Anforderungen an Vergütungssysteme im Versicherungsbereich zu § 4.

1042 *BaFin*, Begründung zur Verordnung über die aufsichtsrechtlichen Anforderungen an Vergütungssysteme im Versicherungsbereich zu § 4.

1043 A.A. *Annuß/Sammet*, BB 2011, 115 (118); *Sammet*, Versicherungs-Vergütungsverordnung, S. 164.

1044 Die Abweichung nach unten bedarf einer Begründung. Siehe dazu auch *Sammet*, Versicherungs-Vergütungsverordnung, S. 165; *Rieble/Schmittlein*, Vorstandsvergütung, Rn. 529.

1045 *Annuß/Sammet*, BB 2011, 115 (118); *Sammet*, Versicherungs-Vergütungsverordnung, S. 158 ff., der jedoch darin einen Widerspruch zu den FSB-Standards sieht.

1046 *BaFin*, Begründung zur Verordnung über die aufsichtsrechtlichen Anforderungen an Vergütungssysteme im Versicherungsbereich zu § 4.

1047 Siehe dazu 2. Kapitel III.2.c)aa)(3).

1048 *Armbrüster*, VW 2011, 401; *Zöbeley*, Vergütungsvorgaben, S. 318 f.

1049 *Sammet*, Versicherungs-Vergütungsverordnung, S. 162.

am Wortlaut der Vorschrift orientiert, entspricht aber wohl am ehesten dem Willen des Verordnungsgebers sowie den internationalen Vorgaben.

Gemäß § 4 Abs. 3 Nr. 3 Satz 3 VersVergV soll die Auszahlung von mindestens 50 Prozent des zurückbehaltenen Anteils der variablen Vergütung von einer nachhaltigen Wertentwicklung des Unternehmens abhängig sein[1050]. Im Unterschied zu § 20 Abs. 4 InstitutsVergV handelt es sich lediglich um eine Soll-Vorschrift. Die Begründung spricht an dieser Stelle von „muss"[1051]. In der Praxis dürften tatsächlich kaum Gründe für eine Ausnahme gegeben sein[1052]. Ein weiterer Unterschied zu Instituten besteht darin, dass in Versicherungsunternehmen lediglich der zurückbehaltene Anteil der variablen Vergütung erfasst wird. Die *BaFin* hat zwar angekündigt, dass für den Fall, dass das *FSB* zukünftig klarstellt, dass mindestens 50 Prozent der variablen Vergütung insgesamt in Form von Aktien oder aktienähnlichen Instrumenten ausgezahlt werden müssen, die Rechtsverordnung entsprechend anzupassen ist[1053]. Die bisherige Formulierung wird jedoch auch in der Neufassung des § 4 Abs. 3 Nr. 3 Satz 3 VersVergV n.F. beibehalten. Eine eindeutige Klarstellung ist somit offensichtlich bislang nicht erfolgt. An den Zurückbehaltungszeitraum schließt sich nach den Vorgaben der Versicherungs-Vergütungsverordnung keine Haltefrist an. Eine solche hätte ausdrücklich normiert werden müssen[1054]. Die Regelungstechnik war dem Gesetzgeber hinreichend bekannt, was ein Vergleich mit § 4 Abs. 6 Nr. 2 VersVergV für ermessensabhängige Leistungen zur Altersversorgung bei ruhestandsbedingtem Ausscheiden sowie § 20 Abs. 4 InstitutsVergV für zurückbehaltene und nicht zurückbehaltene variable Vergütungsanteile zeigt.

Nach der hier vertretenen Ansicht sind die Vorgaben des § 4 Abs. 3 Nr. 3 VersVergV ähnlich der Instituts-Vergütungsverordnung auszulegen, was die Entstehung des Anspruchs betrifft. Hinsichtlich des zurückzubehaltenden Anteils, des Zurückbehaltungszeitraums und des von der nachhaltigen Entwicklung des Unternehmenswerts abhängigen Anteils gelten gelockerte Vorschriften.

cc) Malus-Regelung

Die bereits aus § 20 Abs. 5 InstitutsVergV bekannte Malus-Regelung findet sich in ähnlicher Form auch in § 4 Abs. 2 Nr. 4 VersVergV wieder. Danach müssen negative individuelle Erfolgsbeiträge des Geschäftsleiters und der jeweiligen Organisationseinheit sowie ein negativer Gesamterfolg des Unternehmens beziehungsweise der

---

1050 Zu den möglichen Instrumenten zur Umsetzung dieser Vorgabe siehe 2. Kapitel III.2.c)bb)(1).

1051 *BaFin*, Begründung zur Verordnung über die aufsichtsrechtlichen Anforderungen an Vergütungssysteme im Versicherungsbereich zu § 4.

1052 So auch *Zöbeley*, Vergütungsvorgaben, S. 321.

1053 *BaFin*, Begründung zur Verordnung über die aufsichtsrechtlichen Anforderungen an Vergütungssysteme im Versicherungsbereich zu § 4.

1054 A.A. *Zöbeley*, Vergütungsvorgaben, S. 321, die im Einzelfall eine Haltefrist für erforderlich hält, um eine Ausrichtung auf den nachhaltigen Erfolg zu gewährleisten.

Gruppe die Höhe der variablen Vergütung einschließlich der zurückbehaltenen Beträge nach § 4 Abs. 3 Nr. 3 VersVergV verringern. Unter dem Vorbehalt der Reduzierung steht dabei nur der zurückbehaltene Anteil der variablen Vergütung unabhängig davon, ob er in Aktien oder ähnlichen Instrumenten oder letztlich in bar auszahlbar wäre[1055]. Nur wenn man der Ansicht folgt, dass während des Zurückbehaltungszeitraums ein Anspruch allenfalls pro rata temporis entsteht, ist ein Absinken der Anspruchshöhe unproblematisch möglich. Versicherungsunternehmen können die festgesetzte variable Vergütung als Merkposten in ein virtuelles Konto einstellen und im Bedarfsfall Kürzungen vornehmen[1056]. Im Unterschied zu § 20 Abs. 5 InstitutsVergV sieht der Wortlaut des § 4 Abs. 3 Nr. 4 VersVergV keine vollständige Streichung der variablen Vergütung vor. Dennoch kann es auch bei Versicherungsunternehmen zu einem gänzlichen Wegfall der variablen Vergütung kommen, denn die Verringerung einer Höhe kann bis auf Null herab gehen[1057].

dd) Ermessensabhängige Leistungen zur Altersversorgung

Auch ermessensabhängige Leistungen zur Altersversorgung müssen zurückbehalten werden. Die Versicherungs-Vergütungsverordnung enthält in § 4 Abs. 5 und 6 VersVergV Vorgaben zur Ausgestaltung dieser Leistungen. Diese sind wort- und inhaltsgleich zu den Vorgaben des § 22 InstitutsVergV und gelten ebenfalls nur für bedeutende Unternehmen. Auch die Versicherungs-Vergütungsverordnung unterscheidet zwischen ermessensabhängigen Leistungen zur Altersversorgung anlässlich eines ruhestandsbedingten Ausscheidens, § 4 Abs. 6 VersVergV und einer nicht ruhestandsbedingten Beendigung des Dienstverhältnisses, § 4 Abs. 5 VersVergV und normiert für letztere höhere Anforderungen. Im Fall eines nicht ruhestandsbedingten Ausscheidens müssen die Leistungen bei einer negativen Entwicklung der Erfolgsbeiträge verringert werden. In jedem Fall müssen die ermessensabhängigen Leistungen zur Altersversorgung von einer nachhaltigen Entwicklung des Unternehmenswerts abhängen und mit einer Frist von fünf Jahren (als Sperrfrist oder Zurückbehaltungszeitraum) versehen werden. Bezüglich der Einzelheiten gilt das zu § 22 InstitutsVergV Gesagte entsprechend[1058].

1055 Siehe zur Parallelproblematik bei § 20 Abs. 5 InstitutsVergV 2. Kapitel III.2.c) cc)(1).

1056 *BaFin*, Begründung zur Verordnung über die aufsichtsrechtlichen Anforderungen an Vergütungssysteme im Versicherungsbereich zu § 4.

1057 So auch *BaFin*, Begründung zur Verordnung über die aufsichtsrechtlichen Anforderungen an Vergütungssysteme im Versicherungsbereich zu § 4, die ausdrücklich eine Streichung zulassen.

1058 Siehe dazu 2. Kapitel III.2.d).

2. § 87 Abs. 1 und 2 AktG

§ 87 Abs. 1 Satz 1 AktG schreibt vor, dass der Aufsichtsrat bei der Festsetzung der Gesamtbezüge des einzelnen Vorstandsmitglieds dafür zu sorgen hat, dass diese in einem angemessenen Verhältnis zu den Aufgaben und Leistungen des Vorstandsmitglieds sowie zur Lage der Gesellschaft stehen und die übliche Vergütung nicht ohne besondere Gründe übersteigen. Darüber hinaus muss die Vergütungsstruktur bei börsennotierten Gesellschaften auf eine nachhaltige Unternehmensentwicklung ausgerichtet sein. Variable Vergütungsbestandteile sollen eine mehrjährige Bemessungsgrundlage haben; für außerordentliche Entwicklungen soll der Aufsichtsrat eine Begrenzungsmöglichkeit vereinbaren, § 87 Abs. 1 Satz 2 und 3 AktG. Dies ist die zentrale Norm der Vergütungsbeschränkungen für Vorstände von Aktiengesellschaften.

a) Bezugspunkte des Angemessenheitsgebots

Das Angemessenheitsgebot des § 87 AktG bezieht sich auf die Festsetzung der Gesamtbezüge. Das Gesetz nennt ausdrücklich Gehalt, Gewinnbeteiligungen, Aufwandsentschädigungen, Versicherungsentgelte, Provisionen, anreizorientierte Vergütungszusagen wie zum Beispiel Aktienbezugsrechte und Nebenleistungen jeder Art. Zusammenfassend sind damit alle Leistungen gemeint, die einem aktiven Vorstandsmitglied mit Rücksicht auf seine Tätigkeit für die Gesellschaft gewährt werden[1059]. Bezugspunkte der Angemessenheit sind die Aufgaben und Leistungen des Vorstandsmitglieds, die Lage der Gesellschaft sowie die Üblichkeit der Vergütung. Diese Aufzählung ist nicht abschließend[1060]. Die Kriterien werden auch in § 10 Abs. 1 InstitutsVergV genannt und wurden bereits eingehend besprochen[1061]. Für eine abweichende Auslegung der Kriterien in beiden Normen besteht kein Anlass.

In Ziffer 4.2.2 Abs. 2 DCGK wird auch die Zukunftsaussicht des Unternehmens ausdrücklich genannt. Hinsichtlich der Üblichkeit verweist der Deutsche Corporate Governance Kodex auf das Vergleichsumfeld (horizontale Üblichkeit) und die Vergütungsstruktur, die ansonsten in der Gesellschaft gilt (vertikale Üblichkeit)[1062]. Der Aufsichtsrat soll bei der Angemessenheitsprüfung das Verhältnis der Vorstandsvergütung zur Vergütung des oberen Führungskreises und der Belegschaft insgesamt auch in der zeitlichen Entwicklung berücksichtigen, Ziffer 4.2.2 Abs. 2 Satz 3 DCGK. Diese Regelung wurde erstmals in der Fassung von 2013 kodifiziert. Dem

1059 MüKoAktG/*Spindler* AktG § 87 Rn. 22; Henssler/Strohn/*Dauner-Lieb* AktG § 87 Rn. 13, KK-AktG/*Mertens/Cahn* AktG § 87 Rn. 6.

1060 Hölters/*Weber* AktG § 87 Rn. 16; Hüffer/*Koch* AktG § 87 Rn. 4; Spindler/Stilz/*Fleischer* AktG § 87 Rn. 19; *Lutter*, ZIP 2006, 733 (735); *Lücke*, NZG 2005, 692 (696).

1061 Siehe dazu 2. Kapitel III.1.e).

1062 Ringleb/Kremer/Lutter/v. Werder/*Ringleb*, Deutscher Corporate Governance Kodex 2014, Rn. 702.

Aufsichtsrat obliegt es, die oberen Führungskreise und die relevante Belegschaft abzugrenzen[1063].

Maßgeblich sind die Gesamt-, nicht die Einzelbezüge eines Vorstandsmitglieds[1064]. Auch der Deutsche Corporate Governance Kodex geht von dieser Sichtweise aus. Nach Ziffer 4.2.3 Abs. 2 Satz 5 DCGK müssen sämtliche Vergütungsbestandteile „für sich und insgesamt angemessen sein" und dürfen insbesondere nicht zum Eingehen unangemessener Risiken verleiten. Dies deutet darauf hin, dass durch die Struktur der Vergütung das Eingehen außergewöhnlicher, nicht verantwortbarer Risiken ausgeschlossen werden soll, sodass für die Angemessenheit grundsätzlich die Gesamtbetrachtung der Vergütungsbestandteile maßgeblich ist[1065].

b) Vergütungsobergrenze

§ 87 AktG hat für die Gesamtbezüge der Vorstandsmitglieder keine bestimmte Höchstgrenze vorgeschrieben. Nach Ansicht des Gesetzgebers sind aufgrund der Vielgestaltigkeit der Unternehmen absolute Höchstgrenzen nicht bestimmbar[1066]. Objektive, verallgemeinerungsfähige Kriterien, die eine Beurteilung der Angemessenheit generell erlauben würden, lassen sich nicht finden[1067]. Von Teilen der Literatur wird die Festlegung einer absoluten Höchstgrenze als unverhältnismäßiger Eingriff in die Berufsfreiheit (Art. 12 Abs. 1 GG) und die Vertragsfreiheit (Art. 2 Abs. 1 GG) und damit als verfassungswidrig gesehen[1068]. Auch eine relative Obergrenze wird immer wieder diskutiert. Am wohl bekanntesten ist die letztlich gescheiterte schweizerische Initiative „1:12 – Für gerechte Löhne"[1069]. Bereits in der Vergangenheit gab es auch in Deutschland Vorschläge, die Vorstandsvergütung in

1063 Ringleb/Kremer/Lutter/v. Werder/*Ringleb*, Deutscher Corporate Governance Kodex 2014, Rn. 703; dazu auch *Wilsing/von der Linden*, DStR 2013, 1291 (1292 f.); *DAV*, NZG 2013, 419 (420).

1064 MüKoAktG/*Spindler* AktG § 87 Rn. 40; Hüffer/*Koch* AktG § 87 Rn. 2; Henssler/Strohn/*Dauner-Lieb* AktG § 87 Rn. 9.

1065 MüKoAktG/*Spindler* AktG § 87 Rn. 40; KK-AktG/*Mertens/Cahn* AktG § 87 Rn. 6; offen Ringleb/Kremer/Lutter/v. Werder/*Ringleb* Deutscher Corporate Governance Kodex 2014, Rn. 736.

1066 MüKoAktG/*Spindler* AktG § 87 Rn. 38; Hölters/*Weber* AktG § 87 Rn. 17; Hüffer/*Koch* AktG §87 Rn. 5; Spindler/Stilz/*Fleischer* Akt § 87 Rn. 21; *Körner*, NJW 2004, 2697 (2700); *Fleischer*, DStR 2005, 1279 (1281) *Martens*, ZHR 2005, 124 (126); *Marsch-Barner*, FS Röhricht 2005, 401 (403); *Schwark*, FS Raiser 2005, 377 (389); *Schüller*, Vorstandsvergütung, S. 140 f.

1067 *Körner*, NJW 2004, 2697 (2700); *Schwark*, FS Raiser 2005, 377 (389); *Schüller*, Vorstandsvergütung, S. 118 ff.

1068 *Körner*, NJW 2004, 2697 (2700); *Kiethe*, BB 2003, 1573 (1574 ff.); *Jahn*, ZRP 2004, 179 (181).

1069 Eidgenössische Volksinitiative „1:12 – Für gerechte Löhne"; gescheitert am 24. November 2013.

Anlehnung an die Vergütung der Beschäftigten zu bemessen[1070]. Ähnliches wurde von der SPD im Gesetzgebungsverfahren zum Gesetz zur Verbesserung der Kontrolle der Vorstandsvergütung und zur Änderung weiterer aktienrechtlicher Vorschriften (VorstKoG) vorgeschlagen[1071]. Danach soll jedes Unternehmen eine individuelle, branchen- und unternehmensabhängige Höchstgrenze bestimmen. Diese hat sich an der im Unternehmen herrschenden Relation zwischen der Vorstandsvergütung und einem durchschnittlichen Arbeitnehmereinkommen zu orientieren[1072]. Bislang ist ein solcher Vorschlag (noch) nicht gesetzlich normiert. Bis dahin gilt im Rahmen der Angemessenheit im Sinne des § 87 Abs. 1 AktG lediglich eine Evidenzgrenze bei offensichtlicher Unangemessenheit[1073]. Für börsennotierte Aktiengesellschaften empfiehlt der Deutsche Corporate Governance Kodex, dass die Vergütung insgesamt und hinsichtlich ihrer variablen Vergütungsteile betragsmäßige Höchstgrenzen aufweisen soll, Ziffer 4.2.3 Abs. 2 Satz 6 DCGK. In welcher Größenordnung sich diese bewegen sollen, bleibt offen. Bislang nennt der Deutsche Corporate Governance Kodex eine relative Höchstgrenze nur im Rahmen eines Abfindungs-Caps (Ziffer 4.2.3. Abs. 4 und Abs. 5 DCGK).

c) Vergütungsstruktur

Die Vergütungsstruktur bei börsennotierten Aktiengesellschaften ist auf eine nachhaltige Unternehmensentwicklung auszurichten, § 87 Abs. 1 Satz 2 AktG, Ziffer 4.2.3 Abs. 2 Satz 1 DCKG. Diese Regelung wurde durch Art. 1 Nr. 1 lit. a) VorstAG eingeführt und zeigt deutlich, welche Lehren aus der Finanzmarktkrise gezogen werden sollen[1074]. Der Vergütung kommt somit nicht nur eine Be- und Entlohnungsfunktion zu, sondern auch eine Steuerungsfunktion[1075]. Verhindert werden sollen Vergütungsstrukturen, die zum Eingehen unverantwortlicher Risiken verleiten und damit den Bestand der Gesellschaft gefährden[1076]. Unter „Vergütungsstruktur" ist die Zusammensetzung verschiedener Vergütungselemente – wie eine Fixvergütung

---

1070 Vorschlag der Fraktion DIE LINKE – Begrenzung der Managervergütung fördern, BT-Drucks. 16/7743 vom 16.Januar 2008, S. 2 f.; wonach eine Begrenzung auf das 20-fache eines sozialversicherungspflichtig Beschäftigten in der untersten Lohn- und Gehaltsgruppe erfolgen sollte.

1071 Antrag SPD-Fraktion „Exorbitante Managergehälter begrenzen", BT-Drucks. 17/13472 vom 14. Mai 2013, S. 2.

1072 Antrag SPD-Fraktion „Exorbitante Managergehälter begrenzen", BT-Drucks. 17/13472 vom 14. Mai 2013, S. 4.

1073 MüKoAktG/*Spindler* AktG § 87 Rn. 38; *Zöbeley*, Vergütungsvorgaben, S. 111.

1074 Dies war auch in der Empfehlung der EU-Kommission 2009/385/EG, Erwägungsgrund Nr. 6 enthalten.

1075 Begründung Fraktionsentwurf zum Gesetz zu Angemessenheit der Vorstandsvergütung (VorstAG) vom 17. März 2009, BT-Drucks. 16/12278, S. 5; *Wagner*, AG 2010, 774; *Dauner-Lieb/v. Preen/Simon*, DB 2010, 377 (380); *Raapke*, Vergütungsregulierung, S. 146.

1076 Hölters/*Weber* AktG § 87 Rn. 30.

und kurz- und langfristige variable Bestandteile – sowie ihr Verhältnis zueinander zu verstehen[1077]. Eine reine Fixvergütung ist nach dem Wortlaut des Gesetzes nicht ausgeschlossen. Der Fraktionsentwurf[1078] konnte noch so verstanden werden, dass der Aufsichtsrat zur Setzung langfristiger variabler Verhaltensanreize verpflichtet und somit die ausschließliche Vereinbarung einer Fixvergütung unzulässig sei. Diese Auffassung wurde nicht in das Gesetz übernommen. Auch nach Sinn und Zweck der Norm bedarf es keines generellen Verbots einer reinen Fixvergütung[1079]. Durch eine reine Fixvergütung werden keine Anreize zur Eingehung unverhältnismäßiger Risiken gesetzt[1080]. Der Vorschlag der SPD, dass der Aufsichtsrat ein Maximalverhältnis zwischen Grundgehalt und Boni festlegen muss, das durch die vertraglichen Vergütungsregelungen nicht überschritten werden darf[1081], würde ebenfalls nicht zu einem gänzlichen Verbot einer reinen Fixvergütung führen. Der Deutsche Corporate Governance Kodex empfiehlt jedoch, dass die monetären Vergütungsteile fixe und variable Bestandteile umfassen sollen, Ziffer 4.2.3 Abs. 2 Satz 2 DCGK.

Ob die im Rahmen der Vergütung verfolgten Ziele nachhaltig sind, richtet sich nach den Unternehmensstrategien. Bei Strategieänderungen muss auch die Vergütung angepasst werden. Dies ist zwar – anders als in § 4 InstitutsVergV – nicht ausdrücklich normiert, ergibt sich jedoch konkludent aus dem Nachhaltigkeitserfordernis[1082].

d) Mehrjähriger Bemessungszeitraum

Wird eine variable Vergütung gezahlt, so soll diese einen mehrjährigen Bemessungszeitraum haben, § 87 Abs. 1 Satz 3 AktG[1083]. Auch der Deutsche Corporate Governance Kodex wiederholt in Ziffer 4.2.3 das grundsätzliche Erfordernis eines

---

1077 Hüffer/*Koch* AktG § 87 Rn. 10; MüKoAktG/*Spindler* AktG § 87 Rn. 80; Großkomm-AktG/*Kort* AktG § 87 Rn. 79, 90 ff.; *Cahn*, FS Hopt, 2010, 431 (435).

1078 Begründung Fraktionsentwurf zum Gesetz zu Angemessenheit der Vorstandsvergütung (VorstAG) vom 17. März 2009, BT-Drucks. 16/12278, S. 5.

1079 *Lingemann*; BB 2009, 1918 (1919); *Thüsing*; AG 2009, 517 (519); *Hoffmann-Becking/Krieger*; NZG 2009, Beilage zu Heft 26, 1 (2).

1080 Für die Zulässigkeit einer reinen Fixvergütung auch: statt aller: MüKoAktG/*Spindler* AktG § 87 Rn. 81; KK-AktG/*Mertens/Cahn* AktG § 87 Rn. 22; Hölters/*Weber* AktG § 87 Rn. 34; *Fleischer*, NZG 2009, 801 (803); *Thüsing*, AG 2009, 517 (519); *Hoffmann-Becking/Krieger*, NZG 2009, Beilage zu Heft 26, 1 (2); *Bauer/Arnold*, AG 2009, 717 (722); *Ihrig/Wandt/Wittgens*, ZIP 2012, Beilage zu Heft 40, 1 (9); *Rieckhoff*, AG 2010, 617 (620); *Hohenstatt*, ZIP 2009, 1349 (1351); a.A. *Kocher/Bednarz*, Der Konzern 2011, 77 (79).

1081 Antrag SPD-Fraktion „Exorbitante Managergehälter begrenzen", BT-Drucks. 17/13472 vom 14. Mai 2013, S. 2.

1082 *Rieble/Schmittlein*, Vorstandsvergütung, Rn. 178; *Zöbeley*, Vergütungsvorgaben, S. 118.

1083 MüKoAktG/*Spindler* AktG § 87 Rn. 82; *Thüsing/Forst*, GWR 2010, 515; *Bauer/Arnold*, AG 2009, 717 (722); *Hohenstatt*, ZIP 2009, 1349 (1351); *Raapke*, Vergütungsregulierung, S. 150.

mehrjährigen Bemessungszeitraums. Bereits im Rahmen des § 10 Abs. 2 Instituts-VergV wurde angedeutet, dass die Auslegung diesbezüglich nicht bei beiden Vorschriften – trotz des identischen Wortlauts – zu denselben Ergebnissen kommen muss[1084]. Der zeitliche Umfang des Bemessungszeitraums ist auch nach aktienrechtlichem Verständnis umstritten. Nach dem allgemeinen Sprachgebrauch bedeutet „mehrjährig" einen Zeitraum von mindestens zwei Jahren. In der aktienrechtlichen Literatur halten deshalb viele Autoren einen zweijährigen Bemessungszeitraum für ausreichend[1085]. Die SPD-Fraktion hat im Gesetzgebungsverfahren zum Gesetz zur Verbesserung der Kontrolle der Vorstandsvergütung und zur Änderung weiterer aktienrechtlicher Vorschriften (VorstKoG) eine ausdrückliche Normierung eines vierjährigen Bemessungszeitraums gefordert[1086]. Begründet wird diese Zahl nicht.

Kurzfristige Verhaltensanreize durch entsprechende Vergütungselemente sind nach herrschender Meinung nicht völlig ausgeschlossen. Sie müssen nur in Kombination mit langfristigen Anreizen insgesamt dem Nachhaltigkeitskriterium entsprechen[1087]. Das Gesetz selbst nennt Provisionen als Bestandteil der Gesamtvergütung. Provisionen werden in der Regel für kurzfristige Erfolge gezahlt[1088]. Somit darf auch ein erfolgsabhängiger Jahresbonus weiterhin vereinbart werden, sofern er mit anderen Vergütungselementen kombiniert wird, die insgesamt die Nachhaltigkeit der Unternehmensentwicklung gewährleisten[1089].

1084 Siehe dazu 2. Kapitel III.2.b)aa).

1085 Hölters/*Weber* AktG § 87 Rn. 37; Hüffer/*Koch* AktG § 87 Rn. 12; K. Schmidt/Lutter/*Seibt* AktG § 87 Rn. 12; *Thüsing*, AG 2009, 517 (521); *Kocher/Bednarz*, Der Konzern 2011, 77 (83); *Hohenstatt/Kuhnke*, ZIP 2009, 1981 (1984); *Raapke*, Vergütungsregulierung, S. 156; a.A. Spindler/Stilz/*Fleischer* AktG § 87 Rn. 31; MüKoAktG/*Spindler* AktG § 87 Rn. 88: vier Jahre; *Bosse*, BB 2009, 1650 (1651): vier Jahre; *Deilmann/Otte*, GWR 2009, 261 (262): drei Jahre; *Fleischer*, NZG 2009, 801 (803): drei bis fünf Jahre; *Gaul/Janz*, NZA 2009, 809 (810): vier Jahre; *Seibert*, WM 2009, 1489 (1490): drei oder vier Jahre; *Weber-Rey*, WM 2009, 2255 (2259): drei oder vier Jahre; noch weitergehend *Thüsing*, AG 2009, 517 (521): fünf Jahre.

1086 Antrag SPD-Fraktion „Exorbitante Managergehälter begrenzen", BT-Drucks. 17/13472 vom 14. Mai 2013, S. 2.

1087 BT-Drucks. 16/13433, S. 16; MüKoAktG/*Spindler* AktG § 87 Rn. 80; Hölters/*Weber* AktG § 87 Rn. 33; Spindler/Stilz/*Fleischer* AktG § 87 Rn. 33; *Mertens*, AG 2011, 57 (62); a.A. *Cahn*, FS Hopt, 2010, 431 (444); *Jickeli*, FS Säcker, 2011, 381 (386).

1088 Spindler/Stilz/*Fleischer* AktG § 87 Rn. 35; *Annuß/Theusinger*, BB 2009, 2423 (2436); *Dauner-Lieb*, Der Konzern 2009, 583 (588); *Deilmann/Otte*, GWR 2009, 261 (262); *Eichner/Delahaye*, ZIP 2010, 2082 (2083); *Hohenstatt/Kuhnke*, ZIP 2009, 1981 (1986).

1089 Spindler/Stilz/*Fleischer* AktG § 87 Rn. 36, Henssler/Strohn/*Dauner-Lieb* AktG § 87 Rn. 29; MüKoAktG/Spindler Rn. 85; *Annuß/Theusinger*, BB 2009, 2434 (2436); *Bauer/Arnold*, AG 2009, 717 (722); *Bosse*, BB 2009, 1650 (1651); *Deilmann/Otte*, GWR 2009, 261 (262); *Suchan/Winter*, DB 2009, 2531 (2538); *Hoffmann-Becking/Krieger*, NZG 2009, Beilage zu Heft 26, 1 (2); *Hohenstatt*, ZIP 2009, 1349 (1351); *v. Kann/Keiluweit*, DStR 2009, 1587 (1588); *Nikolay*, NJW 2009, 2640 (2642).

In welchem Verhältnis langfristige und kurzfristige Vergütungskomponenten stehen müssen, lassen sowohl Gesetz als auch Gesetzesmaterialien offen. Maßgeblich ist, dass insgesamt eine nachhaltige Ausrichtung gegeben ist[1090]. In der Literatur wurden zahlreiche konkrete Zahlen diskutiert[1091]. Als Faustformel kann bislang gelten, dass mehr als die Hälfte der variablen Vergütung auf einem mehrjährigen Bemessungszeitraum beruhen muss[1092]. Nach einem Vorschlag der SPD-Fraktion sollten mindestens 30 Prozent der variablen Vergütungsbestandteile eine vierjährige Bemessungsgrundlage haben[1093]. Ob die restlichen 70 Prozent der variablen Vergütung dann einen kürzeren, aber dennoch mehrjährigen Bemessungszeitraum haben sollten, oder ob diesbezüglich ein Jahresbonus gezahlt werden darf, bleibt offen. Überraschend ist, dass bei letzterer Auslegung mit diesem Schwellenwert eine Herabsetzung der bisherigen Maßstäbe verbunden wäre. Dies wäre angesichts der Zielsetzung des Antrags, exorbitante Managergehälter zu begrenzen eher kontraproduktiv. Es ist unklar, ob der Gesetzesvorschlag auch auf nichtbörsennotierte Unternehmen Anwendung finden soll. Der mehrjährige Bemessungszeitraum ist bislang nur bei börsennotierten Aktiengesellschaften zu beachten.

e) Ausgestaltung des Nachhaltigkeitserfordernisses

Weder § 87 Abs. 1 AktG noch der Deutsche Corporate Governance Kodex geben Hinweise darauf, wie sich der Gesetzgeber eine Ausgestaltung des Nachhaltigkeitserfordernisses vorstellt. Dem Aufsichtsrat bleibt somit ein weiter Spielraum[1094]. Aus der Gesetzesbegründung wird deutlich, dass nicht nur die Auszahlung herausgeschoben sein darf, sondern die Vergütung innerhalb des Bemessungszeitraums auch

---

1090 Spindler/Stilz/*Fleischer* AktG § 87 Rn. 34; *Dauner-Lieb*, Der Konzern 2009, 583 (588).

1091 *Bauer/Arnold*, AG 2009, 717 (722): 50% Festvergütung, 20% kurzfristige variable und 30% langfristige variable Bezüge; *Lingemann*, BB 2009, 1918, (1919): 40% fix, 20% Jahresboni, 20% langfristig ausgerichtete Boni und 20% aktienbasierte Vergütung; *Weber-Rey*, WM 2009, 2255 (2258): 40% fixe Vergütung, 20% Jahresbonus und 40% sonstige variable, langfristige Vergütung; *Deilmann/Otte*, GWR 2009, 261: mindestens 30% langfristige Vergütungskomponente unter der Annahme, dass die Fixvergütung bei 50% liege; ferner *Hoffmann-Becking/Krieger*, NZG 2009, Beilage zu Heft 26, 1 (2), wonach das langfristige Vergütungselement bei realistischer Einschätzung pro anno nicht weniger als die Hälfte aller variablen Vergütungselemente ausmachen sollte.

1092 Henssler/Strohn/*Dauner-Lieb* AktG § 87 Rn. 22; *Bauer/Arnold*, AG 2009, 717 (722); *Deilmann/Otte*, GWR 2009, 261 (262); *Suchan/Winter*, DB 2009, 2531 (2538); *Ihrig/Wandt/Wittgens*, ZIP 2012, Beilage zu Heft 40, 1 (12).

1093 Antrag SPD-Fraktion „Exorbitante Managergehälter begrenzen", BT-Drucks. 17/13472 vom 14. Mai 2013, S. 2.

1094 Spindler/Stilz/*Fleischer* AktG § 87 Rn. 32; MüKoAktG/*Spindler* AktG § 87 Rn. 90; Hüffer/*Koch* AktG § 87 Rn. 13; *Fleischer*, NZG 2009, 801 (803); *Zöbeley*, Vergütungsvorgaben, S. 132.

an negativen Entwicklungen teilnehmen muss[1095]. Als Gestaltungsmöglichkeiten kommen eine Performancebetrachtung über die Gesamtlaufzeit oder ein Bonus-Malus-System in Betracht[1096]. Das Aktiengesetz differenziert nicht zwischen einem Zeitraum vor Festsetzung der variablen Vergütung und danach. Bemessungszeitraum und Zurückbehaltungszeitraum, wie sie die Instituts-Vergütungsverordnung und die Versicherungs-Vergütungsverordnung vorsehen, werden einheitlich „Bemessungszeitraum" genannt. Es ist selbstverständlich, dass sowohl positive als auch negative Entwicklungen während des Bemessungszeitraums Einfluss auf die letztlich festzusetzende Höhe der Vergütung haben. Dies verlangt auch Ziff. 4.2.3 Abs. 2 S. 4 DCGK.

Vor Festsetzung der variablen Vergütung ist die Performancebetrachtung über die Gesamtlaufzeit heranzuziehen[1097]. Hierzu werden während des Bemessungszeitraums Parameter definiert, die in mehreren aufeinanderfolgenden Geschäftsjahren einen bestimmten Wert erreichen müssen[1098]. Die Parameter müssen sich an der individuellen Leistung des Vorstandsmitglieds, aber auch an der Entwicklung des Unternehmenswerts orientieren. Wird danach eine Vergütung festgesetzt, so genügt sie grundsätzlich dem Erfordernis eines mehrjährigen Bemessungszeitraums und könnte direkt ausgezahlt werden.

Ist nach Ablauf des (mehrjährigen) Bemessungszeitraums die Vergütung festgesetzt, kann das klassische Bonus-Malus-System angewandt werden. Hierbei wird die Auszahlung über mehrere Jahre gestreckt. Verschlechterungen in den Folgejahren führen zu einer Verringerung des zurückbehaltenen Teils des Bonus[1099]. Dieser kann auch ganz entfallen. Die Auszahlung kann am Ende der Laufzeit als Gesamtbetrag erfolgen oder anteilig am Ende eines Geschäftsjahrs[1100]. Oftmals wird von einem Bonusbank-Modell gesprochen, weil der zurückgehaltene Anteil in einer virtuellen Bank verbucht wird[1101]. Dieses Bonusbank-Modell wurde bereits im Rahmen des § 20 InstitutsVergV dargestellt[1102]. Auch nach aktienrechtlicher Ausgestaltung

---

1095 Beschlussempfehlung und Bericht des Rechtsausschusses zum Gesetz zur Angemessenheit der Vorstandsvergütung (VorstAG) vom 17. Juni 2009, BT-Drucks. 16/13433, S. 10.

1096 Beschlussempfehlung und Bericht des Rechtsausschusses zum Gesetz zur Angemessenheit der Vorstandsvergütung (VorstAG) vom 17. Juni 2009, BT-Drucks. 16/13433, S. 10.

1097 So auch *Bosse,* Handbuch Vorstandsvergütung, Rn. 156; andere Autoren halten die Performancebetrachtung auch noch nach Festsetzung der variablen Vergütung für möglich, beispielsweise *Rieckhoff,* AG 2010, 617 ff.

1098 *Eichner/Delahaye,* ZIP 2010, 2082 (2086); *Bosse,* Handbuch Vorstandsvergütung, Rn. 156.

1099 *Bauer/Arnold,* AG 2009, 717 (723); *Bosse,* Handbuch Vorstandsvergütung, Rn. 158.

1100 *Eichner/Delahaye,* ZIP 2010, 2082 (2086); *Weber-Rey,* WM 2009, 2255 (2259 f.); *Bosse,* Handbuch Vorstandsvergütung, Rn. 158.

1101 *Bauer/Arnold,* AG 2009, 717 (723); *Lingemann,* BB 2009, 1918 (1919).

1102 Kapitel 2. III.2.c)aa)(3).

sollte während des Zurückbehaltungszeitraums vertraglich die Entstehung eines Anspruchs oder einer Anwartschaft auf die Vergütung nur pro rata temporis vereinbart werden.

Eine weitere, nicht ausdrücklich in der Gesetzesbegründung genannte Möglichkeit, dem Nachhaltigkeitserfordernis Rechnung zu tragen, sind Claw Back-Klauseln. Die *EU-Kommission* empfiehlt solche Klauseln[1103]. Bei Vereinbarung solcher Klauseln wird am Ende des (mehrjährigen) Bemessungszeitraums der festgesetzte Bonus vollständig ausbezahlt unter der Bedingung, dass dieser zurückgezahlt werden muss, sofern sich der Erfolg nicht als nachhaltig erweist[1104]. Die rechtliche Zulässigkeit dieser Klauseln ist umstritten[1105]. Insbesondere ist aber die vertragliche Ausgestaltung einem hohen Unwirksamkeitsrisiko ausgesetzt. Claw Back-Klauseln sind Allgemeine Geschäftsbedingungen im Sinne der §§ 305 ff. BGB. Auch Vorstände sind nach herrschender Ansicht in der Literatur beim Abschluss des Anstellungsvertrags als Verbraucher zu qualifizieren[1106]. Damit gelten die allgemeinen Kriterien hinsichtlich des Transparenzerfordernisses und der unangemessenen Benachteiligung. Weiterhin ist zu beachten, dass Claw Back-Klauseln in ihrer Wirkung deutlich über einen typischen Widerrufsvorbehalt hinausgehen[1107]. Während beim klassischen Widerrufsvorbehalt ein Anspruch nur für die Zukunft beseitigt werden kann[1108], greifen Claw Back-Klauseln dann ein, wenn der Vergütungsanspruch bereits erfüllt wurde[1109]. Dies trifft das Vorstandsmitglied deutlich härter, insbesondere wenn er bereits Dispositionen hinsichtlich des ausgezahlten Betrags getroffen hat[1110]. In der Praxis erfolgt die Rückforderung durch Aufrechnung mit zukünftigen

---

1103 Empfehlung der Kommission vom 30. April 2009 zur Ergänzung der Empfehlungen 2004/913/EG und 2005/162/EG zur Regelung der Vergütung von Mitgliedern der Unternehmensleitung börsennotierter Gesellschaften; 2009/385/EG; ABl. L 120, S. 28, Empfehlungsgrund 6.

1104 *Ihrig/Wandt/Wittgens,* ZIP 2012 Beilage zu Heft 40, S. 1 (12); *Wettich,* AG 2013, 374ff; *Bauer/Arnold,* AG 2009, 717 (723); *Lingemann,* BB 2009, 1918 (1919); *Weber-Rey,* WM 2009, 2255 (2260); *Thüsing/Forst,* GWR 2010, 515 (518); *Hohenstattt/Kuhnke,* ZIP 2009, 1981 (1985); *Schuster,* FS Bauer 2010, 973.

1105 *Bauer/Arnold,* AG 2009, 717 (723); *Bosse,* Handbuch Vorstandsvergütung, Rn. 160.

1106 OLG Hamm 8 Sch 2/07 vom 18. Juli 2007; AG 2007, 910 (911); zum Fremdgeschäftsführer einer Gesellschaft mit beschränkter Haftung BAG 5 AZR 253/09 vom 19. Mai 2010; NJW 2010, 2817 (2829); Spindler/Stilz/*Fleischer* AktG § 84 Rn. 24; *Mülbert,* FS Hadding 2004, 575 (582); ablehnend *Herresthal,* ZIP 2014, 345 (347 ff.); *Thüsing* in: Fleischer, Handbuch des Vorstandsrechts, § 4 Rn. 101.

1107 So auch *Sammet,* Versicherungs-Vergütungsverordnung, S. 188 ff.

1108 BAG 5 AZR 141/72 vom 27. Juli 2972, BB 1973, 142; ErfK/*Preis* BGB § 310 Rn. 57; MüKoBGB/*Müller-Glöge* BGB § 611 Rn. 439; Staudinger/*Richardi/Fischinger* § 611 Rn. 437; HWK/*Thüsing* BGB § 611 Rn. 511.

1109 Darauf hinweisend auch *Sammet,* Versicherungs-Vergütungsverordnung, S. 189.

1110 BAG 5 AZR 141/72 vom 27. Juli 2972, BB 1973, 142; *Bosse,* Handbuch Vorstandsvergütung, Rn. 160; *Sammet,* Versicherungs-Vergütungsverordnung, S. 189; a.A. *Dzida/Naber,* BB 2011, 2613 (2616).

Vergütungsansprüchen. Aus der Formulierung der Rückforderungsklauseln müssen die Umstände, unter denen eine Rückforderung in Betracht kommt, sowie die Höhe des zurückforderbar gestellten Betrags eindeutig hervorgehen[1111]. Es gelten insoweit strenge Maßstäbe[1112]. Überwiegend wird von der Vereinbarung solcher Claw Back-Klauseln abgeraten[1113].

Die Anforderungen einer mehrjährigen Bemessungsgrundlage erfüllen auch die bereits üblichen Long-Term-Incentive-Programme einiger Unternehmen[1114]. Bei solchen auch sogenannten Share-Ownership-Guidelines werden die Vorstandsmitglieder verpflichten, Aktien am eigenen Unternehmen zu erwerben und längerfristig zu halten[1115].

Das sogenannte Hedging ist auch für Vorstände untersagt. Zwar verbietet der Wortlaut des § 87 AktG eine solche Maßnahme nicht ausdrücklich. Das Verbot ergibt sich jedoch aus der Loyalitätspflicht des Vorstandsmitglieds[1116]. Das Hedging gefährdet die Anreizfunktion der Aktien und Aktienoptionen[1117]. Der Aufsichtsrat ist zwar angehalten, ein solches Verbot im Anstellungsvertrag zu vereinbaren, nach Ansicht der Regierungskommission Corporate Governance ist dies jedoch nicht zwingend nötig[1118].

1111 *Eichner/Delahaye*, ZIP 2010, 2082 (2087).

1112 *Sammet*, Versicherungs-Vergütungsverordnung, S. 190.

1113 Hölters/*Weber* AktG § 87 Rn. 36; *Hohenstatt/Kuhnke*, ZIP 2009, 1981 (1985 f.); *Lingemann*, BB 2009, 1918 (1919); *Bauer/Arnold*, AG 2009, 717 (723); *Rieble/Schmittlein*, Vorstandsvergütung, Rn. 238; *Zöbeley*, Vergütungsvorgaben, S. 135.

1114 *Bauer/Arnold*, AG 2009, 717 (722 ff.).

1115 Spindler/Stilz/*Fleischer* AktG § 87 Rn. 32; MüKoAktG/*Spindler* AktG § 87 Rn. 90 Hölters/*Weber* AktG § 87 Rn. 36; *Fleischer*, NZG 2009, 801 (803); *Bauer/Arnold*, AG 2009, 717 (723); *Hoffmann-Becking/Krieger*, NZG 2009, Beilage zu Heft 26, 1, (3); *Hohaus/Weber*, DB 2009, 1515 (1519); *Deilmann/Otte*, GWR 2009, 261; *Raapke*, Vergütungsregulierung, S. 159.

1116 Großkomm AktG/*Kort* AktG § 87 Rn. 188; MüKoAktG/*Spindler* AktG § 87 Rn. 110; Spindler/Stilz/*Fleischer* AktG § 87 Rn. 43; a.A. *Thüsing* in: Fleischer, Handbuch des Vorstandsrechts, § 6 Rn. 74 mit Hinweis auf das Recht der USA; *Thüsing*, ZGR 2003, 457 (500).

1117 *Adams* ZIP 2002, 1325 (1334); weitergehend *Thüsing* in: Fleischer, Handbuch des Vorstandsrechts, § 6 Rn. 109 f., der indes das sog. Basket-hedging zulassen will, wenn die eigene Gesellschaft nur untergeordnete Bedeutung in einem gesamten Portfolio besitzt. Allerdings entstehen hier erhebliche Kontroll- und Vollzugsprobleme.

1118 *Baums*, Bericht der Regierungskommission Corporate Governance, 2001, Rn. 47; Spindler/Stilz/*Fleischer* Rn. 43; MüKoAktG/*Spindler* AktG § 87 Rn. 110; *Adams*, ZIP 2002, 1325 (1334); *Baums*, FS Clausen 1997, 3 (17 f.); weniger streng *Thüsing*, ZGR 2003, 457 (500).

f) Begrenzungsmöglichkeit

Nach § 87 Abs. 1 Satz 3 Halbsatz 2 AktG soll der Vorstand bei variabler Vergütung eine Begrenzungsmöglichkeit für außerordentliche Entwicklungen vereinbaren. Dahinter steht der Gedanke, dass positive Sondereffekte sich nicht in der Vergütung der Vorstände widerspiegeln sollen, wenn sie nicht auf der Leistung des Vorstandsmitglieds beruhen[1119]. Als Beispiele nennen die Gesetzesmaterialien Unternehmensübernahmen, Veräußerungen von Unternehmensteilen, die Hebung stiller Reserven oder externe Einflüsse[1120]. Eine identische Regelung findet sich auch in § 10 Abs. 2 InstitutsVergV und wurde bereits ausführlich behandelt[1121]. Für eine unterschiedliche Auslegung beider Normen sind keine Anhaltspunkte gegeben.

g) Zulässigkeit einzelner Zahlungen

§ 87 AktG verbietet nicht einzelne Zahlungen. Im Unterschied zu § 5 InstitutsVergV werden weder Zahlungen für den Fall der Beendigung der Tätigkeit noch garantierte variable Vergütungen untersagt. Im Umkehrschluss bedeutet dies jedoch nicht die uneingeschränkte Zulässigkeit solcher Zahlungen. Ihre Statthaftigkeit hängt davon ab, ob sie mit den allgemeinen Anforderungen des § 87 Abs. 1 AktG vereinbar sind.

aa) Antritts- und Halteprämien

Bedenken werden insbesondere gegen die Zulässigkeit von Antritts- und Halteprämien geäußert[1122]. Eine Antrittsprämie beziehungsweise ein Sign-on Bonus kann sinnvoll sein, um eine geeignet Person als Vorstand für das Unternehmen zu gewinnen[1123]. Retention Boni werden gezahlt, um ein Vorstandsmitglied zum Verbleib im Unternehmen zu bewegen[1124]. Solange sich die Höhe der Prämie im Rahmen der Angemessenheit des § 87 Abs. 1 Satz 1 AktG hält, sind solche Leistungen zulässig[1125]. Sie sind mit dem Nachhaltigkeitserfordernis vereinbar, da die Gewinnung

---

1119 MüKoAktG/*Spindler* AktG § 87 Rn. 91; Spindler/Stilz/*Fleischer* AktG § 87 Rn. 37; *Fleischer*, NZG 2009, 801 (803); *Thüsing*, AG 2009, 517 (521 f.); *Seibert*, WM 2009, 1489 (4190); *Bauer/Arnold*, AG 2009, 717 (723); *Raapke*, Vergütungsregulierung, S. 161.

1120 Beschlussempfehlung und Bericht des Rechtsausschusses zum Gesetz zur Angemessenheit der Vorstandsvergütung (VorstAG) vom 17. Juni 2009, BT-Drucks. 16/13433, S. 16.

1121 Siehe 2. Kapitel III.1.f).

1122 *Hanau*, NJW 2009, 1652 (1653); *Poguntke*, ZIP 2011, 893 (899).

1123 So z. B. *Eichner/Delahaye*, ZIP 2010, 2082 (2087).

1124 *Eichner/Delahaye*, ZIP 2010, 2082 (2087).

1125 Spindler/Stilz/*Fleischer* AktG § 87 Rn. 29, Hüffer/*Koch* AktG § 87 Rn. 11; *Bauer/Arnold*, AG 2009, 717 (721); *Eichner/Delahaye*, ZIP 2010, 2082 (2087); *Fleischer*, NZG 2009, 801 (803); *Thüsing*, AG 2009, 517 (520); teilweise abweichend *Poguntke*, ZIP 2011, 893 (899).

beziehungsweise Erhaltung geeigneter Vorstandsmitglieder als Grundlage einer nachhaltigen Unternehmensentwicklung dienlich sein kann[1126]. Sie sollten jedoch von einer Vereinbarung zur verzögerten Auszahlung oder einer Rückforderungsmöglichkeit flankiert werden, um dem Fall einer negativen Unternehmenswertentwicklung oder eines vorzeitigen Ausscheidens Rechnung zu tragen[1127].

bb) Ermessens- und Anerkennungsprämien

Ermessenstantiemen, über deren Höhe der Aufsichtsrat nach billigem Ermessen entscheidet, sind grundsätzlich zulässig, wenn sie im Vorhinein im Anstellungsvertrag vereinbart sind[1128]. Unter Anerkennungsprämien werden im Anstellungsvertrag nicht vorgesehene Vermögenszuwendungen verstanden, welche dem Vorstandsmitglied nachträglich für besondere Leistungen zugewendet werden[1129]. Solche projektbezogenen Boni prämieren besondere Leistungen oder Erfolge und werden allgemein als zulässig erachtet[1130]. Voraussetzung ist, dass sie nach Art und Höhe als Ergänzung der ursprünglich vertraglich vereinbarten, aber nachträglich nicht als leistungsgerecht erscheinenden Vergütung verstanden werden können[1131]. Durch das *Mannesmann*-Urteil[1132] wurde in diesem Bereich eine große Rechtsunsicherheit geschaffen. In dem Verfahren wurde über die Zulässigkeit nachträglicher Anerkennungsprämien (appreciation awards) an ausscheidende Vorstandsmitglieder entschieden. Nach Ansicht des *Bundesgerichtshofs* ist bei fehlender Rechtsgrundlage im Dienstvertrag die Bewilligung einer nachträglichen Anerkennungsprämie zulässig, wenn und soweit dem Unternehmen gleichzeitig Vorteile zuflössen, die in einem angemessenen Verhältnis zu der mit der freiwilligen Zusatzvergütung verbundenen Minderung des Gesellschaftsvermögens stünden. Damit bleiben Sonderzahlungen grundsätzlich weiterhin zulässig. Weiter führt der *Bundesgerichtshof* jedoch aus, dass eine im Dienstvertrag nicht vereinbarte Sonderzahlung für eine geschuldete Leistung, die ausschließlich belohnenden Charakter habe und der Gesellschaft

1126 *Hanau*, NJW 2009, 1652 (1653); *Eichner/Delahaye*, ZIP 2010, 2082 (2087).

1127 *Raapke*, Vergütungsregulierung, S. 173; für das zwingende Erfordernis einer Rückforderungsmöglichkeit: *Poguntke*, ZIP 2011, 893 (899 f.).

1128 MüKoAktG/*Spindler* AktG § 87 Rn. 113; Großkomm AktG/*Kort* AktG § 87 Rn. 142; *Hoffmann-Becking*, ZHR 2005, 155 (163); *Wollburg*, ZIP 2004, 646 (652 f.); kritisch *Martens*, ZHR 2005, 124 (143).

1129 MüKoAktG/*Spindler* AktG § 87 Rn. 114; KK-AktG/*Mertens/Cahn* AktG § 87 Rn. 32; *Martens*, ZHR 2005, 124 (133).

1130 MüKoAktG/*Spindler* AktG § 87 Rn. 114; Spindler/Stilz/*Fleischer* AktG § 87 Rn. 51; Hölters/*Weber* AktG § 87 Rn. 41; *Annuß/Theusinger*, BB 2009, 2434 (2436 f.); *Bauer/Arnold*, AG 2009, 717 (720); *Fleischer*, NZG 2009, 801 (803); *Thüsing*, AG 2009, 517 (520) *Gaul/Janz*, NZA 2009, 809 (810); *Hoffmann-Becking/Krieger*, NZG 2009, Beilage zu Heft zu 26, 1 (3).

1131 Spindler/Stilz/*Fleischer* AktG § 87 Rn. 51; MüKoAktG/*Spindler* AktG § 87 Rn. 117; Hölters/*Weber* AktG § 87 Rn. 41; *Fonk*, NZG 2005, 248 (251).

1132 BGH 3 StR 470/04 vom 21. Dezember 2005; NJW 2006, 522.

keinen zukunftsbezogenen Nutzen bringen könne, demgegenüber als treupflichtwidrige Verschwendung des anvertrauten Gesellschaftsvermögens zu bewerten sei[1133]. In der Literatur wurde dieses Urteil überwiegend kritisiert[1134]. Für die Praxis bedeutet es, dass zukünftig bereits im Anstellungsvertrag eine Klausel vereinbart werden sollte, wonach Sondervergütungen im Ermessen des Aufsichtsrats gezahlt werden können[1135]. Die Vereinbarung einer solchen Klausel sowie die Ausübung im konkreten Fall müssen sich ihrerseits an § 87 Abs. 1 AktG messen lassen[1136].

cc) Abfindungen

Abfindungen, die für den Fall gezahlt werden, dass ein Vertragsverhältnis vorzeitig beendet wird, ohne dass ein Grund für eine außerordentliche Kündigung des Anstellungsvertrags vorliegt, und lediglich die Restlaufzeit des Vertrags kapitalisieren, sind weiterhin zulässig[1137]. Abweichungen von diesem Betrag nach oben und unten sind ebenfalls zulässig[1138]. Bedenken hinsichtlich der Nachhaltigkeit ergeben sich nicht, da mit derartigen Abfindungsleistungen keine negativen Verhaltensanreize verbunden sind[1139]. Bei Abweichungen nach oben ist jedoch zu beachten, dass diese nicht als eine Art nachträgliche Anerkennungsprämie für geleistete Dienste erscheinen. Solche sind seit der *Mannesmann*-Entscheidung des *Bundesgerichtshofs* nur noch eingeschränkt zulässig[1140].

Der Deutsche Corporate Governance Kodex empfiehlt bei Abschluss von Vorstandsverträgen darauf zu achten, dass ein Abfindungs-Cap vereinbart wird, Ziffer 4.2.3 Abs. 4 DCGK. Bei Neuabschlüssen oder Vertragsverlängerungen soll im Anstellungsvertrag bereits festgelegt werden, dass bei vorzeitiger Beendigung der Vorstandstätigkeit die Abfindung einschließlich Nebenleistungen einen Betrag von zwei Jahresvergütungen nicht überschreitet und nicht mehr als die Restlaufzeit

---

1133 BGH 3 StR 470/04 vom 21. Dezember 2005; NJW 2006, 522 (524).

1134 *Fonk*, NZG 2005, 248 (249 ff.); *Hoffmann-Becking*, ZHR 2005, 155 (161 ff.); *Hoffmann-Becking*, NZG 2006, 127; *Kort*, NJW 2005, 333 f.; *Kort*, NZG 2006, 131; *Peltzer*, ZIP 2006, 205 ff.; *Spindler*, ZIP 2006, 349 ff; *Baums*, FS Huber 2006, 656 (659 ff.); *Marsch-Barner*, FS Röhricht 2005, 401 (405 f.).

1135 Spindler/Stilz/*Fleischer* AktG § 87 Rn. 52; MüKoAktG/*Spindler* AktG § 87 Rn. 118; Hölters/*Weber* AktG § 87 Rn. 41; *Bauer/Arnold*, DB 2006, 546 (547 ff.); *Lutter*, ZIP 2006, 733 (737).

1136 MüKoAktG/*Spindler* AktG § 87 Rn. 118.

1137 Spindler/Stilz/*Fleischer* AktG § 87 Rn. 46; Hölters/*Weber* AktG § 87 Rn. 42; KK-AktG/*Mertens/Cahn* AktG § 87 Rn. 83; *Hoffmann-Becking*, ZHR 2005, 155, (168); *Lutter*, ZIP 2006, 733, (737); *Spindler*, DStR 2004, 36 (44); *Schwark*, FS Raiser 2005, 377 (392); *Fonk* in: Semler/v. Schenck, Arbeitshandbuch für Aufsichtsratsmitglieder, § 10 Rn. 351.

1138 GroßkommAKtG/*Kort*, AktG § 87 Rn. 338; KK-AktG/*Mertens/Cahn* AktG § 87 Rn. 83; *Schwark*, FS Raiser 2005, 377 (392); *Raapke*, Vergütungsregulierung, S. 176.

1139 So auch *Raapke*, Vergütungsregulierung, S. 176.

1140 BGH 3 StR 470/04 vom 21. Dezember 2005; NJW 2006, 522.

des Anstellungsvertrags vergütet wird[1141]. Wird der Anstellungsvertrag aus einem durch den Vorstand zu vertretenden wichtigen Grund gekündigt, so darf keine Zahlung erfolgen, Ziffer 4.2.3 Abs. 4 Satz 2 DCGK. In diesen Fällen bedarf es keiner Abfindungsvereinbarung[1142]. Die Empfehlung geht allerdings ins Leere, wenn der Anstellungsvertrag nicht gekündigt werden kann und das Vorstandsmitglied an ihm festhält[1143]. Bei der Vereinbarung eines Abfindungs-Caps handelt es sich um eine Empfehlung im Sinne des § 161 AktG, von der nicht ohne weiteres abgewichen werden kann[1144].

Eine weitere Form der Abfindungsleistungen sind Golden Parachutes im Zusammenhang mit Change of Control-Klauseln. Auch solche sind nach herrschender Meinung weiterhin zulässig[1145]. Der Umfang des Leistungsversprechens muss jedoch dem Angemessenheitsgebot des § 87 Abs. 1 genügen[1146]. An der grundsätzlichen Zulässigkeit solcher Klauseln im ursprünglichen Anstellungsvertrag hat sich durch das *Mannesmann*-Urteil des *Bundesgerichtshofs*[1147] nichts geändert[1148]. Problematisch wird die Vereinbarung einer Change of Control-Klausel gesehen, wenn sich eine konkrete Übernahmesituation bereits abzeichnet[1149]. Zwar ist die *Mannesmann*-Rechtsprechung auf diesen Fall nicht direkt anwendbar, dennoch wird

---

1141 Ringleb/Kremer/Lutter/v. Werder/*Ringleb*, Deutscher Corporate Governance Kodex 2014, Rn. 774; kritisch dazu *Bauer/Arnold*, BB 2008, 1692; *Hoffmann-Becking*, ZIP 2007, 2101; *van Kann/Eigler*, DStR 2007, 1730 (1735 f.); *Martens*, FS Hüffer 2010, 647 (654 ff.).

1142 *Hohenstatt/Naber*, FS Bauer 2010, S. 447 (453); *Hohenstatt/Willemsen*, NJW 2008, 3462 (3463); *Bauer/Arnold*, BB 2007, 1793 (1794).

1143 Hüffer/*Koch* AktG § 87 Rn. 8; KK-AktG/*Mertens/Cahn* AktG § 87 Rn. 84; *Hoffmann-Becking*, ZIP 2007, 2101 (2106); *Lutter*, BB 2009, 1874 f.: „unvollkommene Empfehlung".

1144 Ringleb/Kremer/Lutter/v. Werder/*Ringleb*, Deutscher Corporate Governance Kodex 2014, Rn. 773; MüKoAktG/*Spindler* AktG § 87 Rn. 153.

1145 Spindler/Stilz/*Fleischer* AktG § 87 Rn. 53; Hüffer/*Koch* AktG § 87 Rn. 9; KK-AktG/*Mertens/Cahn* AktG § 87 Rn. 85; K. Schmidt/Lutter/*Seibt* AktG § 87 Rn. 14; Hölters/*Weber* AktG § 87 Rn. 44; *Bittmann/Schwarz*, BB 2009, 1014; *Fonk* in: Semler/v. Schenck, Arbeitshandbuch für Aufsichtsratsmitglieder, § 10 Rn. 179; *Hoffmann-Becking*, ZHR 2005, 155 (170); abweichend *Martens*, ZHR 2005, 124 (141); stark einschränkend *Ziemons*, FS Huber 2006, 1035 (1036 ff.).

1146 MüKoAktG/*Spindler* AktG § 87 Rn. 155; Spindler/Stilz/*Fleischer* AktG § 87 Rn. 53; Hüffer/*Koch* AktG § 87 Rn. 9; K. Schmidt/Lutter/*Seibt* AktG § 87 Rn. 14; Hölters/*Weber* AktG § 87 Rn. 44; *Fonk* in: Semler/v. Schenck, Arbeitshandbuch für Aufsichtsratsmitglieder, § 10 Rn. 178; *Dreher*, AG 2002, 214 (216 f.); *Korts*, BB 2009, 1876 (1878 f.); *Hoffmann-Becking*, ZHR 2005, 155 (170).

1147 BGH 3 StR 470/04 vom 21. Dezember 2005; NJW 2006, 522.

1148 Hüffer/*Koch* AktG § 87 Rn. 9; MüKoAktG/*Spindler* AktG § 87 Rn. 155; *Kort*, AG 2006, 106 (108); abweichend *Lutter*, ZIP 2006, 733 (737).

1149 Hölters/*Weber* AktG § 87 Rn. 44; MüKoAktG/*Spindler* AktG § 87 Rn. 157.

eine nachträgliche Vereinbarung überwiegend für unzulässig erachtet[1150]. Ziffer 4.2.3 Abs. 5 DCGK erlaubt ebenfalls weiterhin die Vereinbarung von Change of Control-Klauseln. Die Kommission empfiehlt, dass bei Zusagen aus Anlass der vorzeitigen Beendigung der Vorstandstätigkeit infolge eines Kontrollwechsels, die Abfindung einen Betrag von 150 Prozent des Abfindungs-Caps nicht übersteigen soll. Die Anhebung des Abfindungs-Caps für solche Fälle ist gerechtfertigt, wenn die Initiative zur Auflösung des Vorstandsvertrags nicht von dem betroffenen Vorstandsmitglied, sondern vom neuen Mehrheitsaktionär ausgeht oder es dem Vorstandsmitglied unzumutbar ist, unter der neuen Kontrolle tätig zu bleiben[1151].

h) Herabsetzung nach § 87 Abs. 2 AktG

Nach § 87 Abs. 2 S. 1 AktG soll der Aufsichtsrat die Vorstandsbezüge auf die angemessene Höhe herabsetzen, wenn sich die Lage der Gesellschaft nach der Festsetzung so verschlechtert, dass die Weitergewährung der Bezüge unbillig für die Gesellschaft wäre. An das Vorliegen der Tatbestandsvoraussetzungen sind strenge Anforderungen zu stellen[1152]. Die Anforderungen können nicht durch Satzung oder durch eine Individualvereinbarung etwa im Anstellungsvertrag mit dem Vorstandsmitglied weiter verschärft oder eine Herabsetzung gänzlich ausgeschlossen werden[1153]. Die tatbestandlichen Voraussetzungen der Herabsetzung sind (aa) eine Verschlechterung der Lage der Gesellschaft und kumulativ (bb) die Unbilligkeit der Weitergewährung der bisherigen Vergütung. Auf der Rechtsfolgenseite sieht das Gesetz eine Herabsetzung der Vergütung auf ein angemessenes Maß vor (cc).

aa) Verschlechterung der Lage der Gesellschaft

Erforderlich ist zunächst eine Verschlechterung der Lage der Gesellschaft, die nach dem Zeitpunkt der Festsetzung der Vergütung eintritt[1154]. Wirtschaftliche Schwierigkeiten, die bereits bei Abschluss des Anstellungsvertrags bekannt

---

1150 Hüffer/*Koch* AktG § 87 Rn. 9; Hölters/*Weber* AktG § 87 Rn. 44; MüKoAktG/*Spindler* AktG § 87 Rn. 157; *Kort*, AG 2006, 106 (108); *Korts*, BB 2009, 1876, 1878); *Ziemons*, FS Huber 2006, S. 1035 (1043).

1151 Ringleb/Kremer/Lutter/v. Werder/*Ringleb*, Deutscher Corporate Governance Kodex 2014, Rn. 777.

1152 Spindler/Stilz/*Fleischer* AktG § 87 Rn. 60; Hüffer/*Koch* AktG § 87 Rn. 24; KK-AktG/*Mertens/Cahn* AktG § 87 Rn. 104; MüKoAktG/*Spindler* AktG § 87 Rn. 166 f.; *Gaul/Janz*, NZA 2009, 809 (812); *Dauner-Lieb*, Der Konzern 2009, 583 (589); *Koch*, WM 2009, 49 (51 f.).

1153 Spindler/Stilz/*Fleischer* AktG § 87 Rn. 61; MüKoAktG/*Spindler* AktG § 87 Rn. 162; KK-AktG/*Mertens/Cahn* AktG § 87 Rn. 96; K. Schmidt/Lutter/*Seibt* AktG § 87 Rn. 20; *Baeck/Götze/Arnold*, NZG 2009, 1121 (1125); *Weller*, NZG 2010, 7 (12); zurückhaltend *Bauer/Arnold*, AG 2009, 717 (727); großzügiger *Annuß/Theusinger*, BB 2009, 2434 (2438).

1154 *Bauer/Arnold*, AG 2009, 717 (726); *Diller*, NZG 2009, 1006.

waren[1155], oder die Einsicht des Aufsichtsrats, die ursprüngliche Vergütung sei von Beginn an zu hoch bemessen[1156], begründen keinen Herabsetzungsanspruch. Eine Verschlechterung der Lage der Gesellschaft liegt bereits dann vor, wenn die Gesellschaft Entlassungen oder Lohnkürzungen vornehmen muss und keinen Gewinn mehr ausschütten kann[1157]. Nur wenn eine Thesaurierung der Gewinne unmöglich ist und kumulativ dazu Entlassungen oder Lohnkürzungen unumgänglich sind, ist von einer maßgeblichen Verschlechterung der Lage der Gesellschaft auszugehen[1158], denn die einzelnen Maßnahmen alleingenommen können auch einer Steigerung der Wettbewerbsfähigkeit oder der Finanzierung zukünftiger Investitionen dienen[1159]. Insolvenz und unmittelbare Krise erfüllen stets die Voraussetzungen, sind aber nicht zwingend notwendig[1160].

bb) Unbilligkeit der Weitergewährung

Die Weitergewährung muss gerade für die Gesellschaft unbillig sein. Nicht ausreichend ist eine „nach allgemeiner Betrachtung" unbillig erscheinende Vergütung[1161]. Auf die Meinung der Öffentlichkeit oder von Wirtschaftsexperten kommt es nicht an[1162]. Zur Feststellung der Unbilligkeit bedarf es einer Interessenabwägung[1163], bei der sowohl das Ausmaß der wirtschaftlichen Schwierigkeiten der Gesellschaft als auch die Höhe der Bezüge und die persönlichen Verhältnisse des Vorstandsmitglieds für die Herabsetzungsentscheidung von Bedeutung sind[1164]. Den Gesetzesmaterialien

---

1155 OLG Frankfurt 7 U 268/08 vom 25. Mai 2011, AG 2011, 790 (792); Hüffer/*Koch* AktG § 87 Rn. 26; MüKoAktG/*Spindler* AktG § 87 Rn. 171.

1156 *Bauer/Arnold,* AG 2009, 717 (726); *Diller,* NZG 2009, 1006.

1157 BT-Drucks. 16/12278, S. 6; kritisch dazu Spindler/Stilz/*Fleischer* AktG § 87 Rn. 63.

1158 MüKoAktG/*Spindler* AktG § 87 Rn. 169; *Bauer/Arnold,* AG 2009, 717 (725); *Diller,* NZG 2009, 1006; *Hoffmann-Becking/Krieger,* NZG 2009, Beilage zu Heft 26, 1 (4 f.); *Lingemann,* BB 2009, 1916 (1920); *Thüsing,* AG 2009, 517 (522); *Hohenstatt,* ZIP 2009, 1349 (1352); *Koch,* WM 2010, 49 (53 f.).

1159 *Bauer/Arnold,* AG 2009, 717 (725); *Diller,* NZG 2009, 1006; *Hoffmann-Becking/Krieger,* NZG 2009, Beilage zu Heft 26, 1 (4 f.); *Lingemann,* BB 2009, 1916 (1920); *Thüsing,* AG 2009, 517 (522); *Hohenstatt,* ZIP 2009, 1349 (1352); *Dauner-Lieb,* Der Konzern 2009, 583 (590); *Fleischer,* NZG 2009, 801 (804); *Waldenberger/Kaufmann,* BB 2010, 2257 (2258).

1160 BT-Drucks. 16/12278, S. 6; MüKoAktG/*Spindler* AktG § 87 Rn. 168.

1161 Begründung Fraktionsentwurf zum Gesetz zu Angemessenheit der Vorstandsvergütung (VorstAG) vom 17. März 2009, BT-Drucks. 16/12278, S.3 enthielt nicht die Worte „für die Gesellschaft".

1162 *Bauer/Arnold,* AG 2009, 717 (726); *Hohenstatt,* ZIP 2009, 1349 (1353); *Waldenberger/Kaufmann,* BB 2010, 2257 (2260); *Seibert,* FS Hüffer 2010, S. 955 (964).

1163 MüKoAktG/*Spindler* AktG § 87 Rn. 172; K. Schmidt/Lutter/*Seibt* AktG § 87 Rn. 18; KK-AktG/*Mertens/Cahn* AktG § 87 Rn. 95; Spindler/Stilz/*Fleischer* AktG § 87 Rn. 65.

1164 KK-AktG/*Mertens/Cahn* AktG § 87 Rn. 95; K. Schmidt/Lutter/*Seibt* AktG § 87 Rn. 18; MüKoAktG/*Spindler* AktG § 87 Rn. 172; Hölters/*Weber* AktG § 87 Rn. 50; *Dauner-Lieb,* Der Konzern 2009, 583 (590); *Oetker,* ZHR 2011, 527 (546 f.).

zufolge ist die Weiterzahlung der Bezüge unbillig, wenn der Vorstand pflichtwidrig gehandelt hat, aber auch dann, wenn ihm kein pflichtwidriges Verhalten vorzuwerfen ist, die Verschlechterung der Lage der Gesellschaft jedoch in die Zeit seiner Vorstandsverantwortung fällt und ihm zurechenbar ist[1165]. Im Schrifttum erfuhr dieser Hinweis überwiegend Kritik[1166]. § 87 Abs. 2 AktG zielt auf die wirtschaftliche Lage der Gesellschaft ab und ist keine Art vorgelagerte Verschuldenshaftung, wie sie § 93 AktG normiert[1167]. Allenfalls kann § 87 Abs. 2 AktG als Instrument der Anpassung der Vorstandsvergütung an Veränderungen der wirtschaftlichen Rahmenbedingungen und an negative Entwicklungen der Gesellschaft so verstanden werden, dass es bei so gravierenden Pflichtverletzungen Anwendung finden kann, bei denen es mit der allgemeinen Treuepflicht des Vorstandsmitglieds gegenüber der Gesellschaft nicht mehr in Einklang zu bringen wäre, die ursprünglich vereinbarten Vorstandsbezüge weiter zu zahlen[1168].

cc) Herabsetzung auf angemessene Vergütung

§ 87 Abs. 2 AktG erlaubt die Herabsetzung der Bezüge auf eine angemessene Höhe. Laut Gesetzesbegründung soll die Herabsetzung auf das Niveau erfolgen, welches nach § 87 Abs. 1 Satz 1 AktG in dieser Situation angemessen wäre[1169]. Erlaubt ist grundsätzlich nur die Herabsetzung künftiger Bezüge („Weitergewährung"), nicht die Rückforderung der bereits Geleisteten[1170]. Auch bereits verdiente Jahresboni, die noch nicht ausgezahlt, aber bereits festgesetzt wurden, können nicht herabgesetzt werden[1171]. Bessern sich die wirtschaftlichen Verhältnisse, so hat das

1165 BT-Drucks. 16/12278, S. 6; dazu auch *Seibert*, WM 2009, 1489 (1491).

1166 Spindler/Stilz/*Fleischer* AktG § 87 Rn. 64; MüKoAktG/*Spindler* AktG § 87 Rn. 173; Henssler/Strohn/*Dauner-Lieb* AktG § 87 Rn. 35; *Bauer/Arnold,* AG 2009, 717 (726); *Dauner-Lieb,* Der Konzern 2009, 583 (589); *Diller*, NZG 2009, 1006 (1007); *Koch*, WM 2010, 49 (55).

1167 *Bauer/Arnold,* AG 2009, 717 (726) sprechen von einem „Vorhof" des § 93 AktG.

1168 Henssler/Strohn/*Dauner-Lieb* AktG § 87 Rn. 35; *Hohenstatt*, ZIP 2009, 1349 (1352 ff., 1357); wohl auch *Raapke*, Vergütungsregulierung, S. 217.

1169 Begründung Fraktionsentwurf zum Gesetz zu Angemessenheit der Vorstandsvergütung (VorstAG) vom 17. März 2009, BT-Drucks. 16/12278, S. 7.

1170 So auch Spindler/Stilz/*Fleischer* AktG § 87 Rn. 72; MüKoAktG/*Spindler* AktG § 87 Rn. 202; KK-AktG/*Mertens/Cahn* § 87 Rn. 102; K. Schmidt/Lutter/*Seibt* AktG § 87 Rn. 20; Henssler/Strohn/*Dauner-Lieb* AktG § 87 Rn. 39; *Annuß/Theusinger*, BB 2009, 2434 (2438); *Diller*, NZG 2009, 1006 (1008); *Hoffmann-Becking/Krieger*, NZG 2009, Beilage zu Heft 26, 1; *Thüsing*, AG 2009, 517 (522); *Weller*, NZG 2010, 7 (11).

1171 MüKoAktG/Spindler AktG § 87 Rn. 202; Henssler/Strohn/*Dauner-Lieb* AktG § 87 Rn. 39; *Dauner-Lieb*, Der Konzern 2009, 583 (590); *Hoffmann-Becking/Krieger*, NZG 2009, Beilage zu Heft 26, 1 (5); *Koch*, WM 2010, 49 (57); a.A. *Bauer/Arnold*, AG 2009, 717 (728), *Wilsing/Kleißl*, BB 2008, 2422 (2424); *Thüsing*, AG 2009, 517 (522); *Diller*, NZG 2009, 1006 (1008).

Vorstandsmitglied auch nach der Neuregelung einen Anspruch auf die Wiedereinräumung der ursprünglichen Bezüge[1172].

Liegen die Voraussetzungen des § 87 Abs. 2 Satz 1 AktG vor, soll der Aufsichtsrat die Bezüge herabsetzen. Durch die Formulierung als Soll-Vorschrift darf der Aufsichtsrat nur beim Vorliegen besonderer Umstände von einer Herabsetzung absehen[1173]. Allerdings muss er bei seiner Beschlussfassung das Sonderkündigungsrecht des § 87 Abs. 2 Satz 4 AktG mitberücksichtigen. In einer Krisensituation kann es im Interesse der Gesellschaft besser sein, auf eine Herabsetzung der Bezüge zu verzichten, als das Risiko einer vorzeitigen Kündigung einzugehen[1174]. Nach einem Vorschlag der SPD-Fraktion sollte § 87 Abs. 2 AktG als zwingende Regelung ausgestaltet werden, von der nur in eng umgrenzten Ausnahmefällen abgewichen werden darf[1175]. Begründet wird dies mit der bislang in der Praxis weitgehenden Wirkungslosigkeit[1176]. Dazu sollen die Verschlechterung der Lage näher definiert werden[1177] und im Rahmen der Unbilligkeit auch die Arbeitnehmerinteressen berücksichtigt werden[1178].

1172 KK-AktG/*Mertens/Cahn* AktG § 87 Rn. 104; MüKoAktG/*Spindler* AktG § 87 Rn. 212; Spindler/Stilz/*Fleischer* AktG § 87 Rn. 73; Hölters/*Weber* AktG § 87 Rn. 47; *Annuß/Theusinger*, BB 2009, 2434 (2438); *Diller*, NZG 2009, 1006 (1007); *Koch*, WM 2010, 49 (57 f.); *Oetker*, ZHR 2011, 527 (550 f.); *Bauer/Arnold*, AG 2009, 717 (727 f.); *Dauner-Lieb*, Der Konzern 2009, 583 (591).

1173 BT-Drucks. 16/12278, S. 7; OLG Stuttgart 20 U 3/13 vom 01. Oktober 2014, NZG 2015, 194; K. Schmidt/Lutter/*Seibt* AktG § 87 Rn. 19; Spindler/Stilz/*Fleischer* AktG § 87 Rn. 66; MüKoAktG/*Spindler* AktG § 87 Rn. 179; KK-AktG/*Mertens/Cahn* AktG § 87 Rn. 99; *Diller*, NZG 2009, 1006 (1007); *Fleischer*, NZG 2009, 801 (804); *Hoffmann-Becking/Krieger*, NZG 2009, Beilage zu Heft 26, 1 (5); *Koch*, WM 2009, 49 (55 f.); *Oetker*, ZHR 2011, 527 (545).

1174 Spindler/Stilz/*Fleischer* AktG § 87 Rn. 66; MüKoAktG/*Spindler* AktG § 87 Rn. 206; Hölters/*Weber* AktG § 87 Rn. 54; *Bauer/Arnold*, AG 2009, 717 (727); *Bosse*, BB 2009, 1650 (1651); *Dauner-Lieb*, Der Konzern 2009, 583 (590); *DAV*, NZG 2009, 612 (614); *Diller*, NZG 2009, 1006 (1007); *Hoffmann-Becking/Krieger*, NZG 2009, Beilage zu Heft 26,1 (5); *Hohenstatt*, ZIP 2009, 1349 (1352); *Koch*, WM 2010, 49 (56); *Oetker*, ZHR 2011, 527 (545 f.); *Thüsing*, AG 2009, 517 (523).

1175 Antrag SPD-Fraktion „Exorbitante Managergehälter begrenzen“, BT-Drucks. 17/13472 vom 14. Mai 2013, S. 3.

1176 Antrag SPD-Fraktion „Exorbitante Managergehälter begrenzen“, BT-Drucks. 17/13472 vom 14. Mai 2013, S. 5.

1177 BT-Drucks. 17/13472, S. 5: „Daher soll künftig eine Verschlechterung angenommen werden, sobald das Unternehmen eine stark rückläufige Tendenz in der Umsatz- und Gewinnentwicklung oder Liquidität aufweist, also beispielsweise der Jahresgewinn oder die Liquidität der Gesellschaft im Vergleich zum Vorjahr deutlich zurück geht oder Kurzarbeitsregelungen getroffen werden.

1178 Antrag SPD-Fraktion „Exorbitante Managergehälter begrenzen“, BT-Drucks. 17/13472 vom 14. Mai 2013, S. 5.

3. Kapitalanlagegesetzbuch und *Leitlinien für solide Vergütungspolitiken unter Berücksichtigung der AIFMD*

§ 37 Abs. 1 KAGB verlangt die Einrichtung eines Vergütungssystems, das mit einem soliden und wirksamen Risikomanagementsystem vereinbar und diesem förderlich ist, und keine Anreize zur Eingehung von Risiken setzt, die nicht mit dem Risikoprofil, den Anlagebedingungen, der Satzung oder dem Gesellschaftsvertrag der Kapitalverwaltungsgesellschaften oder der von ihnen verwalteten Investmentvermögen vereinbar sind. Die Anforderungen im Detail bestimmen sich nach den 18 Geboten in Anhang II der Richtlinie 2011/61/EU, § 37 Abs. 2 KAGB. Die einzelnen Gebote werden durch die *Leitlinien für solide Vergütungspolitiken unter Berücksichtigung der AIFMD* näher konkretisiert. Deren Reihenfolge wird nicht eingehalten. Die *Leitlinien für solide Vergütungspolitiken unter Berücksichtigung der AIFMD* unterteilen sich hinsichtlich der Ausgestaltung der Vergütung in Allgemeine Anforderungen (XI) und spezifische Anforderungen (XII) an die Risikoausrichtung.

a) Allgemeine Anforderungen an die Risikoausrichtung

Die allgemeinen Anforderungen beziehen sich nicht auf die Vergütungssysteme als solche, sondern auf die individuelle Vergütung der identifizierten Mitarbeiter. Hierzu gehören die Strategiekonformität, Freiwillige Altersversorgungsleistungen, verbotene Leistungen und persönliches Hedging.

aa) Strategiekonformität

Nach § 37 Abs. 2 KAGB i.V.m. Anhang II Ziffer 1 lit. b) der Richtlinie 2011/61/EU muss die Geschäftspolitik mit der Geschäftsstrategie, den Zielen, Werten und Interessen der Kapitalverwaltungsgesellschaft und der von ihr verwalteten Investmentvermögen oder der Anleger solcher Investmentvermögen in Einklang stehen und Maßnahmen umfassen, die zur Vermeidung von Interessenkonflikten geeignet sind. Bei Strategieänderungen muss diesen durch eine Anpassung der Vergütungssysteme Rechnung getragen werden[1179]. Die Kongruenz von Vergütung und Strategien ist bereits aus § 4 InstitutsVergV bekannt.

bb) Freiwillige Altersversorgungsleistungen

Auch Regelungen zur Ausgestaltung von freiwilligen Leistungen zur Altersversorgung sind bereits aus § 22 InstitutsVergV bekannt und wesentlicher Bestandteil der Vergütung. Die *Leitlinien für solide Vergütungspolitiken unter Berücksichtigung der AIFMD* enthalten in Abschnitt XI.II Hinweise zur Ausgestaltung solcher Leistungen für Kapitalverwaltungsgesellschaften. Die Vorgaben beruhen auf § 37 Abs. 2 KAGB i.V.m. Anhang II Ziffer 1 lit. p) der Richtlinie 2011/61/EU. Danach müssen die

1179 *ESMA*, Leitlinien für solide Vergütungspolitiken unter Berücksichtigung der AIFMD, Ziffer XI.I Nr. 78, S. 21.

Altersversorgungsregelungen mit der Geschäftsstrategie, den Zielen, Werten und langfristigen Interessen der Kapitalverwaltungsgesellschaft und dem von dieser verwalteten Fonds in Einklang stehen. Ähnlich den Vorgaben der Versicherungs-Vergütungsverordnung und der Instituts-Vergütungsverordnung differenzieren die Vorschriften ebenfalls nach Zeitpunkt und Anlass des Ausscheidens und normieren unterschiedliche Anforderungen. Verlässt der identifizierte Mitarbeiter die Kapitalverwaltungsgesellschaft vor Eintritt in den Ruhestand, sollten freiwillige Altersversorgungsleistungen von der Kapitalverwaltungsgesellschaft fünf Jahre lang zurückbehalten werden. Die *Leitlinien für solide Vergütungspolitiken unter Berücksichtigung der AIFMD* bestimmen weiter, dass in diesem Fall auch eine Leistungsbewertung und eine ex-post Risikoanpassung vor der Auszahlung erfolgen sollten[1180]. Tritt ein Mitarbeiter in den Ruhestand, sollten die freiwilligen Altersversorgungsleistungen dem Mitarbeiter nach einer Wartezeit von fünf Jahren ausgezahlt werden. Die Fünf-Jahres-Frist ist hierbei keine Mindestgrenze. Durch die konjunktive Formulierung sind Abweichungen sowohl nach unten als auch nach oben zulässig, wenn sie im Einzelfall begründbar sind.

Im Ergebnis sind diese Vorgaben weitergehend als bei der Instituts-Vergütungsverordnung und der Versicherungs-Vergütungsverordnung. Diese erfassen nur „ermessensabhängige" Leistungen zur Altersversorgung. Die europäische Aufsichtsbehörde *EMSA* hat diese Einschränkung nicht übernommen. Nach dem Wortlaut wären somit bei Kapitalverwaltungsgesellschaften sämtliche freiwilligen Leistungen zur Altersversorgung – egal ob variabel oder fix[1181] – erfasst. Hierdurch entsteht eine Unstimmigkeit zu den Vorgaben der nationalen Regelung der betrieblichen Altersversorgung nach dem BetrAVG[1182]. Diese Friktion lässt sich nur durch eine entsprechende Auslegung des Begriffs „freiwillig" auflösen. Unter „freiwilligen" Altersversorgungsleistungen sind nur mehr solche Leistungen zu verstehen, deren Gewährung sowohl hinsichtlich des „ob" als auch des „wie" im Ermessen des Unternehmens stehen[1183].

cc) Unzulässige Leistungen

Zahlungen im Zusammenhang mit der vorzeitigen Beendigung des Vertrags sind so auszugestalten, dass sie die im Lauf der Zeit erzielten Ergebnisse widerspiegeln und Versagen nicht belohnen[1184]. Golden Parachutes sind mit diesem Grundsatz nicht

---

1180 *ESMA*, Leitlinien für solide Vergütungspolitiken unter Berücksichtigung der AIFMD, Ziffer XI.II Nr. 86, S. 22.

1181 *ESMA*, Leitlinien für solide Vergütungspolitiken unter Berücksichtigung der AIFMD, Ziffer XI.II Nr. 82, S. 22.

1182 *Insam/Hinrichs/Heisterhagen*, DStR 2014, 913 (917).

1183 *Insam/Hinrichs/Heisterhagen*, DStR 2014, 913 (917).

1184 § 37 KAGB i.V.m. Anhang II Ziffer 1 lit. k) der Richtlinie 2011/61/EU; *ESMA*, Leitlinien für solide Vergütungspolitiken unter Berücksichtigung der AIFMD, Ziffer XI.III Nr. 87, S. 23.

vereinbar und dürfen zukünftig nicht mehr gewährt werden[1185]. Nicht ausgeschlossen sind hingegen Leistungen im Rahmen von Übernahmen, Zusammenschlüssen oder Strategieänderungen[1186]. Abfindungen, die lediglich die Restlaufzeit des Vertrags vergüten, sind weiterhin zulässig, wenn sie sich im Rahmen einer allgemeinen Governance-Struktur der Kapitalverwaltungsgesellschaft befinden[1187]. Hingegen dürfen allgemeine Abfindungszahlungen, Ruhe- und Übergangsgelder wohl nicht mehr gewährt werden[1188]. Retention Boni sind ebenfalls unzulässig[1189]. Gleiches gilt für eine sonstige garantierte variable Vergütung. Eine solche soll nur in Ausnahmefällen im Zusammenhang mit der Einstellung neuer Mitarbeiter gezahlt werden können und auf das erste Jahr beschränkt sein, § 37 Abs. 2 KAGB i. V. m. Anhang II Ziff. 1 lit. i) der Richtlinie 2011/61/EU[1190].

dd) Persönliches Hedging

Die *Leitlinien für solide Vergütungspolitiken unter Berücksichtigung der AIFMD* konkretisieren auch das auf § 37 KAGB i.V.m. Anhang II Ziffer 1 lit. q) der Richtlinie 2011/61/EU beruhende Verbot des persönlichen Hedgings. Eine Ausnahme gilt für den Abschluss von Versicherungen, welche persönliche Zahlungen wie Krankenversicherungs- und Darlehenszahlungen abdecken[1191]. Umgesetzt werden sollten diese Verbote durch wirksame Vereinbarungen in den Zielvereinbarungen für die variable Vergütung. Daneben sollte es geeignete Compliance-Maßnahmen zur Überwachung des Verbots geben[1192].

b) Spezifische Anforderungen

Die spezifischen Anforderungen der *Leitlinien für solide Vergütungspolitiken unter Berücksichtigung der AIFMD* gliedern sich in drei Prozesse: das Risikoausrichtungsverfahren, das Zuerkennungsverfahren und das Auszahlungsverfahren. Um eine bessere Vergleichbarkeit mit der Instituts-Vergütungsverordnung und den anderen kapitalmarktrechtlichen Vorschriften zu erzielen, soll dieser Aufteilung nachfolgend nur eine untergeordnete Rolle zukommen. Es werden die bereits aus den anderen Vorschriften bekannten Terminologien verwendet.

1185 *Mujan*, BB 2013, 1653 (1657); *Insam/Hinrichs/Heisterhagen*, DStR 2014, 913 (917).

1186 *ESMA*, Leitlinien für solide Vergütungspolitiken unter Berücksichtigung der AIFMD, Ziffer XI.III Nr. 87, S. 23.

1187 *ESMA*, Leitlinien für solide Vergütungspolitiken unter Berücksichtigung der AIFMD, Ziffer XI.III Nr. 88, S. 23; *Mujan*, BB 2013, 1653 (1657).

1188 *Mujan*, BB 2013, 1653 (1657), a.A. hinsichtlich allgemeiner Abfindungen; *Insam/Hinrichs/Heisterhagen*, DStR 2014, 913 (917).

1189 *Mujan*, BB 2013, 1653 (1657).

1190 Weitere Ausführungen enthalten die *ESMA* Leitlinien für solide Vergütungspolitiken unter Berücksichtigung der AIFMD hierzu nicht.

1191 *ESMA*, Leitlinien für solide Vergütungspolitiken unter Berücksichtigung der AIFMD, Ziffer XI.IV Nr. 91, S. 23.

1192 *Insam/Hinrichs/Heisterhagen*, DStR 2014, 913 (917).

aa) Angemessenes Verhältnis von fixer und variabler Vergütung

Oberstes Gebot ist eine ausreichende Risikoausrichtung der Vergütung. Dazu gehört insbesondere eine flexible Politik hinsichtlich der variablen Vergütung, § 37 KAGB i.V.m. Anhang II Ziffer 1 lit. j) der Richtlinie 2011/61/EU. Dies bedeutet zum einen, dass feste und variable Vergütungsbestandteile in einem angemessenen Verhältnis zueinander stehen müssen. In den *Leitlinien für solide Vergütungspolitiken unter Berücksichtigung der AIFMD* finden sich hierzu keine näheren Erläuterungen. Die für Institute in § 25a Abs. 5 KWG vorgesehene Begrenzung der variablen Vergütung auf die maximal doppelte Höhe des Fixgehalts, gilt deshalb für Kapitalverwaltungsgesellschaften nicht direkt[1193]. Zur Konkretisierung im Einzelfall können die Höhe der fixen Vergütung, die Größe der Verpflichtungen, die der identifizierte Mitarbeiter im Namen der Kapitalverwaltungsgesellschaft eingehen kann, sowie deren interne Organisation herangezogen werden[1194]. Um eine gänzlich flexible Handhabung der variablen Vergütung zu ermöglichen, muss zum anderen die feste Vergütung ausreichend hoch sein, um die erbrachten beruflichen Dienste entsprechend dem Bildungsniveau, Dienstalter, den erforderlichen Fachkenntnissen und Fähigkeiten, den Randbedingungen und Berufserfahrungen, dem betreffenden Geschäftsbereich und der Region zu entlohnen[1195].

bb) Wahl der Vergütungsparameter

Schwerpunkt des Risikoausrichtungsverfahrens ist die Wahl geeigneter Vergütungsparameter. Durch geeignete Vergütungsparameter soll sichergestellt werden, dass die Anreize zur Übernahme von Risiken bereits im Vorfeld eingeschränkt werden[1196]. Die variable Vergütung soll sowohl auf der individuellen Leistung des Mitarbeiters und seiner Abteilung beziehungsweise des von ihm betreuten Investmentfonds als auch auf dem Gesamtergebnis der Kapitalverwaltungsgesellschaft beruhen, § 37 Abs. 2 KAGB i.V.m. Anhang II Ziffer 1 lit. g) der Richtlinie 2011/61/EU. Dieser Parameterdreiklang ist bereits aus § 19 Abs. 1 InstitutsVergV bekannt[1197]. Bei der Bewertung der persönlichen Leistung müssen sowohl quantitative (finanzielle) als auch qualitative (nichtfinanzielle) Kriterien berücksichtigt werden, deren angemessene Mischung von den Aufgaben und Verantwortlichkeiten des Mitarbeiters abhängen soll[1198]. Als Beispiele für quantitative Indikatoren nennen

1193 *Insam/Hinrichs/Heisterhagen*, DStR 2014, 913 (914).

1194 *Insam/Hinrichs/Heisterhagen*, DStR 2014, 913 (914 f.).

1195 § 37 KAGB i.V.m. Anhang II Ziffer 1 lit. j) der Richtlinie 2011/61/EU; *ESMA*, Leitlinien für solide Vergütungspolitiken unter Berücksichtigung der AIFMD, Ziffer XII.I Nr. 94, S. 24.

1196 *ESMA*, Leitlinien für solide Vergütungspolitiken unter Berücksichtigung der AIFMD, Ziffer XII.II.I Nr. 95, S. 24.

1197 Siehe dazu 2. Kapitel III.1.h).

1198 ESMA Leitlinien AIFMD, *ESMA*, Leitlinien für solide Vergütungspolitiken unter Berücksichtigung der AIFMD, Ziffer XII.II.IV.I Nr. 110 f., S. 27.

die *Leitlinien für solide Vergütungspolitiken unter Berücksichtigung der AIFMD* etwa interne Rentabilitätsziffern (IRR), den EBITDA, den Alphafaktor, die aufgebrachten Vermögenswerte oder die absolute und relative Rendite[1199]. Qualitative Kriterien können sein: die Erreichung strategischer Ziele, die Zufriedenheit der Anleger, die Einhaltung der Risikomanagementpolitik sowie interner und externer Vorschriften, Führungsqualitäten, Teamarbeit, Motivation und die Zusammenarbeit mit anderen Geschäftseinheiten[1200]. Auch hier gilt – ähnlich wie bei § 19 Abs. 2 InstitutsVergV –, dass negative nichtfinanzielle Leistungen stärker zu gewichten sind als alle guten finanziellen Ergebnisse und zu einer Verringerung der variablen Vergütung führen müssen[1201]. Neben den qualitativen und quantitativen Kriterien müssen Kapitalverwaltungsgesellschaften auch absolute und relative sowie interne und externe Indikatoren ausweisen. Während absolute Indikatoren auf der Grundlage der eigenen Strategie festgelegt werden und das Risikoprofil sowie die Risikobereitschaft der Kapitalverwaltungsgesellschaft umfassen, sind relative Leistungsindikatoren solche, die im Verhältnis der Mitarbeiter untereinander oder zu anderen ähnlichen Kapitalverwaltungsgesellschaften gemessen werden. Beide sind mit Vor- und Nachteilen behaftet, auf die die *Leitlinien für solide Vergütungspolitiken unter Berücksichtigung der AIFMD* zwar hinweisen, jedoch ohne eine Lösung zu präsentieren. Gleiches gilt für interne und externe Variablen[1202].

cc) Mehrjähriger Bemessungszeitraum

Für Kapitalverwaltungsgesellschaften gilt ebenfalls die Maßgabe, dass die Leistungsbeurteilung in einem mehrjährigen Rahmen erfolgen soll, § 37 Abs. 2 KAGB i.V.m. Anhang II Ziffer 1 lit. h) der Richtlinie 2011/61/EU. Dadurch soll gewährleistet werden, dass das konkrete Risikoprofil des identifizierten Mitarbeiters bereits in den der variablen Vergütung zugrunde liegenden Zielen umfassend berücksichtigt werden kann[1203]. Bei Risikoträgern und Geschäftsleitern wird zwingend ein mehrjähriger Referenzzeitraum zu wählen sein[1204]. Der Bemessungszeitraum soll dabei dem Lebenszyklus des Investmentvermögens angepasst werden[1205].

1199 ESMA Leitlinien AIFMD, *ESMA*, Leitlinien für solide Vergütungspolitiken unter Berücksichtigung der AIFMD, Ziffer XII.II.IV.I Nr. 112, S. 28.

1200 *ESMA*, Leitlinien für solide Vergütungspolitiken unter Berücksichtigung der AIFMD, Ziffer XII.II.IV.I Nr. 113, S. 28.

1201 *ESMA*, Leitlinien für solide Vergütungspolitiken unter Berücksichtigung der AIFMD, Ziffer XII.II.IV.I Nr. 113, S. 28.

1202 *ESMA*, Leitlinien für solide Vergütungspolitiken unter Berücksichtigung der AIFMD, Ziffer XII.II.IV.II Nr. 114–116, S. 28 f.

1203 *ESMA*, Leitlinien für solide Vergütungspolitiken unter Berücksichtigung der AIFMD, Ziffer XII.II.II.I Nr. 99, S. 25; *Insam/Hinrichs/Heisterhagen*, DStR 2014, 913 (915).

1204 *Insam/Hinrichs/Heisterhagen*, DStR 2014, 913 (915).

1205 37 Abs. 2 KAGB i.V.m. Anhang II Ziffer 1 lit. h) der Richtlinie 2011/61/EU; ESMA Leitlinien AIFMD, Ziffer XII.II.II.I Nr. 99, S. 25.

dd) Zurückbehaltung

Das Auszahlungsverfahren enthält Vorgaben hinsichtlich der Zusammensetzung und Gewährung der variablen Vergütung. Leitgedanke ist die Ermöglichung einer ex-post Risikoanpassung durch das Zurückbehalten eines Teils der variablen Vergütung[1206]. Ähnlich den Vorgaben des § 20 Abs. 1–4 InstitutsVergV sind Teile der variablen Vergütung über einen gewissen Zeitraum zu strecken. Die *ESMA* hat für die Ausgestaltung im Detail einen Fünf-Elemente-Katalog erstellt: (1) Zeitlicher Horizont der Zurückbehaltung, (2) der zurückbehaltene Anteil der variablen Vergütung, (3) die Geschwindigkeit mit der die zurückbehaltene Vergütung bezogen wird, (4) die Zeitspanne zwischen der Gewährung bis zur Zahlung des ersten zurückbehaltenen Betrags und (5) die Form der zurückbehaltenen variablen Vergütung[1207].

(1) Zeitlicher Horizont

Am Ende des Bemessungszeitraums wird die variable Vergütung festgesetzt. Unmittelbar an den Bemessungszeitraum schließt sich dann der Zurückbehaltungszeitraum an. Dieser sollte mindestens drei bis fünf Jahre betragen, es sei denn, die Lebensdauer des Investmentvermögens ist kürzer, § 37 Abs. 2 KAGB i.V.m. Anhang II Ziffer 1 lit. n) Satz 2 der Richtlinie 2011/61/EU. Maßgeblich für den Zurückbehaltungszeitraum sind neben dem Lebenszyklus des Fonds auch die potentielle Einflussnahme des Mitarbeiters sowie das Risikoprofil des Fonds[1208]. Für Geschäftsleiter sind angesichts ihrer Verantwortlichkeit und den Aufgaben meist längere Zeiträume zu wählen. Anders als nach der aktuellen Fassung des § 20 Abs. 2 i.V.m. Abs. 1 Satz 1 InstitutsVergV sehen die *Leitlinien für solide Vergütungspolitiken unter Berücksichtigung der AIFMD* noch eine Höchstgrenze vor.

(2) Zurückzustellender Anteil

Der Anteil der variablen Vergütung, der zurückgestellt werden soll, beträgt grundsätzlich 40 Prozent. Macht die variable Vergütung einen besonders hohen Betrag aus, ist ein Anteil von mindestens 60 Prozent zurückzustellen, § 37 Abs. 2 KAGB i.V.m. Anhang II Ziffer 1 lit. n) Satz 1 und 4 der Richtlinie 2011/61/EU. Wenn die *Leitlinien für solide Vergütungspolitiken unter Berücksichtigung der AIFMD* davon sprechen, dass der zurückgestellte Anteil zwischen 40 und 60 Prozent beträgt[1209], ist das ungenau. Für Geschäftsleiter wird ein Anteil von mindestens 60 Prozent

1206 *ESMA*, Leitlinien für solide Vergütungspolitiken unter Berücksichtigung der AIFMD, Ziffer XII.IV.I Nr. 125, S. 30.

1207 *ESMA*, Leitlinien für solide Vergütungspolitiken unter Berücksichtigung der AIFMD, Ziffer XII.IV.I Nr. 126, S. 30.

1208 *ESMA*, Leitlinien für solide Vergütungspolitiken unter Berücksichtigung der AIFMD, Ziffer XII.IV.I.I Nr. 127, S. 30.

1209 *ESMA*, Leitlinien für solide Vergütungspolitiken unter Berücksichtigung der AIFMD, Ziffer XII.IV.I.III Nr. 130, S. 31.

zurückzustellen sein. Der Anteil kann auch darüber hinausgehen. Der Wortlaut der Richtlinie 2011/61/EU ist hierbei maßgeblich und dieser sieht einen Schwellenwert von 60 Prozent und mehr vor.

(3) Zeitpunkt des Bezugs

Die aus dem zurückgestellten Vergütungsanteil zu gewährende Vergütung soll nicht rascher als auf anteiliger Grundlage erworben werden können, § 37 Abs. 2 KAGB i.V.m. Anhang II Ziffer 1 lit. n) Satz 3 der Richtlinie 2011/61/EU. Daraus resultiert grundsätzlich eine ratierliche Gewährung der zurückbehaltenen Vergütungsbestanteile mit gleichmäßigen Vergütungsanteilen. Der Bezug sollte höchstens einmal jährlich erfolgen[1210]. Diese Vorgabe entspricht ihrem Inhalt nach § 20 Abs. 3 InstitutsVergV. Ein Anspruch auf die variable Vergütung entsteht pro rata temporis[1211].

(4) Sperrfrist

Die Sperrfrist ist die Zeitspanne zwischen der Entstehung des nachhaltigen Vergütungsanteils und der Gewährung des jeweils zurückbehaltenen Anteils. Die *ESMA* selbst nennt keine Mindestdauer der Sperrfrist[1212]. Die Sperrfrist sollte jedoch ausreichend sein, um die Anreize auf die längerfristigen Interessen der Kapitalverwaltungsgesellschaft, der von ihr verwalteten Investmentfonds und ihrer Anleger auszurichten[1213]. Die Sperrfrist gilt sowohl für vorab ausgezahlte Instrumente als auch für zurückgestellte und ist vom Zurückstellungszeitraum unabhängig[1214]. In der Instituts-Vergütungsverordnung gelten die Sperr- beziehungsweise Haltefristen ebenfalls für alle Instrumente unabhängig davon, ob sie sofort erworben werden oder zurückgestellt sind, § 20 Abs. 4 InstitutsVergV.

(5) Form der zurückbehaltenen variablen Vergütung

Die variable Vergütung hat zu einem Anteil von mindestens 50 Prozent aus Anteilen des betreffenden Fonds oder gleichwertigen Beteiligungen oder mit Anteilen verknüpften Instrumenten oder gleichwertigen unbaren Instrumenten zu bestehen, § 37 Abs. 2 KAGB i.V.m. Anhang II Ziffer 1 lit. m) Satz 1 der Richtlinie 2011/61/EU. Auch diese Regelung ähnelt § 20 Abs. 4 InstitutsVergV. Der Mindestanteil von 50 Prozent gilt sowohl für den zurückgestellten Anteil der variablen Vergütung

---

1210 *ESMA*, Leitlinien für solide Vergütungspolitiken unter Berücksichtigung der AIFMD, Ziffer XII.IV.I.II Nr. 129, S. 31.

1211 *Mujan*, BB 2013, 1653 (1656).

1212 *Insam/Hinrichs/Heisterhagen*, DStR 2014, 913 (916).

1213 *ESMA*, Leitlinien für solide Vergütungspolitiken unter Berücksichtigung der AIFMD, Ziffer XII.IV.II.II Nr. 141, S. 33.

1214 *ESMA*, Leitlinien für solide Vergütungspolitiken unter Berücksichtigung der AIFMD, Ziffer XII.IV.II.II Nr. 137 f., S. 32.

als auch für den nicht zurückgestellten Anteil[1215]. Eine Ausnahme gilt für Kapitalverwaltungsgesellschaften, bei denen weniger als 50 Prozent des verwalteten Gesamtportfolios auf Investmentvermögen entfallen. Die Verfügbarkeit von Instrumenten hängt von der Rechtsstruktur des betreffenden Fonds und von dessen Vertragsbedingungen oder Satzung ab[1216]. Die *ESMA* hat die Anforderungen für die beiden Kern-Rechtsformen in ihren *Leitlinien für solide Vergütungspolitiken unter Berücksichtigung der AIFMD* konkretisiert. Für Fonds mit der Rechtsform eines Corporate Fund soll der nachhaltige Vergütungsanteil primär zu gewähren sein als Fonds-Anteil oder mit einem vergleichbaren Vergütungsinstrument, dessen Wert auf einer Bewertung des Marktwerts der Anteile mit dem Anteilspreis als Bezugspunkt beruht[1217]. Für als Common Funds oder nicht börsennotierte Corporate Funds aufgesetzte Fonds können vergleichbare Instrumente eingesetzt werden, die den Wert des Investmentvermögens widerspiegeln und dieselbe beabsichtigte Wirkung wie ein mit Anteilen verknüpftes Instrument haben[1218]. Den Instrumenten gemeinsam muss sein, dass sie von der nachhaltigen Entwicklung des Investmentvermögens abhängig sind und eingegangene Risiken widerspiegeln.

ee) Malus-Regelung

Ebenfalls im Rahmen einer effektiven ex-post Risikoanpassung sind die Kapitalverwaltungsgesellschaften gehalten, umfassende Berichtigungsmechanismen für alle einschlägigen Arten von laufenden und künftigen Risiken zu etablieren, § 37 Abs. 2 KAGB i.V.m. Anhang II Ziffer 1 lit. l) der Richtlinie 2011/61/EU. Ist einem Mitarbeiter eine anfängliche variable Vergütungskomponente zuerkannt und ist bereits eine Vorauszahlung erfolgt, so soll nach den Vorschlägen der *Leitlinien für solide Vergütungspolitiken unter Berücksichtigung der AIFMD* durch Malus- oder Rückforderungsvereinbarungen gesichert werden, dass die variable Vergütung auch nachträglich noch angepasst werden kann, wenn sich die Leistungsbeurteilung im Nachhinein als nicht risikogerecht erweist[1219]. Auf die Bedenken hinsichtlich der rechtlichen Zulässigkeit von Claw Back-Klauseln und die Schwierigkeiten bei der vertraglichen Ausgestaltung von Malus-Regelungen wurde bereits hingewiesen[1220].

1215 *ESMA*, Leitlinien für solide Vergütungspolitiken unter Berücksichtigung der AIFMD, Ziffer XII.IV.II.III Nr. 145, S. 33.

1216 *ESMA*, Leitlinien für solide Vergütungspolitiken unter Berücksichtigung der AIFMD, Ziffer XII.IV.II.I Nr. 134, S. 32.

1217 *ESMA*, Leitlinien für solide Vergütungspolitiken unter Berücksichtigung der AIFMD, Ziffer XII.IV.II.I Nr. 134, S. 32; *Insam/Hinrichs/Heisterhagen*, DStR 2014, 913 (915 f.).

1218 *ESMA*, Leitlinien für solide Vergütungspolitiken unter Berücksichtigung der AIFMD, Ziffer XII.IV.II.I Nr. 135, S. 32; *Insam/Hinrichs/Heisterhagen*, DStR 2014, 913 (916).

1219 *ESMA*, Leitlinien für solide Vergütungspolitiken unter Berücksichtigung der AIFMD, Ziffer XII.IV.III.I Nr. 148 f., S. 34.

1220 Siehe dazu 3. Kapitel III.2.e).

Die Entstehung der variablen Vergütung sowie deren Auszahlung sind von der Finanzlage der Kapitalverwaltungsgesellschaft abhängig. Eine schwache oder negative finanzielle Leistung ihrerseits oder des verwalteten Investmentvermögens, führt zu einer Schrumpfung des Bonuspools und damit zu einem Absinken der gesamten variablen Vergütung. Für diese Fälle müssen ebenfalls Malus- oder Rückzahlungsvereinbarungen getroffen werden, § 37 Abs. 2 KAGB i.V.m. Anhang II Ziffer 1 lit. o) der Richtlinie 2011/61/EU.

4. Modul BT 8 MaComp

Die Mindestanforderungen an die Compliance-Funktion und die weiteren Verhaltens-, Organisations- und Transparenzpflichten nach §§ 31ff. WpHG für Wertpapierdienstleistungsunternehmen (MaComp) enthalten neben den Vorgaben zur Ausgestaltung der Vergütungssysteme im Wesentlichen Vorgaben zur Verwendung und Bemessung variabler Vergütungskomponenten. Dazu gehören insbesondere Angemessenheitsvorgaben für variable Vergütungskomponenten, Hinweise zur Wahl der Vergütungsparameter und die Untersagung[1221] einer unterschiedlichen Anreizsetzung für verschiedene Produkte.

a) Ausgestaltung der Vergütungssysteme

Nach Modul BT 8.2.1 Nr. 1 MaComp gilt nunmehr der Grundsatz, dass alle Wertpapierdienstleistungsunternehmen in Abstimmung mit ihrem Interessenkonflikt- und Risikomanagement ein angemessenes Vergütungssystem einzuführen haben. Diese Vorgabe entfaltet in der Praxis keine Bedeutung, da ein Wertpapierdienstleistungsunternehmen bereits nach § 25a Abs. 1 Satz 3 Nr. 6 KWG ein Vergütungssystem einzurichten hat[1222]. Angesichts der Zielsetzung der Mindestanforderungen an die Compliance-Funktion und die weiteren Verhaltens-, Organisations- und Transparenzpflichten nach §§ 31ff. WpHG für Wertpapierdienstleistungsunternehmen (MaComp) muss das Vergütungssystem zu den geschäftspolitischen und solvenzrechtlichen Vorgaben des Kreditwesengesetzes, der Instituts-Vergütungsverordnung oder des Kapitalanlagegesetzbuchs[1223] auch sicherstellen, dass Kundeninteressen durch die Vergütung relevanter Personen kurz-, mittel- oder langfristig nicht beeinträchtigt werden. Es bedarf somit einer Ergänzung der bestehenden Vergütungssysteme[1224].

Die Vergütungssysteme in Wertpapierdienstleistungsunternehmen müssen insbesondere drei Aspekte erfüllen. Bei der Konzeption und Überprüfung der Vergütungssysteme sind alle für die Vergütung und die Auswirkung der Vergütung

---

1221 Da die MaComp lediglich eine Verwaltungsvorschrift ist, können sich aus ihr keine Ge- und Verbote ergeben. Die Setzung unterschiedlicher Anreize für verschieden Produkte wird als schlechtes Beispiel genannt und ist deshalb unzulässig.

1222 *Becker*, BKR 2014, 151 (155).

1223 Z.B. § 25a KWG, § 4 InstitutsVergV, § 37 KAGB.

1224 *Becker*, BKR 2014, 151 (155).

relevanten Faktoren und Risiken zu identifizieren und zu berücksichtigen, Modul BT 8.3 Nr. 1 MaComp. Als Faktoren gelten beispielsweise die Funktion relevanter Personen, die Art der angebotenen Produkte oder die Vertriebsmethode. Als nicht genannte Faktoren können auch die Höhe der variablen Vergütung, die Selbstständigkeit des Mitarbeiters oder dessen Kontrolle durch das Unternehmen herangezogen werden[1225]. Die Risiken beziehen sich auf die Einhaltung der Wohlverhaltensregeln und die Vermeidung von Interessenkonflikten. Das Unternehmen ist gehalten, durch die Ausgestaltung der Vergütungssysteme keine Anreize zu setzen, die relevante Personen veranlassen können, ihre persönlichen Interessen oder die Interessen des Wertpapierdienstleistungsunternehmens zum potenziellen Nachteil von Kunden über die Kundeninteressen zu stellen, Modul BT 8.3.1 Nr. 1 MaComp. Die Gefahr solcher Anreize besteht vor allem beim Verkauf von Emissionen, die der Eigenmittelausstattung dienen, oder beim Verkauf von Finanzinstrumenten, die lukrativer für das Wertpapierdienstleistungsunternehmen sind. Solche gilt es zu vermeiden. Darüber hinaus dürfen die Vergütungssysteme nicht unnötig kompliziert sein. Modul BT 8.3 Nr. 2 MaComp will eine einheitliche Auslegung und effiziente Kontrolle gewährleisten. Beides ist durch eine zu komplexe Ausgestaltung der Vergütungssysteme gefährdet[1226].

b) Angemessenheitsvorgaben

Bei relevanten Personen können variable Vergütungselemente einen legitimen Bestandteil erfolgsorientierter Vergütungssysteme darstellen, Modul BT 8.3.1 Nr. 2 MaComp. Variable Vergütungsbestandteile eignen sich in besonderem Maße für die Steuerung der Mitarbeiter[1227]. Hierdurch können betriebswirtschaftliche Verhaltensanreize gesetzt und aufsichtsrechtliche Vorgaben erfüllt werden. Es bedarf jedoch einer umfassenden Regulierung, um negative Auswüchse der Vergangenheit zu vermeiden[1228]. Grundsätzlich erlauben die Vorschriften der Mindestanforderungen an die Compliance-Funktion und die weiteren Verhaltens-, Organisations- und Transparenzpflichten nach §§ 31ff. WpHG für Wertpapierdienstleistungsunternehmen (MaComp) die Gewährung einer variablen Vergütung, zwingen ein Unternehmen jedoch nicht dazu. Anders formuliert bedeutet dies: auch eine reine Fixvergütung ist zulässig. Da für Geschäftsleiter gleichzeitig die Vorgaben des Kreditwesengesetzes und der Instituts-Vergütungsverordnung Anwendung finden, wird in der Praxis eine reine Fixvergütung für Geschäftsleiter ausgeschlossen sein. Wird eine variable Vergütung gewährt, müssen variable und fixe Vergütungskomponenten in einem angemessenen Verhältnis zueinander stehen, Modul BT 8.3.1 Nr. 3 MaComp. Das Verhältnis ist nicht angemessen, wenn es entgegen den Kriterien des § 25a Abs. 5 KWG ausgestaltet ist. Danach darf die die variable Vergütung grundsätzlich lediglich

1225 *Becker*, BKR 2014, 151 (156).
1226 *Becker*, BKR 2014, 151 (156); *Becker/Yoo*, BaFin Journal 5/2014, 13 (15).
1227 *Becker*, BKR 2014, 151 (156); *Becker/Yoo*, BaFin Journal 5/2014, 13 (15).
1228 *Becker*, BKR 2014, 151 (156); *Becker/Yoo*, BaFin Journal 5/2014, 13 (15).

100 Prozent der Fixvergütung betragen, es sei denn es wurde ein entsprechender Erhöhungsbeschluss durch die Anteilseigner, die Eigentümer, die Mitglieder oder die Träger des Instituts gefasst, so dass die Obergrenze maximal 200 Prozent der Fixvergütung betragen darf. Diese Maßgabe ist konsequent, da Wertpapierdienstleistungsunternehmen stets Institute im Sinne des Kreditwesengesetzes und der Instituts-Vergütungsverordnung sind. Durch die negative Formulierung wird verdeutlicht, dass es sich um den Regelfall handelt. Im Einzelfall kann auch ein strengerer Maßstab anzulegen sein. Was für die Wahrung der solvenzrechtlichen Vorgaben des Kreditwesengesetzes und der Instituts-Vergütungsverordnung ausreichend sein kann, ist nicht zwingend zugleich hinreichend, um eine Beeinträchtigung der Kundeninteressen auszuschließen[1229]. Bei der Ausgestaltung von Vergütungssystemen für Geschäftsleiter von Wertpapierdienstleistungsunternehmen hat der Aufsichtsrat auch diese Maßgabe zu berücksichtigen.

c) Nachhaltigkeitsempfehlungen

Darüber hinaus müssen die Vergütungssysteme einen flexiblen Umgang mit der variablen Vergütung ermöglichen und im Einzelfall das vollständige Entfallen des variablen Vergütungsteils gestatten, Modul BT 8.3.1 Nr. 4 MaComp. Eine solche Malus-Regelung, wie sie im zweiten Halbsatz formuliert ist, ist bereits aus § 20 Abs. 5 InstitutsVergV und § 4 Abs. 2 Nr. 4 VersVergV bekannt[1230]. Sie kommt insbesondere für Situationen in Betracht, in denen die relevante Person die Wertpapierdienstleistung nicht gesetzeskonform erbringt oder gegen sonstige interne und externe Verhaltensvorschriften verstößt[1231]. Ein flexibler Umgang kann durch eine entsprechende vertragliche Regelung wie beispielsweise einen Freiwilligkeitsvorbehalt umgesetzt werden[1232]. Eine solche vertragliche Ausgestaltung ist bei Geschäftsleitern jedoch eher unüblich.

Die Mindestanforderungen an die Compliance-Funktion und die weiteren Verhaltens-, Organisations- und Transparenzpflichten nach §§ 31ff. WpHG für Wertpapierdienstleistungsunternehmen (MaComp) enthalten keine ausdrücklichen Vorgaben, die Vergütungssysteme an den nachhaltigen Unternehmenserfolg zu koppeln. Im Kundeninteresse sind solche Aspekte zwar nur von untergeordneter Relevanz, jedoch nicht gänzlich unbedeutend. In Modul BT 8.3.3 Nr. 1 MaComp finden sich Beispiele für eine gute Vorgehensweise bei der Verwendung und Bemessung variabler Vergütungskomponenten. Dazu gehört auch die variable Vergütung in mehreren Tranchen über einen entsprechenden Zeitraum oder nach Rückstellung über einen entsprechenden Zeitraum auszuzahlen. Wie die Umsetzung im Einzelfall erfolgt, bleibt den Wertpapierdienstleistungsunternehmen selbst überlassen. Für Geschäftsleiter sind die Vorgaben des § 20 Abs. 2–4 InstitutsVergV anzuwenden. Daneben

---

1229 *Becker*, BKR 2014, 151 (157).
1230 Siehe dazu 2. Kapitel III.2.c)cc) und 3. Kapitel III.1.b)cc).
1231 *Becker*, BKR 2014, 151, Fn. 97.
1232 *Becker*, BKR 2014, 151 (157).

soll die Auszahlung variabler Vergütungen an den Anlagezeitraum angepasst oder zurückgestellt werden. Dies spiegelt einerseits § 19 Abs. 3 InstitutsVergV wider, der die Heranziehung solcher Vergütungsparameter vorschreibt, die auf einen nachhaltigen Unternehmenserfolg gerichtet sind. Andererseits wird verdeutlicht, dass die variable Vergütung am langfristigen Kundeninteresse und –wohl orientiert sein soll, und im Bedarfsfall angepasst werden soll.

d) Wahl der Vergütungsparameter

Für die Bemessung einer variablen Vergütung müssen die Vergütungssysteme geeignete Kriterien definieren, die dazu dienen, die Interessen relevanter Personen oder der Wertpapierdienstleistungsunternehmen mit den Kundeninteressen in Einklang zu bringen. Deshalb verbietet Modul BT 8.3.2 Nr. 1 MaComp bei der Festsetzung der variablen Vergütung, dass ausschließlich quantitative Kriterien, wie der Wert der verkauften Finanzinstrumente, das Verkaufsvolumen oder Zielvorgaben für Verkäufe und Neukunden, zugrunde gelegt werden. Neben diesen numerischen oder finanziellen Daten müssen auch qualitative Kriterien herangezogen werden, die die relevanten Personen darin bestärken, im Interesse der Kunden zu handeln. Als Beispiele nennt Modul BT 8.3.2. Nr. 3 MaComp die Einhaltung rechtlicher Vorschriften und interner Verfahren, die faire Behandlung von Kunden sowie die Kundenzufriedenheit.

e) Unzulässige Ausgestaltungen

Gemäß ihrer Rechtsnatur als Verwaltungsvorschrift können die Mindestanforderungen an die Compliance-Funktion und die weiteren Verhaltens-, Organisations- und Transparenzpflichten nach §§ 31ff. WpHG für Wertpapierdienstleistungsunternehmen (MaComp) keine rechtsverbindlichen Verbote normieren. Dennoch sind in Modul BT 8.3.3 Nr. 2 MaComp Beispiele für schlechte Vorgehensweisen genannt, die in der Regel unzulässig sind. Wählt ein Wertpapierdienstleistungsunternehmen dennoch eine solche Gestaltung der Vergütungssysteme, muss es dies umfassend begründen[1233]. Kernbestandteil der unzulässigen Beispiele ist stets, dass unterschiedliche Produkte mit verschiedenen Provisionen versehen werden. Es darf für die relevanten Personen weder durch die Vergütungssysteme ein Anreiz geschaffen werden, den Kunden zum Kauf unnötiger, ungeeigneter oder ausschließlich für das Unternehmen vorteilhafte Produkte zu ermutigen, noch dürfen ihnen höhere Boni für den Verkauf bestimmter Produkte in Aussicht gestellt werden. Durch die variable Vergütung soll der Berater motiviert werden, sich am Interesse der Kunden zu orientieren, statt am Verkauf eines für ihn möglichst lukrativen Produkts[1234].

1233 *Becker/Yoo*, BaFin Journal 5/2014, 13 (16).
1234 *Becker/Yoo*, BaFin Journal 5/2014, 13 (16).

5. Finanzmarktstabilisierungsfondsgesetz

Kernstück des Finanzmarktstabilisierungsfondsgesetzes ist die Begrenzung der Gesamtvergütung. Nach § 10 Abs. 2a und b FMStFG darf die monetäre Vergütung von Organmitgliedern und Angestellten jeweils 500.000 Euro pro Jahr nicht übersteigen. Eine variable Vergütung ist gänzlich unzulässig in Unternehmen, in denen der *SoFFin* mindestens 75 Prozent hält, § 10 Abs. 2a Satz 2 FMStFG. In Unternehmen in denen der *SoFFin* weniger als 75 Prozent hält, ist eine variable Vergütung grundsätzlich unzulässig, es sei denn, dass fixe und variable Vergütung in der Summe den Betrag von 500.000 Euro nicht übersteigen, § 10 Abs. 2b Satz 2 FMStFG. Die Obergrenze darf nach § 10 Abs. 2b Satz 2 FMStFG überschritten werden, wenn mehr als die Hälfte der geleisteten Rekapitalisierung zurückgezahlt ist oder diese voll verzinst wird. Darüber hinaus sind in § 5 Abs. 2 Nr. 4 FMStFV spezielle Regelungen für die Vergütungshöhe und einzelne Vergütungsbestandteile von Organmitgliedern und Geschäftsleitern vorgesehen. Diese Anforderungen muss ein Unternehmen erfüllen, wenn es staatliche Rekapitalisierungsmaßnahmen oder eine Risikoübernahme erhalten möchte.

a) Begrenzung der Vergütung

Es bedarf einer doppelten Angemessenheitsprüfung[1235]. Zum einen muss die Gesamtvergütung angemessen sein, § 5 Abs. 2 Nr. 4 a) Satz 1 FMStFV. Zur Gesamtvergütung zählen neben der monetären Vergütung auch die Versorgungszusagen sowie alle sonstigen, im Hinblick auf die Tätigkeit für das Unternehmen beziehungsweise den Konzern, erteilten Zusagen und gewährten Leistungen[1236]. Die Kriterien für die Angemessenheit bilden insbesondere die Aufgabe, die persönliche Leistung, die wirtschaftliche Lage, der Erfolg und die Zukunftsaussichten des Konzerns unter Berücksichtigung seines Vergleichsumfelds. Diese Kriterien entsprechen im Wesentlichen denen des § 87 Abs. 1 AktG[1237]. Das Vergleichsumfeld kann hierbei nicht auf solche Unternehmen beschränkt werden, die ebenfalls die Hilfe des *SoFFin* in Anspruch nehmen, sondern aus allen größenmäßig vergleichbaren Instituten in ähnlicher finanzieller Lage[1238]. Zum anderen muss die monetäre Vergütung angemessen sein. § 5 Abs. 2 Nr. 4 a) Satz 5 FMStFV gibt diesbezüglich eine klare Vorgabe: Eine monetäre Vergütung, die 500.000 Euro pro Jahr übersteigt, gilt grundsätzlich als unangemessen. Aus der Formulierung „grundsätzlich“ folgt nach klassischer juristischer Methodenlehre, dass es Ausnahmen geben kann[1239]. In der

---

1235 *Diller/Göpfert*, DB 2008, 2579 (2580).

1236 Jaletzke/Veranneman/*Ziegler* FMStG § 10 Rn. 58.

1237 *Diller/Göpfert*, DB 2008, 2579 (2580) m.w.N.; siehe hierzu eingehend 2. Kapitel III.1.e).

1238 *Diller/Göpfert*, DB 2008, 2579 (2580).

1239 *Wilsing/Kleißl*, BB 2008, 2422 (2425); *Diller/Göpfert*, DB 2008, 2579 (2581).

Praxis werden solche Ausnahmen jedoch selten sein[1240]. Nicht einzubeziehen in die jährliche monetäre Vergütung sind hingegen Zusagen auf Leistungen für einen längeren Zeitraum, sogenannte Long Term Incentives[1241]. Sie spielen lediglich bei der Angemessenheit der Gesamtvergütung eine Rolle. In der Literatur wurde die Grenzziehung bei 500.000 Euro als willkürlich und ungeeignet kritisiert[1242]. Es wurde die Befürchtung geäußert, dass qualifizierte Geschäftsleiter sich nicht dauerhaft einer solchen Gehaltsreduktion unterwerfen werden[1243]. Vor dem Hintergrund, dass der *SoFFin* aus Steuergeldern gespeist wird, war es politisch notwendig, ein Zeichen zu setzen und die monetäre Vergütung durch einen absoluten Höchstbetrag zu begrenzen. Es steht weiterhin im Ermessen der Unternehmen, durch die Vereinbarung zusätzlicher Boni für eine erfolgreiche Sanierung des Instituts, Anreize für die Geschäftsleiter zu schaffen, dem Unternehmen die Treue zu halten und motiviert an der Bewältigung der Krise mitzuwirken. Es können auch zusätzlich Sachleistungen vereinbart werden, die nicht der 500.000 Euro-Grenze unterfallen, sondern lediglich angemessen sein müssen.

b) Herabsetzung der Vergütung

Der *SoFFin* hat darauf hinzuwirken, dass eine Herabsetzung der Organvergütung im Rahmen des zivilrechtlich Möglichen unter Einbeziehung des § 87 Abs. 2 AktG vorgenommen wird, § 5 Abs. 2 Nr. 4 a) Satz 6 FMStFV. Der *SoFFin* selbst kann somit nicht direkt in die vertragliche Beziehung zwischen Geschäftsleiter und Institut eingreifen. Die zivilrechtlichen Möglichkeiten beschränken sich auf eine einvernehmliche Vertragsänderung, eine ordentliche oder außerordentliche Änderungskündigung oder die Herabsetzungsmöglichkeit unter den Voraussetzungen des § 87 Abs. 2 AktG[1244]. Stimmen alle Vorstandsmitglieder den Auflagen des *SoFFin* zu und sehen diese eine Reduzierung der monetären Vergütung auf 500.000 Euro vor, liegt darin implizit eine einvernehmliche Vertragsanpassung[1245]. Verweigert ein Vorstandsmitglied seine Zustimmung, steht dem Aufsichtsrat die Herabsetzung nach § 87 Abs. 2 AktG offen. Dies gilt auch für andere Gesellschaftsformen

1240 Jaletzke/Veranneman/*Ziegler* FMStG § 10 Rn. 58; a.A. wohl *Diller/Göpfert*, DB 2008, 2579 (2581), die zur Motivation der Vorstände in der kritischen Phase eines Turnaround eine Ausnahme zulassen wollen.

1241 *Diller/Göpfert*, DB 2008, 2579 (2581).

1242 *Mann*, DZWIR 2008, 496: willkürlich und starr; *Brück/Schalast/Schanz*, BB 2008, 2526 (2529): keine ökonomische Rechtfertigung; *Paul*, BB 2008, Nr. 47 Erste Seite.

1243 *Brück/Schalast/Schanz*, BB 2008, 2526 (2529); *Ewer/Behnsen*, NJW 2008, 3457 (3460).

1244 *Diller/Göpfert*, DB 2008, 2579 (2581).

1245 *Diller/Göpfert*, DB 2008, 2579 (2582); zurückhaltender Jaletzke/Veranneman/*Ziegler* FMStG § 10 Rn. 60, die nicht bereits im Beschluss die Zustimmung sehen wollen sondern eine gesonderte Vereinbarung verlangen, der sich der Vorstand aber nach dem Grundsatz des *venire contra factum proprium* nicht verschließen kann. Für eine ausdrückliche Vereinbarung auch *Mann*, DZWIR 2008, 496.

entsprechend. Voraussetzung für eine Herabsetzung ist die Unbilligkeit der Weitergewährung für die Gesellschaft[1246]. In der Literatur ist man sich uneins, ob bereits durch die Inanspruchnahme des *SoFFin* die Voraussetzungen für eine einseitige Herabsetzung der monetären Vergütung erfüllt sind. Stellt man darauf ab, dass allein durch die Vorstandsvergütung in der bisherigen Höhe das Institut in seinem Bestand gefährdet sein muss, wird man dies angesichts des Kapitalbedarfs des Instituts in Milliardenhöhe verneinen müssen[1247]. Es kann jedoch für die Gesellschaft eine Unbilligkeit darstellen, wenn allein wegen der Weigerung des Vorstands, einer Reduzierung seiner Vergütung zuzustimmen, ein milliardenschweres Hilfspaket nicht gewährt wird[1248]. Die Unbilligkeit ergibt sich in diesem Fall zwar nur indirekt aus dem Verhältnis von Vergütung und Vermögenslage. Ist jedoch das Institut ohne die staatliche Hilfe konkret insolvenzgefährdet, ist eine Herabsetzung nach § 87 Abs. 2 AktG zulässig[1249]. Andernfalls liefe der Hinweis des Gesetzgebers auf die einseitige Herabsetzungsmöglichkeit gänzlich ins Leere. Bei GmbH-Geschäftsführern kommt eine ordentliche Änderungskündigung in Betracht. *Ziegler* verneint eine solche Möglichkeit mit dem Hinweis, dass das Unternehmen Gefahr liefe, dass der Geschäftsführer die Änderungskündigung nicht annimmt und das Dienstverhältnis somit beendet wird[1250]. Dies ist inkonsequent. Auch bei der einseitigen Herabsetzung nach § 87 Abs. 2 AktG hat der Vorstand ein Sonderkündigungsrecht, so dass die Gesellschaft ebenfalls das Risiko einer Beendigung des Anstellungsverhältnisses eingeht. Gewährt man dem Aufsichtsrat bei Insolvenznähe der Gesellschaft das Recht einer einseitigen Herabsetzung, so muss in denselben Fällen bei einer Gesellschaft mit beschränkter Haftung eine Änderungskündigung erfolgen. Andernfalls wäre der GmbH-Geschäftsführer besser geschützt als ein AG-Vorstand. Eine Zustimmungspflicht aus allgemeiner organschaftlicher Treuepflicht ist hingegen sowohl für den Vorstand als auch für den Geschäftsführer abzulehnen[1251]. Nach der Intention des Gesetzgebers wird im Ergebnis eine Reduzierung auf maximal 500.000 Euro zu erfolgen haben, unabhängig von der Frage, ob im Einzelfall auch bei einer höheren Vergütung die Unbilligkeit beseitigt wäre.

c) Verbotene Leistungen

§ 5 Abs. 2 Nr. 4 b) und c) FMStFV normiert unzulässige Leistungen an Geschäftsleiter. Der *SoFFin* soll darauf hinwirken, dass Geschäftsleiter keine rechtlich nicht gebotenen Abfindungen erhalten und bei Neuverträgen keine Leistungen aus Anlass

---

1246 Siehe dazu bereits 3. Kapitel III.2.h)bb).

1247 *Spindler*, DStR 2008, 2768, (2772); *Wilsing/Kleißl*, BB 2008, 2422, (2424).

1248 *Diller/Göpfert*, DB 2008, 2579 (2582); Jaletzke/Veranneman/*Ziegler* FMStG § 10 Rn. 63.

1249 *Diller/Göpfert*, DB 2008, 2579 (2582).

1250 Jaletzke/Veranneman/*Ziegler* FMStG § 10 Rn. 65; wobei er in Rn. 66 von einer generellen Möglichkeit der Änderungskündigung ausgeht.

1251 A.a. Jaletzke/Veranneman/*Ziegler* FMStG § 10 Rn. 66; *Diller/Göpfert*, DB 2008, 2579 (2582).

eines Kontrollwechsels (Change of Control) oder bei vorzeitiger Beendigung der Tätigkeit vereinbart werden. Bonifikationen und andere in das freie Ermessen des Unternehmens gestellte Vergütungsbestandteile sollen während der Inanspruchnahme der staatlichen Hilfsmaßnahmen nicht gezahlt werden.

aa) Keine rechtlich nicht gebotenen Abfindungen

Rechtlich geboten sind Abfindungen, auf die vertraglich oder gesetzlich ein Anspruch besteht. Für Geschäftsleiter sind gesetzliche Abfindungsansprüche, wie sie § 1a KSchG für Arbeitnehmer kennt, nicht vorgesehen. Auch vertraglich im Voraus geregelte Abfindungsansprüche sind in der Praxis äußert selten. Es stellt sich somit die Frage, was der Gesetzgeber unter „rechtlich gebotenen" Abfindungen verstanden wissen will. In der Öffentlichkeit wurde vielfach gefordert, dass einem wegen Erfolglosigkeit oder gar einer Pflichtverletzung ausscheidenden Organmitglied nicht noch eine Abfindung gezahlt werden dürfe[1252]. Bei den in den Medien thematisierten Abfindungszahlungen an ausscheidende Vorstände handelt es sich jedoch im Regelfall um eine prozentuale Kapitalisierung der bis zum eigentlichen Vertragsende noch zu zahlenden Vergütung. Wenn der Aufsichtsrat den Vorstand gemäß § 84 Abs. 3 AktG abberuft, ohne dass zugleich wichtige Gründe für eine fristlose Kündigung des Anstellungsvertrags nach § 626 BGB vorliegen, behält der Vorstand seinen Vergütungsanspruch aus dem Anstellungsvertrag bis zum vertraglich vereinbarten Ende. Um das Dienstverhältnis endgültig zu beenden, einigen sich deshalb Vorstand und Aufsichtsrat auf eine einvernehmliche sofortige Beendigung gegen Zahlung einer entsprechenden Abfindung[1253]. Solche Zahlung sind rechtlich zwar nicht geschuldet, können aber zur Abwendung weiteren Schadens – beispielsweise durch die Fortzahlung der Gesamtbezüge bis zum Ablauf des Vertrags – rechtlich geboten sein. Durch die Formulierung des § 5 Abs. 2 Nr. 4 b) Satz 1 FMStFV hat der Gesetzgeber diese Zahlungen weiterhin für zulässig erachtet[1254].

Bei GmbH-Geschäftsführern kann etwas anderes gelten. Ihre Bestellung ist grundsätzlich jederzeit frei widerrufbar, § 38 Abs. 1 GmbHG. Da die Anstellungsverträge in den meisten Fällen nicht befristet sind, können sie jederzeit ordentlich unter Einhaltung der gesetzlichen oder vertraglich vereinbarten Kündigungsfrist gekündigt werden. Die Kündigung ist mangels Kündigungsschutzes nach dem Kündigungsschutzgesetz grundsätzlich wirksam, so dass dem Geschäftsführer keine weiteren Ansprüche zustehen. Einen Anspruch auf Abfindungszahlungen hat er nicht. Lediglich für den Fall, dass das Anstellungsverhältnis ohne Einhaltung der Kündigungsfrist mit sofortiger Wirkung beendet werden soll, kommt eine „rechtlich

1252 Siehe hierzu auch Jaletzke/Veranneman/*Ziegler* FMStG § 10 Rn. 67.

1253 *Diller/Göpfert*, DB 2008, 2579 (2582); Jaletzke/Veranneman/*Ziegler* FMStG § 10 Rn. 68.

1254 *Diller/Göpfert*, DB 2008, 2579 (2582 f.); Jaletzke/Veranneman/*Ziegler* FMStG § 10 Rn. 69.

gebotene" Abfindung in Betracht, die der Höhe nach auf die Verdienste bis zum Ablauf der Kündigungsfrist beschränkt ist[1255].

bb) Keine Leistungen aus Anlass eines Kontrollwechsels

Bei Neuverträgen dürfen keine Leistungen aus Anlass eines Kontrollwechsels gewährt werden, § 5 Abs. 2 Nr. 4 b) Satz 2 FMStFV. Solche Change of Control-Klauseln sehen meist ein Sonderkündigungsrecht für den Fall eines Unternehmensverkaufs vor, verbunden mit einer Abfindungszahlung (Golden Parachutes). Nach dem oben Gesagten, wären solche Abfindungsleistungen grundsätzlich zulässig. Nach der Intention des Gesetzgebers ist die Regelung des § 5 Abs. 2 Nr. 4 b) Satz 2 FMStFV jedoch so zu verstehen, dass in Neuverträgen – zumindest für die Zeit der Inanspruchnahme staatlicher Hilfen – auf solche Change of Control-Klauseln zu verzichten ist[1256]. Als Neuvertrag gilt auch die Widerbestellung eines Vorstandsmitglieds[1257].

cc) Keine Leistungen bei vorzeitiger Beendigung

Daneben sollen in Neuverträgen keine Leistungen für den Fall der vorzeitigen Beendigung der Tätigkeit vereinbart werden, § 5 Abs. 2 Nr. 4 b) Satz 2 FMStFV. Für Vorstände von Aktiengesellschaften sind solche Klauseln in der Praxis nicht üblich. Abfindungen zur Kapitalisierung der Restlaufzeit werden erst im Rahmen der tatsächlichen Beendigung vereinbart und nicht bereits bei Abschluss des ursprünglichen Anstellungsvertrags[1258]. Bei GmbH-Geschäftsführern ist denkbar, dass bereits im Anstellungsvertrag eine Abfindungsregelung vorgesehen ist, für den Fall einer ordentlichen Kündigung. Eine Kapitalisierung der Restlaufzeit kommt nur in Ausnahmefällen und nur in geringem Umfang in Betracht. Eine zusätzliche Abfindungsklausel soll gem. § 5 Abs. 2 Nr. 4 b) Satz 2 FMStFV zukünftig nicht mehr vereinbart werden[1259]. Streng genommen handelt es sich bei diesen Fällen jedoch nicht um eine „vorzeitige" Beendigung. Von einer solchen kann nur bei einer Befristung gesprochen werden.

dd) Keine Leistungen im freien Ermessen

Nach § 5 Abs. 2 Nr. 4 c) FMStFV sollen für die Dauer der Inanspruchnahme von Leistungen des *SoFFin* grundsätzlich Bonifikationen und andere, in das freie Ermessen des Unternehmens gestellte Vergütungsbestandteile nicht gezahlt werden. Diese Vorgabe ist äußerst problematisch. Grundsätzlich hat der Aufsichtsrat bei der

---

1255 Jaletzke/Veranneman/*Ziegler* FMStG § 10 Rn. 70.

1256 *Diller/Göpfert*, DB 2008, 2579 (2583); Jaletzke/Veranneman/*Ziegler* FMStG § 10 Rn. 71.

1257 *Diller/Göpfert*, DB 2008, 2579 (2583).

1258 *Diller/Göpfert*, DB 2008, 2579 (2583).

1259 Jaletzke/Veranneman/*Ziegler* FMStG § 10 Rn. 73; *Diller/Göpfert*, DB 2008, 2579 (2583).

Festsetzung der Vergütung nach billigem Ermessen zu handeln[1260]. Im Vorfeld werden bestimmte Vergütungsparameter festgelegt, bei deren Erreichen ein Anspruch auf die variable Vergütung besteht. Völlig frei im Ermessen des Unternehmens sind daher nur solche Vergütungsbestandteile, die als zusätzliche freiwillige Vergütung gezahlt werden und auf die somit rechtlich kein Anspruch besteht[1261]. Bereits aktienrechtlich sind solche Zahlungen nicht unproblematisch[1262]. Stehen Leistungen unter einem Freiwilligkeitsvorbehalt, so können diese für die Dauer der Inanspruchnahme staatlicher Hilfen nicht weiter gewährt werden.

Ausdrücklich weiterhin zulässig sind Bonifikationen, die ein niedriges Festgehalt kompensieren sollen, solange die Gesamtvergütung angemessen ist. Dies gilt jedoch nicht für solche Unternehmen, die Rekapitalisierungsmaßnahmen in Anspruch nehmen und an denen der *SoFFin* 75 Prozent oder mehr hält, § 10 Abs. 2a FMStFG. Weder aus dem Verordnungstext noch aus dessen Begründung geht hervor, wann der Verordnungsgeber von einem niedrigen Festgehalt ausgeht. Maßgeblich sind die Umstände des Einzelfalls. *Diller/Göpfert* wollen hierbei auf ein internes und externes Benchmarking abstellen, aus denen sich dann Hinweise auf eine niedrige Fixvergütung ergeben können[1263]. Die Obergrenze von 500.000 Euro nach § 5 Abs. 2 Nr. 4 a) Satz 5 FMStFV darf durch die Festlegung einer kompensatorischen Bonuszahlung nicht überschritten werden[1264].

6. Überlegungen de lege ferenda

Eine branchen- und rechtsformübergreifende Basisregelung muss eine hinreichende Flexibilität aufweisen und den unterschiedlichen Strukturen und Größen der Unternehmen Rechnung tragen. Wichtig ist deshalb, dass innerhalb der Vorgaben der Grundsatz der Verhältnismäßigkeit Anwendung finden kann. Für größere Unternehmen mit einer Vielzahl an Mitarbeitern und einer hohen Bilanzsumme, auch wenn diese die Schwelle zu den bedeutenden Unternehmen noch nicht überschritten hat, sollten strengere Anforderungen gelten, als beispielsweise für eine Gesellschaft mit beschränkter Haftung, die lediglich wenige Mitarbeiter beschäftigt und nur eine geringe Bilanzsumme ausweist. Bei einer Basisregelung sollten nicht nur solvenzrechtliche Aspekte berücksichtigt werden, sondern ähnlich den Zielen der Mindestanforderungen an die Compliance-Funktion und die weiteren Verhaltens-, Organisations- und Transparenzpflichten nach §§ 31ff. WpHG für Wertpapierdienstleistungsunternehmen (MaComp) auch die Kundenzufriedenheit und das Wohl der Kunden. Zwar spiegelt sich diese wohl meist im Umsatz wider, dennoch zeigen

1260 Jaletzke/Veranneman/*Ziegler* FMStG § 10 Rn. 74; *Diller/Göpfert*, DB 2008, 2579 (2583).

1261 Jaletzke/Veranneman/*Ziegler* FMStG § 10 Rn. 75.

1262 Siehe dazu 3. Kapitel III.2.h)bb).

1263 *Diller/Göpfert*, DB 2008, 2579 (2583).

1264 Jaletzke/Veranneman/*Ziegler* FMStG § 10 Rn. 76; *Diller/Göpfert*, DB 2008, 2579 (2583).

sich solche Einbußen meist erst verspätet, wie der aktuelle Abgasskandal bei der Volkswagen AG und anderen Automotivherstellern offenbart.

a) Allgemeine Anforderungen

Die allgemeinen Anforderungen sollten für alle Unternehmen gelten, unabhängig der Größe und Bilanzsumme.

aa) Anpassung an Unternehmensstrategien

Die variablen Vergütungen oder Vergütungssysteme müssen an die in den Unternehmensstrategien niedergelegten Ziele angepasst werden und deren Erreichen fördern. Ändert ein Unternehmen seine Strategie, müssen auch die Vergütungen entsprechend angepasst werden. So kann gezielt durch die variable Vergütung das Verhalten der Manager gesteuert werden. Auch die Instituts-Vergütungsverordnung, die Versicherungs-Vergütungsverordnung, das Kapitalanlagegesetzbuch sowie das Aktiengesetz verlangen eine Ausrichtung der Vergütung an den Unternehmensstrategien. Zählen zu den Unternehmensstrategien auch Aspekte wie Kundenzufriedenheit oder eine bestimmte Unternehmenskultur, sollten die Vergütungen auch diese Ziele aktiv unterstützen.

bb) Vergütungsparameter und Erfolgsbeiträge

Um eine Ausrichtung an die Unternehmensstrategien zu erreichen, müssen geeignete Parameter gewählt werden. Die Parameter müssen so festgelegt werden, dass daraus zumindest keine Konflikte mit den in der Geschäfts- und Risikostrategie des Unternehmens dargestellten Maßnahmen resultieren können[1265]. Neben quantitativen Parametern sind auch qualitative Parameter bei der Bemessung heranzuziehen.

Die variable Vergütung sollte anhand des Gesamterfolgs des Unternehmens, des Ressorts des Managers und dessen individueller Leistung bestimmt werden. Der individuelle Erfolgsbeitrag sollte in allen Unternehmen herangezogen werden, soweit er mit vertretbarem Aufwand bestimmt werden kann. Mag dieses Kriterium sowohl nach der Instituts-Vergütungsverordnung als auch nach der Versicherungs-Vergütungsverordnung nur für bedeutende Unternehmen Anwendung finden, erscheint bei einer Basisregelung eine Erstreckung auf alle Unternehmen angezeigt. Bei einem Alleinvorstand oder -geschäftsführer bliebe andernfalls nur der Gesamterfolg des Unternehmens. Pflicht- oder gar sittenwidriges Verhalten müssen zwingend zu einer Reduzierung der variablen Vergütung führen und dürfen nicht durch positive Erfolgsbeiträge ausgeglichen werden. Bei der Wahl der Vergütungsparameter sollten nach Möglichkeit solche herangezogen werden, die auf eine nachhaltige Unternehmensentwicklung ausgerichtet sind. Die gesetzliche Einschränkung einzelner Vergütungsparameter, wie es beispielsweise § 3 Abs. 1 Satz 2 Nr. 3 VersVergV für

1265 *Buscher/Hannemann/Wagner/Weigl* InstitutsVergV § 4, S. 72.

Gesamtbeitragseinnahmen, Neugeschäfte oder die Vermittlung einzelner Versicherungsverträge vorsieht, ist in einer allgemeine Regelung nicht möglich.

cc) Angemessenes Verhältnis zur Aufgabe und Leistung des Managers sowie zur Lage der Gesellschaft

Die gesamte Vergütung – nicht nur die variable Vergütung – muss in einem angemessenen Verhältnis zur Aufgabe und Leistung des Managers sowie zur Lage des Unternehmens stehen und darf eine übliche Vergütung nicht ohne besondere Gründe übersteigen. Diese Formulierung findet sich bereits in § 87 Abs. 1 Satz AktG, § 10 Abs. 1 InstitutsVergV sowie § 3 Abs. 2 VersVergV und sollte auch in eine Basisregelung aufgenommen werden. Sie bezieht sich auf die fixe und die variable Vergütung und lässt so einen Rückschluss auf die absolute Höhe der Bezüge zu. Die einzelnen Kriterien sind durch die aktienrechtliche Literatur bereits hinreichend konkretisiert und können auf andere Gesellschaftsformen übertragen werden. Als Vergleichsmaßstab für die Üblichkeit sind dann Gesellschaften derselben Größe und Struktur heranzuziehen, unabhängig von ihrer Gesellschaftsform. Unterschiede hinsichtlich des Kündigungsschutzes oder der Haftung können Abweichungen rechtfertigen. Auch kann zur Gewinnung geeigneter Manager in Krisensituationen dem Merkmal „Lage der Anstellungsgesellschaft" nur eine untergeordnete Bedeutung beigemessen werden. Ist die Leistung bei der erstmaligen Bestellung noch nicht mit hinreichender Sicherheit zu beurteilen, kann durch vergangene Leistungen oder die stärkere Gewichtung der Aufgabe ein entsprechender Betrag begründet werden.

dd) Angemessenes Verhältnis von fixer und variabler Vergütung

Entschließt sich eine Gesellschaft zur Zahlung einer variablen Vergütung, so soll diese in einem angemessenen Verhältnis zur Fixvergütung stehen. Zum einen sollen auch weiterhin in nicht bedeutenden Unternehmen reine Fixvergütungen zulässig sein. Durch eine solche Vergütung werden keine Anreize zur Eingehung unverhältnismäßiger Risiken gesetzt. Sie läuft auch keiner Geschäftspolitik zuwider, da sie verhaltensneutral ist.

Ein angemessenes Verhältnis lässt sich nicht in absoluten Zahlen ausdrücken. Neben Bonitätsaspekten sind gegebenenfalls auch Kundeninteressen zu berücksichtigen, die zu einer Verschiebung der Angemessenheitsbeurteilung führen können. Die Fixvergütung muss zumindest so hoch sein, dass dem Unternehmen eine vollständige Streichung der variablen Vergütung möglich ist, ohne dass der Manager dadurch in Existenznöte gerät. Die Fixvergütung muss entsprechend der Qualifikation, den Fähigkeiten und der Verantwortung des Managers bemessen sein. Ein Verbot der Zahlung einer variablen Vergütung für bestimmte Unternehmen, wie es §§ 10 Abs. 2a und b FMStFG vorsehen, ist nicht angezeigt. Es beruht auf einer Sondersituation, in der starke Eingriffe in die Vertragsfreiheit (Art. 2 Abs. 1 GG) zum Schutz der Steuerzahler und Rechtssicherheit zum Zwecke einer leichteren Vorhersehbarkeit des Finanzbedarfs der notleidenden Institute zulässig sind. Die Vorgaben sind jedoch nicht verallgemeinerungsfähig.

Auch von der generellen Einführung eines Bonus-Caps wie es § 25a Abs. 5 KWG und § 6 InstitutsVergV vorsehen, ist abzuraten. Hierdurch wird die Gefahr erhöht, dass die Manager bei Vertragsverhandlungen die Zahlung einer höheren Fixvergütung verlangen. Damit wird für die Unternehmen eine nachträgliche Risikoanpassung oder ein Absenken deutlich erschwert. Beispiele aus der neueren nationalen Gesetzgebung aber auch internationale Leitlinien[1266] zeigen, dass nicht in allen Bereichen ein Bonus-Cap für erforderlich gehalten wird.

ee) Zulässigkeit einzelner Vergütungen

In den derzeitigen Vorschriften wird die Zulässigkeit garantierter variabler Vergütungen in Form von Sign-on Boni, Retention Boni, Golden Parachutes aber auch sonstige Abfindungsleistungen und Anerkennungsprämien höchst unterschiedlich beurteilt. Sämtliche Zahlungen sollten bei einer Basisregelung nach den Aspekten Nachhaltigkeit und Anreizwirkung zur Eingehung unverhältnismäßiger Risiken beurteilt werden.

(1) Sign-on und Retention Boni

Sign-on Boni werden bereits nach den bisherigen Regelungen für zulässig erachtet. Bei Retention Boni ist die Zulässigkeit umstritten[1267]. In einer Basisregelung sollten beide Zahlungen zulässig bleiben. Beide Leistungen können dazu beitragen, geeignete Manager für das Unternehmen zu gewinnen beziehungsweise zu halten. Dies verbessert die Leistungsfähigkeit des Unternehmens und führt zu einer nachhaltigen Unternehmenswertsteigerung. Weder von Antritts- noch von Halteprämien gehen zudem negative Verhaltensanreize aus.

(2) Abfindungszahlungen

Werden angesichts einer konkret bevorstehenden Beendigung des Anstellungsverhältnisses Abfindungszahlungen vereinbart, die tatsächlich lediglich die Restlaufzeit bis zum Ablauf der Befristung oder der ordentlichen Kündigungsfrist kapitalisieren, sind diese weiterhin zulässig. Von ihnen gehen keine negativen Verhaltensanreize aus. Vielmehr ist es rechtlich geboten, solche Zahlungen zu leisten, da andernfalls Vorstände auf die Einhaltung ihres Vertrags bis zum Ablauf der Befristung bestehen könnten. Für die Gesellschaft wären die Kosten damit identisch. Diese Art der Abfindungsleistungen sind selbst nach den strengen Maßstäben des § 5 Abs. 2 Nr. 4 b)

1266 *ESMA*, Consultation Paper Guidelines on sound remuneration policies under the UCITS Directive and AIFMD vom 23. Juli 2015, 2015/ESMA/1172; *ESMA*, Leitlinien für solide Vergütungspolitiken unter Berücksichtigung der AIFMD vom 03. Juli 2013, ESMA/2013/232.

1267 Zulässig nach Aktienrecht und Versicherungs-Vergütungsverordnung; unzulässig nach: Instituts-Vergütungsverordnung, Leitlinien für solide Vergütungspolitiken unter Berücksichtigung der AIFMD.

Satz 1 FMStFV weiterhin zulässig. Ein generelles Bedürfnis, diese Zahlungen durch ein Abfindungs-Cap in Anlehnung an Ziffer 4.2.3 Abs. 4 DCGK zu begrenzen oder einer nachhaltigen Entwicklung des Unternehmenswerts zu unterwerfen, besteht nicht. Im Einzelfall können Gesellschaften freiwillig derartige Vereinbarungen treffen. Von vertraglich bereits zu Beginn des Anstellungsverhältnisses vereinbarten Abfindungen sollte Abstand genommen werden, es sei denn, sie können in ihrer Höhe nachträglich angepasst werden.

(3) Golden Parachutes

Auch die Zulässigkeit von Golden Parachutes im Rahmen von Change of Control-Klauseln wird bislang nicht einheitlich beurteilt. Während solche Zahlungen in Instituten nach der Instituts-Vergütungsverordnung und der Finanzmarktstabilisierungsfondsverordnung sowie in Kapitalverwaltungsgesellschaften unzulässig sind, erlauben die Versicherungs-Vergütungsverordnung sowie das Aktienrecht weiterhin derartige Leistungen. Nach Ansicht der ESMA sollen bei Kapitalverwaltungsgesellschaften zwar Golden Parachutes verboten sein, nicht jedoch Change of Control-Klauseln[1268]. Klassischerweise werden beide gemeinsam vereinbart[1269]. Golden Parachutes sollen einem Manager ermöglichen in einer Übernahmesituation im besten Interesse des Unternehmens zu handeln, ohne sich um seinen möglichen Bonus sorgen zu müssen. Es geht von ihnen kein Anreiz zur Eingehung unverhältnismäßiger Risiken aus. Dass ein Manager eine Übernahmesituation nur herbeiführt, um eine garantierte variable Vergütung zu erhalten, ist eher unwahrscheinlich. Es darf in einer Basisregelung deshalb keine Vorgabe enthalten sein, wonach Abfindungsleistungen zwingend in ihrer Höhe veränderbar sein müssen auch wenn dies für sonstige vertraglich vereinbarte Abfindungsleistungen zu begrüßen wäre. Eine Obergrenze für Golden Parachutes sollte für börsennotierte Aktiengesellschaften im Rahmen des Deutscher Corporate Governance Kodex bestehen bleiben, bedarf aber keiner generellen Ausweitung.

(4) Ermessens- und Anerkennungsprämien

Prämien, deren Gewährung im freien Ermessen des Aufsichtsrats oder der Gesellschafter stehen und einen besonderen Erfolg honorieren möchten, sollten zulässig sein. Aufgrund der *Mannesmann*-Rechtsprechung ist eine Vereinbarung hinsichtlich der generellen Möglichkeit solcher Zahlungen zu empfehlen. Sowohl die Vereinbarung einer solchen Prämie als auch die Zahlung im Einzelfall müssen angemessen sein und sich insbesondere an der Lage der Gesellschaft orientieren.

1268 *ESMA*, Leitlinien für solide Vergütungspolitiken unter Berücksichtigung der AIFMD, Ziffer XI.III Nr. 87, S. 23.

1269 Siehe dazu: *Reufels* in: Hümmerich/Reufels, Gestaltung von Arbeitsverträgen, § 3 Rn. 308.

ff) Mehrjähriger Bemessungszeitraum

Die variable Vergütung sollte auf einem mehrjährigen Bemessungszeitraum beruhen. Als Bemessungszeitraum sollte hierbei der Zeitraum vor Festsetzung der variablen Vergütung bezeichnet werden. Für die einzelnen Vergütungskomponenten können unterschiedliche Bemessungszeiträume zugrunde gelegt werden. Es sollten auch weiterhin auf kurzfristigen Verhaltensanreizen basierende Vergütungen oder Jahresboni zulässig sein. Im Ergebnis müssen die langfristigen Bestandteile überwiegen, um eine Orientierung an der nachhaltigen Unternehmenswertentwicklung zu gewährleisten. Die gesetzliche Normierung eines bestimmten Bemessungszeitraums wie es die SPD vorschlägt[1270], ist abzulehnen; ebenso ein festes Zahlenverhältnis. Beides mag zwar bei börsennotierten Aktiengesellschaften angemessen sein, bietet für andere Gesellschaften jedoch zu wenig Flexibilität. Die Basisregelung sollte sich an der aktienrechtlichen Auslegung der Vorgabe eines mehrjährigen Bemessungszeitraums orientieren. Ein mindestens zweijähriger Bemessungszeitraum sollte als ausreichend erachtet werden. Die starken Einschränkungen, die für Institute aufgrund ihres Verursachungsbeitrags zur Finanz- und Wirtschaftskrise gerechtfertigt sind, müssen nicht auf alle Gesellschaften übertragen werden.

gg) Begrenzungsmöglichkeit

Wie es die aktien- und kapitalmarktrechtlichen Vorgaben vorsehen, sollte auch in einer allgemeinen Regelung eine Begrenzungsmöglichkeit der variablen Vergütung für außergewöhnliche Entwicklungen vorgesehen werden. Der hinter dieser Regelung stehende Gedanke, dass ein Manager nur nach seiner Leistung und nicht für Zufälle oder externe Faktoren vergütet werden soll, ist verallgemeinerungsfähig und auf Unternehmen sämtlicher Rechtsformen und Größen übertragbar. Bei der vertraglichen Ausgestaltung ist es vorzugswürdig, lediglich einzelne Vergütungsparameter zu begrenzen, die durch Windfall Profits beeinflusst werden können.

hh) Herabsetzungsmöglichkeit

Von der Regelung einer Herabsetzungsmöglichkeit, wie sie § 87 Abs. 2 AktG und § 5 Abs. 2 Nr. 4 a) Satz 6 FMStFV vorsehen, sollte abgesehen werden. Durch die Basisregelung sollen bereits im Vorfeld einer Krise hinreichend Möglichkeiten geschaffen werden, die variable Vergütung an die geänderten Umstände anzupassen. Ist ein hinreichend langer Zurückbehaltungszeitraum vereinbart und besteht für diese Zeit eine Malus-Regelung, sind umfassende Anpassungen im Falle einer Krise des Unternehmens möglich. Einer nachträglichen Herabsetzungsmöglichkeit bedarf es dann nicht mehr. Damit wird vermieden, dass dem Manager ein Sonderkündigungsrecht eingeräumt werden muss, und das Aufsichtsorgan oder die Gesellschafterversammlung von einer Herabsetzung nur deshalb absehen, um den

1270 Antrag SPD-Fraktion „Exorbitante Managergehälter begrenzen“, BT-Drucks. 17/13472 vom 14. Mai 2013, S. 2.

Manager nicht zu verlieren. Bereits in seiner derzeitigen Form erweist sich die Herabsetzungsmöglichkeit als stumpfes Schwert[1271]. Die Voraussetzungen werden sehr restriktiv ausgelegt[1272].

ii) Verbot von Absicherungs- und Gegenmaßnahmen

Absicherungs- und Gegenmaßnahmen sind bereits sowohl nach kapitalmarktrechtlichen Vorgaben ausdrücklich als auch nach aktienrechtlichen Vorschriften aus Loyalitätsgründen untersagt. In allen Unternehmen sollten Absicherungs- und Gegenmaßnahmen ausdrücklich untersagt werden. Entscheidet sich ein Unternehmen zur Zahlung einer variablen Vergütung, bezweckt es damit eine gewisse Risikoausrichtung der Vergütung. Diese Risikoorientierung sollte nicht durch Hedgingmaßnahmen – seien sie extern oder intern – konterkariert werden. Die Unternehmen haben dafür Sorge zu tragen, dass ein solches Verbot in den Anstellungsverträgen der Manager vereinbart wird und dessen Einhaltung durch die Compliance-Funktion, den Aufsichtsrat oder sonstige geeignete Mitarbeiter regelmäßig überprüft wird. In kleineren Gesellschaften können dies auch die Gesellschafter oder Anteilseigener sein.

b) Besondere Anforderungen an bedeutende Unternehmen

In Anlehnung an die Instituts-Vergütungsverordnung und die Versicherungs-Vergütungsverordnung sollten an bedeutende Unternehmen zusätzliche Anforderungen gestellt werden. Auch diese sind ihrerseits nach dem Verhältnismäßigkeitsprinzip umzusetzen. Selbstverständlich wären auch andere Unternehmen nicht gehindert, derartige Regelungen aufzunehmen und die Vergütung ihrer Manager daran auszurichten.

aa) Zwingendes Erfordernis einer variablen Vergütung

In bedeutenden Unternehmen sollte die Vereinbarung einer variablen Vergütung verpflichtend sein. Dies sollte ausdrücklich normiert werden. Bislang werden die Normen der Instituts-Vergütungsverordnung und der Versicherungs-Vergütungsverordnung entsprechend ausgelegt, ohne dass sich dafür Anhaltspunkte im Gesetzestext finden. Da die Vorgaben hinsichtlich der Zurückbehaltung in den §§ 20 InstitutsVergV, 4 Abs. 3 Nr. 3 und 4 VersVergV für bedeutende Institute und Unternehmen verpflichtend sind, ist dieser Auffassung zuzustimmen. Gleiches sollte in einer Basisregelung gelten. Nur durch eine variable Vergütung kann eine nachhaltige Unternehmensentwicklung gefördert und eine Reduktion im Bedarfsfall durchgeführt werden.

1271 So auch Antrag SPD-Fraktion „Exorbitante Managergehälter begrenzen“, BT-Drucks. 17/13472 vom 14. Mai 2013, S. 5.

1272 Zur Rechtslage vor der Änderung durch das VorstAG: LG Essen 45 O 88/05 vom 10. Februar 2006, NZG 2006, 356; aktuell: Spindler/Stilz/*Fleischer* AktG § 87 Rn. 59.

bb) Zurückbehaltung

Regelungen zur Zurückbehaltung eines bestimmten Anteils der variablen Vergütung sind ein wichtiges und geeignetes Instrument, um eine ex-post Risikoadjustierung durchführen zu können. Bei einer ausschließlich Manager betreffenden Basisregelung sollte der zurückbehaltene Anteil der variablen Vergütung mindestens 60 Prozent betragen. In zeitlicher Hinsicht empfiehlt sich ein Rahmen von in der Regel mindestens drei Jahren. Eine Obergrenze wie es § 5 Abs. 2 Nr. 4 InstitutsVergV a.F. vorsah oder die *Leitlinien für solide Vergütungspolitiken unter Berücksichtigung der AIFMD* empfehlen, sollte nicht normiert werden. Durch die Formulierung „in der Regel" soll ermöglicht werden, dass in einzelnen Fällen auch Abweichungen nach unten zulässig sind. Diese müssen eingehend begründet werden. Den im Einzelfall zurückzubehaltenden Anteil soll jedes Unternehmen je nach Höhe der variablen Vergütung und der durch den Manager begründbaren Risiken festlegen.

Ausdrücklich geregelt sollte auch die Rechtsnatur der variablen Vergütung während des Zurückbehaltungszeitraums werden. In Anlehnung an § 20 Abs. 3 InstitutsVergV und die *Leitlinien für solide Vergütungspolitiken unter Berücksichtigung der AIFMD* sollen während des Zurückbehaltungszeitraums Anspruch und Anwartschaft auf die variablen Vergütungsteile nicht schneller als zeitanteilig entstehen und im Übrigen lediglich ein Anspruch auf fehlerfreie Ermittlung des noch nicht erstarkten Anteils bestehen. Durch diese Regelung werden rechtlich kritisch zu sehende Claw Back-Klauseln unzulässig, ebenso wie ein Widerrufsvorbehalt. Als Umsetzungsmöglichkeit stehen den Unternehmen ein rollierendes System oder ein Bonusbank-Modell zur Verfügung. Wie sie die Vorgaben letztlich umsetzen, soll jedem Unternehmen selbst überlassen bleiben. Weitergehende Einschränkungen durch gesetzliche Vorgaben sind nicht gerechtfertigt, da lediglich das zu erreichende Ziel maßgeblich ist, nicht der individuelle Weg dorthin. Gleiches gilt für die Frage, ob ein bestimmter Stichtag normiert werden soll. Empfehlenswert ist sicher eine jährliche Entstehung des entsprechenden Vergütungsanteils. Möchte ein Unternehmen den Anspruch gänzlich erst nach Ablauf des Zurückbehaltungszeitraums gewähren, so sollte dies ebenfalls zulässig sein. Es trägt dem Nachhaltigkeitsgedanken über das gesetzlich erforderliche Maß hinaus Rechnung.

Sowohl 50 Prozent der sofort auszahlbaren als auch der zurückbehaltenen variablen Vergütung sollten in Instrumenten gezahlt werden, die von einer nachhaltigen Unternehmensentwicklung abhängig sind. Dies können je nach Gesellschaftsform Aktien, Aktienoptionen, Wandelschuldverschreibungen, virtuelle Aktien beziehungsweise Aktienoptionen oder auf Kennzahlen des Unternehmens basierende Instrumente sein. Einer als bedeutend eingestuften Gesellschaft mit beschränkter Haftung ist es zumutbar, die betriebswirtschaftlichen Kennziffern ermitteln zu lassen. Es bedarf jedoch keines so hohen Detaillierungsgrads wie bei einer Unternehmensübertragung. Möglich sind auch andere Instrumente, die den Manager in eine eigentümerähnliche Position bringen.

Eine Sperrfrist sollte hingegen nicht eigenständig normiert werden. Für Aktienoptionen gilt bereits eine gesetzliche Haltefrist von vier Jahren nach § 193 Abs. 2

Nr. 4 AktG. Im Übrigen ist durch den mehrjährigen Bemessungszeitraum und den Zurückbehaltungszeitraum dem Nachhaltigkeitserfordernis hinreichend Genüge getan.

cc) Malus-Regelung

Während des Zurückbehaltungszeitraums sollte die variable Vergütung mit einer Malus-Regelung zu versehen. Dies soll den Unternehmen erlauben im Falle negativer Erfolgsbeiträge die variable Vergütung herabzusetzen oder gänzlich zu streichen. Die Malus-Regelung sollte ausdrücklich nur den zurückbehaltenen Anteil der Vergütung betreffen, nicht den bereits ausgezahlten oder zu einem Anspruch erwachsenen Teil. Besteht ein Anspruch, müsste dieser durch einen Widerrufsvorbehalt für die Zukunft beseitigt oder durch Claw Back-Klauseln zurückforderbar gestellt werden. Beides ist aus vertragsgestalterischer Sicht mit großen Rechtsunsicherheiten verbunden. Auch wenn nur auf den zurückbehaltenen Anteil der variablen Vergütung abgestellt wird, bleibt ein ausreichender Bonuspool, um negative Erfolgsbeiträge zu berücksichtigen. Die negativen Erfolgsbeiträge können sowohl auf Unternehmensebene auftreten als auch im Bereich der individuellen Leistung des Managers. Stellt sich nachträglich ein Fehlverhalten während des Bemessungszeitraums heraus, so muss sich dies in einem Abschmelzen der variablen Vergütung niederschlagen. Eine gänzliche Streichung des gesamten zurückbehaltenen Anteils kommt nur bei schwerwiegenden Verstößen in Betracht. Die Malus-Regelung soll nicht zu einer Art „Doppelbestrafung" des Managers führen. Ist ein Verstoß gegen interne oder externe Vorschriften oder Leitlinien bereits während des Bemessungszeitraums bekannt, führt es zur Festsetzung einer geringeren variablen Vergütung für das entsprechende Jahr. Eine weitere Streichung der zurückbehaltenen Vergütung aus den Vorjahren sollte nicht erfolgen. Durch die Möglichkeit der nachträglichen Reduzierung sollen solche Erfolgsbeiträge, die während des Bemessungszeitraums zu positiv bewertet wurden oder entgegen der damaligen Erwartung sich als nicht nachhaltig erweisen, ausgeglichen werden. In virtuellen Konten ist die Durchführung der Reduzierung problemlos möglich. Dem Manager gegenüber sollten die Gründe für die Reduzierung offenbart werden.

dd) Ermessensabhängige Leistungen zur Altersversorgung

In der Praxis werden Managern oftmals ermessensabhängige Leistungen zur Altersversorgung gewährt. Diese werden meist im Rahmen konkreter Beendigungsvereinbarungen ausgehandelt und begründen regelmäßig eine zeitlich langanhaltende Verbindlichkeit für die Gesellschaft[1273]. Da diese ebenfalls einen Teil der variablen Vergütung darstellen, müssen sie dem Nachhaltigkeitserfordernis Rechnung tragen. Wie bereits aus § 22 InstitutsVergV, § 4 Abs. 5 und 6 VersVergV und den *Leitlinien für solide Vergütungspolitiken unter Berücksichtigung der AIFMD* soll auch bei einer

1273 *Zöbeley*, Vergütungsvorgaben, S. 324 f.

allgemeinen Regelung zwischen einem ruhestandsbedingten und einem nicht ruhestandsbedingten Ausscheiden differenziert werden. Für letzteres sollten strengere Anforderungen gelten. Gemeinsam soll in beiden Fällen der Regelung sein, dass die Leistungen nur in Instrumenten gezahlt werden dürfen, die eine nachhaltige Unternehmenswertentwicklung widerspiegeln. Bei einem ruhestandsbedingten Ausscheiden soll der Anspruch bereits mit Eintritt in den Ruhestand in voller Höhe entstehen, jedoch die Verfügungsbefugnis für fünf Jahre eingeschränkt werden. Die Anzahl der gewährten Instrumente kann nicht reduziert werden. Anders sollte es im Fall einer nicht ruhestandsbedingten Beendigung geregelt werden. Ähnlich der variablen Vergütung soll ein Zurückbehaltungszeitraum von fünf Jahren vereinbart werden, während dem die Instrumente sowohl an der Unternehmenswertentwicklung partizipieren als auch in ihrer Anzahl verringert werden können. Ein Anspruch besteht während des Zurückbehaltungszeitraums nicht und entsteht auch nicht pro rata temporis.

IV. Anpassungspflichten

Es ist eine Selbstverständlichkeit, dass Regelungen ab dem Zeitpunkt ihres Inkrafttretens auf neu abzuschließende Verträge Anwendung finden, und bei der Vertragsgestaltung entsprechend zu berücksichtigen sind. In einigen Fällen hat der Gesetzgeber auch für Altverträge eine Anpassungspflicht normiert.

1. Aktiengesetz

Die Neuformulierung des § 87 AktG mit den damit verbundenen geänderten Vergütungsanforderungen gilt für alle Anstellungsverträge, die seit dem Inkrafttreten des Gesetzes zur Angemessenheit der Vorstandsvergütung (VorstAG) am 05. August 2009 neu abgeschlossen wurden. Der Gesetzgeber hat sowohl auf eine Übergangsvorschrift als auch auf eine ausdrückliche Anpassungspflicht bestehender Verträge verzichtet[1274]. Altverträge sind auch dann an die neue Rechtslage anzupassen, wenn sie sich aufgrund einer entsprechenden Vertragsklausel „automatisch“ verlängern[1275]. Durch die Tatsache, dass die Regelung des § 87 AktG seit über sechs Jahren anzuwenden ist, sind bereits alle Vorstandsverträge entweder erst nach Inkrafttreten abgeschlossen oder seit diesem Zeitpunkt mindestens einmal verlängert worden, so dass die Vergütungsvorgaben in allen Verträgen Berücksichtigung finden müssten.

1274 Beschlussempfehlung und Bericht des Rechtsausschusses zum Gesetz zur Angemessenheit der Vorstandsvergütung (VorstAG) vom 17. Juni 2009, BT-Drucks. 16/13433, S. 10.

1275 Spindler/Stilz/*Fleischer* AktG § 87 Rn. 38; *Hoffmann-Becking/Krieger*, NZG 2009, Beilage zu Heft 26, 1 (4); a.A. *Lingemann*, BB 2009, 1918 (1920) mit Hinweis auf einen Umkehrschluss zur Regelung der D&O-Versicherung; auf den Zeitpunkt einer Entscheidung des Aufsichtsrats über die Vergütung abstellend *Bauer/Arnold*, AG 2009, 717 (724).

2. Versicherungs-Vergütungsverordnung

Die Anpassungspflicht für Versicherungsunternehmen ergibt sich aus § 6 VersVergV. Danach haben die Unternehmen darauf hinzuwirken, dass die mit Geschäftsleitern bestehenden Verträge, soweit rechtlich zulässig, auf Grundlage einer für Dritte nachvollziehbaren, fundierten juristischen Begutachtung der Rechtslage und unter Berücksichtigung der konkreten Erfolgsaussichten angepasst werden. Die Vorschrift ist inhaltsgleich mit § 14 InstitutsVergV. Gründe für eine abweichende Auslegung der Norm sind nicht ersichtlich. Es kann deshalb auf das im 2. Kapitel IV.2. Dargestellte verwiesen werden.

3. Kapitalanlagegesetzbuch

Weder § 37 KAGB noch Anhang II der Richtlinie 2011/61/EU oder die *Leitlinien für solide Vergütungspolitiken unter Berücksichtigung der AIFMD* enthalten eine Regelung oder einen Hinweis auf die Anpassung bestehender Vereinbarungen. In der Literatur wird sich deshalb dafür ausgesprochen, § 14 InstitutsVergV nach seinem Rechtsgedanken anzuwenden[1276]. Die Kapitalverwaltungsgesellschaften hätten danach darauf hinzuwirken, dass die bestehenden (Arbeits-)Verträge, Betriebsvereinbarungen sowie betriebliche Übungen, die mit den Vorgaben des Anhangs II der Richtlinie 2011/61/EU oder den *Leitlinien für solide Vergütungspolitiken unter Berücksichtigung der AIFMD* nicht vereinbar sind, soweit rechtlich zulässig, auf der Grundlage einer für Dritte nachvollziehbaren, fundierten juristischen Begutachtung der Rechtslage und unter Berücksichtigung der konkreten Erfolgsaussichten angepasst werden. In einer Rechtsverordnung müsste dieser Ansatz ausdrücklich normiert werden. Auch bis dahin werden die Kapitalverwaltungsgesellschaften die Umsetzung der Vergütungsvorgaben kaum unter Hinweis auf eine fehlende Umsetzungspflicht verweigern können.

4. MaComp

Die Mindestanforderungen an die Compliance-Funktion und die weiteren Verhaltens-, Organisations- und Transparenzpflichten nach §§ 31 ff. WpHG für Wertpapierdienstleistungsunternehmen (MaComp) enthalten keine ausdrücklichen Regelungen zur Anpassung bestehender Vereinbarungen. Seit Inkrafttreten des Moduls BT 8 am 30. Januar 2014 haben alle Wertpapierdienstleistungsunternehmen zumindest den Anpassungsbedarf ihrer Vergütungssysteme zu ermitteln[1277]. Für die Umsetzung der Vorgaben richtet sich die Umsetzungsfrist nach dem Anpassungsaufwand. Neue Dienstverträge beispielsweise müssen bereits nach den neuen

1276 *Insam/Hinrichs/Heisterhagen*, DStR 2014, 913 (918); *Klebeck/Kolbe*, BB 2014, 707 (713); *Mujan*, BB 2013, 1653 (1656): eine analoge Anwendung scheidet mangels Ermächtigungsgrundlage aus.

1277 *Becker*, BKR 2014, 151 (157); *Becker/Yoo*, BaFin Journal 5/2014, 13 (16).

Vorgaben ausgestaltet werden. Bei Altverträgen muss deren Auslaufen abgewartet werden, es sei denn, Anpassungen sind rechtlich zulässig[1278]. Das Wertpapierdienstleistungsunternehmen muss lediglich auf eine Anpassung hinwirken. Es gilt das bereits zu § 14 InstitutsVergV Gesagte entsprechend[1279].

5. Finanzmarktstabilisierungsfondsgesetz

Nach der Finanzmarktstabilisierungsfondsverordnung soll den Unternehmen, die eine Rekapitalisierung oder Risikoübernahme in Anspruch nehmen wollen, eine Prüfungs- und Anpassungspflicht hinsichtlich ihrer Vergütungssysteme auferlegt werden. § 5 Abs. 2 Nr. 3 FMStFV verlangt, dass die Institute ihre Vergütungssysteme und die Vergütungssysteme der von ihnen beherrschten Unternehmen auf ihre Anreizwirkung und die Angemessenheit überprüfen und darauf hinwirken, dass diese nicht zur Eingehung unangemessener Risiken verleiten, sowie an langfristigen und nachhaltigen Zielen ausgerichtet und transparent sind. An dieser Formulierung haben sich inhaltlich auch die Instituts-Vergütungsverordnung und die Versicherungs-Vergütungsverordnung orientiert. Von § 5 Abs. 2 Nr. 3 FMStFV werden nur bestehende Vergütungssysteme für Mitarbeiter und Geschäftsleiter erfasst. Eine Pflicht zur Aufstellung eines Vergütungssystems ergibt sich daraus nicht. Seit Inkrafttreten der Instituts-Vergütungsverordnung sind Vergütungssysteme in allen Instituten einzuführen. Stellt das Unternehmen bei der Überprüfung fest, dass die Vergütungssysteme der Geschäftsleiter unangemessen oder intransparent sind, so hat es diese im Rahmen des zivilrechtlich Möglichen anzupassen oder zu beenden. Kollektivrechtliche Vergütungssysteme, beruhend auf Richtlinien des Sprecherausschusses, kommen bei Geschäftsleitern nicht in Betracht soweit sie Organ der Gesellschaft sind. Bei individualvertraglichen Vergütungssystemen ist eine Anpassung nur bei einem Freiwilligkeits- oder Widerrufsvorbehalt möglich[1280]. Eine Änderungskündigung zur Anpassung der Zielvereinbarungen ist nur eingeschränkt möglich[1281]. Können die Vergütungssysteme zivilrechtlich nicht angepasst werden, so kann der *SoFFin* dies nicht zur Auflage für die Gewährung der staatlichen Hilfen machen[1282].

6. Überlegungen de lege ferenda

Für Anstellungsverträge, die nach dem Inkrafttreten einer Basisregelung abgeschlossen werden, gilt die aktuelle Gesetzeslage, so dass die Vergütungsvorgaben zwingend Beachtung finden müssen. Gleiches soll für Vorstandsverträge gelten, die

1278 *Becker*, BKR 2014, 151 (157); *Becker/Yoo*, BaFin Journal 5/2014, 13 (16).

1279 Siehe dazu 2. Kapitel IV.2.

1280 Jaletzke/Veranneman/*Ziegler* FMStG § 10 Rn. 52.

1281 Siehe hierzu 2. Kapitel IV.2.c)bb)(1); a.A. Jaletzke/Veranneman/*Ziegler* FMStG § 10 Rn. 51.

1282 *Spindler*, DStR 2008, 2268 (2271); Jaletzke/Veranneman/*Ziegler* FMStG § 10 Rn. 56.

sich aufgrund einer „automatischen“ Verlängerungsklausel verlängern würden. In diesen Fällen bedarf es gegebenenfalls einer Nachjustierung hinsichtlich der Vergütungsvorgaben. Der Aufsichtsrat sollte die Verlängerung von der Zustimmung zu den geänderten Vergütungsvorgaben abhängig machen. Bei Altverträgen stellt sich die Frage, ob ähnlich der Instituts-Vergütungsverordnung und der Versicherungs-Vergütungsverordnung eine Pflicht zum Hinwirken auf eine Vertragsanpassung statuiert werden sollte. Diese Pflicht kann nur im Rahmen des zivilrechtlich möglichen bestehen. Auch bei einer branchen- und rechtsformübergreifenden Regelung darf nichts rechtlich Unmögliches verlangt werden. Eine einvernehmliche Vertragsänderung ist jederzeit möglich und unterliegt keinerlei rechtlichen Bedenken. Dazu bedarf es keiner Hinwirkungspflicht. Die Analyse des § 14 InstitutsVergV hat ergeben, dass eine einseitige Anpassung auch bei Geschäftsleitern eher schwierig ist[1283]. Die Normierung einer Hinwirkungspflicht ist deshalb nicht zielführend. Bei Vorständen einer Aktiengesellschaft besteht im Übrigen nicht die Gefahr, dass ein eventueller Verstoß gegen Vergütungsvorgaben dauerhaft bestehen bleibt. Die Anstellungsverträge sind auf maximal fünf Jahre befristet, § 84 Abs.1 Satz 1 AktG. Spätestens danach sind Rechtsänderungen zu beachten. In der Praxis wird die Vergütung bei Managern durch jährliche Zielvereinbarungen festgesetzt. Im Anstellungsvertrag finden sich lediglich Rahmenbedingungen und eventuell Grundzüge der Vergütung. Die Zielvereinbarungen können problemlos an die aktuelle Gesetzeslage angepasst werden, so dass die Vergütungsvorgaben zeitnah Geltung beanspruchen können. Ist nur eine Fixvergütung vertraglich vereinbar, ist dies unproblematisch. Nur in bedeutenden Unternehmen muss zwingend eine variable Vergütung gewährt werden. Von einer Fixvergütung gehen keine falschen Anreize zur Eingehung unverhältnismäßiger Risiken aus. Einer Vertragsanpassung bedarf es nicht.

Die Vergütungsvorgaben sollten nur Anwendung finden auf noch nicht festgesetzte Boni. Auf diese besteht rechtlich noch kein Anspruch, so dass eine eventuelle Zurückbehaltung und Kürzung keine unzulässige Rückwirkung darstellen. Ist der Bonus bereits festgesetzt, jedoch unterliegt er bereits nach der bisherigen vertraglichen Gestaltung einer Haltfrist, sollte nicht nachträglich eine Malus-Regelung implementiert werden. Der Anspruch unterliegt nur den allgemeinen Kursschwankungen. Für zukünftige variable Vergütungsbestandteile sind dann jedoch alle Regelungen einschränkungslos anwendbar. Dies sollte auch für eine retrospektive Betrachtung des Bemessungszeitraums gelten. Das Unternehmen kann so für den Bonus des Jahres 2015 die individuellen Erfolgsbeiträge sowie die Erfolgsbeiträge der Organisationseinheit und des Gesamtunternehmens aus den Jahren 2015, 2014 und 2013 heranziehen. Ein Vertrauensschutz des Managers in diese Richtung gibt es nicht.

Anders als § 10 Abs. 4 InstitutsVergV sollte in einer Basisregelung kein Schriftformerfordernis vorgesehen sein. Zum einen bereitet bereits die Formulierung einer solchen Formvorschrift größere Probleme. Zum anderen bedarf es einer solchen

---

1283 Siehe hierzu 2. Kapitel IV.2.c)bb).

Vorschrift nicht zwingend. In der Praxis werden Zielvereinbarungen und weitere Vergütungszusagen ganz überwiegend bereits schriftlich abgeschlossen. Ob dies nun im Anstellungsvertrag selbst oder als Anlage oder in einer sonstigen Vereinbarung erfolgt, ist für Beweiszwecke und zur Information des Managers unerheblich. Des Weiteren gibt es keine externe Kontrolle des Anstellungsvertrags. § 10 Abs. 4 InstitutsVergV und § 3 Abs. 3 Satz 2 VersVergV zielen darauf ab, der *BaFin* zu ermöglichen, die Vergütungsgestaltung zu kontrollieren[1284]. Damit stellt sich auch nicht die Frage, welche Rechtsfolge ein Verstoß gegen eine solche Formvorschrift haben sollte.

V. Kontrolle

Die Implementierung eines umfassenden Vergütungssystems bedarf einer engmaschigen Kontrolle. Zu differenzieren ist zwischen einer internen und einer externen Kontrolle.

1. Interne Kontrolle

Als interne Kontrollinstanzen kommen sowohl der Aufsichtsrat als auch die Hauptversammlung sowie eigens zu diesem Zweck zu bildende Ausschüsse oder Kontrollorgane in Betracht.

a) Aufsichtsrat

Eine gesetzlich normierte Kontrollobliegenheit des Aufsichtsrats findet sich weder in den aktien- noch in den kapitalmarktrechtlichen Vorschriften. Dem Aufsichtsrat obliegt nach § 3 Abs. 1 Satz 5 VersVergV zwar die Verantwortung für die Ausgestaltung der Vergütung, eine explizite Überwachungspflicht wird dadurch jedoch nicht begründet. Auch die Instituts-Vergütungsverordnung kennt gemäß § 15 Abs. 3 InstitutsVergV nur eine Überwachungspflicht des Aufsichts- oder Verwaltungsorgans hinsichtlich der angemessenen Ausgestaltung der Vergütungssysteme für Mitarbeiter. Da der Aufsichtsrat bei der Aktiengesellschaft, der Genossenschaft sowie einer paritätisch mitbestimmten Gesellschaft mit beschränkter Haftung[1285] bereits originär für die Ausgestaltung der Vergütungssysteme zuständig ist, wäre es sinnwidrig, ihm gleichzeitig eine Kontrollfunktion beizumessen. Er müsste sich selbst kontrollieren.

1284 *Rieble/Schmittlein*, Vorstandsvergütung, S. 501; *Zöbeley*, Vergütungsvorgaben, S. 249.

1285 § 31 MitbestG i.V.m. § 84 Abs. 1 AktG, MüKoGmbHG/*Stephan/Tieves* GmbHG § 35 Rn. 43; Roth/Altmeppen/*Altmeppen* GmbHG § 52 Rn. 59; Henssler/Strohn/*Henssler* GmbHG § 52 Rn. 40.

b) Hauptversammlung

Um dieses Kontrolldefizit abzumildern, wird in den letzten Jahren verstärkt der Hauptversammlung eine Kontrollfunktion zugeschrieben[1286]. Die Hauptversammlung soll insbesondere durch die Änderung des § 120 Abs. 4 AktG einen stärkeren Einfluss auf die Ausgestaltung der Vergütungssysteme nehmen können, ohne dass ihr hierdurch eine Zuständigkeit übertragen wird[1287]. Durch einen verbindlichen Beschluss hinsichtlich der Billigung der vorgelegten Vergütungssysteme wird gewährleistet, dass die Hauptversammlung über die wesentlichen Vergütungsaspekte umfassenden informiert wird. Durch eine Erhöhung der Rechenschaftspflicht des Aufsichtsrats wird auch die Kontrollmöglichkeit der Hauptversammlung gesteigert[1288]. Erstellt der Aufsichtsrat ein Vergütungssystem, das mit den Vorstellungen der Hauptversammlung nicht in Einklang zu bringen ist, wird diese es ablehnen. Da der ablehnende Beschluss zukünftig bindende Wirkung haben wird, darf der Aufsichtsrat dieses Vergütungssystem nicht heranziehen. Der Aufsichtsrat wird gehalten, bereits im Vorfeld ein Vergütungskonzept zu erstellen, welches den Interessen der Aktionäre an einer angemessenen, aber nicht überhöhten Vergütung der Vorstände Rechnung trägt[1289]. Es ist daher grundsätzlich zu begrüßen, dass durch eine Vorlage der Vergütungssysteme die Hauptversammlung die Möglichkeit einer umfassenden Kontrolle erhält. Ob es hierzu zwingend eines jährlichen und verbindlichen Beschlusses bedarf, wurde bereits eingehend erörtert[1290]. § 120 Abs. 4 AktG ist sowohl auf die dualistisch verfasste Societas Europaea als auch auf die monistisch verfasste Societas Europaea direkt anwendbar. Das Gesetz zur Ausführung der Verordnung (EG) Nr. 2157/2001 des Rates vom 8. Oktober 2001 über das Statut der Europäischen Gesellschaft (SE) (SE-Ausführungsgesetz - SEAG) enthält keine Sonderregelungen.

Dieselbe Interessenlage besteht bei Genossenschaften. Zwar enthält das Genossenschaftsgesetz keine § 120 Abs. 4 AktG vergleichbare Regelung. Dennoch sollte sich eine Kontrollobliegenheit der Generalversammlung ergeben. Auch bei dieser Rechtsform ist der Aufsichtsrat für die Ausgestaltung der Vergütungssysteme zuständig. Dies ergibt sich aus seiner Pflicht, die Genossenschaft gegenüber dem Vorstand zu vertreten, § 39 Abs. 1 Satz 1 GenG. Weitgehend unstreitig ist hierbei, dass

---

1286 So auch Beschlussempfehlung und Bericht des Rechtsausschusses zum Entwurf eines Gesetzes zur Änderung des Aktiengesetzes (Aktienrechtsnovelle 2012) vom 26. Juni 2013, BT-Drucks. 17/14214, S. 16.

1287 Siehe hierzu ausführlich 3. Kapitel II.2.a)aa).

1288 Beschlussempfehlung und Bericht des Rechtsausschusses zum Entwurf eines Gesetzes zur Änderung des Aktiengesetzes (Aktienrechtsnovelle 2012) vom 26. Juni 2013, BT-Drucks. 17/14214, S. 17.

1289 Beschlussempfehlung und Bericht des Rechtsausschusses zum Entwurf eines Gesetzes zur Änderung des Aktiengesetzes (Aktienrechtsnovelle 2012) vom 26. Juni 2013, BT-Drucks. 17/14214, S. 17.

1290 Einzelheiten siehe hierzu 3. Kapitel II.2.b)aa).

diese Pflicht auch den Abschluss, Änderungen oder Aufhebung des Dienstvertrags beinhaltet[1291]. Da die Besoldung des Vorstands im Rahmen des Dienstvertrags zu regeln ist, ist hierfür ebenfalls der Aufsichtsrat zuständig. Somit besteht eine dem Aktienrecht vergleichbare Interessenlage[1292].

Bei der Gesellschaft mit beschränkter Haftung ist die Gesellschafterversammlung für die Festsetzung der Vergütung bereits originär zuständig. Dies gilt auch für die nach dem Drittelbeteiligungsgesetz mitbestimmte Gesellschaft mit beschränkter Haftung. Ein höheres Kontrollorgan gibt es somit nicht. Da jedoch die wirtschaftlichen Eigentümer für die Ausgestaltung der Vergütung zuständig sind, tragen auch sie die Konsequenzen eines ruinösen Vergütungssystems. Anders ist dies bei paritätisch mitbestimmten Gesellschaften mit beschränkter Haftung. Hier ist der Aufsichtsrat für die Vergütungsfestsetzung zuständig. Eine Kontrolle durch die Gesellschafterversammlung ist auch in dieser Konstellation wünschenswert.

c) Eigene Kontrollorgane

Anders als die gesellschaftsrechtlichen Normen sehen die kapitalmarktrechtlichen Vergütungsvorgaben allesamt die Errichtung eines gesonderten Kontrollgremiums vor. Bei der Instituts-Vergütungsverordnung sind dies der Vergütungskontrollausschuss im Sinne des § 25d Abs. Abs. 12 KWG i.V.m. § 15 InstitutsVergV sowie in bedeutenden Instituten der Vergütungsbeauftragte gemäß §§ 23 ff. InstitutsVergV[1293].

aa) Vergütungsausschuss nach § 4 Abs. 7 VersVergV

§ 4 Abs. 7 VersVergV verpflichtet bedeutende Versicherungsunternehmen, für die Ausgestaltung, Überprüfung und Weiterentwicklung der Vergütungssysteme, einen Ausschuss einzurichten (Vergütungsausschuss). Es handelt sich hierbei um einen beratenden Ausschuss der Geschäftsleitung[1294], der deren originäre Zuständigkeit für die Ausgestaltung der Vergütungssysteme der Mitarbeiter nicht beeinflusst[1295].

1291 BGH II ZR 122/94 vom 26. Juni 1995, NJW 1995, 2559; BGH II ZR 220/03 vom 28. Februar 2005, WM 2005, 888; Henssler/Strohn/*Geibel* GenG § 24 Rn. 13.

1292 Eine analoge Anwendbarkeit des § 120 Abs. 4 AktG auf die Genossenschaft wurde bislang soweit ersichtlich in der rechtswissenschaftlichen Literatur noch nicht erörtert.

1293 Siehe eingehend hierzu 2. Kapitel V.1.

1294 *Müller-Bonanni/Mehrens*, NZA 2010, 792 (796); *Zöbeley*, Vergütungsvorgaben, S. 251.

1295 Zur Parallelvorschrift des § 6 InstitutsVergV a.F.: *BaFin*, Begründung zur Verordnung über die aufsichtsrechtlichen Anforderungen an Vergütungssysteme von Instituten (InstitutsVergütungsverordnung – InstitutsVergV) in der Fassung vom 06. Oktober 2010 zu § 6; *Simon/Koschker*, BB 2011, 120 (126); *Müller-Bonanni/Mehrens*, NZA 2010, 792 (796).

(1) Pflicht zur Errichtung

Die Vorgabe ist lediglich als Soll-Vorschrift formuliert[1296]. Faktisch besteht jedoch eine Einrichtungspflicht. Besondere Gründe für eine Abweichung sind nicht ersichtlich[1297]. Finanzieller oder organisatorischer Aufwand sind nicht ausreichend[1298]. Auch das Bestehen anderer Gremien, wie eines Wirtschaftsausschusses im Sinne des § 110 BetrVG, rechtfertigt ein Absehen von der Errichtung eines Vergütungsausschusses nicht. Dem Vergütungsaspekt kommt nach der Intention des Gesetzgebers eine überragend wichtige Bedeutung zu. Um diesen angemessen zu kontrollieren, bedarf es eines eigenen Gremiums mit ausreichendem Sachverstand und der ausschließlichen Aufgabenzuweisung hinsichtlich der Vergütungssysteme.

(2) Besetzung

Anders als § 6 InstitutsVergV a.F. enthält § 4 Abs. 7 VersVergV keine detaillierten Hinweise zur Besetzung des Vergütungsausschusses. *FSB*-Standard Nr. 1 sieht vor, dass der Vergütungsausschuss „on behalf of the board of directors“ tätig wird[1299]. *Sammet* schließt daraus, dass dies eher für eine Pflicht zur Teilnahme der Geschäftsleiter spräche als für eine reine Möglichkeit[1300]. Die *BaFin* erwartet lediglich die Möglichkeit einer solchen Teilnahme[1301]. Daneben sollen dem Vergütungsausschuss Mitarbeitern der Personalabteilung, sowie der geschäftsinitiierenden Organisationseinheiten und der Kontrolleinheiten angehören[1302]. Maßgeblich ist allein, dass der Ausschuss seine Aufgaben ordnungsgemäß und mit dem nötigen Sachverstand erfüllen kann. Welchen Abteilungen seine Mitglieder innerhalb des Unternehmens angehören, ist dafür unerheblich. Die Begründung der *BaFin* findet im Wortlaut der Verordnung keine Stütze[1303]. Es ist zulässig, unternehmensfremde Personen hinzuzuziehen[1304]. Zwar geht dies aus der Begründung nicht eindeutig hervor. Hierfür

1296 Darin bestand bereits ein Unterschied zu § 6 InstitutsVergV a.F., wonach die Einrichtung eines Vergütungsausschusses für bedeutende Institute verpflichtend war.

1297 *Annuß/Sammet*, BB 2011, 115 (119): wirkt sich wie eine Rechtspflicht aus; *Simon/Koschker*, BB 2011, 120 (125): dürfte regelmäßig als „muss“ zu lesen sein; *Sammet*, Versicherungs-Vergütungsverordnung, S. 375; *Zöbeley*, Vergütungsvorgaben, S. 253.

1298 *Zöbeley*, Vergütungsvorgaben, S. 253.

1299 *FSB*, Principles for Sound Compensation Practices - Implementation Standards vom 25. September 2009, Nr. 1, S. 2.

1300 *Sammet*, Versicherungs-Vergütungsverordnung, S. 282 f.

1301 *BaFin*, Begründung zur Verordnung über die aufsichtsrechtlichen Anforderungen an Vergütungssysteme im Versicherungsbereich zu § 4.

1302 *BaFin*, Begründung zur Verordnung über die aufsichtsrechtlichen Anforderungen an Vergütungssysteme im Versicherungsbereich zu § 4.

1303 *Annuß/Sammet*, BB 2011, 115 (119); die Zusammensetzung nach der Begründung gänzlich für verfehlt haltend: *Dreher*, VW 2010, 1508 ff.

1304 *Annuß/Sammet*, BB 2011, 115 (119); *Sammet*, Versicherungs-Vergütungsverordnung, S. 382; *Zöbeley*, Vergütungsvorgaben, S. 253.

spricht jedoch, dass diese Personen nach ihrem Sachverstand ausgewählt werden können und keinem Interessenkonflikt unterliegen[1305].

(3) Zuständigkeit

Umstritten ist, ob sich die Zuständigkeit des Vergütungsausschusses auf die Vergütung der Mitarbeiter und Risk-Taker beschränkt, oder auch die Vergütungssysteme der Geschäftsleiter umfasst. Die herrschende Meinung in der Literatur spricht sich für eine Beschränkung der Zuständigkeit auf die Vergütung der Mitarbeiter aus[1306]. Dafür spricht, dass der Vergütungsausschuss ein Hilfsorgan der Geschäftsleitung sein soll[1307]. Die Geschäftsleitung ist für die Vergütungssysteme der Mitarbeiter zuständig, § 3 Abs. 1 Satz 4 VersVergV und bleibt dies auch bei Einrichtung eines Vergütungsausschusses[1308]. Wenn der Geschäftsleiter Mitglied des Vergütungsausschusses ist, wäre es zudem sinnwidrig, ihn über seine eigene Vergütung wachen zu lassen. Andererseits kann argumentiert werden, dass nach der Legaldefinition des § 2 Nr. 3 VersVergV der Begriff „Vergütungssysteme“ sich sowohl auf solche der Mitarbeiter als auch der Geschäftsleiter erstreckt[1309]. Auch sah § 4 VersVergV-Entwurf vor, dass der Vergütungsausschuss die Vergütungssysteme von Vorstandsmitgliedern und Mitarbeitern insgesamt überwachen soll[1310]. Der jährliche Vergütungsbericht ist zudem dem Aufsichtsrat vorzulegen[1311]. Dieser ist ausschließlich für die Vergütungssysteme der Geschäftsleiter zuständig. Hinsichtlich der Mitarbeiter erstreckt sich sein Kontrollrecht lediglich darauf zu prüfen, ob die Geschäftsleitung ihre Ausgestaltungskompetenz zweckmäßig wahrnimmt[1312]. Sinn und Zweck der Vorschrift ist die Schaffung einer zusätzlichen, unternehmensinternen Kontrolleinheit, die ausschließlich die Vergütungssysteme überwacht und bei deren

---

1305 *Sammet*, Versicherungs-Vergütungsverordnung, S. 382.

1306 *Müller-Bonanni/Mehrens*, NZA 2010, 792 (796); *Simon/Koschker*, BB 2011, 120 (125).

1307 *BaFin*, Begründung zur Verordnung über die aufsichtsrechtlichen Anforderungen an Vergütungssysteme von Instituten (InstitutsVergütungsverordnung – InstitutsVergV) in der Fassung vom 06. Oktober 2010 zu § 6.

1308 *Sammet* spricht sich dafür aus, dass die Geschäftsleitung einen Teil ihrer Befugnisse im Rahmen der Ausgestaltung auf den Ausschuss übertragen kann, *Sammet* Versicherungs-Vergütungsverordnung, S. 375 f.

1309 Zur wortlautgleichen Vorschrift der InstitutsVergV: *Buscher/Hannemann/Wagner/Weigl* InstitutsVergV § 2, S. 52.

1310 Dazu *Dreher*, VW 2010, 1508 (1509); *Zöbeley*, Vergütungsvorgaben, S. 254.

1311 Dies war in § 6 Abs. 3 Satz 1 InstitutsVergV a.F. ausdrücklich normiert. Gründe für eine abweichende Handhabung bei Versicherungsunternehmen sind nicht ersichtlich, zumal dem Aufsichtsratsvorsitzenden ein Auskunftsrecht eingeräumt wird. Er kann es auch in Form eines Vorlageverlangens des Vergütungsberichts i.S.d. § 4 Abs. 8 VersVergV geltend machen.

1312 Hölters/*Hambloch-Gesinn/Gesinn* AktG § 111 Rn. 9; Hüffer/*Koch* AktG § 111 Rn. 14; Spindler/Stilz/*Spindler* AktG § 111 Rn. 16; MüKoAktG/*Habersack* AktG § 111 Rn. 42.

Ausgestaltung und Weiterentwicklung mitwirkt. Vor diesem Hintergrund ist auch eine Einbeziehung der Vergütungssysteme der Geschäftsleiter wünschenswert und eine derartige Auslegung der Vorschrift vorzugswürdig[1313].

bb) Vergütungsausschuss nach Kapitalanlagegesetzbuch

Ein Vergütungsausschuss ist auch nach dem Kapitalanlagegesetzbuch vorgesehen.

(1) Errichtung des Vergütungsausschusses

Eine Pflicht zur Errichtung eines solchen Ausschusses besteht nur für Kapitalverwaltungsgesellschaften, die aufgrund ihrer Größe oder der Größe der von ihnen verwalteten alternativen Investmentfonds, ihrer internen Organisation und der Art, des Umfangs und der Komplexität ihrer Geschäfte von erheblicher Bedeutung sind, Anhang II Punkt 3 der Richtlinie 2011/61/EG[1314]. Eine Pflicht zur Errichtung eines Vergütungsausschusses besteht nur, wenn alle drei Faktoren kumulativ vorliegen. Eine Kapitalverwaltungsgesellschaft, die nur im Hinblick auf ein oder zwei Faktoren von erheblicher Bedeutung ist, ist nicht verpflichtet, einen Vergütungsausschuss einzurichten[1315]. Nach den *ESMA-Leitlinien für solide Vergütungspolitiken unter Berücksichtigung der AIFMD* ist die Einrichtung eines Vergütungsausschusses nicht erforderlich bei Kapitalverwaltungsgesellschaften, bei denen der Wert des Portfolios der von ihnen verwalteten Investmentvermögen unter 1,25 Milliarden Euro liegt und die weniger als 50 Mitarbeiter haben. Dies soll auch für Kapitalverwaltungsgesellschaften gelten, die Teil von Banken, Versicherungen und ähnlichen Instituten sind, die bereits über einen vergleichbaren Vergütungsausschuss verfügen, der sich für die Einhaltung der *Leitlinien für solide Vergütungspolitiken unter Berücksichtigung der AIFMD* durch die Kapitalverwaltungsgesellschaft verantwortlich zeichnet[1316].

Auch nicht verpflichtete Kapitalverwaltungsgesellschaften sollten die Bildung eines Vergütungsausschusses in Erwägung ziehen[1317]. Bei diesen Überlegungen sollte geprüft werden, ob die Kapitalverwaltungsgesellschaft börsennotiert ist, welche Rechtsstruktur sie aufweist, die Anzahl der Mitarbeiter, die von der Kapitalverwaltungsgesellschaft verwalteten Vermögenswerte, ob die Kapitalverwaltungsgesellschaft auch eine OGAW-Verwaltungsgesellschaft ist und ob sie Dienstleistungen

---

1313 So auch *Zöbeley*, Vergütungsvorgaben, S. 254 f.

1314 Richtlinie 2011/61/EG des Europäischen Parlaments und des Rates vom 8. Juni 2011 über die Verwalter alternativer Investmentfonds und zur Änderung der Richtlinien 2003/41/EG und 2009/65/EG und der Verordnungen (EG) Nr. 1060/2009 und (EU) Nr. 1095/2010, ABl. L 174, S. 1 (71).

1315 *ESMA*, Leitlinien für solide Vergütungspolitiken unter Berücksichtigung der AIFMD, Ziffer 53, S. 17.

1316 *ESMA*, Leitlinien für solide Vergütungspolitiken unter Berücksichtigung der AIFMD, Ziffer 55, S. 18; *Boxberger/Klebeck*, BKR 2013, 441 (446).

1317 *ESMA*, Leitlinien für solide Vergütungspolitiken unter Berücksichtigung der AIFMD, Ziffer 52, S. 17.

erbringt, wie beispielsweise die individuelle Verwaltung einzelner Portfolios, Anlageberatung, Verwahrung und Verwaltung im Zusammenhang mit Anteilen an Organismen für gemeinsame Anlagen oder die Annahme und Übermittlung von Aufträgen, die Finanzinstrumente zum Gegenstand haben. Diese Aufzählung ist nicht abschließend[1318]. Die *ESMA* betont ausdrücklich in Ziffer 56, dass die Einrichtung eines freiwilligen Vergütungsausschusses jederzeit erlaubt ist.

(2) Zusammensetzung und Aufgabe

Der Vergütungsausschuss ist auf eine Weise zu errichten, die es ihm ermöglicht, kompetent und unabhängig über die Vergütungsregelungen und -praxis sowie die für das Management der Risiken geschaffenen Anreize zu urteilen[1319]. Nach den *Leitlinien für solide Vergütungspolitiken unter Berücksichtigung der AIFMD* sollte der Vergütungsausschuss aus Mitgliedern der Aufsichtsfunktion bestehen, die keine Führungsaufgaben wahrnehmen und zumindest mehrheitlich als unabhängig eingestuft werden können[1320]. Die Aufsichtsfunktion ist definiert als die Personen oder das Organ oder die Organe, die verantwortlich sind für die Aufsicht über die Geschäftsführung der Kapitalverwaltungsgesellschaft und für die Bewertung und regelmäßige Überprüfung der Angemessenheit und Wirksamkeit des Risikomanagementverfahrens und der Politiken, Vereinbarungen und Verfahren zur Einhaltung der in den *Leitlinien für solide Vergütungspolitiken unter Berücksichtigung der AIFMD* vorgesehenen Verpflichtungen[1321]. Nach dem im deutschen Aktienrecht geltenden dualistischen System soll der Vergütungsausschuss somit aus Mitgliedern des Aufsichtsrats bestehen. Eine angemessene Anzahl von Mitgliedern des Vergütungsausschusses soll über ausreichende Fachkenntnisse und Berufserfahrung im Hinblick auf Risikomanagement und Kontrollaufgaben verfügen[1322].

Dem Vergütungsausschuss kommt eine umfassende Prüfungs- und Beratungsfunktion zu einer rechtskonformen Ausgestaltung der Vergütungspolitik zu[1323]. Er ist zuständig für die Ausarbeitung von Empfehlungen für Aufsichtsfunktionen bezüglich der Vergütung von Mitarbeitern, der Leitungsorgane sowie höchstbezahlter

---

1318 *ESMA*, Leitlinien für solide Vergütungspolitiken unter Berücksichtigung der AIFMD, Ziffer 54, S. 17 f.

1319 Richtlinie 2011/61/EG des Europäischen Parlaments und des Rates vom 8. Juni 2011 über die Verwalter alternativer Investmentfonds und zur Änderung der Richtlinien 2003/41/EG und 2009/65/EG und der Verordnungen (EG) Nr. 1060/2009 und (EU) Nr. 1095/2010 (AIFMD), ABl. L 174, S. 1, Anhang II Punkt 3, S. 71.

1320 *ESMA*, Leitlinien für solide Vergütungspolitiken unter Berücksichtigung der AIFMD, Ziffer 58, S. 18.

1321 *ESMA*, Leitlinien für solide Vergütungspolitiken unter Berücksichtigung der AIFMD, Begriffsbestimmungen, S. 6.

1322 *ESMA*, Leitlinien für solide Vergütungspolitiken unter Berücksichtigung der AIFMD, Ziffer 60, S. 18.

1323 *ESMA*, Leitlinien für solide Vergütungspolitiken unter Berücksichtigung der AIFMD, Ziffer 62, S. 19; *Insam/Heisterhagen/Hinrichs*, DStR 2014, 913 (918).

Mitarbeiter der Kapitalverwaltungsgesellschaft und soll die Aufsichtsfunktion bei der Gestaltung der Vergütungspolitik insgesamt unterstützen und beraten. Dem Vergütungsausschuss kann auch die Aufsicht über die zentrale und unabhängige Prüfung der Umsetzung der Vergütungspolitik und -praktiken übertragen werden[1324].

Der Vergütungsausschuss nach dem Kapitalanlagegesetzbuch ist vergleichbar dem Vergütungskontrollausschuss nach dem Kreditwesengesetz und der Instituts-Vergütungsverordnung.

cc) Überwachungsaufgaben der Compliance-Funktion

Nach der Intention der *BaFin* ist bei Wertpapierdienstleistungsunternehmen, die in den Anwendungsbereich der Mindestanforderungen an die Compliance-Funktion und die weiteren Verhaltens-, Organisations- und Transparenzpflichten nach §§ 31ff. WpHG für Wertpapierdienstleistungsunternehmen (MaComp) fallen, die Compliance-Funktion für die Einrichtung, Ausgestaltung und Umsetzung von Vergütungssystemen zuständig, Modul 8.2.2 Nr. 1 MaComp[1325]. Dies hat nach den Grundsätzen des Moduls BT 1.2.1 MaComp zu geschehen. Die MaComp konkretisieren im Modul BT 1.2 die Aufgaben der Compliance-Funktion, die aus einer Überwachung, regelmäßigen Bewertung und Beratung bestehen[1326]. Dazu gehören im Einzelnen eine Risikoanalyse, das Erstellen eines Risikoprofils und eines Überwachungsplans[1327]. Die Mindestanforderungen an die Compliance-Funktion und die weiteren Verhaltens-, Organisations- und Transparenzpflichten nach §§ 31ff. WpHG für Wertpapierdienstleistungsunternehmen (MaComp) haben den entsprechenden Teil der *Vergütungsgrundsätze und -verfahren (MiFID)* Kapitel V.II. Ziffern 29–37 – bis auf einige Beispiele für gute und schlechte Verfahrensweisen – durch den Verweis auf BT 1 weitgehend zusammengefasst, um eine Dopplung zu vermeiden. Neben den Grundsätzen des Moduls BT 1.2.1 MaComp ist auch im Rahmen der Vergütungssysteme der Zugang von Personen mit Kontrollfunktion zu relevanten Unterlagen sowie deren unabhängige Entlohnung nach Modul BT 1.3.1 Nr. 2, 1.3.3 und 1.3.3 Nr.4 MaComp zu gewährleisten.

Im Vordergrund der Vergütungssysteme steht einerseits die Beratungsfunktion. Nach Modul BT 8.2.1 Nr. 3 MaComp ist bei der Ausgestaltung der Vergütungssysteme die Compliance-Funktion zur Beratung hinzuzuziehen, bevor sie bei relevanten Personen zur Anwendung kommen[1328]. Andererseits ist die Compliance-Funktion für die regelmäßige Überwachung der Vergütungssysteme verantwortlich. Diese müssen die effektive Durchführung von Kontrollhandlungen durch die operativen

1324 *ESMA*, Leitlinien für solide Vergütungspolitiken unter Berücksichtigung der AIFMD, Ziffer 63, S. 19.

1325 *Becker*, BKR 2014, 151 (156).

1326 Siehe dazu auch *Birnbaum/Kütemeier*, WM 2011, 293 (294).

1327 *Birnbaum*, Kreditwesen 2013, 771 (773).

1328 Siehe auch *ESMA*, Leitlinien Vergütungsgrundsätze und -verfahren (MiFID), Ziffer 32, S. 10.

Bereiche vorsehen, die die wirksame Feststellung von Fällen, in denen relevante Personen aus vergütungsbezogenen Gründen nicht im Interesse des Kunden handeln, und die Einleitung von Gegenmaßnahmen ermöglichen[1329]. In Bezug auf die Vergütung der Geschäftsleitung kann die Prüfung anhand abstrakter Kriterien erfolgen. Die *BaFin* trägt mit dieser Einschränkung dem Umstand Rechnung, dass auch die Compliance-Funktion ein Instrument der Geschäftsleitung ist[1330]. Es erscheint lebensfremd, dass ein Compliance-Mitarbeiter seine Geschäftsleitung unmittelbar für eine (gegebenenfalls zu hohe) variable Vergütung rügt[1331]. Die Kontrolle kann dadurch geschehen, dass die Compliance-Funktion die vertraglichen Regelungen der Vorstandsvergütungen beispielsweise ohne konkreten Namensbezug und losgelöst von tatsächlichen Summen bewertet[1332]. Als Beispiel für ein unzulässiges Vorgehen nennt Modul BT 8.2.2 Nr. 3 MaComp lediglich den Fall, dass ein Wertpapierdienstleistungsunternehmen keine Überwachung, Bewertung und Vermeidung der Risiken vornimmt, die mit der Festsetzung eines Teils der variablen Vergütung oder der gesamten variablen Vergütung anhand von quantitativen Daten verbunden sind[1333]. Wenn die Überwachung oder Bewertung jedoch lückenhaft ist oder nicht den in den guten Beispielen genannten Umfang erreicht, bleibt der *BaFin* ein weiter Ermessensspielraum, um das Wertpapierdienstleistungsunternehmen zu rügen.

Die Compliance-Funktion ist nicht nur bei Wertpapierdienstleistungsunternehmen im Rahmen der Mindestanforderungen an die Compliance-Funktion und die weiteren Verhaltens-, Organisations- und Transparenzpflichten nach §§ 31ff. WpHG für Wertpapierdienstleistungsunternehmen (MaComp) in die Überwachung integriert. Als Kontrolleinheit im Sinne des § 2 Abs. 9 InstitutsVergV ist sie nach § 3 Abs. 3 InstitutsVergV angemessen bei der Ausgestaltung und Überwachung der Vergütungssysteme zu beteiligen. Der Compliance-Funktion kommt des weiteren die allgemeine Aufgabe zu, Risiken, die sich aus der Nichteinhaltung rechtlicher Regelungen und Vorgaben ergeben können, entgegenzuwirken, AT 4.4.2 MaRisk. Dazu gehören auch die Vergütungsvorgaben. Diese Beratungs- und Kontrollfunktion beschränkt sich nicht ausschließlich auf die Vergütungssysteme der Mitarbeiter[1334].

2. Extern

Die externe Kontrolle erfolgt nach den kapitalmarktrechtlichen Vorgaben durch eine externe Aufsichtsbehörde. Ein nicht zu unterschätzendes Kontrollorgan ist auch die Öffentlichkeit.

1329 BT 8.2.1 Nr. 7 MaComp.
1330 BT 1.1 Nr. 2. MaComp.
1331 *Becker*, BKR 2014, 151 (156).
1332 *Becker*, BKR 2014, 151 (156).
1333 *Becker*, BKR 2014, 151 (156).
1334 So aber wohl *Buscher/Hannemann/Wagner/Weigl* InstitutsVergV § 3, S. 68.

a) Aufsichtsbehörden

Die Einhaltung der Vergütungsvorgaben wird durch das *Europäische System der Finanzaufsicht* (*ESFA*[1335]) überwacht. Dem *ESFA* gehören drei Aufsichtsbehörden an, die auf europäischer Ebene angesiedelt sind: die *Europäische Bankenaufsichtsbehörde* (*EBA*), die *Europäische Wertpapier-und Marktaufsichtsbehörde* (*ESMA*) und die *Europäische Aufsichtsbehörde für das Versicherungswesen und die betriebliche Altersversorgung* (*EIOPA*). Auch die nationalen Aufsichtsbehörden sind Teil des *ESFA*.

Die drei europäischen Aufsichtsbehörden wurden im Zuge einer Restrukturierung nach der Finanzmarktkrise im Jahr 2011 ins Leben gerufen. Die *EBA* ist ausschließlich für den Bankensektor zuständig. Ihre zentrale Aufgabe ist die Entwicklung von Aufsichtsstandards für europäische Banken. Die Überprüfung der Einhaltung obliegt den nationalen Aufsichtsbehörden der Mitgliedstaaten, und kann nur in Ausnahmefällen, etwa bei einem Verstoß gegen europäisches Recht, durch die *EBA* geahndet werden. Bislang hat die *EBA* unter anderem folgende Regelwerke zum Thema Vergütung geschaffen:

- Guidelines on sound remuneration policies[1336]
- Guidelines on the remuneration benchmarking exercise[1337]
- Guidelines on the data collection exercise regarding high earners[1338]

Die *ESMA* mit Sitz in Paris ist ebenfalls eine unabhängige Behörde auf EU-Ebene, die zur Aufgabe hat, einheitliche Standards im Bereich des Wertpapierhandels zu sichern. Zusammen mit der *EBA* erarbeitet sie das *Einheitliche Europäische Regelwerk* für den Finanzsektor[1339]. Im Rahmen der Vergütungsvorgaben hat die *ESMA*

1335 In der Literatur und aufsichtsrechtlichen Dokumenten: European System of Financial Supervision (ESFS).

1336 *EBA*, Final Report Guidelines on sound remuneration policies under Articles 74(3) and 75(2) of Directive 2013/36/EU and disclosures under Article 450 of Regulation (EU) No 575/2013 vom 21. Dezember 2015, EBA/GL/2015/22. Die Leitlinien werden derzeit in die offiziellen Sprachen übersetzt und sind ab 01. Januar 2017 verbindlich.

1337 *EBA*, Guidelines on the remuneration benchmarking exercise vom 16. Juli 2014, EBA/GL/2014/08: Diese Leitlinie konkretisiert die Verpflichtung der nationale Aufsichtsbehörden aus Art. 75 Abs. 1 CRD IV jährlich Informationen für einen Vergleich von Vergütungstrends und –praktiken zu sammeln. Sie enthalten Details zu den einzuholenden Informationen und klären prozessuale und technische Fragen der Informationserhebung.

1338 *EBA*, Guidelines on the data collection exercise regarding high earners vom 16. Juli 2014, EBA/GL/2014/07: Nach Art. 75 Abs. 3 CRR sind die nationalen Aufsichtsbehörden verpflichtet zu ermitteln, wie viele natürliche Personen der einzelnen Institute eine Vergütung von 1 Million Euro oder mehr beziehen. Die Leitlinien sollen eine einheitliche Datenerhebung der Mitgliedstaaten sicherstellen.

1339 *EBA*, The Single Rule Book, abrufbar unter: http://www.eba.europa.eu/regulation-and-policy/single-rulebook.

bislang Leitlinien zur Umsetzung der Richtlinie 2004/39/EG[1340] und der Richtlinie 2011/61/EG[1341] erarbeitet.

- Leitlinien Vergütungsgrundsätze und -verfahren (MiFID)
- Leitlinien für solide Vergütungspolitiken unter Berücksichtigung der AIFMD
- Consultation Paper on Guidelines on sound remuneration policies under the UCITS Directive and AIFMD[1342]

Als dritte europäische Aufsichtsbehörde ist die *EIOPA* für den Bereich des Versicherungswesens und die betriebliche Altersversorgung zuständig. Auch sie arbeitet an der Entwicklung einheitlicher Standards, Leitlinien und Empfehlungen und überwacht die Anwendung von EU-Recht.

Während es auf europäischer Ebene drei Aufsichtsbehörden im Bereich des Finanzsektors gibt, ist national die *BaFin* für die Überwachung zuständig, unabhängig davon, ob es sich um ein Kredit- oder Finanzdienstleistungsunternehmen, ein Versicherungsunternehmen oder einen Fonds handelt. Neben den rund 1.780 Banken werden derzeit 676 Finanzdienstleistungsinstitute, 573 Versicherungsunternehmen und 31 Pensionsfonds sowie über 6.000 inländische Fonds und rund 260 Kapitalverwaltungsgesellschaften beaufsichtigt[1343]. Die *BaFin* überprüft die Vergütungssysteme und die Einhaltung der Vergütungsvorgaben im Rahmen der laufenden Aufsicht als Teil der Organisationskontrolle. Daneben hat die *BaFin* noch zahlreiche andere Aufgaben, insbesondere bei der Zulassung eines Instituts, Unternehmens oder Fonds sowie bei der Überwachung der Liquidität und Eigenmittelausstattung. Dabei orientiert sich die *BaFin* an den von den europäischen Institutionen aufgestellten Leitlinien und wendet diese direkt an oder erlässt auf deren Basis eigene Richtlinien.

b) Öffentlichkeit

Ein weiteres wirksames Instrument der Kontrolle ist die Öffentlichkeit. Die Vorstandsgehälter stehen nicht erst seit der Finanzkrise im Fokus der medialen Berichterstattung. Bereits bei Einführung der verschärften Offenlegungspflichten für Vorstandsgehälter durch das Gesetz über die Offenlegung von Vorstandsvergütungen

---

1340 Richtlinie 2004/39/EG des Europäischen Parlaments und des Rates vom 21. April 2004 über Märkte für Finanzinstrumente, zur Änderung der Richtlinien 85/611/EWG und 93/6/EWG des Rates und der Richtlinie 2000/12/EG des Europäischen Parlaments und des Rates und zur Aufhebung der Richtlinie 93/22/EWG des Rates (MiFID), ABl. L 145, S. 1.

1341 Richtlinie 2011/61/EG des Europäischen Parlaments und des Rates vom 8. Juni 2011 über die Verwalter alternativer Investmentfonds und zur Änderung der Richtlinien 2003/41/EG und 2009/65/EG und der Verordnungen (EG) Nr. 1060/2009 und (EU) Nr. 1095/20101 (AIFMD), ABl. L 174, S. 1.

1342 Die Konsultationphase endete am 23. Oktober 2015. Die finale Fassung wird für das erste Quartal 2016 erwartet.

1343 Stand: 31. Dezember 2014.

(VorstOG)[1344] wurde erwartet, dass durch die mediale Aufmerksamkeit und den dadurch bewirkten Druck der Öffentlichkeit ein mäßigender Einfluss auf die Höhe der Vorstandsgehälter entsteht[1345]. Jährlich werden in Tageszeitung für alle Zielgruppen die Vorstandsvergütungen veröffentlicht und kritisch beleuchtet[1346]. Eine genaue Auseinandersetzung mit den Anforderungen der gesetzlichen Vergütungsvorgaben erfolgt nicht. Vielmehr geht die mediale Berichterstattung oftmals pauschal in die Richtung, dass hohe Gehälter per se unverhältnismäßig sind. Der interessierte Aktionär sowie auch Anteilseigner und Wirtschaftsjournalisten sind auf die Offenlegung der Vergütung nach den verschiedenen Vorschriften angewiesen, um sich ein eigenes Urteil über die Angemessenheit der Vergütung und die Übereinstimmung der Vergütungssysteme mit den gesetzlichen Vorgaben bilden zu können[1347]. Aus diesem Grund müssen sämtliche Offenlegungspflichten in verständlicher und nachvollziehbarer Weise verfasst werden[1348].

1344 Gesetz über die Offenlegung der Vorstandsvergütungen (Vorstandsvergütungs-Offenlegungsgesetz - VorstOG) vom 03. August 2005, BGBl. I Nr. 47, S. 2267.

1345 *Hoffmann-Becking*, ZHR 2005, 155 (173); *Kramarsch*, ZHR 2005, 112 (117); *Baums*, ZHR 2005, 299 (305 f.); *Fleischer*, DB 2005, 1611 (1612).

1346 So z. B. für das Jahr 2015: Winterkorn steigert Gehalt – Prämie für Arbeiter sinkt, *Handelsblatt* vom 12. März 2015, http://www.handelsblatt.com/unternehmen/industrie/volkswagen-bilanz-winterkorn-steigert-gehalt-praemie-fuer-arbeiter-sinkt/11493534.html; Gute Geschäfte: VW-Chef Winterkorn verdient fast 16 Millionen Euro, *Spiegel online* vom 12. März 2015, http://www.spiegel.de/wirtschaft/unternehmen/martin-winterkorn-volkswagen-chef-verdient-fast-16-millionen-euro-a-1023168.html; Dieter Zetsche kassiert mehr Gehalt: *Handelsblatt* vom 17. Februar 2015 http://www.handelsblatt.com/unternehmen/industrie/daimler-chef-dieter-zetsche-kassiert-mehr-gehalt/11384144.html; Darf's ein bisschen mehr sein? *Süddeutsche Zeitung* vom 25. März 2015, http://www.sueddeutsche.de/wirtschaft/dax-gehaelter-darfs-ein-bisschen-mehr-sein-1.2409722;
für 2014: *Bild* vom 21. Februar 2014, http://www.bild.de/geld/wirtschaft/dieter-zetsche/dieter-zetsche-so-viel-verdient-der-daimler-boss-34779070.bild.html.

1347 Entwurf eines Gesetzes über die Offenlegung der Vorstandsvergütungen (Vorstandsvergütungs-Offenlegungsgesetz – VorstOG) vom 31. Mai 2005, BT-Drucks. 15/5577, S. 5: laut den Gesetzesmaterialien soll es bei der Offenlegung gerade nicht um den Informationswunsch der Öffentlichkeit gehen, sondern die Kontrolle durch die Aktionäre lediglich praktisch ermöglichen; *Fleischer*, DB 2005, 1611 (1612); *Spindler*, NZG 2005, 689; *Thüsing*, ZIP 2005, 1389 (1390). Zum VorstAG: Begründung Fraktionsentwurf zum Gesetz zu Angemessenheit der Vorstandsvergütung (VorstAG) vom 17. März 2009, BT-Drucks. 16/12278, S. 5.

1348 *BaFin*, Auslegungshilfe zur Institutsvergütungsverordnung vom 01. Januar 2014 zu § 16; *ESMA*, Leitlinien für solide Vergütungspolitiken unter Berücksichtigung der AIFMD, Nr.160; Ziffer 4.2.5 DCGK.

aa) Offenlegungspflichten gesellschaftsrechtlicher Vergütungen

Für Vergütungen nach dem Aktiengesetz richtet sich die Offenlegung nach §§ 285 Satz 1 Nr. 9 lit. a), lit. b), 314 Abs. 1 Nr. 6 HGB. Danach sind die Gesamtbezüge aller Vorstandsmitglieder im Anhang zum Jahresabschluss und im Konzernanhang anzugeben[1349]. Diese Pflicht gilt grundsätzlich für alle Aktiengesellschaften, unabhängig von ihrer Börsennotierung[1350]. Nach § 285 Satz 1 Nr. 9 lit. a) S. 1 HGB sind Gehälter, Gewinnbeteiligungen, Bezugsrechte und sonstige aktienbasierte Vergütungen, Aufwandsentschädigungen, Versicherungsentgelte, Provisionen und Nebenleistungen jeder Art unter dem Begriff „Gesamtbezüge“ zu verstehen. Daneben sind auch solche Vergütungen offenzulegen, die zwar nicht ausbezahlt werden, sondern in Ansprüche anderer Art umgewandelt oder zur Erhöhung anderer Ansprüche verwendet werden (§ 285 Satz 1 Nr. 9 lit. a) Satz 2 HGB) sowie weitere Bezüge, die im Geschäftsjahr gewährt, bisher aber in keinem Jahresabschluss angegeben wurden (§ 285 Satz 1 Nr. 9 lit. a) Satz 3 HGB).

Für andere Kapitalgesellschaften gelten diese Ausführungen entsprechend, da auch sie einer Pflicht zur Aufstellung eines Jahresberichts mit Lageplan unterliegen (§ 264 HGB) und die Offenlegung der Vergütung Bestandteil dieses Jahresabschlusses ist. Selbiges gilt für die Gesellschaft mit beschränkter Haftung & Compagnie Kommanditgesellschaft gemäß § 264a Abs. 1 HGB.

Bei börsennotierten Aktiengesellschaften besteht eine weitergehende Offenlegungspflicht. Durch das Gesetz über die Offenlegung der Vorstandsvergütungen (VorstOG)[1351] wurde unter anderem eine individualisierte Offenlegung der Vorstandsvergütung in §§ 285 Satz 1 Nr. 9 lit. a) Sätze 5–8, 314 Abs. 1 Nr. 6 lit. a) Sätze 5–8 HGB eingeführt[1352]. Danach müssen die Bezüge jedes Vorstandsmitglieds individuell unter Namensnennung angegeben werden. Darüber hinaus müssen nicht nur die Gesamtbezüge und aktienbasierten Vergütungen mit Anzahl und Zeitwert angegeben werden. Die Einzelbezüge der Vorstandsmitglieder müssen unterteilt in erfolgsunabhängige[1353] und erfolgsbezogene[1354] Komponenten, sowie Komponenten

---

1349 Hölters/*Weber* AktG § 87 Rn. 65; Henssler/Strohn/*Dauner-Lieb* AktG § 87 Rn. 48; Hüffer/*Koch* AktG § 87 Rn. 36; MüKoAktG/*Spindler* AktG § 87 Rn. 227.

1350 Ausnahmen gelten nach § 288 S. 1 HGB für kleine Kapitalgesellschaften i.S.d. § 267 Abs. 1 HGB, die von der Offenlegung der Gesamtbezüge befreit sind sowie für mittelgroße und große Kapitalgesellschaften i.S.d. § 267 Abs. 2, 3 HGB, die nicht börsennotiert sind. Letztere können die Angaben über die Gesamtbezüge unterbleiben, wenn sich anhand dieser Angaben die Bezüge eines Mitglieds dieser Organe feststellen lassen (§ 286 Abs. 4 HGB).

1351 Gesetz über die Offenlegung der Vorstandsvergütungen (Vorstandsvergütungs-Offenlegungsgesetz - VorstOG) vom 03. August 2005, BGBl. I Nr. 47, S. 2267.

1352 Dieses beruht auf einer Empfehlung der *Europäischen Kommission* (2004/913/EG) und einem Bericht der *Hochrangigen Expertengruppe auf dem Gebiet des Gesellschaftsrechts.*

1353 dazu zählen Gehälter, feste laufende Vergütungen sowie feste Sonderzahlungen.

1354 Zum Beispiel Gewinnbeteiligungen, Provisionen, Tantieme.

mit langfristiger Anreizwirkung[1355] einschließlich Leistungen, die für den Fall der regulären oder vorzeitigen Beendigung der Tätigkeit zugesagt wurden[1356], publiziert werden[1357]. Die Hauptversammlung kann mit einer Dreiviertel-Mehrheit beschließen, dass eine individualisierte Offenlegung unterbleiben soll (sogenanntes opting out), § 286 Abs. 5 Satz 1 HGB[1358].

Um der Öffentlichkeit einen vollständigeren Eindruck der Vergütung zu vermitteln und die einzelnen Vergütungsparameter zu erläutern, soll eine börsennotierte Gesellschaft im Lagebericht auch auf die Grundzüge des Vergütungssystems[1359] eingehen, §§ 289 Abs. 2 Nr. 5, 315 Abs. 2 Nr. 4 HGB[1360]. Hierzu gehören die Vergütungspolitik, die Form, Struktur und Höhe der Vorstandsbezüge sowie die Zusammensetzung der Bezüge, aufgeschlüsselt nach den Kategorien erfolgsunabhängig, erfolgsabhängig und langfristig orientierte Vergütungsbestandteile und deren Verhältnis zueinander[1361]. Trotz der Ausgestaltung als Soll-Vorschrift geht die herrschende Meinung von Pflichtangaben aus[1362].

bb) Offenlegung nach dem Deutschen Corporate Governance Kodex

Der Deutsche Corporate Governance Kodex regelt in Ziffer 4.2.4 die Offenlegung der Vorstandsvergütung. Durch die Formulierung „wird" ist klargestellt, dass es sich bei der Regelung nicht um eine weitergehende Empfehlung handeln soll, sondern lediglich auf die bereits nach dem Handelsgesetzbuch geltenden Vorschriften verwiesen wird[1363]. Die sprachliche Abweichung durch eine Unterteilung in fixe und variable Vergütungsteile ist erfolgt, um einen Gleichklang mit § 87 Abs. 1 AktG zu

---

1355 Insbesondere Aktien und aktienbasierte Vergütungsformen.

1356 *Hoffmann-Becking/Krieger*, NZG 2009, Beilage zu Heft 26, 1 (12).

1357 Baumbach/Hopt/*Merkt* HGB § 285 Rn. 9; MüKoHGB/*Lange* HGB § 285 Rn. 170; *Fleischer*, DB 2005, 1611 (1615); *Spindler*, NZG 2005, 689 (690).

1358 *Spindler*, NZG 2005, 689 (691); *Fleischer*, DB 2005, 1611 (1614); *Thüsing*, ZIP 2005, 1389 (1394); *van Kann*, DStR 2005, 1496 (1499); *Leuering/Simon*, NZG 2005, 945 (949).

1359 Siehe zum Begriff Vergütungssystem 3. Kapitel II.2.a)aa)(2).

1360 Entwurf eines Gesetzes über die Offenlegung der Vorstandsvergütungen (Vorstandsvergütungs-Offenlegungsgesetz – VorstOG) vom 31. Mai 2005, BT-Drucks. 15/5577, S. 8; Ebenroth/Boujong/Joost/Strohn/*Böcking/Gros* HGB § 289 Rn. 4; Spindler/Stilz/*Fleischer* AktG § 87 Rn. 87; *Fleischer*, DB 2005, 1611 (1616 f.).

1361 MüKoHGB/*Lange* HGB § 289 Rn. 124; Ebenroth/Boujong/Joost/Strohn/*Böcking/Gros/Koch* HGB § 315 Rn. 44.

1362 Entwurf eines Gesetzes über die Offenlegung der Vorstandsvergütungen (Vorstandsvergütungs-Offenlegungsgesetz – VorstOG) vom 31. Mai 2005. BT-Drucks. 15/5577, S 8; Ebenroth/Boujong/Joost/Strohn/*Böcking/Gros* HGB § 289 Rn. 19; MüKoHGB/*Lange* HGB § 289 Rn. 124.

1363 Ringleb/Kremer/Lutter/v. Werder/*Ringleb*, Deutscher Corporate Governance Kodex 2014, Rn. 790.

erreichen. Eine inhaltliche Änderung soll damit nicht verbunden sein[1364]. Neben diesen Angaben ist in einem Vergütungsbericht als Teil des Lageberichts auch auf die Grundzüge des Vergütungssystems einzugehen, Ziffer 4.2.5 Abs. 1 DCGK. Die Angaben über gewährte Zuwendungen einschließlich der Nebenleistungen, die Zuflüsse aus Fixvergütung, kurzfristiger und langfristiger variabler Vergütung sowie Leistungen der Altersversorgung und sonstige Versorgungsleistungen sind anhand von Mustertabellen offenzulegen. Durch die einheitliche Form soll ein besserer Überblick und eine bessere Vergleichbarkeit ermöglicht werden[1365].

cc) Offenlegungspflicht nach § 4 Abs. 8 VersVergV

Bei Versicherungsunternehmen beschränkt sich die Pflicht zur Offenlegung auf bedeutende Unternehmen. Gemäß § 4 Abs. 8 VersVergV haben bedeutende Unternehmen jährlich in geeigneter Form einen Vergütungsbericht zu veröffentlichen. Genauere Angaben zur Form der Veröffentlichung sind im Verordnungstext nicht zu finden. Ausweislich der Begründung der Verordnung ist auch eine elektronische Veröffentlichung möglich[1366]. Dies umfasst auch eine Veröffentlichung auf der Internetseite des Unternehmens[1367].

Der Bericht hat insbesondere Angaben zur Vergütungspolitik und zu den Vergütungsstrukturen einschließlich des Anteils der variablen Vergütung zu enthalten. Diese Aufzählung ist nicht abschließend. Die *BaFin* verlangt darüber hinaus auch aggregierte Angaben zu Geschäftsleitern und Risk-Takern[1368]. Welche aggregierten Angaben im Detail gemeint sind, bleibt offen. Für Geschäftsleiter spiegelt diese Anforderung lediglich die bereits nach §§ 285 Satz 1 Nr. 9 lit. a) Satz 1 bis 3, § 314 Abs. 1 Nr. 6 lit. a) HGB bestehende Offenlegungspflicht wider. Auch nach diesen Vorschriften sind die Gesamtbezüge für das Gesamtorgan in aggregierter Form im Anhang zum Jahres- und Konzernabschluss anzugeben. Bei börsennotierten Aktiengesellschaften bleibt die grundsätzliche Pflicht zur Offenlegung in individualisierter Form nach §§ 285 Satz 1 Nr. 9 lit. a) Sätze 5 - 8, 314 Abs. 1 Nr. 6 lit. a) Sätze 5 - 8 HGB unberührt. Dieser bilanzrechtliche Ansatzpunkt kann zur Auslegung der erforderlichen Angaben herangezogen werden. Andere Stimmen in der Literatur[1369] stellten

---

1364 Ringleb/Kremer/Lutter/v. Werder/*Ringleb*, Deutscher Corporate Governance Kodex 2014, Rn. 790.

1365 Regierungskommission Deutscher Corporate Governance Kodex, Pressemitteilung vom 14. Mai 2013, abrufbar unter: http://www.dcgk.de/de/kommission/die-kommission-im-dialog/deteilansicht/kodexanpassungen-2013-veroeffentlicht.html.

1366 *BaFin*, Begründung zur Verordnung über die aufsichtsrechtlichen Anforderungen an Vergütungssysteme im Versicherungsbereich zu § 4.

1367 *Annuß/Sammet*, BB 2011, 115 (119); *Sammet*, Versicherungs-Vergütungsverordnung, S. 389; *Zöbeley*, Vergütungsvorgaben, S. 272.

1368 *BaFin*, Begründung zur Verordnung über die aufsichtsrechtlichen Anforderungen an Vergütungssysteme im Versicherungsbereich zu § 4.

1369 *Rieble/Schmittlein*, Vorstandsvergütung, Rn. 544; *Zöbeley*, Vergütungsvorgaben, S. 273.

bislang auf § 8 Abs. 3 InstitutsVergV a.F. ab und begründeten dies damit, dass die in der Instituts-Vergütungsverordnung aufgeführten Angaben der Umsetzung des *FSB*-Standards Nr. 15 dienen sollten. Dies sei auch Zweck der Versicherungs-Vergütungsverordnung[1370]. Da die Neufassung der Instituts-Vergütungsverordnung keine Unterscheidung zwischen normalen und bedeutenden Instituten hinsichtlich der Offenlegung enthält, ist ein Rückgriff auf diese Anforderungen nunmehr schwierig. Grundsätzlich regelt § 16 Abs. 1 InstitutsVergV eine Offenlegungspflicht nach den Vorgaben der Verordnung 575/2013/EU[1371]. Diese gilt jedoch nur für CRR-Institute, unabhängig von deren Bilanzsumme, erfasst in der Praxis aber nahezu alle bedeutenden Institute. Die Vorgaben der Verordnung 575/2013/EU sind sehr umfassend und dürften über das, was der Verordnungsgeber für Versicherungsunternehmen nach § 4 Abs. 8 VersVergV vorsieht, weit hinausgehen. § 16 Abs. 2 InstitutsVergV gilt – ohne dass der Wortlaut dies explizit aussagt – nicht für bedeutende Institute.

Zur Auslegung der Begriffe „Vergütungspolitik“ und „Vergütungsstruktur“ kann direkt auf die internationalen Vorgaben zurückgegriffen werden. Anders als die Versicherungs-Vergütungsverordnung enthält *FSB*-Standard Nr. 15 detaillierte Angaben, welche Informationen in einem Vergütungsbericht enthalten sein sollten. Dazu zählen Angaben zum Prozess, durch den die unternehmensweite Vergütungspolitik festgelegt wird, einschließlich der Zusammensetzung und Befugnisse des Vergütungsausschusses (Punkt 1) sowie die wichtigsten Gestaltungsmerkmale des Vergütungssystems. Diese sollen Kriterien zur Leistungsbemessung und Risikoadjustierung beinhalten, Angaben zur Verknüpfung von Leistung und Vergütung und zur Zurückbehaltungspolitik machen sowie Kriterien, nach denen der Anspruch auf Vergütung erwächst, und Parameter, nach denen sich die Zuteilung von Bargeld gegenüber anderen Vergütungsformen bestimmt, darlegen (Punkt 2).

Für Geschäftsleiter und Risk-Taker sind zusätzlich noch folgende Angaben zu machen:

- der Gesamtbetrag der Vergütung, aufgeteilt in fixe und variable Vergütung, einschließlich der Anzahl der Begünstigten;
- in welcher Form die variable Vergütung geleistet wird (bar, Aktien, sonstige aktienbasierte Vergütungsformen);
- wie hoch der zurückbehaltene Anteil der Vergütung ist;
- die Höhe der zurückbehaltenen Vergütung, die im Geschäftsjahr zugesagt, ausgezahlt und aufgrund einer nachträglichen Anpassung reduziert wurde;
- Antrittsgelder und Abfindungszahlungen während des Geschäftsjahres, sowie die Anzahl der Begünstigten;

1370 *Rieble/Schmittlein*, Vorstandsvergütung, Rn. 544; *Zöbeley*, Vergütungsvorgaben, S. 273.

1371 Verordnung (EU) Nr. 575/2013 des Europäischen Parlaments und des Rates vom 26. Juni 2013 über Aufsichtsanforderungen an Kreditinstitute und Wertpapierfirmen und zur Änderung der Verordnung (EU) Nr. 646/2012 (CRR-Verordnung), ABl. L. 176, S. 1.

- die Höhe der Abfindungen, die Anzahl der Begünstigten sowie die höchste Abfindung an eine Einzelperson.

Diese Angaben dienen lediglich als Auslegungshilfe und sind nicht zwingend in Gänze von den Versicherungsunternehmen offenzulegen. Der Verordnungsgeber wollte gerade für Versicherungsunternehmen keine so weit reichenden Vorgaben schaffen, wie er es für Institute getan hat.

dd) *Offenlegungspflichten nach den* Leitlinien für solide Vergütungspolitiken unter Berücksichtigung der AIFMD

Die *ESMA* bezieht sich in ihren *Leitlinien für solide Vergütungspolitiken unter Berücksichtigung der AIFMD* auf die Empfehlung der *EU-Kommission* vom 30. April 2009 zur Vergütungspolitik im Finanzdienstleistungssektor 2009/384/EG. Im Abschnitt III sind Einzelheiten zu den Offenlegungspflichten der Finanzinstitute genannt. Danach sind offenzulegen:

- Informationen über den Beschlussfassungsprozess, auf den sich die Vergütungspolitik stützt, gegebenenfalls einschließlich der Informationen über die Zusammensetzung und das Mandat des Vergütungsausschusses, Name des externen Beraters, dessen Dienste bei der Festlegung der Vergütungspolitik in Anspruch genommen wurden, und Rolle der beteiligten Kreise;
- Informationen über die Verbindung zwischen Vergütung und Leistung;
- Informationen über die Kriterien, die für die Leistungsbemessung und die Risikoanpassung zugrunde gelegt werden;
- Informationen über die Leistungskriterien, auf die sich der Anspruch auf den Bezug von Aktien, Optionen oder anderen variablen Vergütungsbestandteilen gründet;
- wichtigste Parameter und Begründung etwaiger jährlicher Bonusregelungen und anderer unbarer Leistungen.

Die einzelnen Aspekte werden in den *Leitlinien für solide Vergütungspolitiken unter Berücksichtigung der AIFMD* näher erläutert[1372]. Im Wesentlichen stimmen die Vorgaben mit den Empfehlungen des *Financial Stability Boards*[1373] überein.

Nach den *Leitlinien für solide Vergütungspolitiken unter Berücksichtigung der AIFMD*[1374] müssen Kapitalverwaltungsgesellschaften nur solche Informationen offenlegen, die für sie von Belang sind. Dies ergibt sich aus dem Grundsatz der Verhältnismäßigkeit, der hinsichtlich der Art und der Menge der offenzulegenden

1372 *ESMA*, Leitlinien für solide Vergütungspolitiken unter Berücksichtigung der AIFMD, XIII.I.II Politik und Praktiken, S. 37 f.

1373 *FSB*, Principles for Sound Compensation Practices - Implementation Standards vom 25. September 2009.

1374 *ESMA*, Leitlinien für solide Vergütungspolitiken unter Berücksichtigung der AIFMD, XIII.I.I Spezifische und allgemeine Offenlegungspflichten, S. 36 f.

Informationen Anwendung findet. Für kleinere und nichtkomplexe alternative Investmentfonds / Kapitalverwaltungsgesellschaften wird empfohlen, dass diese lediglich einige qualitative und gegebenenfalls grundlegende quantitative Informationen bereitstellen müssen[1375]. Grundsätzlich sollen auch allgemeine Informationen über die grundlegenden Merkmale der Vergütungspolitik und -praktiken auf Kapitalverwaltungsgesellschaftsebne zur Verfügung gestellt werden. Diese Informationen sind neben Geschäftsleitern auch für Mitarbeiter offenzulegen, deren berufliche Tätigkeit sich wesentlich auf das Risikoprofil der Kapitalverwaltungsgesellschaft oder den von ihnen verwalteten Investmentfonds auswirkt[1376]. Welche Kategorien von Mitarbeitern als Risikoträger eingestuft werden und welche Kriterien zur Bestimmung dieser Mitarbeiter herangezogen werden, ist ebenfalls offenzulegen. Durch die Einbeziehung der sogenannten Risk-Taker gehen die Offenlegungspflichten über die gesellschaftsrechtlichen Vorschriften hinaus, sind jedoch in einer Linie mit den Vorgaben der Instituts-Vergütungsverordnung und der Versicherungs-Vergütungsverordnung. Eine individuelle Offenlegung wird nicht erwartet.

Die Offenlegung sollte einmal jährlich in Form einer getrennten Erklärung zur Vergütungspolitik, einer regelmäßigen Offenlegung im Jahresabschluss oder auf eine sonstige Art und Weise erfolgen[1377]. Den Kapitalverwaltungsgesellschaften wird diesbezüglich eine gewisse Flexibilität gewährt.

3. Überlegungen de lege ferenda

Die Einhaltung einer branchen- und rechtsformübergreifenden Vergütungsregelung bedarf eines umfassenden Kontrollmechanismus auf interner und externer Ebene.

a) Interne Kontrolle

Unabhängig von der jeweiligen Rechtsform sollten die Eigentümer der Gesellschaft die Ausgestaltung der Vergütung und Vergütungssysteme überwachen müssen. Da bei der Gesellschaft mit beschränkter Haftung und auch bei der Gesellschaft mit beschränkter Haftung & Compagnie Kommanditgesellschaft die Gesellschafterversammlung bereits für die Ausgestaltung originär zuständig sind, ist eine weitere Kontrolle nicht möglich. Bei der Aktiengesellschaft, der Genossenschaft und auch der Societas Europaea sowie der paritätisch mitbestimmten Gesellschaft mit beschränkter Haftung fallen jedoch Zuständigkeit und Eigentum auseinander. Da der Aufsichtsrat für die Festsetzung der Vergütung zuständig ist, besteht mit der Hauptversammlung beziehungsweise Generalversammlung ein weiteres Organ, das

1375 *ESMA*, Leitlinien für solide Vergütungspolitiken unter Berücksichtigung der AIFMD, Ziffer 162, S. 37.

1376 *ESMA*, Leitlinien für solide Vergütungspolitiken unter Berücksichtigung der AIFMD, Ziffer 161, S. 37.

1377 *ESMA*, Leitlinien für solide Vergütungspolitiken unter Berücksichtigung der AIFMD, Ziffer 163, S. 37.

die Kontrollfunktion ausüben kann. Durch die zu erwartende Neufassung des § 120 Abs. 4 AktG bietet es sich an, diesen auch auf die anderen Gesellschaftsformen zu erstrecken[1378].

Zusätzlich sollten die Unternehmen verpflichtet werden, ein gesondertes Kontrollgremium für die Überwachung der Ausgestaltung und Festsetzung der Vergütungssysteme zu etablieren. Eine verpflichtende Errichtung eines Vergütungskontrollausschusses als Hilfsorgan des Aufsichtsrats ist dabei abzulehnen. Da auch dieser Vergütungskontrollausschuss nach dem Vorbild des § 25d Abs. 12 KWG i.V.m. § 15 InstitutsVergV beziehungsweise den *Leitlinien für solide Vergütungspolitiken unter Berücksichtigung der AIFMD* ausschließlich aus Mitgliedern des Aufsichtsrats besteht, käme es zu einem Zusammenfall von Zuständigkeit und Kontrolle. Den Unternehmen sollte die Errichtung eines solchen zusätzlichen Aufsichtsratsausschusses freigestellt werden. Auch die Implementierung eines auf Ebene der Geschäftsführung angesiedelten Vergütungsausschusses nach dem Vorbild der Versicherungs-Vergütungsverordnung scheint nicht praktikabel. Dieser ist zwar unabhängig vom Aufsichtsrat und könnte diesen somit faktisch kontrollieren. Im Ergebnis unterliegt er jedoch der Weisungsbefugnis der Geschäftsleitung und gerät in einen Interessenkonflikt bei der Ausübung seiner Kontrolle. Auch bedarf es nicht in jedem Unternehmen zwingend eines ganzen Ausschusses. Die Anzahl der zu überwachenden Managergehälter nach der hier vertretenen positionsbezogenen Auffassung ist überschaubar, da sie nur Vorstände und Geschäftsführer erfasst. Es dürfte somit eine hinreichend qualifizierte Person ausreichend sein. Ähnlich dem Vergütungsbeauftragen nach §§ 23 ff. InstitutsVergV könnte auf hierarchisch ausreichender Ebene eine eigenständige Position geschaffen werden, die den Aufsichtsrat bei der Ausgestaltung und Festsetzung der Vergütungssysteme der Manager überwacht und ihr beratend zur Seite steht. Dies kann ein externer Vergütungsberater sein oder ein Mitarbeiter des Unternehmens, der jedoch weisungsunabhängig seine Kontrollfunktion ausüben können muss.

b) Externe Kontrolle

Die externe Kontrolle könnte durch eine Aufsichtsbehörde und/oder durch die Öffentlichkeit erfolgen. Eine Ausweitung der Aufsicht durch die *BaFin* kommt nicht in Betracht. Die Überprüfung der Vergütungssysteme findet hier im Rahmen der laufenden Aufsicht als Teil der Organisationskontrolle statt. Eine solche umfängliche Organisationkontrolle ist für Unternehmen abseits des Finanzmarkts nicht angezeigt und als unverhältnismäßig anzusehen. Ziel der Finanzaufsicht ist die Sicherstellung eines funktionstüchtigen Finanzwesens, da ein solches für eine leistungsfähige Volkswirtschaft unerlässlich ist[1379]. Dies gilt jedoch nicht für alle

1378 siehe bereits 3. Kapitel II.2.b)aa).

1379 *BaFin*, Aufgaben und Geschichte, abrufbar unter: http://www.bafin.de/DE/DieBaFin/AufgabenGeschichte/aufgabengeschichte_node.html.

Unternehmen unabhängig von der jeweiligen Branche. In einer sozialen Marktwirtschaft obliegt es den einzelnen Gesellschaftern verantwortungsvoll mit ihrem Unternehmen umzugehen und dieses nicht durch die Zahlung überhöhter Vergütungen in finanzielle Schwierigkeiten zu bringen. Von einer gesamtgesellschaftlichen Verantwortung oder gar Systemrelevanz der Unternehmen kann hierbei nicht ausgegangen werden. Zudem würde eine Ausweitung des Zuständigkeitsbereichs zu einer Verwässerung der Aufsichtsfunktion führen. Die *BaFin* ist Teil des *ESFA*. Dieser Bezug zum Finanzmarkt muss erhalten bleiben und darf nicht durch eine Ausweitung der Zuständigkeit unterlaufen werden.

Die Einrichtung einer neuen Aufsichtsbehörde mit der ausschließlichen Aufgabe die neugeschaffenen Vergütungsvorgaben für Unternehmen außerhalb des Finanzsektors zu überwachen, ist ebenfalls abzulehnen. Dies wäre zu kostspielig und verwaltungsintensiv. Denkbar wäre eine Ansiedelung des Aufgabenbereichs bei den Amtsgerichten im Bereich der Registergerichte in der Abteilung für Handelsregisterangelegenheiten. Im Ergebnis sind jedoch auch solche Überlegungen nicht tragfähig. Das Handelsregister kontrolliert formelle Kriterien, die zur Eintragung ins Handelsregister geeignet sind. Weder ein Vergütungssystem noch eine bestimmte Vergütung werden bislang im Handelsregister publiziert. Es sind keine eintragungsfähigen Tatsachen[1380]. Die Eintragungsfähigkeit bestimmter Tatsachen setzt voraus, dass die Eintragung entweder gesetzlich normiert ist oder im Interesse des Rechtsverkehrs dringend geboten und unumgänglich ist[1381]. Ein Vergleich der Managervergütung mit den bislang als eintragungsfähig anerkannten Tatsachen zeigt, dass eine derartige Eintragung nicht im öffentlichen Interesse geboten ist[1382].

Im Rahmen einer Vergütungskontrolle für Unternehmen außerhalb der Finanzbranche wird es keine nationale Aufsichtsbehörde geben können. Es müssen andere Kontrollmechanismen greifen. Hierzu zählt neben einer wirksamen internen Kontrolle auch die Öffentlichkeit.

Die gesellschaftsrechtlichen Offenlegungspflichten des § 285 Satz 1 Nr. 9 HGB gelten bereits für alle Gesellschaftsformen und sollten weitestgehend unverändert bleiben. Eine Ergänzung sollte hinsichtlich der Grundzüge des Vergütungssystems erfolgen. Inhaltlich sind diese Angaben zwar bereits in § 285 Satz 1 Nr. 9 HGB enthalten. Eine allgemeine Darstellung des Vergütungssystems – soweit ein solches in der Gesellschaft überhaupt vorhanden ist – ist nicht nur bei börsennotierten Aktiengesellschaften zum besseren Überblick wünschenswert. Die Darstellung sollte nicht im Lagebericht, sondern im Anhang zum Jahresabschluss erfolgen. Ist durch die Offenlegung der Gesamtbezüge ein Rückschluss auf die Bezüge der einzelnen

1380 Ebenroth/Boujong/Joost/Strohn/*Schaub* HGB § 8 Rn. 54.

1381 Ebenroth/Boujong/Joost/Strohn/*Schaub* HGB § 8 Rn. 57; Henssler/Strohn/*Wamser* HGB § 8 Rn. 6.

1382 Oetker/*Preuß* HGB § 8 Rn. 42 ff.; Ebenroth/Boujong/Joost/Strohn/*Schaub* HGB § 8 Rn. 72 ff.; MüKoHGB/*Krafka* HGB § 8 Rn. 31.

Manager möglich, soll diese Angabe ähnlich § 286 Abs. 4 HGB unterbleiben dürfen. Die in § 288 Abs. 1 HGB vorgesehenen Erleichterung für kleine Kapitalgesellschaften im Sinne des § 267 Abs. 1 HGB sollten aus Verhältnismäßigkeitsgründen beibehalten werden. Insgesamt sollte die Offenlegung dahingehend flexibilisiert werden, dass der Detaillierungsgrad der Angaben hinsichtlich der Vergütung im Wesentlichen von der Größe des Unternehmens abhängt. Ähnlich den *Leitlinien für solide Vergütungspolitiken unter Berücksichtigung der AIFMD* sollten kleinere und mittlere Unternehmen lediglich allgemeine Merkmale der Vergütungspolitik und -praktiken sowie qualitative Informationen bereitstellen müssen. Bei bedeutenden Unternehmen sollte wie bereits bei börsennotierten Aktiengesellschaften hingegen eine umfassende und individualisierte Offenlegung verpflichtend sein.

VI. Rechtsfolgen bei Verstößen

Ein Verstoß gegen die Vergütungsvorgaben zieht grundsätzlich rechtliche Konsequenzen nach sich. Dazu können die Gesamt- oder Teilnichtigkeit der Vereinbarungen gehören, aber auch Schadensersatzpflichten des Aufsichtsrats oder Vorstandsmitglieds. In Betracht kommt ebenfalls eine Strafandrohung mit Freiheitsstrafe oder Geldbuße.

1. Nichtigkeit der Verträge

Bislang führt ein Verstoß gegen § 87 AktG nicht zu einer Teil- oder Gesamtnichtigkeit des Anstellungs- oder Dienstvertrags[1383]. § 87 Abs. 1 AktG ist kein Verbotsgesetz im Sinne des § 134 BGB[1384]. Ein Verbotsgesetz untersagt die Vornahme eines grundsätzlich möglichen Rechtsgeschäfts aufgrund seines konkreten Inhalts[1385]. § 87 Abs. 1 AktG enthält keine konkreten inhaltlichen Vorgaben für die Ausgestaltung des Dienstvertrags, sondern eine Ermessensrichtlinie[1386]. Weder der Wortlaut der Norm noch deren Entstehungsgeschichte legen nahe, dass der Gesetzgeber bei

1383 Hölters/*Weber* AktG § 87 Rn. 46; MüKoAktG/*Spindler* AktG § 87 Rn. 137; K. Schmidt/Lutter/*Seibt* AktG § 87 Rn. 17; KK-AktG/*Mertens/Cahn* AktG § 87 Rn. 5; Hüffer/*Koch* § 87 Rn. 22; Spindler/Stilz/*Fleischer* AktG § 87 Rn. 57.

1384 hM. Siehe beispielsweise Großkomm-AktG/*Kort* AktG § 87 Rn. 69; K. Schmidt/Lutter/*Seibt* AktG § 87 Rn. 17; MüKoAktG/*Spindler* AktG § 87 Rn. 137; *Spindler*, AG 2011, 725 (728 f.); *Kort*, DStR 2007, 1127 f.; *Fleischer*, DStR 2005, 1318 (1322); a.A. *Säcker/Stenzel*, JZ 2006, 1151 (1152 ff.).

1385 Statt aller: Schulze u. a./*Dörner* BGB 134 Rn. 4.

1386 *Rieble/Schmittlein*, Vorstandsvergütung, Rn. 92; *Kort*, DStR 2007, 1127 (1128); MüKoAktG/*Spindler* AktG § 87 Rn. 137.

Verstößen gegen § 87 Abs. 1 AktG als Rechtsfolge die Nichtigkeit wollte[1387]. Diese soll nur bei Verstößen gegen § 138 BGB (Kollusion) eingreifen[1388].

Andere Autoren möchten einen Verstoß gegen § 87 Abs. 1 AktG nach den Regeln über den Missbrauch der Vertretungsmacht durch den Aufsichtsrat lösen[1389]. Nach diesem Ansatz kann sich ein Vorstand, der erkennt, dass der Aufsichtsrat bei der Vereinbarung der Vergütung die Grenzen des § 87 Abs. 1 AktG überschreitet, nicht auf die Vereinbarung berufen. Der Durchsetzbarkeit steht die Einrede des § 242 BGB entgegen[1390]. Wird dennoch ausgezahlt, soll die Gesellschaft die zu viel gezahlte Vergütung durch eine Leistungskondiktion nach § 812 Abs. 1 Satz 1 BGB zurückfordern können[1391].

Anders soll dies nach der schweizerische *Verordnung gegen übermäßige Vergütungen bei börsenkotierten Aktiengesellschaften* sein. Diese dekretiert in den Übergangsbestimmungen eine Anpassungspflicht. Art. 28 VegüV normiert, dass Arbeitsverträge, die bereits vor dem 01. Januar 2014 bestanden, innerhalb von zwei Jahren anzupassen sind. Ab 01. Januar 2016 gelten die Vorschriften für alle Arbeitsverträge, Art. 28 Satz 2 VegüV. Arbeits- und Dienstverträge, die seit Inkrafttreten der Verordnung abgeschlossen werden, müssen die Vorgaben der Verordnung unzweifelhaft bereits beachten. Altrechtliche Arbeitsverträge bleiben hingegen bis 01. Januar 2016 uneingeschränkt gültig, auch wenn sie nach der Verordnung unzulässige Vergütungen enthalten[1392]. Können sich die Vertragsparteien bis zum Ablauf der Frist nicht auf eine einvernehmliche Änderung einigen, so ist nach dem schweizerischen Verständnis der Arbeitsvertrag ganz oder zum Teil nichtig[1393].

Der schweizerische Ansatz ist nicht zu adaptieren. Die Rechtsfolge der Gesamtnichtigkeit des Anstellungsvertrags ist unverhältnismäßig. Der Anstellungsvertrag wäre ex-tunc nichtig und müsste nach bereicherungsrechtlichen Vorschriften rückabgewickelt werden. In Betracht käme die Anwendbarkeit der Rechtfigur des

1387 *Brandes*, ZIP 2013, 1107 (1109); *Drygala*, FS Schneider, 2011, 275 (283); *Fleischer*, DStR 2005, 1318 (1322); *Kort*, DStR 2007, 1127 f.; in den Gesetzesmaterialien zum VorstAG finden sich zwar Hinweise zur Schadensersatzpflicht des Aufsichtsrats als Rechtsfolge gegen einen Verstoß; eine eventuelle Nichtigkeit wird nicht thematisiert.

1388 *Bosse*, Handbuch Vorstandsvergütung, Rn. 392; Spindler/Stilz/*Fleischer* AktG § 87 Rn. 57; Hüffer/*Koch* AktG § 87 Rn. 22; MüKoAktG/*Spindler* AktG § 87 Rn. 137; Großkomm-AktG/*Kort* § 87 Rn. 69; *Kort*, DStR 2007, 1127 (1129).

1389 Hierzu Spindler/Stilz/*Fleischer* AktG § 87 Rn. 58; *Martens*, ZHR 2005, 124 (135 f.); *Peltzer*, FS Lutter 2000, 571 (579); *Schwark*, FS Raiser 2005, 377 (394); *Langenbucher*, FS Huber 2006, 861 (863 ff.); *Kort*, DStR 2007, 1127 (1129 ff.); mit Einschränkungen auch KK-AktG/*Mertens/Cahn* AktG § 87 Rn. 5; MüKoAktG/*Spindler* AktG § 87 Rn. 138 ff.: schwebende Unwirksamkeit; kritisch zu alledem *Brandes*, ZIP 2013, 1107 (1110 f.); *Drygala*, FS Schneider 2011, 275 (286 f.).

1390 *Peltzer*, FS Lutter 2000, 574 (579); *Zöbeley*, Vergütungsvorgaben, S. 157.

1391 *Bosse*, Handbuch Vorstandsvergütung, Rn. 393; *Kort*, DStR 2007, 1127 (1131).

1392 Watten/Vogt/*Knobloch* VegüV Art. 28 Rn. 3.

1393 Watten/Vogt/*Knobloch* VegüV Art. 28 Rn. 4.

fehlerhaften Arbeitsvertrags[1394], die dazu führt, dass dem Vorstand quasi-vertragliche Ansprüche zustünden. Die Höhe der Vergütung wäre dann angemessen zu bestimmen. Dieser Ansatz bietet eine große Rechtsunsicherheit und ist daher abzulehnen. Die Grundsätze zum Missbrauch der Vertretungsmacht erfordern nicht die Heranziehung der Rechtsfigur des fehlerhaften Anstellungsverhältnisses[1395]. Der Dienstvertrag ist nicht in Gänze nichtig, sondern nur hinsichtlich des überhöhten Teils der Vergütung. Welcher Teil der Vergütung jedoch § 87 Abs. 1 AktG widerspricht, wird in der Praxis nur schwer feststellbar sein.

2. Schadensersatzansprüche der Gesellschaft

Eine Möglichkeit unangemessene Vergütungen zu sanktionieren ist, deren Vereinbarung oder Festsetzung als schadensersatzauslösende Pflichtverletzung zu qualifizieren.

a) Schadensersatzpflicht des Aufsichtsrats

Nach §§ 116 Satz 1 i.V.m. 93 Abs. 2 AktG löst die Vereinbarung einer unangemessen hohen Vergütung mit dem Vorstand eine Schadensersatzpflicht des Aufsichtsrats aus. § 116 Satz 3 AktG hebt diese Rechtsfolge deklaratorisch hervor[1396]. Der Schadensersatzanspruch der Gesellschaft setzt voraus, dass der Aufsichtsrat schuldhaft eine unangemessen hohe Vergütung vereinbart hat, und daraus kausal ein Schaden für die Gesellschaft entstanden ist. Eine Pflichtverletzung liegt nicht vor, wenn der Aufsichtsrat bei einer unternehmerischen Entscheidung vernünftigerweise annehmen durfte, auf der Grundlage angemessener Informationen zum Wohl der Gesellschaft zu handeln. Die Anwendbarkeit dieser Business Judgement Rule ist umstritten. Die herrschende Meinung in der Kommentarliteratur sieht in der Festsetzung der Vergütung nach § 87 Abs. 1 AktG eine unternehmerische Entscheidung, auf die die Business Judgement Rule Anwendung findet[1397]. *Kort* hingegen spricht sich dafür aus, dass § 93 Abs. 1 Satz 2 AktG bei der Vergütungsentscheidung nicht anwendbar sei, da § 87 Abs. 1 AktG als lex specialis die Anwendbarkeit der

---

1394 Siehe hierzu ErfK/*Preis* BGB § 611 Rn. 145.

1395 *Kort*, DStR 2007, 1127 (1131 f.); *Langenbucher*, FS Huber 2006, 861 (870); *Zöbeley*, S. 159.

1396 BT-Drucks. 16/12278, S. 6; Henssler/Strohn/*Henssler* AktG § 116 Rn. 25; Hüffer/*Koch* AktG § 116 Rn. 18; *Nikolay*, NJW 2009, 2640 (2645); *Spindler*, NJOZ 2009, 3282 (3289).

1397 Hüffer/*Koch* AktG § 116 Rn. 19; KK-AktG/*Mertens/Cahn* § 87 Rn. 4; MüKoAktG/*Spindler* AktG § 116 Rn. 46; Spindler/Stilz/*Spindler* AktG § 116 Rn. 57; Spindler/Stilz/*Fleischer* AktG § 116 Rn. 15; *Spindler*, AG 2011, 725 (726); *Hüffer*, FS Hoffman-Becking 2013, 589 (599f.); *Reichert/Ullrich*, FS U.H. Schneider 2011, 1017, (1021f.); wohl auch BGH 3 StR 470/04 vom 21. Dezember 2005, NJW 2006, 522; *Sammet*, Versicherungs-Vergütungsverordnung, S. 371.

allgemeinen Grundsätze zum unternehmerischen Ermessen ausschließe[1398]. Diese Ansicht ist abzulehnen. Es handelt sich um eine rechtlich bindende Pflichtaufgabe mit Ermessensspielraum, in dessen Rahmen der Aufsichtsrat den gesetzlichen Zielvorgaben verpflichtet ist[1399]. Dem Aufsichtsrat soll bei unternehmerischen Entscheidungen eine Einschätzungsprärogative eingeräumt werden[1400]. Durch die Hinzuziehung eines externen Vergütungsberaters kann sich der Aufsichtsrat absichern[1401]. Eine schuldhafte Pflichtverletzung wird dann nur schwerlich nachweisbar sein, da der Aufsichtsrat durch die Hinzuziehung die Sorgfalt eines ordentlichen und gewissenhaften Aufsichtsratsmitglieds hat walten lassen. Die Sorgfaltspflichten beziehen sich sowohl auf die Vergütungsstruktur als auch auf die Höhe[1402]. Ein möglicher Schaden der Gesellschaft wäre nach der Differenzhypothese zu berechnen[1403]: Differenz zwischen der tatsächlich gewährten und der nach § 87 Abs. 1 AktG angemessenen Vergütung[1404].

Auch die Vergütungsherabsetzungsentscheidung gemäß § 87 Abs. 2 AktG ist eine vom Aufsichtsrat entsprechend der Business Judgement Rule nach pflichtgemäßem Ermessen zu treffende Unternehmensentscheidung[1405]. Bei Unternehmen, die staatliche Hilfen durch den *SoFFin* in Anspruch nehmen, ist der Aufsichtsrat verpflichtet, die Vergütung herabzusetzen. Kommt er dieser Pflicht nicht nach, haftet er gemäß §§ 116 Satz 1, 93, 87 Abs. 2 AktG i.V.m. § 5 FMStFV für den Differenzbetrag zwischen tatsächlichem und angemessenem Gehalt[1406].

Zuständig für die Durchsetzung etwaiger Schadensersatzansprüche wäre nach § 78 AktG der Vorstand. Grundsätzlich ist der Vorstand als Vertreter der Gesellschaft verpflichtet, durchsetzbare Ansprüche geltend zu machen, es sei denn, gewichtige Gründe des Unternehmenswohls sprechen dagegen[1407]. Zum einen ist es bereits schwierig festzustellen, ob tatsächlich Ersatzansprüche mit hinreichender Wahrscheinlichkeit bestehen. Zum anderen wird sich der Vorstand bei Geltendmachung der Schadensersatzansprüche der Gefahr aussetzen, selbst wegen Annahme der

---

1398 *Kort*, DStR 2007, 1127 (1132); *Kort*, NZG 2006, 131 (133); ablehnend auch: *Schwark*, FS Raiser 2005, 377 (391 f.); *Schäfer*, ZIP 2005, 1253 (1258); *Zöbeley*, Vergütungsvorgaben, S. 153.

1399 Hüffer/*Koch* AktG § 116 Rn. 19; ähnlich *Bayer/Meier-Wehrsdorfer*, AG 2013, 477 (480).

1400 *Reichert/Ullrich*, FS U.H. Schneider 2011, 1017 (1021 f.).

1401 Die Hinzuziehung ist nicht verpflichtend: *Hüffer*, FS Hoffmann-Becking 2013, 589 (601); *Spindler*, AG 2011, 725 (727); *Weber-Rey/Buckel*, NZG 2010, 761 (762); umfassend *Fleischer*, BB 2010, 67 ff.

1402 MüKoAktG/*Habersack* AktG § 116 Rn. 42a.

1403 *Reichert/Ullrich*, FS U.H. Schneider 2011, 1017 (1033); *Semler*, FS U.H. Schneider 2011, 1227 (1228); *Cahn*, FS Hopt 2010, 431 (449).

1404 Zu den Schwierigkeiten bei der Berechnung: *Eichner/Delahaye*, ZIP 2010, 2082 (2085); *Spindler*, AG 2011, 725 (727).

1405 *Weppner*, NZG 2010, 1056 (1057).

1406 *Keiser*, RdA 2010, 280, (285).

1407 BGH II ZR 175/95 vom 21. April 1997, NJW 1997, 1926.

unangemessenen Vergütung ersatzpflichtig zu werden[1408]. Dies führt zu einer gewissen Solidarität der Organe. Einer Aktionärsmehrheit stünde zwar nach § 147 Abs. 1 AktG die Möglichkeit offen, bei Untätigkeit des eigentlich zuständigen Organs die Durchsetzbarkeit zu erzwingen. Da sie jedoch selten von einem Erfolg der Klage profitieren[1409], bei Abweisung jedoch die Kosten tragen[1410] besteht in der Praxis nur ein geringes Interesse daran.

b) Schadensersatzpflicht des Vorstands

Auch das Vorstandsmitglied kann sich nach § 93 Abs. 2 AktG schadensersatzpflichtig machen, wenn es sich eine unangemessen hohe Vergütung versprechen lässt[1411]. Bereits das Reichsgericht hat entschieden, dass sich Vorstände durch die Annahme eines übermäßig hohen, vom Aufsichtsrat bewilligten Gehalts wegen Untreue strafbar machen können[1412]. Einige Autoren lehnen eine solche Haftung unter Hinweis darauf ab, dass das (künftige) Vorstandsmitglied bei den Vergütungsverhandlungen nicht gehalten ist, seine eigenen Interessen hinter denen der Gesellschaft zurückzustellen[1413]. Ihr Verhandlungsspielraum endet richtigerweise an der Grenze des § 87 Abs. 1 AktG[1414]. Für bereits bestellte Vorstandsmitglieder ergibt sich diese Rücksichtnahmepflicht aus der organschaftlichen Treuepflicht[1415]; für künftige Vorstandsmitglieder aus einem vorvertraglichen Schuldverhältnis im Sinne der §§ 311 Abs. 2, 241 Abs. 2 BGB[1416]. Da die Grenze des § 87 Abs. 1 AktG, ab der der Vorstand seinen Verhandlungsspielraum pflichtwidrig und schuldhaft überschreitet, in der Praxis nur sehr schwer zu bestimmen sein wird, kommen letztlich nur offensichtliche Verstöße in Betracht[1417].

1408 *Körner*, NJW 2004, 2697 (2699).

1409 *Cahn*, FS Hopt 2010, 431 (452).

1410 § 148 Abs. 1 Satz 2 Nr. 4 AktG; *Lutter*, FS U.H. Schneider 2011, 763 (765 f.).

1411 Spindler/Stilz/*Fleischer* AktG § 87 Rn. 58; *Peltzer*, FS Lutter 2000, S. 571 (578); *Lutter*, ZIP 2006, 733 (735); *Schwark*, FS Raiser 2005, 377 (394); *Kort*, DStR 2007, 1127 (1132); einschränkend hingegen MüKoAktG/*Spindler* AktG § 87 Rn. 136, der eine Haftung nur bei pflichtwidriger Einwirkung auf den Aufsichtsrat oder bei einem Verstoß gegen Aufklärungspflichten bei der Vertragsverlängerung bejaht.

1412 RG JW 1933, 2954; RG JW 1934, 2151 f.

1413 *Annuß/Theusinger*, BB 2009, 2434 (2440); *Rieble/Schmittlein*, Vorstandsvergütung, Rn. 94; K. Schmidt/Lutter/*Seibt* AktG § 87 Rn. 16.

1414 Spindler/Stilz/*Fleischer* AktG § 87 Rn. 58.

1415 Spindler/Stilz/*Fleischer* AktG § 87 Rn. 58; *Kort*, DStR 2007, 1127 (1132); *Fleischer*, DStR 2005, 1318 (1322); *Thüsing* in: Fleischer, Handbuch des Vorstandsrechts, § 6 Rn. 26; *Ziemons*, FS Huber 2006, 1035 (1044).

1416 Spindler/Stilz/*Fleischer* AktG § 87 Rn. 58; *Langenbucher*, FS Huber 2006, 861 (864); *Peltzer*, FS Lutter 2000, 571 (578); skeptisch *Kort*, DStR 2007, 1127 (1130); *Schüller*, Vorstandsvergütung, S. 204; ablehnend *Säcker/Stenzel*, JZ 2006, 1151 (1155).

1417 Dies gilt sowohl für Ansprüche aus § 93 Abs. 2 AktG als auch aus culpa in contrahendo (cic): so auch Hüffer/*Koch* AktG § 87 Rn. 23; *Bosse*, Handbuch

Die Geltendmachung bestehender Schadensersatzansprüche obliegt dem Aufsichtsrat, § 112 AktG. Dieser wird aus den bereits genannten Gründen in den allermeisten Fällen davon absehen.

3. Eingriffsbefugnisse der *BaFin*

Die kapitalmarktrechtlichen Verordnungen und Leitlinien enthalten keine eigenständigen Regelungen zu den Rechtsfolgen bei Verstößen gegen die Normen. Die *BaFin* prüft im Rahmen ihrer Aufsicht, ob und welche Verstöße vorliegen. Unter weiteren Voraussetzungen ist diese dann zur Anordnung bestimmter Maßnahmen befugt.

a) Versicherungsaufsichtsgesetz

Das Versicherungsaufsichtsgesetz regelt analog zu § 45 Abs. 2 Satz 1 Nr. 5a und 6 KWG in § 25 Abs. 4 VAG[1418] die Eingriffsbefugnisse der *BaFin*. Unter der Voraussetzung, dass die Eigenmittel des Versicherungsunternehmens geringer sind oder drohen geringer zu werden als die Solvabilitätskapitalanforderungen[1419], soll die *BaFin* anordnen, dass das Versicherungsunternehmen den Jahresgesamtbetrag, den es für die variable Vergütung aller Geschäftsleiter und Mitarbeiter vorsieht (Gesamtbetrag der variablen Vergütungen), auf einen bestimmten Anteil des Jahresergebnisses beschränkt oder vollständig streicht. Die *BaFin* kann auch selbst die Auszahlung variabler Vergütungsbestandteile untersagen oder auf einen bestimmten Anteil des Jahresergebnisses beschränken[1420]. Es gilt das zu § 45 Abs. 2 Satz 1 Nr. 5a und 6 Gesagte entsprechend[1421].

Vorstandsvergütung, Rn. 394; *Zöbeley*, Vergütungsvorgaben, S. 155, die bei einem Anspruch aus cic von einem erst-recht-Schluss ausgeht.

1418 § 81b Abs. 1a VAG a.F.

1419 Die Solvabilitätskapitalanforderungen werden in § 96 ff. VAG eingehend definiert. Als zeitlicher Rahmen werden drei Monate für eine drohende Unterschreitung festgesetzt. Die Einschränkung, dass diese Maßnahmen nicht für variable Vergütungsbestandteile gelten sollen, die durch Tarifvertrag oder in seinem Geltungsbereich durch Vereinbarung der Arbeitsvertragsparteien über die Anwendung der tarifvertraglichen Regelungen oder auf Grund eines Tarifvertrags in einer Betriebs- oder Dienstvereinbarung vereinbart sind, wird nun in § 25 Abs. 5 VAG geregelt.

1420 Bis 31. Dezember 2015 war die Solvabilitätsspanne maßgeblich. Wie diese ermittelt wurde, bestimmte sich nach der auf Grundlage des § 53c Abs. 2 S. 1 Nr. 1 VAG erlassenen Verordnung über die Kapitalausstattung von Versicherungsunternehmen – KapAusstV.

1421 Siehe hierzu 2. Kapitel VI.3.

b) *Finanzmarktstabilisierungsfondsgesetz*

Nach § 10 Abs. 2c Satz 4 FMStFG können aus Vereinbarungen, die eine Obergrenze der monetären Vergütung von 500.000 Euro nicht vorsehen, keine Rechte hergeleitet werden. Kann ein Vergütungssystem zivilrechtlich nicht an die Anforderung des *SoFFin* anpasst werden, und stünde dem Geschäftsleiter deshalb eine unzulässige monetäre Vergütung zu, kann der *SoFFin* die Auszahlung untersagen. Nach der Gesetzesbegründung besteht ein unmittelbarer gesetzlicher Eingriff in den Anstellungsvertrag[1422]. § 10 Abs. 2c Satz 4 FMStFG ist jedoch kein Verbotsgesetz im Sinne des § 134 BGB[1423]. Eine ähnliche Formulierung findet sich auch in § 45 Abs. 5 Satz 7 KWG, beschränkt auf die variablen Vergütungsbestandteile. Danach kann die *BaFin* den Jahresgesamtbetrag für die variable Vergütung beschränken oder streichen oder die Auszahlung der variablen Vergütung beschränken oder untersagen, wenn ein Institut staatliche Hilfen nach dem Finanzmarktstabilisierungsfondsgesetz in Anspruch nimmt. Zusätzlich muss die Anordnung zur Erhaltung einer soliden Eigenkapital- oder Liquiditätsausstattung des Instituts und einer frühzeitigen Beendigung der staatlichen Unterstützung geboten sein. Darüber hinaus kann die *BaFin* im Einzelfall auch das Erlöschen der Vergütungsansprüche anordnen. Aus den zusätzlichen Anforderungen für ein gänzliches Erlöschen der Ansprüche kann geschlossen werden, dass die Ansprüche grundsätzlich bestehen bleiben und lediglich eine Auszahlung untersagt ist. Darf eine variable Vergütung wegen der Inanspruchnahme einer Rekapitalisierungshilfe und einer Beteiligung des *SoFFin* in Höhe von mindestens 75 Prozent überhaupt nicht gewährt werden, ist die Auszahlung jeglicher variabler Vergütung für die Dauer der Inanspruchnahme der staatlichen Hilfen untersagt. Zahlt ein Unternehmen dennoch eine variable Vergütung, bleibt die Zahlung wirksam[1424]. Die *BaFin* kann in diesen Fällen Sanktionen gegen das Institut verhängen. Gleiches gilt, soweit eine variable Vergütung zwar gewährt werden darf, jedoch zusammen mit der Fixvergütung den Betrag von 500.000 Euro nicht übersteigen darf, § 10 Abs. 2b FMStFG.

c) *Kapitalanlagegesetzbuch*

Das Kapitalanlagegesetzbuch erlaubt der *BaFin* bei nachhaltigen Verstößen gegen die Bestimmungen dieses Gesetzes die Erlaubnis zum Geschäftsbetrieb aufzuheben, § 39 Abs. 3 Nr. 5 KAGB. Ein nachhaltiger Verstoß liegt vor, wenn er wiederholt

---

1422 Bericht des Finanzausschusses zum Gesetz zur Restrukturierung und geordneten Abwicklung von Kreditinstituten, zur Errichtung eines Restrukturierungsfonds für Kreditinstitute und zur Verlängerung der Verjährungsfrist der aktienrechtlichen Organhaftung (Restrukturierungsgesetz) vom 28.Oktober 2010, BT-Drucks. 17/3547, S. 14.

1423 A. A. *Müller-Eising/Brandi/Sinhart/Lorenz/Löw*, BB 2011, 66 (72); *Raapke*, Vergütungsregulierung, S. 349.

1424 *Becker/Mock* FMStFG § 10 Rn. 61.

erfolgt und insbesondere trotz Abmahnung durch die *BaFin* nicht abgestellt wird[1425]. Zudem muss der Verstoß von so erheblichem Gewicht sein, dass auch eine Versagung der Erlaubnis nach § 23 Nr. 3 KAGB gerechtfertigt wäre[1426]. Die Ausarbeitung eines Vergütungssystems für Kapitalverwaltungsgesellschaften, das mit einem soliden und wirksamen Risikomanagement vereinbar und diesem förderlich ist, und keine Anreize setzt zur Eingehung von Risiken, die nicht mit dem Risikoprofil, den Anlagebedingungen, der Satzung oder dem Gesellschaftsvertrag der von ihnen verwalteten Investmentvermögen vereinbar sind, ist gemäß § 37 Abs. 1 KAGB eine gesetzlich normierte Pflicht des Kapitalanlagegesetzbuchs und fällt –wie sämtliche Verstöße gegen Verhaltens- und Organisationspflichten der §§ 26 ff. – in den Anwendungsbereich des § 39 Abs. 3 Nr. 5 KAGB[1427].

Boxberg sprach sich bereits vor Inkrafttreten des § 39 Abs. 3 Nr. 5 KAGB für einen Widerruf der Zulassung als Kapitalverwaltungsgesellschaft aus, sollte gegen das Verbot einer unsoliden Vergütungspolitik verstoßen werden[1428]. Als milderes Mittel käme auch ein Vertriebsverbot in Betracht. Ein solches gilt für Nicht-EU-Kapitalverwaltungsgesellschaften, wenn diese gegen Transparenz- beziehungsweise Offenlegungspflichten verstoßen[1429].

4. Strafandrohung

Die Schweiz hat sich nach der Volksinitiative „Gegen die Abzockerei" für einen anderen Weg entschieden. In börsennotierten Aktiengesellschaften macht sich der Aufsichtsrat strafbar. Nach Art. 24 Abs. 1 VegüV wird mit Freiheitsstrafe bis zu drei Jahren und Geldstrafe bestraft, wer als Mitglied des Verwaltungsrats, der Geschäftsleitung oder des Beirats wider besseren Wissens unzulässige Vergütungen ausrichtet oder bezieht. Zu den unzulässigen Vergütungen im Sinne des Art. 20 Ziffer 1- 3 VegüV zählen insbesondere Abfindungen, im Voraus geleistete Zahlungen sowie Provisionen für Firmenkäufe oder Verkäufe. Dies gilt auch, wenn derartige Zahlungen unzulässig wären, wenn sie direkt von der Gesellschaft ausgerichtet würden, Art. 21 Ziffer 1 VegüV. Nicht nur die Gewährung einer solchen verbotenen Vergütung ist strafbewehrt, sondern auch die Annahme einer solchen[1430]. Der Verordnungsgeber erachtet einen Verstoß gegen die Vorschriften als so schwerwiegend, dass sowohl eine obligatorische Freiheitsstrafe als auch eine Geldstrafe zu verhängen sind. Verhindert der Aufsichtsrat, dass die Hauptversammlung jährlich über die Vergütung der Geschäftsleitung abstimmen kann (Art. 18 VegüV), wird dies mit einer Freiheitsstrafe von bis zu drei Jahren oder einer Geldstrafe geahndet, Art. 24 Abs. 2 Ziffer 3b) VegüV. Bei der Berechnung der Geldstrafe ist das Gericht

---

1425 Weitnauer/Boxberger/Anders/*Weitnauer* KAGB § 39 Rn. 16.
1426 Weitnauer/Boxberger/Anders/*Weitnauer* KAGB § 39 Rn. 16.
1427 Weitnauer/Boxberger/Anders/*Weitnauer* KAGB § 39 Rn. 16.
1428 Dornseifer/Jesch/Klebeck/Tollmann/*Boxberg* AIFM-Richtlinie Artikel 13 Rn. 66.
1429 Dornseifer/Jesch/Klebeck/Tollmann/*Boxberg* AIFM-Richtlinie Artikel 13 Rn. 67.
1430 Watter/Vogt/*Donatsch/Stoffel* Art. 24 VegüV Rn. 10 f.

dabei nicht an einen maximalen Tageshöchstsatz gebunden; stattdessen kann es eine Geldstrafe bis zur Höhe von sechs Jahresgehältern eines Aufsichtsrats oder Vorstands verhängen, Art. 24 Abs. 3 VegüV. Der Aufsichtsrat beziehungsweise Vorstand muss mit Vorsatz oder Absicht handeln[1431]. Eventualvorsatz oder Fahrlässigkeit genügen nicht[1432].

Eine Deliktsstrafbarkeit des Aufsichtsrats bei Verstößen im Zusammenhang mit der Ausgestaltung der Vergütungssysteme, der Festsetzung der Vergütung oder der Kontrolle durch andere Organe kennt das deutsche Recht bislang nicht[1433]. Angesichts der Schwierigkeiten bei der Durchsetzung von Schadensersatzansprüchen gegen den Aufsichtsrat oder den Vorstand[1434], scheint eine Strafbewehrung wünschenswert. Auch könnte der Vergütungsbeauftragte im Fall eines Verstoßes gegen die Vorschriften eine Instanz außerhalb der Gesellschaft zur Klärung und Unterstützung hinzuziehen. Seinem Handeln wäre eine wirksame Sanktionierung zur Seite gestellt. Nach dem schweizerischen Recht sind nicht alle verbotenen Vergütungen von der Strafdrohung des Art. 24 Abs. 1 VegüV erfasst. Darlehen, Kredite, Vorsorgeleistungen außerhalb der beruflichen Vorsorge und erfolgsabhängige Vergütungen, die in den Statuten nicht vorgesehen sind, sowie die Zuteilung von Beteiligungspapieren, Wandel- und Optionsrechten, die in den Statuten nicht vorgesehen ist, gelten ebenfalls als unzulässige Zahlungen im Sinne des Art. 20 VegüV. Bei Verstößen hiergegen erfolgt die Auszahlung ohne Rechtsgrund und ist somit rückforderbar[1435], nicht jedoch strafbar. Eine Differenzierung zwischen den einzelnen Zahlungen nach deutschem Recht ist nicht angezeigt. Eine Gewichtung der Verstöße in schwere und leichte scheint zwar möglich. Im Rahmen der Strafzumessung bleibt jedoch hinreichend Spielraum, um diesem Umstand Rechnung zu tragen. Ein Aufsichtsrat, der wider besseren Wissens eine unangemessene Vergütung auszahlt, beziehungsweise ein Vorstand, der wider besseren Wissens eine solche Vergütung annimmt, ist nicht schutzwürdig.

5. Überlegungen de lege ferenda

Bei einer Basisregelung sollte die Nichtigkeit der Verträge bei Verstößen ebenfalls nur in eng begrenzten Ausnahmefällen eingreifen. Lediglich bei einem bewussten und gewollten Zusammenwirken von Vorstand und Aufsichtsrat zum Nachteil der Gesellschaft (Kollusion) sollte die Vergütungsvereinbarung – wie bisher – gänzlich

---

1431 Zur Auslegung der Formulierung nach deutschem Strafrecht: MüKoStGB/*Joecks* StGB § 16 Rn. 25; SK-StGB/*Rudolphi/Stein* StGB § 16 Rn. 43.

1432 Siehe dazu auch Watter/Vogt/*Donatsch/Stoffel* Art. 24 VegüV Rn. 13 ff.

1433 Bei Verstößen gegen die Offenlegungspflicht nach dem HGB liegt eine Ordnungswidrigkeit vor, die mit einem Bußgeld bis zu 50.000 Euro geahndet werden kann, §§ 334 Abs. 1, Abs. 3 HGB.

1434 Siehe hierzu 3. Kapitel VI. 2.

1435 Watten/Vogt/*Pöschel* VegüV § 20 Rn. 123.

nichtig sein, da ein Verstoß gegen die guten Sitten gemäß § 138 BGB vorliegt[1436]. Ist lediglich feststellbar, dass die Vergütung unangemessen hoch festgesetzt ist, und hätte dies der Vorstand erkennen können, sollten die Grundsätze zum Missbrauch der Vertretungsmacht Anwendung finden.

Bei Aktiengesellschaften soll die Haftung des Aufsichtsrats bei einer unangemessenen Ausgestaltung der Vergütungssysteme und/oder einer unangemessenen Festsetzung der Vergütung bei einer Basisregelung unberührt bleiben. Durch die detaillierteren Vorgaben hinsichtlich der Angemessenheit soll zugleich erreicht werden, dass ein Pflichtverstoß leichter erkennbar und nachweisbar ist. Je klarer die Vergütungskriterien, desto offensichtlicher ist ein Verstoß dagegen feststellbar. Auch das Vorstandsmitglied, das eine überhöhte Vergütung annimmt, macht sich weiterhin schadensersatzpflichtig. Die Zustimmung der Hauptversammlung beeinflusst das Vorliegen einer Pflichtverletzung nicht. Der bindende Hauptversammlungsbeschluss führt nicht zu einer Enthaftung des Aufsichtsrats oder Vorstands, § 120 Abs. 2 Satz 2 AktG[1437]. Die Hauptversammlung billigt nur das Vergütungssystem, nicht jedoch die Festsetzung im Einzelnen. Auch aus einem prinzipiell angemessenen Vergütungssystem können im Einzelfall unangemessene Zahlungen erfolgen.

In einer Genossenschaft haften ebenfalls Aufsichtsrat und Vorstandsmitglied für eine unangemessene Vergütung, §§ 34 Abs. 2, 41 GenG. Die Gewährung oder Annahme einer solchen Zahlung stellt eine Pflichtverletzung dar, soweit nicht die Sorgfalt eines ordentlichen und gewissenhaften Geschäftsleiters angewandt wurde. Hierfür trägt das Vorstandsmitglied oder der Aufsichtsrat die Beweislast, § 34 Abs. 2 Satz 2 GenG. Im Übrigen gilt das soeben Gesagte entsprechend.

Bei paritätisch mitbestimmten Gesellschaften mit beschränkter Haftung kommt ebenfalls eine Haftung des Aufsichtsrats in Betracht, § 25 Abs. 1 Satz 1 Nr. 2 MitbestG i.V.m. § 116 AktG. Anderes muss hingegen bei nicht mitbestimmten oder nach dem Drittelbeteiligungsgesetz mitbestimmten Gesellschaften mit beschränkter Haftung gelten. Hier ist ein fakultativer Aufsichtsrat nicht für die Ausgestaltung der Vergütungssysteme oder die Festsetzung der Vergütung zuständig. Die Gesellschafterversammlung kann sich hingegen bei Verstößen gegen die Vergütungsvorgaben schadensersatzpflichtig machen. Die Vergütungsbeschränkungen schützen nicht nur die Gesellschaft oder die Gesellschafter sondern auch die Gläubiger[1438] und Mitarbeiter[1439]. Dies gilt auch für den Schadensersatzanspruch[1440]. Sowohl das Gesellschaftsvermögen als auch Gläubiger und Mitarbeiter sind in einer Gesellschaft mit beschränkter Haftung schützenswert. Ein Geschäftsführer, der erhöhte Vergütungen annimmt, macht sich ebenfalls schadensersatzpflichtig.

1436 H.M. statt aller Staudinger/*Schilken* BGB § 167 Rn. 93; MüKoBGB/*Schubert* BGB § 164 Rn. 212.

1437 MüKoAktG/*Spindler* AktG § 87 Rn. 135.

1438 MüKoAktG/*Spindler* AktG § 87 Rn. 1; Henssler/Strohn/*Dauner-Lieb* AktG § 87 Rn. 1.

1439 Hüffer/*Koch* AktG § 87 Rn. 1; Henssler/Strohn/*Dauner-Lieb* AktG § 87 Rn. 1.

1440 MüKoAktG/*Spindler* AktG § 93 Rn. 1; Spindler/Stilz/*Fleischer* AktG § 93 Rn. 2.

Die Eingriffsbefugnisse der *BaFin* können nicht auf eine branchen- und rechtsformübergreifende Regelung erstreckt werden. Aus den genannten Gründen[1441] kann es keine eigenständige externe Aufsichtsbehörde nach dem Vorbild der *BaFin* geben, die diese Rechte durchsetzen könnte. Zudem stehen die Eingriffsbefugnisse der *BaFin* bei Instituten und Versicherungsunternehmen unter dem Vorbehalt einer nicht ausreichenden Eigenmittelausstattung. Bei Unternehmen jenseits des Finanzsektors gibt es keine Vorgaben hinsichtlich einer dauerhaften Eigenmittelausstattung. Die Anordnungsbefugnisse passen von den Rechtsfolgen ebenfalls nicht.

Im Rahmen einer Basisregelung sollte aufgrund der Schwierigkeiten bei der Feststellung und Durchsetzung von Schadensersatzansprüchen, sowie dem Fehlen einer Aufsichtsbehörde ein eigener Straftatbestand nach dem Schweizer Vorbild geschaffen werden. Als Vorsatzform sollte ebenfalls die Formulierung „wider besseren Wissens“ gewählt werden. Eine Strafbarkeit für dolus eventualis und jede Art der Fahrlässigkeit ist zu weitgehend. Der Aufsichtsrat wäre in seiner Tätigkeit angesichts einer ständigen Strafdrohung zu stark eingeschränkt. Geld- und Freiheitsstrafe sollten in einem Alternativverhältnis stehen. Grundsätzlich sollte jeder Verstoß gegen die Vergütungsvorgaben mit Strafe bedroht sein. Die Schwere des Verstoßes ist bei der Strafzumessung im Einzelfall zu bewerten.

1441 Siehe dazu 3. Kapitel V.3.b).

Zusammenfassung

Die Analyse der Instituts-Vergütungsverordnung, der Versicherungs-Vergütungsverordnung, des Kapitalanlagegesetzbuchs mit den dazu erlassenen *Leitlinien für solide Vergütungspolitiken unter Berücksichtigung der AIFMD,* des Finanzmarktstabilisierungsgesetzes, der Mindestanforderungen an die Compliance-Funktion und die weiteren Verhaltens-, Organisations- und Transparenzpflichten nach §§ 31ff. WpHG für Wertpapierdienstleistungsunternehmen (MaComp) und des Aktiengesetzes sowie des Deutschen Corporate Governance Kodex hat gezeigt, dass die Vergütungsvorgaben in zahlreichen Aspekten übereinstimmen oder sich nur leicht unterscheiden. An wenigen Stellen bedarf es jedoch weiterhin einer Regelung in einer branchenspezifischen Verordnung, da europarechtliche Vorgaben weitergehend sind, als die im Rahmen dieser Arbeit herausgearbeitete Basisregelung.

Eine allgemeine branchen- und rechtsformübergreifende Basisregelung könnte folgende Maßgaben enthalten:

1. Der sachliche Anwendungsbereich sollte sich auf Aktiengesellschaften, Genossenschaften, Gesellschaften in der Rechtsform der Societas Europaea, Gesellschaften mit beschränkter Haftung einschließlich der Gesellschaften mit beschränkter Haftung & Compagnie Kommanditgesellschaft sowie deren Mischformen einschließlich der Kommanditgesellschaften auf Aktien beschränken. Eine darüber hinausgehende Erfassung von Personengesellschaften oder reinen Kommanditgesellschaften auf Aktien ist nicht angezeigt.
   Somit sollten die nachfolgenden Regelungen in das Aktiengesetz (AktG), in das Gesetz betreffend die Gesellschaften mit beschränkter Haftung (GmbHG) und in das Gesetz betreffend die Erwerbs- und Wirtschaftsgenossenschaften (GenG) aufgenommen werden.
2. Um dem Verhältnismäßigkeitsgrundsatz ausreichend Genüge zu tun, sollte es eine Differenzierung zwischen „normalen" Gesellschaften und „bedeutenden" Gesellschaften geben. Die Abgrenzung sollte nach der durchschnittlichen Bilanzsumme der letzten drei abgeschlossenen Geschäftsjahre erfolgen. Ein zweistufiges System, welches nur in Ausnahmefällen eine Risikoanalyse erfordert, ist vorzugswürdig. Gesellschaften, deren Bilanzsumme im Mittelwert über 10 Milliarden Euro liegt, sollten als bedeutend anzusehen sein und strengeren Vergütungsvorgaben unterliegen.
   Diese Regelung könnte für alle Branchen gelten. Zwar sehen bislang die Instituts-Vergütungsverordnung und die Versicherungs-Vergütungsverordnung abweichende Schwellenwerte vor; diese sind jedoch nicht zwingend. Eine europarechtliche Grundlage für die jeweiligen Bilanzsummen oder den Bemessungszeitraum gibt es nicht. Der nationale Verordnungsgeber hat diese Entscheidungen getroffen.

3. Vom persönlichen Geltungsbereich einer Vergütungsvorschrift sollten nur Manager erfasst sein. Als Manager gelten die geschäftsführenden Organe der jeweiligen Gesellschaftsformen, wie Vorstände oder Geschäftsführer.
   Dieser persönliche Anwendungsbereich entspricht nicht den kapitalmarktrechtlichen Vorgaben und müsste weiterhin von branchenspezifischen Verordnungen flankiert werden. Sowohl die Instituts-Vergütungsverordnung als auch die Versicherungs-Vergütungsverordnung und die den *Leitlinien für solide Vergütungspolitiken unter Berücksichtigung der AIFMD* zugrundeliegende Richtlinie 2011/61/EU sowie die den Mindestanforderungen an die Compliance-Funktion und die weiteren Verhaltens-, Organisations- und Transparenzpflichten nach §§ 31ff. WpHG für Wertpapierdienstleistungsunternehmen (MaComp) zugrundeliegende Richtlinie 2004/39/EG enthalten Bestimmungen für Mitarbeiter beziehungsweise „relevante" oder „identifizierte" Mitarbeiter. Einfache Mitarbeiter und Risk-Taker werden von der hier vorgestellten Basisregelung nicht erfasst und bedürften weiterhin einer ausdrücklichen Normierung. Gleiches gilt für gekorene Geschäftsleiter im Sinne des § 1 Abs. 2 Satz 2 KWG. Für diese Personen bedarf es zumindest eines Verweises auf die gesellschaftsrechtlich normierten Vergütungsvorgaben, da diese nur für Organe der Gesellschaft gelten könnten.
4. Eine Änderung der Zuständigkeiten sollte durch die Basisregelung nicht erfolgen. Bei Aktiengesellschaften, der Societas Europaea, Genossenschaften und der paritätisch mitbestimmten Gesellschaft mit beschränkter Haftung ist der Aufsichtsrat für die Ausgestaltung der Vergütungssysteme und die Festsetzung der Vergütung zuständig. Bei nichtmitbestimmten Gesellschaften mit beschränkter Haftung oder nach dem Drittelbeteiligungsgesetz mitbestimmten Gesellschaften mit beschränkter Haftung obliegt diese Pflicht der Gesellschafterversammlung. Einem fakultativen Aufsichtsrat kann diese Zuständigkeit nicht übertragen werden. Ebenso ist in keinem Fall die Hauptversammlung oder Generalversammlung für die Ausgestaltung der Vergütungssysteme und die Festsetzung der Vergütungen zuständig.
   Damit entspräche die Basisregelung den bisherigen kapitalmarktrechtlichen Vorgaben. Weitere Ausführungen zur Zuständigkeit wären innerhalb der spezifischen Verordnungen erlässlich.
5. Um die Vorgaben hinsichtlich der Ausgestaltung der Vergütungssysteme und der Festsetzung der Vergütung in die jeweiligen Gesetze zu integrieren, müssten § 87 Abs. 1 AktG, § 24 Abs. 3 Satz 1 GenG geändert und § 35 GmbHG entsprechend ergänzt werden. Um für eine paritätisch mitbestimmte Gesellschaft mit beschränkter Haftung die Anwendbarkeit des § 87 Abs. 1 AktG zweifelsfrei zu klären, sollte in § 25 Abs. 1 Satz 1 Nr. 2 oder § 31 Abs. 1 MitbestG ein ausdrücklicher Verweis auf § 87 Abs. 1 AktG erfolgen.
   Für alle Unternehmen sollten im Rahmen der Ausgestaltung der Vergütungssysteme und der Festsetzung der Vergütung nachfolgende Vorgaben gelten:
   a) Die Vergütungssysteme sind an die Unternehmensstrategien anzupassen und müssen den darin enthaltenen Zielen förderlich sein. Bei Änderungen der

Geschäftsstrategien muss auch eine etwaige variable Vergütung modifiziert werden. Einer Wiederholung dieser Maßgabe in den Verordnungen bedürfte es nicht.

b) Die gesamte Vergütung muss angemessen sein im Verhältnis zu den Aufgaben und Leistungen des Managers und der Lage der Gesellschaft und darf die übliche Vergütung nicht ohne besondere Gründe übersteigen. Zur Beurteilung der Üblichkeit sollte vorwiegend das nationale Vergleichsumfeld (horizontale Üblichkeit) maßgeblich sein. Weitergehende europarechtliche Vorgaben für Unternehmen des Finanzsektors bestehen nicht.

c) Wird eine variable Vergütung gezahlt, sollte diese in einem angemessenen Verhältnis zur Fixvergütung stehen. Bei nichtbedeutenden Unternehmen ist die Zahlung einer reinen Fixvergütung weiterhin zulässig. Eine prozentuale Obergrenze sollte nicht normiert werden. Die Angemessenheit sollte nicht im Verhältnis zu den Mitarbeitern – sei es als Durchschnittswert aller Mitarbeiter oder der am geringsten entlohnten Mitarbeiter – bestimmt werden. Da die Richtlinie 2013/36/EU in Art. 94 Abs. 1 lit. g) (i) eine Obergrenze der variablen Vergütung von 100 Prozent der Fixvergütung vorsieht, beziehungsweise eine ausnahmsweise Anhebung der Obergrenze auf 200 Prozent zulässt, muss diese Maßgabe ausdrücklich in der Instituts-Vergütungsverordnung oder dem Kreditwesengesetz geregelt werden.

d) Die variable Vergütung ist anhand des Gesamterfolgs des Unternehmens, gegebenenfalls des Erfolgsbeitrags des Ressorts, dem der Manager vorsteht, und seinen individuellen Erfolgsbeiträgen zu bemessen. Der individuelle Erfolgsbeitrag ist nur insoweit heranzuziehen, wie er sich mit vertretbarem Aufwand bestimmen lässt. Auch wenn § 19 Abs. 1 InstitutsVergV bislang eine strengere Regelung vorsieht, kann die Basisregelung prinzipiell auch für Institute gelten. Weder die *FSB*-Standards noch die Richtlinie 2013/36/EU enthalten diesbezüglich nähere Bestimmungen. Es sind sowohl quantitative als auch qualitative Vergütungsparameter heranzuziehen. Die Vergütungsparameter sollen überwiegend an einer nachhaltigen Unternehmensentwicklung ausgerichtet sein. Pflicht- und sittenwidriges Verhalten muss zwingend zu einer Reduzierung oder Streichung der variablen Vergütung führen und darf nicht durch positive Erfolgsbeiträge ausgeglichen werden. Dies bedürfte keiner weiteren Ausführungen und steht auch nicht im Widerspruch zu derzeitigen Regelungen.

e) Garantierte variable Vergütungen sollten grundsätzlich untersagt werden. Ausnahmen sollten zulässig bleiben. Dazu gehören Sign-On und Retention Boni sowie Golden Parachutes. Nach Art. 94 Abs. 1 lit. d) und e) der Richtlinie 2013/36/EU beziehungsweise Ziffer 1 lit. i) des Anhangs II der Richtlinie 2011/61/EU sind garantierte variable Vergütungen generell unzulässig und dürfen nur im Rahmen der Einstellung neuer Manager beschränkt auf das erste Jahr gezahlt werden. Dieser Maßgabe muss in den ergänzenden Verordnungen Rechnung getragen werden und Golden Parachutes und Retention Boni in Instituten und Kapitalverwaltungsgesellschaften ausdrücklich untersagt werden. Für Versicherungsunternehmen besteht eine derartige Vorgabe nicht.

f) Abfindungen, die lediglich die Restlaufzeit des Anstellungsvertrags kapitalisieren, sollten ebenfalls zulässig bleiben. Sonstige vertraglich vereinbarte Abfindungen müssten der Höhe nach veränderbar sein und an eine nachhaltige Unternehmensentwicklung gekoppelt werden. Sowohl für Institute als auch für Versicherungsunternehmen und Kapitalverwaltungsgesellschaften muss auch die Kapitalisierung der Restlaufzeit des Anstellungsvertrags eine nachträgliche Anpassungsoption enthalten, Art. 94 Abs.1 lit. h) der Richtlinie 2013/36/EU, Art. 275 Abs. 2 lit. f) der Verordnung 2015/35/EU, Ziffer 1 lit. k) des Anhangs II der Richtlinie 2011/61/EU. Sämtliche Abfindungen müssen sich an der Leistung des Managers orientieren und dürfen Versagen nicht belohnen.

   Ermessens- und Anerkennungsprämien, die eine vertragliche Grundlage im Anstellungsvertrag haben, sollten ebenfalls weiterhin zulässig sein.

g) Vor der Festsetzung der variablen Vergütung sollte grundsätzlich ein mehrjähriger Bemessungszeitraum für die Vergütungsparameter gelten. Von der Normierung einer festen zeitlichen Grenze sollte abgesehen werden. Im Rahmen der Auslegung sollte ein mindestens zweijähriger Bemessungszeitraum grundsätzlich für ausreichend erachtet werden. Die Regelung sollte Ausnahmen zulassen, so dass Jahresboni weiterhin zulässig sind, solange die langfristigen variablen Vergütungsbestandteile überwiegen. Dies bedeutet, dass mindestens 50 Prozent der variablen Vergütung in langfristigen Vergütungskomponenten gezahlt werden sollte. Weitergehender Bestimmungen in branchenspezifischen Verordnungen bedürfte es nicht. Zwar sind Jahresboni nach der derzeitigen Auslegung der Instituts-Vergütungsverordnung unzulässig. Dies ist jedoch nicht durch europarechtliche Vorgaben determiniert.

h) Eine Begrenzungsmöglichkeit für außergewöhnliche Ereignisse sollte dergestalt vereinbart werden, dass einzelne, durch Zufälle oder externe Faktoren beeinflussbare Vergütungsbestandteile prozentual im Vergleich zum Vorjahr beschränkt werden. Der Manager sollte nicht für Einflüsse auf das Unternehmen belohnt werden, die nicht auf seiner Leistung beruhen. Auch hierzu bestehen keine europarechtlichen Bestimmungen.

i) Von der Normierung einer Herabsetzungsmöglichkeit der variablen Vergütung, für den Fall der Verschlechterung der Lage der Gesellschaft und einer damit einhergehenden Unbilligkeit der Weitergewährung der Bezüge für die Gesellschaft, sollte Abstand genommen werden. Es kann in diesem Zusammenhang über eine Streichung des § 87 Abs. 2 Satz 1 AktG nachgedacht werden. Durch die neugeschaffenen Vergütungsvorgaben stehen dem Aufsichtsorgan ausreichende Mittel zur Verfügung, bereits im Vorfeld einer Krise Einfluss auf die Höhe der Vergütung zu nehmen und diese gegebenenfalls zu reduzieren. In der Krise ist eine vollständige Streichung möglich. Dazu bedarf es nicht einer einseitigen Vertragsanpassungsbefugnis, die zu einem Sonderkündigungsrecht des Managers führt.

j) Absicherungs- und Gegenmaßnahmen sollten für Manager sämtlicher Gesellschaftsformen ausdrücklich verboten werden. Dies sollte in den Anstellungsverträgen vereinbart werden und die Einhaltung durch interne Kontrollgremien oder die Gesellschafter stichprobenartig überwacht werden. Mit der Aufnahme einer solchen Regelung in die gesellschaftsrechtlichen Vorschriften, könnten die entsprechenden Vorgaben in den branchenspezifischen Verordnungen entfallen.

6. Für bedeutende Unternehmen sollten nachfolgende weiteren Vorgaben gelten:

a) Eine variable Vergütung ist zwingend zu vereinbaren. Nur so kann dem nachfolgenden Zurückbehaltungsmechanismus und der Orientierung an einer nachhaltigen Unternehmensentwicklung ausreichend Genüge getan werden. Bislang fehlt eine derartige Klarstellung in den Verordnungen und Leitlinien und ist europarechtlich nicht vorgegeben.

b) Von der variablen Vergütung sollten mindestens 60 Prozent über einen Zeitraum von in der Regel mindestens drei Jahre zurückbehalten werden. In zeitlicher Hinsicht sollte weder eine Obergrenze noch eine strikte Dreijahresfrist normiert werden. Der Zurückbehaltungszeitraum schließt an den Bemessungszeitraum an und beginnt mit der Festsetzung eines bestimmten Betrags als variable Vergütung für ein Geschäftsjahr. Sowohl *FSB*-Standard Nr. 7 als auch Art. 94 Abs. 1 lit. m) der Richtlinie 2013/36/EU sprechen von „not less than" beziehungsweise „wenigstens" drei Jahren. Auch Art. 275 Abs. 2 lit. c) der Verordnung 2015/35/EU sieht für Versicherung eine Mindestfrist von drei Jahren vor. Aus diesem Grund müsste für Institute und Versicherungsunternehmen abweichend eine strengere Frist von mindestens drei Jahren normiert werden. Bei Kapitalverwaltungsgesellschaften ist die Normierung der dreijährigen Frist nach Ziffer 1 lit. n) Satz 2 des Anhangs II der Richtlinie 2011/61/EU als Soll-Vorschrift ausgestaltet. Einer ergänzenden Regelung der gesellschaftsrechtlichen Basisregelung bedarf es somit nicht zwingend.

   Während des Zurückbehaltungszeitraums sollte weder ein Anspruch noch eine Anwartschaft auf die variable Vergütung bestehen. Beides entsteht zeitanteilig. Im Übrigen sollte nur ein Anspruch auf fehlerfreie Ermittlung des Bonusbetrags bestehen, welcher in ein virtuelles Konto eingestellt werden sollte. Die Rechtsnatur des Anspruchs sollte ausdrücklich gesetzlich geregelt sein, um die vertragsgestalterischen Schwierigkeiten von Claw Back-Klauseln und Widerrufsvorbehalten zu umgehen. Den Unternehmen sollte freigestellt sein, ob sie ein rollierendes System anwenden wollen oder ein Bonusbank-Modell mit immanentem Verrechnungsmechanismus. Beide Varianten tragen dem Gesetzeszweck ausreichend Rechnung. Eine solche Regelung müsste nicht weiter durch kapitalmarktspezifische Vorgaben ergänzt werden.

   Mindestens 50 Prozent der zurückbehaltenen variablen Vergütung sollte in Instrumenten zu zahlen sein, die von einer nachhaltigen Entwicklung des

Unternehmens abhängen. Ein explizites Abstellen auf den Unternehmenswert ist nicht angezeigt, da dieser von verschiedenen Faktoren beeinflusst werden kann. Insbesondere Aktien, Aktienoptionen, Wandelschuldverschreibungen, virtuelle Aktien und virtuelle Aktienoptionen sind geeignete Instrumente. Sind diese rechtsformtechnisch nicht verfügbar, sollte auf kennzifferbasierte Instrumente abgestellt werden. Auch Instrumente, die die Manager in eine eigentümerähnliche Stellung bringen, sind zulässig. Die übrige zurückbehaltene variable Vergütung kann, ebenso wie die direkt auszahlbare variable Vergütung, in bar geleistet werden. Für Institute und Kapitalverwaltungsgesellschaften gelten diesbezüglich verschärfte Regelungen. Nach Art. 94 Abs. 1 lit. l) der Richtlinie 2013/36/EU beziehungsweise Ziffer 1 lit. m) Satz 4 des Anhangs II der Richtlinie 2011/61/EU müssen mindestens 50 Prozent der gesamten variablen Vergütung in obengenannten Instrumenten gezahlt werden. Dies müsste in den Verordnungen ausdrücklich normiert werden.

Eine sich an den Zurückbehaltungszeitraum anschließende Sperrfrist sollte nur wie bislang für Aktienoptionen normiert werden. Ein Bedürfnis für eine generelle Sperrfrist besteht nicht. Dem Nachhaltigkeitsgedanken wird bereits hinreichend entsprochen. Eine Sperrfrist ist auch europarechtlich nicht zwingend vorgesehen.

c) Die zurückbehaltene variable Vergütung sollte während des Zurückbehaltungszeitraums mit einer Malus-Regelung versehen werden. Negative Erfolgsbeiträge – unabhängig, ob auf individueller Ebene oder des Gesamtunternehmens oder des Ressorts – sollten zu einer Verringerung oder Streichung der variablen Vergütung führen. Dies sollte insbesondere für solche Erfolgsbeiträge gelten, die sich im Nachhinein als nicht nachhaltig erweisen, bei der Festsetzung zu positiv bewertet wurden oder nicht bekannt waren. Letzteres gilt vor allem für persönliche Verfehlungen des Managers. War dieser an einem Verhalten beteiligt, welches für das Unternehmen zu erheblichen Verlusten geführt hat, oder hat er externe oder interne Regelungen in Bezug auf Eignung und Verhalten nicht erfüllt, sollte die variable Vergütung für das entsprechende Geschäftsjahr gänzlich gestrichen werden. Diese Regelung entspricht den kapitalmarktrechtlichen Vergütungsvorgaben und bedürfte keiner Ergänzung.

d) Bei ermessensabhängigen Leistungen zur Altersversorgung sollte differenziert werden zwischen einem ruhestandsbedingten Ausscheiden und einer nicht ruhestandsbedingten Beendigung des Anstellungsverhältnisses. Für letzteren Fall sollte ein fünfjähriger Zurückbehaltungszeitraum vereinbart werden, während dem weder ein Anspruch noch eine Anwartschaft bestehen und in dem die Leistungen bei negativen Erfolgsbeiträgen verringert werden können. Bei einer ruhestandsbedingten Beendigung scheint eine Sperrfrist von fünf Jahren ausreichend. In beiden Fällen sollten die Leistungen in Instrumenten gezahlt werden, die an einer nachhaltigen Unternehmensentwicklung orientiert sind. Auch diese Vorgabe ist kongruent zu den europarechtlichen Vorgaben für den Finanzsektor und bedürfte für Manager keiner weiteren Ausführung in den Verordnungen.

7. Die neuen Vergütungsvorgaben sollten ohne Übergangsvorschriften gelten. Der Normierung einer Hinwirkungspflicht zur Anpassung bestehender Vereinbarungen bedarf es nicht. Auch sollte kein Schriftformerfordernis für die Vergütungsvereinbarung im Anstellungsvertrag aufgestellt werden. Hinsichtlich der Anpassung bestehen keine europarechtlichen Vorgaben. Die Hinwirkungspflicht in der Instituts-Vergütungsverordnung und der Versicherungs-Vergütungsverordnung beruht allein auf nationalen Erwägungen und könnte durch den Gesetzgeber abgeändert werden.
8. Eine Kontrolle der Einhaltung der Vergütungsvorgaben sollte sowohl intern als auch extern erfolgen:

   a) Für die interne Kontrolle sollten zukünftig verstärkt die Haupt- beziehungsweise Generalversammlung oder die Gesellschafterversammlung zuständig sein. Hierzu sollte § 120 Abs. 4 AktG modifiziert und auf nichtbörsennotierte Aktiengesellschaften und Societas Europaea, Genossenschaften sowie paritätisch mitbestimmte Gesellschaften mit beschränkter Haftung erstreckt werden. Für Genossenschaften kann eine wortlautgleiche Vorschrift in § 48 GenG aufgenommen werden; für paritätisch mitbestimmte Gesellschaften mit beschränkter Haftung genügt die Änderung des § 25 Abs. 1 Satz 1 Nr. 2 MitbestG, der zukünftig eine Verweisung auf § 120 Abs. 4 AktG enthalten sollte. Hinsichtlich nichtbörsennotierter Aktiengesellschaften und Societas Europaea genügt eine Streichung des Worts „börsennotierten" in § 120 Abs. 4 AktG.
   § 120 Abs. 4 AktG sollte eine mindestens alle drei Jahre oder bei Änderungen der Vergütungssysteme stattfindende Abstimmung der Hauptversammlung im Rahmen der ordentlichen Jahreshauptversammlung vorsehen. Die Hauptversammlung sollte dabei lediglich ein vom Aufsichtsrat erarbeitetes und vorgelegtes Vergütungskonzept billigen können, ohne selbst initiativ oder gestalterisch involviert zu werden. Die Abstimmung sollte bindend sein. Die Angabe von Obergrenzen hinsichtlich der erreichbaren Bezüge sollte nur insoweit erfolgen müssen, als dies möglich ist. Modellrechnungen für jede Vergütungskomponente sollten nicht nötig sein. Bei langfristigen Aktienpaketen sollten lediglich deren Umfang sowie die zeitliche Komponente dargestellt werden müssen. Diese Regelung ist weitergehend als die bisherigen europarechtlichen Vorgaben und damit ausreichend.
   b) Neben der Haupt- beziehungsweise Generalversammlung oder der Gesellschafterversammlung sollte in jedem Unternehmen noch ein weiteres internes Kontrollgremium geschaffen werden. Dafür sollte eine hinreichend qualifizierte Person innerhalb des Unternehmens genügen, die hierarchisch auf ausreichend hoher Ebene angesiedelt sein sollte, und in Vergütungsfragen nicht der Weisungsbefugnis der Manager unterliegen sollte. Sie sollte dem Aufsichtsrat und der Haupt- beziehungsweise Generalversammlung

oder der Gesellschafterversammlung berichten und bei Verstößen auch ordentliche Gerichte hinzuziehen dürfen. Auch ein externer Vergütungsberater könnte zur Kontrolle eingesetzt werden. Ein Vergütungskontrollausschuss als Instrument des Aufsichtsrats oder ein Vergütungsausschuss als Hilfsmittel der Geschäftsleitung ist nicht geeignet. Da jedoch Art 95 der Richtlinie 2013/36/EU für Institute, Art. 275 Abs. 1 lit. f) der delegierten Verordnung 2015/35/EU für Versicherungsunternehmen sowie Ziffer 3 des Anhangs II der Richtlinie 2011/61/EU für Kapitalverwaltungsgesellschaften die Einrichtung eines Vergütungsausschusses vorsehen, ist dieser zwingend in den ergänzenden Verordnungen zu normieren.

c) Die externe Kontrolle könnte nur durch die Öffentlichkeit und Medien erfolgen. Eine gesonderte Aufsichtsbehörde nach dem Vorbild der *BaFin* kann es nicht geben. Die bislang bestehenden handelsrechtlichen Offenlegungspflichten scheinen ausreichend. Sie sollten lediglich um eine allgemeine Offenlegungspflicht hinsichtlich der Grundzüge der Vergütungssysteme im Anhang zum Jahresabschluss ergänzt werden. Ausnahmen für kleinere und mittlere Kapitalgesellschaften sollten beibehalten werden. Einer generellen individualisierten Offenlegungspflicht bedarf es nicht. Der Detaillierungsgrad sollte von der Größe und Vergütungsstruktur des Unternehmens sowie Art, Umfang, Komplexität, Risikogehalt und Internationalität der Geschäftsaktivitäten abhängen. Für Institute gelten die besonderen Bestimmungen der Verordnung 575/2013/EU. Diese gilt unmittelbar und zwingend für CRR-Institute. Für nicht CRR-Institute könnte die allgemeine gesellschaftsrechtliche Basisregelung ausreichen, da es diesbezüglich keine detaillierten Vorgaben in Art. 94 der Richtlinie 2013/36/EU gibt.

9. Verstößen gegen die Vergütungsvorgaben sollten verschiedene Rechtsfolgen haben, die auch kumulativ eingreifen können:

a) Die Nichtigkeit der Vergütungsvereinbarung sollte nur bei Kollusion eintreten. Im Übrigen sollten die Grundsätze zum Missbrauch der Vertretungsmacht gelten, wonach eine zu hohe Vergütung nach bereicherungsrechtlichen Vorschriften zurückgefordert werden kann. Dies sind allgemeine zivilrechtliche Grundsätze, die weder bislang noch zukünftig in den spezifischen Verordnungen geregelt werden müssten.

b) Manager und Aufsichtsrat machen sich schadensersatzpflichtig, soweit der Gesellschaft durch die überhöhte Vergütung ein Schaden entstanden ist. Einer Änderung der bisherigen Vorschriften bedarf es nicht, da für alle Rechtsformen entsprechende Haftungsnormen bestehen. Lediglich für die monistisch verfasste Societas Europaea wäre eine Klarstellung wünschenswert, da § 116 Satz 3 AktG bislang nur analog gilt.

c) Anordnungs- oder Eingriffsbefugnisse einer Aufsichtsbehörde, wie sie das Kreditwesengesetz, das Versicherungsaufsichtsgesetz und das Kapitalanlagegesetzbuch vorsehen, kommen mangels einer Aufsichtsbehörde nicht in Betracht. Diesbezüglich müssten die Verordnungen beziehungsweise die zugrundeliegenden Gesetze weiterhin die Befugnisse der *BaFin* normieren und somit die Basisregelung ergänzen.

d) Um das Defizit zu schließen, sollte ein eigener Straftatbestand geschaffen werden, der Verstöße gegen die Vergütungsvorschriften, die wider besseren Wissens erfolgen, mit einer Freiheitsstrafe oder Geldbuße bestraft. Als Vorsatzform sollten lediglich Absicht (dolus directus 1. Grades) oder direkter Vorsatz (dolus directus 2. Grades) erfasst werden. Eine Erstreckung auf Eventualvorsatz und Fahrlässigkeit würde das Handeln des Aufsichtsrats lähmen. Der Straftatbestand sollte sämtliche Verstöße gegen die Vergütungsvorgaben der neugefassten § 87 Abs. 1 AktG, § 24 Abs. 3 Satz 1 GenG beziehungsweise § 35 GmbHG erfassen. Die Schwere der Verstöße kann bei der Strafzumessung im Einzelfall ausreichend berücksichtigt werden. Dazu sollte ein neuer Paragraph jeweils in den Ordnungs-, Straf- und Bußgeldvorschriften der Gesetze eingefügt werden. Da ein derartiger Straftatbestand bislang nicht existiert, wäre eine Normierung in den gesellschaftsrechtlichen Gesetzen ausreichend.

Literaturverzeichnis

Acrey, James Cash / McCumber, William R. / Nguyen, Thu Hien T.: CEO Incentives and Bank Risk, in: Journal of Economics and Business, 2010, Vol. 63, S. 456.

Adams, Michael: Aktienoptionspläne und Vorstandsvergütungen; ZIP 2002, 1325.

Annuß, Georg / Sammet, Sebastian: Anforderungen an Vergütungssysteme in Versicherungsunternehmen, BB 2011, 115.

Annuß, Georg / Theusinger, Ingo: Das VorstAG - Praktische Hinweise zum Umgang mit dem neuen Recht, BB 2009, 2434.

Annuß, Georg: Risikomanagement und Vergütungspolitik – Die Institutsvergütungsverordnung aus arbeitsrechtlicher Sicht, NZA-Beilage 2014, 121.

Armbrüster, Christian: Die neue Vergütungsverordnung - erste Antworten für die Praxis, VW 2011, 401.

Armbrüster, Christian: Neue Vorgaben zur Managervergütung im Versicherungssektor, VersR 2011, 1.

Arnold, Christian / Schansker, Mareike: Vergütungsgestaltung in Vorstandsverträgen - Rechtliche Anforderungen und praktische Umsetzung, KSzW 2012, 39.

Ascheid, Reiner / Preis, Ulrich / Schmidt, Ingrid (Hrsg.): Kündigungsrecht, Großkommentar zum gesamten Recht der Beendigung von Arbeitsverhältnissen, 4. Auflage 2012, München, zitiert als: APS/*Bearbeiter.*

Auerbach, Dirk: Banken- und Wertpapieraufsicht, München 2015, zitiert als: *Auerbach*, Banken- und Wertpapieraufsicht.

Baeck, Ulrich / Diller, Martin: Rettungsfonds für Banken: Welche Opfer müssen die Arbeitnehmer bringen? DB 2008, 2423.

Baeck, Ulrich / Götze, Cornelius / Arnold, Christian: Festsetzung und Herabsetzung der Geschäftsführervergütung – Welche Änderungen bringt das VorstAG?, NZG 2009, 1121.

Baeck, Ulrich / Winzer Thomas: Gesetz zur Angemessenheit der Vorstandsvergütung (VorstAG), NZG 2009, 823.

Bartel, Karen / Bilobrk, Betina / Zopf, Andreas: Auslegungshilfe zu den Anforderungen an Vergütungssysteme in der Versicherungswirtschaft gemäß der VersVergV, BB 2011, 1269.

Bauer, Jobst-Hubertus / Arnold, Christian: AGB-Kontrolle von Vorstandsverträgen, ZIP 2006, 2337

Bauer, Jobst-Hubertus / Arnold, Christian: Festsetzung und Herabsetzung der Vorstandsvergütung nach dem VorstAG, AG 2009, 717.

Bauer, Jobst-Hubertus / Arnold, Christian: Mannesmann und die Folgen für Vorstandverträge, DB 2006, 546.

Bauer, Jobst-Hubertus / Arnold, Christian: Sind Abfindungs-Caps in Vorstandsverträgen wirklich zu empfehlen? - Zur Überarbeitung des Deutschen Corporate Governance Kodex, BB 2008, 1692.

Bauer, Jobst-Hubertus / Chwalisz, Patrizia: Instrumente zur Entgeltflexibilisierung, ZfA 2007, 339.

Bauer, Jobst-Hubertus / Krieger, Steffen / Arnold, Christian: Arbeitsrechtliche Aufhebungsverträge, 9. Auflage 2014, München, zitiert als: *Bauer/Krieger/Arnold*, Arbeitsrechtliche Aufhebungsverträge.

Bauer, Jobst-Hubertus / Lingemann, Stefan / Diller, Martin / Haußmann, Katrin: Anwalts-Formularbuch Arbeitsrecht, 5. Auflage 2014, Köln, zitiert als: *Bearbeiter* in: Bauer/Lingemann/Diller/Haußmann, Anwalts-Formularbuch Arbeitsrecht.

Bauer, Jobst-Hubertus: Rechtliche und taktische Probleme bei der Beendigung von Vorstandsverhältnissen, DB 1992, 1413.

Baumbach, Adolf / Hopt, Klaus J. (Hrsg.): Handelsgesetzbuch, Kommentar, 36. Auflage 2014, München, zitiert als: Baumbach/Hopt/*Bearbeiter* HGB.

Baums, Theodor: Aktienoptionen für Vorstandsmitglieder; Festschrift für Carsten Peter Claussen zum 70. Geburtstag, 1997, S. 3 zitiert als: *Baums,* FS Claussen 1997.

Baums, Theodor: Zur Offenlegung von Vorstandsvergütungen, ZHR 2005, 299.

Baur, Georg / Boegl, Martin: Die neue europäische Finanzmarktaufsicht – Der Grundstein ist gelegt, BKR 2011, 177.

Bayer, Walter / Meier-Wehrsdorfer, Annett: Abfindungsleistungen an Manager, AG 2013, 477.

Bayer, Walter: Transparenz und Begrenzung der Managervergütung : Zehn rechtspolitische Vorschläge, ZG 2008, 313.

Bayreuther, Frank: Vorbehalte in der arbeitsrechtlichen Vertragsgestaltung - Wie viel Flexibilität soll das AGB-Recht zulassen?, ZfA 2011, 45.

Bayreuther, Frank: Widerrufs-, Freiwilligkeits- und Anrechnungsvorbehalte - geklärte und ungeklärte Fragen der aktuellen Rechtsprechung des BAG zu arbeitsvertraglichen Vorbehalten, ZIP 2007, 2009.

Becker, Axel / Schulte-Mattler, Herrmann (Hrsg.): Finanzkrise 2.0 und Risikomanagement von Banken: Regulatorische Entwicklungen – Konzepte für die Umsetzung, Berlin 2012, zitiert als: *Bearbeiter* in: Becker/Schulte-Mattler, Finanzkrise 2.0 und Risikomanagement von Banken.

Becker, Florian / Mock, Sebastian: Finanzmarktstabilisierungsgesetz: FMStG , Kommentar, Köln 2009, zitiert als: *Becker/Mock* FMStFG.

Becker, Thorsten / Yoo, Chan-Jae: BaFin setzt ESMA-Leitlinien in Mindestanforderungen an die Compliance um, BaFin-Journal 5/2014, 13.

Becker, Thorsten: ESMA Leitlinien „Vergütungsgrundsätze und -verfahren (MiFID)" und BT 8 der MaComp – neue Vergütungsvorgaben für Wertpapierdienstleistungsunternehmen, BKR 2014, 151.

Beckmann, Roland Michael / Matusche-Beckmann, Anemarie (Hrsg.): Versicherungsrechts-Handbuch, 3. Auflage 2015, München zitiert als *Bearbeiter* in: Beckmann/ Matusche-Beckmann, Versicherungsrechtshandbuch.

Begemann, Arndt / Laue, Bastian: Der neue § 120 Abs. 4 AktG - ein zahnloser Tiger?, BB 2009, 2443.

Behrens, Walther / Rinsdorf, Hauke: Eingriff in die Weisungsunabhängigkeit von Vorständen durch Zielvereinbarungen, Festschrift zum 25-jährigen Bestehen der Arbeitsgemeinschaft Arbeitsrecht im DAV, 2006, S. 449, zitiert als: *Behrens/ Rinsdorf*, FS ARGE DAV 2006.

Beisel, Wilhelm / Klumpp, Hans-Hermann (Hrsg.): Der Unternehmenskauf, Gesamtdarstellung der zivil- und steuerrechtlichen Vorgänge einschließlich gesellschafts-, arbeits- und kartellrechtlicher Fragen bei der Übertragung eines Unternehmens, München 2009, zitiert als: *Bearbeiter* in: Beisel/Klumpp, Der Unternehmenskauf.

Belkhir, Mohamed / Chazi, Abdelaziz : Compensation Vega, Deregulation, and Risk-Taking: Lessons from the US Banking Industry, in: Journal of Business Finance & Accounting, 2010, Vol. 37, No. 9&10, S. 1218.

Berle, Adolf A., Jr. / Means, Gardiner C.: The Modern Corporation and Private Property, New York, 1967.

Birnbaum, Günter / Kütemeier, Claire: In der Diskussion die MaComp, WM 2011, 293.

Birnbaum, Günter: Neue Herausforderungen für die Compliance der Banken durch die MaComp, Kreditwesen 2013, 771.

Bittmann, Barbara / Schwarz, Susanne: Offenlegung von „Change of Control-Klauseln", BB 2009, 1014.

Block, Dennis J. / Barton, Nancy E. / Radin, Stephen A.: The Business Judgment Rule – fiduciary duties of corporate directors, 5th Ed. 1998, New York.

Böhmer, Nicole: Variable Vergütung – Leitfaden für die Gestaltung von Entgeltsystemen in Banken und Sparkassen, 2007, Düsseldorf.

Boos, Karl-Heinz / Fischer, Reinfrid / Schulte-Mattler, Herrmann (Hrsg.), Kreditwesengesetz, Kommentar zu KWG und Ausführungsvorschriften, 4. Auflage 2012, München, zitiert als: Boos/Fischer/Schulte-Mattler/*Bearbeiter* KWG.

Bosse, Christian: Das Gesetz zur Angemessenheit der Vorstandsvergütung (VorstAG) - Überblick und Handlungsbedarf, BB 2009, 1650.

Bosse, Christian: Handbuch Vorstandsvergütung – eine Praxishilfe mit Checkliste und Mustern, 2. Auflage 2015, Köln, zitiert als: *Bosse*, Handbuch Vorstandsvergütung.

Böttcher, Lars: Unzulässige Besetzung von Aufsichtsräten, NZG 2012, 809.

Boxberger, Lutz / Klebeck, Ulf: Anforderungen an die Vergütungssysteme von AIF-Kapitalverwaltungsgesellschaften, BKR 2013, 441.

Brandes, Stephan: Rückzahlung überhöhter Vorstandsgehälter, ZIP 2013, 1107.

Brück, Michael / Schalast, Christoph / Schanz, Kay-Michael: Das Finanzmarktstabilisierungsgesetz: Hilfe für die Banken - Systemwechsel im Aktien- und Insolvenzrecht?, BB 2008, 2526.

Burns, Natasha / Minnick, Kristina: Does Say on Pay Matter? Evidence from Say-on-Pay Proposals in the United States, abrufbar unter: http://ssrn.com/abstract=1558435.

Buscher, Arne Martin / Hannemann, Ralf / Wagner, Astrid / Weigl, Thomas: Verordnung über die aufsichtsrechtlichen Anforderungen an Vergütungssysteme von Instituten (Institutsvergütungsverordnung – InstitutsVergV), 2014, Stuttgart, zitiert als: *Buscher/Hannemann/Wagner/Weigl* InstitutsVergV.

Buscher, Arne Martin: Neue bankaufsichtsrechtliche Vergütungsanforderungen für Institute, 2011, Hamburg.

Buth, Andrea / Hermanns, Michael (Hrsg.): Restrukturierung, Sanierung, Insolvenz, 4. Auflage 2014, München, zitiert als: *Bearbeiter* in: Buth/Hermanns, Restrukturierung, Sanierung, Insolvenz.

Cahn, Andreas: Vorstandsvergütung als Gegenstand rechtlicher Regelung, Festschrift für Klaus J. Hopt zum 70. Geburtstag, 2010, S. 431, zitiert als: *Cahn*, FS Hopt 2010.

Cannivé, Klaus / Seebach, Daniel: Vorstandsvergütung als neue Haftungsfalle für Aufsichtsratsmitglieder? - Haftung und Verhaltenspflichten der Aufsichtsratsmitglieder nach Inkrafttreten des VorstAG - , Der Konzern 2009, 593.

Chesney, Marc / Stromberg, Jacob / Wagner, Alexander F.: Risk-taking incentives, governance, and losses in the financial crisis, Working Paper, Swiss Finance Institute, Juli 2010.

Correa, Ricardo / Lel, Ugur: Say on Pay Laws, Executive Compensation, Pay Slice, and Firm Valuation around the World; abrufbar unter: http://ssrn.com/abstract=2430465.

Däubler, Wolfgang: Sonderarbeitsrecht für Finanzdienstleister?, AuR 2012, 380.

Dauner-Lieb, Barbara / von Preen, Alexander / Simon, Stefan: Das VorstAG – Ein Schritt auf dem Weg zum Board-System?, DB 2010, 377.

Dauner-Lieb, Barbara: Die Verrechtlichung der Vorstandsvergütung durch das VorstAG als Herausforderung für den Aufsichtsrat, Der Konzern 2009, 583.

Deilmann, Barbara / Otte, Sabine: „Say on Pay" - erste Erfahrungen der Hauptversammlungspraxis, DB 2010, 545.

Deilmann, Barbara / Otte, Sabine: Auswirkungen des VorstAG auf die Struktur der Vorstandsvergütung, GWR 2009, 261.

Dietlein, Johannes / Riedel, Daniel: Veröffentlichung von Managergehältern öffentlicher Unternehmen, NWVBl 2010, 453.

Diller, Martin / Arnold, Christian: Vergütungsverordnungen für Banken und Versicherungen: Pflicht zum Mobbing?, ZIP 2011, 837.

Diller, Martin / Göpfert, Burkhard: Rettungsfonds für Banken: Eingriffe in Vorstandsverträge und –bezüge, DB 2008, 2579.

Diller, Martin: Nachträgliche Herabsetzung von Vorstandsvergütungen und -ruhegeldern nach dem VorstAG, NZG 2009, 1006.

Döll, Matthias: Das Votum zum Vergütungssystem nach § 120 Abs. 4 AktG, WM 2010, 103.

Döring, René / Grau, Timon: Anwendbarkeit der Änderungen durch das VorstAG auf die paritätisch mitbestimmte Gesellschaft mit beschränkter Haftung, DB 2009, 2139.

Dornseifer, Frank / Jesch, Thomas A. / Klebeck, Ulf / Tollmann, Claus (Hrsg.): AIFM-Richtlinie, Richtlinie 2011/61/EU über die Verwalter alternativer Investmentfonds mit Bezügen zum KAGB-E, Kommentar, München 2013, zitiert als: Dornseifer/Jesch/Klebeck/Tollmann/*Bearbeiter*, AIFM-RL.

Drefahl, Christian: Die Marktüblichkeit der Vorstandsvergütung - Zur Bedeutung des vertikalen Vergleichs, BOARD 2013, 111.

Dreher, Meinrad: Change of Control-Klauseln bei Aktiengesellschaften, AG 2002, 214.

Dreher, Meinrad: Managervergütung im Visier des Versicherungsaufsichtsrechts, VW 2010, 1508.

Drinhausen, Florian / Keinath, Astrid: BB-Rechtsprechungs- und Gesetzgebungsreport zum Hauptversammlungsrecht 2009, BB 2010, 3.

Drygala, Tim: Die fehlende Verantwortung für sein Gehalt, oder: Ketzerische Gedanken zur Vergütungsdebatte, ZRP 2012, 161.

Drygala, Tim: Die neue Pflicht des Vorstands zur Bescheidenheit, Festschrift für U.H. Schneider zum 70. Geburtstag, 2011, S. 275, zitiert als: *Drygala*, FS U.H. Schneider 2011.

Dzida, Boris / Naber, Sebastian: Risikosteuerung durch variable Vergütung, BB 2011, 2613.

Ebenroth, Thomas / Boujong, Karlheinz / Joost, Detlev / Strohn, Lutz (Hrsg.): Handelsgesetzbuch, Band 1, 3. Auflage 2014, München, zitiert als: Ebenroth/Boujong/Joost/Strohn/*Bearbeiter* HGB.

Ehren, Thomas / Gros, Marius: Anforderungen an eine angemessene Vorstandsvergütung aus Sicht der Praxis, Konzern 2010, 412.

Eichner, Christian / Delahaye, Lukas: Sorgfaltspflichten und Gestaltungsmöglichkeiten des Aufsichtsrats bei Vorstandsverträgen nach dem VorstAG, ZIP 2010, 2082.

Emde, Thomas / Dreibus, Alexandra: Der Regierungsentwurf für ein Kapitalanlagengesetzbuch, BKR 2013, 89.

Ewer, Wolfgang / Behnsen, Alexander: Der Finanzmarktstabilisierungsfonds - Herzschrittmacher bei drohendem Kollaps der Finanzmärkte, NJW 2008, 3457.

Falkenhausen, Joachim von / Kocher, Dirk: Erste Erfahrungen mit dem Vergütungsvotum der Hauptversammlung, AG 2010, 623.

Feddersen, Dieter / von Cube, Nicolai: Vorstand wider Willen? - Auswirkungen des Gesetzes zur Angemessenheit der Vorstandsvergütung auf GmbHs, NJW 2010, 576.

Fehling, Michael / Ruffert, Matthias (Hrsg.), Regulierungsrecht, Tübingen, 2010, zitiert als *Autor* in: Fehling/Ruffert, Regulierungsrecht.

Fehling, Micheal / Kastner, Berthold / Störmer, Rainer: Verwaltungsrecht, Kommentar, 4. Auflage 2016, Baden-Baden, zitiert als: Fehling/Kastner/Störmer/*Bearbeiter*, Verwaltungsrecht.

Ferri, Fabrizio / Maber, David A.: Say on Pay Vote and CEO Compensation, Evidence from the UK, abrufbar unter: http://ssrn.com/abstract=1420394.

Fischer, Carsten / Friedrich, Till: Investmentaktiengesellschaft und Investmentkommanditgesellschaft unter dem Kapitalanlagegesetzbuch, ZBB 2013, 157.

Fischermeier, Ernst: Die betriebsbedingte Änderungskündigung, NZA 2000, 737.

Fleischer, Holger (Hrsg.): Handbuch des Vorstandsrechts, 2006, München, zitiert als: *Bearbeiter* in: Fleischer, Handbuch des Vorstandsrechts.

Fleischer, Holger / Bedkowski, Dorothea: „Say on Pay" im deutschen Aktienrecht: Das neue Vergütungsvotum der Hauptversammlung nach § 120 IV AktG, AG 2009, 677.

Fleischer, Holger / Goette, Wulf: Münchener Kommentar zum Gesetz betreffend die Gesellschaft mit beschränkter Haftung - GmbHG, Band 2, §§ 35–52, 2. Auflage 2016, München, zitiert als: MüKoGmbHG/*Bearbeiter* GmbHG.

Fleischer, Holger: Aufsichtsratsverantwortlichkeit für die Vorstandsvergütung und Unabhängigkeit der Vergütungsberater, BB 2010, 67.

Fleischer, Holger: Das Gesetz zur Angemessenheit der Vorstandsvergütung (VorstAG), NZG 2009, 801.

Fleischer, Holger: Das Vorstandsvergütungs-Offenlegungsgesetz, DB 2005, 1611.

Fleischer, Holger: Vorstandshaftung und Vertrauen auf anwaltlichen Rat, NZG 2010, 121.

Fleischer, Holger: Zur Angemessenheit der Vorstandsvergütung im Aktienrecht (Teil 2), DStR 2005, 1318.

Fleischer, Holger: Zur Angemessenheit der Vorstandsvergütung im Aktienrecht (Teil 1), DStR 2005, 1279.

Fleischer, Holger: Zur organschaftlichen Treuepflicht der Geschäftsleiter im Aktien- und GmbH-Recht, WM 2003, 1045.

Fonk, Hans-Joachim: Die Zulässigkeit von Vorstandsbezügen dem Grunde nach, NZG 2005, 248.

Fonk, Hans-Joachim: Vergütungsrelevante Zielvereinbarungen und -vorgaben versus Leitungsbefugnis des Vorstands, NZG 2011, 321.

Forst, Gerrit: Zu den Auswirkungen des Gesetzes zur Angemessenheit der Vorstandsvergütung auf die SE, ZIP 2010, 1786.

Fröhlich, Oliver: Neue Vergütungsregeln für Banken und Versicherungen - Inhalt des Gesetzes und Konsequenzen für Vergütungsvereinbarungen, ArbRB 2010, 312.

Frydman, Carola / Jenter Dirk: CEO Compensation, March 19, 2010; Rock Center for Corporate Governance at Stanford University Working Paper Nr. 77, http://ssrn.com/abstract=1582232.

Gaul, Björn / Janz, Alexandra: Das neue VorstAG - Veränderte Vorgaben auch für die Geschäftsführer und den Aufsichtsrat der GmbH., GmbHR 2009, 959.

Gaul, Björn / Janz, Alexandra: Konsequenzen der Krisenbewältigung für Bonuszahlungen für Vorstand, Geschäftsführer und Führungskräfte, KSzW 2010, 121.

Gaul, Björn / Janz, Alexandra: Wahlkampfgetöse im Aktienrecht: Gesetzliche Begrenzung der Vorstandsvergütung und Änderungen der Aufsichtsratstätigkeit, NZA 2009, 809.

Gaul, Björn / Kaul, Christoph: Verschärfung der Rechtsprechung zum Widerrufsvorbehalt, BB 2011, 181.

Gavett, Gretchen: CEOs Get Paid Too Much, According to Pretty Much Everyone in the World, 23. September 2014, Harvard Business Review.

Gerdes-Renken, Christina Valeska: Die Umsetzung aufsichtsrechtlicher Anforderungen an Vergütungssysteme in Instituten und Versicherungsunternehmen aus Sicht des Arbeits- und Dienstvertragsrechts, Dissertation, 2013, Frankfurt am Main, zitiert als: *Gerdes-Renken*, Umsetzung aufsichtsrechtlicher Anforderungen.

Gerenkamp, Max / Kuklick, Christian: Die Regulierung der Anreiz- und Vergütungssysteme von Banken vor dem Hintergrund der Prinzipal-Agent-Theorie, ZBB 2011, 430.

Gevurtz, Franklin A.: Corporation Law, 2. Auflage 2010, St. Paul, Minnesota, zitiert als: *Gevurtz*, Corporation Law.

Göbel, Elisabeth: Neue Institutionenökonomik, Stuttgart 2002, zitiert als: *Göbel*, Neue Institutionenökonomik.

Goette, Wulf / Habersack, Mathias (Hrsg.): Münchener Kommentar zum Aktiengesetz, Band 2, §§ 76–117, MitbestG, DrittelbG, 4. Auflage 2014, München, zitiert als MükoAktG/*Bearbeiter* AktG.

Goette, Wulf / Habersack, Mathias (Hrsg.): Münchener Kommentar zum Aktiengesetz, Band 3, §§ 118–178, 3. Auflage 2013, München, zitiert als MükoAktG/*Bearbeiter* AktG.

Götz, Alexander / Friese, Niklas: Empirische Analyse der Vorstandsvergütung im DAX und MDAX nach Einführung des Vorstandsvergütungsangemessenheitsgesetzes, Corporate Finance 2010, 411.

Götze, Cornelius / Nartowska, Urszula: Der Regierungsentwurf der Aktienrechtsnovelle 2014 – Anmerkungen aus der Praxis, NZG 2015, 298.

Gower, Laurence C. B. / Davies, Paul L.: Principles of Modern Company Law, 9. Auflage 2012, London.

Grau, Timon / Sittard, Ulrich: Gleichbehandlung bei Sonderzahlungen zur Kompensation von Sanierungsbeiträgen der Belegschaft, NZA 2009, 1396.

Greven, Tobias: Die Bedeutung des VorstAG für die Gesellschaft mit beschränkter Haftung, BB 2009, 2154.

Grobecker, Wolfgang: Beachtenswertes zur Hauptversammlungssaison, NZG 2010, 165.

Groeger, Axel: Begrenzung der Managervergütungen bei Banken durch staatliche Regulierung?, RdA 2011, 287.

Habersack, Mathias: VorstAG und mitbestimmte GmbH - eine unglückliche Beziehung!, ZHR 2010, 174.

Hanau, Peter: Der (sehr vorsichtige) Entwurf eines Gesetzes zur Angemessenheit der Vorstandsvergütung, NJW 2009, 1652.

Handelsrechtsausschuss des Deutschen Anwaltvereins DAV: Stellungnahme zum Vorschlag der Europäischen Kommission einer Richtlinie zur Änderung der RL 2007/36/EG („Aktionärsrechte-Richtlinie“) – COM (2014) 213, NZG 2015, 54.

Handelsrechtsausschuss des Deutschen Anwaltvereins DAV: Stellungnahme zu Ergänzungen des Entwurfs der Aktienrechtsnovelle 2012, NZG 2013, 694.

Hannemann, Ralf / Schneider, Andreas (Hrsg.): Mindestanforderungen an das Risikomanagement (MaRisk), 4. Auflage 2013, Stuttgart, zitiert als: *Hannemann/Schneider*, Mindestanforderungen an das Risikomanagement.

Hansen, Jessica / Kelber, Markus / Zeißig, Rolf / Breezmann, Andreas / Confurius, Manfred: Rechtsstellung der Führungskräfte im Unternehmen, 2006, München, zitiert als: *Bearbeiter* in: Hansen/Kelber/Zeißig/Breezmann/Confurius, Rechtsstellung der Führungskräfte im Unternehmen.

Heidel, Thomas (Hrsg.): Aktienrecht und Kapitalmarktrecht, Kommentar, 4. Auflage 2014, Baden-Baden, zitiert als: Heidel/*Bearbeiter* AktG.

Henssler, Martin / Strohn, Lutz (Hrsg.): Gesellschaftsrecht: GesR, BGB, HGB, PartGG, GmbHG, AktG, GenG, UmwG, InsO, AnfG, IntGesR, Kommentar, 2. Auflage 2014, München, zitiert als: Henssler/Strohn/*Bearbeiter*.

Henssler, Martin / Willemsen, Heinz Josef / Kalb, Heinz-Jürgen (Hrsg.): Arbeitsrecht, Kommentar, 6. Auflage 2014, Köln, zitiert als: HWK/*Bearbeiter.*

Heppe, Hansjörg /Tielmann, Jörgen: Die Neuerungen des Dodd-Frank Wall Street Reform and Consumer Protection Act, WM 2011, 1883.

Herdegen, Matthias: Bankenaufsicht im Europäischen Verbund, Berlin, New York, 2010, zitiert als: *Herdegen*, Bankenaufsicht.

Herresthal, Carsten: Die Wirksamkeit von Schiedsabreden mit Vorständen und Geschäftsführern bei Organhaftungsstreitigkeiten, ZIP 2014, 345.

Herresthal, Carsten: Die Wirksamkeit von Schiedsabreden mit Vorständen und Geschäftsführern bei Organhaftungsstreitigkeiten, ZIP 2014, 345.

Heuchemer, Frank-Karl / Kloft, Verena: Neue Verordnung über die aufsichtsrechtlichen Anforderungen an Vergütungssysteme von Instituten (Instituts-Vergütungsverordnung), WM 2010, 2241.

Hoffmann-Becking, Michael (Hrsg.): Münchener Handbuch des Gesellschaftsrechts, Band 4 Aktiengesellschaft, 4. Auflage 2015, München, zitiert als: *Bearbeiter* in: Hoffmann-Becking, Münch. Hdb. GesR. IV.

Hoffmann-Becking, Michael / Krieger, Gerd: Leitfaden zur Anwendung des Gesetzes zur Angemessenheit der Vorstandsvergütung (VorstAG), NZG 2009, Beilage zu Heft 26, 1.

Hoffmann-Becking, Michael: Abfindungsleistungen an ausscheidende Vorstandsmitglieder, ZIP 2007, 2101.

Hoffmann-Becking, Michael: Gestaltungsmöglichkeiten bei Anreizsystemen, NZG 1999, 797.

Hoffmann-Becking, Michael: Rechtliche Anmerkungen zur Vorstands- und Aufsichtsratsvergütung, ZHR 2005, 155.

Hohaus, Benedikt / Weber, Christoph: Die Angemessenheit der Vorstandsvergütung gem. § 87 AktG nach dem VorstAG, DB 2009, 1515.

Hohenstatt, Klaus-Stefan / Kuhnke, Michael: Vergütungsstruktur und variable Vergütungsmodelle für Vorstandsmitglieder nach dem VorstAG, ZIP 2009, 1981.

Hohenstatt, Klaus-Stefan / Naber, Sebastian: Die „Abfindung der Restlaufzeit" bei der vorzeitigen Auflösung von Vorstandsverträgen, Festschrift für Jobst-Hubertus Bauer zum 65. Geburtstag, München 2010, S. 447, zitiert als: *Hohenstatt/Naber*, FS Bauer 2010.

Hohenstatt, Klaus-Stefan / Willemsen, Heinz Josef: Abfindungsobergrenzen in Vorstandsverträgen, NJW 2008, 3462.

Hohenstatt, Klaus-Stefan: Das Gesetz zur Angemessenheit der Vorstandsvergütung, ZIP 2009, 1349.

Hölters, Wolfgang (Hrsg.): Aktiengesetz, 2. Auflage 2014, München, zitiert als: Hölters/*Bearbeiter* AktG.

Hommelhoff, Peter / Hopt, Klaus J. / v. Werder, Axel (Hrsg.): Handbuch Corporate Governance, 2. Auflage 2010, Stuttgart, zitiert als: *Bearbeiter* in: Hommelhoff/Hopt/v. Werder, Handbuch Corporate Governance.

Hopt, Klaus J. / Wiedemann, Herbert (Hrsg.): Aktiengesetz, Großkommentar, Band 3 §§ 76–94, 4. Auflage 2012, Berlin, zitiert als Großkomm-AktG/*Bearbeiter* AktG.

Hopt, Klaus J. / Wohlmannstetter, Gottfried (Hrsg.): Handbuch Corporate Governance von Banken, 2011, München, zitiert als *Bearbeiter* in: Hopt/Wohlmannstetter, Handbuch Corporate Governance von Banken.

Hüffer, Uwe (Hrsg.): Aktiengesetz, 11. Auflage 2014, München, zitiert als: Hüffer/*Bearbeiter* AktG.

Hüffer, Uwe: Mannesmann/Vodafone: Präsidiumsbeschlüsse des Aufsichtsrats für die Gewährung von ‚Appreciation Awards' an Vorstandsmitglieder, BB 2003, Beilage zu Heft 7, 23.

Hüffer, Uwe: Unangemessenheit der Vorstandsvergütung als Haftungsrisiko von Aufsichtsratsmitgliedern, Festschrift für Michael Hoffmann-Becking zum 70. Geburtstag, 2013, S. 589, zitiert als: *Hüffer*, FS Hoffmann-Becking 2013.

Hümmerich, Klaus / Reufels, Martin (Hrsg.): Gestaltung von Arbeitsverträgen, 3. Auflage 2015, Baden-Baden, zitiert als: *Bearbeiter* in: Hümmerich/Reufels, Gestaltung von Arbeitsverträgen.

Hupka, Jan: „Say on Pay" vor US-amerikanischen Gerichten, RIW 2012, 758.

Hupka, Jan: Das Vergütungsvotum der Hauptversammlung – Eine rechtsökonomische und rechtsvergleichende Untersuchung zu § 120 Abs. 4 AktG, Dissertation, 2012, Köln, zitiert als: *Hupka*, Vergütungsvotum.

Ihrig, Hans-Christoph / Wandt, Andre P. H. / Wittgens, Jonas: Die angemessene Vorstandsvergütung drei Jahre nach Inkrafttreten des VorstAG – Grundsätze, Leitlinien und Zweifelsfragen in der Praxis - eine Bestandsaufnahme, ZIP 2012 Beilage zu Heft 40, 1.

Insam, Alexander / Heisterhagen, Christoph / Hinrichs, Lars: Neue Vergütungsregelungen für Manager von Kapitalverwaltungsgesellschaften: Variable Vergütung (to be) reloaded, DStR 2014, 913.

Insam, Alexander / Hinrichs, Lars / Hörtz, Martin: Vergütungssysteme nach der Instituts-Vergütungsverordnung – Aktuelle ungeklärte und geklärte Rechtsfragen –, DB 2012, 1568.

Jaeger, Georg: Die Auswirkungen des VorstAG auf die Praxis von Aufhebungsvereinbarungen, NZA 2010, 128.

Jäger, Axel: Die Entwicklung der Judikatur zur AG im Jahr 2007, NZG 2008, 176.

Jahn, Joachim: Lehren aus dem Fall Mannesmann, ZRP 2004, 179.

Jaletzke, Matthias / Veranneman, Peter (Hrsg): Finanzmarktstabilisierungsgesetz, Kommentar, München 2009, zitiert als: Jaletzke/Veranneman/*Bearbeiter* FMStG.

Jens Jensen: Jahresverlust und variable Vergütung - Banken im Spannungsfeld zwischen Instituts-Vergütungsverordnung und Arbeitsrecht, BB 2014, 2869.

Jensen, Michael C. / Meckling, William H.: Theory of the Firm: Managerial Behavior, Agency Costs and Ownership Structure; J. Finan. Econ., 1976, 305–360.

Jeong, Young-Cheol David K.: 2010 Seoul Summit and Future of Financial Supervisory Board (FSB) as the Fourth Pillar, abrufbar unter: http://ssrn.com/abstract=1690349.

Jickeli, Joachim: Die Überprüfung von Vorstandsbezügen auf ihre Angemessenheit, Festschrift für Franz Jürgen Säcker zum 70. Geburtstag, 2011, S. 381, zitiert als: *Jickerli*, FS Säcker 2011.

Joecks, Wolfgang / Miebach, Klaus: Münchener Kommentar zum StGB, Band 1, 2. Auflage 2011, München, zitiert als: MüKoStGB/*Bearbeiter*.

Jost, Peter-J. (Hrsg.): Die Prinzipal-Agenten-Theorie in der Betriebswirtschaftslehre, Stuttgart 2001, zitiert als: *Jost*, Die Prinzipal-Agenten-Theorie.

Jung, Rüdiger / Bruck, Jürgen / Quarg, Sabine (Hrsg.): Allgemeine Managementlehre, Lehrbuch für die angewandte Unternehmens- und Personalführung, 5. Auflage 2013, Berlin, zitiert als: *Jung/Bruck/Quark*, Allgemeine Managementlehre.

Juso/Denknetz (Hrsg.): Lohnverteilung und 1:12-Initiative: Gerechtigkeit und Demokratie auf dem Prüfstand, Sammlung diverser Beiträge, 2013.

Kebekus, Frank / Zenker, Wolfgang: Business Judgment Rule und Geschäftsleiterermessen - auch in Krise und Insolvenz?, Festschrift für Georg Maier-Reimer, 2010, S. 319, zitiert als: *Kebekus/Zenker*, FS Maier-Reimer 2010.

Keiser, Thorsten: Die Herabsetzung von Managergehältern in der Krise als Organpflicht des Aufsichtsrats, RdA 2010, 280.

Kiatpongsan, Sorapop / Norton, Michael I.: How Much (More) Should CEOs Make? A Universal Desire for More Equal Pay, Perspectives on Psychological Science, 2014 Volume 9, S. 587.

Kiefner, Alexander: Fehlerhafte Entsprechenserklärung und Anfechtbarkeit von Hauptversammlungsbeschlüssen, NZG 2011, 201.

Kiethe, Kurt: Falsche Erklärung nach § 161 AktG - Haftungsverschärfung für Vorstand und Aufsichtsrat?, NZG 2003, 559.

Kiethe, Kurt: Höchstgrenzen für Vorstandsbezüge im Maßnahmenkatalog der Bundesregierung zur Aktienreform 2003 - verfassungswidrig und standortgefährdend, BB 2003, 1573.

Klebeck, Ulf / Boxberger, Lutz: OGAW-Vergütungsregulierung, GWR 2014, 253.

Klebeck, Ulf / Kolbe, Sebastian: Aufsichts- und Arbeitsrecht im KAGB, BB 2014, 707.

Klein, Werner: Der neue Vergütungsbeauftragte in Banken - Aufgaben, Anforderungen und Spannungsfelder, ZfgK 2014, 1080.

Kling, Michael: Die Angemessenheit der Vorstandsvergütung gemäß § 87 AktG n.F. (§ 87 AktG), DZWIR 2010, 221.

Koch, Jens: Die Herabsetzung der Vorstandsbezüge gemäß § 87 Abs. 2 AktG nach dem VorstAG, WM 2010, 49.

Kocher, Dirk / Bednarz, Liane: Mehrjährigkeit der variablen Vorstandsvergütung im Lichte der Nachhaltigkeit nach dem VorstAG, Der Konzern 2011, 77.

Koller, Ingo / Kindler, Peter / Roth, Wulf-Henning / Morck, Winfried: HGB 8. Auflage 2015, München, zitiert als: Koller/Kindler/Roth/Morck/*Bearbeiter* HGB.

Kopp, Ferdinand O. / Schenke, Wolf-Rüdiger: Verwaltungsgerichtsordnung, Kommentar, 21. Auflage 2015, zitiert als: *Kopp/Schenke*, VwGO.

Körner, Marita: Die Angemessenheit von Vorstandsbezügen in § 87 AktG – Eine unbeachtete Vorschrift?, NJW 2004, 2697.

Kort, Michael: „Change-of-Control“-Klauseln nach dem „Mannesmann“-Urteil des BGH - zulässig oder unzulässig?, AG 2006, 106.

Kort, Michael: Das Mannesmann-Urteil im Lichte von § 87 AktG, NJW 2005, 333.

Kort, Michael: Mannesmann - Das „Aus“ für nachträglich vorgesehene Vorstandsvergütungen ohne Anreizwirkung?, NZG 2006, 131.

Kort, Michael: Voraussetzungen der Zulässigkeit einer D & O-Versicherung von Organmitgliedern, DStR 2006, 799.

Kort, Michael: Zivilrechtliche Folgen unangemessen hoher Vorstandsvergütung - eine Mannesmann-Spätlese, DStR 2007, 1127.

Korts, Sebastian: Die Vereinbarung von Kontrollwechselklauseln in Vorstandsverträgen, BB 2009, 1876.

Kramarsch, Michael H.: Organvergütung, ZHR 2005, 112.

Kuhner, Christoph / Hitz, Jörg-Markus / Sabiwalsky, Ralf / Drefahl, Christian: Studie Managergehälter 2014, 2014, Köln.

Küttner, Wolfdieter (Hrsg.): Personalbuch 2015, 22. Auflage 2015; München, zitiert als: Küttner/*Bearbeiter* Personalbuch 2015.

Küttner, Wolfdieter: Change-of-Control-Klauseln in Vorstandsverträgen, Festschrift zum 25-jährigen Bestehen der Arbeitsgemeinschaft Arbeitsrecht im DAV, 2006, S. 493, zitiert als: *Küttner*, FS ARGE DAV 2006.

Lanfermann, Georg / Maul, Silja: Maßnahmenpaket der Europäischen Kommission zum Gesellschaftsrecht und Corporate Governance, BB 2014, 1283.

Langen, Markus / Schielke, Christian / Zöll, Oliver: Schluss mit Boni? Vergütung in Instituten nach der MaRisk-Novelle, BB 2009, 2479.

Langenbucher, Katja: Die bereicherungsrechtliche Rückforderung unangemessener Vorstandsbezüge, Festschrift für Ulrich Huber zum siebzigsten Geburtstag 2006, S. 861, zitiert als: *Langenbucher*, FS Huber 2006.

Lau, Marcus: Die rechtliche Qualifikation von Rundschreiben der Aufsichtsämter und deren Verbindlichkeit, abrufbar unter https://www.uni-leipzig.de/bankinstitut/dokumente/2002-02-20-02.pdf.

Lembke, Mark: Die Gestaltung von Vergütungsvereinbarungen, NJW 2010, 321.

Leuering, Dieter / Rubner, Daniel: Vorstandsvergütung: Neue Mitspracherechte der Hauptversammlung, NJW-Spezial 2013, 335.

Leuering, Dieter / Simon, Stefan: Offene Fragen zur Offenlegung der Vorstandsvergütung, NZG 2005, 945.

Lieder, Jan / Fischer, Philipp: the Say-on-Pay Movement: Evidence from a Comparative Perspective, ECFR 2011, 376.

Lindemann, Achim / Simon, Oliver: Arbeitsrechtliche Instrumente in der Finanz- und Wirtschaftskrise, BB 2002, 1807.

Lindemann, Silvio: Herabsetzung der Geschäftsführervergütung in der Krise und Insolvenz, GmbHR 2009, 737.

Lingemann, Stefan / Gotham, Meike: Freiwilligkeits-, Stichtags- und Rückzahlungsregelungen bei Bonusvereinbarungen - was geht noch?, NZA 2008, 509.

Lingemann, Stefan / Otte, Jörn: Bonuszahlungen und Freiwilligkeitsvorbehalt – Die Gewichte verschieben sich, NJW 2014, 2400.

Lingemann, Stefan: Angemessenheit der Vorstandsvergütung - Das VorstAG ist in Kraft, BB 2009 , 1918.

Löbbe, Marc / Fischbach, Jonas: Das Vergütungsvotum der Hauptversammlung nach § 120 Abs. 4 AktG n.F., WM 2013, 1625.

Löw, Hans-Peter / Glück, Anja: Anforderungen an die variable Vergütung nach der Institutsvergütungsverordnung, BKR 2015, 186.

Löw, Hans-Peter / Glück, Anja: Vergütung bei Banken im Spannungsfeld von Arbeits- und Aufsichtsrecht, NZA 2015, 137.

Löw, Hans-Peter: Sound Compliance Practices und Arbeitsrecht, BB 2010, Heft 41, Erste Seite.

Lücke, Oliver: Die Angemessenheit von Vorstandsbezügen - Der erste unbestimmbare unbestimmte Rechtsbegriff?, NZG 2005, 692.

Lunk, Stefan / Besenthal, Friederike: Auswirkungen der Boni-Deckelung auch auf bestehende Verträge? NZG 2013, 1010.

Lunk, Stefan / Stolz, Daniel: Die Bezüge des GmbH-Geschäftsführers in der Krise - Auswirkungen des Gesetzes zur Angemessenheit der Vorstandsvergütung (VorstAG) auf die Gesellschaft mit beschränkter Haftung, NZA 2010, 121.

Lutter, Marcus: Aktienrechtliche Aspekte der angemessenen Vorstandsvergütung, ZIP 2006, 733.

Lutter, Marcus: Zur Durchsetzung von Schadensersatzansprüchen gegen Organmitglieder, Festschrift für Uwe H. Schneider: zum 70. Geburtstag, 2011, S. 763, zitiert als: *Lutter*, FS U.H. Schneider 2011.

Mann, Marius E.: Das Finanzmarktstabilisierungsgesetz: Eine kritische Analyse, DZWIR 2008, 496.

Manns, Thorsten / Schulte-Mattler, Hermann: Aufsichtsfeuerwerk Basel III und CRD IV – Antwort der Bankenaufseher auf die Finanzmarktkrise, WM 2010, 1577.

Martens, Klaus-Peter: Die Vorstandsvergütung auf dem Prüfstand, ZHR 2005, 124.

Martens, Klaus-Peter: Rechtliche Rahmenbedingungen der Vorstandsvergütung, Festschrift für Uwe Hüffer zum 70. Geburtstag, 2010, S. 647, zitiert als: *Martens*, FS Hüffer 2010.

Maunz, Theodor / Dürig, Günter (Hrsg.): Grundgesetz Loseblatt-Kommentar, 74. Auflage 2015, München, zitiert als: Maunz/Dürig/*Bearbeiter* GG.

Meier, Norbert: Das Gesetz zur Angemessenheit der Vorstandsvergütung, ZKF 2010, 7.

Merkelbach, Matthias: Neue Vergütungsregeln für Banken - Institutsvergütungsverordnung 2.0, WM 2014, 1990.

Mertens, Hans-Joachim: Vorstandsvergütung in börsennotierten Aktiengesellschaften, AG 2011, 57.

Michalski, Lutz: Kommentar zum Gesetz betreffend die Gesellschaften mit beschränkter Haftung (GmbH-Gesetz), 2. Auflage 2010, München, zitiert als: Michalski/*Bearbeiter* GmbHG.

Moll, Wilhelm (Hrsg.): Münchener Anwaltshandbuch Arbeitsrecht, 3. Auflage 2012, München, zitiert als: *Bearbeiter* in: Moll, MAH Arbeitsrecht.

Möllers, Christoph: Transnationale Behördenkooperation – Verfassungs- und völkerrechtliche Probleme transnationaler administrativer Standardsetzung, ZaöRV 2005, 351.

Möllers, Thomas M.J. / Kloyer, Andreas: Das neue Kapitalanlagegesetzbuch – Tagung vom 14./15. Juni 2013 in Augsburg, München, 2013, zitiert als: *Autor* in: Möllers/Kloyer, Das neue Kapitalanlagegesetzbuch.

Mosch, Ulrich / Rosenau, Marc: Neuregelung für Bankerboni, NJW-Spezial 2010, 498.

Mujan, Susanne: Neue Anforderungen an Boni in Fonds- und Portfolioverwaltungen – Institutsvergütungsverordnung 2.0?/-, BB 2013, 1653.

Mülbert, Peter O.: Der (zukünftige) Gesellschafter – stets ein Verbraucher?, Festschrift für Walther Hadding zum 70. Geburtstag am 8. Mai 2004, Berlin, 2004, S. 575, zitiert als: *Mülbert*, FS Hadding 2004.

Müller-Bonanni, Thomas / Mehrens, Christian: Neue Vergütungsregeln für Banken – Entwurf der Instituts-Vergütungsverordnung, NZA 2010, 792.

Müller-Eising, Karsten / Brandi, Tim Oliver / Sinhart, Michael / Lorenz, Mark / Löw, Hans-Peter: Das Banken-Restrukturierungsgesetz, BB 2011, 66.

Müller-Eising, Karsten: Aktienrechtsnovelle 2014 – Was bringt der Regierungsentwurf Neues?, GWR 2015, 50.

Müller-Glöge, Rudi / Preis, Ulrich / Schmidt, Ingrid (Hrsg.): Erfurter Kommentar zum Arbeitsrecht, 16. Auflage 2016, München, zitiert als: ErfK/*Bearbeiter*.

Nikolay, Judith C.: Die neuen Vorschriften zur Vorstandsvergütung - Detaillierte Regelungen und offene Fragen, NJW 2009, 2640.

Oetker, Hartmut (Hrsg.): Kommentar zum Handelsgesetzbuch (HGB), 4. Auflage 2015, München, zitiert als: Oetker/*Bearbeiter* HGB.

Oetker, Hartmut: AGB-Kontrolle bei Anstellungsverträgen von Vorstandsmitgliedern einer AG und Geschäftsführern einer GmbH, Festschrift für Herbert Buchner zum 70. Geburtstag, München 2009, S. 691, zitiert als: *Oetker*, FS Buchner 2009.

Oetker, Hartmut: Nachträgliche Eingriffe in die Vergütungen von Geschäftsführungsorganen im Lichte des VorstAG, ZHR 2011, 527.

Paefgen, Walter: Dogmatische Grundlagen, Anwendungsbereich und Formulierung einer Business Judgment Rule im künftigen UMAG, AG 2004, 245.

Palandt, Otto (Hrsg.): Bürgerliches Gesetzbuch: BGB, Kommentar, 74. Auflage 2015, München, zitiert als: Palandt/*Bearbeiter* BGB.

Paul, Stephan: Mit Zuckerbrot und Peitsche, BB 2008 Nr. 47 Erste Seite.

Peltzer, Martin: Das Mannesmann-Revisionsurteil aus der Sicht des Aktien- und allgemeinen Zivilrechts, ZIP 2006, 205.

Peltzer, Martin: Deutsche Corporate Governance: ein Leitfaden, 2. Auflage 2004, München, zitiert als: *Peltzer*, Deutsche Corporate Governance, 2004.

Peltzer, Martin: Wider den „greed“ - Betrachtungen zu §§ 86 und 87 AktG, Festschrift für Marcus Lutter zum 70. Geburtstag, 2000, S. 571, zitiert als: *Peltzer*, FS Lutter 2000.

Poguntke, David: Anerkennungsprämien, Antrittsprämien und Untreuestrafbarkeit im Recht der Vorstandsvergütung, ZIP 2011, 893.

Pöhlmann, Peter / Fandrich, Andreas / Bloehs, Joachim: Genossenschaftsgesetz, Kommentar, 4. Auflage 2012, München, zitiert als: Pöhlmann/Fandrich/Bloehs/*Bearbeiter* GenG.

Preis, Ulrich / Lindemann, Viola: Änderungsvorbehalt in einem Formulararbeitsvertrag, AuR 2005, 229.

Raapke, Julius: Die Regulierung der Vergütung von Organmitgliedern und Angestellten im Aktien- und Kapitalmarktrecht, Dissertation, 2012, Frankfurt am Main, zitiert als: *Raapke*, Vergütungsregulierung.

Rapp, Marc Steffen / Wolff, Michael: Determinanten der Vorstandsvergütung, ZfB 2010, 1073.

Recalde, Andres / Schönnenbeck, Philipp: Gesetzesänderung in Spanien zur Vergütung von Verwaltern in börsennotierten Aktiengesellschaften, RIW 2011, 601.

Redenius-Hövermann, Julia: Das Votum zum Vergütungssystem, Der Aufsichtsrat 2009, 173.

Reese, Jürgen: Die Haftung von „Managern“ im Innenverhältnis, DStR 1995, 532.

Reichel, Christian / Böhm, Verena: Ausgestaltung und Änderung variabler Vergütungssysteme, AuA 2010, 568.

Reichert, Jochen / Ullrich, Kristin: Haftung von Aufsichtsrat und Vorstand nach dem VorstAG, Festschrift für Uwe H. Schneider: zum 70. Geburtstag, 2011, S. 1017, zitiert als: *Reichert/Ullrich*, FS Schneider 2011.

Reul, Adolf: Grundrechte und Vertragsfreiheit im Gesellschaftsrecht, DNotZ 2007, 184.

Richardi, Reinhard: Arbeitnehmer als Beschäftigte, NZA 2010, 1101.

Richter, Rudolf / Furubotn, Erik G.: Neue Institutsökonomik, 3. Auflage, Tübingen 2003, zitiert als: *Richter/Furubotn*, Neue Institutsökonomik.

Rieble, Volker / Schmittlein, Benjamin: Vergütung von Vorständen und Führungskräften, 2011, München, zitiert als: *Rieble/Schmittlein*, Vorstandsvergütung.

Rieble, Volker: Flexible Gestaltung von Entgelt und Arbeitszeit im Arbeitsvertrag, NZA-Beilage 2000, 34.

Rieckhoff, Helge: Vergütung des Vorstands mit langfristiger Anreizwirkung, AG 2010, 617.

Ringleb, Henrik-Michael / Kremer, Thomas / Lutter, Marcus / v. Werder Axel (Hrsg.): Kommentar zum Deutschen Corporate Governance Kodex, 5. Auflage 2014, München, zitiert als: Ringleb/Kremer/Lutter/v. Werder/*Bearbeiter*, Deutscher Corporate Governance Kodex.

Rolfs, Christian: Zur Zulässigkeit von Streikbruchprämien im Arbeitskampf, DB 1994, 1237.

Roth Günther / Altmeppen, Holger: Gesetz betreffend die Gesellschaft mit beschränkter Haftung, Kommentar, 8. Auflage 2015, München, zitiert als: Roth/Altmeppen/*Bearbeiter* GmbHG.

Rubner, Daniel: Anforderungen an Vergütungssysteme im Finanzsektor, NZG 2010, 1288.

Rücker, Ulrike: Die betriebsbedingte Änderungskündigung zur Entgeltreduzierung, Dissertation, 2003, Berlin, zitiert als: *Rücker*, Betriebsbedingte Änderungskündigung.

Ruthig, Josef / Storr, Stefan: Öffentliches Wirtschaftsrecht, 4. Auflage 2015 Heidelberg; zitiert als: *Ruthig/Storr*, Öffentliches Wirtschaftsrecht.

Säcker, Franz Jürgen / Rixecker, Roland / Oetker, Hartmut / Limperg, Bettina (Hrsg.): Münchener Kommentar zum Bürgerlichen Gesetzbuch, Band 4, §§ 611–704, EFZG, TzBfG, KSchG, 6. Auflage 2012, München, zitiert als: MüKoBGB/*Bearbeiter* BGB.

Säcker, Franz Jürgen / Rixecker, Roland / Oetker, Hartmut / Limperg, Bettina (Hrsg.): Münchener Kommentar zum Bürgerlichen Gesetzbuch, Band 1, Allgemeiner Teil, §§ 1–240, ProstG, AGG, 7. Auflage 2015, München, zitiert als: MüKoBGB/*Bearbeiter* BGB.

Säcker, Franz Jürgen / Rixecker, Roland / Oetker, Hartmut / Limperg, Bettina (Hrsg.): Münchener Kommentar zum Bürgerlichen Gesetzbuch, Band 2, Schuldrecht – Allgemeiner Teil, 7. Auflage 2015, München, zitiert als: MüKoBGB/*Bearbeiter* BGB.

Säcker, Franz Jürgen / Stenzel, Sonja: Das zivilrechtliche Schicksal von gegen § 87 Abs. 1 AktG verstoßenden Vergütungsvereinbarungen, JZ 2006, 1151.

Sammet, Sebastian: Versicherungs-Vergütungsverordnung: Aufsichtsrechtliche Vergütungsvorgaben zwischen Arbeits- und Gesellschaftsrecht, Dissertation, 2013, Karlsruhe, zitiert als: *Sammet*, Versicherungs-Vergütungsverordnung.

Schäfer, Carsten: Die Binnenhaftung von Vorstand und Aufsichtsrat nach der Renovierung durch das UMAG, ZIP 2005, 1253.

Schaub, Günter / Koch, Ulrich: Arbeitsrecht von A-Z, 20. Auflage 2016, München, zitiert als: *Schaub/Koch*, Arbeitsrecht von A-Z.

Schick, Werner Paul: Praxisfragen zum Vergütungsvotum der Hauptversammlung nach § 120 IV AktG, ZIP 2011, 593.

Schmidt, Karsten / Lutter, Marcus (Hrsg.): Aktiengesetz: AktG, Kommentar, Band 1, §§ 1 – 149, 3. Auflage 2015, Köln, zitiert als: K. Schmidt/Lutter/*Bearbeiter* AktG.

Schmidt, Karsten / Lutter, Marcus (Hrsg.): Aktiengesetz: AktG, Kommentar, Band 2, §§ 150 – 410, SpruchG, 3. Auflage 2015, Köln, zitiert als: K. Schmidt/Lutter/*Bearbeiter* AktG.

Schmidt-Bendun, Rüdiger / Prusko, Wolfram: Say on Pay in den USA – Dodd-Frank Act kodifiziert Votum über Managervergütung und Golden Parachutes, NZG 2010, 1128.

Schmidt-Bendun, Rüdiger: Aktienrechtsnovelle 2014 - Überblick über die Reform des Aktienrechts, DB 2015, 419.

Schmitt-Rolfes, Günter: Anwendbarkeit von AGB-Recht auf Verträge mit Organmitgliedern, Festschrift für Wolfgang Hromadka zum 70. Geburtstag, München, 2008, S. 393, zitiert als: Schmitt-Rolfes, FS Hromadka 2008.

Schüller, Annette M.: Vorstandsvergütung – Gesellschaftsrechtliche Fragen der Vergütung des Vorstands in der börsennotierten Aktiengesellschaft, Baden-Baden 2002; zitiert als: *Schüller*, Vorstandsvergütung.

Schulze, Reiner / Dörner, Heinrich / Ebert, Ina / Hoeren, Thomas / Kemper, Rainer / Saenger, Ingo / Schreiber, Klaus / Schulte-Nölke, Hans / Staudinger, Ansgar: Bürgerliches Gesetzbuch: BGB 8. Auflage 2014, Baden-Baden, zitiert als: *Schulze* u. a./*Bearbeiter* BGB.

Schüppen, Matthias / Schaub, Bernhard: Münchener Anwalts Handbuch Aktienrecht, 2. Auflage 2010, München, zitiert als: *Bearbeiter* in: Schüppen/Schaub, MAH Aktienrecht.

Schüppen, Matthias: Vorstandsvergütung - (K)ein Thema für die Hauptversammlung?, ZIP 2010, 905.

Schwalbach, Joachim / Graßhoff, Ulrike: Managervergütung und Unternehmenserfolg, ZfB 1997, 203.

Schwark, Eberhard: Zur Angemessenheit der Vorstandsvergütung, Festschrift für Thomas Raiser zum 70. Geburtstag, 2005, S. 377, zitiert als: *Schwark*, FS Raiser 2005.

Schwennicke, Andreas / Auerbach, Dirk (Hrsg.): KWG mit ZAG Kommentar, 2. Auflage, 2013; zitiert als: Schwennicke/Auerbach/*Bearbeiter* KWG.

Seibert, Ulrich: Das VorstAG - Regelungen zur Angemessenheit der Vorstandsvergütung und zum Aufsichtsrat, WM 2009, 1489.

Seibert, Ulrich: Im Blickpunkt: Der Deutsche Corporate Governance Kodex ist da, BB 2002, 581.

Seibt, Christoph H.: Deutscher Corporate Governance Kodex und Entsprechens-Erklärung (§ 161 AktG-E), AG 2002, 249.

Seibt, Christoph H.: Richtlinienvorschlag zur Weiterentwicklung des europäischen Corporate Governance-Rahmens - Vorschlag der EU-Kommission zur Änderung der Aktionärsrechterichtlinie und Empfehlung zur Qualität der Berichterstattung über die Unternehmensführung -, DB 2014, 1910.

Semler, Johannes / v. Schenck, Karsten: Arbeitshandbuch für Aufsichtsratsmitglieder, 4. Auflage 2013, München zitiert als: *Bearbeiter* in Semler/v. Schenck, Arbeitshandbuch für Aufsichtsratsmitglieder.

Semler, Johannes: Das VorstAG - ein in weiten Teilen überflüssiges Gesetz, Festschrift für Uwe H. Schneider zum 70. Geburtstag, 2011; S. 1227, zitiert als: *Semler*, FS U.H. Schneider 2011.

Semler, Johannes: Leistungs- und erfolgsbezogene Vorstandsvergütung, Rechenschaftslegung im Wandel: Festschrift für Wolfgang Dieter Budde, 1995, S. 599, zitiert als: *Semler*, FS Budde 1995.

Simon, Oliver / Koschker, Maximilian: Vergütungssysteme auf dem Prüfstand - Neue aufsichtsrechtliche Anforderungen für Banken und Versicherungen, BB 2011, 120.

Sodan, Jan / Ziekow, Helge: Verwaltungsgerichtsordnung VwGO, Großkommentar, 4. Auflage 2014, Baden-Baden, zitiert als: *Sodan/Ziekow* VwGO.

Spindler, Gerald / Raapke, Julius: Finanzmarktreform in den USA, RIW 2010, 746.

Spindler, Gerald / Stilz, Eberhard (Hrsg.): Kommentar zum Aktiengesetz, Band 1, §§ 1–149, 3. Auflage 2015, München, zitiert als: Spindler/Stilz/*Bearbeiter* AktG.

Spindler, Gerald / Stilz, Eberhard (Hrsg.): Kommentar zum Aktiengesetz, Band 2, §§ 150–410, IntGesR, SpruchG, SE-VO, 3. Auflage 2015, München, zitiert als: Spindler/Stilz/*Bearbeiter* AktG.

Spindler, Gerald: Angemessenheit und Zuständigkeit für Vergütungsfragen der Geschäftsführung einer GmbH nach dem VorstAG, Festschrift für U.H. Schneider zum 70. Geburtstag, 2011, S. 1287, zitiert als: *Spindler*, FS U.H. Schneider 2011.

Spindler, Gerald: Das Gesetz über die Offenlegung von Vorstandsvergütungen – VorstOG, NZG 2005, 689.

Spindler, Gerald: Finanzkrise und Gesetzgeber – Das Finanzmarktstabilisierungsgesetz, DStR 2008, 2268.

Spindler, Gerald: Rechtsfolgen einer unangemessenen Vorstandsvergütung, AG 2011, 725.

Spindler, Gerald: Vergütung und Abfindung von Vorstandsmitgliedern, DStR 2004, 36.

Spindler, Gerald: Vorstandsgehälter auf dem Prüfstand – das Gesetz zur Angemessenheit der Vorstandsvergütung (VorstAG), NJOZ 2009, 3282.

Spindler, Gerald: Vorstandsvergütungen und Abfindungen auf dem aktien- und strafrechtlichen Prüfstand - Das Mannesmann-Urteil des BGH, ZIP 2006, 349

Staudinger, Julius von: J. von Staudingers Kommentar zum Bürgerlichen Gesetzbuch: Staudinger BGB - Buch 1: Allgemeiner Teil §§ 125 - 129; BeurkG (Beurkundung), 14. Auflage 2012, Berlin, zitiert als: Staudinger/*Bearbeiter* BGB.

Staudinger, Julius von: J. von Staudingers Kommentar zum Bürgerlichen Gesetzbuch mit Einführungsgesetz und Nebengesetzen, Allgemeiner Teil; §§ 164 - 240 (Allgemeiner Teil 5), Neubearbeitung 2014, Berlin, zitiert als: Staudinger/*Bearbeiter* BGB.

Staudinger, Julius von: J. von Staudingers Kommentar zum Bürgerlichen Gesetzbuch mit Einführungsgesetz und Nebengesetzen, Recht der Schuldverhältnisse §§ 611 - 613 (Dienstvertragsrecht), Neubearbeitung 2011, Berlin, zitiert als: Staudinger/*Bearbeiter* BGB.

Stelkens, Paul / Bonk, Heinz Joachim / Sachs, Michael (Hrsg.): Verwaltungsverfahrensgesetz VwVfG, 8. Auflage 2014, München, zitiert als: Stelkens/Bonk/Sachs/*Bearbeiter* VwVfG.

Stoffels, Markus: AGB-Recht, 3. Auflage 2015, München, zitiert als: *Stoffels*, AGB-Recht.

Stumpf, Christoph / Suerbaum, Joachim / Schulte, Martin / Pauli, Rudolf: Stiftungsrecht: StiftR, Kommentar, 2. Auflage 2015, München, zitiert als: Stumpf/Suerbaum/Schulte/Pauli/*Bearbeiter* StiftR.

Suchan, Stefan / Winter, Stefan: Rechtliche und betriebswirtschaftliche Überlegungen zur Festsetzung angemessener Vorstandsbezüge nach Inkrafttreten des VorstAG, DB 2009, 2531.

Sünner, Eckhart: Die zukünftige Beschlussfassung der Hauptversammlung über das Vorstandsvergütungssystem, CCZ 2013, 169.

Tegtmeier, Stefan: Die Vergütung von Vorstandsmitgliedern in Publikumsaktiengesellschaften – Eine vergleichende Untersuchung zum deutschen, englischen und US-amerikanischen Recht, Dissertation, Frankfurt am Main u. a., 1998; zitiert als: *Tegtmeier*, Vergütung von Vorstandsmitgliedern.

Thüsing, Gregor / Forst, Gerrit: Nachhaltigkeit als Zielvorgabe für die Vorstandsvergütung, GWR 2010, 515.

Thüsing, Gregor: Das Gesetz über die Offenlegung von Vorstandsvergütungen, ZIP 2005, 1389.

Thüsing, Gregor: Das Gesetz zur Angemessenheit der Vorstandsvergütung AG 2009, 517.

Thüsing, Gregor: ECLR - Auf der Suche nach dem iustum pretium der Vorstandstätigkeit Überlegungen zur Angemessenheit im Sinne des § 87 Abs. 1 Satz 1 AktG, ZGR 2003, 457.

Tröger, Tobias: Anreizorientierte Vorstandsvergütung im faktischen Konzern, ZGR 2009, 447.

Uffmann, Katharina: Interim Management, Habilitationsschrift, 2015, Tübingen, zitiert als: *Uffmann*, Interim Management.

Ulmer, Peter / Brandner, Hans Erich / Hensen, Horst-Diether (Hrsg.): AGB-Recht, Kommentar zu den §§ 305–310 BGB und zum UKlaG, 11. Auflage 2011, Köln, zitiert als: Ulmer/Brandner/Hensen/*Bearbeiter*, AGB-Recht.

Vallascas, Francesco / Hagendorff, Jens: CEO Bonus Compensation and Bank Default Risk: Evidence from the U.S. and Europe, in: Financial Markets, Institutions & Instruments, 2013, Vol. 22, No. 2, S. 47.

van Kann, Jürgen / Eigler, Mira: Aktuelle Neuerungen des Corporate Governance Kodex, DStR 2007, 1730.

van Kann, Jürgen / Keiluweit, Anjela: Das neue Gesetz zur Angemessenheit der Vorstandsvergütung – Wichtige Reform oder viel Lärm um nichts?, DStR 2009, 1587.

van Kann, Jürgen: Das neue Gesetz über die Offenlegung von Vorstandsvergütungen, DStR 2005, 1496.

Velte, Patrick: Say on Pay als wirkungsvolles europäisches Regulierungsinstrument?, EuZW 2013, 893.

Verse, Dirk A.: Regulierung der Vorstandsvergütung – mehr Macht für die Aktionäre? Überlegungen zur geplanten Reform des say on pay, NZG 2013, 921.

Vetter, Eberhard: Begrenzung der Vorstandsbezüge durch Hauptversammlungsbeschluss?, ZIP 2009, 1307.

Vetter, Eberhard: Der kraftlose Hauptversammlungsbeschluss über das Vorstandsvergütungssystem nach § 120 Abs. 4 AktG, ZIP 2009, 2136.

Vogt, Volker / Deepen, Lars: Interimsmanagement im Spannungsfeld zwischen selbständiger und abhängiger Beschäftigung, ArbRAktuell 2012, 573.

Volkenner, Thomas / Walter, Karl-Friedrich: Die Endfassung der Neuen Basler Eigenkapitalvereinbarung (Basel II), DStR 2004, 1399.

Wade, James B. / Porac, Joseph F. / Pollock Timothy J: Worth, words, and the justification of executive pay, Journal of Organizational Behavior, Volume 18 1997.

Wagner, Jens / Wittgens, Jonas: Corporate Governance als dauernde Reformanstrengung: Der Entwurf des Gesetzes zur Angemessenheit der Vorstandsvergütung, BB 2009, 906.

Wagner, Jens: Das neue Mitspracherecht der Hauptversammlung bei der Vorstandsvergütung, BB 2013, 1731.

Wagner, Jens: Nachhaltige Unternehmensentwicklung als Ziel der Vorstandsvergütung, AG 2010, 774.

Waldenberger, Arthur / Kaufmann, Jörg: Nachträgliche Herabsetzung der Vorstandsvergütung: Vermeidung von Haftungsrisiken für den Aufsichtsrat, BB 2010, 2257.

Wallner, Franz X.: Variable Vergütung. Das Kreditinstitut im Spannungsverhältnis von Aufsichts- und Arbeitsrecht, Bank Praktiker 2011, 211.

Wasserer, Simone: Neue Grundsätze für eine angemessene Vergütungspolitik – Zur Umsetzung der Vergütungsempfehlung der Europäischen Kommission im Rechtsvergleich Österreich und Deutschland, Festschrift für Günter H. Roth zum 70. Geburtstag, 2011, S. 871, zitiert als: *Wasserer*, FS Roth 2011.

Watten, Rolf / Vogt, Hans- Ueli (Hrsg.): Verordnung gegen übermässige Vergütungen bei börsenkotierten Aktiengesellschaften (VegüV), Basler Kommentar, Basel 2015, zitiert als Watten/Vogt/*Bearbeiter* VegüV.

Weber, Ulrich / Ehrich, Christian / Burmester, Antje (Hrsg.): Handbuch der arbeitsrechtlichen Aufhebungsverträge, 5. Auflage 2009, Köln, zitiert als *Bearbeiter* in: Weber/Ehrich/Burmester, Aufhebungsverträge.

Weber-Rey, Daniela / Buckel, Jochen: Die Pflichten des Aufsichtsrats bei der Mandatierung des Vergütungsberaters, NZG 2010, 761.

Weber-Rey, Daniela: Änderungen des Deutschen Corporate Governance Kodex 2009, WM 2009, 2255.

Weber-Rey, Daniela: Ausstrahlungen des Aufsichtsrechts (insbesondere für Banken und Versicherungen) auf das Aktienrecht - oder die Infiltration von Regelungssätzen?, ZGR 2010, 543.

Weber-Rey, Daniela: Vergütungsregeln für den Finanzsektor - Drama in drei Akten, VersR 2010, 599.

Weitnauer, Wolfgang / Boxberger, Lutz / Anders, Dietmar (Hrsg.): KAGB, Kommentar zum Kapitalanlagegesetzbuch und zur Verordnung über Europäische Risikokapitalfonds mit Bezügen zum AIFM-StAnpG, München 2014; zitiert als: Weitnauer/Boxberger/Anders/*Bearbeiter* KAGB.

Weller, Marc-Philippe: Die Systemkohärenz des § 87 II AktG – Eingeschränkte Vertragstreue beim Vorstandsvertrag auf Grund Fremdinteressenwahrung NZG 2010, 7.

Wellhöfer, Werner / Peltzer, Martin / Müller, Welf (Hrsg.): Die Haftung von Vorstand, Aufsichtsrat, Wirtschaftsprüfer, München 2008, zitiert als: *Bearbeiter* in: Wellhöfer/Peltzer/Müller.

Wensing, Hans-Hubert / Boensch, Fabian: § 315 BGB: Das Instrument zur Flexibilisierung arbeitsvertraglicher Sonderzahlungen, BB 2014, 2358.

Weppner, Simon: Vergütungsherabsetzung gem. § 87 II AktG - Leitlinien für die Praxis, NZG 2010, 1056.

Werder, Axel von / Talaulicar, Till: Kodex Report 2010: Die Akzeptanz der Empfehlungen und Anregungen des Deutschen Corporae Governance Kodex DB 2010, 853.

Wettich, Carsten: Vorstandsvergütung: Bonus-Malus-System mit Rückforderungsmöglichkeit (claw back) und Reichweite des Zuständigkeitsvorbehalts zugunsten des Aufsichtsratsplenums, AG 2013, 374.

Willemsen, Heinz Josef / Grau, Timon: Alternative Instrumente zur Entgeltflexibilisierung im Standardarbeitsvertrag, NZA 2005, 1137.

Wilm, Daniel: Beobachtungen der Hauptversammlungssaison 2010, DB 2010, 1686.

Wilsing, Hans-Ulrich / Kleißl, Katharina: Herabsetzung von Vorstandsbezügen in Zeiten der Krise, BB 2008, 2422.

Wilsing, Hans-Ulrich / Meyer, Daniel: Aktuelle Entwicklungen bei der Organberatung, DB 2011, 341.

Wilsing, Hans-Ulrich / von der Linden, Klaus: Vorstandsvergütung und ihre Transparenz - Gedanken zur Kodexnovelle 2013, DStR 2013, 1291.

Winter, Stefan / Michels, Philip: Mindestlöhne und Managerbezüge, NZA-Beilage 2011, 22.

Witthuhn, Georg A. / Hamann, Hanjo: Herabsetzung von Vorstandsvergütungen in der Krise, ZGR 2009, 847.

Wolf, Martin: Die neuen Vorschriften zur Vergütung sind überzogen und unausgereift, VW 2010, 587.

Wolf, Martin: Neue Vorschriften zur Vergütung: Das Ende der Gratifikation?, VW 2010, 506.

Wollburg, Ralph: Unternehmensinteresse bei Vergütungsentscheidungen, ZIP 2004, 646.

Wolter, Jürgen (Hrsg.): Systematischer Kommentar zum Strafgesetzbuch: SK-StGB, Loseblatt, Köln, zitiert als: SK/*Bearbeiter* StGB.

Wübbelsmann, Stephan: Die Vergütung des Geschäftsführers - Ausstrahlung des VorstAG auf die GmbH?, GmbHR 2009, 988.

Zetzsche, Dirk / Preiner, Christina: Was ist ein AIF?, WM 2013, 2102.

Zetzsche, Dirk: Langfristigkeit im Aktienrecht? – Der Vorschlag der Europäischen Kommission zur Reform der Aktionärsrechterichtlinie, NZG 2014, 1121.

Ziemons, Hildegard: Als Aktienrechtsnovelle 2012 gestartet und als VorstKoG gelandet: Neues „Say on Pay" und andere punktuelle Weiterentwicklungen des Aktienrechts, GWR 2013, 283.

Ziemons, Hildegard: Angemessene Vorstandsvergütung und Change of Control Klauseln, Festschrift für Ulrich Huber zum siebzigsten Geburtstag 2006, S. 1035, zitiert als *Ziemons*, FS Huber 2006.

Zöbeley, Anna: Vergütungsvorgaben in Banken und Versicherungen, Dissertation, 2014, Karlsruhe, zitiert als: *Zöbeley*, Vergütungsvorgaben.

Zöllner, Wolfgang / Noack, Ulrich (Hrsg.): Kölner Kommentar zum Aktiengesetz, Band 2/1, §§ 76–94, 3. Auflage 2009, Köln, zitiert als: KK-AktG/*Bearbeiter*.

Zöllner, Wolfgang / Noack, Ulrich (Hrsg.): Kölner Kommentar zum Aktiengesetz, Band 2/2, §§ 95–117, 3. Auflage 2012, Köln, zitiert als: KK-AktG/*Bearbeiter*.

Zürn, Andreas / Böhm, Wolf-Tassilo: Neue Regeln für die Vergütung in Banken - Arbeitsrechtliche Umsetzung der Änderungen der Instituts-Vergütungsverordnung, BB 2014, 1269.

Zürn, Andreas / Rappensperger, Gabriele / Brämswig, Oliver: Instituts-Vergütungsverordnung: Referentenentwurf der Novelle, DB 2013, 2681.

www.ingramcontent.com/pod-product-compliance
Ingram Content Group UK Ltd.
Pitfield, Milton Keynes, MK11 3LW, UK
UKHW021917290926
8980IPUK00015B/1311

9 783631 679203